起業大全

スタートアップを科学する9つのフレームワーク

田所雅之

ダイヤモンド社

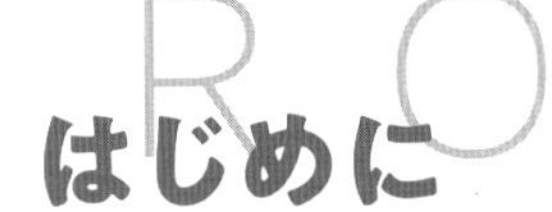

PROLOGUE

はじめに

起業家が事業家へと進化するために必要な実践知をまとめた書

おかげさまで前著『起業の科学』（日経BP）は、起業家や大手企業の新規事業部門立ち上げ担当者など多くの方にお読みいただいた。同書は、起業家が市場で顧客から支持される製品やサービスを作る（PMF）までに必要な知識をまとめたものだ。

PMF
Product Market Fit：市場で顧客から支持される製品やサービスを作ること

書籍発売から2年以上が経過し、その間スタートアップ、社内起業家、自治体関係者など数千名以上に直接会う機会があった。また、数千に及ぶ事業やあらゆるスタートアップ経営者のメンタリングやアドバイス、評価等を行ってきた。

現在、国内のスタートアップの資金調達額を見ると、2019年に4462億円となっている（図表0-01）。2010年に705億円だったことを考えると、実に約6.3倍に増えているのだ。スタートアップを目指す人はかつてない勢いで急増していることを肌で感じている。

しかし、市場に資金が潤沢になり、資金調達できるスタートアップが増えた一方で、IPO（株式公開）までブレイクスルーできる企業は「ほんの一握りであ

▶ 図表0-01　スタートアップの資金調達額は2010年と比べて約6.3倍に

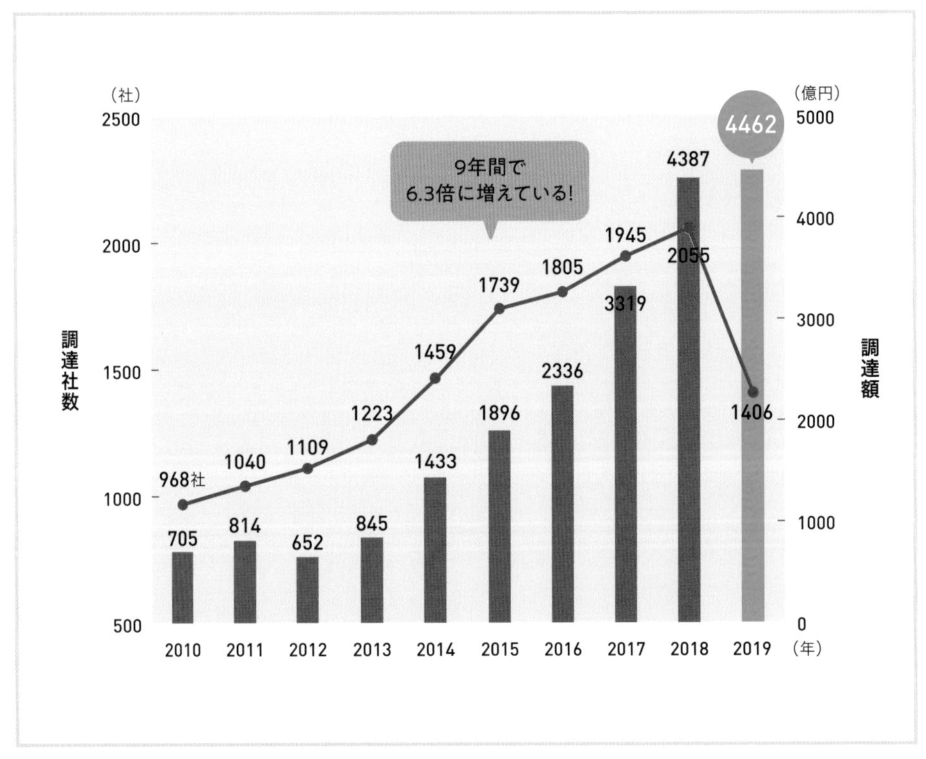

出典:INITIAL「Japan Startup Finance 2019年国内スタートアップ資金調達動向」より

る」のが現状だ。日本では、評価額が10億ドル以上ある未上場企業、いわゆるユニコーン企業は、プリファードネットワークス／スマートニュース／TBM／リキッドグループ等の5社程度しかない[1]。

アメリカは100社以上、隣の中国は50社以上もあることを考えると、その差は歴然としている。GDPでは中国に抜かれてしまって、世界3位になったが、それでも日本は経済大国であることには変わりない。また、私は、ユニコーンというのは、ただ単なる「時価総額が高い」未上場スタートアップとは考えていない。ユニコーンとは、「産業を生み出し、明日の世界を創造する担い手」として考えている。

2000年代にGAFA（グーグル、アマゾン、フェイスブック、アップル）が勃興した。4社足して、300兆円に迫る時価総額は凄まじいが、本質は、彼ら4社がもし、この瞬間世の中からいなくなると、世界全体が大きく後退するということだろう。スマホもなく、検索エンジンがない、人々は簡単につながることができない、簡単に買い物することもできない、好きな動画を観ることもできない世界がどれほど不便かを想像してみてほしい。

なぜ、日本ではなかなかユニコーン企業が出ないのか？

なぜ、日本ではユニコーン企業がなかなか出てこないのか？　この疑問こそが、今回、本書の執筆に至った動機だ。結論から先に言えば、0から1を作る「起業家」は増えた。しかし、1を100にする（事業を成長軌道に乗せ大きくする）「事業家」が日本には圧倒的に少ないということだ（図表0-02）。

アメリカは一度売却や上場を果たした起業家がシリアルアントレプレナーとしてもう一度起業するケースが多い。つま

1）https://media.startup-db.com/research/marketcap-ranking-201912 2019年12月時点

▶図表0-02　日本には事業家が圧倒的に不足している

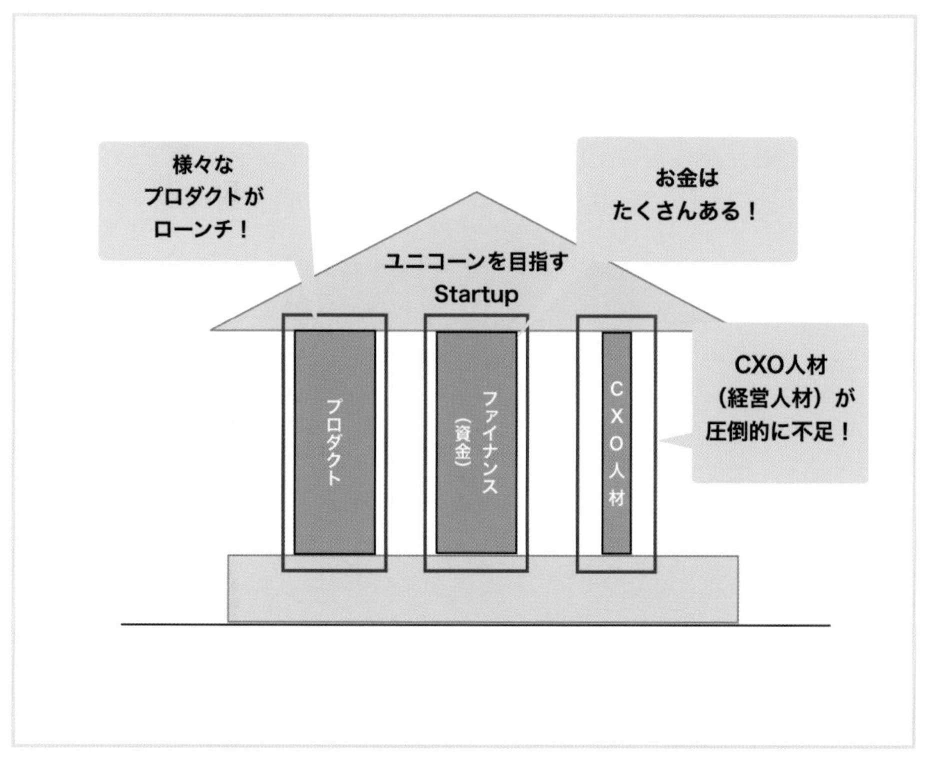

り、「ドラゴンクエストのようなロールプレイングゲーム」に起業をたとえると、一回クリアした人たちがたくさんいる。その人たちは、起業してからスケールしてEXIT（IPOもしくは事業売却）するまでの「攻略本」を持ってプレイをしているようなものだ。日本だと典型的な例はメルカリだろう。創業メンバーである山田進太郎氏は、ウノウをZynga（ジンガ）に売却する経験を持ち、取締役会長の小泉文明氏は、ミクシィのCFOとして、上場企業の経営を経験している。

この「一回ドラクエをクリアした感の経験」がメルカリの別格の成長を支えたと言える。会社を売却して新たにスタートアップを始める「2周目」「3周目」の起業家も徐々には増えてきたが、まだその数は圧倒的に少ない。

「起業家」が「事業家」になるためには、自らを進化させる必要がある

本書『起業大全』を書いたのは、PMFを達成した起業家が、その先大きく事業をスケール（成長）させるために必要になる知見をまとめたかったからだ（拙著『起業の科学』を書いた理由は、スタートアップ起業家として最も重要なマイルストーンである「PMF」を達成するためのプロセスを体系化するためだった）。

経営に必要なノウハウを学ぶための従来型の知識体系に「MBA」や「中小企業診断士」がある。しかし、これらはスタートアップ型事業や2020年代の文脈において最適化されているとは言えない。つまり、内容が古いのだ。ハッキリ言ってそこで得た知識が、そのまま実務で役立つとは考えにくい（私自身、現在、関西学院大学大学院MBA課程の客員教授をやっているが、他の教員の方々と話していても、皆さん同じ実感を持っている）。

ならば、最新のアップデートした内容のテキストを自分で作ってしまおうと思い立ち、4年前から少しずつ書き進めた。数千というスタートアップや企業内の新規事業への実践的事業のアドバイスや上場企業の経営陣何百人もとの交流や対話を通して、1000冊以上の書籍を読破して、1万枚以上のスライドを作った。その1万枚のスライドのエッセンスの部分をこの書籍に集約した。

事業家（CXO）に必要なのは俯瞰力、大局観、ストーリー設計力、横断的知識

「スタートアップの成功は、経営陣が全ての鍵を握っている」

というのが本書で伝えたい結論だ。

さらにこの本の目的になぞらえて言うと、

「経営陣が起業家から事業家（CXO）になれるかが成功のキーになる」

ということだ（本書では、事業家をCXOという言葉で以下同義語で使用する）。

ここで言っている事業家／CXOの定義について説明しよう。

CXOのCはChief（長やリーダー）、OはOfficer（役員）を表す。真ん中のXは、それぞれの専門性に応じた職能を指す。例えば、代表的なものにCEO（Chief Executive Officer：最高経営責任者）や

▶図表0-03　CXO人材とは何か

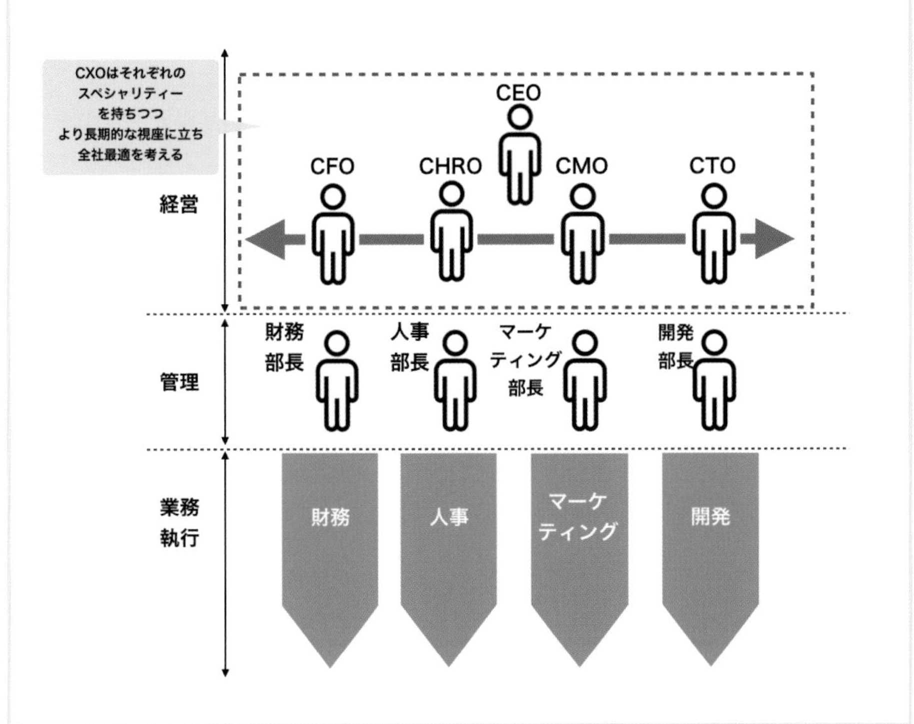

COO（Chief Operating Officer：最高執行責任者）、CFO（Chief Financial Officer：最高財務責任者）やCTO（Chief Technical Officer：最高技術責任者）などがある。

従来なら、CTO（最高技術責任者）は「製品開発」だけ、CFO（最高財務責任者）は「ファイナンス」だけを見て部分最適化ができれば、自らの職務を果たしたことになるだろう。

しかし、私が本書で提唱する「スタートアップCXO」になる人材は、この「専門性」だけでは不十分だ（各自の専門性は必要条件だが、十分条件ではないからだ）。

外部環境や内部環境が激しく変わるスタートアップにおいては、各機能に「部分最適化」された意思決定やディレクションしかできないのは「エセ CXO」でしかない。

「エセ CXO」は組織を間違った方向に導いてしまう。本書で明らかにしていく「スタートアップCXO」は部署やファンクションをまたいで、俯瞰的かつ大局的に事業を把握し、必要なリソースを配分し、かつディレクションする力を持つ人材だ。

さらに各要素を理解するだけでなく、それぞれを有機的に結合し、「自社の唯一無二のストーリー」を描けることが理想だ。これを私は「**ストーリー設計力**」と呼んでいる。

そして、俯瞰力、大局観、ストーリー設計力に加えて、経営に関する重要な要因の本質を理解し、アクションに落とし込むことができる「横断的知識」も重要になる。この「俯瞰力」「大局観」「ストーリー設計力」「横断的知識」の4つを持つことが、スタートアップを成長させるCXOには、必要不可欠なケイパビリティ（能力）と考えている。

本書では、その能力を体系的に構造化して解説していく。留意点としては、本書で紹介・解説する視点や知識体系は従来型企業で活躍するCXOのそれと大きく異なるということだ。

すでにある程度できあがった組織や企業において事業を再生させたり、もう一度成長軸に乗せたりする従来型のCXOの価値は希少なものである。しかし、スタートアップを成長させる文脈においては、従来型のCXOは、必ずしもフィットしないのが事実だ。

本書は、現在スタートアップで経営幹部にいるメンバーだけのものではない。読者として想定しているのは、以下のような人たちだ。

- 広い知見や最新のビジネス知識を身につけてレベルアップしたいビジネスパーソン
- 今後、起業を考えている人
- すでに起業している人、さらには、今後スケールして、ユニコーン企業になることにチャレンジしたい人
- スタートアップで働いているメンバー

特にスタートアップで働いているメンバーには、ぜひ、読んでいただきたい。優れた組織に共通する特徴として、メンバーが一つないし二つ上の役職の目線を持っているということが言える（つまり、担当者ならマネジャー、マネジャーなら役員、役員なら代表取締役）。

現時点で、経営からは遠いポジションにいたとしても、本書を通じて、「経営陣もしくは代表取締役だったら、自分はどう意思決定をするか」という問いを自らに投げかけていただきたい。

0→1の起業家に必要なのは「戦略的泥臭さ」

前著『起業の科学』で目指したのは、「PMFの達成」だった。

「スタートアップの生死を分けるのは、PMFを達成できるかできないかだ」と、アメリカの有力ベンチャー・キャピタリストのマーク・アンドリーセンも指摘している。

どんなに優れた製品やサービスを生み出しても、市場に受け入れられなければ成長はできない。私の感覚では、日本のスタートアップでPMFを達成した企業は10％にも満たないのではないだろうか。

PMFを目指す起業家に必要な資質は何かを一言で表現すると、「戦略的泥臭さ」だと考えている。つまり、市場を選択し、PMFできるビジネスモデルを選択し、ソリューションを絞り込んで展開するという高い戦略性が求められる。『起業の科学』では「何をやるか」と同時に「何をやらないか」、まず「無駄な戦を略す」ための戦略性についても解説した（本書の「戦略」でもこの点については改めて説明する）。

一方で、戦略が決まれば、**何がなんでもPMFを目指していく「泥臭さ」が求められる**。顧客の下に出向いて、何が本当に欲しいものかを徹底的にヒアリングしたり、自らセールスを行うこと。またセールスだけではなく、顧客に価値を提供するために、自ら製品やサービスを届けることもある。戦略性と泥臭さを両方持ち合わせた「戦略的泥臭さ」が、PMFに不可欠な起業家の態度でありスタンスだ。

「戦略的泥臭さ」で成功したシリコンバレーの事例を紹介しよう。2019年時点で、時価総額が350億ドルを超えた世界最大手のフィンテック企業であるStripe（ストライプ）をご存じだろうか。インターネットビジネス向けにオンライン決済サービスを提供する彼らは、2009年に立ち上がったときに、ユーザーを営業して獲得することに非常に熱心に動いた。ストライプの創業者であるコリソン兄弟は、その事業ポテンシャルを見出されて、

シリコンバレー最強のアクセラレータであるY combinator（Yコンビネータ：YC）に採択された。

コリソン兄弟は、まさに、「戦略的泥臭さ」を発揮してPMFを達成した。ストライプのようなフィンテックサービスにとって、YC卒業生は、アーリーアダプター（初期採用者）探しに最適なコミュニティだった（YCの卒業生は、起業家であり、彼らは常に最適な決済処理サービスを探していた）。

共同創業者のパトリック・コリソンとジョン・コリソンは、そうしたYC卒業のユーザー一人ひとりに対して丁寧に仕事を行った。電話をかけて、ストライプを試してみることを了承した人がいたら、リンクを含んだメールを送るのではなく、その顧客の下に自ら出向きストライプのソフトを自分たちでインストールしたのだ。このテクニックは、彼らの名にちなんで「コリソン・インストール」と呼ばれている。

- YC卒業生というアーリーアダプターをターゲットにする「戦略性」
- 自ら現場に出向きソフトをインストールする「泥臭さ」

ストライプは「戦略的泥臭さ」を体現してPMFを達成した。「自分たちにとっての、コリソン・インストールは何か？」、これが、PMF前のスタートアップにとって、最も重要な問いの一つである。

会社が成長するにつれて、組織には様々な問題が発生する

PMFを達成した後のゲーム（あえてゲームとここでは表現する）は、PMF達成前のゲームとは大きく異なる。PMFを達成するまでは、関わるステークホルダーは、顧客、経営メンバー、投資家と範囲が限定されている。なので、業務請負に関して明文化したり、方針を明確にしなくても、少数の経営陣とメンバーだけでどうにか仕事は回っていく。

PMF達成前のステージにおいては、そもそもリソース（ヒト・モノ・カネ）は限られているので、それをどのように配分して活用するのかという観点はあまり必要ない。なぜなら、経営チームの時間やスキルこそが最大のリソースなので、寝る間も惜しんで働き自己研鑽して、ひたすらPMFを目指すという方針が支配的になるからだ。

しかし、PMFを達成し、会社が成長して大きくなるにつれ、組織のメンバーも増えてくる。そうすると、組織のルール不足やマネジメント不足など、様々な問題（リスク）が発生してくる。会社に勢いがついて成長期に入ると、息つく間もなく、やるべきことが次から次へと出てくるのだ。

したがってPMF達成のタイミングで、起業家は自らを自己分析して事業家（CXO）に変身・進化するよう努力する必要がある。なぜなら、起業家から事業家（CXO）に変身できないことによって、起業家自身が事業にとって最大のボトルネックになってしまうからだ。

あなたは、下記の問いに答えることができるだろうか？

- PMF後にミッション・ビジョン・バリューをどう磨いていくのか？
- PMF後の事業をスケールさせる戦略やロードマップは、どのように立てるのか？
- 成長に寄与する人材を、どう採用し、定着させるか？
- 全体の戦略から、各個別の戦術に落とし込み、戦術を実行するための行動マネジメントをどうするか？
- 顧客獲得のプロセスをどう最適化する

のか？

- 顧客獲得後、継続させるためのカスタマーサクセスの考え方は？
- ユーザー・エクスペリエンス（UX＝ユーザー体験）ベースの製品開発をどう実装するのか？
- ディフェンシビリティ・アセット（Defensibility Asset＝持続的競合優位性資産）の蓄積をいかに考えるか？
- 上場するまでのファイナンスについて、そのエクイティストーリーをどう作るのか？
- それぞれの資金調達のフェーズで、どうやって有利に投資家と交渉を進めていくのか？
- 人員増加に伴う、オペレーションの属人化／陳腐化、見えないところのボトルネック発生解消にどう対応するか？
- どのような事業ポートフォリオを組めば、全体最適が図れるか？
- バリューチェーンの上流／下流もしくは横にいて、市場シェアを取っている競合企業を買収／出資／業務提携して、さらなる成長軌道を描けないか？

PMFするまでは、顧客と対話をして、良いプロダクトを作ることだけに没頭すればよかった。しかし、PMF後は、ステークホルダーが一気に増えて、カバーすることや意思決定することがとても多くなる。

また、様々な意思決定をするだけではなく、「なぜ、その意思決定をしたのか？」と、意思決定に対する説明責任も果たす必要が出てくるのだ。

当然、CXOとて、一人の人間なので、経営に関するあらゆる領域の専門家になるのは不可能に近い。しかし、ユニコーンを目指すスタートアップCXOならば、最低限、専門家と対話／対峙ができるまでレベルアップする必要がある。

さらに欲を言えば、そうした専門家にディレクションできるまでに自分のレベルを上げてほしい。本書の目的は、まさにそこにある。スタートアップ人材が身につけるべき知見や知識体系を包括的に解説していく。

「経営者はリソースフルであるべきだ」

Amazon（アマゾン）の創業者であるジェフ・ベゾスは、こう述べている。私も全く同感で、経営者は経営に関するあらゆる側面に対して、熟達（マスタリー）が求められるということだ。かりに現時点で、熟達できていなくても、経営者自身は常に自己研鑽し「経営者として常にレベルアップしていく」という姿勢が重要になる。

本書では経営を要素に分けて各章で解説していく。

ただ、留意点として、本書で紹介するフレームワークや知識体系は、それぞれ独立したものでなく有機的に結合する、ということだ。一見するとバラバラに見える経営の要素は、図表0-04のように結合できる。

図の右側は、バランス・スコアカードを参考に私がオリジナルで作成したスタートアップ・バランス・スコアカード（Startup BSC）というフレームワークである。

バランス・スコアカードというフレームワークを聞いたことはあるだろうか？ハーバード・ビジネス・スクール教授のロバート・S・キャプランと著名なコンサルタントであるデビッド・ノートンが1992年に発表した経営システムのフレームワークである。

バランス・スコアカードは、戦略経営のためのマネジメントシステムで財務数値に表される業績だけではなく、財務以

▶図表0-04　スタートアップ・バランス・スコアカードのフレームワーク

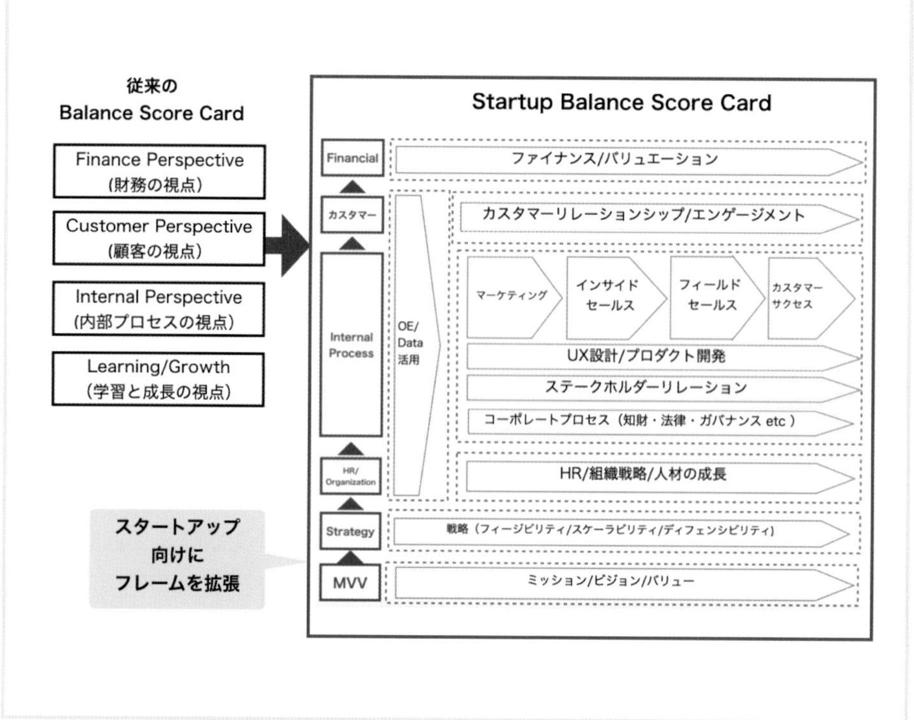

外の経営状況や経営品質から経営を評価し、バランスのとれた業績評価を行うための手法である。従来のバランス・スコアカード（図表0-04の左側）は、財務の視点、顧客の視点、内部プロセスの視点、学習と成長の視点で成り立っており、事業をまさに“バランス良く”マネジメントするために用いられるフレームワークである。

本書を執筆するに当たって、従来のバランス・スコアカードに私なりの新たな視点を加えて拡張したのがスタートアップ・バランス・スコアカードだ。新しい産業を創造していくスタートアップにとって特に重要になる要素は、MVV（ミッション・ビジョン・バリュー）、戦略（Strategy）、人的資源（Human Resources）、オペレーショナル・エクセレンス（Operational Excellence）、顧客体験（User Experience：UX）、マーケティング（Marketing）、セールス（Sales）、カスタマーサクセス（Customer Success）、ファイナンス（Finance）の9つがあげられる。

本書では、それぞれの章ごとで、これらの要素について解説をしていく（当然、一冊の本では、カバーしきれない部分もあるので、それぞれの要素の深掘りについては、稿を改めたい）。

この本の実践的な使い方

本書は、『起業の科学』と同様に実務書だ。経営や業務執行の際、そのかたわらに起き、必要な場面に応じて、読み返していただきたい。

例えば、マーケティングの課題にぶつかったときは「マーケティング」の章、人事の課題に直面したときは「人的資源」の章を開くという具合だ。

スタートアップ・バランス・スコアカードはアカデミックなフレームワークでなく、実践で活用するものと認識いた

だきたい。その特徴としては、

- これらの要素は、全て自分たちで手直しできるものであること
- また論点を要素分解することにより、CSF と KPI の設定ができること
- 一枚で、全体を見渡せること
- 因果関係になっているので、どういうレバレッジをかければよいか、そのベンチマーキングになること

CSF
Critical Success Factor：重要成功要因

KPI
Key Performance Indicator：重要業績評価指標

各要素の具体的な実装方法として、詳細は、それぞれの章に委ねていくが、大まかにここで説明しよう。

①各章で、要素ごとの説明やフレームワークや事例を説明する（各章でそれぞれの要素におけるフェーズごとのCSF ／ KPI の提示を行う）
②「MVV」の章を読んで、MVV を立ててみる（KPI を作る）
③ CXO は自社のフェーズを鑑みて、CSF ／ KPI は何かの仮説を立てる
④要素を組み合わせてみたスタートアップ・バランス・スコアカード全体を俯瞰してみる
⑤ 1 年後、2 年後、3 年後、N 年後（上場時）にそれぞれがどういう状態であるべきか状態ゴールを立てる
⑥状態ゴールに向けて課題をあぶり出して、実行／運用をする
⑦定期的に計測をして、どれくらい達成できたのか改善案などを検証する（③に戻る）

現在の自社の状態を、スタートアップ・バランス・スコアカードに当てはめて、プロットしてみて、「課題のあぶり出し」やあるべき「状態ゴール」を可視化・言語化するのに使っていただきたい。

また、成長するためのリソース配分や資金用途を明確にし、説明責任を果たしたり、ステークホルダーの納得度を高めたり、エクイティストーリー／ビジネスロードマップを構築するときに活用いた

▶図表0-05　スタートアップ・バランス・スコアカードを経営に活かす

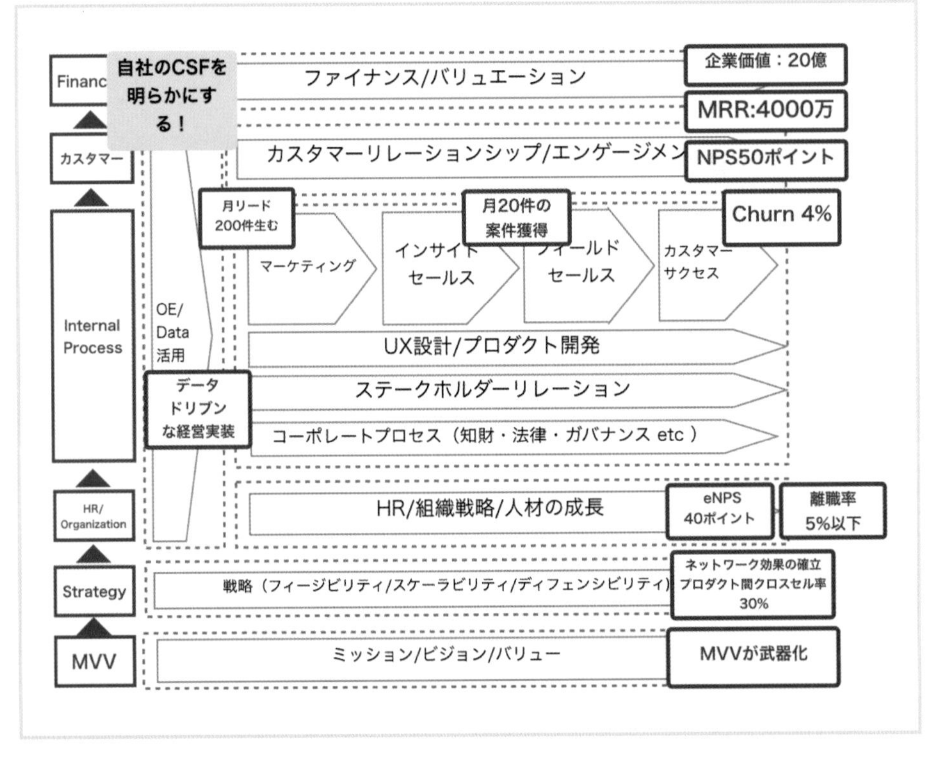

だきたい（図表0-05を参照）。

スタートアップの使命は、絶え間なく変化する外部環境の中で、売上と利益を上げて継続的に企業価値を高めていくことである。

だが、それはあくまで結果指標であり、その先行指標やキードライバーになる要素を理解し、ディレクションすることが「スタートアップCXO」に求められる。

本書を通じて、CXO同士だけでなくCXOとそのステークホルダー（投資家やチームメンバー）が共通言語を持ち、自分たちの事業の成長を志してほしい。

本書の読み方としては、順を追って読んでいただいてもよいし、自社の中で経営課題があると思う要素をピックアップして、読んでいただいてもよい。『起業の科学』は、多くの起業家から「デスクの上に置いて、毎日開いて読んだ」というフィードバックをいただいた。本書も、ぜひ、そのように使い倒していただきたい。

2020年夏
田所雅之

本書の提供する価値

1 スタートアップ経営に必要な要素の理解を理論と事例を通じて深めることができる。

2 理解を深めるだけでなく、実践で使えるフレームワーク、コンセプト、ツールを各要素で提供する。

3 各章の最後のCSFチェックリスト、本書の最後にあるステージごとに問うべき質問リストを活用することで、自社の現在のフェーズにおいて、何に注力するべきかを確認できる。

4 経営者だけでなく、経営メンバー（チームメンバー）の間で本書の内容を共有し、活用することで、社内の共通言語を作り、共通理解を深めることができる。結果として意思決定の質とスピードが高まるだけでなく、メンバー／ステークホルダーの納得性を高めることができる。

CONTENTS

はじめに
起業家が事業家へと進化するために必要な実践知をまとめた書

CHAPTER

1 ミッション・ビジョン・バリュー MISSION,VISION,VALUE

1 ミッション・ビジョン・バリューが、なぜ大事なのか

2 ミッション・ビジョン・バリューは、実務において最強の武器になる

CHAPTER

2 戦略 STRATEGY

CHAPTER
3 人的資源 HUMAN RESOURCES

CHAPTER

4 オペレーショナル・エクセレンス OPERATIONAL EXCELLENCE

CHAPTER

5 ユーザーエクスペリエンス USER EXPERIENCE

CHAPTER 6 マーケティング MARKETING

CHAPTER 7 セールス SALES

CHAPTER

8 カスタマーサクセス CUSTOMER SUCCESS

CHAPTER

9 ファイナンス FINANCE

4 お金を集める方法を知る

5 資金調達する相手を知る

FINAL CHAPTER
自分たちだけのストーリーが究極の競合優位性になる

CHAPTER 1

ミッション・ビジョン・バリュー

この章の目的

- スタートアップの土台である ミッション/ビジョン/バリューの本質を理解する
- 「MVVの武器化」とは何かを知る
- MVVの具体的な設定方法を学ぶ
- 事業の各フェーズにおけるMVVのキーポイントを押さえる

MISSION
VISION
VALUE

写真:iStock.com/3D_generator

▶図表1-01　スタートアップ･バランス･スコアカード

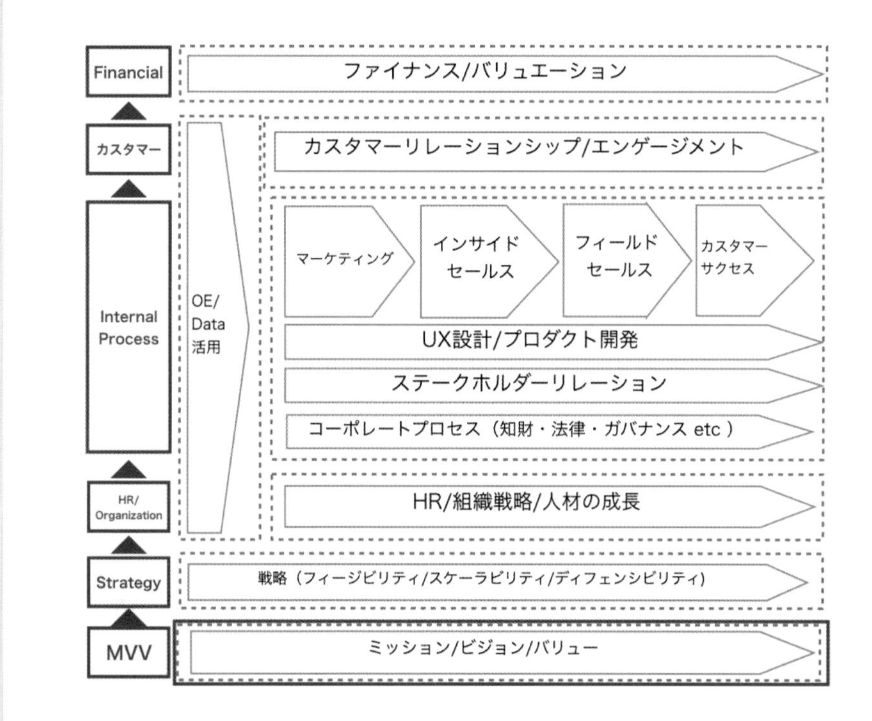

CHAPTER

1-1 MISSION VISION VALUE

ミッション・ビジョン・バリューが、なぜ大事なのか

スタートアップCXOにとってPMF後の最も重要な仕事の一つはミッション・ビジョン・バリュー（MVV）の策定である。CXOはMVVの策定を通じて最も本質的な問いをする必要がある。

- 我々はなぜその事業をやるのか？（Mission：ミッション）
- 我々はどこを目指すのか？（Vision：ビジョン）
- どのような基本指針／行動指針を持つのか？（Value：バリュー）

MVVの明確な言語化は、スタートアップにとっての最強の武器の一つになる。

CXOにMVVを作ったり、活用する能力が欠けていると、以下のような事態になり、成長の大きなボトルネックになってしまう。

- **企業のカルチャーを作ることができない**
- **会社のカルチャーに合った人を採用することができない**
- **メンバーのエンゲージメント（会社に対する愛着心）を高めることができない**
- **プロダクトの提案価値が弱くなる**
- **意思決定の質とスピードが落ちてしまう**

MVVは顧客に対する独自の価値提案（Unique Value Proposition）からなる

PMFできたとして、その後、真っ先に行うべきことは、ミッション・ビジョン・バリュー（MVV）の策定だ。

メルカリの小泉文明会長が「ミッションとバリューはプロダクトに紐づく」と述べている通り、MVVは、PMF後のタイミングで磨き込むべきものというのが本書のスタンスだ。

PMFとは、顧客に対する独自の価値提案が実証された状態のことである。これが実証できていない状態で、MVVをカチッと定めてしまうことは、どうしても「作り手」の発想になってしまう。

プロダクトという“仏”を作らなければ、ビジョンやミッションという“魂”を入れることはできない。

あなたの会社でMVVを作っていたとして、もしまだPMFできる確信がないなら、PMF後に改めて作り変えるぐらいの気持ちで臨むべきだ。実際にプロダクトを使って価値を感じた顧客の声

(Voice of Customer) を集めてみよう。それを社内に貼り出したり、並べてみよう。カスタマーの声の中から滲み出てくる言葉や熱い思いは何だろうか？　それが自分たちにとっての唯一無二のミッション・ビジョン・バリューを生み出す重要なインプットになるはずだ。

WHYから始めよ

世界中でベストセラーになった『WHYから始めよ！』（日本経済新聞出版）著者のサイモン・シネックは、社会を巻き込む力を持つリーダーは、「WHAT」ではなく、「WHY」から考え始める点が共通していると述べている。

優れた企業というのは、どんな大きなサイズになっても、まずはこの問いかけから始まる。「なぜ我々は存在するのか？」「顧客に対する我々の価値は何なのか？」

これらを自らに突きつけ、そこを起点にあらゆる意思決定をするのである。

図表1-02は、同書に出てくるゴールデン・サークルの図だ。一番外側の円にある「WHAT」とは、企業が提供するプロダクトやサービスを指す。次いでその内側の「HOW」は、プロダクトやサービスをどのような独自の手法で提供するかを指す。そしてWHYは、プロダクトやサービスをなぜやるのかを指している。サイモン・シネックは、周囲を感化できるリーダーは、必ず円の中心の「WHY」から始め、外側のHOW WHATへ向かっていくという考え方をすると述べている。しかし、凡庸で埋もれてしまう多くの企業はWHATから始めてしまうのだ。

WHYを起点にする

これについて、「3人のレンガ職人」の有名なたとえ話はご存じだろうか。道

▶ 図表1-02　なぜ、リーダーはWHYから始めるのか?

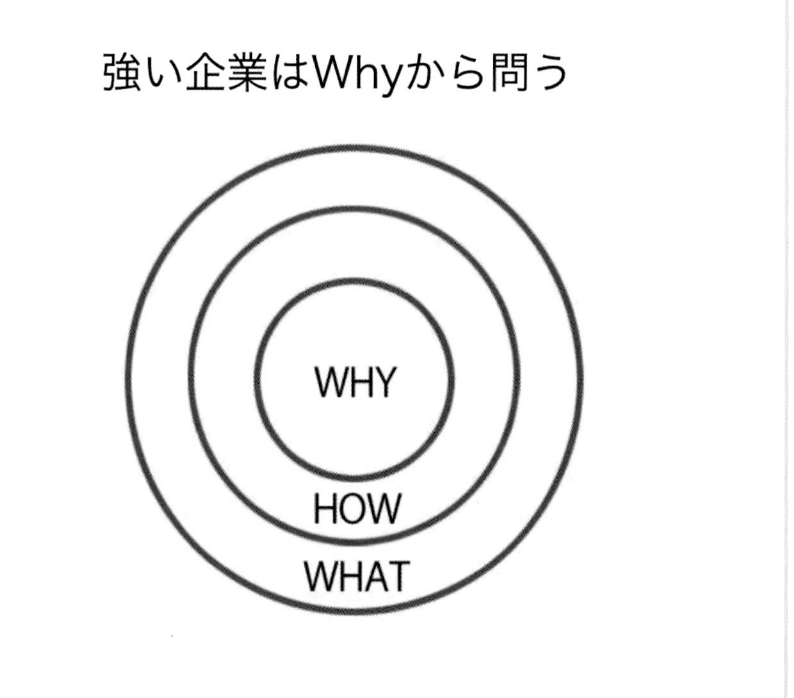

出典:『WHYから始めよ!』サイモン・シネック著、栗木さつき訳、日本経済新聞出版

端でレンガを積んでいる3人の男に、通りがかった男が「君たちは、何をしているんだい？」と尋ねるという話である。

1人目は、「レンガを積んでいる」と答え、2人目は、「時給をもらうために働いている」と答え、3人目は、「歴史に残る偉大な大聖堂を作っているんだ」と答えたというものだ。

プロダクトやサービスを売ることを最優先にしてWHATにフォーカスした企業で働く人は、「ひたすら、レンガを積むため」「金銭的報酬のため」に仕事をしている。つまり、「大義」や「意味」を考えずに、ただ単に「作業」をしている状態である。

しかし、「なぜ、このプロダクトやサービスを行うのか？」「我々は、なぜ我々が理想とする世界／社会を実現したいのか？」というWHYから熟考されたMVVが浸透している企業で働く人は、「歴史に残る偉大な大聖堂を作っている」という企業の存在価値に即したマインドを持てる。

この話が示唆しているのは、WHYから始めMVVを磨き上げた会社は、メンバーの「内発的動機」や「エンゲージメント（愛着心）」を引き出し、求心力や事業の推進力を高められるということだ。

WHYを起点としたWHY-HOW-WHATの対話とシナジーが重要

ゴールデン・サークルでは「WHYを起点にせよ」と言っている。私は、それに異を唱えないが、ことスタートアップにおいては、WHYを起点としたWHY-HOW-WHATの対話とシナジーが重要だと考える。

WHYが実現するのは、PMFしたプロダクト／UX（顧客体験＝WHAT）があ

▶図表1-03　WHY-HOW-WHATを同時に磨くことが重要

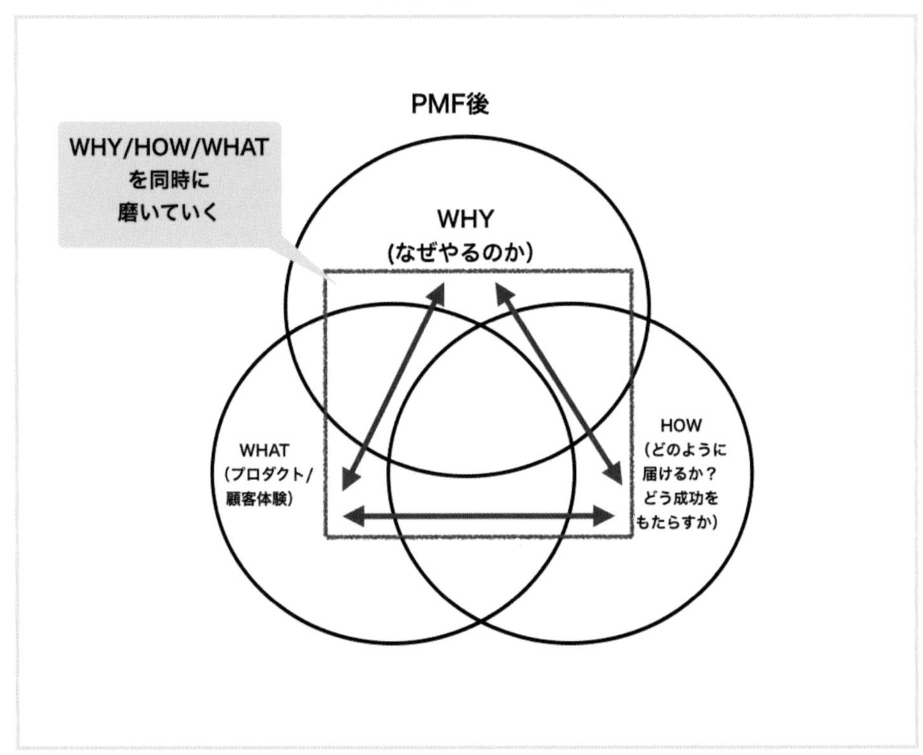

るからであり、顧客にどのように届けるか／どのように顧客に成功をもたらすか（HOW）も重要になるからだ。持続的競合優位性というのは、そういう重要な要素を掛け合わせて、統合することによって強化される。さらにそれが、その企業にとって唯一無二のストーリーを生んでいくのだ。

プロダクト（WHAT）に関しては、ユーザーエクスペリエンスのCHAPTER5、届け方（HOW）に関しては、マーケティング／セールス／カスタマーサクセスのCHAPTER6～8で詳しく解説する。

MVVを全体感で捉える

改めて、戦略／顧客を含めたMVVの全体感を捉えてみたい。図表1-04を見てほしい。これは、ミッション／ビジョン／バリューと顧客への独自の価値提案／戦略／戦術の関係性を図で表現したものだ。スタートアップは、現状（不便や不満の「不」が存在する世界）からビジョン（「不」が解消された世界）を目指していく。その過程で必要になるのが戦略であり、その戦略を施策レベルに落とし込むのが戦術である。それを実行するのはチームであり、チームの行動指針や基本方針を支えるのが価値基準（バリュー）である。その営みの全体を支えるのが経営陣（経営者）の思いや、自社の存在意義（ミッション）である。

改めて、ミッション（Mission）／ビジョン（Vision）／バリュー（Value）を定義してみよう。

- **ミッション（Mission）**
  自社が事業を通じて、社会にどのように貢献するか、社会で実現したいことは何かを示したもの

- **ビジョン（Vision）**
  自らの意志を投影した未来像のこと

▶図表1-04　**MVVは独自の価値提案の上に成り立つ**

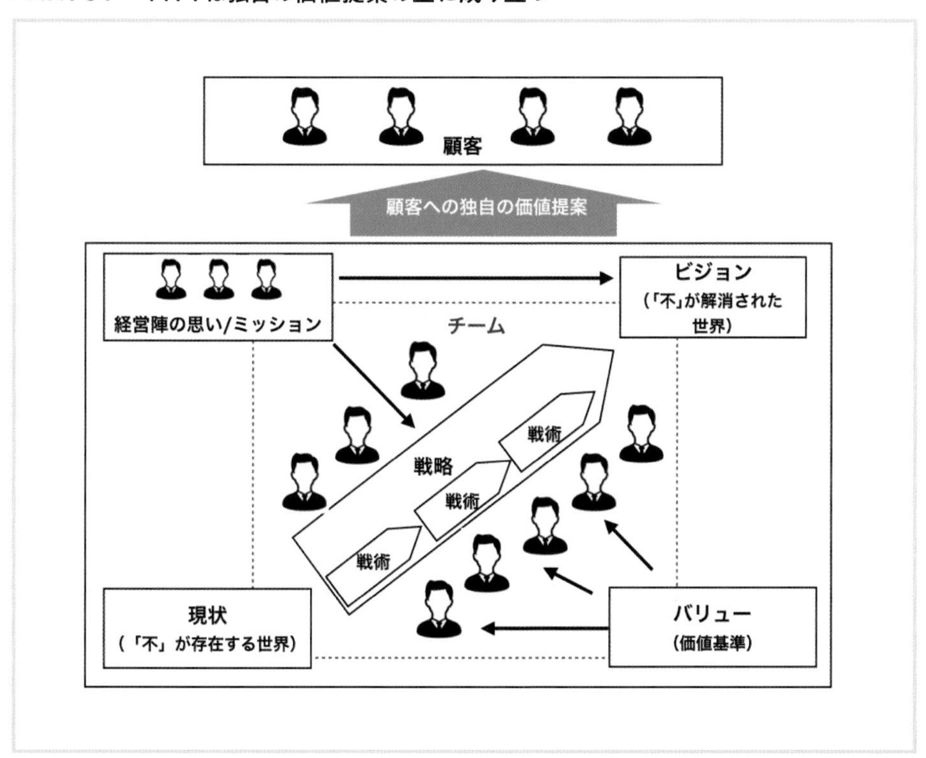

自分たちが心の底から達成したいと願う未来

- **バリュー（Value）**
取り組みについての優先すべき価値基準

前にも述べたが、前提条件として、MVVは、顧客に対する独自の価値提案が実証されていなければ成り立たないということだ。どんなに、心を動かす言葉でMVVを表現できたとしても、スタートアップにとって最も重要なステークホルダーである顧客に対して、その価値が訴求できなければ、意味はない。

一つの事例を紹介しよう。以下はソフトバンクのMVVだ。

ミッション（経営理念）：情報革命で人々を幸せに
ビジョン：世界の人々から最も必要とされる企業グループ
バリュー：努力って、楽しい。

ソフトバンクは、創業以来、一貫して、情報革命を通じて人と社会へ貢献することをミッションに掲げている。どんな事業を行う場合も、その事業が「情報革命のパワーを、人の幸せのために正しく発展させることができるか」を指針にしていることが分かる。株主説明会でも、最初にこのミッションが孫正義社長から読み上げられることが多い。

ビジョンには、「世界の人々から最も必要とされる企業グループ」とある。その実現のために、常に最先端のテクノロジーを導入し、最も優れたビジネスモデルを策定し、「人々を幸せに」するというミッションを推進している。

最近は、「新30年ビジョン」を発表。今後30年間でどのように人々の幸せに貢献できるのか、ソフトバンクがグループとして進むべき方向性を定め、今後300年間、成長し続ける企業を目指すことを孫正義社長自らが明言している。

ミッションとビジョンを見るだけでも、会社の進むべき道を照らす上で「大きな指針」になっていることが分かる。

では、それをどのような行動指針で実現するのか。バリューを見ると「努力って、楽しい。」とある。世界No.1企業を目指して情報革命で人々を幸せにするために、どのような心構えで日々の仕事に取り組むのか、その行動指針を、「努力」と「楽しい」に集約させている。

困難や無理難題に向かって突き進むのは大変だが、乗り越えた先には、達成感や顧客の笑顔がある。その努力は、楽しいものであるはずだ。その想いを日々の行動指針に一言で落とし込んでいる。

ソフトバンクでは、「努力を楽しむことができそうか」というのが新たな人材を獲得するときの、重要な基準になっていると読み解ける。

CHAPTER 1-2 MISSION VISION VALUE

ミッション・ビジョン・バリューは、実務において最強の武器になる

改めてMVVが実務上、なぜ強力な武器になるのか具体的に述べておこう。その理由は以下の通りだ。

1. 意思決定の質とスピードが高まる
2. 持続的競合優位性（ディフェンシビリティ）が高まる
3. 人材採用力が高まる
4. 組織を一枚岩にする
5. プロダクトの訴求力が高まる

それぞれについて解説しておこう。

1. 意思決定の質とスピードが高まる

経営者をはじめCXOにとって、何か問題が起きたときや課題に直面したと

▶ 図表1-05　MVVは意思決定の時間と質に影響する

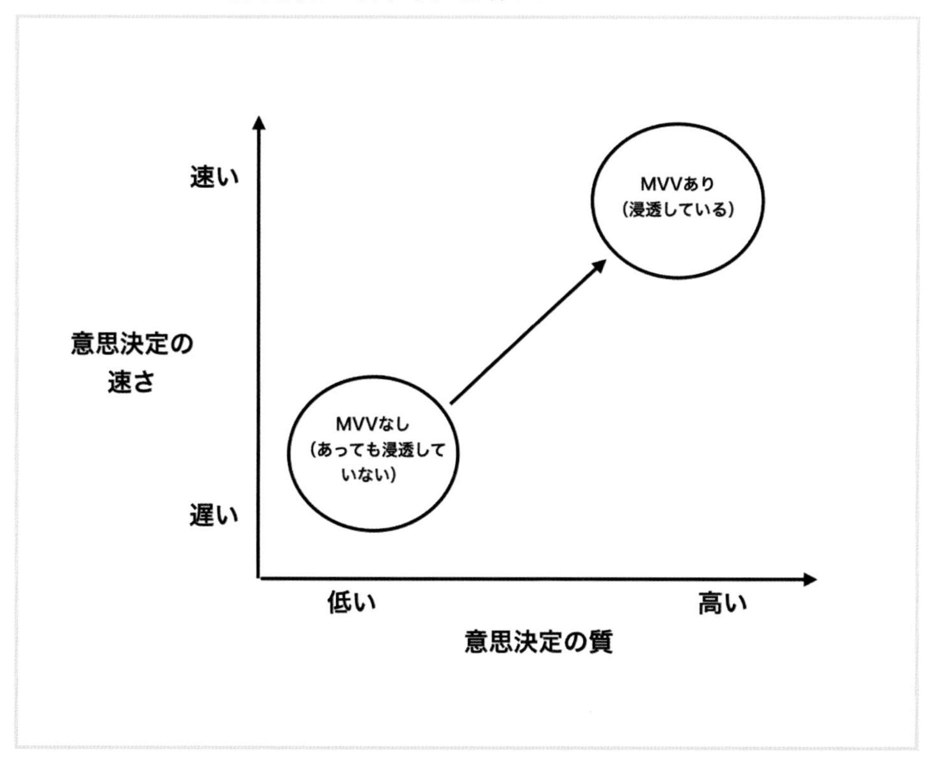

▶ 図表1-06　MVVや世界の見方は、簡単には真似できない

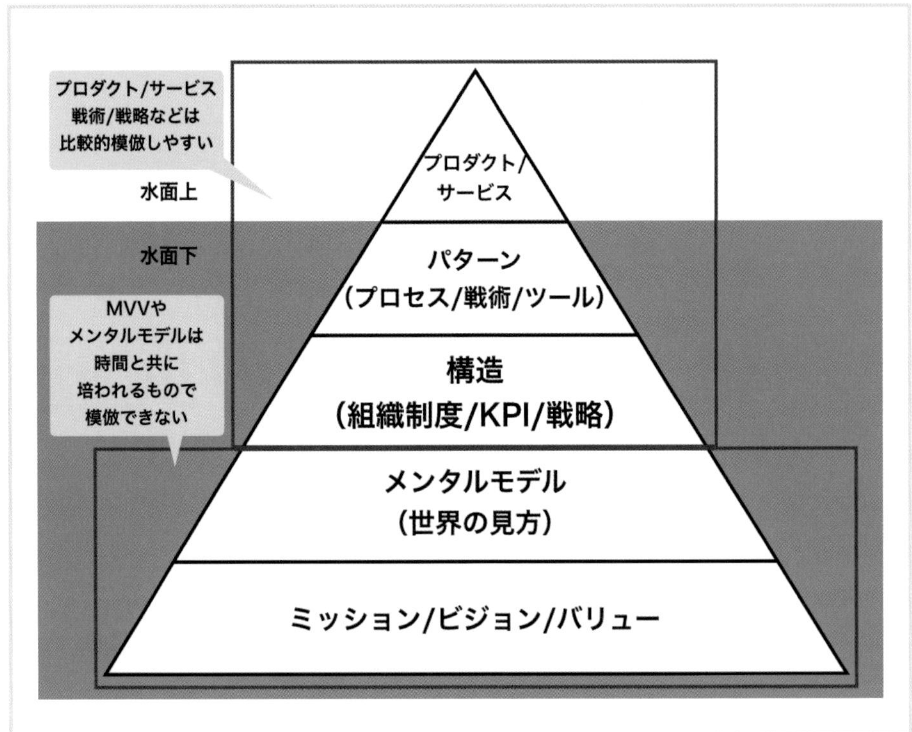

き、あるいは選択しなければならない場面に直面したとき、明確なMVVがあると、それに立ち返り、それに即しているかどうかを考え、迅速かつ一貫性のある意思決定ができる。

つまり、磨き込まれたMVVがあると意思決定の迷いが減るのだ。意思決定のスピードが速まり、かつ、質の高い決断を下すことができる。「AとBという選択肢があり、どちらも甲乙つけがたい。では、我々のMVVに即して考慮したときに、どちらが適切だろうか？」と考えることによって、意思決定による費用対効果（ROI）はどうか、という視点だけではなく、チームメンバーの納得感やエンゲージメントへの影響、ステークホルダーへの説明責任を持つことができる。

逆にMVVに立脚しない意思決定は、一貫性を損ねてしまうことになり、中長期的に見たときに、自社の強みや競合優位性を失ってしまうリスクがある。

2. 持続的競合優位性（ディフェンシビリティ）が高まる

独自の価値提案に基づいたMVVがあると、商品やサービスに対する持続的競合優位性（Defensibility：ディフェンシビリティ）が高まる。機能的なプロダクト、あるいは最先端のテクノロジーの詰まったプロダクトは、徹底的に分析すればコピーできてしまうが、経営者らCXOがこれまで築き上げてきたストーリーをもとにしたMVV、それに立脚したプロダクトは、簡単にはコピーされない（図表1-06）。

なぜなら、MVVとは経営者の生き様や、こだわり、フィロソフィーが色濃く反映されているものであり、その同じ年月と熱量をかけなければコピーできないからだ。

アップル製品は、技術面だけを見ればコピーできるかもしれないが、1976年

に産声を上げて以降、44年間培ってきた「Challenging the status quo」（＝現状に挑戦し続ける）というミッションはコピーできない。これは、次の「戦略」のCHAPTER2でも解説するが、独自のMVVは、その企業独自の「ストーリー」の構築につながり、中長期的に見て持続的競合優位性をもたらすのだ。

3. 人材採用力が高まる

スタートアップがスケールできない最も大きな原因の一つが「優秀な人材が採用できないこと」だ。特にPMF後の喫緊の課題は、「優秀な人材を採用できるか」に尽きる。

特に、採用難といわれる現代において、「優秀な人材を採れるか」はスタートアップの命運を決める。

「採用」については、ジム・コリンズの名著『ビジョナリー・カンパニー② 飛躍の法則』（日経BP）の中に「誰をバスに乗せるか」という有名な一文がある。「採用して働いてもらうこと」を「バスに乗ること」にたとえたものだが、MVVがあると誰を乗せるべきかが明確になる（これはエントリーマネジメントと呼ばれ、組織の命運を決める大事な要素だ）。

では、どんな人をバスに乗せればいいのか？　まず最初に見るべきポイントは「ミッション、ビジョンへの共感が高いかどうか、会社が打ち出すバリューに沿ったスタンスや態度を持っているか」だ。

例えば、前に述べたソフトバンクのバリューは「努力って、楽しい。」だった。「努力を楽しんだ具体的な逸話はありますか？」という質問を採用面接のときにしたら、その候補者のスタンスが、自社に合っているか見極められるだろう。

図表1-07を見てほしい。縦軸がスキ

▶ 図表1-07　欲しい人材のマトリクス

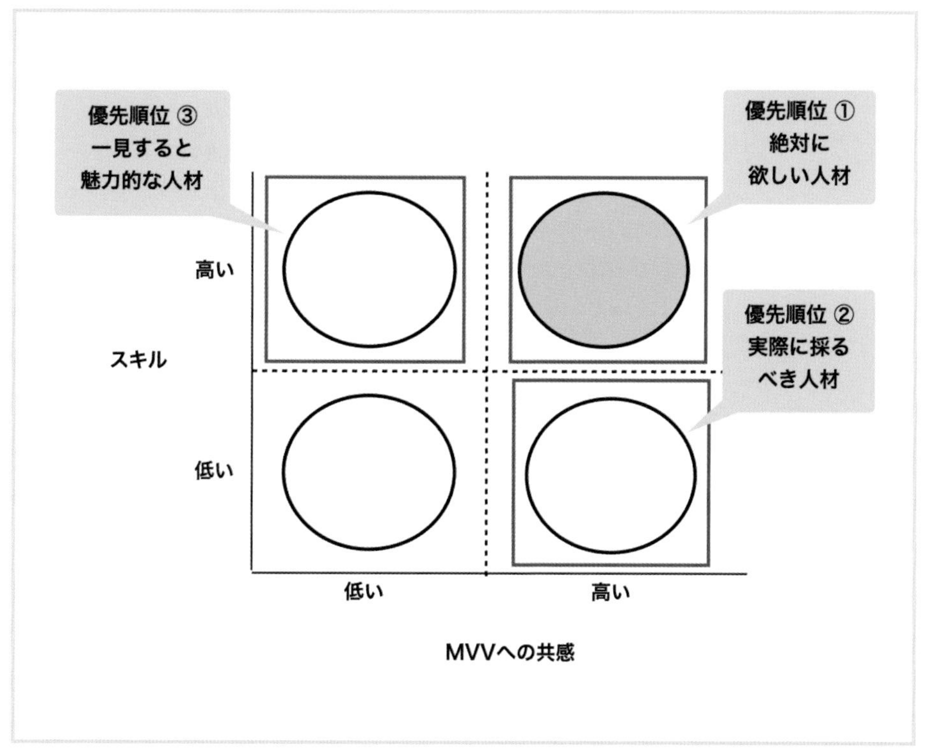

ルを、横軸がMVVへの共感の度合いを表している。最も欲しい人材は、右上にある「スキルが高くて、MVVへの共感が高い」人物だが、このようなハイスキル人材は、市場価値が高く競合するので、なかなか見つけることができない。

そうなると、スキルは高いがMVVへの共感の低い人材を採るか、または、MVVへの共感は高いがスキルがそこまで高くはない人材を採るか、という二者択一を迫られることになる。

こうした場合、左上の「MVVへの共感は低いが、スキルが高い」に該当する人に魅力を感じることはよくある。スタートアップは慢性的に人手が足りないので、即戦力になる人物を採用したい気持ちはよく分かる。

しかし、ただ単にスキルが高い人材が必要ならば、外注か業務委託でも十分対応できる。その方が人件費を変動費にできるので、事業継続のリスクを下げることにもつながる。

しかし、コアメンバーとして一緒に働く人材の場合には、「スキル」よりも「MVVへの共感」の高さを優先させ、将来の幹部社員となる人材を育てていくべきだ。

23ページの図表1-01のスタートアップ・バランス・スコアカードでのMVVの位置づけを改めて見てほしい。MVVはスタートアップの活動の全体の土台になっている。MVVが明確だと、戦略も明確になり、「誰をバスに乗せるか」を決めるエントリーマネジメントが機能する。

そういったメンバーは、エンゲージメントが高くなり、商品やサービスに魂を込めて仕事ができるため、カスタマーへの対応も格段に良くなる。結果、顧客の定着は高まり、財務パフォーマンスも良くなり、「正のスパイラル」が起きる。

一方で、MVVを不明確な状態で放置すると、戦略も不明確になり、「誰をバスに乗せるか」を決めるエントリーマネジメントが機能しなくなる。結果、エンゲージメントの低いメンバーが集まり、商品やサービスに魂を込めることができないため、顧客への対応も悪くなる。結果、財務パフォーマンスも落ちてしまい、「負のスパイラル」に陥ってしまうのだ（図表1-08）。

4. 組織を一枚岩にする

「“経営陣”がミッション・ビジョン・バリューについて、徹底的に検討を行い答えを出しておかなければ、組織のあらゆる階層のものが互いの違いに気づくことなく、反対方向に向かって努力を続ける」（『ドラッカー5つの質問』山下淳一郎著、あさ出版）とドラッカーは述べている。

スタートアップはPMFを達成し、資金調達してスケールフェーズに入ると一気に人数が増える。それまで数人規模の組織が、一気に数十人、数百人や場合によっては数千人に膨れ上がる。

一般に経営者が直接コミュニケーションを図れるのは30人までが限界と言われている。それ以上の人数になったとき、意思の疎通ができにくくなる。結果として、ドラッカーが警告しているように経営者の想いとは反対方向に間違った努力を続けたり、あるいは、働くうちに様々な疑問が湧いて意義を見出せなくなって離脱する人も出てくる。その状況に威力を発揮するのが「MVVによる訴求力／求心力」なのだ（図表1-09）。

経営陣は、「使命感」や「事業の意味」を念頭におきながら、日々仕事をしている。その周りにいるメンバーにも、その熱量は自然に伝播していく。

▶ 図表1-08　MVVが不明確なときに起こる悪影響

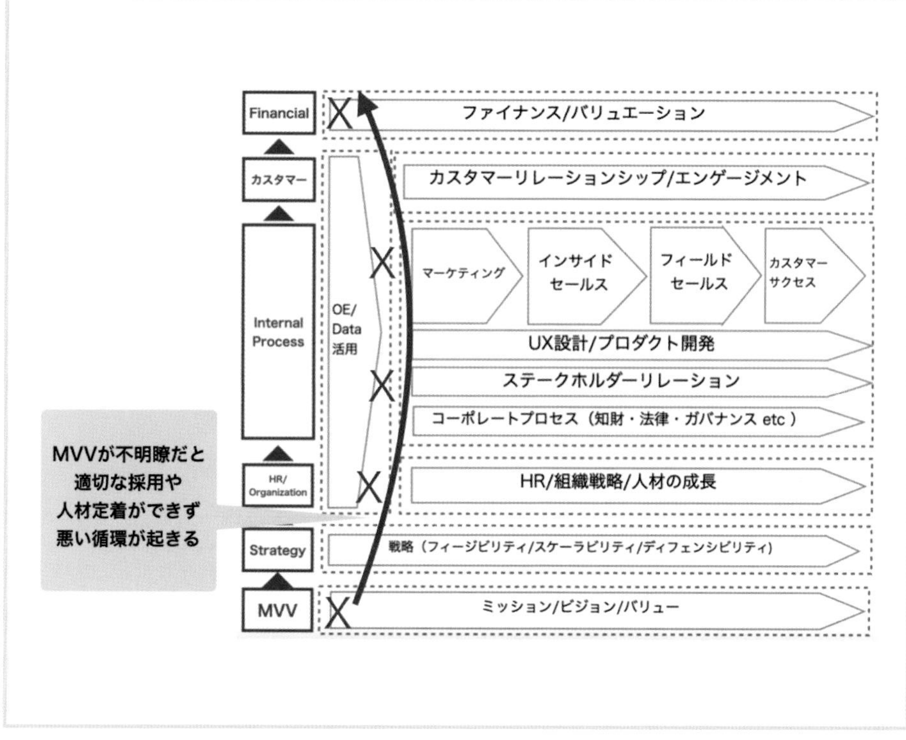

▶ 図表1-09　MVVは社員定着の訴求力や求心力となる

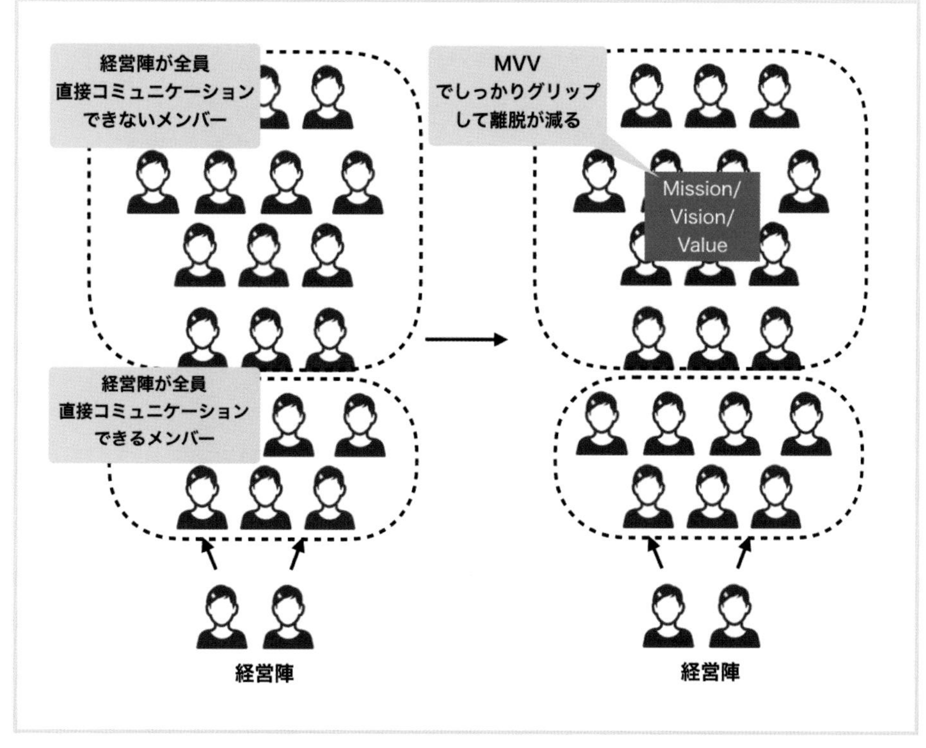

▶図表1-10　MVVがベースになって4つの学習ループが回る

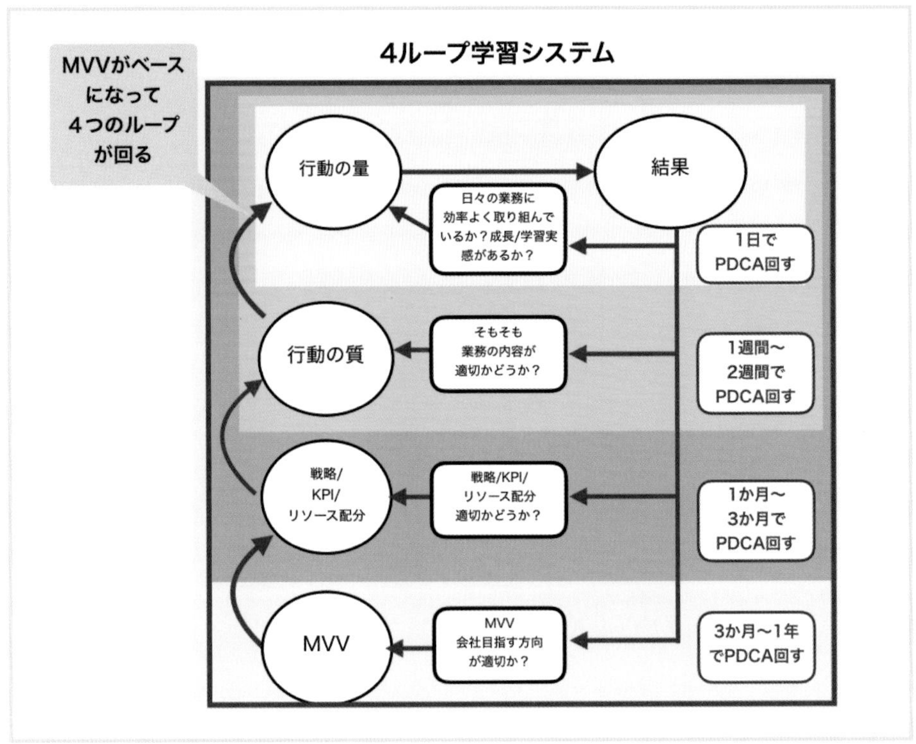

しかし、会社が大きくなるにつれて、熱量が段々と届かなくなってくる。そうなる前に、熱量を届ける仕組みが必要になる。例えば、1on1ミーティングなどの実装も有効だが、その土台にあるのはMVVになる。

1on1ミーティングのときなどにも「我々にはこういうビジョンがある。あなたならどう貢献したいのか？」という当事者意識を高めながらのコミュニケーションが可能になるのだ。

つまり、経営陣が直接、会話することができない（もしくは、その機会が少ない）メンバーが増えてきたら、「大義を達成するための仕事」と感じられる環境を整える必要がある。

MVVは、社内メンバーの気持ちをしっかりとグリップすることにつながり、これにより人材の定着率のアップが見込まれるのだ。

図表1-10を見てほしい。詳しくは「人的資源」の章で解説するが、組織としてどうやってパフォーマンスを発揮していくかを、頻度と検討する項目のレベルで、整理したものだ（私は4ループ学習システムと名付けた）。一番下のベースになっているのは、MVVであり、メンバーの日々のパフォーマンスを決める「行動」の前提条件／コンテクストになっているということだ。

このように、組織の土台にあるMVVは、誤解を恐れずに言えば、ときに「踏み絵」のような機能を果たすことになる。MVVに共感しているメンバーは、自ずとエンゲージメントが高まり、パフォーマンスを発揮して組織に貴重な人材として残る。

しかし、MVVへの共感がなかったり落ちてくると、パフォーマンスも落ちて自然とチームを離れていく。組織が健全に機能するには一定の新陳代謝が行われる必要があるが、無理なリストラを断行するのではなく、MVVへの共感度を一つの「踏み絵」として機能させることで、より自然な形で実行できるようになる。

5. プロダクトの訴求力が高まる

どのようなプロダクトを打ち出した後でも、MVVは進化させていく必要がある。後ほど紹介するが、フェイスブックは外部環境の変化に伴って、自社のミッションを変えた。

また、それに伴って、プロダクトの思想／UXも大きく変えた。絶え間なく変化する外部環境の中で、自社プロダクトのUX改善や、機能追加に関する意思決定をするときも、MVVとの対話が重要になる。

MVVのフィルターを通ったプロダクトは、どんどん本質的かつ独自の価値を追求するようになり、自ずと、訴求力や魅力が高まってくる。

「我々は、素晴らしいコンピューターを作っています。美しいデザイン、シンプルな操作方法、取扱いも簡単。一台いかがです？」

もしアップルが自らの本質を考えず、表面的な「機能」の視点（＝WHAT）のみでプロダクトを打ち出したとしたら、顧客にこのようなメッセージを発信していただろう（これは先に紹介したサイモン・シネック著、『WHYから始めよ！』に出てくる思考実験だ）。

しかし、実際のアップルのメッセージは以下のようなものだ。

「現状に挑戦し、他者とは違う考え方をする。それが私たちの信条です。製品を美しくデザインし、操作方法をシンプルにし、取り扱いを簡単にすることで、私たちは現状に挑戦しています。その結果、素晴らしいコンピューターが誕生しました。一台、いかがです？」
（出典：『WHYから始めよ！』サイモン・シネック著、日本経済新聞出版）

本質や存在意義の視点（＝WHY）か

▶ 図表1-11 **他者とは違う考え方をする**

写真：Getty Images

1) https://www.projectdesign.jp/201901/panasonic-next100y/005840.php

ら始めたアップルのメッセージは、自ずとこうなる。

「現状に挑戦する」という「WHY（なぜ、やるのか）」の追求を示すことで、顧客はアップル製品の持つ意味／世界観に共感できるし、ユーザーの「自己実現欲求」（＝アップル製品を身にまとった自分の姿を欲する欲求）に訴えかけることができる。

秀逸なミッション、ビジョンは継承される

いくつかの企業のミッションを取り上げてみよう。ユニクロは、ミッションの他にステートメント（Statement）という概念を最上段に掲げており、そこには、こう書いてある。

「服を変え、 常識を変え、 世界を変えていく」

この一文は、ユニクロの存在意義の全てを言い表している、秀逸な言葉ではないだろうか。2019年、ユニクロがフリースを発売して25周年を迎えたが、カジュアルなタウン着として定着させ、従来のアウトドアブランドでは考えられないような安さで提供したことは、「常識を変え」たと言えるだろう。ヒートテックについても、新しい下着の概念を生み出したことなどは、ミッションにそのまま当てはまる。アパレル業界における「常識」と言われることに果敢に挑戦しているのが分かる。

これを打ち出した柳井正社長が、最も強い影響を受けたのがパナソニックの創業者・松下幸之助が唱えた「水道哲学」だという。

「水道の水のように、低価格で良質な商品を豊富に供給し、人々が容易に手に入れられるようにするという『水道哲学』は、私の経営者としての原点であり、今も指針となっています」[1]

服も水道（水）と同様に、民主化が必要であり、ユニクロのミッションの根底にその考えがある。

「ユニクロは、『一部の人のための服』を日常着の世界に解き放った。例えば、登山用や特別な作業用の服で使われていた高機能な素材を、大量生産でスピーディに供給し、世界中の誰もが安心して買えるようにした。かつてのフリースブームは、その最初の成功例だ。ユニクロの服は、あらゆる人の生活をより豊かにするものであり、そのコンセプトは水道哲学にも通じる。私たちはアジア発で『服』の常識を覆し、グローバルブランドを目指しているのです」[2]

2) https://www.projectdesign.jp/201901/panasonic-next100y/005840.php

こうして松下幸之助から柳井正に引き継がれたように、秀逸な経営理念や哲学は、時代を超えて継承されていく。CXOは自分が憧れる会社や経営者の掲げるミッションを見て、もし響く言葉が見つかれば、「なぜ、この言葉が自分に響くのか？」ということを内省してみると良いだろう。

ミッション、ビジョンは「進化」する

ミッションは環境の変化に基づき進化する。フェイスブックのミッションは「making the world more open and connected（世界をよりオープンにし、つなげる）」だったが、2017年に、「give people the power to build community and bring the world closer together（人々にコミュニティ構築の力を提供し、世界のつながりを密にする）」に変更した。

フェイスブック創業者のマーク・ザッカーバーグによると、人々につながるための手段（フェイスブック）を提供すれば世界は自然と良くなっていくと考えていたが、「社会はいまだに分断されていると感じた」ことが発端となっている。

▶図表1-12　**フェイスブックの創業者マーク・ザッカーバーグ**

写真：Getty Images

フェイスブックの月間アクティブ利用者数は20億人を超えた。つながりの“広さ”は世界規模になったが、一方で「グローバルで分断化」が進んでいると言われている。その状況を鑑みて「つながりの“深さ”」に軸足をシフトしたという。

日本でも、グローバルでも、かつてコミュニティとしての役割を担っていたものの存在が薄くなっている傾向があり、それをテクノロジーを使ってオンラインなつながりで補完できる存在になるという覚悟が垣間見られる。その言葉通り、フェイスブックは2018年からコミュニティ機能を強化した（投稿予約、リクエストフィルター、グループルールの作成など）[3]。

今はVUCA（ブーカ）の時代と言われている。Volatility（変動性）、Uncertainty（不確実性）、Complexity（複雑性）、Ambiguity（曖昧性）の略だが、あらゆるものが複雑になり、変化のスピードが上がり、その振れ幅も大きくなっている。そういった状況において、起業家は常に、アンテナを研ぎ澄まし、時代の変化や時代が求めるものを察知しなければならばならない。マーク・ザッカーバーグが行ったように、ときにMVVを進化させていく必要があるのだ。

3）https://toyokeizai.net/articles/-/190513?page=2

CHAPTER

1-3 MISSION VISION VALUE

ミッション・ビジョン・バリューを策定する

会社のDNAとも言えるMVVをどのように策定すればよいのだろうか？PMF前からミッションやビジョンを掲げてきたという会社も、明文化していないことは多々ある。「こんな世界観を作りたい」という思いがあり、ときに仲間と共有することはあっても、わざわざ言葉に落とし込むまではしてこなかったという人もいるだろう。

しかし、内に秘めて言語化していなければ重要なステークホルダーに伝わらないし、そのステークホルダーを「動かす」ことはできない。

「スタートアップとは、君が世界を変えられると、君自身が説得できた人たちの集まりだ」

とアメリカの投資家ピーター・ティールが述べているように、「伝えること」（＝Story Telling）は起業家にとって、非常に重要な活動の一つだ。

肝心なのは、**経営者自らが「言葉に落とし込んで、書き記す」という作業を行う**ことだ。文章で表明し、強調することで、MVVはスタートアップにとって最強の武器になる。世にある既存企業のMVVが形骸化している実態の中で、競合優位性を構築することができるのだ。

策定に先立ち、スタートアップで大きな成長を遂げた企業や優良企業など他社のミッションやビジョンを数多く見ておくことをおすすめする。多くの人を突き動かしている企業のミッションやビジョンは、短い一言でも研ぎ澄まされており、人の心に響く強烈なインパクトを持つ優れたものが多い。自分たちの生き様やフィロソフィーとプロダクトを照らし合わせながら、練りに練って磨き上げたからに他ならない。

良いミッションの5つの切り口

「明確かつ焦点の定まったミッションだけが、組織を一つにする」

と威大な経営学者のピーター・ドラッカーは語っている。ミッションとは、自社が事業を通じて社会にどのように貢献するか、社会で実現したいことは何か、を言語化したものだ。会社の存在意義を明確にし、長期的な指針にすべきものになる。

良いミッションを考える切り口は、次の5つだ。

1. **「当たり前大義」を並べない**
2. **聞いた人や口に出した人が、エネルギーを生み出すことができるか**

3. 自社の強みに合っているか
4. 10年後も使えるか
5. 顧客は誰か明確にできているか

1.「当たり前大義」を並べない

良いミッションは、自分たちがターゲットにする顧客への独自の価値提案に立脚している。「社会に貢献します」「お客様のお役に立つよう努力します」「企業価値を高めます」「社員を幸せにします」といった文言だけが並ぶミッションは、「独自のものではない」という意味でNGだ。

大手銀行などのミッションを見てみると、これらの「当たり前大義」が並んでいるだけだ。抽象的な上に非常に長い文章で、全く頭に残らない。

私は、それらの銀行の方々に自社のミッションについて尋ねたことがあったが、スラスラ出てくる人は皆無だった。残念ながら、結果として顧客への独自の価値提案はほとんど見当たらず、「銀行のミッションは、銀行を存続させることではないか？」と勘ぐってしまうほどだ。

高度成長期で会社の業績が毎年右肩上がりだったり、終身雇用がある程度約束されていた時代だったら、「成長」「明日はもっと良くなる」という期待で、組織の求心力と推進力を高めることができただろう。MVVを掲げる意味はさほどなかったのだ。

グーグルの「Googleの使命は、世界中の情報を整理し、世界中の人がアクセスできて使えるようにすること」というステートメント然り、メルカリの「新たな価値を生みだす世界的なマーケットプレイスを創る」、無印良品の「日本の基本から世界の普遍へ」然り、その企業ならではの「独自の価値提案」は大きなポイントになる。

ただ、この「独自の価値提案」はプロダクトに紐づいていなければ意味がない。当たり前の大義ではなく、顧客に対し、いかに独自性のある言葉で分かりやすく伝えられるかを、ぜひ考えてほしい。

2. 聞いた人や口に出した人が、エネルギーを生み出すことができるか

良いミッションは、文字にしたときに、心の底からパッションが湧き上がる効果があることにも注目したい。ユニクロの「服を変え、常識を変え、世界を変えていく」というミッションを目にしたとき、もし、ファッション業界に関わる人ならば、熱い思いがフツフツと湧いてくるのではないだろうか？　ミッションに込められた想いがストレートに伝わると、ミッションに賛同したい、ひいては、「この会社で働いてみたい」という気持ちを喚起させることにもつながる。

3. 自社の強みに合っているか

良いミッションは、自社の強みに立脚するべきである。躍進した企業を分析した名著『ビジョナリー・カンパニー② 飛躍の法則』の中の最も重要なコンセプトである「針鼠（ハリネズミ）の概念と三つの円」をご存じだろうか？　狐はいろんな作戦を立てて針鼠を仕留めようとするが、針鼠は自分の強みを最大限に活かして体を丸めて針を出す。自社の本質を見極めて、武器を研ぎ澄まして狐に勝つ。自社の強みをきちんと言語化できている会社が強いことを示唆している。

針鼠の概念は3つの側面を捉えている(図表1-13)。以下のようにCAN-NEED-WANTで捉えると言語化しやすい。

1. 自分たちが世界一になれる部分はど

▶ 図表1-13　針鼠の概念と三つの円

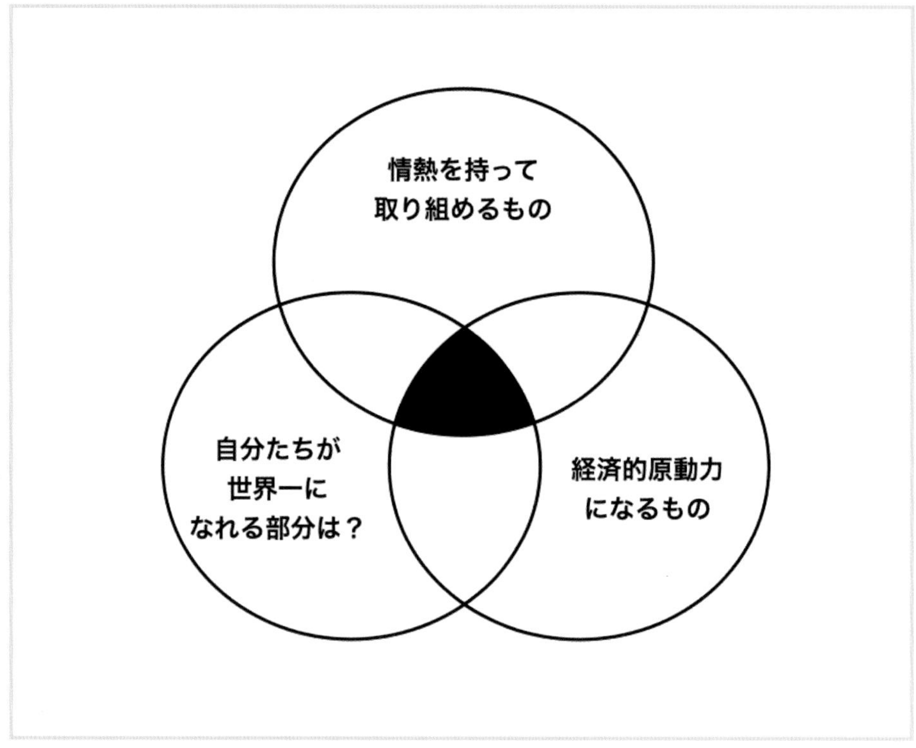

出典:『ビジョナリー・カンパニー② 飛躍の法則』ジム・コリンズ著、山岡洋一訳、日経BP

こか、自分たちが「できること（CAN）」を考えること

2. 経済的原動力になるものは何か、社会から「必要とされていること（NEED）」を考えること
3. 自分たちが情熱を持って取り組めるものは何か、平たく言えば、自分たちが「やりたいこと（WANT）」を指す。

4. 10年後も使えるか

この3つに加えて、「10年先も使えるものになっているか」が良いミッションかどうかを見極める重要なポイントだ。10年後は、社会や市場を取り巻く状況が様変わりしている。それでも普遍的に変わらない価値があるかどうか。

例えば、ユニクロの「服を変え、常識を変え、世界を変えていく」というミッションは、そうした外的要因に左右されることはない。会社の本質的な存在意義を掲げたミッションは不変なのだ。

ミッションは長期的な指針として考えたい。これは、図表1-14を見ても分かる。フェイスブックの創設者マーク・ザッカーバーグは、ミッションを達成するのは非常に時間がかかるが、その分、何兆円もの価値になると述べている。

自分たちが取り組もうとしている課題や領域は、10年間でどのように変化する可能性があるのか。あわせて、10年後、顧客はどう変わるのか、それにより顧客への価値提案はどう変わるのか、についてもCXOの間で十分に議論した上で、長期的な指針になるミッションを考えたい。

5. 顧客は誰か明確にできているか

顧客に対する価値提案が明確であることが、優れたミッションを生み出すための重要な前提条件になる。自分自身の事

▶図表1-14　ミッションは長期的に機能して企業価値を生む

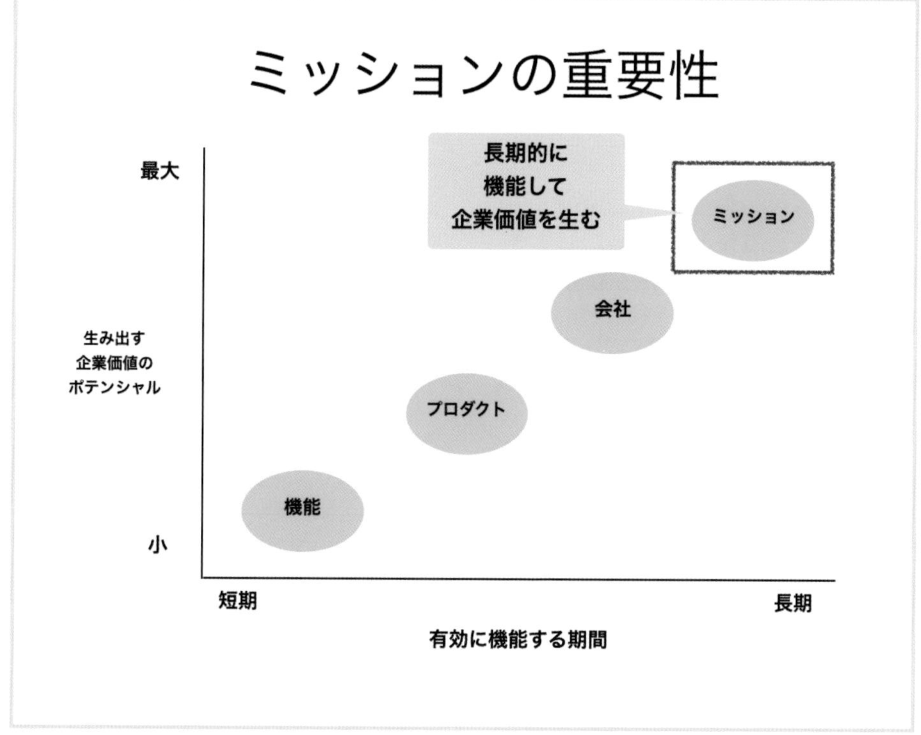

業を「誰の」「何を（どんな課題を）」「どのように解決する」というシンプルな一言で表現できるだろうか？

特に重要なのが「誰」の視点である。優れたプロダクトやユーザーエクスペリエンス（UX）を提供するには、自分がターゲットにしているユーザーの視点が非常に重要になる。もし、経営陣やメンバーの間で「誰」（＝ターゲットユーザー）に齟齬があれば優れたプロダクトを生み出すのは難しいだろう。

私がスタートアップで相談にくる人によく伝えるのが、「自分たちのプロダクトを通して顧客がどのように幸せになったのか？　どう幸せになってほしいのか？　について明確にしよう」ということだ。

これは「誰の（WHO）、何を（WHAT）、どのように（HOW）」を明確にすることにもつながるが、自分たちがターゲットにする顧客は誰で、自分たちの商品やサービスを使うことでどのように成功したのか（感動したのか）を改めて、自らに問うていただきたい。

ビジョン

ビジョンとは、自らの意思を投影した未来像のことだ。自分たちが心の底から達成したい願いについて考えることを意味する。長期的な視点で「社会で実現したいこと、社会に貢献できること」などの自分たちの存在意義を掲げるのがミッションである。ミッションの強力な実現に向け、なるべく具体的に実現したい未来像になるように落とし込み、磨き上げていくのがビジョンだ。

ビジョンを明確にすると、メンバー全員がどこに向かうかという社内の共有目標がはっきりと定まる。結果として、迷いが減り意思決定のスピードが速くなり、ビジョンからの距離を逆算する視点を持つと、意思決定の質も高くなる。

ビジョンを描くときに、ビジョンが達

成した未来の「世界の情景」を具体的に表現するのも非常に有効な手段だ。言語化だけでなく、ビジュアル化することで、メンバー同士のイメージの齟齬が減る。

Our Vision is to be Earth's most Customer centric company.
我々のビジョンは世界で最も顧客中心の会社になることだ。
――ジェフ・ベゾス

アマゾン創業者のジェフ・ベゾスが1999年にインタビューを受けた動画(Jeff Bezos In 1999 On Amazon's Plans Before The Dotcom Crash)で、彼は何度もカスタマー・セントリック(顧客中心)という言葉を用いていた。1994年の創業から5年、まだ規模は小さかったうちから、「顧客中心」というビジョンは明確だったのだ。その後の20年で、アマゾンは時価総額100兆円を超える企業にまで成長するが、まさにその原動力になったのが、このビジョンだろう。

障害のない社会をつくる

「障害のない社会をつくる」
これは、障がい者の就職支援サービスなどを行うLITALICO(本社/東京)のビジョンだ。そのビジョンの下には、次のように書かれている。

障害は人ではなく、社会の側にある
社会にある障害をなくしていくことを通して
多様な人が幸せになれる「人」が中心の社会をつくる

非常に具体的な世界観である。抽象的な言葉だけでは、どうしても解釈をメンバーに委ねてしまうところがある。しかし、上記のように、「こういう社会」を実現していくという具体的なステートメントがあると、社員やまわりへビジョンの伝わる力は格段に上がるだろう。

未来のビジネスエコシステムを築く

アリババは未来のビジネスエコシステムを築くことを目指す。お客様がアリババで出会い、仕事をし、生活すること、そしてアリババが少なくとも102年以上続くことを思い描いている。

これは中国最大手のインターネットカンパニー、アリババのビジョンだ。「102年」という言葉が目を引く。アリババは1999年(20世紀)に生まれた会社だ。したがって、102年続くことは3世紀に亘ることを意味している。そのために文化・ビジネスモデル・システムは、長期でのサステナビリティを実現できるように設計されているということだ。

理想の未来から逆算してビジョンを策定する

また、今の時代はSDGsの要素を吟味して、ビジョンに取り込むことも有効だろう。SDGsとは、「持続可能な開発のための2030アジェンダ」(2015年9月の国連サミットで採択)にて記載された2030年までに持続可能でよりよい世界を目指す国際目標のことだ(図表1-15)。

17のゴール・169のターゲットから成っている。地球上の「誰一人取り残さない(leave no one behind)」ことを宣言している。SDGsで描かれている世界観へのシフトは、5～10年単位というスパンのトレンドの変化というレベルではなく、50～100年単位での社会システム全体の変化である。

しかし、実際にSDGsが実現されていくのは、少し先の未来になるだろうが、

▶ 図表1-15　**SDGsをビジョンに取り込む**

SDGsの要諦

普遍性：先進国を含め、全ての国が行動
包摂性：人間の安全保障の理念を反映し「誰一人残さない」
参画型：全てのステークホルダーが役割を
統合型：社会・経済・環境に統合的に取り組む
透明性：定期的にフォローアップ

出典:https://www.mofa.go.jp/mofaj/gaiko/oda/sdgs/pdf/2001sdgs_gaiyou.pdf

その未来を思い描いて、「バックキャスティング」（＝現在の延長線に未来を描くのではなく、理想の未来を決めそこから逆算して、今必要なことは何かを考える）してみると、ビジョンの鮮明さが増すかもしれない。

日本では無名だが、SDGsをビジョンだけではなくオペレーションレベルで体現しているEverlane（エバーレーン）というアメリカの小売業者のD2C（Direct to Consumer）スタートアップがある。

彼らが掲げている「我々は誰でも違いを生み出せる（We can all make a difference）」というビジョンをベースにして、徹底した価格の透明性と環境配慮を追求している（製造にかかったコストや移動にかかったコストを透明にする。また、デニム製造でどれくらい水をリサイクルしているかを示している）。

このビジョンとブランドコンセプトに共感して、特にミレニアル世代やジェネレーションZ世代から、多くの支持を集めている。

良いビジョンの5つの基準

良いビジョンの基準は、以下の5つあるので参考にしていただきたい。

1. ワクワク感

自分自身がワクワクし、そのビジョンのことを考えるだけで毎日仕事がしたくなってしまうような未来像のこと

2. 巻き込む力

優れたビジョンとは人や組織の固有のものでありながら、多くの人に「私の夢でもある」と思わせる力を持っている

3. インサイトフル

優れたビジョンとは自分が独自で持っ

ている視座やインサイト（本音）がベースになっている

4. 世界観がクリア
ビジョンを達成した世界の情景がありありと想像できる

5. 未来志向／PMF志向
今の世界に最適化するのではなく、少し先の未来に対して最適化していくというスタンス

バリュー

バリューとは、組織の取り組みにおいて優先すべき価値基準を指す。経営者の想いを言語化したミッションがベースにあり、それをもとにした数年先までの未来像を描くビジョンがある。

一方でバリューは、現在の状態（As-Is）からあるべき姿（To-be）のギャップを埋めていくための戦略や戦術を実行するに当たって、メンバー一人ひとりが日々の業務や顧客との向き合い方の行動規範を策定したものになる。

企業の文化をぶち壊すな。企業文化とは、情熱を持って何かに取り組む時に、共通言語となるものである

とAirbnb（エアビーアンドビー）の共同創業者のブライアン・チェスキーも述べている。

組織が大きくなってきたら、経営メンバーやCXOはいちいち、各現場の意思決定に関わることはできない。そこで威力を発揮するのが、バリューである。

バリューは実務上使わなければ意味がないので3つぐらいに絞り、簡潔にまとめるのが望ましいだろう（多すぎると覚えられず、日々の行動に反映する意識を持つのが難しくなる）。例えば、以下のようなものだ。

Go Bold（大胆にやろう）
世の中にインパクトを与えるイノベーションを生み出すため、全員が大胆にチャレンジし、数多くの失敗から学び、実践します。

All for One（全ては成功のために）
一人では達成できない大きなミッションを、チームの力を合わせ、全員が最大のパフォーマンスを発揮することで実現します。

Be a Pro（プロフェッショナルであれ）
メンバー全員がその道のプロフェッショナルとしてオーナーシップを持ち、日々の学びを怠らず、成果や実績にコミットします。

以上はメルカリのバリューだ。メルカリの幹部の方と話す度に、驚かされるのはバリュー浸透の徹底ぶりだ。

「このバリューやカルチャーにそぐわない人が一人いれば、それは、20人分の力を奪うことになる」というある幹部のコメントが印象的だった。

メルカリで働くメンバーは、この3つのバリューと自分の行動を照らし合わせながら、日々の仕事にまい進している。仕事をする中で迷ったときは、ここに立ち返って適切な行動をとることが奨励されている。

地球上で最も顧客中心の会社

Customer Obsession
カスタマーを起点に考え行動する

これはアマゾンのリーダーシッププリンシプルのうち一番最初に書かれている一文である。アマゾンは、ミッションやビジョンで「地球上で最も顧客中心の会社」と謳っているが、その想いは、バ

リューでも変わらない。商品の品揃えを豊富にするのも、安く提供するのも、早く届けるのも、全ては顧客のために何ができるか考えた結果なのだ。

最も重要な株主（ステークホルダー）は地球である。"地球にとって正しいか"が我々のビジネスの基準です

これは登山、サーフィン、アウトドア用品などを手がけるPatagonia（パタゴニア）のバリューだ。会社が何を優先しているのかがよく分かる非常に秀逸なバリューだ。

グーグルが掲げる10の事実

グーグルも「グーグルが掲げる10の事実」として基本的な行動指針を打ち出している。

1. **ユーザーに焦点を絞れば、他のものはみな後からついてくる。**
2. **一つのことをとことん極めてうまくやるのが一番。**
3. **遅いより速いほうがいい。**
4. **ウェブ上の民主主義は機能する。**
5. **情報を探したくなるのはパソコンの前にいるときだけではない。**
6. **悪事を働かなくてもお金は稼げる。**
7. **世の中にはまだまだ情報があふれている。**
8. **情報のニーズは全ての国境を超える。**
9. **スーツがなくても真剣に仕事はできる。**
10. **「すばらしい」では足りない**[4]。

グーグルのメンバーは上記のことを踏まえて、新たに採用するメンバーに、「スマートクリエイティブ」という要件を求めている。
「スマートクリエイティブ」とは高度な専門知識を持つだけでなく、経験値も高く、実行力に優れ、単にコンセプトとして考えるだけでなく、プロトタイプを作る人間であり、データを扱うのが得意で、ビジネス感覚も優れ、競争心も旺盛で、ユーザーのこともよく分かっていて、リスクを厭わず、自発的であるなど、ビジネスに不可欠な全ての要素を兼ね備えた最高の人物となっている。

グーグルの素晴らしい業績を支えているのは、まさに中にいる人であり、その人たちをエンパワーする（力を与えている）バリュー／カルチャーだ。

フェイスブックのコアバリュー

フェイスブックのコアバリューは以下の5つだ。

1. **影響を見据える／Focus on Impact**
2. **素早く動く／Move Fast**
3. **大胆になること／Be Bold**
4. **オープンであること／Be Open**
5. **ソーシャルバリューを確立する／Build Social Value**

フェイスブックは重要な意思決定をする際に、この5つに沿っているかどうかを確認するという。バリューも、実践に即して活用できないと形骸化してしまう。日々の実務の中で、使えるかどうかを確認しながらアップデートを継続していくのだ[5]。

スタートアップがPMF後に一気に拡大しスケールすると壊れることがある。スケールして組織が大きくなると、当初は浸透していたミッションやビジョン、それに伴うバリューが行き渡らなくなることがあるからだ。

小さな綻びはどんどん大きくなり、気づいたときにはメンバー一人ひとりの想いはバラバラな方向を向いてしまい、会社は脆くも崩れてしまう。ピーター・ティールも「文化が壊れるとプロダクトを作る原動力となる土台が壊れることに

4) https://www.google.com/intl/ja/about/philosophy.html

5) https://www.youtube.com/watch?v=eqxNtEc4rzc

▶図表1-16　定期的にMVVをチェックする

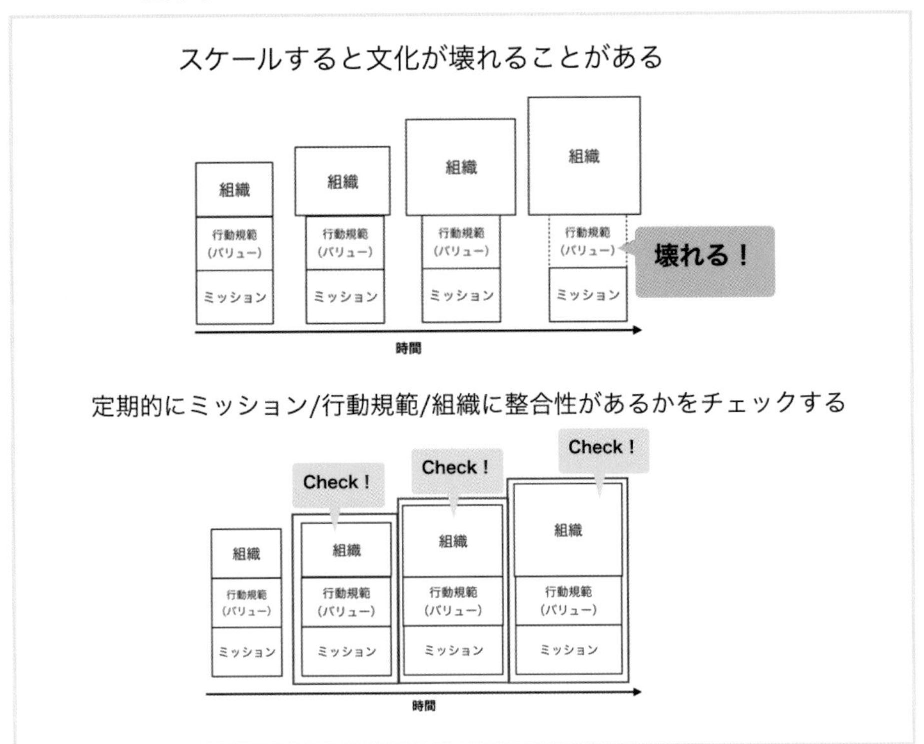

なる」と述べている。

だからこそ、会社がスケールするタイミングで、適宜、MVVに整合性があるかをチェックしなければならない（図表1-16）。そのためには、例えば、定期的なオフサイトミーティングなどを通じて、チームメンバーからフィードバックを得てMVVを随時、進化させていくことが重要だ。

アマゾンがザッポスを12億ドルで買収した理由

2009年、Zappos（ザッポス）という靴のネット通販の会社がアマゾンに約12億ドルで買収された。買収された理由は、「企業文化」だった。

ザッポスは、電話での顧客からのオーダーや質問、リクエストを積極的に受け付けるため、24時間年中無休で稼働しているコンタクトセンターを設置するなど、サービスを核にした企業文化をゼロから作り上げた。アマゾンは、靴という機能ではなく、靴を売るための文化を高く評価したのだ。

アマゾンは当時から、購入後も顧客との継続的な関係を築く必要性について考えており、こうしたサービスを核とした企業文化こそが差別化を図る大きな要因の一つになることを理解していたのだろう。MVVを掛け合わせたカルチャーは、高いバリュエーションの根拠になるのだ。

自分たちのMVVを体現／言語化した「クレド」を考える

ここでザ・リッツ・カールトン・ホテルのクレドを例に挙げたい。クレドとは、企業が大切にしている信条やポリシーのことだ。ミッション、ビジョン、バリュー（MVV）のうち、日々の行動指針であるバリューに近い。

リッツ・カールトンのクレドは、それによって顧客にもたらす体験や経験を明確にし、「ここに泊まるのは、意味がある」と思わせてくれる。

クレド
リッツ・カールトンはお客様への心のこもったおもてなしと快適さを提供することをもっとも大切な使命とこころえています。
私たちは、お客様に心あたたまる、くつろいだ、そして洗練された雰囲気を常にお楽しみいただくために最高のパーソナル・サービスと施設を提供することをお約束します。
リッツ・カールトンでお客様が経験されるもの、それは、感覚を満たすここちよさ、満ち足りた幸福感そしてお客様が言葉にされない願望やニーズをも先読みしておこたえするサービスの心です。

リッツ・カールトンに泊まれば感覚を満たす心地よさ、満ち足りた幸福感という体験ができる。顧客は、単に機能的なホテルという「モノ（サービス）」を買うのではなく、意味を見出せるホテルだから泊まりたい、その空間を体験したいと思う。価値ある「経験」に満足した顧客は、またリッツ・カールトンに宿泊したいと思う。数あるホテルの中で、リッツ・カールトンを継続して利用してもらう。こうしてホテルと顧客の関係性を地道に築いていくことこそが、競合他社との差別化を図ること、さらにはLTV（ライフ・タイム・バリュー）が高くなることにつながっていく。

以上、MVVについて述べてきたが、これも、実際に浸透して、実務上使われなければ意味がない。つまり、メンバーが行動を起こすとき、意思決定をするときの問いかけとして、

「ミッションに基づいているか」
「ビジョンに近づいているか?」
「バリューに即しているか?」

ということを、常に念頭におくことが重要になる。

つまり、自分のWHYと会社のWHYを常にそろえていく必要があるのだ。CHAPTER3「人的資源」で解説するが、1on1ミーティングなどを通じて、普段から、メンバーに対して、「こういうビジョンがあるけど、あなたは、どうしたいか？　どう行動するのか？」という問いかけを継続していくことが、鍵になる。

LTV
Life Time Value: 顧客生涯価値

CHAPTER1 SUMMARY

CHAPTER1のまとめ

図表1-17はスタートアップのフェーズごとに、MVVに関してCSF（クリティカル・サクセス・ファクター：重要成功要因）事例があるかをプロットしたものだ。たとえば、Ideationのスタートアップがアイディアを見つけたい場合は、創業者自身のミッションストーリーが明確になっているかがカギになる。

MVVで考慮するべき持続的競合優位性（ディフェンシビリティ・アセット）の要素は、図表1-18の赤枠で囲んだ箇所になる。

▶図表1-17　MVVのCSF事例

表の見方　特に重要　重要

スタートアップ(事業）のフェーズ	Ideation	Pre-seed	Seed	Series A	Series B～	Pre-IPO	Post IPO
フェーズの説明 ＼ MVVのCSF事例	アイディアを発見する	顧客課題とソリューションの検証	PMFを目指す	Unit Economicsの健全化	スケールを目指す	IPOを目指す	圧倒的優位性の確立
ファウンダー自身のミッション/ストーリーが明確になっている							
創業メンバーのミッション/ストーリーが明確になっている							
PMFが達成ができてUVPが明確になっている							
MVVができ上がっている							
MVV を実務に活用できている（意思決定、採用、人事評価など）							
MVV/戦略/戦術（プロセス）/各人の行動に一貫性がある							
MVVが自社の強みになっている							
MVV を全社メンバーに浸透させる仕組みがある							
定期的にMVVを更新/進化させている							

Ideation～Pre-seed:

まだ事業が始まったばかりのステージにおいては、事業のドメインや顧客に対する価値提案が定まっていない状況なので、MVVを厳密に明文化する必要はそこまでない。一方で、創業者がなぜこの事業をやるのか、この課題を解決するべきなのか、という Why me? という問いについて考える必要がある。

Seed:

UVP(顧客への独自の価値提案）が明確になりPMFが見えてくるフェーズ。それを軸にして、改めてMVVの言語化／体系化を行う。 MVVを磨き込む際の注意するべきポイントは、プロダクトや顧客の視点をいれることだ。そうすることで、MVV ～戦略～プロダクト～顧客対応までの一貫性を担保できるようになる。

Series A:

MVVは継続的に磨き込みつつ、どうすればMVVをさらに武器化できるかを検証する。意思決定プロセスの強化、採用における自社の魅力化、人事評価などにMVV を活用できないかを意識する。人数が増えてくる時期なので、改めて、MVVをメンバーでディスカッション／リマインドする機会を設ける。

Series B~

人数が増えてきて組織が階層化するフェーズ。MVVを意図的に、浸透させる仕組みを設計しなければ、カルチャーが薄まってしまうフェーズ。それを放置するとカルチャーが壊れてしまうリスクが発生する。メンバーがさらに増えたり、上場にむけた様々な要請や制約に対応する中でも、カルチャーが薄まらないようにする必要がある。それを防ぐために、定期的にMVVを全社メンバーに浸透させる仕組みを設計して運用していく。

▶ 図表1-18　**スタートアップの価値（バリュエーション）を決める要素**

BS/PL価値
・収益性(PL)
・BS上の価値（現預金、借金）
・有形/無形固定資産の価値(システム、設備、ソフトウェアなど)

ディフェンシビリティ（持続的競合優位性資産）

テクノロジー/IP/エンジニアリング
・自社保有テクノロジーの秀逸さ
・知財（特許）/ノウハウ
・エンジニアメンバーの能力/技術力
・Productの秀逸性

データ/インサイト
・Market Insight
・保持するData量/Dataモデル
・Data Driven経営のノウハウ/システム

ネットワーク効果/リレーションシップアセット
・ネットワーク効果
(外部性ネットワーク/相互補完ネットワークなど)
・リレーションシップアセット
（顧客、メディア、ガバメント、投資家、メンター/アドバイザー、サプライヤーなど)

戦略
・戦略の明確さ
・戦略の独自性
・イノベーションモデル

ブランド/マーケティング資産
・広告以外の顧客獲得チャネル
（メディアリレーション/コミュニティ/インフルエンサーなど）
・広告による獲得チャネル
・ブランド認知度

CXO/チーム/カルチャー
・CXO/創業メンバーの業界権威性/Capability/Skill
・CXO/創業メンバーの経営能力
・MVVの浸透度
・Teamメンバーの Capability/Skill
・メンバーのエンゲージメント/モチベーション

オペレーショナル・エクセレンス
・バリューチェーンの成熟度/秀逸性
カスタマー対応側ノウハウ
（ベストプラクティス、事例、マニュアルなど）
・バリューチェーンの成熟度/秀逸性
コーポレートサイドノウハウ
（意思決定迅速化の仕組み、ガバナンス、コンプライアンスなど）

戦略の明確さ／戦略の独自性:

MVVが明確にあると、MVV～戦略～プロセス～プロダクト～顧客対応に一貫性が生まれ、戦略の明確性が高まるだけでなく、戦略の独自性を高めることができる。

MVVの浸透度:

メンバーに、MVVが浸透しMVVに対する納得感の高い状態をキープした中でオペレーションを回すことが、事業の模倣困難性（ディフェンシビリティ）につながる。

メンバーのエンゲージメント／モチベーション:

MVVを通じて共通の目的を設定されるのでチームは一丸となる。結果、メンバーのエンゲージメントを高めることができ、メンバーは高いパフォーマンスを発揮できるようになる。

CHAPTER 2

戦略

この章の目的

- スタートアップにおける戦略の重要性を理解する
- フィージビリティを高めつつスケーラブルな事業を展開するための思考法を学ぶ
- 持続的競合優位性（ディフェンシビリティ）を身につけるための22の視座を把握する
- 事業の各フェーズにおける戦略のキーポイントを押さえる

写真:iStock.com/HAKINMHAN

▶図表2-01　スタートアップ・バランス・スコアカード

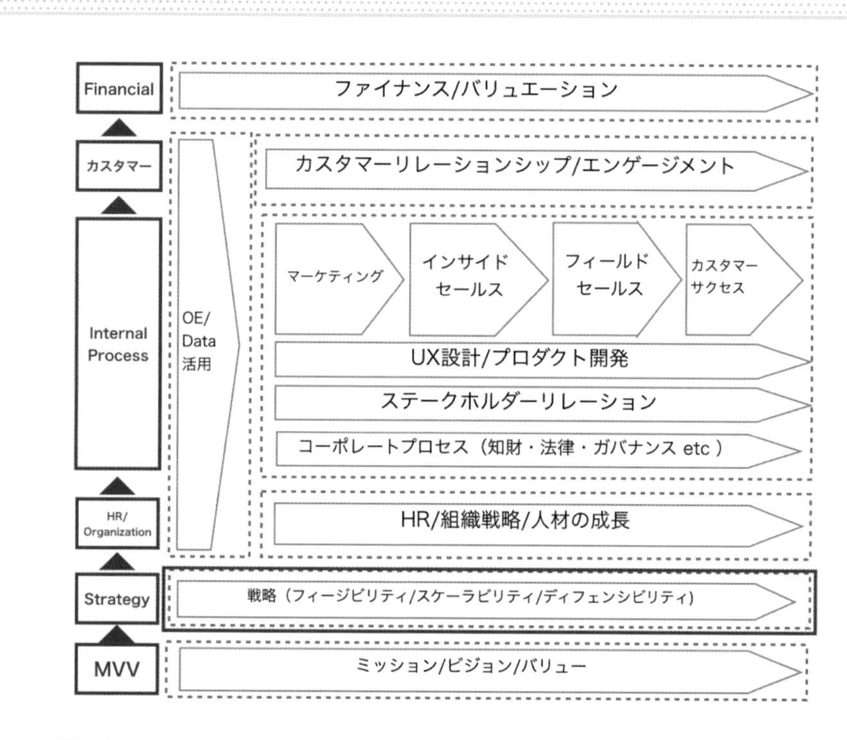

CHAPTER

2-1 STRATEGY

事業の実現可能性、成長性、競合優位性を築けるか?

「はじめに」で述べたように、PMFするまでの起業家（CXO）にとって重要な視点が、「戦略的泥臭さ」である。そして、PMFを達成してさらに成長するときに重要な観点が「大局観ベースの戦略的リソース配分」である、と述べた。

PMFに至るまでの「戦略的泥臭さ」をカバーする詳細なステップに関しては、拙著『起業の科学』に20ステップを記載したので、そちらを参考にしていただきたい。

本章では、より俯瞰的な視点でPMFを説明していきたい。

CXOに戦略の知見が欠けていると以下のような事態になり、成長の大きなボトルネックになってしまう。

- **PMFの実現可能性（フィージビリティ）が低くなってしまう**
- **事業の成長性（スケーラビリティ）の有無の判断ができない**
- **成長性（スケーラビリティ）と実現可能性（フィージビリティ）の両立ができない無理な（無茶な）戦略を採択してしまう**
- **持続的な競合優位性（ディフェンシビリティ）を意識しないので、事業やプロダクトがすぐに模倣されてしまう**
- **持続的な競合優位性を構成する要素を理解していないので、意思決定が近視眼的になってしまう**

ユニコーン企業を目指すスタートアップが持つべき戦略的な視点は、大きく以下の3つに整理できる（図2-02）。

1. **フィージビリティ（PMFの実現可能性）**
2. **スケーラビリティ（成長できるか）**
3. **ディフェンシビリティ（持続的競合優位性を築けるか）**

戦略を立てるときに、この3つを満たすことに注力するのがポイントになる。本書では、様々な論点で、スタートアップを成長させるための要素を解説していくが、本章で扱う「戦略」は、その全体の「土台」のような位置づけになることを理解してほしい。

図表2-01のスタートアップ・バランス・スコアカードをご覧いただくと分かると思うが、戦略は、人材や組織の下にある。MVVをより具体化するものなので、MVVの上にある。

「組織は戦略に従う」という言葉があるように、まずは、スタートアップとして、どのような戦略を描いていくかが、重要な命題になる。私が、重要と考える戦略の要素それぞれについて詳細をお伝えしよう。

▶図表2-02　スタートアップが持つべき3つの戦略的視点

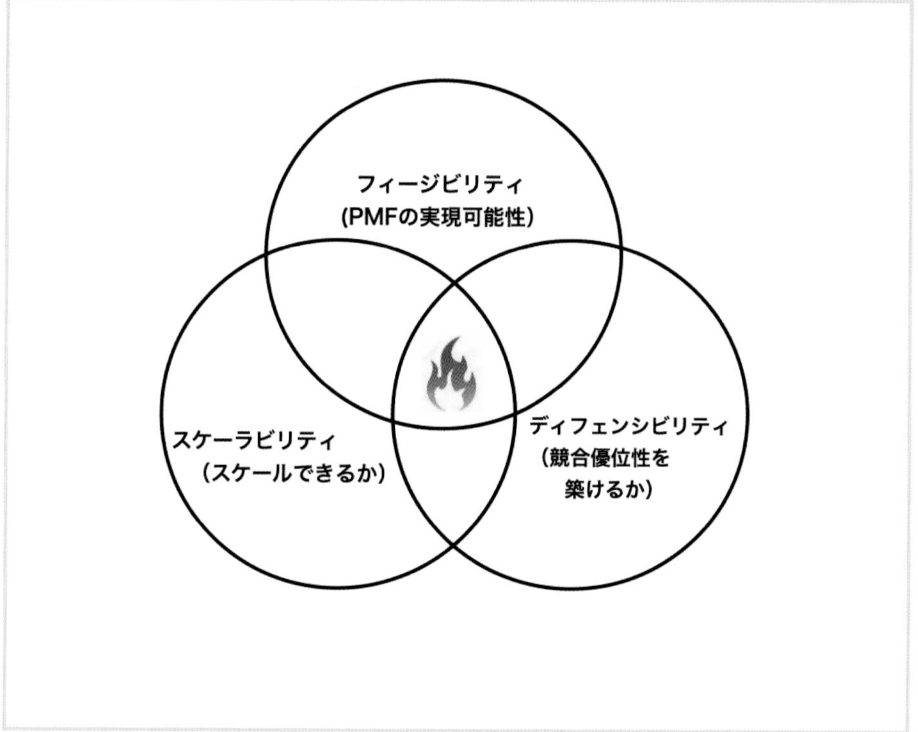

フィージビリティ（PMFの実現可能性）

前著『起業の科学』では、主にPMF（Product Market Fit）を達成するまでのプロセスを詳細にお伝えした。スタートアップのライフサイクルでいうと、PMFは、いわば「0から1」を表している。大前提として0から1であるPMFというマイルストーンを達成しなければ、続くスケールへの戦略を築くことができない。

しかし、PMFを達成できるのは、実質的に、全スタートアップの中で10%以下と言われるように、PMFを達成して顧客に熱烈に求められるプロダクトを作るハードルは非常に高くなっている。

PMF達成までの詳細（図表2-03）は、『起業の科学』に譲る。ここでは、PMFの実現可能性（フィージビリティ）を追求するために特に重要だと思う2点をお伝えしたい。

以下で紹介する2つの視点が欠けている起業家が多く、成功する可能性を自ら摘んでしまっている。フィージビリティを考えずに、スケーラビリティばかりに目がいく起業家が後を絶たない。PMFするのが無茶な事業モデルや、無茶なターゲット市場を設定してしまうのだ。それを防いで、PMFの実現可能性を高めるにはどうすれば良いか、最も重要なポイントを解説する。

PMFの実現可能性（フィージビリティ）を大きく左右する2つの視点は、以下である。

1. **どこの市場セグメントから始めるとPMFできそうか**
2. **どのビジネスモデルから始めるとPMFしやすいか**

▶ 図表2-03　PMF達成までのステップ

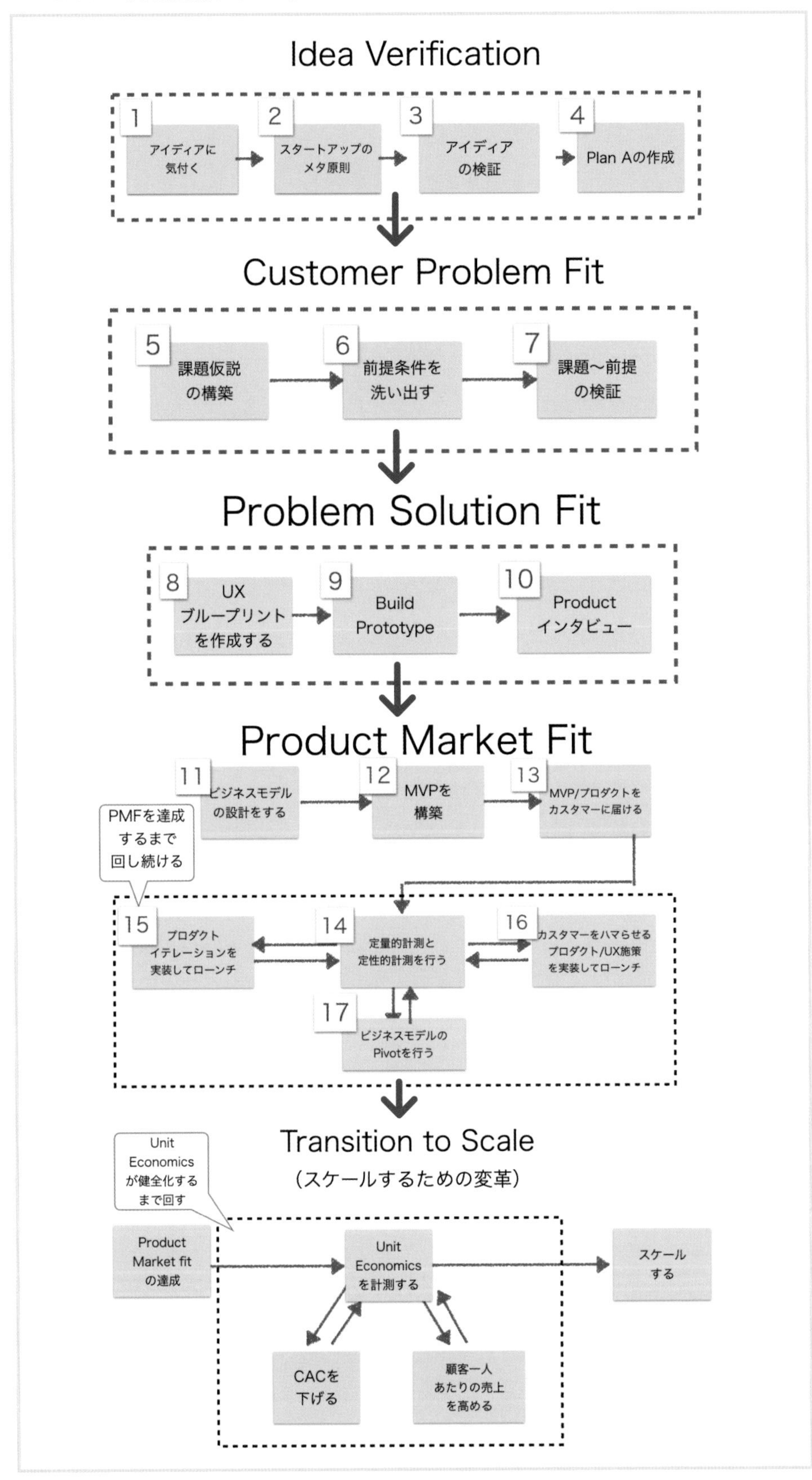

CHAPTER

2-2 STRATEGY

自社事業の「センターピン」を見つける

なぜ、アマゾンは書籍をインターネットで売るビジネスから始めたのか？

まず一つ目、「どこの市場セグメントから始めるとPMFできそうか」について解説したい。

「パレートの法則（80：20の法則）」を聞いたことはあるだろうか？　あらゆるプロダクトやサービスの利用者のうち20％が80％の利用を占める等の、パターンを示した法則だ。

例えば、アップルのiPhoneは世界中で使われているが、それでも、先進国を中心とした20％のユーザーが、その総取引額の80％を占めているだろう。このように、世の中にどんなにサービスが浸透しようが、80：20の法則に当てはまる。

こと初期のスタートアップにおいては、全ユーザーの20％が対象でも広すぎる。いわゆる初期ユーザーと言われる「アーリーアダプター」の中でも、さらに切実で積極的にソリューションを求めているユーザーを明確にしていく必要がある。

極論、スタートアップは20％のうちの20％のうちの20％をアーリーアダプター中のアーリーアダプター（イノベーター）として見つけ、プロダクトを使ってもらい、細かいフィードバックをもらいながら、熱狂的なファンになってもらうことが重要になる。私は、これを「ボウリングのセンターピン（一番先頭のピン）」を見つけること、と表現している（センターピンにボールが当たれば、多くのピンを倒すことができるというアナロジーだ）。このセンターピンを見つけることが初期のスタートアップの至上命題であると考えている。

また、「20％の20％の20％」、つまり、全市場の1％にも満たない「センターピン」を見つけた場合、「ニッチで、スケールできないのでは？」と疑問に思う読者がいるかもしれない。その心配は無用だ。きちんと「プロダクト／ビジネスモデル軸」と「市場軸」の「ビジネスロードマップ」を描くことによって、スケールするストーリー／ロードマップを描き出すことができるのだ。

具体的な「センターピン」事例を紹介しよう。アマゾンは1994年に立ち上がったときは、「Everything Store」（＝全てのものを扱う店舗）ではなくオンライン上にある「Book Store」だった。アマゾンの創業者であるジェフ・ベゾスは、創業当時から「Everything Store」を創り上げたいというビジョンを持っていた。しかし、手元資金が数十万ドルの状況で、その実現は不可能だった。では、どうしたのか？

ベゾスは、コンピュータソフトウェア、事務用品、アパレル、音楽などスタートアップの候補になる20種類の仕事をリストアップして「インターネット」という新しいチャネルで売るには何が適切かを検討した。その結果、書籍をインターネットで売るビジネスが一番いいという結論にたどりついた。当時はアメリカ国内で取次は数社しかないため交渉がしやすい、本は規格が決まっていて管理しやすい、食品のように在庫を多く抱えても腐らないなど、本にするべきいくつもの理由があった。

ベゾスは、ヘッジファンド出身で社債や株など金融商品の専門家だった（書籍の領域は素人だった）。もし、潜在的なターゲット商材候補の洗い出しをせずに「自分がよく知っている」という理由だけで金融商品をインターネットで販売する事業で始めていたら、今のような成功に至ったとは考えにくい（金融商品がインターネット上で扱われて主流になったのは、アマゾンが誕生した1994年からだいぶ時間がたった後だった）。

「どこの市場をセンターピンにするか？」を考える場合、「自分がアクセスしやすくて、よく知っている市場」という観点だけに陥らないように気をつける必要がある。ベゾスのように、全体市場を俯瞰した上で、「潜在的ニーズが強く、かつ代替案が少ない市場」を狙うべきだ。

資本主義で勝つために必要なことは「競争をしない」「競争を避ける」

書籍『ゼロ・トゥ・ワン』（NHK出版）でピーター・ティールは、資本主義で勝つために必要なことは「競争をしないこと」「競争を避けること」と明言している。多くの起業家が、ここで躓いている。すでに世の中に十分な代替案があるにもかかわらず、「自ら見たい世界を見る」認知バイアスのせいで、その代替案の有効性を過小評価してしまうのだ。自分がよく知っている世界だけで考えるのは、リスクがあることを肝に銘じよう。

戦略とは、文字通り、「戦を略す」と読む。不必要な戦に挑まないために、強力な競争相手、つまり十分な代替案や潜在的な競合企業が現状の市場に存在するか、を確認・検証する必要がある。アマゾンが創業時に選んだ本の場合、「売れ筋のベストセラー」のみを扱っていたら、書店に行けば簡単に手に入ったので、誰もあえてアマゾンで購入しなかっただろう。

一方で、ランク外の「マイナーな本」は、都市部の大型書店に行くか、大型図書館に行って借りるしかなかった。ユーザーからアクセスの良い町の小さな書店も、売れるかどうか分からないので、マイナーな書籍を店頭に積極的に並べなかった（在庫を増やして、キャッシュフローを圧迫したくない）。そういう背景があり、「マイナーな書籍を含めた多くのタイトルの書籍」が初期のメインターゲット市場になった（図表2-04）。結果、アマゾンの「ロングテール戦略」は大当たりして、アマゾンはブレークスルーしたのだ。

起業家は、どこの市場で戦うかを決めるときに以下の質問をする必要がある。

▶ 図表2-04　アマゾンが本を選んだ理由

カタログ化のしやすさ	出荷のしやすさ	管理のしやすさ	オフラインでの手に入りやすさ	プロダクトカテゴリー	代替案/代替案の強さ
Easy	Easy	Easy	Hard	マイナーな本	図書館/弱い
			Easy	売れ筋の本	書店/強い
		Hard	Hard	マイナーなDVD	図書館/弱い
			Easy	売れ筋のDVD	レンタル/強い
	Hard	Easy	Hard	海外製電化製品	直接輸入/弱い
			Easy	電化製品	家電店/強い
		Hard	Hard	海外製家具	直接輸入/弱い
			Easy	家具	家具店/強い
Hard	Easy	Easy	Hard	マイナーな中古本	古本店/中
			Easy	売れ筋の中古本	古本店/中
		Hard	Hard	マイナーな中古DVD	中古レコード店/中
			Easy	売れ筋の中古DVD	中古レコード店/中
	Hard	Easy	Hard	中古海外製電化製品	中古家電店/中
			Easy	中古電化製品	中古家電店/中
		Hard	Hard	中古海外製家具	中古家具店/中
			Easy	中古家具	中古家具店/中

「自分たちにとっての、アマゾンの書籍（マイナーな書籍）は何か？」

もう一つセンターピンをうまく見つけた事例を紹介しよう。初期のエアビーアンドビーだ。エアビーアンドビーは、最初にサービスをリリースするとき、都市／エリアで絞るのではなく大統領選、ミュージックフェスティバル、大規模カンファレンスなどのイベントをターゲットに絞った。多くの来客が見込まれ、ホテルの部屋が足りなくなる仮説が確からしいと考えて、そこを狙ってプロモーションを展開したのだ。

彼らが最初に狙ったのは、コロラド州デンバーだった。数万人収容できるスタジアムを貸し切りにした大統領候補演説会（2008年オバマ前大統領が候補になったとき）が行われるデンバーはホテルが数千室しかないため、宿泊場所が足りないのは明白だった。その目論見は的中し、エアビーアンドビーは多くの人に利用された（その実証結果をベースにして、シリコンバレー最強のアクセラレーターＹコンビネータからの支援を得ることに成功した）。

このように、市場機会を発見するときはアマゾンのベゾスが問いかけた質問、「どの商材」というWHATだけでなく、WHEN（どのようなイベント／タイミング）で機会を探るのも有効になる。つまり、センターピンを見つけるポイントとしては、「需要に対して供給が（圧倒的に）不足しているセグメント（WHAT、WHEN、WHERE、WHOの切り口で検討）はどこか？」を念頭において検討するということだ。

CHAPTER

2-3 STRATEGY

どの市場にどう向かうかを論理的／俯瞰的に整理するフレームワーク

多くのスタートアップが初期市場の選択で躓いてしまう

図表2-05を見てほしい。縦軸は現在の市場規模の大小を、横軸は市場の成長性の高低を示している。狙い目は、右下の市場規模は小さいが、市場の成長性は高いゾーンだ。スタートアップは、この「空白」と言われるようなセグメントを狙っていくのが有効だ。

では、どのようにして、体系的に、「センターピン」を見つけていくのか？具体的なフレームワークを用いて説明したい。私は、これまで、何千もの事業立ち上げのアドバイス／メンタリングを行ってきたが、セッションの最初に使う

▶ 図表2-05　スタートアップが狙うべき市場とは

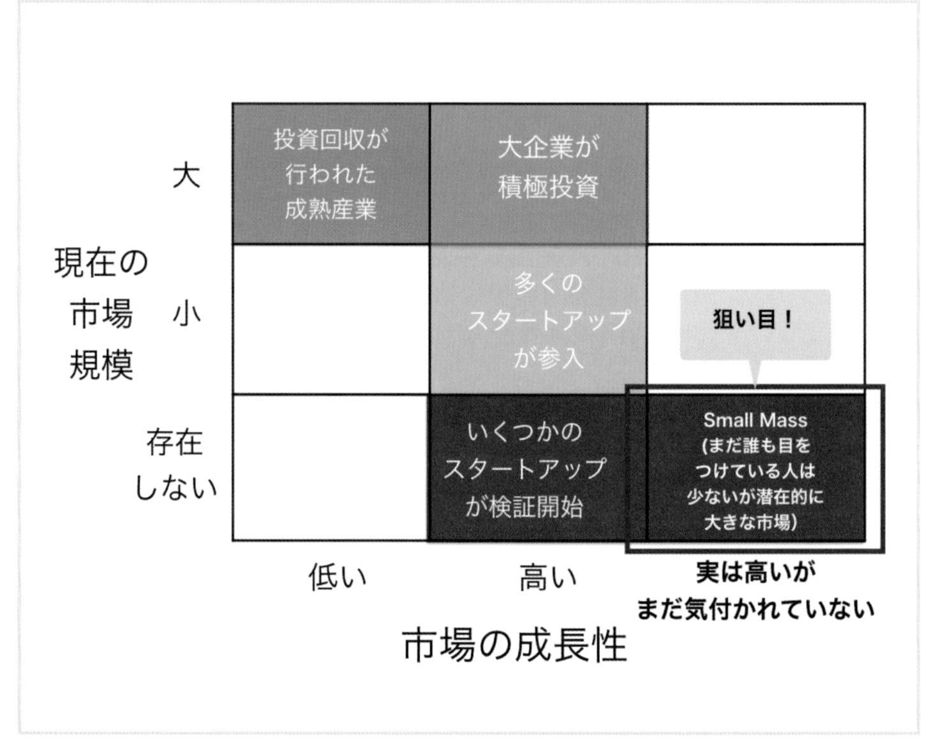

のがこのフレームワークだ。

私はこれを「Go-To-Market」と呼んでいる。「市場（Market）にどう向かうか／どこのセンターピンから倒すか（Go-To）」を論理的／俯瞰的に整理するためのフレームワークで、非常に重視している。

多くのスタートアップが「初期市場の選択」で躓(つまず)いてしまっている。

また、たとえ初期市場の選択が正しかったとしても、スケールするストーリーを描けないでいる。その2つを解消する示唆を与えてくれるフレームワークになっており、大いに活用してほしい。図表2-06をもとに具体的な手順を説明しよう。

最初に、ターゲットとなる市場をセグメントとバリューチェーン（B2Cの場合はカスタマーの活動）で要素分解する。縦軸の市場セグメントは大セグメント、中セグメント、小セグメントに分けて書くのが有効だ（前に紹介したように、WHO ／ WHAT ／ WHERE ／ WHENで分けていく）。横軸のバリューチェーンは、その過程で生じる活動について書いていく。「セグメント／バリューチェーンを分けるパラメータ（変数）や要因は何か？」これに、起業家は答える必要がある。顧客のインサイト（本音）を知っていなければこうしたセグメントに分けることはできない。

例に挙げるのは、治療院の経営向けにCRM（カスタマー・リレーションシップ・マネジメント）ツールの提供を考えるスタートアップの事例だ。例えば、縦軸の大セグメントを「自費治療」「保険治療」に分けて書いてある。バリューチェーンの書き方についても、単にCRMを売るという発想で作られたチェーンと、顧客満足を上げてリピーターを増やすという視点に立って考えられたチェーンでは、アプローチすべき市場選択の精度に差が出るのは明白だ。

そして、「市場」と「バリューチェーン」から最も二ーズが強いのはどこかプロットしていく。これが一連の流れになる。市場規模は小さくても、市場の成長

▶ 図表2-06　「Go-To-Market」で最もニーズが強いのはどこかを見極める

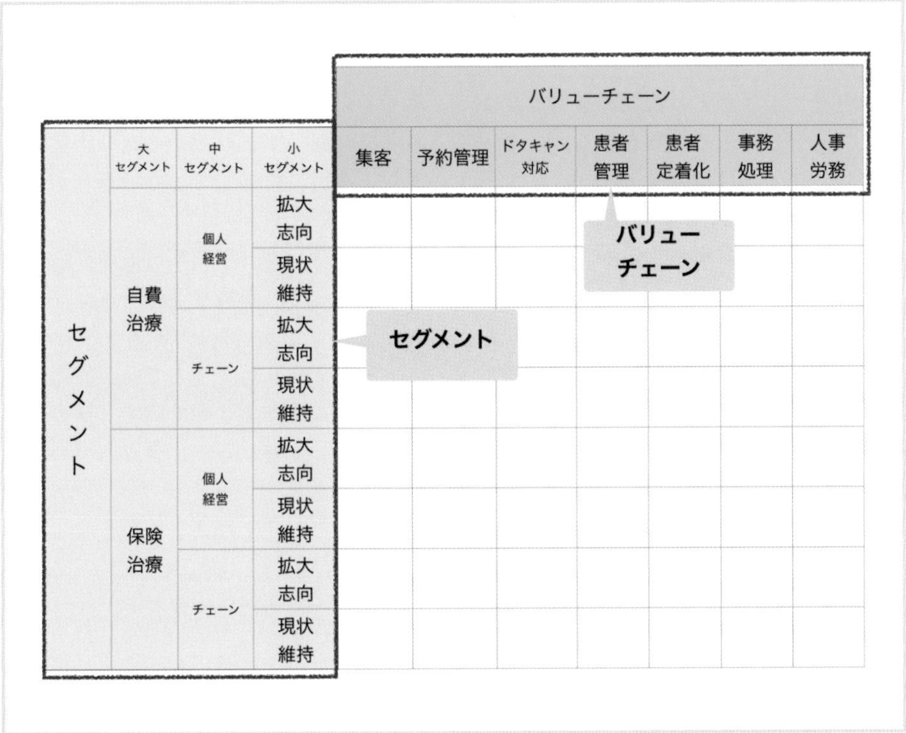

セグメント			バリューチェーン						
大セグメント	中セグメント	小セグメント	集客	予約管理	ドタキャン対応	患者管理	患者定着化	事務処理	人事労務
自費治療	個人経営	拡大志向							
		現状維持							
	チェーン	拡大志向							
		現状維持							
保険治療	個人経営	拡大志向							
		現状維持							
	チェーン	拡大志向							
		現状維持							

バリューチェーン
セグメント

性が高いところを見つけ、そこからPMFを目指していくことになる。

多くの起業家や企業の新規事業担当者は、これを書き出そうするときに躓いてしまう。適切なセグメントに分けられなかったり、顧客視点でバリューチェーンに要素分解できなかったり、ニーズの強弱やニーズの顕在性をプロットできない場合が多い。

その場合、いったん仮説構築を止めて、ターゲットユーザーのリサーチ、一次情報のインタビュー、ユーザーの現状を観察するセッションを設けることをおすすめする。納得するまで一次情報を取りにいき、インサイトを発見するのだ。この過程を通じて起業家（CXO）は市場について、誰よりも詳しくなる覚悟が必要だ。この泥臭さが、スタートアップの命運を分けると言える（インタビュー相手のソーシングは、ビザスクというスポットコンサルティングがおすすめだ）。

TAM
Total Addressable Market：対応可能市場

カスタマージャーニー
カスタマー（顧客）が商品やサービスの購入に至るまでのプロセス

市場規模を考える

次に、現状の市場サイズと今後3～5年の市場サイズがどの程度になりそうかをリサーチし、仮説構築をする。スタートアップのCXOは、ターゲットユーザーについてのミクロな状況だけでなく、ターゲット市場の状況や、今後どう進化するかについてのマクロな状況を把握しておく必要がある。多くの起業家がこのステップを飛ばしてしまうが、非常に重要だ。

主なチェックポイントは次の点だ。

- **狙っている市場は、どのぐらいの速さで成長しているか？**
- **業界全体としてどの程度の収益力があるか？**
- **現在、業界を牛耳っているプレーヤー（業界大手）は誰か？**
- **その業界大手の強み／弱みを言えるか？**

これらを調査するために、有料のレポート（SPEEDA、矢野経済レポート、富士経済レポートなど）や無料のレポート（内閣府や、総務省など、対象市場領域を管轄する省庁のレポートなど）を網羅的に活用すると、投資家に対する訴求力にもつながる。

特に、「規制の動き」「法改正の動き」を捉えていると、投資家に対して、「WHY NOW（＝なぜ今やるか？）」を訴求しやすくなる。

どんなに素晴らしいプロダクトだったとしても、それが「左利きの人のハサミ」（左利きの人は、市場全体で数パーセントしかいない）ならば、TAMが狭すぎて、事業機会としては、十分でないのだ。起業家は、顧客のプロセスやカスタマージャーニーにズームインして、いわゆる「ミクロレベル」でそこにある「不」を見つけるだけでなく、市場全体（マクロレベル）を俯瞰できる視野の広さが必要だ。

起業家は、自らが対応していく業界（理想を言えば、関連業界も含めて）のオーソリティ（権威）になる覚悟が必要だと考える。当然、事業を始めたばかりの頃は、知見がまだ浅かったり、業界の情報／事情に精通していない場合が多いだろう。

だが、自らが「専門家になる」という覚悟を持って、優良な情報をインプットし、優良な情報をアウトプットしていく。それを繰り返すことで、業界内でのプレゼンスを向上させていく（後の章でもっと詳しく触れるが、業界内での認知を獲得できるとマーケティング力／PR力／採用力の向上に大きく寄与する）。

スタートアップの本質はPFMFを追求すること

PMF（Product Market Fit）という言葉は、最近になってよく耳にするようになった。少し違和感があるのは、PMFという概念がともすれば既に顕在化した市場に最適化するという意味で使われている場合があることだ。既に存在している市場に対して少しの差別化や少しの改善を提案して、顧客を獲得していくことの価値は否定しないが、それはスタートアップ型ではなくスモールビジネス型の持続的イノベーションの世界になる。

スタートアップの本質は、それまで存在しなかった市場を作ることであり、場合によっては、既存のやり方を根本から覆してしまうような「10倍～20倍以上」の効率的なソリューションを提案することだ。それを実現させるには、まだ見ぬ少し先の未来に対して、最適化する視点が必要である。私はこれをPFMF（Product Future Market Fit）と呼んでいる。PFMFを達成したのが、先に紹介したエアビーアンドビーでありウーバーである。

ウーバーの2008年の投資家向けのプレゼン資料を見ると驚愕せざるを得ない（図表2-07）。

図表2-07右下の**Demand Forecasting（需要予測）**を見てほしい。乗客の多い場所は値上げするなど需要と供給のバランス状況に合わせて価格を変動させる「ダイナミックプライシング」の土台となる需要予測の記載がある（現在ウーバーが誇るコアのソリューションになっている）。2008年当時はディープラーニングや機械学習などが注目される前の段階だが、こういった技術にレバレッジをかけることにより「より優れたユーザーエクスペリエンス（顧客体験）が提供できる」というロードマップが示されてるのだ。

当時まだ、スマホにGPS機能が実装

▶図表2-07　ウーバーの2008年の投資家向けプレゼン資料

UberCab　UberCab Concept
- A fast & efficient on-demand car service
- Market: Professionals in American cities
- Convenience of a cab in NYC + experience of a professional chauffeur. But in SF and NYC
- Latest consumer web & device technology
  - automate dispatch to reduce wait-time
- Optimized fleets and incented drivers
- The "NetJets of car services"

UberCab　Environmental Benefits
- Better Utilization of Vehicle Resources
  - In NYC, 35% of time is spend looking for fares
  - In less dense cities, can be over half "dead-time"
  - As swarm size increases, efficiency will improve
- Hybrid vehicles (2x efficiency of a cab)
  - Mercedes S400 BlueHybrid, Lexus GS-450h
  - Reduce carbon footprint, better use of time in car
- Ridesharing/Carpooling incentives – lower rates
  - Trip to SFO, or Ballpark to Marina after a game

UberCab　Future Optimizations
- Cheaper cars by buying used
- Less expensive hybrid vehicles (prius)
- More accurate GPS technology
- Discounted rates for Sun-Tues multi-hour bookings
- Pay premium for on-demand service
- "get here now" costs more than "tomorrow at 5pm"

UberCab　Demand Forecasting
- Cars hover in statistically optimized positions
  - minimize expected pickup time given hour of week & weather/traffic conditions

Uberの2008年のPitch Deck

出典:https//slideshare.net/razinmustafiz/uber-pitch-deck-2008

されていないときに、「GPSされた状態の未来に最適化する」ということが左下のFuture Optimizations（最適化）の項目に書いてある。

ウーバーは2019年に上場した。現在の時価総額は500億ドル（約5兆円）を超えている。

ウーバーは2008年に立ち上がったが、フィットさせようとした市場は、その先の将来だと読み解ける（おそらくスマホが浸透した2013年以降）。まさにウーバーはProduct Future Market Fitを徹底して考え、プレゼン資料に盛り込んだのだ。

PEST分析

Future Marketについて考える際には、PEST分析を行うことをおすすめする。PEST分析とは、政治（Politics）、経済（Economy）、社会（Society）、技術（Technology）の頭文字をとったもので、事業環境を分析する際のフレームワークの一つである。それぞれについて簡単に説明しよう。

Politics
（政治、規制、国際情勢）

法改正や条例制定・変更など政治に関係した動向はどうなっているか？

例えば、特定の市場において規制が緩和されるような動きはないか？

逆に、規制が厳しくなるようなリスクはないか？　それらの変更により、マーケットにはどのような需要が生まれるのか？

これらは市場のルールそのものを変える典型的な要素であり、イノベーション云々の以前にまず押さえることが欠かせない。法改正などに向けた動きは、ある程度リサーチすれば比較的簡単に把握できるし、少なくとも現時点で、自分たちの業界を取り巻く規制を知っておくことは大前提になる。

逆説的であるが、「規制が強い業界」の方がチャンスが大きい。「規制が強い」ということは、ユーザーは「悪いユーザーエクスペリエンス」を強いられている場合が多い（多くの書類提出、分かりにくいプロセス、規制対応など）。

そこを抜本的に改善するユーザーエクスペリエンスを提供することができれば、一気に市場を席巻できる糸口を掴める。例えば、クラウド人事労務ソフトを開発するSmartHRなどは、まさに、規制が強く、様々な書類が必要な人事労務業務に対して最適なユーザーエクスペリエンスを提供し、PMFを果たし、大型調達して急成長している。

Economiy
（経済、消費動向、所得の変化）

マクロ経済の動向はどうなっているか？　人々の所得はどう変化しているか？　消費スタイルはどう変わるか？要するに、顧客を取り巻く経済状況がどのようになりそうかを理解しておく必要がある。これは、ユーザーの「買い方」や業界のバリューチェーンのあり方に大きな影響をもたらすからだ。

例えば、「所有型」から「利用型」への消費スタイルのシフト。かつては一家に一台の車を「所有」するのが一般的だったが、カーシェアリングや配車サービスのように、必要なときに必要な機能を「利用」するかたちにお金の使い方が変化している。

サブスクリプション（定額課金）型のビジネスも、このようなトレンドの中で理解されるべきだろう。音楽業界やビデオコンテンツ業界は、すでに、「買い切り型」よりも「ストリーミング配信型」の方のシェアが高くなった（音楽はSpotify＝スポティファイ、ビデオコンテンツはNetflix＝ネットフリックスが代表格だ)。

ソニーも一定タイトルのゲームを上限なく楽しめるPlayStation Plusという定額サービスを開始している。このように、業界の古株や大手も、このサブスクリプションモデルに参入することでトレンドはますます加速し、ありとあらゆる業界に広がっていくだろう。

このようなエコノミーが一般化すると、企業と顧客との関係性にどのような変化が生まれるだろうか？　おそらく、「商品を売ってそれで終わり」という従来のビジネススタイルは、しだいに廃れていくだろう。むしろ、これからは「売れた後の世界」が大事になってくる。顧客と継続的につながる中で、どんなバリューを購入後も継続して提供していくかという視点が不可欠になる。

Society（社会、人口動態、人の嗜好性／価値観の変化）

人口動態の変化は、市場に最も影響を及ぼす要素の一つであり、比較的、高い精度で予測できる。5年後、10年後には、各世代の人口比率はどうなっているのか？　家族構成は、どう変化するか？これは政府機関が出しているオープンデータに当たれば、簡単に調べがつくことである。

社会についてもう一つ押さえておくべきなのが、人々の嗜好性である。これは人間の需要構造にダイレクトに影響する。例えば、先進国を中心にして、人々の健康（Well-being）に対する意識は大きな高まりを見せている。それに伴って、喫煙率はどのように変化してきたか？　今後、新興国でも同じような動きが出てくるとすると、どんなビジネスチャンスがあるだろうか？

あるいは、環境に対する意識なども、価値観の変化の一つと言えるだろう。SDGsが注目されサステナビリティが重視される現代のような時代では、地球環境に著しい負荷をかけるビジネスモデルは社会に歓迎されないし、実際に継続していくことは難しい。

この社会の変化に着目して成功した起業家が、アリババグループのジャック・マーだ。1999年にジャック・マーがアリババを創業したときは、中国にはインターネットユーザーがほとんどおらず、中産階級（年収2万～10万ドル）も非常に少なかった。しかし、経済協力開発機構（OECD）は2030年までに中国の中産階級の数はアメリカの3倍になると予想した。このメガトレンドの波に乗り、アリババは大きく成長した。

Technology（技術）

テクノロジーの動向を理解するために、テクノロジーを成り立たせている原理原則やその歴史を理解することを心がけるべきだ。またその技術には何ができて、何ができないのかを大づかみでいいので知っておくようにする（現時点、3年後、5年後、10年後の実用可能性の範囲）。

例えば、汎用的人工知能は少し先の未来でないと実装ができないと言われるように、人工知能は現在何ができるのか、今後5～10年で何ができるようになるか、何ができないのかはわかるはずだ。その上で、自分たちのビジネスにはどんな活用の余地があるのか、逆に、どの部分では強みを維持していけるのかといったことを検討していく必要がある。

ガートナーのハイプ・サイクル（図表2-08）はご存じだろうか？　ハイプ・サイクルの重要な指摘は、あらゆるテクノロジーは高まり過ぎた期待に対して幻滅期を迎えるということだ。

自動運転や5Gなどは2020～2023年に幻滅期を迎えることが予想されるが、2023～2025年あたりで、実際の事例やユースケースが増えてきて、いよいよマ

▶ 図表2-08　ハイプ・サイクル

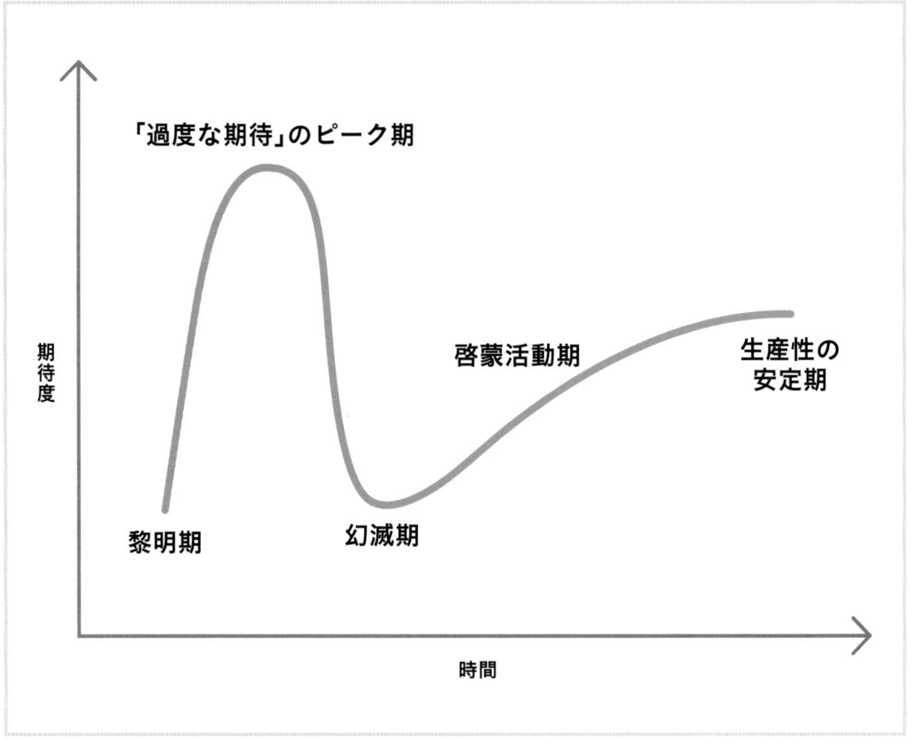

出典:Gartner,Inc.（https//www.gartner.com/jp/research/methodologies/gartner-hype-cycle）

スに向けて浸透していくだろう。テクノロジーレバレッジをかけるスタートアップならば、重要なことは、幻滅期においても、確実に価値を実証できるようなユーザーをつなぎ止めるトラクション（牽引力）を獲得することがポイントになる。

CHAPTER

2-4 STRATEGY

Platform Technology Fitを考えているか?

5~10年後を想像しながら1~2年後の市場についても考える

ここで「Platform Technology Fit」という概念を紹介したい。テクノロジーインフラが変わると、プラットフォームを牛耳るメインプレーヤーが変わり、そこに乗るプレーヤーも変わっていくということだ。

例えば、日本国内では2000年代に3G／ガラケーというテクノロジーインフラをベースにした、モバゲー、GREE、iモードというプラットフォームが強かった。ところが、2007年にiPhoneが発表

▶ 図表2-09　移動通信業界におけるPlatform Technology Fitの事例

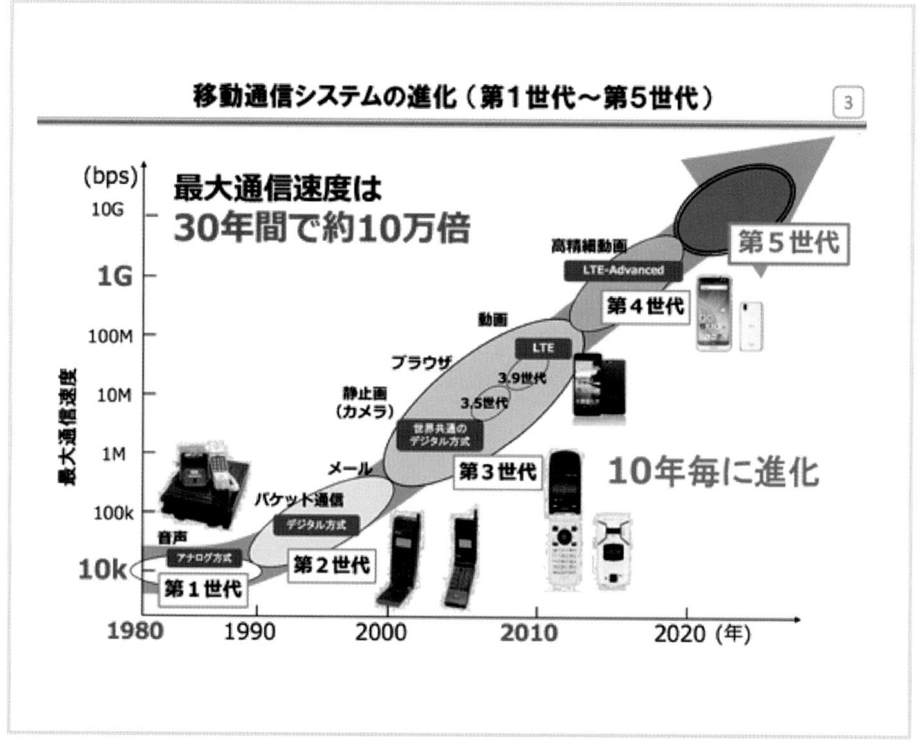

出典:「第5世代移動通信システム(5G)の今と将来展望」(https://www.soumu.go.jp/main_content/000633132.pdf)

され、4G／スマホというテクノロジーインフラが浸透してくると、3G／ガラケーベースのプラットフォームは一気に力を失ったのだ（図表2-09）。

メルカリが2013年に登場して一気に拡大ができたのも、この4G／スマホというテクノロジーインフラに乗ったプラットフォーム型ビジネスだったからだ。メルカリが登場する前に、フリル（現在は、楽天に買収されてラクマになった）というフリマアプリがあったが、まだ、2012年ではスマホの浸透率が低く、爆発的に伸びることはなかった（また、フリルはすでに利益を出していたので大型の資金調達をやって、さらに踏み込んで、成長を加速させるという経営判断がなかなかできなかった）。

5Gというテクノロジーインフラが2020年代半ばにかけて浸透してきたら、それまでのデジタルプラットフォームのユーザー体験（アプリダウンロード→本人登録→支払い登録→使用）が非常に面倒くさく感じられるようになるだろう。4Gの10倍以上も高速でインターネットにつながり、さらに、同時多接続も可能になると「究極のストレスフリー体験」が期待され求められるようになる。アマゾンが展開するアマゾンゴーの店舗や、アリババが中国で展開するフーマーなどは、すでに、こういうFuture Market FitしたストレスフリーなユーザーエクスペリエンスI（UX）を実装してきている（詳しくは「UX」の章を参照）。

自動運転時代に先立って、2020年のCESでソニーは電気自動車VISION-Sを発表した。

CES
Consumer Electronic Show：毎年1月、全米民生技術協会が主催し、ラスベガスで開催される電子機器の見本市

「21世紀に入ってから、モバイルによるパラダイムシフトが起こり、人々のライフスタイルが変わった。次の大きなインパクトは、モビリティであると考えた。そこで、ソニーが得意とするセンサー技術やAV技術を取り込んで、ソニーがどんなユーザー体験ができるのかを追求することになる。（中略）パーソナルの空間としてクルマを捉え、車内での楽しみ方、過ごし方を考えた」

上記はソニー執行役員の川西泉氏のコメントだ[2]。

2）ソニー川西氏の発言は以下より引用。https://japan.cnet.com/article/35147880/

これまでのテクノロジーインフラだった車は、4Gの活用どころか、インターネットにすら接続していないものも多く、インターネット上にあるデータを活用できていなかった。ソニーのこのプロトタイプの発表は、既存のバリューチェーン／サプライチェーンの中で、なかなか身動きが取れない既存のカーメーカーに2つの衝撃を与えたと言える。

- 5G／自動運転というテクノロジーインフラを活用して、車内空間に乗車体験ベースの新たなプラットフォームを提案した点
- 自動車業界から見たらソニーという「外様」が参入してきた点

VISION-Sが今後、成功するかどうかは未知数だが、この発表は業界に衝撃を与えた。このVISION-Sの発表のように、今後5～10年は、新たなテクノロジーインフラの上で覇権を狙う、業種を超えた新しいプラットフォーマーの参入が相次ぐだろう。なぜなら、自動運転の世界では、これまでとは異なる競争軸が必要になるからだ。自動運転が浸透した世界を想像してみると、人は車を「自ら運転して移動するツール」として扱うのではなく、「移動の際に身を委ねる閉ざされた空間」として認識するようになるだろう。結果として、人は、「運転しやすさ」「運転の楽しさ」よりも「車内での快適さ」「車内でのエンタメ性」という軸で車を選ぶようになる可能性が高くなるのだ。

このように、事業の戦略を考える場合、5～10年後がどうなるのかを想像しながらビジネスロードマップを描きつ

つも、マネタイズしていく1～2年後の市場についても考慮していく。59ページで紹介したGo-To-Marketのフレームワークをベースにして、市場のどこのセグメント／バリューチェーンが、最初のターゲットになりそうか？　最初にニーズが顕在化しそうなのはどこか？　などを考えていく必要があるのだ。

代替ソリューションが存在しないかを検証する

現在の市場の姿や少し先の未来の市場を明確にしたら、図表2-10の縦軸のセグメントのところをアップデートする（ここではそれぞれのセグメントの現在の市場の大きさが黒字で15,000件、45,000件などと書かれている。そして、数年後の2023年の数字が赤字で17,000件、42,000件と書かれている）。それらを踏まえた上で、その右側のバリューチェーンのところで代替案の有無や有効性を明確にするのだ。図表2-10の例で言えば、赤い四角で囲んだ「代替ソリューションなし」というセグメントが攻める市場として有望ということになる。

「あなたが解決しようとしている課題の現状の3つの代替案を教えてください」
「それに対してあなたの提供するソリューションは、顧客から見たときにどう優れているか定量的、定性的に教えてください」

上記は、私がベンチャーキャピタル（VC）をやっていた際に、投資判断するときや、スタートアップを審査するときに必ずしていた質問だ。たとえ、どんなに尖ったソリューションや、PFMF（Product future market fit）を意識したものであっても、何らかの形で代替ソリューションは必ず存在する。しかし、その代替ソリューションがカスタマーにとって「不

▶図表2-10　Go-To-Marketのフレームワーク

◎ニーズ高 ○ニーズ中
△ニーズ低 X ニーズなし

セグメント 大セグメント	中セグメント	小セグメント	集客	予約管理	ドタキャン対応	患者管理	患者定着化	事務処理	人事労務
自費治療	個人経営(60000件)	拡大志向 15000件 (2023年: 17000)件	◎ 代替XYZ	○	◎	○	◎	○	X
		現状維持 45000件 (2023年 42000件)	○	△	○	○	○	○	X
	チェーン (40000件)	拡大志向 30000件 (2023年 27000件)	○	△	◎	○	◎ 代替XYZ	△	△
		現状維持 10000件 (2023年 9000件)	○	△	○	○	○	△	△
保険治療	個人経営 (10000件)	拡大志向 1000件 (2023年 1500件)	◎ 代替EFG	△		△	△	◎ 代替ABC	○
		現状維持 9000件 (2023年 8000件)	◎	△	X	△	△	◎	○
	チェーン (30000件)	拡大志向 15000件 (2023年 12000件)	○	△	X	△	△	△	X
		現状維持 15000件 (2023年 13000件)	○	△	X	△	△	△	X

バリューチェーン
市場サイズを明確にする
代替ソリューションなし
代替ソリューションなし
代替ソリューションなし

便なのにやむを得ず使っている」「高価過ぎるが、他の手立てがないので使っている」など、現状に不満を抱いているかどうか、見極めるのが重要である。

もし、代替案に対して、既存ユーザーが不満タラタラなら参入の余地があるだろう。アマゾンは、マイナーな書籍を読みたい人の現状の代替案が「大型図書館」であるという事態に気づいて、この領域からPMFすることができたのである。

また自覚していただきたいのが、起業家というのは自社のプロダクトや仮説を「過大評価」し、代替ソリューションを「過小評価」する傾向があることだ。ビジョンや熱いパッションを持って、事業に取り組むことは非常に重要だが、同時に、客観的で冷静なクールヘッドを持つことも重要だ。このGo-To-Marketのプロセスは、まさに、市場でスケールしていくというビジョンを持ちながらも、冷静に戦略（どこで戦うか）を整理していくためのフレームワークになる。

戦略のない意思決定がスタートアップをダメにする

図表2-10に関連して戦略構築のヒントを述べると、一つのセグメントに絞るのではなく、2つ（余裕があれば3つ）を選択してみることをおすすめする。これは「二股戦略」と私は名付けている。一つにセグメントを絞ってしまうと、どうしても視野が狭くなりがちな上、選んだセグメントが仮にフィットしていなくても、その意思決定をしてリソースをかけたという「サンクコスト（埋没費用）」を正当化しようとして、「無茶なPMF」を達成しようとしてしまうリスクがあるからだ。

PMFしていないのに、あたかもPMFしたと錯覚する「勘違いPMF」という精神状態に陥るスタートアップも少なくない。この勘違いはスタートアップが存続できない大きな理由の一つになる。余談だが、勘違いPMFで大型の資金調達をすると悲惨な結末になるので注意が必要だ。

残念ながら、多くの起業家が、こういうフレームワークを活用した上で市場全体を俯瞰し検証することをしない。「目隠ししてダーツを投げ、旅先を決める」ように恣意的にエントリーする市場を選んでしまっている。80：20の法則でいう80％側を最初のターゲットにしてしまっては、どんなに秀逸なプロダクトであっても、いつまで経ってもPMFしないのだ。

また、自分がよく知っている市場を恣意的に最初のターゲットにしてもPMFしない可能性が高い。アマゾン創業当時のジェフ・ベゾスが自分の専門性という観点だけで「金融商品」をEC（電子商取引）で売るターゲットにしていたら今のアマゾンの姿はなかっただろう。

CHAPTER

2-5 STRATEGY

どのビジネスモデルから始めるとPMFしやすいか？

プラットフォーム型事業はスケーラビリティは高いがPMFの難度が高い

どこの市場セグメントから攻めるかがPMF実現性を左右するのと同様に、どのビジネスモデルを選択するかもPMFフィージビリティ（実現可能性）に与える影響が大きい。ビジネスモデルのPMF難度を知らずに、安易に、意思決定してしまっている起業家が非常に多い。

では、どのようなビジネスモデルがあるのだろうか？　ビジネスモデルは、大枠でいうと、パイプライン型とプラットフォーム型の2つに分けられる。

パイプライン型では、円筒型のパイプの川上から川下に向かって製品や活動が直線的（リニア）に流れていく。世の中の多くの事業がパイプライン型だ（図表2-11）。SaaS（Software as a Service）ビジネスや、D2CやEC、モノを作って販売するメーカーなどがこれに該当する。

パイプライン型事業のPMFは、サービスを受ける側（ユーザー）の独自価値を検証できることが条件になる。パイプライン型事業においてどういう状態がPMFなのかは、「カスタマーサクセス」の章でカスタマーヘルススコアというコンセプトを紹介しているので、そちらを参照してほしい。

一方、プラットフォーム型とは、商品やサービスの利用者と、それを提供する事業者をつなぐ基盤（取引が行われる場）を提供する事業だ。ウーバーのように供給サイドと需要サイド、ドライバーと顧客（乗客）双方の価値を満たすこともこれに該当する（場合によっては、ウーバーイーツのように、デリバリーするドライバー、レストラン、注文する顧客のように三者以上のステークホルダーをつなげる場合もある）。これは、「相互ネットワーク効果」を活用したプラットフォーム型事業と言われるものだ。

一方で、ネットワーク外部性を活用するプラットフォームも存在する。プロダクト／ソリューションを使わないと置いてきぼりにされ、仲間外れにされてしまうので、ある一定の人数に使われ出したら一気に拡散するという特徴がある。

例えば、メッセージアプリのLINE（ライン）やFacebook（フェイスブック）、Twitter（ツイッター）、TikTok（ティックトック）などのSNSなどは典型的な例と言えるだ

ネットワーク外部性（ネットワーク効果）
利用者が増えるほど製品やサービスの価値が高まること

▶図表2-11　世の中の大半はパイプライン型事業

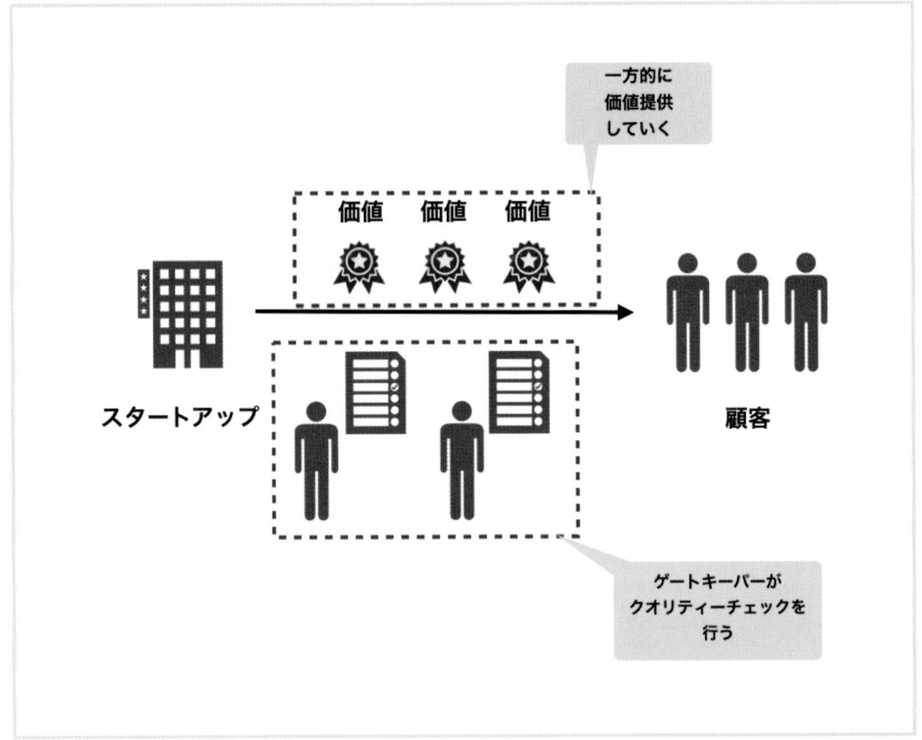

ろう。

世の中を席巻しているのが、こういったプラットフォーム型のビジネスモデルだ。「Platform is eating the world（＝プラットフォームが世界を食べ尽くしている）」と言われるほど、我々の生活はプラットフォーム型ビジネスの影響を受けて劇的に変化した。今では多くの大企業がプラットフォーム指向になっており、ブランド価値への貢献や、時価総額向上に寄与している。

こういうプラットフォームが非常に強い状況下なので、多くの起業家が、「プラットフォーム型事業の難度」を理解や考慮せずに、「うちはプラットフォーム型を展開しています」と言う。

プラットフォーム型は、最大の難問である「ニワトリとタマゴのジレンマ」の壁に必ずと言っていいほど、ぶち当たってしまう。ウーバーの事例で言うと乗客の数が増えないとドライバーは待ちぼうけになって稼げない。

ニワトリとタマゴのジレンマ
供給者が集まらなければ需要者が集まらず、需要者が集まらなければ供給者が集まらないジレンマ

一方で、ドライバーが少ないと乗客がピックアップしようとしても見つからない。乗客の数が増えすぎてしまうと、ドライバーの数が足りなくなり、マッチング率が下がってしまう。また同様にドライバーの数が増えすぎてしまうと、ドライバーが待ちぼうけになってしまい、稼げなくなってしまう。つまり、双方の欲求を満たすためには、需要と供給のバランスを絶妙にコントロールしながら両者を増やしていく必要があるのだ。図2-12を見てわかるように、プラットフォーム型で重要なKPI（重要業績評価指標）は**「情報の交換の質と量」と「検索結果のマッチング率」**になる。後ほど説明するが、両者が閾値（いきち）を超えなければ、マッチング率が下がってしまい、取引が行われないのだ。

また、「ネットワーク効果型」のプラットフォームにおいても同様のジレンマがある。誰も、最初の一人目のユーザーになりたがらないのだ。例えば、斬新なメッセージアプリを開発したとしても、送る相手が誰もいなければ、そのア

▶図表2-12　プラットフォーム型で重要なKPI

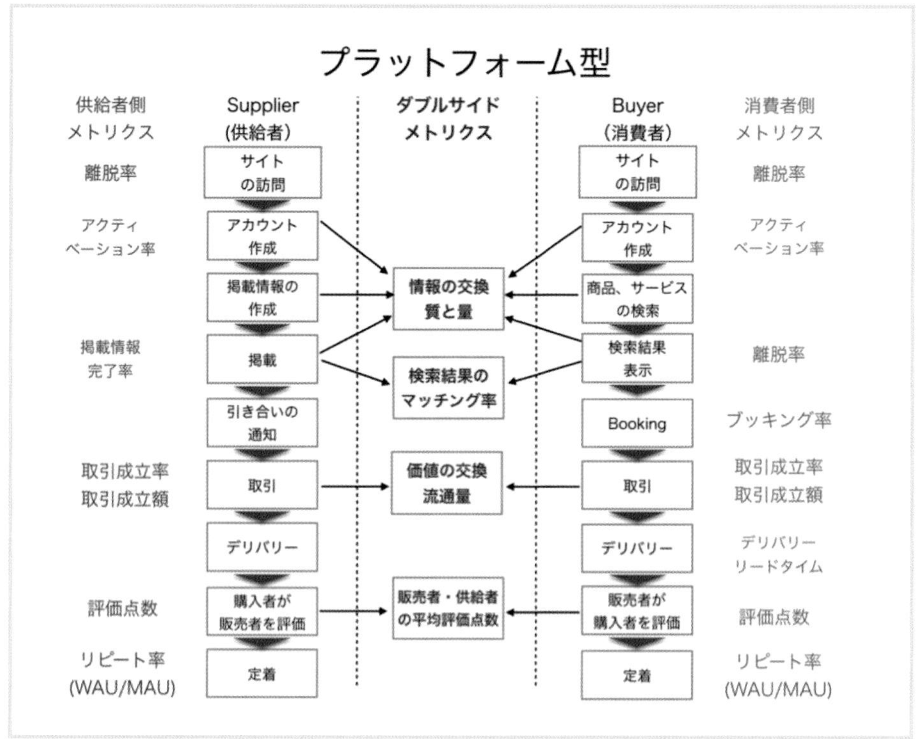

プリの価値はゼロだろう。

「供給者サイドと需要者サイド双方の欲求を満たすのは、2つの会社を同時に起業するようなものだ」と表現されるくらいの難度になる。その難度が生み出す模倣の困難性といったんスケールできた後のネットワーク効果も相まってPMFを達成できたら、高いバリュエーションがつくのだ（KPMGによるとプラットフォーム型は、パイプライン型に比べて難度が8倍の時価総額がつくと言われている）。

ここでティッピングポイントという概念を紹介したい。ティッピングポイントとは、プラットフォーム型の事業が、PMFするための必要条件となる概念だ。図表2-13の横軸の「取引量」に注目いただきたい。ティッピングポイントを超えると、プラットフォーム上のプレーヤーのマッチング率が劇的に高まり、それ以降は、特にプロモーションに注力しなくても、自然に取引量が増えていく「閾値」になる。

例えば、トヨタが100億円出資したカーシェアのGetaround（ゲットアラウンド）がある。ニューヨークの地図を見ると、セントラルパークで車を借りようと思っても半径2マイル以内に2台しかない。ニューヨークでは生産者（車登録者）の数が少なくマッチングしない。ティッピングポイントを超えていないため、ニューヨークではPMFしないことになる。

一方、サンフランシスコでは状況がガラリと変わる。例えば、ユニオンスクエアの半径2マイル以内に100台あればマッチング率は非常に高い。ティッピングポイント超えしていると考えられるためPMFしていることになる。検索結果のマッチング率が高い（図表2-14）。

プラットフォーム型の事業のPMFにおいては、このティッピングポイント超えが非常に重要な要因となる。

本書では詳しくはカバーしないが、プラットフォーム型事業をPMFしてスケールさせるには12の視点がある（図

KPMG
オランダを本部とするグローバルなプロフェッショナルファーム・サービス・ファーム。世界四大監査法人の一角

▶ 図表2-13　ティッピングポイントを超えていればマッチング率は高い

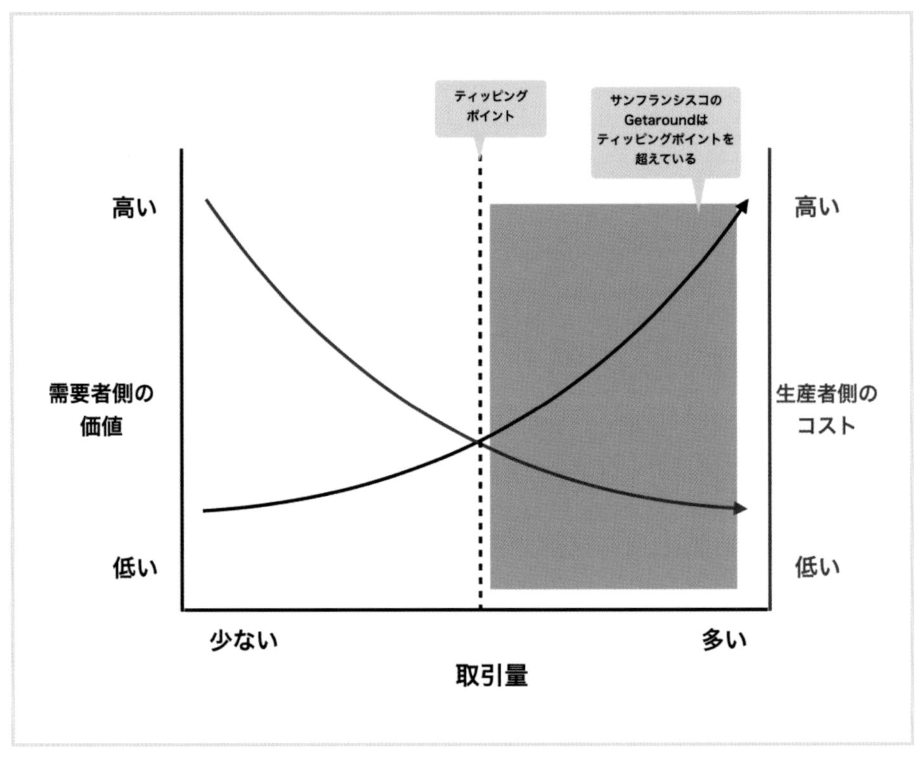

▶ 図表2-14　サンフランシスコではティッピングポイントを超えている

出典:https//www.getaround.com

▶ 図表2-15　プラットフォーム型事業をスケールさせる12のC

ステージ／12C+KPI	Ideation/CPF	MVP	PMF	Transition to Scale
コア・トランザクション(Core Transactiom)	ないがしろにされている・価値認識されていない・取引単位を見つける	限られた市場においてコアトランザクションを確立する	コアインタラクションの流通量がティッピングポイントを超えている	・重層的なトランザクションを検証し実装する ・サイドスイッチングを促す ・サブスク/定額化の検討/運営 ・オープンプラットフォームAPIを実装してエコシステムを拡張する ・データアグリゲーション ・マルチナショナル化
キュレーション(Curation/マッチング仲介)	・最初に狙うべき市場を検証 ・生産者と供給者を結びつけることに価値があるかを検証	・マッチング促進のためにハイタッチでマッチングを行う ・自らニワトリ/卵になる	・ロータッチ、テックタッチのキュレーションを設計する ・スマートプライシング ・適切なプライシングを検証	・機械学習やAIの導入を検討する(テックタッチキュレーション) ・補完的サービスの提供 ・取引の空白地を埋める ・ダイナミックプライシング
信頼性(Credibility)	ー	ユーザーのオンボーディングに寄り添って情報を集める(ハイタッチオンボーディング)	ロータッチ、テックタッチオンボーディングができないかを検証する	・人の気配がするテックタッチを実装 ・マスユーザー向けの信頼を定義して醸成する ・多国化戦略にて各ローカルの信頼を言語化
首尾一貫性(Consistency)	ペルソナを設計して現状のペインジャーニーとあるべきバリュージャーニーの仮説を立てる	バリュージャーニーをベースにしてUXを構築する(ハイタッチで構築)	・UXを要素分解して定期的にキードライバー分析を行う ・生産者/消費者向けのUXの強化 ・カスタマーサービスの実装/運用	・データを活用したパーソナライゼーション ・データ活用ポリシーの透明化
参加者の貢献(Contribution)	ー	参加者の正のネットワーク効果を導くための法則を見つける	・同一サイド/クロスサイドのネットワーク効果促進	・マルチホーミング対応
コミュニティ(Community)	ー	スタートアップ自らコミュニティーを立ち上げて運営しカスタマーボイスを聞く	良いコミュニティーの状態を明確にして運営する	・コミュニティーマネジャーの採用 ・ユーザーグループ ・エコシステムの解放 ・大規模なユーザーカンファレンス
コントロール(Control)	ー	取引を定性的にモニタリング(ハイタッチ)	・ルール/方針を決める ・ソーシャルリスニングを実行 ・中抜きを防ぐための補完サービスを検証	エコシステム内部からの挑戦に対応する(力を持ったパワーセラーへの対応)
是正(Correction)	ー	取引を是正(ハイタッチ)	取引を是正(ハイタッチかロータッチ)	取引を是正(ハイタッチかロータッチかテックタッチ)
看板戦略(Collaboration)	ー	話題となるようなインフルエンサーリスト作り(場合によってコンタクト)	話題となるようなインフルエンサーをオンボーディング	話題となるようなインフルエンサーをマネジメントする
競合対策(Competition)	現状の代替案を検証する(現状の代替案にどんな不がある かを検証)	似たようなモデルが出てこないかウォッチを続ける	ネットワーク効果を活用して競合に差をつける	・ブランドの確立 ・マスユーザー向けに展開してWTAの状態を築く ・競合が狙う領域の低価格化 ・競合サービスの買収検討
コンテンツ(Content)	ー	・コンシェルジュモデルを採用 ・イベントなどを狙う自らのネットワークを開拓	プロダクトチャネルフィットを達成する(1つでも勝ち筋のチャネルを見つける)	マスユーザーを絞り込むようなコンテンツを作る
コンプライアンス(Compliance)	取引自体が法律に抵触していないかをチェック	定期的に合法性をチェックする	取引の合法性を定期的にチェックする	・協会の設立 ・ロビー活動を通じて古い規制をアップデート
KPI	・UVPを見つける ・現マーケットの不を発見	正のネットワーク効果を生み出す良好なインタラクション率(流動性)	・リテンション率 ・有料化転換率 ・有料化するときの付加価値提案	・クリティカルマスに到達できるか ・取引一件当たりの利益率 ・平均評価点 ・サイドスイッチング率

WTA
Winner takes all: 勝者がすべてを手に入れること

▶図表2-16　プラットフォーム型ビジネスの成長は二次／三次関数的に伸びる

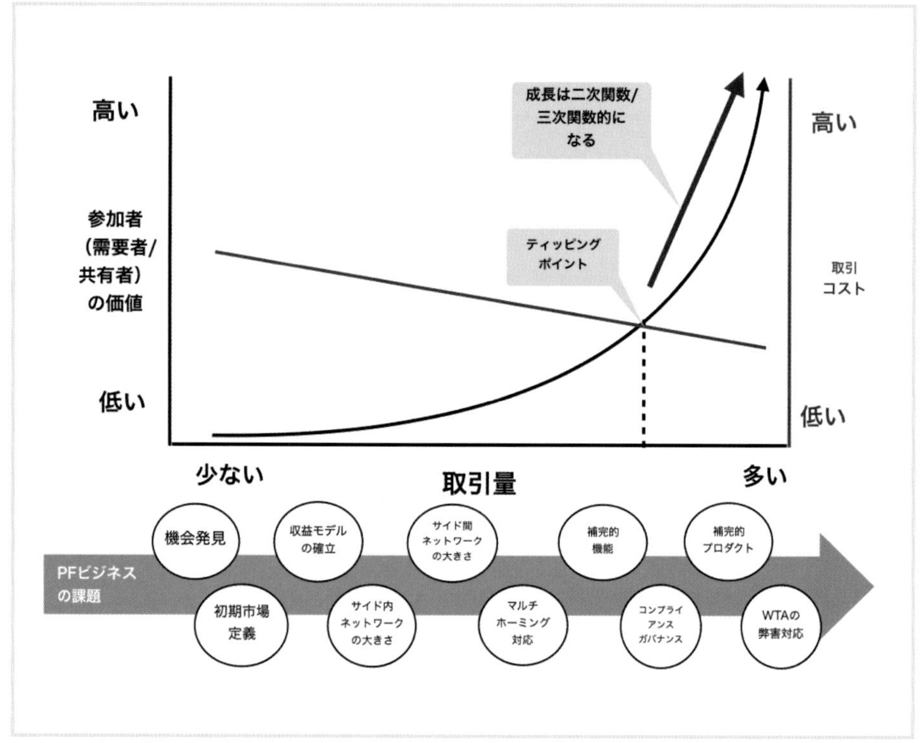

表2-15参照。この内容だけで一冊の本がかけるので表を用いて概要だけをお伝えする）。

上記で見てきたように、プラットフォーム型ビジネスのPMFの難度はパイプライン型に比べて非常に高くなっている（図表2-16のようにプラットフォーム型事業には、それぞれの成長フェーズで乗り越えなければならない課題が山積している）。

しかし、スタートアップがスケールするには、プラットフォームの要素を取り込むことが必要になってくる。その具体的な戦略については、この後事例を用いて解説したい。

スケーラビリティ（Scalability：スケールできるか）

スタートアップの戦略において、もう一つの重要な視点。それがスケーラビリティ（Scalability）だ。スケーラビリティとは、事業が成長拡大するための成長性を意味している。スタートアップは、その使命としてPMF後に一気にスケール、成長する宿命を持っている（最近は、スケールせずに、底堅い成長をするゼブラ型のスタートアップも注目されているが、本書では高いスケールを目指すユニコーン型のスタートアップの戦略に着目する）。パイプライン型は、独自の価値提供の検証ができれば良いので比較的PMFは達成しやすい。

一方で、パイプライン型をスケールするとなると、自らリソースを仕入れたり、自社で抱え込んでトレーニングや品質管理を行う必要があるので、スケーラビリティに課題がある（図2-17）。

図表2-18を見てほしい。一見するとPMFのフィージビリティとスケーラビリティはトレードオフの関係になる。つまり、フィージビリティが高くスケーラビリティが低い事業の存在だ（コンサル事業、受託事業、店舗販売など）。

別にこれらの事業を否定しているわけ

▶図表2-17　パイプライン型ビジネスの成長はリニア

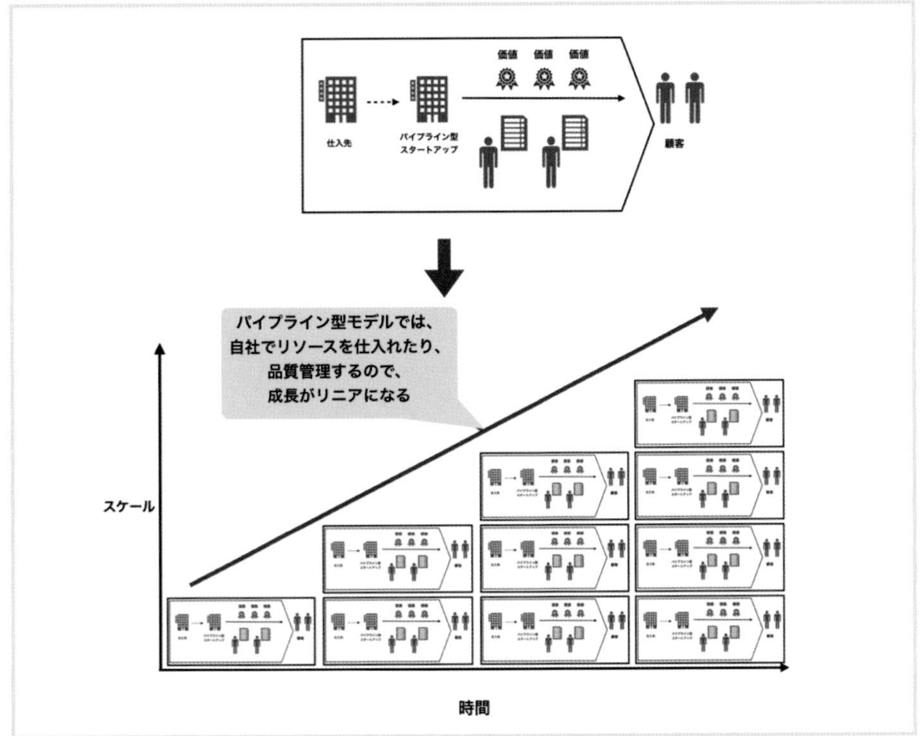

ではなく、十分に生計が成り立つ場合もあるだろう。ただし、ある特定の個人のスキルに依存する属人性が高かったり、時間を売る工数ビジネスなのでスケーラビリティが低い、いわゆる「スモールビジネス」になる。

ここで改めてスモールビジネスとスタートアップの違いを説明したい（図2-19）。

日本では「ベンチャー企業」という言葉で、「スモールビジネス型の事業」も「スタートアップ型の事業」も一括りにされてしまうが、両者は、全く異なるものなのだ。

別にどちらが優れているかという優劣はないが、自分たちがやろうとしていることが、どちらのビジネスなのかを把握しておく必要はある。

「ファイナンス」の章で解説するが、いきなりスタートアップ型のビジネスを始めるのではなく、まずスモールビジネス型でキャッシュエンジンを作るのも有効だし、スモールビジネス型のビジネスを通じて、獲得したリソース（ビジネスリレーションやエンジニアリソース）を将来、スタートアップ型に転換できるケースも多い。

ハイタッチから始めて徐々にシステム化、標準化する

話を戻そう。一般的に言ってスケーラビリティが高くPMFフィージビリティが低いビジネスに、起業家は好んで挑む。図表2-20はプラットフォーム型ビジネスがスケールしていくモデルだ。図表2-20に示したように、取引量がティッピングポイントを越えたら、参加者の価値が、ネットワークでの取引コストを上回るので、一気に取引量が増え、さらに、それが参加者に価値を生み出す状態になる。

しかし、70ページでも解説したよう

▶図表2-18　フィージビリティとスケーラビリティはトレードオフの関係

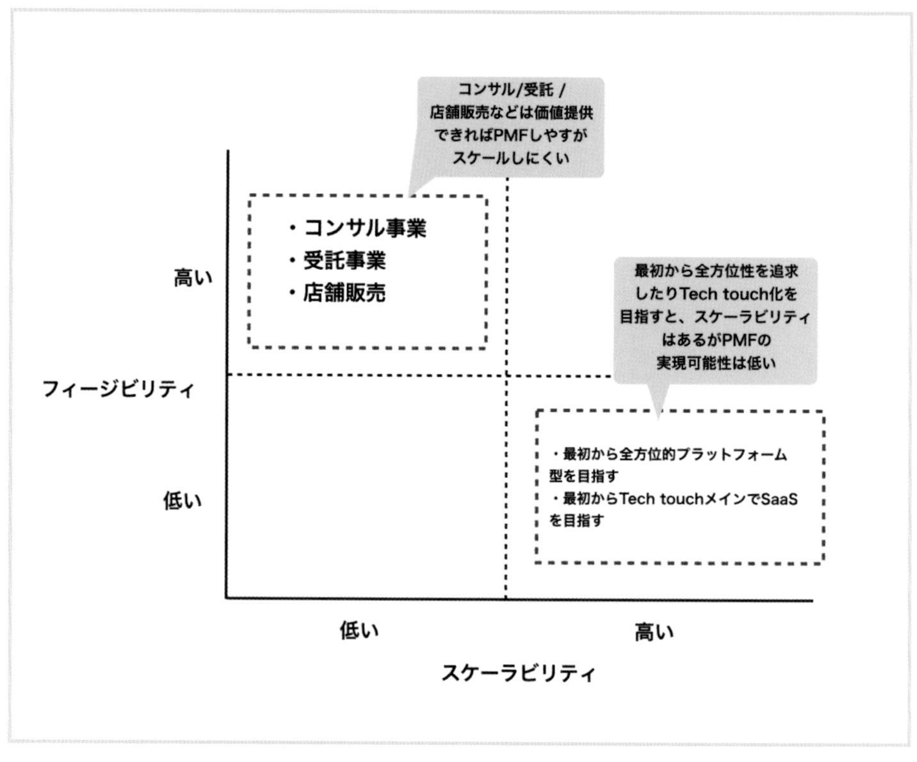

▶図表2-19　スタートアップとスモールビジネスの違い

	スタートアップ型	スモールビジネス型
成長方法	Jカーブを描く 成功したら、巨額のリターンを 短期間で生むことができる	線形的に成長 そこそこのリターンを 着実に得ることができる
市場環境	市場が存在することが確認されていない 不確実な市場環境の下で行われ タイミングが非常に重要である	すでに市場が存在することが 証明されている。 市場環境の変化は少ない
スケール	初期は少数だが、一気に 多くの人に届けることができる	少数から徐々に増やすことができる。 少数のままで運用できる
関わる ステークホルダー	ベンチャーキャピタリスト やエンジェル投資家	自己資金、銀行
インセンティブ	上場やBuyoutによる ストックオプション、キャピタルゲイン	安定的に出せる給料
対応可能市場	労働の調達・サービスの消費が あらゆる場所で行われる	労働力の調達・サービスの消費 される場所は限定される
イノベーション 手法	既存市場を再定義するような 破壊的イノベーション	既存市場をベースにした 持続的イノベーション

▶図表2-20　プラットフォームビジネスは取引量によって価値が増大する

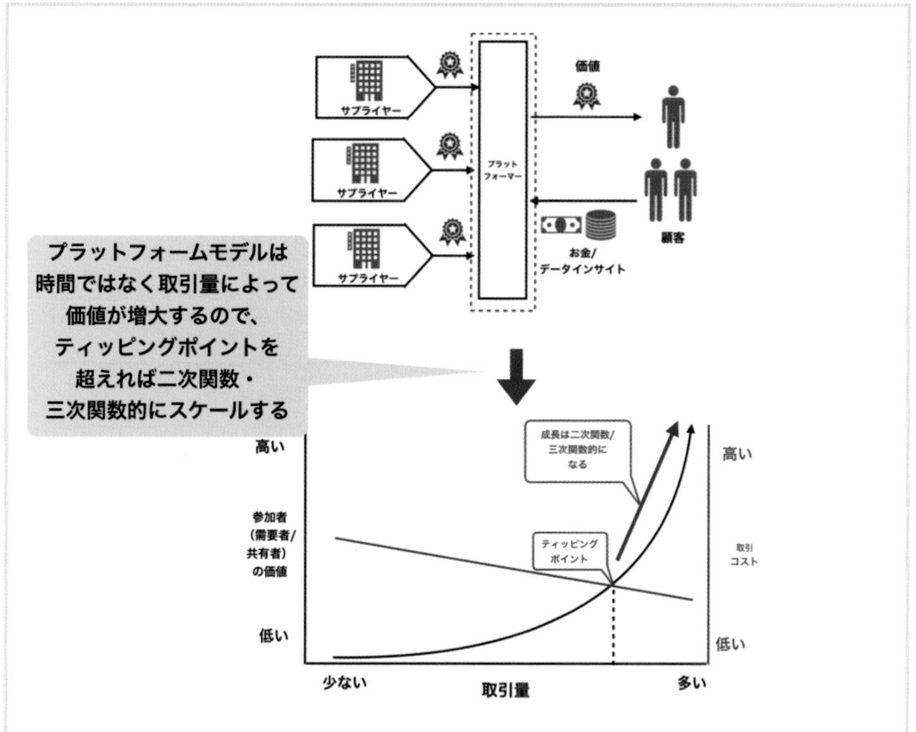

に、常に「ニワトリとタマゴ問題」があり、戦略なしにティッピングポイントを超えるのは非常に難しい。つまり戦略がなければフィージビリティが低いままでいる。

それを知らずに最初から市場ターゲットを「全方位的」に展開してしまったり（アマゾンが最初から本だけでなく、家電、食品、衣料などのあらゆる領域から展開するようなもの）、最初から全て「テックタッチ（Tech touch）」といって人を介在せずにシステムのみでSaaS事業を始めて、結局十分な価値が提供できずにPMFを達成できないスタートアップが非常に多い。

ビジネスコンテストなどの審査委員をやると、だいたい半数が、プラットフォーム型のビジネスを打ち出しているが、その多くが、難度を理解していないし、どのセグメントから戦略的に攻めていくべきかの仮説がない場合が多い。

一見すると、トレードオフになるフィージビリティとスケーラビリティをどう両立させたらいいのだろうか？

つまり、フィージビリティが高い事業はスケーラビリティが低く、スケーラビリティが高い事業はフィージビリティが低い。このジレンマの解消方法が、まさに本章で伝えたいことだ。

いくつかの戦略を紹介しよう。例えば、いきなりTech touchメインのSaaSで、システムオンリーから始めるのではなく、まずはコンサル事業（High touch）から始める。その中で、徐々に標準化とシステム化を進めていきSaaSに転換（ロータッチ／テックタッチ化）していく。

例えば、コンサルで展開しながらも一定のパターン化ができる箇所を見つけ出し、そこはシステム化していくなどのロードマップを作っていく（図表2-21）。グローバルで使われるCMS（コンテンツ・マネジメント・システム）のプラットフォームであるWord Press（ワードプレス）などは、まさにこの手法を用いて普及した。最初は創業者のマット・マレ

▶図表2-21　ビジネスロードマップを描く

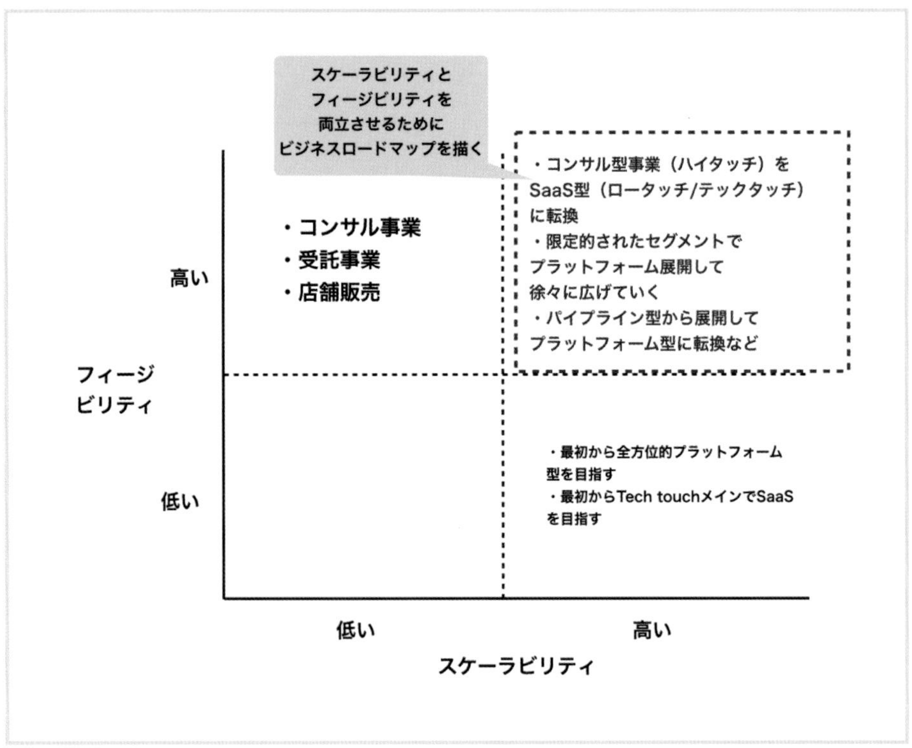

ンウェッグ自身が、祖母を「超ハイタッチ」でサポートした。そのノウハウが蓄積されてワードプレスになった。

エアビーアンドビーは、最初はブログサイトを立ち上げ、1晩80ドルで泊まれるエアベッドを3つ用意した。一方的に価値を提供する、まさに「パイプライン型」のビジネスだった。

さらに、ゲストがブッキングできたか、ゲストが支払いをしたか、ゲストがチェックインできたかなどのゲートキーパーの役割を創業者自らがかゆい所に手が届くハイタッチで事業を展開した。ハイタッチから始めて、オペレーションを徐々にシステム化、標準化していった。(図表2-22)

パイプライン型は、創業当初は、直接販売するハイタッチの中でも、顧客と密接にかかわる超ハイタッチを行い、どのようにすれば役務提供できるかを見極めて、PMFを果たして、スケールしていくことも多い。

今は、テクノロジーを駆使しているSaaSや、多くの物件や業者を抱えているプラットフォーマーも、初期の頃には、このような泥臭いプロセスを必ず経てきているのだ。今の「できあがった姿」や「できあがったビジネスモデル」だけを見て、ベンチマークしようというのは戦略としてはあまりにも稚拙といえる。

他の事例としてウェブアクセス解析ツールのMixpanel（ミックスパネル）は、月に150ドルを支払った最初の顧客には、サイトにコードを埋め込んでもらい創業者自身がコンサルタントとして毎月アクセスレポートを送っていた。

他にも2019年に時価総額1兆円を超えてデカコーン企業になった、オンデマンドフードデリバリーサービスのDoor Dash（ドアダッシュ）は、超ハイタッチ＋パイプライン型で始まっている（図表2-23)。

ドアダッシュは、レストランとユーザーとドライバーの3者のマッチング型サービスで先ほど紹介したウーバーイー

▶図表2-22　創業者自らが超ハイタッチで価値を創り上げる

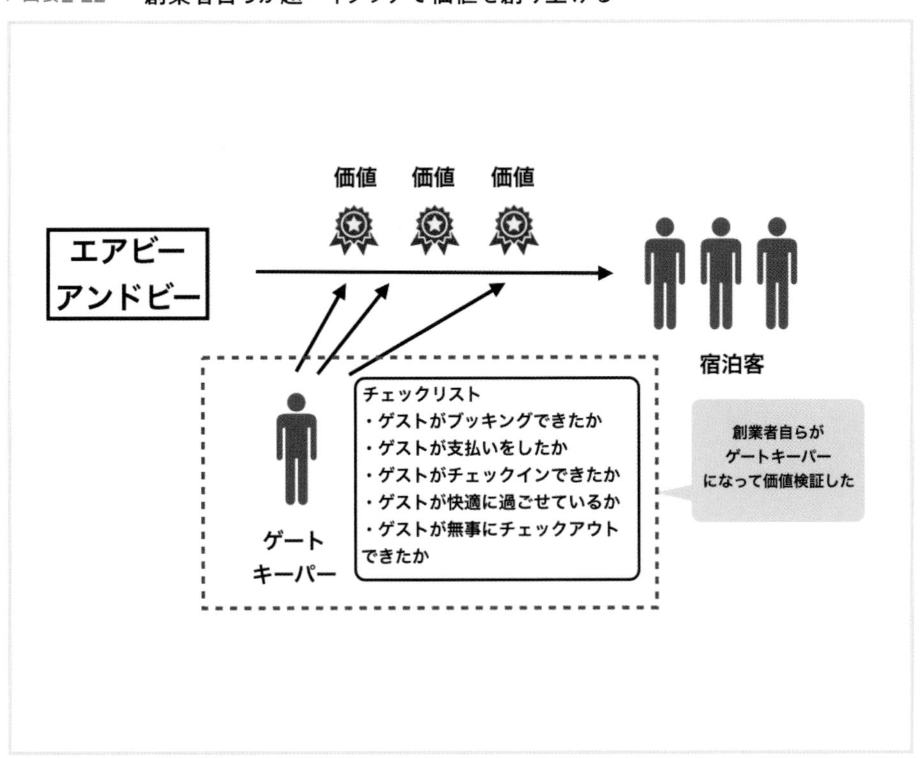

▶図表2-23　時価総額1兆円を超えたドアダッシュ

写真:Getty Images

▶図表2-24　Rettyの戦略

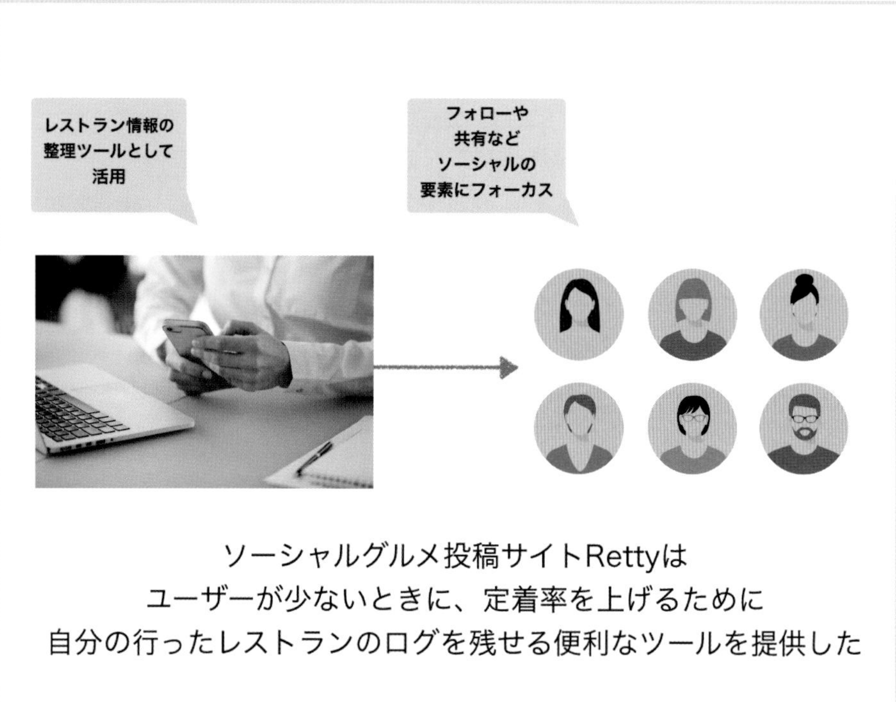

写真：shutterstock.com

ツに近いサービスだ。つまり、3者のマッチングなので、非常に難度が高い。わずか1時間で作ったサイトに翌日顧客から注文が入り、なんと自分たちで直接商品を購入して自分たちで運転して顧客のもとにデリバリーした"超ハイタッチ"だった。

創業チームは、スタンフォードでコンピュータサイエンスを専攻していた非常に優秀なエンジニアだったが、最初はシステム化せずに、泥臭くサービスを運用したのだ（現在、評価額は1兆3800億円に上っている）。

パイプライン型から始めて、プラットフォーム型へ展開していく戦略は有効だ。先ほど解説したようにプラットフォーム型事業の難しさは生産者がいなければ利用者もいない、利用者がいなければ生産者もいないという「ニワトリとタマゴのジレンマ」に陥ってしまうことだ。そこで、自ら、ニワトリもしくはタマゴの役を買って出て、事業を回してしまうという戦略だ。

このパイプライン型からプラットフォーム型展開の国内の成功事例として挙げられるのは、日本最大級の実名型グルメサービスのRetty（レッティ）だ。レストランがたくさん載っていなければグルメな人は登録しない、また、グルメな人がたくさん登録していなければレストランも登録しないというまさに「ニワトリとタマゴのジレンマ」にぶち当たってしまう。2011年の立ち上げ当時は、食べログ、ぐるナビなどのすでにスケールしている競合もいた。そこでRettyが目をつけたのは、グルメな人が、携帯のアドレス帳などにこれまで行ったレストランを書き留めていたことだ。ならば、レストランのログを簡単に残せるアプリを展開したらどうかと考えた（グルメな人たちは、気に入ったレストランを携帯やスマホのアドレス帳に登録していたが、この作業に手間がかかった）。このアプリが刺さってグルメな人たちは、備忘録としてRettyを使い出した（図表2-24）。

そして、ある程度グルメな人の数がたまった段階で外部に開放した。そこから、ティッピングポイント超えを目指して、その後数年でユーザー数が4000万人を超えるまでスケールしたのだ。

他の事例としては、2009年に上場したレストランのオンライン予約を行うアメリカのOpenTable（オープンテーブル）が挙げられる。彼らの戦略も、パイプライン型からプラットフォーム型展開だった。本来なら手数料の取れる便利な予約管理ツールを無償でレストランに配ったのだ。プラットフォームに十分な数のレストランが集まった段階で、消費者サイドにアプローチし獲得していって、両者のマッチングを図ったのだ。

ブロガーの集まるキュレーションサイトのHuffPost（ハフポスト）も、当初は、ライターを雇って高品質なブログを投稿することで読者を呼び込んだ。日本におけるnoteのような使い方をされているMedium（ミディアム）も、最初に優秀な執筆陣を雇い入れ、記事のクオリティが高いというイメージを確立してから読者や執筆者を呼び込んだ。

このようにパイプライン型から始めてプラットフォーム型へ移行していった事例は枚挙にいとまがない。

プラットフォームは限定した市場から獲得する

図表2-21をもう一度見てほしい。「限定された市場から、プラットフォームを展開して徐々に広げていく」というパターンがある。これは限定された市場で始め、そこでPMF（トランザクションのティッピングポイント超え、ユーザーのリテンション率の向上）を達成できたら、ターゲットとする市場セグメントを広げていくというものだ。クラウドワークスやメルカリなどは、このプロセスを経てスケールした。

サービスローンチ後、3年足らずで上場を果たしたクラウドワークスの事例を詳しく見ていこう。日本国内にフリーランサーと呼ばれる人はおそらく数百万人いて、発注する企業も400万社ある。何も考えずに、全方位的にやってもPMFするのは非常に難しいだろう。なぜなら、マッチング率が非常に低くなり、ニワトリとタマゴのジレンマに陥ってしまうからだ。

初期のクラウドワークスは非常に戦略的に展開していった。最初に、凄腕のエンジニアが集うハッカソンに、創業者の吉田浩一郎氏が自ら行ってスポンサーとして、ピザなどを提供した。そこで軽いトークを行い、凄腕エンジニアの登録を促した。ある程度、エンジニアの数が増えたら、そのエンジニアをランディングページ（LP）に載せて、新たにエンジニアを募集したら、一気に登録エンジニアが1300人になった。この登録エンジニアのリストを吉田氏自ら、ターゲットとなる企業に売り込みに行ったのだ。

これは、コンシェルジュMVPと言って、スタートアップ業界では有効な戦略とされている。つまり、ニワトリとタマゴのジレンマを解消するために自ら動いてマッチングを図ったのだ。

コンシェルジェ MVP
コンシェルジュのように自ら顧客の下に足を運び、ニーズを確かめた上で、必要最低限の機能を備えたプロダクト（MVP = Minimum Viable Product）を作ること

初期のクラウドワークスの勝因は、ターゲットとなる職業をプロのエンジニアに絞り込んだことだ。ライターのほうが母数は多いし、「デザイナーも取り込まないとうまくいかないのではないか」という懸念がありながらも初志貫徹した。

エンジニアの登録数が一定数以上になったところで、ライターやデザイナーなど他の職種に対象領域を広げていった。結果、スケールにも成功し、ローンチ後わずか2年9か月で上場を果たしたのは、PMFフィージビリティとスケーラビリティの両軸を満たす戦略を持って

▶図表2-25　クラウドワークスの初期のビジネスモデル

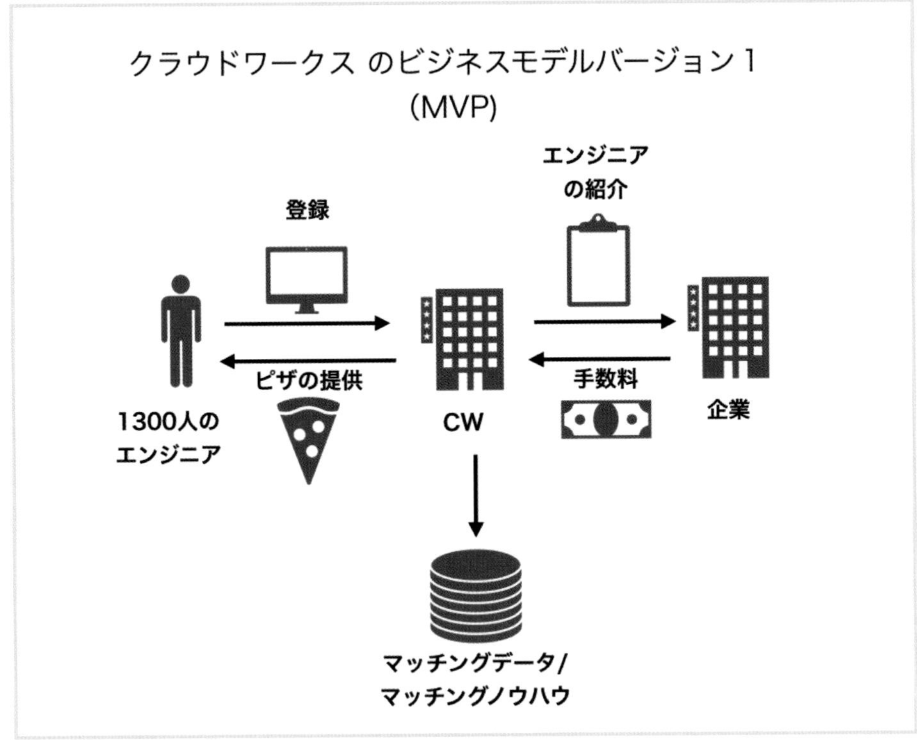

いたからだろう。

クラウドワークスの特筆するべき点は、他にもある。PDCAのCつまり、指標の磨き込みに余念がなかったというところだ。初期の頃から管理画面を作りKPIをかなり細かいところまで設計した。PMFを達成するための1つの重要な前提条件として「**顧客の成功を定量化すること**」がある。これは、結果指標（LTVやARPU）の前提条件となる先行指標を明らかにしていくことに他ならない。マーケティングの章で詳しく解説するが、各チャネルごとのユーザーパフォーマンスの計測も精緻にやる必要がある。獲得チャネルごとの、CPA、DAU、ARPU、LTVなどを計測する。

起業家の典型的な思考パターンとして、PDCAのうちP（企画／計画）とD（実行）を率先してやりがちだ。しかし、PとDばかりやってしまうと、C（顧客の成功を測る指標設定）が疎かになり、PMFが遠のいてしまう。限られたリソース（資金や時間）の中で、燃え尽きる前に、PMFを達成するには、PとDを限定的に行いC（計測とその振り返り）に注力することだ。

ARPU
Average Revenue Per User：1契約者あたり売上

CPA
Cost Per Acquisition: 顧客獲得単価

DAU
Daily Active User：1日あたりのアクティブユーザー

CHAPTER

2-6 STRATEGY

持続的競合優位性を築けるか?

スタートアップの価値を決める要素とは

スタートアップの戦略として、フィージビリティとスケーラビリティを両立させる手法や事例について触れてきた。

3つめの視点がこれからお伝えする持続的競合優位性（ディフェンシビリティ）だ。

スタートアップはPMFを達成した後に、スピード感をもって成長しなければならない。その一方で継続的に競合優位性を築いていく必要がある。つまり、他社に容易に真似されないように参入障壁を築くということだ。そのためのディフェンシビリティを生み出す資産のことを**持続的競合優位性資産（ディフェンシ**

▶図表2-26　スタートアップの価値（バリュエーション）を決める要素

BS/PL価値
・収益性(PL)
・BS上の価値（現預金、借金）
・有形/無形固定資産の価値(システム、設備、ソフトウェアなど)

ディフェンシビリティ（持続的競合優位性資産）

テクノロジー/IP/エンジニアリング
・自社保有テクノロジーの秀逸さ
・知財（特許）/ノウハウ
・エンジニアメンバーの能力/技術力
・Productの秀逸性

データ/インサイト
・Market Insight
・保持するData量/Dataモデル
・Data Driven経営のノウハウ/システム

ネットワーク効果/リレーションシップ・アセット
・ネットワーク効果
(外部性ネットワーク/相互補完ネットワークなど)
・リレーションシップアセット
（顧客、メディア、ガバメント、投資家、メンター/アドバイザー、サプライヤーなど)

戦略
・戦略の明確さ
・戦略の独自性
・イノベーションモデル

ブランド/マーケティング資産
・広告以外の顧客獲得チャネル
（メディアリレーション/コミュニティ/インフルエンサーなど）
・広告による獲得チャネル
・ブランド認知度

CXO/チーム/カルチャー
・CXO/創業メンバーの業界権威性/Capability/Skill
・CXO/創業メンバーの経営能力
・MVVの浸透度
・Teamメンバーの Capability/Skill
・メンバーのエンゲージメント/モチベーション

オペレーショナル・エクセレンス
・バリューチェーンの成熟度/秀逸性
カスタマー対応側ノウハウ
（ベストプラクティス、事例、マニュアルなど）
・バリューチェーンの成熟度/秀逸性
コーポレートサイドノウハウ
（意思決定迅速化の仕組み、ガバナンス、コンプライアンスなど）

ビリティ・アセット）と呼ぶ（図表2-26）。

ここでいう「持続的競合優位性」は、ただ「特許で自社の知財を守る」というディフェンシビリティよりも、かなり広範囲で捉えている。どのようなものが含まれるか、起業家は何を意識して、リソースの投資／配分を行うべきかの視点を提供したいと思う。

ディフェンシビリティを生み出した特筆するべきケースとしてアマゾンのカスタマーレビューがある。アマゾンは1995年にカスタマーレビューという仕組みを開始した。しかし、別にレビューがいくら増えたとしても、会計上の資産としては計上はされない。しかし、2018年で2億件以上のデータがあるとされている。

このデータアセットがあることによって、アマゾンのレコメンドエンジンの精度がより高くなりARPU（1契約者あたり売上）の向上に貢献するというわけだ（アマゾンのディフェンシビリティ構築のストーリーに関しては、FINAL CHAPTERで詳しく説明する）。

「本質的な成功の度合いは、長期的に我々が生み出す株主価値で測られるべきであると考える。株主価値の向上は、会社を拡大して、市場のリーダーとしての立場を強化した結果として得られるものである。市場リーダーとしての立場が強くなればなるほど我々の経済モデルはより強固になる」

とジェフ・ベゾスは語っている。つまり、アマゾンのカスタマーレビューは、何億レビューを蓄積しようが、アマゾンのPL／BSには直接現れない。しかし、顧客のレビューというデータはアマゾンにとっての最強の持続的競合優位性資産になり、それが、長期的にFCF（フリーキャッシュフロー）を生むエンジンとなり、結果として時価総額の向上に寄与している。

著者が考える持続的競合優位性資産とは何なのか、改めて解説したい。それは、大きく分けると以下の7つに分類できると考えている。

- **テクノロジー／IP／エンジニアリング**
- **データ／インサイト**
- **ネットワーク効果／リレーションシップアセット**
- **戦略**
- **ブランド／マーケティング資産**
- **CXO／チーム／カルチャー**
- **オペレーショナル・エクセレンス**

テクノロジー／IP／エンジニアリング

自社保有のテクノロジーの秀逸さ

自社がどのようなテクノロジーを保有しているのか、その秀逸性は、大きな競合優位性資産になる。特に、ディープテック系と呼ばれるような、長年の研究開発をベースにプロダクトを構築してきたスタートアップなどは、これに当たる。例えば、ネクストユニコーンとして注目されている未上場で、高い時価総額を誇るスタートアップの多くは、これに該当する（詳しくはコラム参照）。

知財／IP

知財／IPというのも、大きなディフェンシビリティ要因になる。スタートアップとして優れた知財やテクノロジーのポートフォリオを構築することで、防御と攻めの価値をアップすることができる。知財は単体ではなく組み合わせることで飛躍的に価値が向上する。特許庁がまとめている、知財の取り扱い方などを参考にしてほしい[3]。

Engineering

優れたエンジニアチームや技術者がいることも、持続的な競合優位性につながる。Preferred Networks（PFN）という未上場ながら、3000億円の時価総額が

3）https://www.jpo.go.jp/support/startup/index.html

ついているスタートアップがある。彼らがここまで評価されているのは、業績もさることながら、メンバーの優秀さだ。社員数は150人を超えたが優秀な技術者が集まり続けている。

「コンピューターサイエンスの分野において、PFNほど、優秀な人の密度の高い企業は日本で他にない」

IBM基礎研究所所長や統計数理研究所教授など、日本と世界を代表する研究所で多くの技術者を見てきた、PFNフェローの丸山宏氏は断言している。つまり、優秀なエンジニアは優秀なエンジニアと仕事をしたいという特徴を持っており、PFNはその好循環ができあがっているのだ。特にディープテック系のスタートアップを成長させるには、優秀なエンジニアをいかにして登用していくかがキーになる。優秀なエンジニア採用を進めるためにもCTOの存在が非常に重要になる。例えば、メルカリCTOの名村卓氏は複数社の技術顧問としても活躍し、サイバーエージェントの藤田晋社長をして「国宝級エンジニア」と言わしめる人物だ。こういうレベルのエンジニアがCTOや技術顧問にいると、そのスタートアップにおけるエンジニアポジションは非常に魅力的になるのだ。

- **Productの秀逸性**

これは言わずもがなだが、秀逸なプロダクトは、スタートアップにとって強力な競合優位性につながる。未上場で時価総額1000億円を超えたSmartNews（スマートニュース）が提供するアプリ、スマートニュースは5000万ダウンロードを突破しているという。スマートニュースのプロダクトとしての秀逸性は、その「読みやすさ・便利さ」にある。

スマートニュースは、インターネット環境がないオフラインでサクサク読むことができる（配信されたニュースをアプリ起動時に一括して読み込むからだ）。

また、読み込みにかかる時間は非常に短いので、情報がすぐに欲しいときなどとても便利だ。特に、地下鉄などの圏外になりやすい環境でも電波の状態を気にせず使えるので、利用頻度が高くなる。それに加えて指定されたメディアだけでなく、ユーザーは「好きなカテゴリー」を追加することができる。例えば「スポーツ」のカテゴリーを追加した場合は、スポーツに関するニュースが色々なサイトの関連記事をまとめてくれ情報収集にかける時間を節約できる。

データ／インサイト

データ・イズ・ニューオイルと言われるように、自社でユニークデータを蓄積して顧客インサイトを得ることは、競合優位性構築に大いに役立つ。テスラは2020年7月に自動車関連企業で時価総額1位になった。出荷台数はGMよりはるかに少ないが、なぜ市場から高評価されているかというと、自社が蓄積しているデータがその要因だ。2018年11月にテスラはオートパイロットのデータを10億マイル蓄積したと発表した[4]。

ただ、留意点としては、データはただ単なる「生データ」の状態だと、その価値のポテンシャルを引き出すことができない。データを「ビジネスのコンテクスト」や「目標」に基づいて、加工をして、ストーリー／モデルを構築していく必要があるのだ（図表2-27）。

具体的な事例については後ほどの「マーケティング」「カスタマーサクセス」の章で解説するが、顧客獲得や顧客成功のデータモデルを作ることによって、拡大再生産が可能になっていく。

また、カスタマーサイドだけでなく、自社メンバーのエンゲージメント／モチベーションデータを計測し、メンバーのパフォーマンスに活用することができる。

このように、データを経営のあらゆる側面で活用することは、スタートアップにとって強力な競合優位性を築くことに

4) https://www.cio.com/article/3433931/tesla-the-data-company.html

▶図表2-27　データ活用のトリプルループ

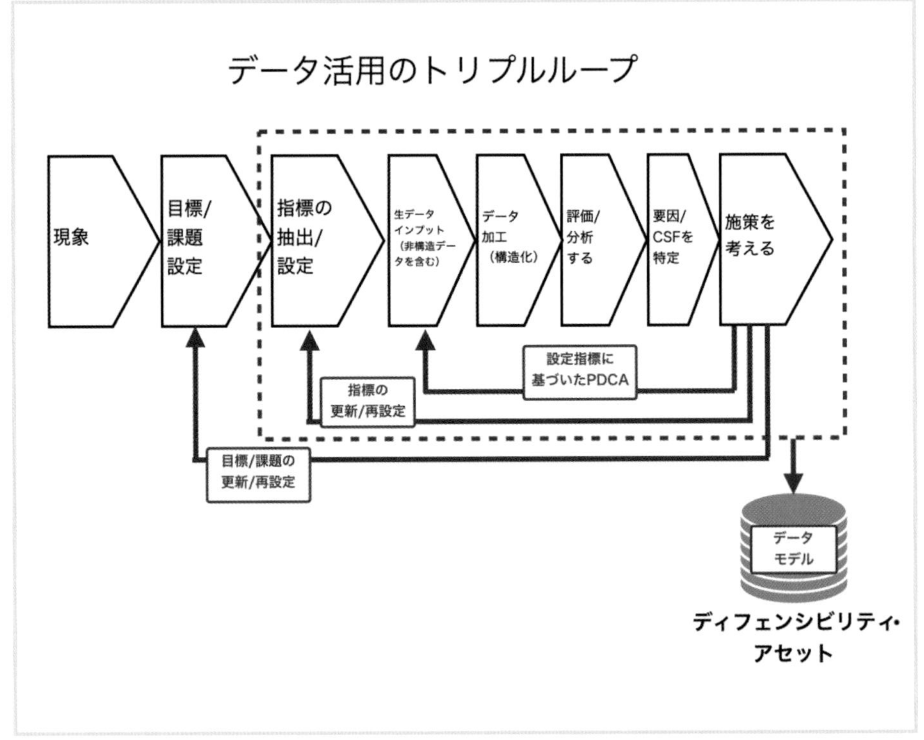

なるのだ。

ネットワーク効果／リレーションシップ・アセット

ネットワーク効果とは、同じプラットフォームやサービスを利用するユーザーが増加することによって、それ自体の効用や価値が高まる効果のことだ。例えば、メッセージアプリを使うユーザーが増えれば増えるほどメッセージを送信できる相手が増えて、メッセージアプリ自体の価値が高まる、というのも一つの例だ。

図表2-28のように電話やメッセージアプリなども、使う人が増えれば増えるほど電話ができる相手、メッセージが送れる相手が増えて、ユーザーはより多くの価値を享受できるようになる。2台の電話（ノード）で接続数は一つ、5台の電話で接続数は10、12台で66、100台では4950となる。ネットワークを構成するユーザーの数が増えると、新しいユーザーが「仲間外れになりたくない」と、そのネットワークに引き付けられる。さらに、ユーザーが増えるにつれて、ネットワークをサポートする技術が成熟し、ユーザー一人あたりの費用もどんどん下がってくる（限界費用がゼロに近づく）。そうすると、そのネットワーク参加の魅力はさらに高まり、大勢の人が受け入れるようになるのだ。

フェイスブックの利益は2兆円程度だが、高いPER（株価収益率）が付いて時価総額は50兆円を超えている。一方でトヨタもフェイスブックと同じくらい利益を出しているが、PERは8倍しかついておらず、結果として、時価総額は21兆円になってしまっている。

これが何を意味しているかというと、マーケットは、トヨタが持つ33兆円という巨大な設備よりも、フェイスブックが持っているとてつもないデータ量、ビジネスモデル、ネットワーク効果のようなディフェンシビリティ・アセットをより評価しているということだ。

ちなみに、経済学者の野口悠紀雄氏によるとグーグルが持つビッグデータの資産価値は6822億ドルでフェイスブックは5486億ドルという（『データ資本主義 21世紀ゴールドラッシュの勝者は誰か』野口悠紀雄著、日本経済新聞出版）。

一方で、売り手や買い手を結びつけるビジネスを行うならば「相互補完ネットワーク」「ツーサイドネットワーク効果」の構築が重要なキーになる。70ページで説明したように、売り手がいなければ買い手も集まらず、買い手が集まらなければ売り手も集まらない「ニワトリとタマゴのジレンマ」に陥ってしまう。それを前述の戦略（コンシェルジュ戦略やパイプライン戦略）をもって解消し、ネットワーク効果を構築できれば、大きな持続的競合優位性資産になる。

スタートアップが活用するべきネットワーク効果としては、「間接的ネットワーク効果」というものがある。間接的ネットワーク効果とは「そのプロダクトの補完的なサービスやプロダクトの使用量が高まると、結果としてそのプロダクトの価値が増加する効果」というものだ。具体的に説明しよう。フェイスブックは、2007年よりF8といって、フェイスブックの上で、プロダクトを開発する開発者や起業家向けの大規模なカンファレンスを行っている。こういうリアルイベントに加えて、フェイスブックはユーザーのソーシャル関係を簡単に利用できるグラフAPIや、ユーザーがフェイスブックを利用して他のサービスやアプリにログインできるフェイスブックコネクトを打ち出している。これにより、開発者は様々なアプリケーションを開発してフェイスブックのソーシャルグラフ上でディストリビュート（配信）することができたり、ユーザビリティの高いアプリケーションを開発することができた。例えば、ソーシャルゲームを展開するジンガは、このプラットフォームを活用して、大きく成長した。

▶ 図表2-28　利用者が増えれば増えるほど利便性が増す

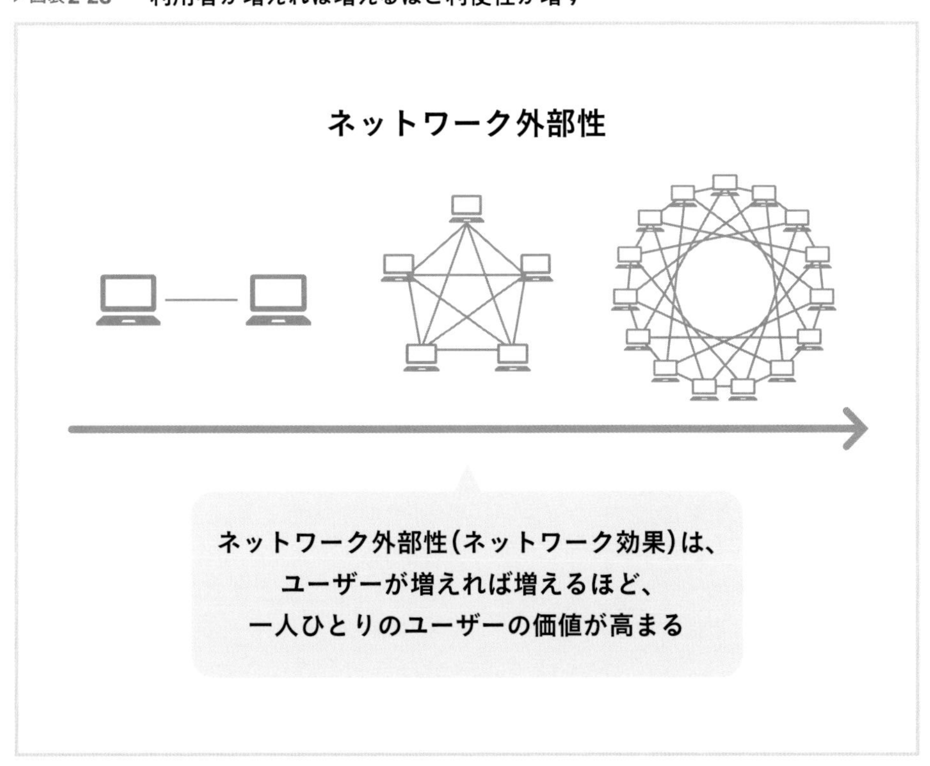

また、スタートアップが保持している、顧客だけではなく実際ビジネスを推進するための取引先、アライアンスパートナー、サプライヤーとの関係性も重要な持続的競合優位性になる。メルカリは、上場時に高い時価総額がついたが、それは、出品者数の多さや、様々な事業会社（ヤマト運輸、日本郵便）との連携が評価されたからだろう。

それ以外にも、エアビーアンドビーが持つホストとの関係性、クラウドワークスが持つフリーランサーとの関係性、ラクスルが持つ印刷業者との関係性など、関係性構築にリソースやノウハウが必要になるものも、貴重な持続的競合優位性資産になるのだ。

例えば、マイクロソフトは2016年にリンクトインを262億ドルで買収した。しかし、同社の簿価は70億ドルだった。残りの192億ドルは、どこから算出されたのかというと、リンクトインの4億人登録ユーザーが持つ「関係性価値」だ。

戦略

スタートアップが持続的競合優位性を保つには、戦略の明確さに加えて、なかなか他がまねできないような戦略の独自性を持つことも重要だ。まさにこの章で説明してきたような要因を勘案して、戦略を構築できるかがポイントになる。

「ファイナンス」の章でも詳しく解説するが、明確な戦略を土台にして、EXIT（IPOやM&A）まで向かうストーリー構築が、スタートアップのバリュエーションを高める要因になる。投資家の立場からしたら、明確な戦略に基づくマイルストーン設定があると、モニターがしやすいだけでなく、支援（必要なタイミングで必要なリソースを提供する）もしやすくなるからだ。

● イノベーションモデル

スタートアップの一番の強みは、ともすれば、既存のマーケットにフィット（Product current market fit）している大企業のイノベーションのジレンマを突けることだ。つまり、大企業は既存事業の改善や改良に囚われてしまうが（持続的イノベーション）、スタートアップはそこに革新的で新たな価値を生み（破壊的イノベーション）切り込んでいくことができるかがポイントになる。

私は、投資の意思決定をするときに「御社は、どのようなイノベーションのジレンマを突いていますか？」と聞くようにしていた。スタートアップの使命として10〜20％の改善ではなく10倍以上の改善を目指すことができるかが重要なポイントになる。

『起業の科学』で紹介したが、ビジネスのロードマップを作っていく際にどんなイノベーションモデルなのか、その型を知っておくことが重要になる。

自社のモデルのどのあたりが革新的なのか、を起業家はきちんと言語化できる必要がある。私はイノベーションモデルを10の型にまとめた（図表2-29）。詳しくは本章末のコラムを見ていただきたい。

ブランド／マーケティング資産（Brand/Marketing Asset）

● 広告以外のマーケティングアセット

スタートアップが存続できない理由の一つが、顧客獲得コストが高すぎることだ。そこで広告以外の顧客獲得チャネル（オウンドメディア、フォロワーを多く持つSNSなど）を持つことはCPA（顧客獲得単価）を下げる意味で、大事な資産になる。つまり「良いプロダクトを作ってPMFする」というのは成功のための必須条件だが、十分条件ではない。

「然るべきターゲットユーザーに然るべ

きチャネルで伝えて届けていくこと」もPMFを達成するのと同じくらい重要だ。

● **広告運用のノウハウ**

広告運用のノウハウも大きなアセットになる（ペイドメディア運用の経験やノウハウなど)。「マーケティング」の章で詳しく解説するが、プラットフォーム型ビジネスは、WTA（Winner Take All：一社が圧倒的に独占して勝つ）モデルなので、広告を駆使して、ユーザーを獲得するノウハウがスケールする際のポイントになる。

● **ブランドの認知度**

多くのプロダクトが買われないのは、知られていないからという理由が大きい。商品やサービスをブランド化して、ブランド認知度を高めたい。これらの要素に関しては「マーケティング」の章で詳しく解説する。

CXO／チーム／カルチャー

● **起業家自身の権威や能力**

スタートアップ（特にアーリーステージ）においては、起業家そのものの魅力や能力が重要になってくる。また、起業家は自分が選んだ領域において、オーソリティ（権威）になる覚悟が必要になる（これは「マーケティング」の章で解説する)。その領域のオーソリティになることによって、顧客獲得力の向上、採用力の向上、ビジネスリレーションの獲得のしやすさなど、様々なメリットを享受できるようになる。

● **経営能力**

またスケールを計画する中で、単なる起業家から経営者になることができるか（経営能力を身につけられるか）が重要なポイントになる。本書の目的は、まさにこのポイントを提供することである。

▶ 図表2-29　イノベーションモデル（型）

中間プロセスの排除
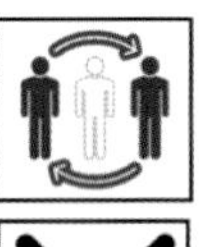

バラバラな情報を集約

新しいコンビネーション
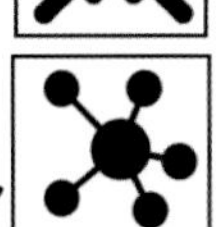

タイムマシン

ローエンド破壊

バンドルのアンバンドル化
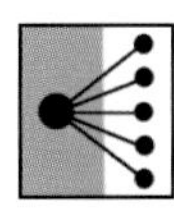

使われていないリソースの活用

戦略的自由度

アービトラージ

As-a-Service化

- **MVVの浸透**

詳しくは「MVV」の章で解説したが、ミッション、ビジョン、バリューが会社に浸透していることにより、メンバーのエンゲージメントが高まり、より高いパフォーマンスを発揮できるようになる。

- **チームメンバーのケイパビリティ**

スタートアップは一人ひとりの人間で構成された組織だ。当然、メンバーのケイパビリティ（能力）やスキルが高いことは、そのスタートアップにとっての持続的競合優位性につながる。

- **エンゲージメント／モチベーションの高さ**

エンゲージメント／モチベーションが高い組織のパフォーマンスは当然高くなる。スタートアップとしても、いかにして、これらを高めていく仕組みを作るかがポイントになる。例えば、スターバックスのサービスの秀逸性は、従業員のエンゲージメントの高さが土台になっている。特に、コンシューマー向けのサービスは、従業員のエンゲージメントの高低が、顧客対応の巧拙につながることになるので重要な要素になる。この要素に関しては、「MVV」「人的資源」の章で解説している。

オペレーショナル・エクセレンス

自社の持つオペレーションの秀逸性や標準化／自動化されたプロセスなども、大きなディフェンシビリティ・アセットになる。また、自社で全て抱えるのではなく、自社のコアコンピテンシー以外を切り出して、巧みに外注化したり、業務委託するのも自社の強みにつながっていく。

例えば、Dropbox（ドロップボックス）は世界最大級のクラウドオンラインストレージだが、インフラのハードウェアはAWSを活用してきた。これは「モジュール化の力」と呼ばれており、バリューチェーンに必要な要素を細かくモジュール化し結合することによって、巨大でロバスト（頑強）で、汎用性の高いシステムやプロダクトを設計することができる。

本書全体で、それぞれのオペレーション（マーケティング、セールス、ファイナンス、UX、プロダクト開発、人的資源など）における事例やプロセスを紹介しているので、役に立てていただきたい。この要素に関しては「オペレーショナル・エクセレンス」の章で詳しく解説する。

CHAPTER 2-7 STRATEGY

持続的競合優位性資産がスタートアップの運命を決める

なぜ、テスラは時価総額で世界第1位になれたのか

今後、持続的競合優位性はさらに重要になってくる。2000年代と2010年代の前半を席巻したインターネットのみで完結するようなビジネス（広告、メディア、ゲーム）ならば、基本的に、先に出たサービスを徹底的に模倣した上で、独自の強みを構築していけばよかった。

しかし、2010年代に始まり、2020年代にその全盛を迎えるX-テック（FinTechなど）というカテゴリーでは、違ったゲームになる。X-テックの本質は、それまでインターネットが浸透していなかった領域をデジタル化していくことにビジネスの勝機がある。

一方で、現場の複雑なオペレーションを把握すること、そこに集中することで新たな価値が生まれていく。したがって、インターネットで完結する活動だけではなく、アナログでハイタッチな活動とのつながり（Integration）が競合優位性を生むのだ。

例えば、airCloset（エアークローゼット）というスタートアップは、ファッションレンタルを展開しているが、独自のピッキングシステムの開発や、スタイリストを巻き込んだバリューチェーンになっている。これはインターネットのみで完結する世界ではなく、実世界の物流やサプライチェーンを巻き込んでいかなければならない。

また、2018年に上場したラクスルというスタートアップも、需要と供給がマッチしにくかった印刷業界を、インターネットにより安価で迅速にマッチできるようにして、ブレークスルーした。

しかし、その裏側では泥臭く動いて、印刷業界の「不」を見つけた（例えば、印刷機は1億円と高額にもかかわらず平均の稼働率が40%という事実）。

また、印刷会社ではチラシは刷れても封筒は刷れないという、得手不得手が多くあり、自社に仕事がきてもできなければ他社にまわすという機会損失が多かった。それを解消するべく営業活動、コンサル活動を行い数万社の印刷会社を会員組織化し、発注者からの依頼を印刷の種類や納期などに応じて印刷会社に割り振る仕組みを作ったのだ。

余談だが、レガシー領域と言われる分野をデジタル／テクノロジーを活用して、変革していく市場は非常に大きい。GAFAが覇権を握ったのは「広告」「メディア」「小売」「モバイル」「ゲーム」「ソーシャル」など、GDPで言うと10%程度だが、X-テックでカバーする領域

▶図表2-30　持続的競合優位性資産（ディフェンシビリティ・アセット）

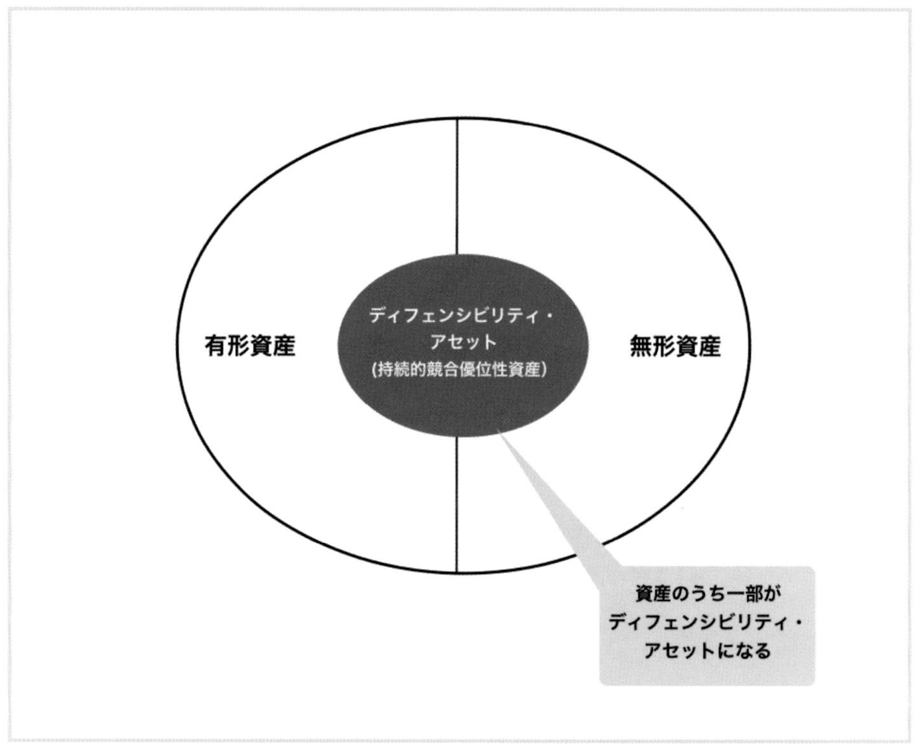

（人材、金融、農業、モビリティ、エネルギー、ガバメント、物流、スポーツ）はそれぞれが非常に大きい。

改めて持続的競合優位性資産の特徴をまとめてみよう。

● **持続的競合優位性資産は一般的な会計基準では表すことができない**

例えば、テスラは2020年7月時点で、時価総額2100億ドルを超えて世界第1位になった[5]。500万台以上出荷しているフォルクスワーゲンよりも、出荷台数は10分の1以下（36万台）で、売上も少ない[6]。

テスラがここまで市場から高く評価されているのは、自社が蓄積している膨大なデータとそれを可能にしている車とEVステーションの相互補完ネットワーク効果だ。一般的な会計では、資産は事業のために活用され、時間の経過によって価値が減っていくものと認識される。つまり、耐用年数に基づき減価償却し、それが費用として計上される。

しかし、前述のテスラのデータや相互補完ネットワークなどは、適切な戦略に基づき、他の資産とレバレッジをかけるとその価値は拡大していくのだ。

図表2-30のように持続的競合優位性資産は、企業が持つ、有形・無形資産の一部になると考えている。各企業の独自性やビジネスモデルによって、何が持続的競合優位性資産になるかが変わってくるのだ。

● **持続的競合優位性資産はスケーラブル（拡張性）である**

マイクロソフトは、時価総額1兆ドルを超える世界有数の大企業だ。なぜここまで大きくなれたかというと、Officeシリーズや Windowsに代表されるような、ソフトウェアを展開しているからだ。これらのプロダクトは、バージョンは更新し続けるものの、PMFを実現したら非常に高いスケーラビリティを誇る。フェイスブックのUI、スターバックスのブ

5）https://www.nikkei.com/article/DGXMZO61052180R00C20A7I00000/

6）https://www.cnn.co.jp/business/35147664.html

▶ 図表2-31　他の要素と結合することで強力な持続的競合優位性資産が構築される

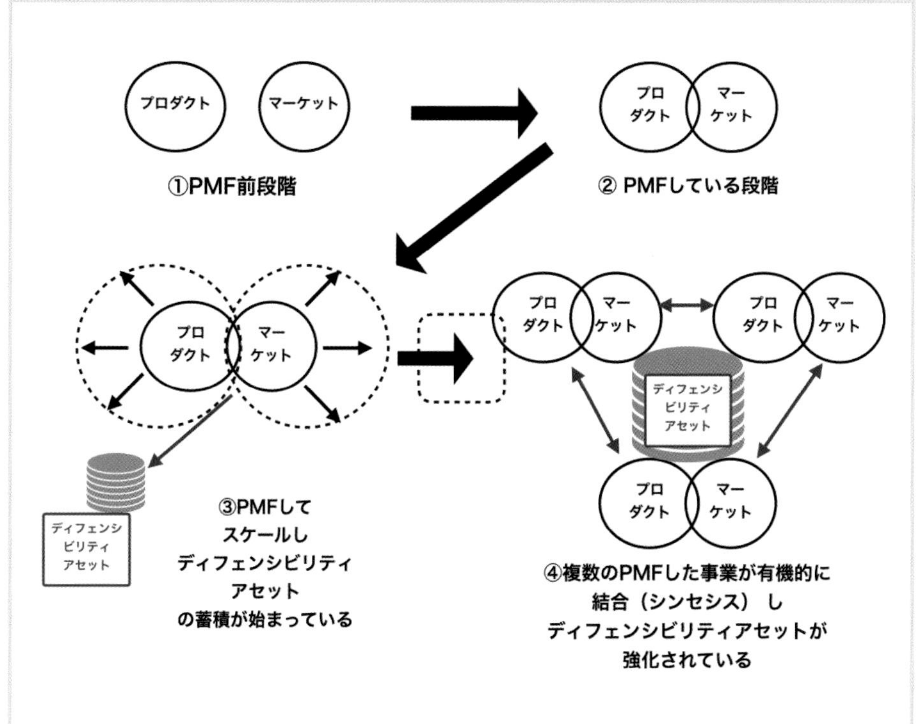

ランド、コカ・コーラの原液なども、非常にスケーラビリティが高い。

● 持続的競合優位性資産は他の要素と結合（シンセシス）することでさらなる価値を生み出す

グーグルが強いのは、ただ単に優れた検索エンジンを持っているだけではなく、ジーメールやユーチューブのように他の優れたプロダクトと検索エンジンが有機的に結合し、シナジーを発揮しているからだ。図表2-31のようにプロダクト同士やプロダクトを構成する要素が有機的に結合（シンセシス）し、高い持続的競合優位性を構築するのだ。

● 持続的競合優位性資産が強力になりすぎると、外部不経済を生み出すリスクがある

一方で持続的競合優位性資産が強くなりすぎると、それを保有するプレーヤーは知らず知らずのうちに、その権利を乱用してしまうこともある。強すぎるプラットフォームや持続的競合優位性の結合（シンセシス）は、外部不経済が生じてしまい、ユーザーへ不利益をもたらすリスクもある。

2000年のマイクロソフトの抱き合わせによる独禁法の抵触判決や、2017年のEU競争法違反によるグーグルへの制裁金支払い命令、フェイスブックのフィルターバブル問題などの事例がある[7]。

7) https://premium.toyokeizai.net/articles/-/18529

CHAPTER2 SUMMARY

CHAPTER2のまとめ

以下の図表2-32で、スタートアップの各フェーズごとにどのような戦略に関するCSF（Critical Success Factor）があるかを書き出してみたので、参考にしていただきたい。

▶図表2-32　**戦略のCSF事例**

スタートアップ(事業) のフェーズ	Ideation	Pre-seed	Seed	Series A	Series B〜	Pre-IPO	Post IPO
フェーズの説明 / 戦略のCSF事例	アイディアを発見する	顧客課題とソリューションの検証	PMFを目指す	ユニットエコノミクスの健全化	スケールを目指す	IPOを目指す	圧倒的優位性の確立
スタートアップにおける戦略の型を創業メンバーが理解している							
PMFのフィージビリティの高い事業戦略がある							
Scalabiltyの高い事業戦略がある							
ディフェンシビリティ構築を戦略に組み込んでいる							
PMFを達成している							
PMF達成の型を身につけており新規事業を再生産できる							
PMFした市場セグメントからより大きな移行へ進んでいる							
ディフェンシビリティ構築が始まっている							
複数のディフェンシビリティが有機的に結合をし始めている							
複数のディフェンシビリティが有機的に結合をし、圧倒的な競合優位性を構築できている							

Ideation:

創業メンバーがスタートアップ戦略について十分に理解していることが重要。

Pre-seed:

最初に狙うべきフィージビリティの高いビジネスモデルの仮説構築ができるか。顧客開発や顧客インタビューを通じて検証すると同時に、PMF後を見据えて成長性のある市場やビジネスモデルを採択できるか。

SeriesA:

最初に狙ったビジネスモデルにてPMFを達成した後に、より大きな市場（周辺市場、バリューチェーンの上流・下流に対応するプロダクト）を狙うためのロードマップが描けるか。そのためのリソースを獲得して、実行に移せるか。

SeriesB:

最初にPMFしたビジネスの拡大を目指すと同時に、相互補完的なシナジー（持続的競合優位性の蓄積やネットワーク効果など）があるかどうかを検証する。自社にとっての競合優位性、「オセロの四隅」は何かを検討し、構築する。

Pre-IPO~IPO:

IPO後の成長ストーリーを機関投資家

や一般投資家に刺さるよう戦略を磨く。「オセロの四隅」の要素強化を図りつつ、新市場×新プロダクトという軸で、ロードマップの視座を広げ、シナジーを発揮できそうなスタートアップ買収やジョイントベンチャーなどの提携も検討する。

COLUMN

持続的競合優位性としての テクノロジーの秀逸性とイノベーションモデル

● 自社保有のテクノロジーの秀逸さ

自社がどのようなテクノロジーを保有しているのか、その秀逸性は、大きな競合優位性資産になる。特に、ディープテック系と呼ばれるような、長年の研究開発をベースにプロダクトを構築してきたスタートアップなどは、これに当たる。

例えば、石灰石を主原料とし、原料に水や木材パルプを使用せず紙の代替や石油由来原料の使用量を抑えてプラスチック代替となる新素材「LIMEX（ライメックス）」を開発・製造・販売する株式会社TBMなどが挙げられる。

他にも「**大型リチウムイオン電池セル**」を国内自社工場で生産しているエリーパワー（正極材には安全性に優れた「**リン酸鉄リチウム**」を採用。大型リチウムイオン電池として、世界で初めて国際的認証機関TÜV Rheinland［テュフ ラインランド］の製品安全検査に合格）などを事例として挙げることができる。
https://www.eliiypower.co.jp/technology/index.html

上記のような優れた技術を誇るスタートアップには、高い時価総額がつく。しかし、重要なのが、テクノロジーをどのように実践に応用してマネタイズしていくかだ。毎年、巨額な資金調達をしても、PMFできずに潰れてしまうスタートアップが後をたたない。特にハードウェア系のスタートアップは、フェーズが変わると、必要となるスキルセットが変わってくる（最初はプロトタイプを作ったり、研究が得意な人が必要だが、次のフェーズになると量産が得意な人が必要になる）。

自社のプロダクトライフサイクルベースのロードマップを作り、マイルストーンごとに必要な人材要件を明らかにしていく必要がある。それに加えてテクノロジーがあまりにも、専門的になりすぎると「情報の非対称性」が甚だしくなり、実際に、プロジェクトや開発が進捗しているのかどうかの透明性がなくなり、ガバナンスが利かなくなるリスクにも留意すべきだ。

私自身もこれまで、数多くのディープテック系のスタートアップの評価やアドバイスを行ってきた。創業者や創業メンバーは、その領域で、ともすれば、何十年も研究を続けてきた専門家の場合が多い。技術力を買われて、資金調達や助成金を受けることはできるものの、その後スケールできないケースも多く見てきた。その原因の多くが、技術の優位性にこだわるあまりに、マーケットとのキャッチボールや、マーケティング活動などを疎かにしてしまったためだった。

● イノベーションモデル

①中間プロセスの排除

中間マージンを得ているプレーヤーを

飛ばしてビジネスを再構築するアイデア。例えば、ウーバー以前にドライバーで稼ごうと思ったらライセンス登録に高額なお金を払う必要があり、時給も安かったし、粗悪な労働環境だった（アメリカでは、毎年、何千人ものタクシードライバーが強盗被害にあっている）。

ウーバーが中間プロセスを排除したらどうなったか？　まずウーバードライバーの時給は高くなった。ウーバーは5点満点中4.6点以下になってしまうと、ドライバーとして継続できなくなるルールを採用している。つまり、顧客のフィードバックが自分の食いぶちに、クリティカルに影響する状況で、結果として車も綺麗になり、ドライバーもフレンドリーになり、ユーザーの満足度も高くなった。

②バンドルのアンバンドル化

あらゆる機能が一式にバンドルされすぎてUXや使い勝手が悪くユーザーに価値が届きにくくなっているものを、一度バラバラにして、価値提案を明確にして提供するアイデア。

例えば、従来の新聞ビジネスのモデルは、記事、広告、クラシファイド広告、新聞スタンド、配達員、印刷会社など、メディアの機能と流通の機能がバンドルされた状態だ。しかし、それだと興味が低いコンテンツを目にする機会が多く不満を持ったり、固定の流通コストがあるために、ユーザーは費用負担する必要がある。

③バラバラな情報の集約

あらゆる場所にフラグメント化している情報や機能を一つの場所に集約することによって価値を提供するアイデア。分かりやすい例を挙げると価格.comがある。同サービスが登場するまで私たちは靴をネットで安く買いたいと思ったら各ECサイトに個別にアクセスして価格を調べ比較する必要があった。非常に時間がかかったし、情報を網羅できているかの不安が残った。

④使われていないリソースの活用

使われていないリソースを活用することで売上を発生させるアイデア。エアビーアンドビーは未活用の部屋をキャッシュマシーンに変えることができる。リソースといってもモノやお金の話だけではない。時間も立派なリソースであり、空き時間に仕事を受注できるクラウドソーシングや、学校が休みの日だけ働けるウーバーなども、休眠資産の活用を可能にするアイデアである。

⑤新しいコンビネーション

これはビジネスアイデアの鉄板でもあるが、全く違う領域で活用されていたサービスを組み合わせて価値を提供するアイデア。高い抽象化能力、要素間の関連性を見つけその新結合から勝ち筋を見つけるインサイトや創造力が必要になる。例えば、airClosetという女性向けのアパレルレンタルサービスでは、月6800円払うとスタイリストがオススメの服を選んでくれて、自宅に届けてくれる。そしてユーザーはそれを着用したら洗濯せずに無料で返却できる（気に入ったら買い取ることもできる）。スタイリスト、フリーシッピング、フリークリーニング、フリークロゼットの4つのサービスを組み合わせたアイデアである。

⑥戦略的自由度

既存の枠から敢えて外れることで今までにない価値提案が可能になるアイデア。いわゆるブルーオーシャンのことだ。例えば、メッセージアプリは、各社それぞれの特徴（スタンプ利用、実名利用）はあれど、一度送ったメッセージは永続的に残る前提で、サービスの設計がなされていた。そこにメッセージが送られて、開いたらすぐに消えてしまうというスナップチャットというメッセージアプリが出てきた。既存のメッセージアプリ疲れをしていたアメリカのティーンエイジャーに"メッセージを開けたときのサプライズ"と"時間が経つと消えるのでもっと自由にコミュニケーションできる"という価値提案をした（スナップチャットは若い層に圧倒的な支持を得てシェアを伸ばし、2017年に上場を果たす)。

これまでの戦略や価値提案の枠組みを無視して、自由な発想で価値提案を行う思考の型である。誰もまだ気づいていない（顧客すら気づいていない、言語化できていない）独自の価値提案を見つける。その価値提案を具現化したプロダクトとUXを磨き込みながら顧客をハマらせていくことで、市場に浸透させていくアイデアである。

⑦タイムマシン

別の市場ですでに検証済みのモデルやプロダクトを他の市場に持ち込むことだ。私は2015年から東南アジアの投資担当をしていて現地のスタートアップと頻繁にコミュニケーションをとっている。インドネシアのある起業家が「We don't invent wheels（私たちが車輪を発明することはない)」と言っていたことが印象的だ。すでに他の国で検証されたビジネスモデル（車輪）は海外から持ってくればいいと考えているのである。

⑧アービトラージ

需要に対して供給が不足している市場に対して、供給過多になっている市場からリソースを持ってくるアイデア。例えば、フィリピンは英語が第二外国語のため流暢に話せる人がたくさんいるが、フィリピンの地元では供給過多で英会話教師の仕事を見つけるのは容易ではない。一方、日本だと英会話に対する需要が高いが、在日のネイティブスピーカーの講師の数は限られているために、レッスン料は割高だった。レアジョブはフィリピンの英会話の先生と日本の生徒をマッチングさせる仕組みを提供することで需要と供給のギャップを埋めた。

⑨ローエンド破壊

既存製品の性能が過剰に高まり、多くの顧客が求める水準を超えてしまっている状況で、過剰な部分をそぎ落とし安価な製品を提供する戦略のこと。少量のお湯を短時間で沸かせるティファールの電気ケトルによる破壊的イノベーションがこれに当たる。面白い例を挙げると、たった500円の料金で健康診断が受けられるケアプロというサービスがある。人間ドックを受けるとなると通常、数万円かかるし、最低でも半日を要する。会社負担ならまだしも自営業だとその負担は大きい。そこでケアプロはプロセスを簡易化することで一気にコストを下げた。検査項目は健康の指標となる重要な9項目（血糖値、肝機能、血管年齢など）で、かかる時間はわずか3分だ。

⑩As a service化

プロダクトをワンショットで売り切るのではなく、As a service化／サブスクリプション化するというのも一つの有効なフレームワークだ。日本でも近年、流行っているが、特にシリコンバレーではB2C／B2B問わずあらゆるものがサービス化されている（アメリカではバックオフィスのサービスの8割がAs a service化されたソリューションに置き換わっている)。

HUMAN RESOURC

CHAPTER

3

人的資源

この章的目的

- 経営陣自らの内省力を高め補完的なメンバーを集めるための手法を学ぶ
- スタートアップにとって必要な採用の型を理解する
- メンバーが高いパフォーマンスを発揮するためのエンゲージメントの型を身につける
- 事業の各フェーズにおける人的資源（HR）のキーポイントを押さえる

S

写真:iStock.com/fizkes

▶図表3-01　スタートアップ・バランス・スコアカード

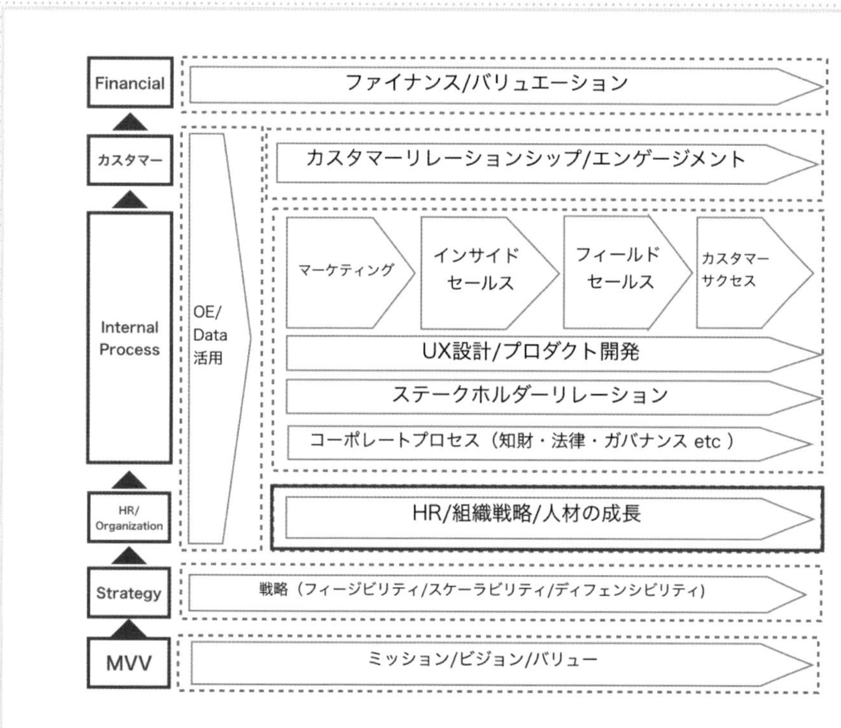

CHAPTER

3-1 HUMAN RESOURCES

優秀な人材を採用し、定着させる仕組みを作る

事業は人なり——
——松下幸之助

どんなにテクノロジーが進化し自動化が進もうとも、事業を構成する最も重要な要因は人である。本章では、CXOとして持つべきHR（Human Resources：人的資源）の視点を体系的にまとめた。私はこれまで数多くのスタートアップを見てきたが、PMFしたスタートアップがスケールできない大きな要因の一つが人材に関する戦略や知見がなく、成長のボトルネックになっているという点だ。

起業家から事業家(CXO)になるために必要な「人材マネジメント力」

実行するべき戦略が定まったら、それをベースに採るべき人材について考える「組織は戦略に従う」という視点もある。

一方で『ビジョナリー・カンパニー② 飛躍の法則』が提唱するように「誰をバスに乗せるか」（＝どういう人材を取り込むか）によって、選択できる戦略や施策の幅も決まってくる。

いずれにせよPMFして、スケールを目指す状態になったときに、CXOを一番悩ませているのが「人」「組織」の課題である。戦略を実行する十分な人材がいない、人材を採用してもすぐに辞めていく、そもそもメンバーのエンゲージメント（愛着心）やモチベーションが高くないので成果を上げることができない、など様々な課題に直面する。

起業家から事業家（CXO）になるため、一皮むけるための重要な要素の一つが、「人材マネジメント力」と言える。本章では、組織設計から採用、人材定着までの一連のプロセスにおける知見を体系的に提供する。

CXOに人材マネジメントの知見が欠けていると以下のような事態になり、成長の大きなボトルネックになってしまう。

- **人材戦略がなく、行き当たりばったりになっている**
- **自社のことについて、明文化されていないなど魅力化できていない**
- **採用のプロセスや基本の型がない**
- **いちいち命令やオーダーをしないと動かない**
- **メンバーのエンゲージメントやモチベーションを計測できていない**
- **メンバーのエンゲージメントやモチベーションを高める施策を知らない**
- **成長戦略と人材戦略を統合することがで**

きない

後ほど、エンゲージメントとモチベーションの違いは解説する。

せっかく良いプロダクトを作り、PMFを達成できたにもかかわらず、こういったボトルネックを解消できずに、成長への軌道が描けないのは非常にもったいない。

スタートアップのフェーズ感と人的資源の関係

スタートアップがスケールするには、どのような人事施策を打っていくべきだろうか。まずはその概要を確認したい。図表3-02のスタートアップのフェーズの違いを見てほしい。縦軸は人事施策を、横軸はスタートアップのフェーズをPre-Seed、Seed、SeriesA、SeriesB、Pre-IPO、Post-IPOの6つに分けている。フェーズごとに、どんなHRに関連するCSF（重要成功要因）があるかを示している。以下では、これらのCSFの中で、代表的なものを取り上げていく。

まずは、スタートアップのフェーズが進むにつれて、どういう人材が必要かを考えたい。以下は、フェーズごとにどういった人材課題があり、どう対応すればよいのかを解説していく。

サイドプロジェクトで始める

初期の初期、まさに立ち上げのPre-Seedの時期は、起業を志す仲間（もしくは一人）で、事業仮説を構築したり、顧客の話を聞いて検証するといったことは、いわゆる本業でなくとも「サイドプロジェクト」で十分に対応できる。

サイドプロジェクトとは、本業以外の空いた時間でプロジェクトを生み出すこ

▶ 図表3-02　スタートアップのフェーズは6段階

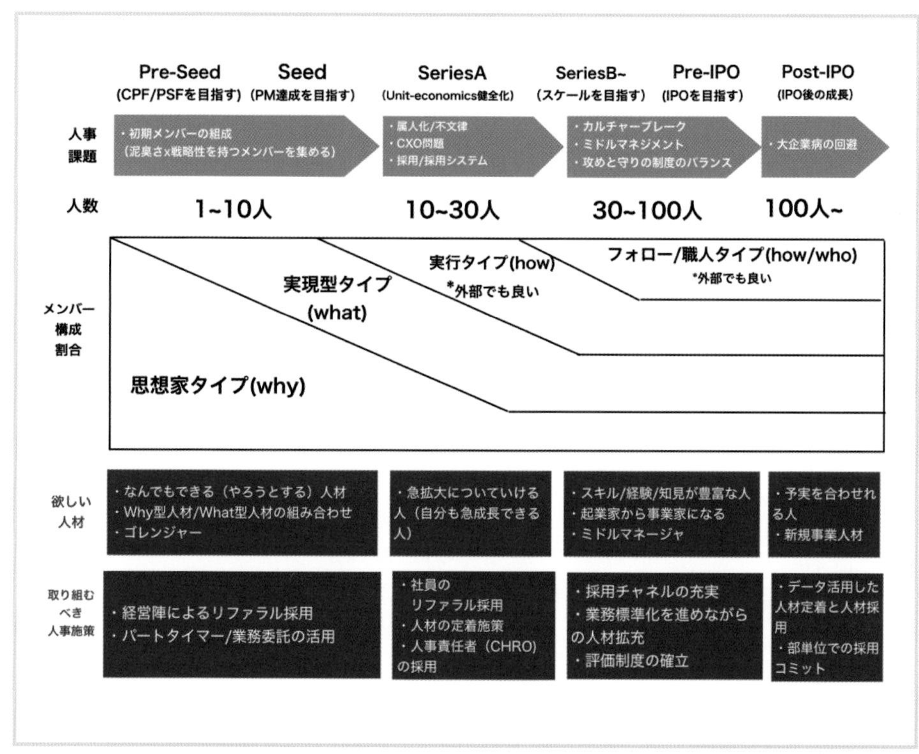

▶図表3-03　**本業とサイドプロジェクトのちがい**

定職	サイドプロジェクト
義務感	好奇心
会社で自分の役割を演じる	自分自身を演じる
緊急性のフォーカス	重要性にフォーカス
制約条件から考える ⟷	箱の外から考える
業務連鎖で考える	業務上の制約を外す
現在志向	未来志向
既存ソリューションベース	新規ソリューションベース
現行の商習慣	未来から逆算する
失敗を恐れ躊躇する	失敗しても次を試せる
固定費がかかる	固定費を極端に減らせる

とを指す（図表3-03）。グーグルは、サイドプロジェクトを企業で導入している。「80：20ルール」がそれだ。社員に業務時間の20％を本業と関係のないサービス開発に充てるよう奨励する仕組みだ。これはグーグルがサイドプロジェクトによる新規事業創造のポテンシャルを理解しているからこそ行っている取り組みだ。

サイドプロジェクトの期間は、メンバーがビジョンを共有できるかの「カルチャーフィット」を見極めたり、強みやスキルをお互いに補え合えるかの「相互補完性」を見極めるタイミングでもある(図表3-04)。

「とりあえず」登記して会社を作ってしまうと、事務作業が発生しコスト（初期費用と運用費用）がかかるだけでなく、株の適切な分配ができないリスクも伴う。「ファイナンス」の章で詳しく説明するが、初期の資本政策は非常に重要だ。

例えば、「学生時代の友人3人で始め、3分の1ずつ株を持っています」と恣意的に株を分割して始めるスタートアップがいる。だが、この場合、メンバーの一人でも離脱したら、その会社は無価値になってしまう。「仲が良い」というのは、「関係性の質」という意味では、有利かもしれない。

しかし、それだけで成功するほど甘い世界ではないことを認識するべきだ。

また、注目するべきファクトとして、スタートアップのファウンダーの71％が、定職に就いているときにアイデアが生まれているというデータもある。フェイスブックの創業者マーク・ザッカーバーグは、ハーバード大学在籍中に学生年鑑をウェブ上で閲覧できたら面白そうだという発想で友人たちとサービスを開始した経緯がある。

Yahoo!（ヤフー）は、スタンフォード大学の学生だったジェリー・ヤンとデビッド・ファイロが授業の合間に作ったポータルサイトが原型だ。

▶図表3-04　まずはサイドプロジェクトで始める

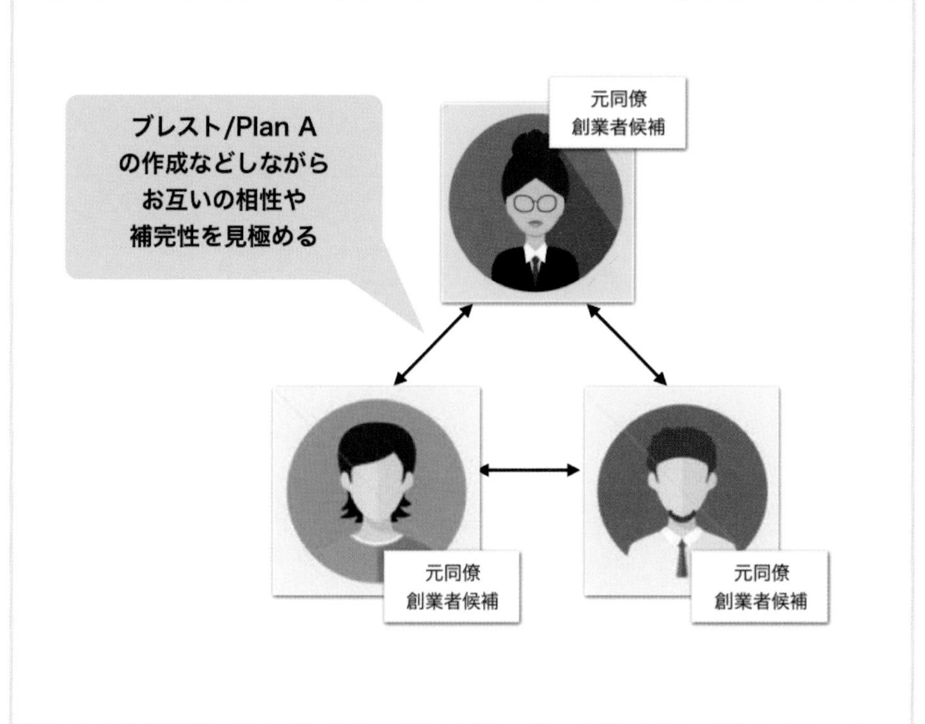

Y Combinatorの共同創業者、ポール・グレアムは「スタートアップのアイデアを得る最良の方法は、スタートアップのアイデアを考えようとしないことだ」という指摘をしている。これは、まだ発見されていないアイデアのヒントは日常生活や、普段行っている業務の中に潜んでいることが多いという意味だ。

「当たり前だと思って普段何気なくしていること」を俯瞰して見れば、「そもそも、このやり方は最適なのだろうか？」「他のやり方もあるのではないだろうか？」という疑問がアイデアに結びつくことは多い。こうした日々の気づきや心の奥底で感じた本音（インサイト）を逃さずに突き詰めると、スタートアップの優れたアイデアにつながりやすい。

CHAPTER 3-2 HUMAN RESOURCES

初期に必要な人材を見極める

機能によって組織を厳密に分断しない

初期のスタートアップのメンバーは、起業家精神にあふれ、人数も少ないので、特に体系的なマネジメントをしなくても一枚岩になることが可能だ。同じマンションの一室なり小さな場所からスタートし、いちいち言語化せずに不文律でマネジメントしていく。つまり、行間を読み合うことや以心伝心が比較的容易なので、「命令する」必要がない場合が多い。何か不満や、考えの「ズレ」があれば、その場で言えばよいし、メンバーの関係も限りなくフラットだろう。

一枚岩組織である初期のスタートアップで逆に意識すべきことは、「機能に

▶図表3-05　スタートアップの初期に役割分担はない

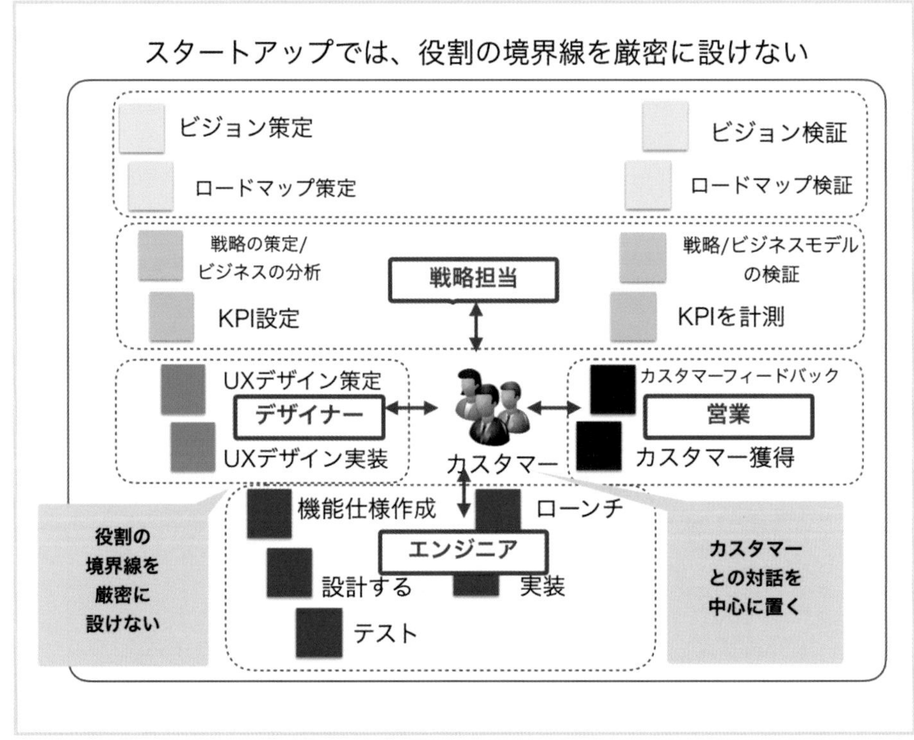

よって組織を厳密に分断しない」ということだ。顧客と話す人、モノを作る人、デザインをする人の役割の境界線は曖昧にする。これは、むしろ、初期のスタートアップにとって、競合優位性になる(図表3-05)。はじめにでも解説したが、初期のスタートアップが持つべきスタンスを一言で表すと「戦略的泥臭さ」になる。

一般企業では、すでに、顕在化された市場において、できるだけ効率よく拡大再生産を図っていき、PLを改善するのが至上命題になる。高度な専門性を持つ人が役割分担し、バリューチェーンの一部となって効率的に連携していく。こうした最適化は、初期のスタートアップには必要ない（もっと言うと、PMF前は、顧客に対する独自の価値提案の実証ができていないので「最適化」を定義できない)。

逆に言えば、初期段階で、機能ごとに役割を細分化してしまうとPMFは遠のいてしまう。PMFする前から「プロダクトを作るエンジニアは顧客と話をする必要はない」「自分はマーケティング担当なので、プロダクト側にはかかわらない」と役割分担を明確にしようとしてはいけない。実際、アメリカの「Startup Genome Report」2015年3月版では、スケール前の段階におけるスタートアップの平均人数を紹介している。これによると、成功したスタートアップがスケールする前の平均メンバー数は7.5人未満。その後、適切にスケールできた際に、一気に人数を増やしている。

一方、失敗したスタートアップはスケール前のタイミングで20人近くに達している。スケールできる条件が整う前に資金調達し、無理に人を雇い入れて組織が大きくなっていたのだ。

人材の4タイプ

図表3-06を見ていただきたい。人材は大きく以下の4つに分かれると考えている。WHY型、WHAT型、HOW型、WHO型の人材だ。

WHY型とは、そもそも現状のやり方やプロセスに疑問を感じる思想家タイプで、「なぜ、そもそもそういうやり方でやるのか？」「もっと良いやり方はないのか？」と理想を追求するタイプである。

WHAT型人材とは、「いいアイデアだけど、現実的に進めるにはどうすればいいの？」「定量的に計測ができないか？」と提案しながら、論点を構造化していき実現を推し進める実現型の人だ。ビジョンの実現に向けた絵（戦略）を描き、そこに向けたリソース配分を行ったり、仕組み作りを行ったり、ディレクションができる人だ。

WHY型人材を漫才でいう「ボケ」と捉えると、WHAT型は「ツッコミ」を入れ推進力を高めることができる。

初期のPre-Seed ／ Seed期はWHY型人材とWHAT型人材を組み合わせたチームを作るのがポイントだ。WHY型だけだと、実行力と推進力が欠ける場合が多い。それぞれのタイプの行動特性として、WHY型人材はPDCAのPLANとDOをやりがちな傾向があり、CHECK（検証／計測／振り返り）ができない傾向がある。

一方でWHAT型だけだと、そもそも「実現したい大きなビジョン」を描くことができないので、どこに向かうかが曖昧になる。逆に初期において、HOW型やWHO型の思考の人がチームの主要メンバーに入ってしまうと、なかなか機能しないことが多い。

そして、HOW型（実行タイプ）やWHO型（フォロータイプ）の人は、既存のやり方やプロセスを「そもそもこれでいいのか？」と考える思考パターンよりも、「すでに確立されたやり方」を「より良くする」「より効率的にする」という「マネジャー」としての思考パター

▶図表3-06　事業のフェーズと人材の4タイプ

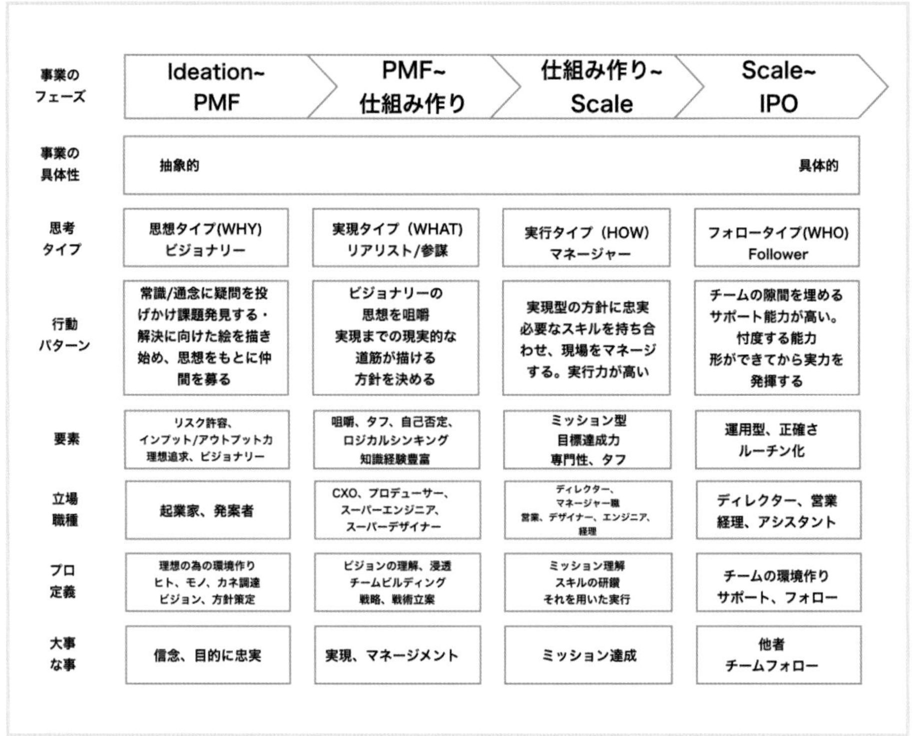

事業のフェーズ	Ideation~PMF	PMF~仕組み作り	仕組み作り~Scale	Scale~IPO
事業の具体性	抽象的			具体的
思考タイプ	思想タイプ(WHY) ビジョナリー	実現タイプ（WHAT) リアリスト/参謀	実行タイプ（HOW) マネージャー	フォロータイプ(WHO) Follower
行動パターン	常識/通念に疑問を投げかけ課題発見する・解決に向けた絵を描き始め、思想をもとに仲間を募る	ビジョナリーの思想を咀嚼 実現までの現実的な道筋が描ける 方針を決める	実現型の方針に忠実 必要なスキルを持ち合わせ、現場をマネージする。実行力が高い	チームの隙間を埋める サポート能力が高い。 忖度する能力 形ができてから実力を発揮する
要素	リスク許容、 インプット/アウトプット力 理想追求、ビジョナリー	咀嚼、タフ、自己否定、 ロジカルシンキング 知識経験豊富	ミッション型 目標達成力 専門性、タフ	運用型、正確さ ルーチン化
立場職種	起業家、発案者	CXO、プロデューサー、 スーパーエンジニア、 スーパーデザイナー	ディレクター、 マネージャー職 営業、デザイナー、エンジニア、 経理	ディレクター、営業 経理、アシスタント
プロ定義	理想の為の環境作り ヒト、モノ、カネ調達 ビジョン、方針策定	ビジョンの理解、浸透 チームビルディング 戦略、戦術立案	ミッション理解 スキルの研鑽 それを用いた実行	チームの環境作り サポート、フォロー
大事な事	信念、目的に忠実	実現、マネージメント	ミッション達成	他者 チームフォロー

出典:http://forward.basicinc.jp/?page=1411043589のブログ記事に筆者が加筆

ンを持ち合わせている。

別の表現で言うとHOW型やWHO型の人は、きちんとディレクションされた状態でないと力を発揮できない。PMF前などの初期段階では、ディレクションせずとも、自発的に考えられるリーダーシップ気質を持った人を巻き込めるかがポイントだ。

人数の少ない初期の頃ほど、メンバーは経営者と直接関わることは多い。スタートアップの経営者は創造性がある反面、個性が強いため、メンバーは振り回される可能性がある。経営者はそのことを自覚し、行動に対して説明責任を持つ必要がある。

経営陣ストーリーの言語化／自己マスタリー

事業のフェーズのどの段階にあっても、起業家（CXO）は定期的に「内省」「メンバーとの対話」を行い**「自己認識の向上」**に務めるべきだ。「CXOにとって最も重要な能力を一つ挙げると何か？」と聞かれたら、私は間違いなく**「自己認識力」**と答えている。

つまり、自分自身のことをどれだけ深く知っているか、自分の思考パターンや思考の癖、現在の事業をするに至ったストーリーなどを明確に言語化できる能力がキーになる。

外部環境が激しく変化する中で、一番強いのは「学習する組織」であるとアメリカの経営学者ピーター・センゲは喝破した。これは、組織の最小単位である経営者個人（チームメンバー個人）にも同様のことが言える。外部環境が激しく変化し、様々なインプットがある中で、高い自己認識力や自己客観視力を持ち、自分を変化（進化）させながらアウトプットできるかが、組織全体を正しい方向に導けるかの鍵だ。

自己認識力を持つというのは、自分の人生のコンパスの方向を明らかにしていることである。SHOWROOM創業者で社長の前田裕二氏は書籍『人生の勝算』（幻冬舎）の中で、

「自分は何を幸せと定義し、どこに向かって努力すれば良いのかを指し示してくれる人生のコンパスが必須不可欠だ」

と語っている。

「なぜ自分は、この事業や課題に取り組むのか？」「自分がやる必然性は何なのか？」これらの質問をされたときに、あなたは答えることができるだろうか。

認識力には内面的自己認識と外面的自己認識の二つの軸がある。内的自己認識とは、自分が何者であるか、どれくらいよく分かっているかで、外的自己認識とは、他人からどのように見られているかを理解していることになる。経営陣としては、メンバーと連携／協力して、エンゲージメントを引き出すために、両面の認識力を持つのがキーとなる。

また、優れた「ストーリーテラー」になるためにも「自分自身がなぜ事業に取り組むのか」「なぜこの課題を解決するのか」をはっきりと明文化して、他の人に伝えていくことが重要になる。

「Your story is Your strategy（あなた自身のストーリーがあなたの事業の戦略になる）」

と、アメリカの著名な投資家ベン・ホロウィッツは述べている。

経営者自身、あるいは会社自身のオリジナルストーリーをいかにして語れるかを考えることだ。ユーグレナの出雲充氏は、学生時代にインターンシップで行ったバングラデシュで、米や小麦などの炭水化物はたくさんあるのに、肉、魚、卵、野菜、果物などの栄養源は圧倒的に不足していることに気づき、その食料問題を解決したいという思いが起業のきっかけになった。

トリプル・ダブリュー・ジャパンの中西敦士氏は、アメリカ留学時に道端で大便を漏らしてしまうという経験が人生を変えた。それがきっかけで超音波によって膀胱の変化を検知し、排泄のタイミングをスマートデバイスに知らせる機器「DFree」を開発する。「DFree」を導入する介護施設や病院の数は拡大を続けている。

こうした経営者自身の経験やフィロソフィーなどのストーリーがスタートアップにとって、何よりの武器になる（特に初期のスタートアップ）。技術はマネできても、経営者の経験に裏打ちされたミッションに基づいて作られた商品やサービスは決してマネできないからだ。

経営者自身のストーリーを作るためには、「自己マスタリー」を身につける必要がある。自己マスタリーとはピーター・センゲが、その著書『学習する組織』（英治出版）で提唱した5つのディシプリン（訓練法）の一つである。組織を構成するメンバー一人ひとりが、自己の内発的動機にドライブされながら学習を深めていくことを意味する。センゲが唱える「学習」とは、知識や情報の獲得ではなく、主に心の成長を指している。センゲはこの学習における過程を、「自分にとって必要だと思うことを達成できるように、自分自身を変革することである」としている。高いレベルの自己マスタリーを身につけることで、自分が望む成果を生み出すための能力を、継続して伸ばしていくことが可能であるとしているのだ。

変化の激しい状況下でも成果を出し続けるリーダーは自己マスタリーを身につけ、自己認識の能力が非常に高い。自己認識には内面的な自己認識と外面的な自己認識があり、両方を高いレベルで身につけることが必要だ。その認識によって、生み出された思いが自社のミッションの土台になり、会社のDNAになって

いくのだ。

自己認識力を高める方法

「人間は自分自身のことについてもわずかしかわかっていない」

と心理学者のジョセフ・ルフトとハリントン・インガムは述べている。

自己分析に使用するフレームワーク「ジョハリの窓」をご存知だろうか。これは、上記のルフトとインガムが作ったモデルだ。次の4つに分けて自分自身が見た自己と、他者から見た自己を分析することで自己を理解していくというものだ（図表3-07参照）。

1. 自分も他人も知っている自分の性質（開放の窓）
2. 自分は気づいていないが他人は知っている性質（盲点の窓）
3. 他人は知らないが自分は知っている性質（秘密の窓）
4. 自分も他人も知らない性質（未知の窓）

中でも、1. の自分も他人も知っている自分の性質（開放の窓）を広げていく意識を持つ。これが、自分を知ってもらう、相手を知ろうとする意識につながる。組織の一枚岩を目指すためにも、自分の強みや弱みを把握し、それをチームのグループワークで共有することが有効だ（後ほど、具体的な手法を紹介する）。

開放の窓を広げる努力を怠ると、方向性に対する食い違いが生まれ、お互いの心もバラバラになりやすい。そうなると、何時間議論しても何も決まらないといった不毛なことが起こり、皆が疲弊する。反対に、お互いのことを知る、開放の窓を広げていくことができれば、それは推進力に転換できる。

経営者をはじめCXOは、自身の強み

▶ 図表3-07　ジョハリの窓を広げていく

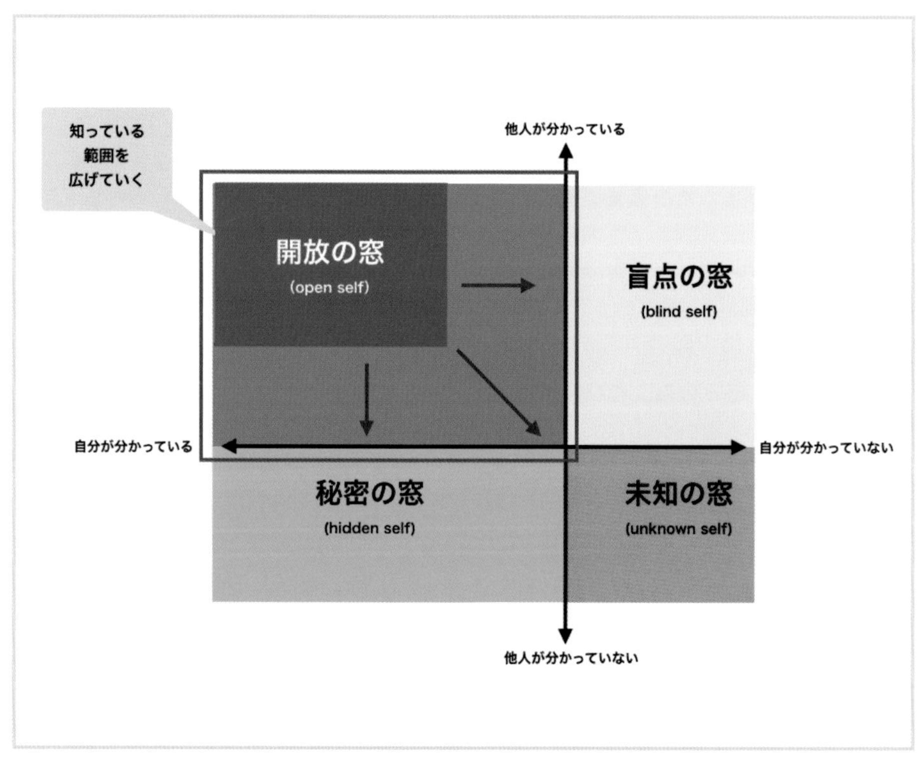

だけでなく「弱み」を客観視して明確にし、それをメンバーと共有する意識を持とう。高いレベルの自己マスタリーを得た上で、会社のあるべき姿をミッションやビジョンに落とし込むと、会社の方向性に一貫性が生まれ、より強靭で揺るぎないものになる。当然ながら、最も重要な結果を実現する原動力にもなる。

自己認識力は、何もしなければ、高めることができない。自分の内側に目を向け、強みと弱みを把握する。それが、自身の価値観や志向性を言語化し、CXOならこれらを理念やビジョンに落とし込んでいくことにつながる。重要なことは強みだけではなく、弱みもきちんと把握することだ。人は、自分を良く見せようとしたり、評価を下げたくないと思うと、弱みや失敗はつい隠してしまうものだ。

余談だが、スタートアップはその成長過程で必ず何度か修羅場を迎えることになる。その修羅場に向かい合ったときに、「自分を守りながら自分のやり方をなんとか正当化して乗り切ろうとする人」と「傷ついても、自分自身や他者と向き合って、自己認識力を高め変化して乗り越える人」とでは大きな差がつく。

図表3-08はマサチューセッツ工科大学のダニエル・キム教授が唱えた組織成功のエンジンのループである。結果の質を高める前に、まずメンバー同士の関係の質を高めるべきであると説いている。これは、ただ単に、「仲良し集団」になるということではない。自らの弱点も含め十全に自己認識し、それをメンバーと共有すると、それによってチーム内の「心理的安全性」を高めて、それぞれの弱点を補い、強みを伸ばし合おうとする補完的な関係になれる。

自己認識力を高める一つの方法を紹介しよう。

1. これまでの自分の人生を4分割して紙

▶図表3-08　**組織成功のエンジン**

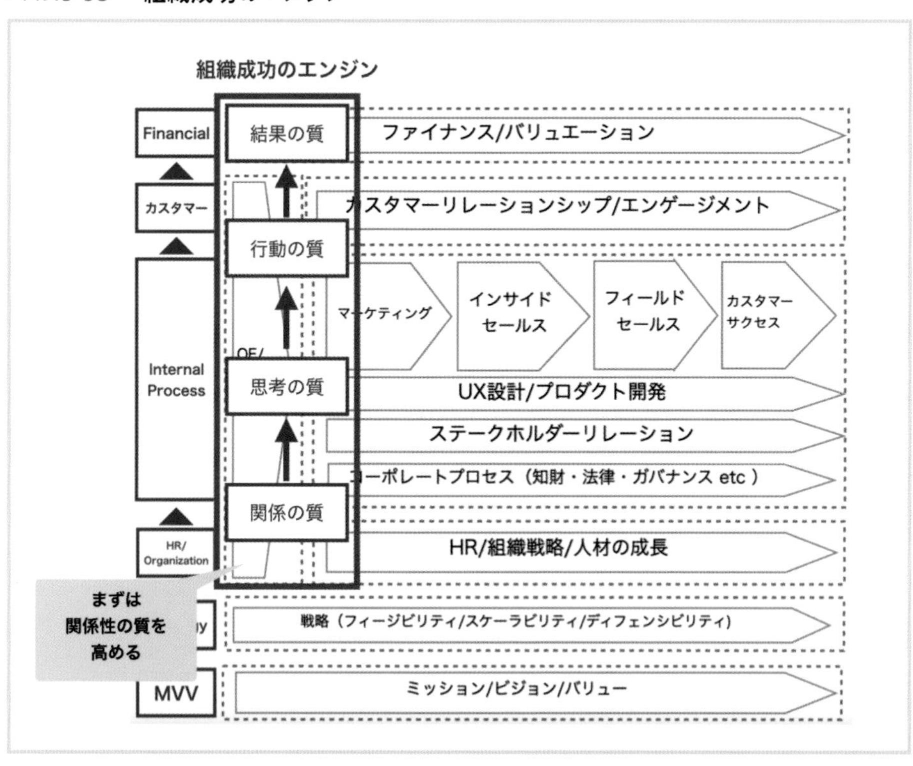

芝居を作成する。自分の人生に影響を与えた経験、体験、転機等をイラストで表現する。

「あなたの現在の人間としての自分を形作ったものは何ですか？」

「自分の人生のターニングポイントで、やる気と刺激を受けた決定的瞬間や影響要因は何か？」

2. その上で、3年後、あなた自身のありたい姿、実現したいこと、ビジョンを裏面に書く。

3. あなた自身がしたいこと（WANT）、できること（CAN）、社会から必要とされていること（NEEDED）を書き出す。

CAN、WANT、NEEDEDの円の交差するところを書き出してみる。その交差するポイントを実現するために何が課題かを書き出してみる。

自分たちのチーム内でグループワークを行い共有してほしい。一人5分の時間を与え、先に述べた3つについて話し合っていく。各自が話すことで、自分のこと、相手のことを知る良い契機になる（相手のことを把握しておくことは、関係性を深めることに一役買う）。

自分がどんな人間で何をしたいのか。そこがはっきりしてはじめて自己実現（事業の構築）に向けたスタートラインに立つことができる。スタートアップにとって数少ない競合優位性の一つは経営者自身やメンバーのストーリーであり、そのストーリーを自己マスタリーを通じて明確にして、仲間を集めたり、資金を集めたりすることができるのだ。だからこそ、ビジョンを共有できるメンバーを集めて創業チームを作るべきだが、そのためにも、自己マスタリーは明確にしておく必要がある。

経営チームの組成

PMFを達成できたら、強固な経営チームを組成することが、第一優先になる。前に述べたように、WHY型（＝ビジョナリー／漫才でいうボケ）とWHAT型（＝リアリスト／漫才でいうツッコミ）という機能を創業チームに持たせることは、有効だと説明した。ここでは、その「ボケツッコミ論」を少し拡張した優れた経営チームを組成するための一つの指針である「経営チームゴレンジャー論」を説明したい。

● アカレンジャー

パッションがあり、世界を変えたいという強力なモチベーションを持っている人。WHY人材がアカレンジャーにあたる。「一見すると突飛」にも見えるアイデアや世界観を打ち出す。そもそも、スタートアップはこの人のビジョンがなければ始まらない。孫正義、スティーブ・ジョブズ、本田宗一郎、イーロン・マスクがそのような人物に該当する。

● アオレンジャー

アカレンジャーの強烈な「ボケ」に対して、怯まずに「ツッコミ」を入れることができるリアリスト。大局観を捉えつつも、事実を冷静に見ながらプロダクト作りのディレクションや、「ビジョナリー」の「ブループリント」を実現可能な戦略・戦術に転換できる人。図表3-06でいうと、WHAT人材に該当する。グーグルの場合なら、ラリー・ペイジとセルゲイ・ブリンは2人とも研究者タイプのアカレンジャーだったが、数々のIT企業を経営してきたエリック・シュミットという大人のツッコミ担当が加わり、ブレークスルーした。フェイスブックもマーク・ザッカーバーグが強烈なビジョナリーで、COOのシェリル・サンドバーグが強烈なリアリスト（＝ツッコミ）でフェイスブックを巨大企業に育て上げた。優秀な「アオレンジャー」人材を入れるかどうかでスタートアップの命運が決まると言ってもよい。

● **キレンジャー**

人に強い人、人が好きな人、コミュニケーションが得意な人。大人のムードメーカー。スタートアップ業界では「ハスラー（ビジネス担当）」と呼ばれる。多くのカスタマー、ステークホルダー、提携先候補を常に見て、適切な人間関係を構築できる人。ビジネスセンスにあふれ、資金調達も行う。また、このキレンジャーがいるとチームの雰囲気が明るくなり、採用力が高まる。私も数多くのスタートアップ経営チームを見てきたが、「優れたキレンジャー」がチームにいると非常に強い。

● **モモレンジャー**

デザイン性の高いUX／UIを設計、実装できる人。機能が優れているだけではプロダクトがコモディティ化してしまうが、センスのよい使い勝手を実現できるのが特徴。流行に敏感なヒップスター（デザイン担当）と呼ばれる人がこれにあたる。アップルの製品も、インダストリアルデザイン部門を率いてきたジョナサン・アイブがいなければこれだけ普及することはなかった。スタートアップ初期は、優れたデザイナーを自社に入れるのは難しいかもしれないが、デザインワークショップに参加するなどして、CXO自らもデザインに関する知見を深めた方がよい。

● **ミドレンジャー**

スタートアップの参謀役、ストラテジスト（戦略担当）。アカレンジャーが掲げた大風呂敷の目標を達成するために現実的なロードマップとマイルストーンを設計していく。グーグルCEO サンダー・ピチャイなどは優れたストラテジストと言える。

アカレンジャーばかりでは突飛なアイデアは出せるが収拾がつかなくなってしまう。かといってアオレンジャーばかりでは、アイデアを出せる人がいないため行き詰まる。5つのタイプが揃うことで過不足なく組織が動くのだ。「ゴレンジャー」だからと言って、5人必要なわけでなく、一人二役、場合によって三役こなすこともある。「ゴレンジャー」のそれぞれのファンクションを、経営チームが持っていると、その後の成長に有利に働く。

自社の魅力／課題を言語化

「マーケティング」の章で解説するが、今の時代は、SNSやウェブ、口コミを通じて、どんどん情報を獲得できるようになっている。顧客獲得においても、広告よりも口コミやリアルな評判が重視されるようになったが、これは、採用においても同じことが言える。採用広告の枠を買うよりも、口コミや紹介による採用の方が、有効になった。

ことスタートアップにおいては、「MVV」の章で説明したように、「カルチャーマッチ」するかどうかが、その人材が活躍できるかどうかの鍵を握っている。本当の意味での採用力を高めるためには、「自社のカルチャー」「自社の強み」また、それだけでなく「自社の弱みや課題」をきちんと認識し、言語化することがキーになる。それをベースにして、採用ファネル／施策を設計し、「自社にマッチして活躍する人材を採用すること」が非常に重要だ。

本章の前半で、各個人が「自己認識力」を高めることの重要性を説いた。同様に、組織としても「自己認識力」を高めることが、組織のオープンネスを高め、求職者から見たときの魅力を高めることができる。

起業家から事業家（CXO）に自己変革する

長期的な視点で全体最適を考える——。

これは本書の肝にもなることだが、財務部長、人事部長、マーケティング部長、技術部長など、それぞれが部分最適で物事を進めると、その上にいるCFO、CHRO、CMO、CTOなどのCXOが、「執行はできるが経営はできない」といった事態に陥りかねない。

私はこれまで相当数のスタートアップ創業者と会ったが、その中で、このスタートアップは、残念ながらうまくいかないだろうと思える企業がいくつかあった。

例えば、CTO（最高技術責任者）が技術開発には詳しいが顧客とはほとんど話をしたことがなかったり、CFO（最高財務責任者）が資金調達など事業運営に注力するあまり技術を全く理解していなかったというケースがあった。

この状態では、互いに得意分野をカバーし合えず、ユーザーの気持ちに刺さるプロダクトを実現するのは難しい。

私は、優れたCXOは以下の条件にあてはまると思っている。

- 自らの専門領域を持っている
- 専門領域に加えて幅広い視点を持っており全体最適を考えることができる
- 自社の成長フェーズを理解し、そのフェーズに合った適切な戦略を立てることができる
- 戦略を実行に移すためのディレクションができる

PMF前の経営陣の仕事は、プロダク

▶ 図表3-09

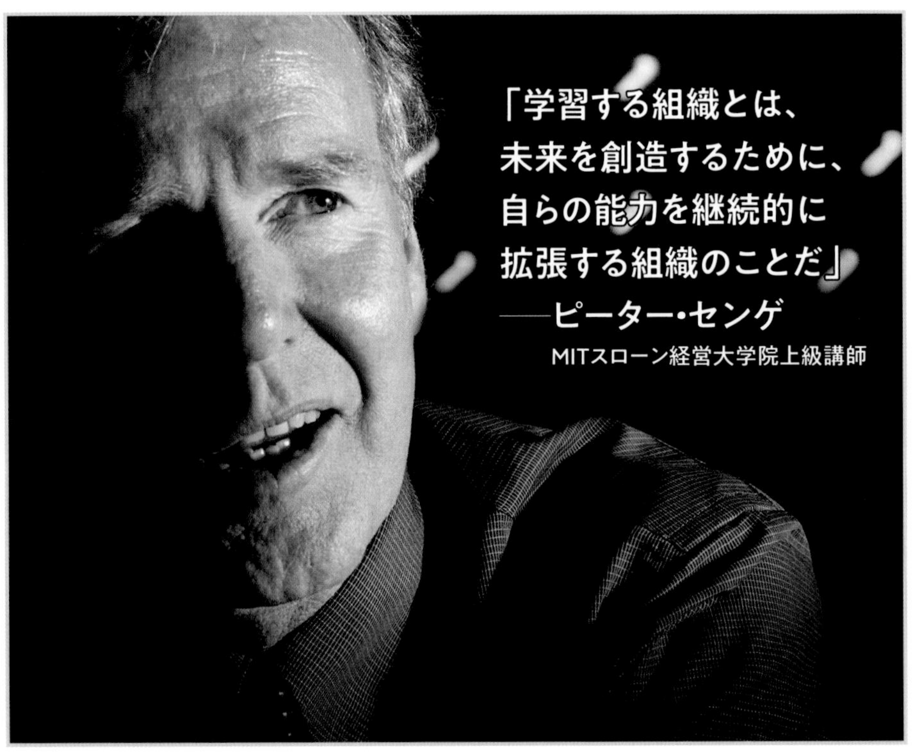

写真：Getty Images

ト作り、資金調達、顧客開発、仲間集めなど限定的だった。

PMF後は、ここに、MVVの浸透、市場／競合リサーチ、業務の形式知化／標準化、資金繰り、PR、IR、従業員採用、バリューチェーンの構築、EXIT戦略構築と実行、ポートフォリオ戦略構築などが加わってくる。

すなわち、Seed期からSeriesAになるタイミングで、自らを変革し事業家になれるかが問われているのである。CXOとして最低限のことが分かっていないとディレクションができず、結果、高い外部コンサルなどにお金を払って成果は上がらずといった状態になってしまうことが多い。こうした資金使途の会社に対して、投資家は決して支援しない。

マイクロソフトのビル・ゲイツやフェイスブックのマーク・ザッカーバーグがインテル創業者のアンディ・グローブに、エアビーアンドビーのブライアン・チェスキーがウォーレン・バフェットに師事したように、この段階でメンターを持つのもいいだろう。

CHAPTER

3-3 HUMAN RESOURCES

「自己認識力」「オープンネス」を高めるストーリーブック

必要な人材の解像度が高まり採用力が高まる

経営陣（メンバー）は定期的に、「なぜこの事業をやるのか」「その意義は何なのか」という問いを立てる対話や内省を通じて、自分の強さと弱さを言語化することによって「自己認識力」を高めることができると述べた。

それを組織レベルで高める方法がストーリーブックの作成だ（図表3-10）。

ストーリーブックは主に「求職者」「将来の従業員」に向けて、会社の強み、魅力、弱み、課題を伝えるために活用する。

「人はよく分からないものは買わない」と同様に、「人は何をしているかよく分からない会社で自分が働くことは想像できない」のだ。顧客に対してメッセージを打ち出すマーケティング活動を通じて、自社の商品やサービスの魅力を存分にアピールできる企業は多い。

一方で、求職者に対して魅力をアピールする採用になると、何もしない企業が多い。その意味でも、ストーリーブックをフルに活用し、会社としての魅力、ポジションの魅力、業界の魅力などを伝えていきたい。

ストーリーブックを書くことによるメリットは、以下になる。

- 定期的に更新することで、自社の認識力を高めることができる（魅力や課題の更新）
- 経営陣が、組織全体や自分自身について見直す機会になり、経営力が高まる
- 言語化を通じてオープンネスを高めることになり、また必要な人材要件の解像度が高まり、採用力が高まる
- 現在いるチームメンバーに対して、あらためて魅力や課題を伝えることにより、求心力を高めることができる

ストーリーブック以外にも、経営陣のインタビュー、HR関連の情報をまとめたオウンドメディアや、採用ページなども活用できる。

しかし、採用ページやコーポレートサイトのみでは、会社の強みや魅力を羅列しているだけのものも少なくない。「本音」「本当の状況」「課題」を知りたい求職者にとっては物足りないものになる。まずは、ストーリーブックを作ってみるのが有効な施策である。

「課題や弱みを示すと、採用力は落ちてしまうのでは？」と疑問を持つ人もいるだろう。「弊社にこういう課題があります。だから、あなたの力が必要です」。

▶図表3-10　組織の自己認識力を高めるストーリーブック

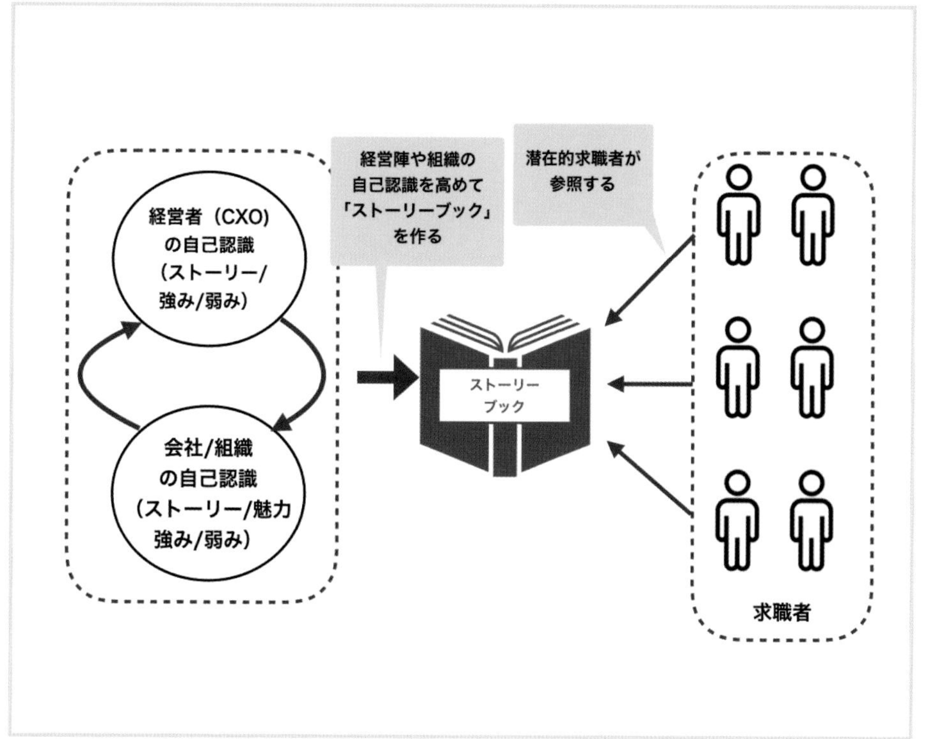

これを示したとき、優秀な人ほど、火中の栗を拾いに行くかのごとく、課題解決するというミッションに駆られて行動したくなる。つまり企業から見れば、課題＝将来の伸び代として魅力化することができるのだ。

採用直後にトラブルになる最大の原因は、会社側が課題を隠していたり、魅力を盛りすぎる（自社を良く見せようとしすぎる）パターンが圧倒的に多いことを留意するべきだ。

『転職の思考法』（北野唯我著、ダイヤモンド社）という本の中に、「優秀な人は、衰退業界には行かない」という主旨の話が出てくる。1980年代に戦略コンサルタントという当時の“先進”で働いていた人、あるいは2000年代に楽天やDeNA、GREEにいた人などは、その後、活躍の場が広がった。

今のスタートアップ企業の多くがフォーカスしているフィンテックやHRテック関連などのXテックと言われる領域は、今後の市場規模の伸び代が大きい。その伸び代を踏まえて、業界の魅力化、ポジションの魅力化につながるので存分にアピールし、自社で働くことが今後のキャリア形成において大きな意味を持つことを伝えられるはずだ。

あるいは、会社が募集する職種が今後、伸びる可能性があるならそれも存分にアピールしたい。例えば、最近の職種で最も注目されているのはカスタマーサクセスやインサイドセールスなどがある。

これらの職種は、需要が圧倒的に伸びる希少性の高い職能と言われ、営業よりも年収が上がる傾向にある。私は、ある企業から昨年1年間でカスタマーサクセスで採用活動を行った会社が2000社あるのに対し、経験のある応募者はわずか11人しかいなかったという話を聞いた。こうした希少価値のある職種は、労働収入における市場価値は急騰する。このように、職種に魅力がある場合は、そこをきちんとアピールし、なぜこの職種が求められているのかをきちんと伝えていきたい。

ストーリーブックの具体例

では、ストーリーブックに載せていく内容を確認しよう。一つ留意点として、ストーリーブックを作るのは、PMFを達成した後に行うこと。PMFを達成していない段階で行うと、会社を魅力化する前に行うので、魅力を「でっちあげる」ことになりかねないからだ。

1. 弊社はこんな会社です

- 会社概要（創業年、資本金、本拠地）
- 事業概要（PMFしたコア事業は／プロダクトの提供する独自の価値提案は）
- 弊社の実績（創業からの特筆するべきマイルストーン：ローンチしたサービス、売り上げ、資金調達）
- トラクション（特筆すべきマイルストーン）
- 弊社のミッション／ビジョン／バリュー（行動方針）
- 自社の競合優位性

2. 社長／経営陣はこんな人です

- 私はこんな人間です（ショートプロフィール）
- 社長として事業を通じて何に喜びを感じるか
- 創業のきっかけは（どういうターニングポイントがあり、創業するに至ったか）
- 得意なことは
- 苦手なことは
- 尊敬する人は誰か
- プライベート（趣味／家族構成／休暇の過ごし方）
- 経歴（人生に影響を与えたイベントは何か）

3. 会社のビジョン／未来像

- 会社の目指す未来像は
- 会社の1年後、3年後、5年後、10年後の姿は
- なぜそのような姿を目指すのか
- その実現のために必要なことは／何が欠けているか？
- これから3年、5年で起きると予想される市場の重要な変化とは

4. 自社の魅力／課題

- 会社のどこが魅力か（他の会社と違ってどこが魅力で面白そうか？　社会的な貢献は？）
- そもそもの仕事の魅力は（仕事のどこが面白いか？　仕事を通じて、どのような成長が見込めるか？　社会への貢献度の実感をどのように感じるか？　これは、現在のメンバーにインタビューして聞いてみるのが有効だ）
- 一緒に働く人の魅力（どういう人がいるか。優秀な人ほど、「誰と一緒に働けるのか？」を気にする傾向にある。優秀なエンジニアがいて自分のスキルアップにつながりそうだから弟子入りしたいなど。そう考える人に対し、どんなメンバーが働いているかを可視化する）
- 業界／領域／市場の魅力は（業界は伸びているのか？　どのようなインパクトを与えることができるのか？）
- 環境面の魅力／課題は（報酬制度は？　昇進制度は？　福利厚生は？　労働環境は？　職場環境は？　組織的成長支援は？）
- その他の特筆するべき課題は（課題をあえて言語化するのは、ネガティブサプライズを減らす目的もある。入社してから「こんなこと聞いてなかった」「こんなはずじゃなかった」といったことがないようにする意味もある。これは、現在のメンバーにインタビューして聞いてみるのが有効だ）

5. 一緒に働きたい人

- こんな人と働きたい（行動特性、思考パターン、スキル、実績、性格など）

▶図表3-11　**採用プロセス**

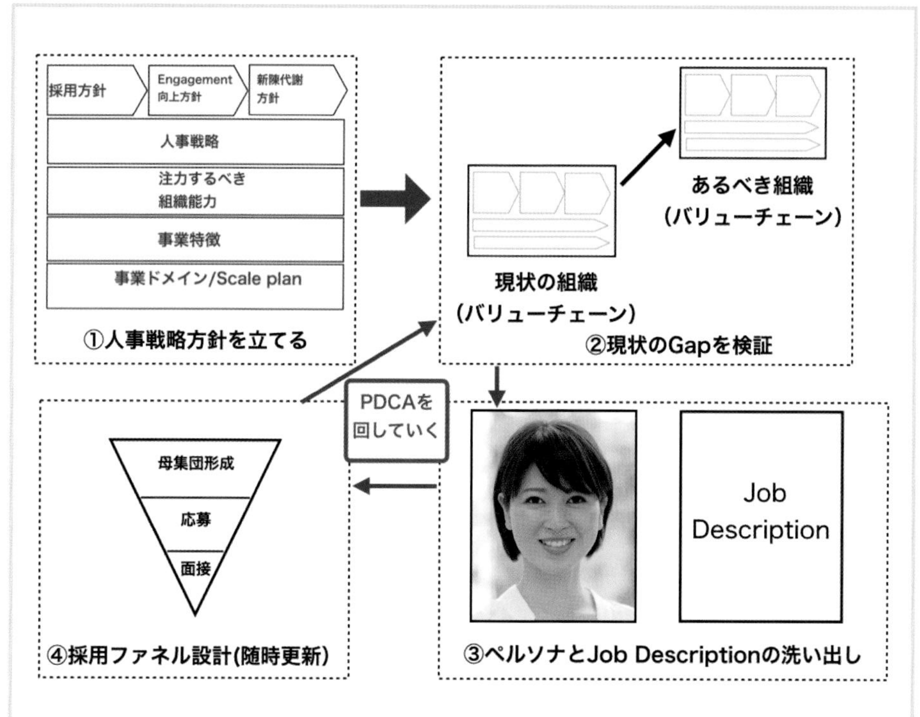

写真：shutterstock.com

- こんな人と働きたくない（行動特性、思考パターン、スキル、実績、性格など）

このストーリーブックをベースにして、「採用市場向けエレベーターピッチ」を用意する。

ある程度名前が通ったスタートアップだったとしても候補者は事前にあなたの会社を調べてくる。

だが、自分たちから端的に、求職者に刺さるメッセージを打ち出した方がよい。以下のフォーマットを参考にしていただきたい。

> 私たちの事業を一言で言うと（　　）です。
> なぜこの事業をやっているのかと言うと、（　　）というミッションのもと、（　　）というビジョンを目指しているからです。
> （　　）が私たちメンバーが大切にしているバリューです。
> 我々は（　　）という独自の強みもありますが、事業を成長させるために（　　）という人材がまだまだ不足しており、
> 興味のある方は是非、応募いただければと思います。

スタートアップの多くは、投資家向けにピッチは用意周到にするものの、採用候補者向けのメッセージの準備が不足している場合が多い。一緒に働くメンバーは、自社にとって最も重要なステークホルダーであることを念頭において、周到な準備をすると良い。

具体的な採用プロセスの説明をしよう。プロセス全体を図で表すと図表3-11のようになる。

一つひとつのプロセスに関して説明しよう。

CHAPTER 3-4 HUMAN RESOURCES

採用力を高める方法

人材戦略方針シートを作る

ストーリーブック／採用エレベーターピッチと並行して、人事戦略の全体像を捉える「人材戦略方針シート」を作るのも有効だ。これは、採用や、従業員のエンゲージメント向上、会社の現状に合わなくなったメンバーの新陳代謝の方針を大上段で決めるものだ。人材戦略方針シートの構成は図表3-12で示したようになっている。自社の事業の特徴と事業ドメイン、スケールするビジネスロードマップを土台にして、どのような人材を採用するか戦略の方針シートを作る。

▶ 図表3-12　人材戦略方針シート（Unicorn Farm社）

採用方針	エンゲージメント向上方針	新陳代謝方針
採用は、地頭の良さおよび経験を最優先 20人までは、経営陣中心にリファラルを中心を行う	ある程度のサイズまでは成果ベースのレベニューシェア ある程度のサイズになったらベースアップを行う 基本OJT	成果ベースで評価をしていく 成果が上がりそうな領域が自ら発見できなければ権限が下がっていく

人事戦略	・ある程度実績/実務経験のある人材を採用し、OJTと標準プロセスを通じて育成していく。追加のFundraisingに合わせて、育成した人材をローテーションして配置できるようにする
注力するべき組織能力	・常に学習して成長できる環境を用意する ・VC側のバリューチェーンのQCDを高める （Deal Sourcing, DD, Value-up, LP営業、LPレポート） 柔道団体戦型
事業特徴	・仕入れがなく、知的生産性が物をいう ・コンサルタント一人一人の知見や能力が物をいう ・インプットを良質なアウトプットに変換できることが必要
事業ドメイン スケールプラン	・大企業向け新規事業支援 ・スタートアップ向けの事業支援 ・ベンチャーキャピタル ・経営者/起業家向けのサロン/メディア運営

▶図表3-13　スタートアップはサッカー型組織が多い

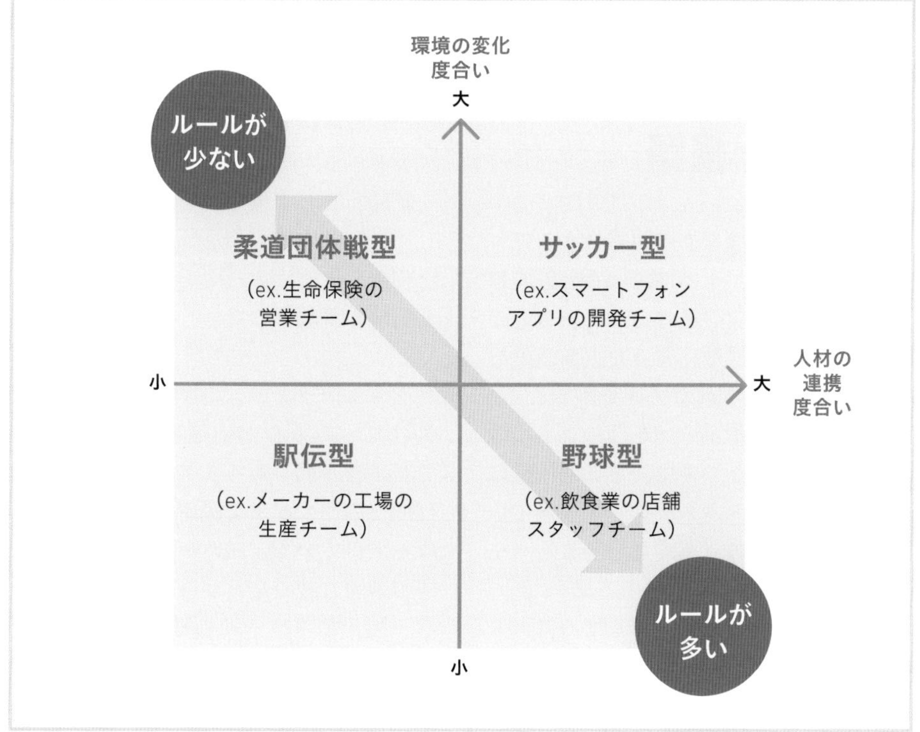

出典:『THE TEAM 5つの法則』麻野耕司著、幻冬舎

優秀な人材、自社にフィットした人材を採用できるか

『THE TEAM 5つの法則』（麻野耕司著、幻冬舎）によると、「組織には最適解がある」という話が出てくるが、図表3-13のように、環境変化の度合いの大小、人材の連携の度合いの大小によって、組織は柔道団体戦型、サッカー型、駅伝型、野球型の4つに分けることができる。

このうち、スタートアップに多い組織は、サッカー型だ。スタートアップは、環境変化の度合いが大きいだけでなく、様々な部署（マーケティング、エンジニアリング、カスタマーサクセスなど）が連携して、顧客の成功を目指し、LTVを最大化していく視点が求められる。さらに、外部環境は変化し続けるので、その中で、流動的に対応でき、かつ、自律的に動ける人材で構成されるのが理想だ（そういう意味でサッカー型人材が必要だ）。

一方で、個人のスキルがパフォーマンスに直結するビジネスモデル（コンサルプロセスやクリエイティブプロセス重視）ならば、際立った個人を集めて力を発揮できるような環境を用意するのがキーになるだろう。

このように、ビジネスモデルによって、どういった組織を設計し目指すべきかのブループリントが異なってくることは留意すべきだ。

前にも述べたが、スタートアップの命運を決めるのは「優秀な人材」「自社にフィットしている人材」を採用できるかどうかにかかっている。採用力の高さというのは、金銭的な価値には直接現れないが、スタートアップにとって強力な持続的競合優位性資産になる。

現状のバリューチェーンの可視化と採るべき人材のペルソナ構築

採るべき人物像をより明確にするプロセスを提示したい。図表3-14を見てほしい。まずは、前提条件として、自社の事業ドメインや特徴に合った人事戦略の方針を立てる。それができあがったら、現在のバリューチェーンを図のように書き出してみる。その中で、どこが成長に向けて制約（ボトルネック）になっているかを洗い出すのも有効だ。そこをベースに、制約が解かれた「あるべきバリューチェーン」を書き出してみて、そのギャップを埋める人材を書き出すのだ。

これは「ファイナンス」の章でも解説するが、「資金使途の明確化」につながるのだ。実務的な話をすると資金調達の「7－8割」は人材補強に使用される（残りは広告費や、外注開発費などだ）。バリューチェーンレベルで資金用途を明らかにすると、投資家に対して、きちんと「我々は資金を生き金にする」というメッセージと戦略が伝わる。

結局、まだ上場を果たしていない、もしくは利益が出ていないスタートアップを判断する要因の一つとして「描いている戦略の解像度の高さ」になるからだ。

バリューチェーンのギャップや自社に欠けている人材が明確になったところで、手触り感のあるリアルな「欲しい人材像」のペルソナを設定していき、解像度を上げていく。ペルソナがあることで採用の際に絞り込みが明確になり、メンバー同士のイメージの齟齬を解消でき、採用の意思決定の質とスピードを高めることができる。

では、どういった順番で人材要件を作っていくのか、その型を解説しよう。

▶図表3-14　現状のバリューチェーンを可視化する

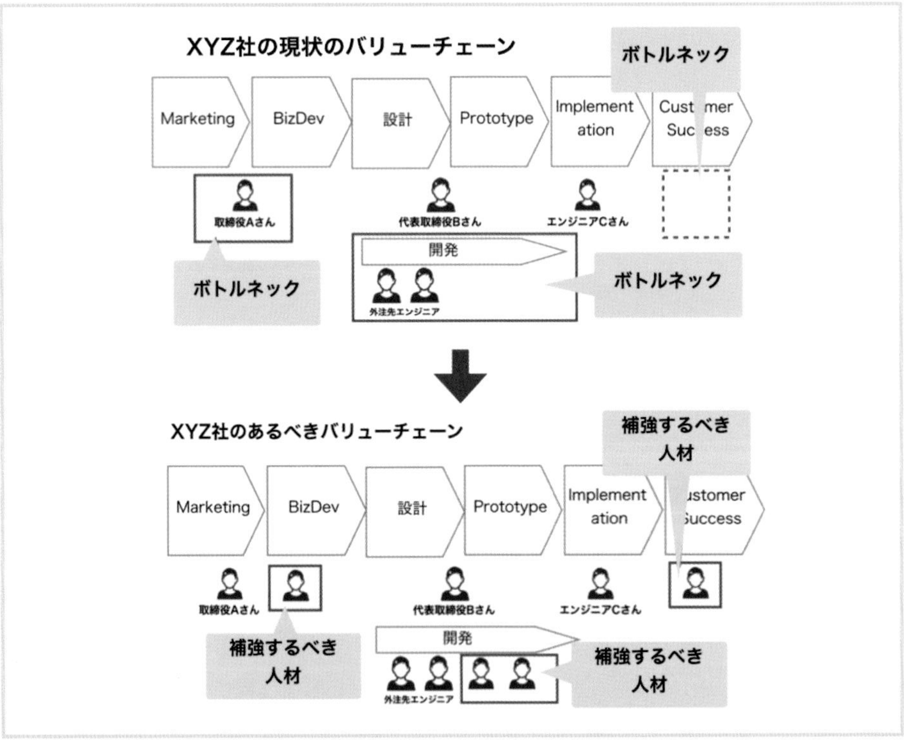

▶図表3-15　**人材のペルソナ構築**

高野友美さん

経歴：外資系のコンサルにて営業マネジャー
人物のタイプ：実現タイプ
志向性：きっちりマネジャータイプ
どんなところで働いている：ドイツ銀行
どんな働き方をしている：フレックス
どんな仕事をしてきた：
（顧客層：大手企業　商材特性：無形商材　実績成果：キャリアのファストパス　スキルセット：分析思考/コンサル営業）
キャリアアンカーで重視しているのは：自立と独立
転職先は何で選ぶのか？①仕事の面白さ　②上司との相性　③業界の勢い
意思決定に影響を与える外部要因は？
周りからできる子と思われたいので、ある程度メジャー感のある職場が良い

Operation List	必要なスキル	経験	期待される行動
XXXXX	XXXX	XXXX	XXXX
XXXXX	XXXX	XXXX	XXXX
XXXXX	XXXX	XXXX	XXXX
XXXXX	XXXX	XXXX	XXXX
XXXXX	XXXX	XXXX	XXXX

オペレーションリスト

写真：shutterstock.com

①図表3-14のように、現在のバリューチェーンを書き出してみて、人材補強が必要なバリューチェーンプロセスを明らかにする
②このバリューチェーンプロセスを補完する、ターゲットの人材が行うオペレーションを列挙する
③さらに図表3-14のように、そのオペレーションに必要なスキル、望ましい経験、期待される行動を書き出してみる
④このインプットをベースにして、図表3-15のように求める人物像のペルソナイメージを書く
- どんな経歴？
- 人物のタイプは？　思想タイプ？　実現タイプ？　実行タイプ？　フォロワータイプ？
- どういう志向性を持っている？
- どんなところで働いている？
- どんな働き方をしている？
- どんな仕事をしてきた？
- キャリアアンカーで重視しているのは？
- 転職先は何で選ぶのか？（優先順位）
- 意思決定に影響を与える外部要因は？

留意点としては、抽象的な表現でなく、できるだけ具体的に書き出すこと。例えば、キャリア観と価値観について書き出すのが基本になるが、「志向性」で「チャレンジ精神あふれる」と一言で言っても、黙々と自分に集中するイチロー氏タイプなのか、まず周囲に言って自分を奮い立たせる本田圭佑氏タイプなのかでも異なる。あるいは、「リーダーシップがある」といっても、周囲をけん制しながら業務を進めるトランプ氏タイプなのか、ある程度周囲に忖度しながら任務を果たすオバマ氏タイプなのかによっても異なる。こうした細かなところまで明確にしておきたい。

キャリアアンカーについて考えることも大切だ。キャリアアンカーとは、アメリカの組織心理学者エドガー・シャインによって提唱された概念で、ある人物が自らのキャリアを選択する際に最も大切にしている価値観や欲求のことだ。管理能力、技術力、安全性、創造性などあるうち、どれを優先しているのか考えたい。

⑤次に、ペルソナとオペレーションリストを検証する

- こういう人物は存在するか
- 求めるものは高すぎないか？ 低すぎないか？
- 現在、この人物はどういう会社で何をしているか？

⑥採用ページやエージェントに伝えるためにジョブディスクリプション（JD）に落とし込む

JDを作ることによって、改めて、自社にとって足りない仕事の棚卸しができるようになる。また、有料チャネルであるエージェントを活用する際においてもJDがあると、採るべき人材の解像度が上がるので、齟齬が減るのだ。もう一つの留意点はJDを書くときは、きちんと「採用競合を意識した相場観」を持って記述するのが重要になる。

「採用競合」と「事業競合」という概念がある。自社のプロダクトと直接競合になっている企業は必ずしも、「採用競合」とは限らない。採用競合になりそうな企業のサイトは入念に研究し、競合を意識したポジショニングを立てていきたい。その他、採用競合でなくとも、採用力の高い企業の採用サイトで研究しておくのもよい。DeNAやメルカリのmercanなど、自社の世界観を余すことなく伝えてターゲット人材の心を効果的に掴んでいる秀逸な企業を探しておこう。

採用ファネルの設計と運用

皆が好きなプロダクトを作れ、そして、最高クラスの人材を雇え
——ブライアン・チェスキー　Airbnb CEO

▶図表3-16　**採用ファネルとは**

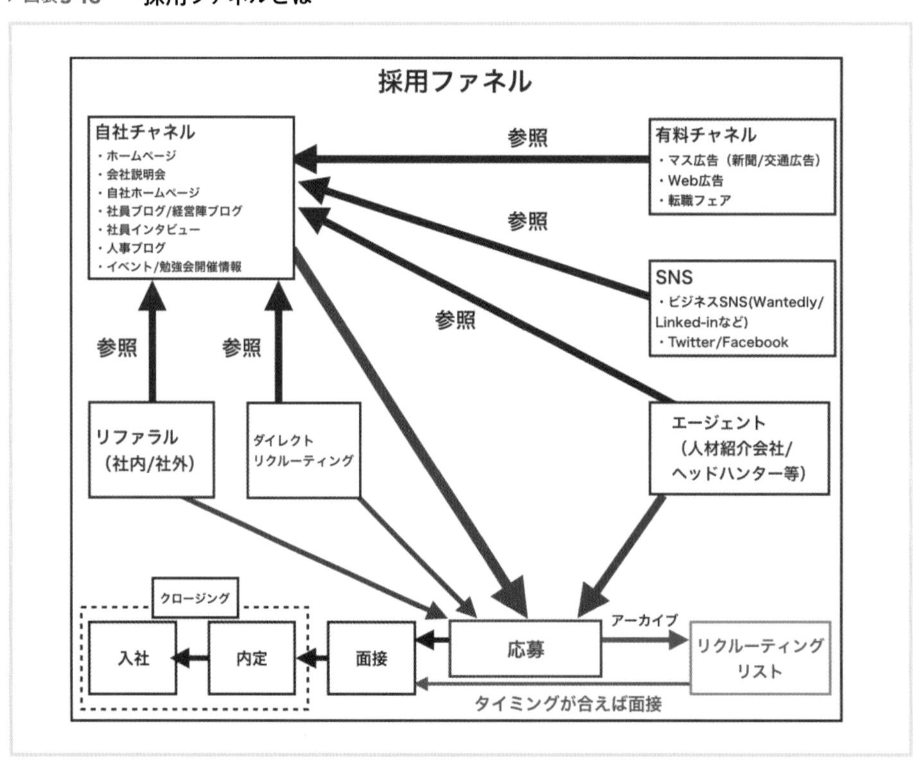

組織の「現状の姿」と「あるべき姿」を洗い出し、採用するべきペルソナ・ジョブディスクリプションを洗い出せたら、実際に採用するファネルを設計してみよう。採用ファネルとは、採用を効率化するしくみのことだ。図表3-16のように、有料チャネル、SNS、エージェント、ダイレクトリクルーティング、リファラル（紹介）などから成り立っている。

これを見てお気づきの方も多いと思うが、新規顧客を獲得するマーケティングやセールスのファネルと、その設計コンセプトは同じだ。

「知られていない会社」は「存在しない会社」と言われるように、まず会社は認知され興味を持たれる必要がある。例えば、就職人気企業ランキングの上位企業と、認知度の高さはイコールになっている。

そのために最初に意識するべきは採用候補者の母集団形成だ。母集団形成とは、自社の求人に興味や関心を持っている潜在的求職者を集めること。自社が採用のためにブランディングをしているか、認知度を高めているかなどを考えていくことになる。転職希望者は、92％が非顕在層と言われる。だからこそ、非転職希望者に対して、「この会社で働きたい」と思えるラインまで牽引できるかが問われる。

ターゲットとなる「潜在的求職者」が会社を辞めようと思った瞬間に志望企業の候補に入る状態を作っておくことが肝心だ（多くの「優秀層」は「潜在的求職者」である場合が多い）。

しかし、重要な留意点としては「何を認知されたいか」「どういう会社として認知されたいのか」。前述のストーリーブックを磨き上げ、自社を魅力化できるかが重要だ。前に述べたように、自己認識を高め「潜在的求職者を含めた母集団の認知」を拡大し、「興味」を高めて、「応募」に持っていき、「面接」でクロージングする。まさに、マーケティングファネルと同じである。

採用ファネル設計により採用候補者体験が向上できるか

ここで、覚えておきたいキーワードがある。それは、キャンディデイト・エクスペリエンス（Candidate Experience）という言葉だ。採用候補者の全体経験をどうやって高めていくか、が重要な論点になる。その論点を明確にするために、図表3-17のようにキャンディデイト・エクスペリエンスを書き出すのが有効だ。

キャンディデイト・エクスペリエンス
採用プロセスにおいて求職者が行う一連のコミュニケーション

当然、最初から全体の採用プロセスを完璧なものにすることはできない。採用のPDCAを回していく中で、どこがボトルネックになるかを発見して、徐々に強化していけるかが重要になる。

自社チャネル

まずは、図表3-16の左上の自社チャネルについて解説したい。マーケティング同様に、オウンドチャネルとは、自らコントロールできる採用チャネルになる。採用力を高めたいなら、まずはオウンドチャネルを充実させるべきだ。なぜなら、初期のスタートアップは、資金を多くかけることができない。その一方で、経営陣やメンバーが、スタートアップならではの魅力を求職者（潜在的求職者）にダイレクトに伝えることができるからだ。

▶図表3-17　キャンディデイト・エクスペリエンスを書き出してみる

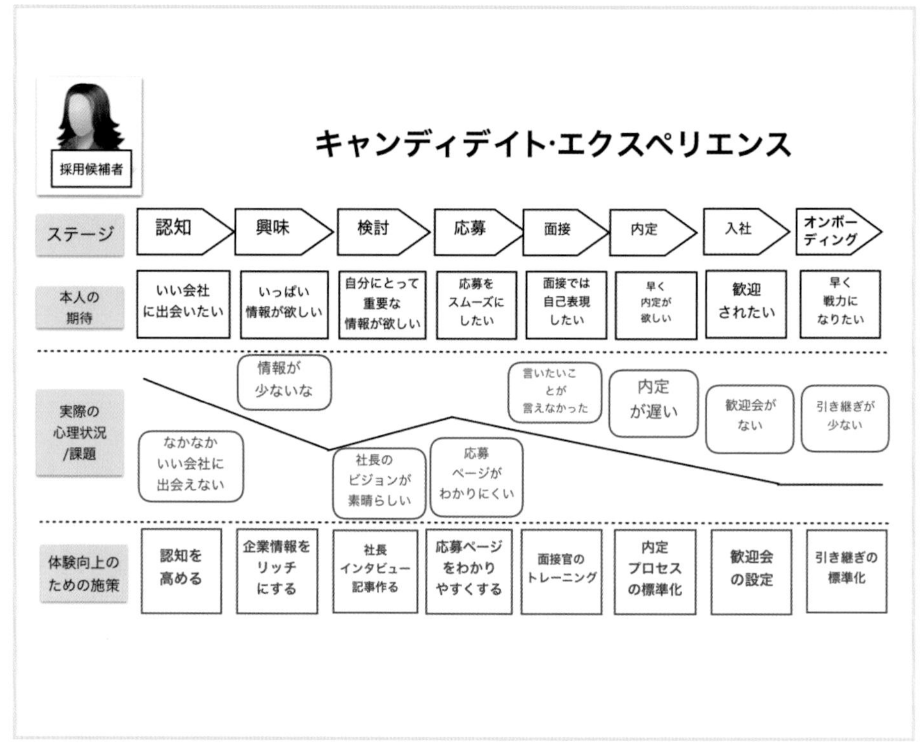

経営者・経営陣ブログ

スタートアップの最大の魅力の一つは、「経営者（経営陣）」が打ち出している世界観だ。採用力の高いスタートアップは、トップ自らが採用活動の最前線に立ち、「世界観」「あるべき姿」「自社のエキサイティングな活動」を発信し続けている。

特に人数が少ないスタートアップの場合は、参加するメンバーは毎日、トップと顔を合わせて、一緒に伴走することになる。そういった状況が期待される中、ターゲットとなる潜在的な求職者から、「この人のもとで働きたい」をいかに引き出せるかが大切になる。

例えば、人事や労務の手間を3分の1にするサービスを提供するスタートアップSmartHRの宮田昇始氏は自身のブログ内で自身のことや、会社の事情やノウハウをかなり詳細に話しており、マーケティングの手法としても大変参考になる。会社の「オープンネス」「風通しの良さ」が伝わってくる[1]。

1）https://initial.inc/articles/1d6Opt97tPsjuSSRRYkhK7
https://blog.shojimiyata.com/

最近だと、経営者の発信で特に有効なのがツイッターだ。とくにツイッターのアクティブユーザーは10代の61％、20代の60％と学生ユーザーが多く新卒採用にも有効に働くと言える。ツイッターの場合は、本音でつぶやいているユーザーも多いので、例えば、そこからダイレクトメールをくれた候補者のパーソナリティーが分かったりする。そこを見て、「カルチャーフィット」しそうかどうかを見極めることも可能だ。

ホームページや採用ページも当然、求職者は、検討企業のものをチェックするので、必須になる。一方で「毒にも、クスリにもならないことが書いてある」と感じる求職者も少なくない。つまり、「リアルで、手触り感のある情報」を求職者は求めているのだ。そんな背景があるので「気になる企業があれば、まず、その会社の社長をフォローする」という人も増えてきている。

自社ホームページ

ホームページも重要になる。図表3-16の採用チャネルを改めて見ていただきたいが、求職者は、気になっている企業について、チェックしていく。きちんと最新のニュースやトピックを更新できているか。求職者を惹きつけるデザインになっているか、が重要な論点になる。

採用ページ

採用候補者が必ずチェックしにくる自社サイト内の採用ページは、投資を行っていきたい。あまりにも残念な作りのせいで離脱してしまうことはよくあることだ。

有効なスタイルとしては、自社ホームページのメインページのところによく見えるような動線を作ることがポイントになる。

そこから送客して、採用に特化したコンテンツを掲載する（例えば、この次に紹介する社員インタビューやクロストークだ）。

このページを開いてもらった候補者・求職者に、世界観や自社のことを知ってもらうきっかけになる。振り向かせて、応募数を高めるには、パターンがある。まずは、求職者の「経験や実績」で振り向かせるパターン、仕事にやりがいを求めている人への欲求に訴えかけるパターンなどがある。

社員インタビュー／対談（クロストーク）

余力があれば、採用メディアに、現役社員のインタビューや人事施策についてなどの情報も載せておきたい。社員インタビューする際は、志望動機、入社後の印象、今の仕事のやりがい、会社の雰囲気、1日のスケジュール、会社の好きなところ、本音ベースの社員同士の対談などを取材しまとめていく。最も就職希望者が不安になる部分、知りたい部分をいかにフォローできるかがポイントだ。

インタビューだとどうしても「当たり障りのないこと」しかフォーカスが当たらないリスクがある。

しかし、対談だと本音を垣間見ることができるので、求職者は「リアルな会社の実態」を想像できるようになる。入社後に、実際の期待値とのギャップが大きい「ネガティブサプライズ」があることで、退職してしまったり、不満分子になってしまうと、会社にとっても社員にとってもアンハッピーになってしまう。適切な期待値設定をするために、社員目線のインタビューや対談などは有効になる。

また重要な留意点として候補者は、応募前（面接前）よりも内定後に情報収集を積極的に行う傾向がある。重要なことは、そのタイミングで取りこぼさないようにすることだ。これにより内定辞退防止につなげることができる。

人事ブログ

「マーケティング」の章で紹介するコンテンツマーケティング同様、人事ブログや人事メディアも蓄積されると威力を発揮してくる。ブログやメディアが機能すると、母集団形成や、志望動機形成、選考辞退や内定辞退の軽減、内定者フォロー、ミスマッチ低下など、多角的な効果が期待できる。

また、人事ブログを起点にして、ウォンテッドリーなどのビジネスSNSにフィードしたり、フェイスブック、ツイッターなどにフィードすることもできる（ホームページでは伝えきれない情報や最新情報、ニュースなどを写真付きで更新していく）。転職者や就活生にとっては、人事ブログが最も身近な存在になる。ブログは会社の一つのプレゼンテーションの場になる。会社の雰囲気やメッセージを伝えることは、求める人物像、社内の雰囲気、社会における会社の存在意義（ミッション)、ビジョン、価値観や行動規範（バリュー）を伝えるのに最適な手段になる。良い事例としてあげられるのがメルカリが運営する「mercan」などだ。

SNS

企業として採用向けのSNSアカウントを持つのも有効だ（フェイスブック、ツイッター、ユーチューブなど)。採用／求人に関すること、職場の魅力発信に繋がることを打ち出していくことで、母集団形成と、興味の促進につながる。

また、ホームページと違って、SNSはその会社のカルチャーを伝えやすい。カルチャーギャップを減らすというエントリーマネジメントの効果もある。

会社のことをオープンにすることにより、「この会社に入ったら、心理的安全性が高そうだ」という認知を広げることができる。

また、noteのようなブログで発信したり、ユーチューブチャネルを活用して、コンテンツを発信するのも有効だ。noteが有効なのは、「求人」「採用」ということを意識せずに、コンテンツに対する共感から入ることができるところだ。

ビジネスSNS

ビジネスSNSの中でよく活用されているのが、ウォンテッドリーだ。ウォンテッドリーは、給料や待遇などの条件ではなく、「やりがい」や「環境」で求人者と求職者をマッチングする採用サービスだ。ミレニアル世代は、仕事の条件面よりも「なぜやるのか」「仕事を通じてどう成長するのか？」を重視している。

ウォンテッドリーの記事では、日々の業務や業務外の様子やメンバーの紹介、会社のストーリー（創業ストーリーや成長ストーリー）など、募集記事では伝わりきらない魅力を打ち出していくのがポイントになる。応募段階で候補者に会社の雰囲気やメンバーの人間性、ビジョンを理解してもらうことで、入社後のミスマッチを減らすことができる。更新する頻度としては、2週間に1度、少なくとも1か月に1度のペースがよいだろう（SNSの投稿記事やタイムラインと同じように段々と見られなくなるため、定期的に更新することがポイントになる)。

またウォンテッドリーでメッセージを送る場合は、一斉に送るのではなく、ユーザーごとに文面を考えて送ると返信率が高まる。ポイントとしては、相手のプロフィールや興味を持っている分野、キャリアゴールなど事前に確認し、メッセージの中に組み込むことだ。

イベント

その他、オウンドチャネルでは、自社開催のイベントページなども用意しておくといい。例えば、ミクシィはUnity Engine Challengeというエンジニア向けのイベントを開催している。優秀な人材の採用が難しいエンジニア職種だが、エンジニア向けのイベントを通してエンジニア自身に広く存在を知ってもらうこと、メディアへの露出を高めることができると採用に効果的に働く場合がある。

メディア活用

「マーケティング」の章で詳しく触れるが、経営者や会社がメディアに掲載されることも、認知の拡大（母集団の拡大）につながる。コツとしては、ペルソナをベースにして、採用したい思っている人物が、どの辺りにいて、どういうメディアに日常触れているかを明確にするのが有効になる。業界紙などにインタビューを掲載したりするのも有効だろう。またリソースはかかるが、書籍を出すのも有効だ。

リファラル採用

リファラル採用とは、自社で働いている社員から人材の紹介を受けたり、人材を推薦してもらうなどして実施する採用活動のことだ。初期のスタートアップにおいて採用コストを下げられ、かつ、エージェント経由ではなく人つながりで入社するため、定着率が高くなる意味で非常に有効だ。

リファラル採用の副次的な効果は、「自社は、仲の良い友人や知人に推薦できるだけの魅力はあるか？　逆に、紹介できないネックは何か？」という「組織課題」や「経営課題」をチームメンバー目線であぶり出すことが可能になる。

リファラル採用の進め方は図表3-18の通りだ。

規定の更新をする→インセンティブの設計をするなど「リファラルの設計」を行う→ペルソナレベルで欲しい人材を洗い出す「キックオフ」を行う→ストーリーブックを作り自社の魅力化を行う→採用したい候補者のロングリストを作り込む→ショートリスト化する「アタックリスト作成」を行う→ターゲット人材にアプローチする（きちんとリファラル採用ができているかリマインド・モニタリングする）→活動を振り返って、うまくいった点、課題点を明確にし、うまくいったものは事例化して横展開する、このような流れになる（図表3-18）。

リファラル採用を成功させるには、メンバー一人ひとりが、会社の情報発信者になる必要がある。情報発信するには、プロダクトや業界について語るだけでなく、自社のMVVについてまず心から共感することが大事だ。その上で「自分が一緒に働きたい」と思う人に対して、メッセージを発信して、採用活動を進めていく。

リファラル採用を行うメンバーも、

▶図表3-18　リファラル採用の進め方

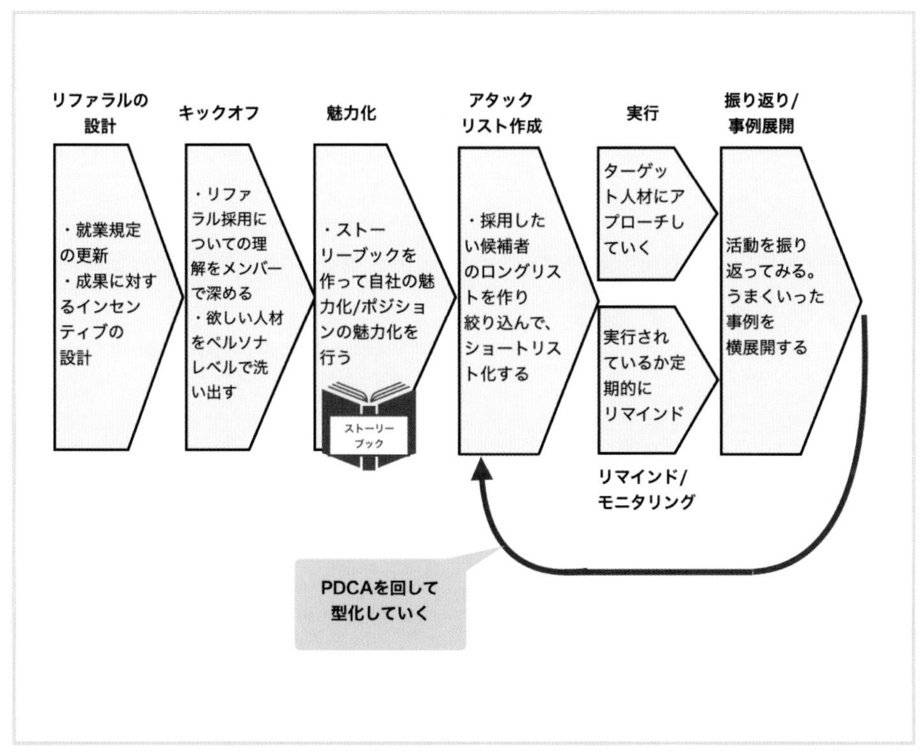

「なぜ、自分はこの会社で働いているのか」「なぜこの環境にいると成長できるのか」「なぜ、この会社に貢献したいと思うのか」ということを定期的に言語化を行う（「自己マスタリー」について解説したプロセスを行う）。

メルカリやfreeeなどは、積極的にリファラル採用を行い、多くの採用に至っている。それがメンバーのカルチャーフィットやエンゲージメント向上に注力しているからだろう。リファラル採用のリスクとしては、優秀なプレーヤーが来ない可能性があることは頭に入れておきたい。Aプレーヤー、Bプレーヤー、Cプレーヤーは来るが、なかなかA＋級のプレーヤーが来ないのだ。これは、紹介者が自分より優秀な人は連れてきたくないという思考が無意識に働くために起こることだ。

もう一つ実務上の留意点として、報酬が発生する場合は就業規定や賃金規定を明記しておかなければコンプライアンス違反になる可能性があるので注意が必要だ。インセンティブは、金銭的な報酬よりも、「採用に成功したら、その部署全員で、焼肉を食べにいく」というような非金銭的な報酬を決めるとよい。

ダイレクトリクルーティングのメリットとデメリット

また最近はダイレクトリクルーティングも有効になる。ダイレクトリクルーティングとは、企業自ら、求める人材を積極的に探し直接アプローチする採用活動のことだ。従来型の求人掲載サイトで募集をかける「待ち」の採用手法と異なり、企業が人材データベースから求める人材を探し、それから直接連絡を取り採用する「攻め」の採用手法である。ダイレクトリクルーティングには以下のようなメリットがある。

メリット

メリット1 人材会社が通常推薦しない人材層の中から人材を見つけることができる

人材紹介会社は、人材を紹介することで紹介手数料（成功報酬）として利益を得るビジネスモデルを採用している。こういった背景から、採用決定時の年収が高いほど人材紹介会社の利益も上がる。結果として、人材紹介会社は、高い賃金を払える企業に優先的に年収の高い人材を紹介する傾向がある。

しかし、ダイレクトリクルーティングは企業が人材データベースの中から自ら求める人材にアプローチするので、年収軸だと劣後してしまうが「自社にとっては優秀な人材」に出会える可能性が高くなる。また、自らリーチするので、今すぐ転職や就職を考えていない人にも採用のアプローチをかけることができる。

メリット2 採用コストを抑えられる

求人広告なら求人の掲載期間や内容に応じて、人材紹介会社なら紹介された求職者を雇ったときに、費用が発生する。一方で、ダイレクトリクルーティングの場合は、企業が人材データベースを利用して求職者をスカウトするので、かかる費用はデータベースの利用料となる。

メリット3 自社の採用力を高めていける

求人広告を利用したり、人材紹介会社に丸投げすると、「なぜ、その採用がうまくいったのか」「なぜ、うまいかなかったのか」を振り返り分析することが難しくなる場合が多い。結果として、採用のノウハウや活動履歴のデータが自社に蓄積しなくなる。ダイレクトリクルーティングは企業が自ら採用活動を行うため、自らPDCAを回して、「自社のどの取り組みが採用活動の成功につながったのか」を分析することができる。

デメリット

デメリット1 業務負荷が増える

エージェントに丸投げするような採用ならば、企業側の実施することは、「書類選考」「面接」「採用可否の判断」だった。ダイレクトリクルーティングを行う場合は、上記の項目に加え、候補者の選定、コンタクト、スカウトメールの作成、面接日程の調整など、採用活動にかかる業務がこれまでより増える。ただし、「オペレーショナル・エクセレンス」の章で紹介するように、プロセスをナレッジ化／標準化する仕組みがあれば、生産性は高めることができる。

デメリット2 即効性が比較的低い

ダイレクトリクルーティングは、企業全体で採用に向き合うスタンスや努力が結果に表れてくる。PDCAを回しながら、採用プロセスを試行錯誤しながら、改善し、長期的な採用力を高めていく必要がある。

上記で述べたようにメリット／デメリットの両方があるダイレクトリクルーティングをうまく活かせるポイントとしては、経営陣がリーダーシップを持ち、きちんと中長期的な視点と戦略を持ち、地道な改善やノウハウの蓄積を行うことに覚悟を持つことだ。

エージェント活用のメリットとデメリット

ここからは、エージェントを活用して採用ファネルを設計していく話になる。

メリット

前提条件として、ダイレクトリクルーティング／自社発信チャネル／リファラル採用は、より安価に、採用をすることができる。その一方でスピード感が欲しい場合や自分（自社）ではなかなかアプローチできないハイスペック人材などは、エージェントを使うのが有効になる。

人材紹介サービス／エージェントとは、人材を採用したい企業と転職希望者の間に立ちマッチングを行うサービスである。人材エージェントに依頼するメリットには、以下の4つがある。

メリット1 条件に合致した候補者を推薦してくれる

募集職種の内容、条件、スキルなどをエージェントに伝えることで、求める条件に合致した転職希望者を推薦してくれる。他の採用方法と比べ比較的少ない工数で進めることができる（エージェントは膨大な人材データベースを持っているため、母集団形成のコストがかからなくて済む。また料金は基本的に、「成功報酬型」なので初期投資が無料になる）。

メリット2 間違った人材を採用するリスクが減る

人事や経営陣がよく分からないような専門知識が必要な職種募集においても、人材紹介サービスを利用すると、ある程度の「見立て」「人選」をしてくれるので、間違った人材を採用するリスクが減る。

メリット3 転職希望者の安心感が高まる

エージェントは、ダイレクトリクルーティングとは異なり「第三者視点」で会社の「魅力」「良いところ」「課題」を伝えてくれるので、信頼性が高くなり、転職希望者の安心感を高めることができる。

メリット4 非公開求人として採用活動を進められる

企業側としては、非公開求人として、採用活動を行うことができる。新規プロジェクトや幹部ポジションの採用などは、社内外に知られたくない場合があるが、その際に、「非公開求人」として採用活動を進めることができる。

デメリット

デメリット1 報酬金額が高額になる可能性がある

報酬金額が入社年収の30〜35%になる（特殊専門職やエクゼクティブなどは40%以上と高めに設定されている場合もある）。高額になる理由としては、求職者とキャリア面談を行い、履歴書・職務経歴書のチェック、最適な求人紹介、面接の調整、内定条件のすり合わせなどを、母集団形成から入社に至るまで、サポートを一人ずつに行うから（ただし、入社者が退職してしまった場合は、返金規定がある場合がある）。

デメリット2 社内にノウハウが蓄積されない

社内に採用ノウハウが蓄積されないケースがある。広告代理店に丸投げしていたら、社内にマーケティングノウハウが蓄積しないのと同様、採用工数が削減できるメリットがある一方で、任せている部分の分析や検証を十分に行えないので、ノウハウが蓄積されない場合がある。人事担当者は、きちんとプロセスを振り返り、自社のノウハウとして蓄積するようにする。

エージェントを選ぶポイントは、①自分たちの業界や募集職種に対して理解があるかどうか、②転職市場全体の理解が深いか、③希望する採用条件をベースに最適な候補者を推薦してくれるか、④自社の「経営」「戦略」を理解し、全体のバランを見ながら「人」に関するアドバイスをくれるかの4つだ。

エージェント活用の効率性／採用率を高めるコツ

①求人情報（JD）や企業の現状（バリューチェーン・ギャップ）の更新を定期的に伝える。求人票を出すだけの「待ち」の姿勢ではなく、追加情報をアップデートして、発見性を高めていく。

②転職希望者を思わず推薦したくなる「自社のメリット」をきちんと言語化する（ストーリーブックが有効）。何千社もある中で、「その企業の独自メリット」が何か分かっていないと推薦に繋がらない。つまり、クロージングしやすい情報を提供すること。

③書類選考や面接結果はフィードバックする。候補者を推薦しても、書類／面接が通過せず、さらにその理由を伝えなかったら、推薦量が減っていく。そこで「なぜ通らなかったのか」をきちんとフィードバックして行くことが重要になる。

④社内リソースのスケジュール管理を行う。面談が進んだとしても、最終意思決定者である経営メンバーのスケジュールを押さえていないと、クロージング力が下がり、採用力が落ちてしまう。

ただし、成長産業や人気業種の労働市場は売り手市場（求職者市場）と言われており、エージェントにお願いしたからといって、全て解決してくれるわけではない。エージェントをただ単なる「人材紹介業者」と捉えるのではなく、「人材パートナー」として関係を築くのがポイントになる。

CHAPTER 3-5 HUMAN RESOURCES

採用の勝ち筋を見つけていく

重要なことは、自社にとっての勝ち筋になるような採用チャネルを見つけることだ。まずは共感を生むようなコンテンツ発信やSNSでの投稿から始まり、活動や考え方に興味を持ってもらう、そこから関係を強化していって、採用や応募に持っていくという流れだ。

あらゆるチャネルに手をつけてしまうと、どれも中途半端になってしまうので要注意だ。SNSもユーチューブもウォンテッドリーも、ブログも全部やると意気込んでやっても、結局リソースが足りずに、持続できずに終わってしまうケースが見られる。「マーケティング」の章で解説するプロダクト・チャネル・フィット（一つか二つでも良いので、自社のプロダクトとフィットしたチャネルを見つけることができた状態）と同様に、採用チャネルにおいても、プロダクト・チャネル・フィットを目指していく。

常に改善する

改めて、採用施策についてまとめてみよう。図表3-19は、ファネルごとの施策の優先順位を高い順から◎、○、△、×で示したものだ。採用の評価のしかたは、手軽さ、効果が出るまでのリードタイム、採用効果、ディフェンシビリティ・アセット効果に分けており、採用時にやるべき施策については、サイドプロジェクト、経営者自身のブランディング、SNS発信（フェイスブック、ツイッター）、自社採用ページ、人事オウンドメディアなど15に分け、両者の交差するところに◎○△×をつけていく。

同時に、フェーズごとに分けたとき、どの施策を行うべきかについても見ていく。Pre-Seed時期など、アーリーステージの段階では、ペイドチャネルにはお金をかけず、ノン・ペイドチャネルで何ができるのか考えていく。

主に、サイドプロジェクト、経営者自身のブランディング、SNS発信（フェイスブック、ツイッター）などから行っていく。サイドプロジェクトからリファラル採用までは組織的な採用チャネルを活用していくことになるため、コンテンツを貯めていく、いわゆるStock型の採用が求められる。課題としては、ペイドチャネルに比べて採用効果の即効性には欠ける。

エージェント採用や求人広告は、即効性はあるが、継続的に採用する場合には打ち続ける必要もあり、自社にノウハウ

▶ 図表3-19　ファネルごとの施策の優先順位

					フェーズ					
施策	手軽さ	効果までのリードタイム	採用効果	ディフェンシビリティアセット	Pre-Seed	Seed	Series A	Series B	Pre-IPO	Post IPO
サイドプロジェクト	○	△	△	X	◎	○	X	X	X	X
経営者自身のブランディング	○	△	○	◎	◎	◎	◎	◎	◎	◎
SNS発信(Facebook)	◎	△	○	○	○	○	○	○	○	△
SNS発信(Twitter)	◎	△	○	○	○	○	○	○	○	△
自社採用ページ	○	○	○	○	X	△	○	○	○	○
人事オウンドメディア	△	△	○	◎	X	X	△	○	○	○
社員インタビュー	○	△	○	◎	X	X	△	○	○	○
ビジネスSNS	○	△	○	△	△	○	○	○	○	○
自社開催イベント	○	○	○	△	X	△	○	○	○	○
メディア露出	△	△	△	◎	X	△	○	○	○	○
リファラル	○	○	○	△	X	△	○	○	○	○
採用エージェント	△	◎	◎	△	X	△	△	○	○	○
マス広告	△	○	○	△	X	X	X	△	○	○
転職フェア	△	○	○	△	X	X	X	△	○	○
Web広告	△	○	○	△	X	X	X	△	○	○

がたまっていかない。

一方で、ダイレクトリクルーティングやリファラル採用は、即効性は低いがノウハウや、コンテンツがストックされるという利点がある（ただし、自社で運用のためリソースがかかる）。

面接は「見極め」と「魅力づけ」の場である

そもそも面接を行う理由は何だろうか？　一般的な認識としては、面接は採用候補者の「見極め」の場。つまり、書類（職務経歴書や履歴書）などに書かれたスキル／経験など見える部分の確認だけでなく、質問を通じて見えない部分「性格」「資質」「自社とのカルチャーフィット」「価値観」を引き出して見極める場になる。

一方で、面接は「魅力づけ」の場でもある。面接を通じて「自社の情報提供」と「魅力づけの実施」を行うのが重要になる。つまり、面接の場とは「口説く場」であり「営業／アピールする場」でもあるということを認識いただきたい。

実際に面談に通って内定を出しても、面接（面接担当者）の印象によって、内定後の辞退率が変わってくるのだ。面接は、スクリーニングの場であると同時に、候補者のモチベーションを上げる場でもある。面接の段階でどれだけ本音が引き出せるかという部分も面接官にかかっている。面接官は、言語化能力、質問力、バイアスに負けないこと、何よりビジネスパーソンとして魅力的な人に任せたい。

また面接では「課題」を示すのも重要だ。スタートアップは、魅力的な側面（業界の伸びや、会社の成長率、やっている事業の面白さ）以外にも、当然課題がある（条件面や、経営の不安定さ、環境面が未整備など）。重要なことは、これらの課題を「入社してからのネガティブサプライズ」にするのではなく、面談時にもきちんと伝えておくことだ。強さだけでなく弱さや課題などの「腹を見せて」いることだ。「うちは、ここが弱いから補強したい」といったことを全面に出したい。優秀な人材ほど、火中の栗を拾いに行く感覚で食らいつく姿勢を見せるはずだ。そういう人を採用していきたい。

「知らない状態」「情報が不足している状態」では、判断できないと言われるように、面接を通じて、必要な情報を候補者に提供することにより、意思決定のサポートをしよう。コミュニケーションによって見えた応募者の資質や性格を鑑みて、自社の情報を（強みだけなく課題も）正直に話すことが重要になる。そういう、正直なコミュニケーションを通して、応募者が気づいていなかった会社の魅力や、応募者自身の「適性」や「自社へのフィット」を言語化して伝えてあげることで、魅力を感じるようになる。

そもそも面接の場におけるゴールは何だろうか？　面接する企業側のゴールと、応募者側のゴールをまとめてみた。

企業側：良い情報が取れて（応募者の見えている部分の深掘りと見えていなかった部分の言語化）、自信を持って合否の判定ができる状態。

応募者側：良い情報が取れて（会社の見えている部分だけでなく、課題や雰囲気など見えていなかった部分の認識）、内定が出たときの入社／辞退の検討材料がある。自分のアピールポイントを伝えることができて、「ベストを尽くせた」という認識でいる。

面接を通じて、良い情報交換ができて、面接が終了できているのが良い状態であると言える。一番もったいないのは、内定を出したにもかかわらず、面接の印象で、候補者が辞退してしまうケースだ。

「自分のことを根掘り葉掘り聞かれたが、何で判断されたのか理由が分からなかった。内定をもらったが、不安になり選考を辞退してしまった」とか「面接官の方から一方的に話された。面接の場で自身のアピールや聞きたかったことが聞けなかった」ということがしばしば起きる。企業側の目標達成だけでなく、応募者の目標達成（良い情報が取れた、ベストを尽くせた）も考慮して、面接に臨むようにする。

面接質問のキラークエスチョン事例

面接時の質問は様々なものがあるが、個人的には、キラークエスチョンだと思うものがある。

「もし来週の月曜日から来るとしたら、何をしますか？」

このとき、ダメな回答が、「とりあえず一緒にいて勉強させてもらいます」といった類だ。もし仮説をきちんと立てて面接に臨んだ人なら、「朝9時に出社します。御社の課題は××だと思うので、△△のデータはこれだけあるでしょうから、そこから自分がアプローチできるものを探して、やるべき優先順位の高い順から片づけていきます」のように答えるはずだ。

面接後の内定は、他社よりも先んじて行う方がいい。最初にオファーを出した会社が70％採用できるという調査結果もある。

その他にも、

「うちのプロダクトをもし改善できるとしたら、何を、どうやって、どういう順

番で改善しますか？」（対エンジニアの場合）

「我々のマーケティング施策をもし改善できるとしたら、何を、どうやって、どういう順番で改善しますか？」（対マーケターの場合）

などのように、自社の課題の改善に直結することを具体的に聞いてしまうのも有効だ。質問というより、ディスカッション（ブレスト）に近い感じで聞き出していくと、思考の軸や論点の持って行き方によって、その人の強みや経験が分かる。

例えば、職務経歴書の中には、「UXを改善して、KPIを改善した実績」を書いているのに、「UX」の軸ではなく、ただエンジニアリングのところを提案してくる場合もあるだろう。そういう言動不一致を感じたら、「適性が少ない」と判断することができる。

「これまで、顧客や上司にどんな提案をしてきましたか？　また、そのときに説得した内容を教えてください」
「これまで仕事上行った意思決定はありますか？　その意思決定を行った理由を教えてください」

スタートアップは採用候補者を見極めるときは「カルチャーフィットしているかどうか」をまず、最初に問うべきだ。カルチャーフィットとは「企業文化と個人の価値観のマッチ」になる。上記の質問は、どういう価値観で、仕事をしてきたのかを、過去の経験や実績に基づいて聞いてみることが有効だ。

内定の極意

ようやく内定を出したからと言って、安心してはダメである。重要なことは、内定を出した後に、辞退率をいかにして下げることができるかだ。そのために、考えるべきフレームワークがある。それは「CLOSE」というものだ（『採用に強い会社は何をしているか』青田努著、ダイヤモンド社を参考にさせていただいた）。

Convince（納得）：オファーの理由を候補者にロジックをもって伝えることが重要になる。なぜオファーしたのか、どの点を評価したのか他の候補者に比べてどこが優れていたのか。

Love Story（感動）：理性に訴えかけるだけでなく感情にも訴えていく必要がある転職は人生の転機になる。内定者に気持ちよく受け止めてもらう工夫が必要、内定を出したことに特別感を感じてもらうことができるか。

OnTime（適切なタイミング）：内定者の気持ちが高まっている瞬間、マインドシェアを常に考慮して一気にたたみかける。最初に内定を出すことができた会社の内定承諾率が非常に高くなっている。

Strategy Tactics（戦略性）：プロセスを有利に進めるために戦略／戦術を考えていく必要がある。例えば、「重み」を持たすことができないので、採用後のエンゲージメント向上を高めるなど。

Ease（安心）：選考プロセスを通じて、「この会社は自分のことをきちんと考慮してくれている」ということが伝わるかどうか。様々な不満を払拭する仕掛けや工夫があるか？だ。

内定プロセスのキーポイントは、「ロジカルなラブレター」と言われるように、「ロジック」と「エモーション」の両軸で訴えかけることができるかになる。

▶ 図表3-20　**クロージングの役割分担ができているか**

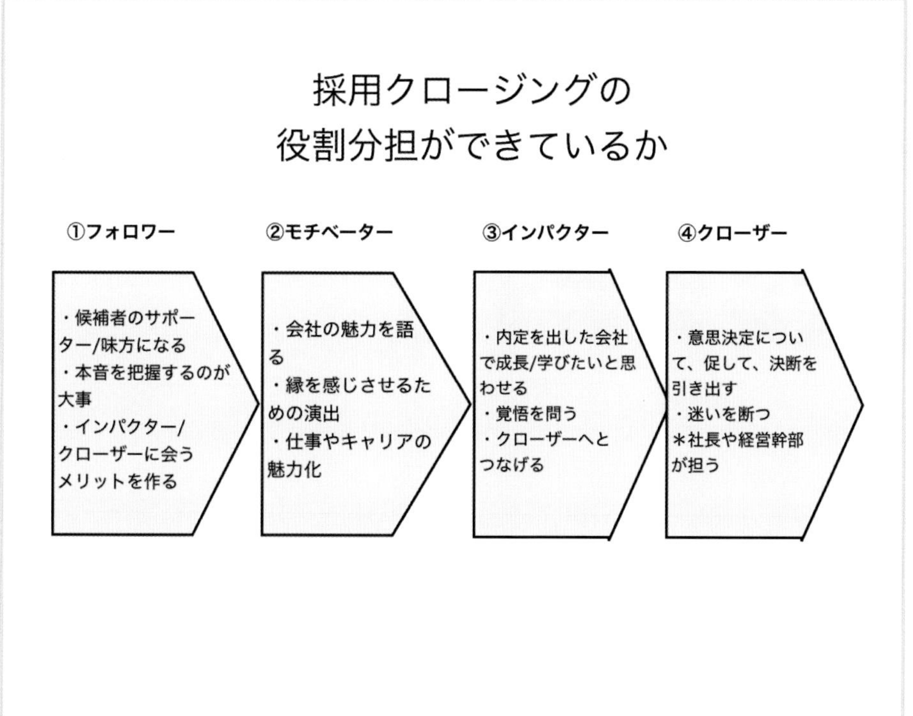

出典:ビズリーチ「候補者の入社意欲を高めて逃さない、面接における面接官の役割とは」を参考に筆者が作図

また、前提条件として、内定辞退率を下げるために、フォロワー、モチベーター、インパクター（会社のキーパーソン）、クローザーの役割分担ができているかも重要になる。最強のクローザーは経営者になる（図表3-20）。

CHAPTER

3-6 HUMAN RESOURCES

人事施策を実装する

重要なこととしては、経営陣（CXO）がきちんと、人事施策にリソースを割くという覚悟をすることだ。ここでは、スタートアップが参考にするべき人事施策の概要や実装方法、その効果について説明する。

まず、前提として覚えていただきたいことは、「人事」「組織」に関する課題はなくならない、ということだ。重要なことは、常に重要な「課題」を見つけて、「施策」を施し「改善」を進めていくという姿勢だ。

「計測できないものは、管理できない[2]」とデミング博士が言っているように、組織がきちんと機能しているかをきちんと計測をする必要がある。定性的に測る方法としては、定期的にメンバーと1on1ミーティングを行い、ズレがないかを確認する方法や、メンバーから定量的に聞き出してみるのが有効になる。

2）https://blog.deming.org/2015/08/myth-if-you-cant-measure-it-you-cant-manage-it/

カスタマーサクセスと同様にエンプロイーサクセスを考えてみる。

では、どういう状況がエンプロイーサクセスかというと事業によって異なってくる。

図表3-21を見ていただきたい。前に説明したように事業には「人材の連携の度合い」の強弱によって、柔道団体戦型（コンサル、士業、営業代理店）とサッカー型組織（SaaSやプラットフォーム型事業）に分かれてくる。前者は、各個人のパフォーマンスの集合体が組織の成果につながるので、各個人が高いモチベーションを持ち、行動を起こして、成果をあげることが優先される。こういった事業形態の組織においては、各個人のモチベーションが重要になる。

一方で、サッカー型の組織、つまり人材連携の度合いが高い組織においては、各個人のモチベーションよりも、エンゲージメントが重要になる。

会社もビジネスモデルによって、モチベーションが大事な場合もあるし、エンゲージメントが大事な場合もある。それは白黒ではなく、ハイブリッド型になることを留意する。また、専門性の高い職種（スーパーエンジニアや社内弁護士）のような役割になるとモチベーションが重要になる。

モチベーションとエンゲージメントの違いを説明すると、次の通りである。

モチベーション：個人の中で醸成される意欲・やる気を引き出す動機付けを表したものである。

エンゲージメント：関係性の質を表したものや、組織（MVV達成）に対する自

▶図表3-21　柔道団体戦型組織とサッカー型組織

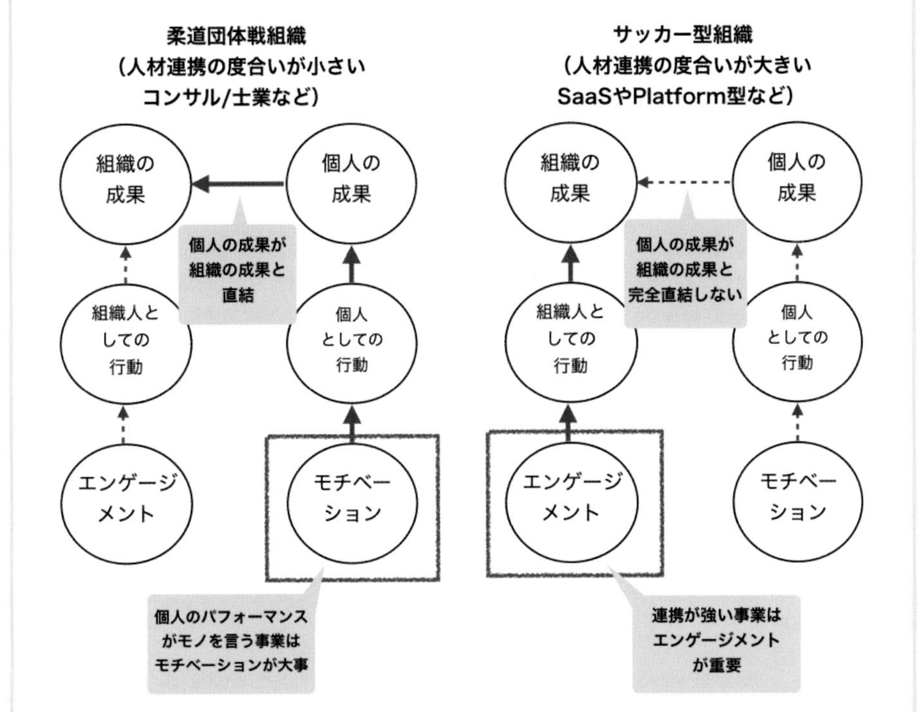

発的な貢献意欲を表したものになる。

ビジネスモデルにもよるが、一般的にスタートアップはチームでの連携が鍵を握る。

エンプロイーサクセスをカスタマーサクセスにする

エンプロイーサクセスを実現するためには、サーベイを行い現状のメンバーのエンゲージメント状況（モチベーション）を計測してみるのが有効だ。図表3-22のように、チームメンバーのエンゲージメントの状況が可視化できていないと、打ち手が分からなくなる。エンゲージメントやモチベーションを計測するようなシステムを導入しても良いが、まず社員が少ないうちは、自社で、定量的に計測するのが有効になる。

エンゲージメントが捉えられていない状況、可視化できていない状況で、どうすればエンゲージメントが高まるか？それが不明瞭な状況で、いたずらに社員を増やしてしまうことは、不満分子を増やしてしまうだけになり、離職率が高まってしまう（これはカスタマーサクセスがきちんと実装できていないのに、顧客の数だけをやたら増やしてしまい、解約（Churn）が増えるのと同じ現象である。重要なことは、顧客でも従業員でもバケツの穴を閉じることになる）。

簡単なサーベイの方法としては、従業員満足度などもあるが、ここでは、より簡単に実装できるeNPS[SM]がある。eNPS[SM]とは“Empoyee Net Promoter Score”（エンプロイー・ネット・プロモーター・スコア）の略であり、従業員のエンゲージメントを定量化するものである。eNPS[SM]調査では、「現在の職場で働くことを、どの程度親しい友人や知人、家族にすすめたいと思いますか？」という質問を投げかけて、0～10点で評価してもらうことで、

▶図表3-22　エンゲージメント状態を可視化する

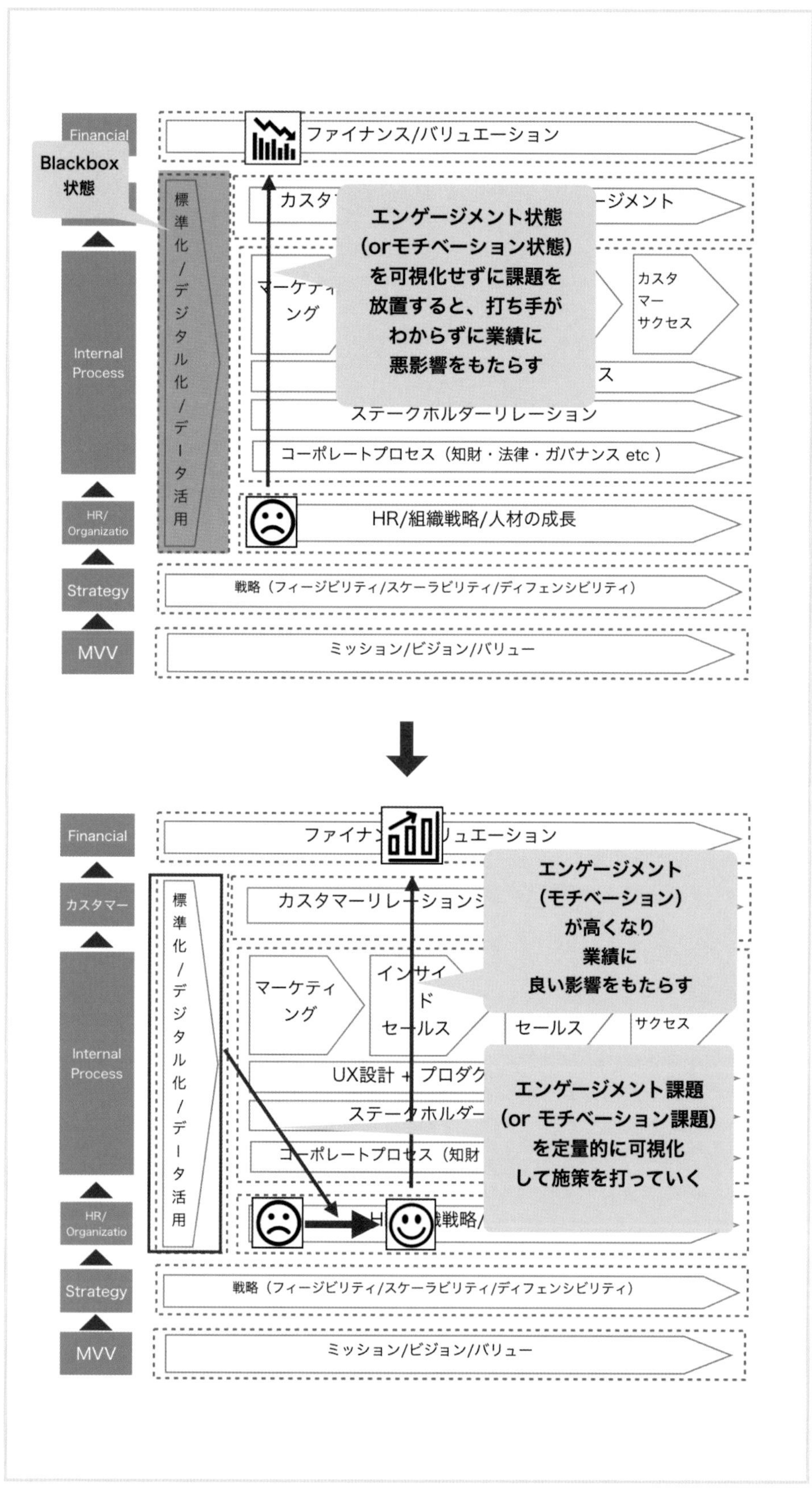

▶図表3-23　エンプロイー・ネット・プロモーター・スコア

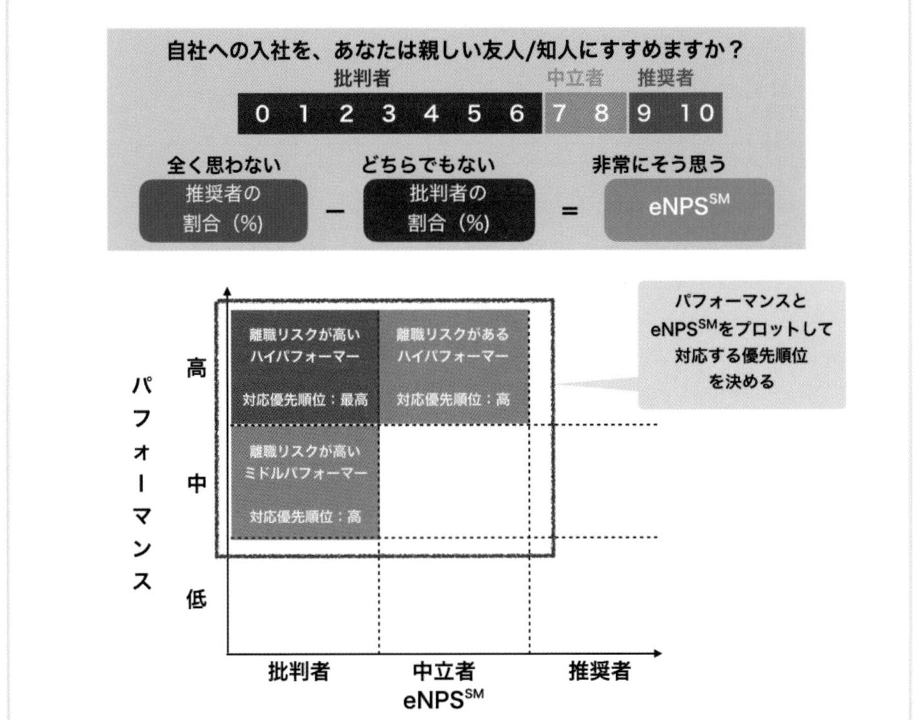

職場の推奨度を定量化する。

では、実際にどのように実務上活用するか、図表3-23のように、eNPSSMとパフォーマンスの高低でメンバーをプロットしてみる。その中でも特に、対応の優先順位が高いのが、離職リスクの高い（批判者層の）ハイパフォーマーになる。その次が、離職リスクがあるハイパフォーマー／離職リスクが高いミドルパフォーマーになる。最優先のセグメントから、エンゲージメントを高める施策を打って行くのが有効になる。

エンプロイーエクスペリエンスを考慮する

エンプロイーサクセスやエンゲージメント向上を検討するために、「エンプロイーエクスペリエンス」を考慮するのも有効だ。エンプロイーエクスペリエンスとは、従業員（エンプロイー）が組織の中で体験する経験価値のことだ。入社から配属、業務、評価、昇進、退職まで全てのプロセスにおいて、どんな経験をしているのかを明らかにしていく。

「従業員エンゲージメント」「従業員満足度」「ロイヤリティー」は、あくまでエクスペリエンスの結果指標になることを留意するべきだ。エンプロイーエクスペリエンスを取り入れる上で、キーとなるのが「エンプロイージャーニーマップ」を作成して、従業員が現状どのような経験をしており、その中で、どのような課題があるかを見える化することだ。

人事施策というのは、手段が目的化してしまうケースが多々ある。それを防いで、全体のプロセスを鑑みて成果（エンゲージメント向上、エンプロイーサクセス向上など自社が求める人事の成果）が出るように人事施策を設定するために、このフレームワークを使う。

▶図表3-24　**エンプロイージャーニーマップ**

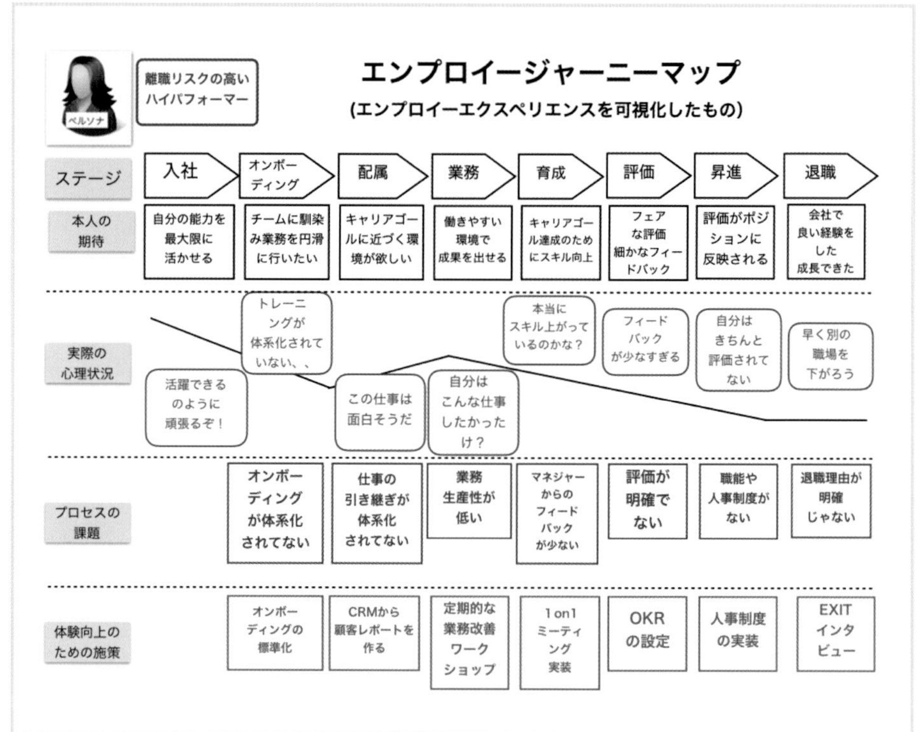

エンプロイージャーニーマップの作り方

図表3-24を見てほしい。まず、ターゲットとなるペルソナ、特に前に明確にした「離職リスクの高いハイパフォーマー」を想定してみるとよいだろう（エクスペリエンスを高めるターゲットとして一番優先順位が高くなる）。ペルソナの明確化は、様々な部署にヒアリングしたり、ワークショップなどを通じて現場をよく知るマネジャーの意見を反映させたり、ターゲットになりそうな従業員にインタビューするのが有効だ。ペルソナを設定したら、プロセスごとに「従業員が期待している経験」を書き出してみる。そこから「現状プロセスの課題」を書き出していく。そして、その課題を解決するための施策案を書き出していく。

実際に作ってみると、全体のプロセスや経験の中で「欠けている部分」「抜けている部分」に気づくことができる。定期的に実行することによって、人事課題を明確にすることができる。

エンプロイーエクスペリエンスの課題、要素としては以下の5つがよく出てくる。

1. **MVV ／戦略への共感**
2. **適切なマネジメント**
3. **参加への充実度**
4. **企業風土**
5. **就労環境**

1. MVV／戦略への共感

自社がどこに向かって進んでいこうとしているのか明確にする意味でも、MVVがあるかはエンプロイーサクセスにも直結する。エンゲージメントが高い組織ほどビジョンへの共感が機能していると言える。MVVや戦略への共感は非常に大事である。遠くのゴールを見つけることで、お互いの足の引っ張り合いや、いがみ合いを減らすことができる。会社のWHYと自分のWHYのベクトルが合っているかが重要になる。

2. 適切なマネジメント

管理職になると、これまでより広い視野で物事を見なければならなくなる。このとき、上司のマネジメント力が問われ、コミュニケーションスキルやヒューマンスキルがモノを言うことになる（特に直属の上司に対する満足度は非常に重要と言われており、満足しない場合は、80%ディスエンゲージしてしまう）。

3. 参加への充実度

そもそも仕事は魅力的かを改めて考え、アピールポイントにしていきたい。「10年後、絶対に食べていけない」と分かっている仕事をやらされてもその先に成長もキャリアもない。その点、スタートアップは働き甲斐の充実度がある、成長を感じられる、今後のキャリアデザインを描ける意味で有利だ。今後も存分に活躍できることがアピールできると内発的動機、エンゲージメントを引き出しやすい。

4. 企業風土

業績や仕事内容だけでなく、どのような風土、カルチャーがあるかも大切な要素になる。

5. 就労環境

給与をはじめとする労働条件、職場環境などは整っているかを示す就労環境は、一番簡単に整備しやすい反面、費用がかかる。Series B期になると、ミドルレイヤーのマネジメントと就労環境が大事になってくる。オペレーショナルなメンバーが増えてくると、衛生要因が大切になる。衛生要因とは、会社の方針や職場環境、給与、対人関係などを指す。仕事に対する不満足の部分にスポットを当て改善していくことになる。現状の課題が見え、定点観測できる意味では有効だが、社員の声を聞きすぎると、「衛生要因を改善してもパフォーマンスは上がらなかった」など弊害が出ることもある。全社にとって最適な意思決定かどうかも経営者は考えて改善していきたい。

CHAPTER 3-7 HUMAN RESOURCES

4ループ学習システムでPDCAを回していく

ピーター・センゲは『学習する組織』(英治出版)の中で常に、外部環境の変化に対して学習していく組織が非常に強くなると言っている。

では、エンゲージメントも高めつつ、外部環境の変化に対して、適応して進化する組織にするにはどうすればいいのか。そのシステムを紹介したい。

まず図表3-25をご覧いただきたい。34ページで紹介した4ループ学習システムである。これは、そもそもの行動の量をベースにして、PDCAを回していくことである。いったん方針として決まったKPIや行動目標に基づいて、行動量を増やして、パフォーマンスを高めていって結果を出すことが重要になる。

メンバー/組織のパフォーマンスやエンゲージメントを高めていくための

▶図表3-25　メンバー/組織のパフォーマンスとエンゲージメントを高める4ループ学習システム

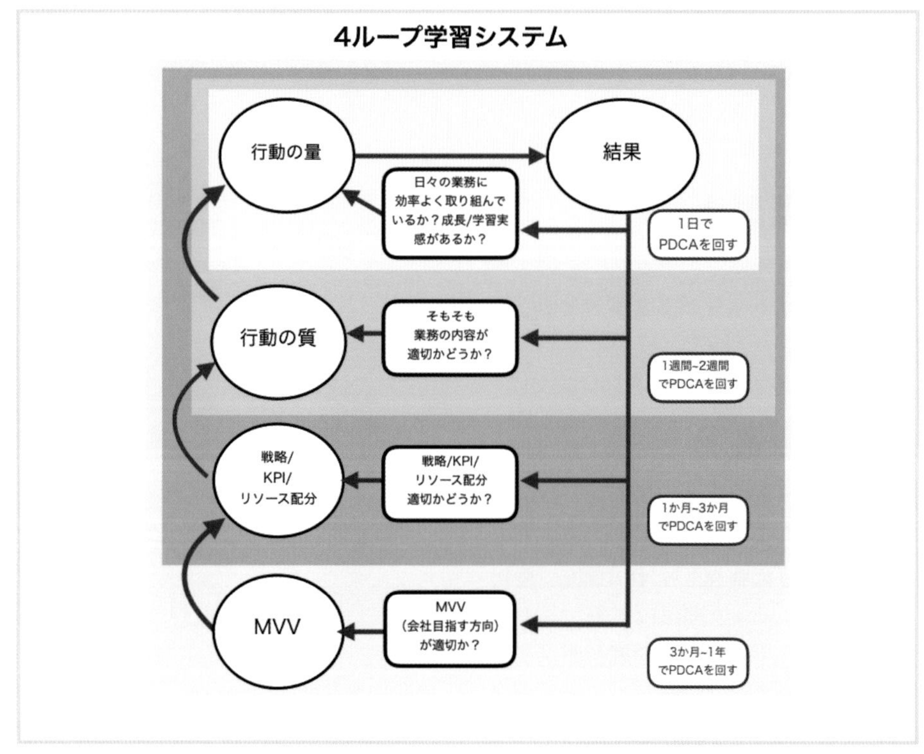

PDCAのループの単位が、上から下にいくにつれて、より長期的になるということだ。

各人の行動の量と、その行動の質と、そもそもの全体の戦略／方針が正しい方向に向かっているかを確認していく。

Evaluation／Laugh／Respect／Learnを意識する

日々の行動量とエンゲージメントを高めるための手段は色々と存在する。本項では、そのオプション全てを解説はできないが、効果のある施策を紹介する。

1. Evaluation（印象評価）

仕事の充実度は、「1日の活動と、1日の終わり方の掛け合わせ」によって決まってくる。行動をしてきたメンバーに、その日の仕事がどんな印象だったかを考えてもらう。「何をしましたか」というto-doではなく「何を学びましたか」「今日の仕事はどんな印象でしたか」というto-feelで言語化し、気づきを提供することだ。

人は、日々の活動や印象を言語化すると「明日から、もっとよくしていこう」とする意識が自然と芽生えていく。「仕事で成果を出して組織に貢献する」ということも、当然重要だが、インナーワークライフ（個人的職業体験）の改善にもつながる。インナーワークライフとは、仕事そのものから得られる満足度を指す。インナーワークライフが高まると、生産性ではなく、創造性やエンゲージメントも高まる。自分がどれだけ成長したかということを自己認識し、同時に、他のメンバーに印象づけさせていくことができる。

2. Laugh（笑顔）

単純に、「笑う」という行為は、仕事における体験にポジティブな影響を与える。とくに日本人には有効とされていて、業務が始まる最初の1分でいいから、雑談レベルで「私事（わたくしごと）」を話すことで、そこで感じた些細なことを共有して関係性を構築することができる。

例えば、1日の仕事を始めるときに、「何かプライベートで共有したいことはありますか？　何か最近、驚いたことや気づいたことはありますか？」のような質問をしてみるのもよい。これはCheck-inと言われる。お互いの「今」を共有することにより、ミーティングに臨むに当たってのメンバーの「関係の質」を高める効果や「心理的安全性」を提供する効果がある。自分のプライベートな話をしてもらうことを通して、自分から踏み込んで思ったことを発言することをまず体験する。その結果、場の中で主体的に考え、話をする認識を醸成する。

進め方：ミーティングの冒頭に5〜10分程度で行う（人数が多い場合は、グループに分かれる）。
アクション：一人一言ずつ「今の気持ち」「気になっていること」「プライベートで起きた印象的なこと」などを1分程度でシェアする。

順番を決めないで、話したいと思った人から始める。無理に笑わせたり、受けねらいに走る必要はない。

率直な発言によって、お互いの背景を理解し合い、受け入れやすくなる。

3. Respect（尊敬）

お互いに尊敬し合えるような場や仕組みを提供しましょうという意味だ。リスペクトと言っても、誰かが発言したら拍手する、挨拶を徹底するなど誰もができる些細なことを行うだけでいい。

最近、注目されているのが「ピアボーナス」という手法だ。ピアボーナスとは、仲間や同僚を意味する「peer」と報酬を意味する「bonus」を組み合わせた言葉で、従業員同士が日常の行動や貢献に対して報酬を与え合う仕組みだ。『人を動かす』（創元社）の著者デール・カーネギーも言っているが、「人は自己重要度」を感じたい（自己重要度を感じるとエンゲージメントが高くなる傾向がある）存在だ。相互に尊敬できるような仕組みを作ることによって、エンゲージメントを高める効果がある。

報酬の種類は金銭、ポイント、社内通貨など様々な設定ができる。協力してもらったときの感謝の気持ちや成果に対しての賞賛や尊敬の意を「報酬」として自分の意思で付与することだ。一般的な業績や数値（売上や利益）に反映されないものまで拡大して適用できる。光の当たりにくいコーポレートサイトや成果が測りにくいマネジメント業務など、認識しにくい現場の細かい点を評価できる。

効果としては以下の3つが挙げられる。

- **各メンバーのモチベーションアップ**

金銭報酬、社内通貨、ポイント、賞賛などの報酬を受け取ること自体がモチベーションの喚起になる。

- **社内のコミュニケーションの促進**

この仕組みを取り入れることで、それまで見過ごされがちだった「小さな貢献」や「メンバーへの協力」も改めて気づけるようになる。承認、感謝、尊敬がメッセージやポイントといった形で可視化され、組織内で共有され、結果として、お互いの信頼関係を深め、その後のコミュニケーションをより良くしていく。

- **企業アピールにつながる**

ピアボーナスによって、現場の目でしか拾えない努力や気遣いを吸い上げることができる。企業内における、様々なストーリーや事例を蓄積することができるので、「自社の魅力化」に繋がり対外的なアピールポイントになる。

例えば、メルカリでは、2017年よりリアルタイムでやり取りができるピアボーナス「mertip（メルチップ）」を導入した。毎週月曜に従業員一人あたり400Tipが配布され、業務上で利用するSlackや、ピアボーナスツール「Unipos」上で簡単に送ることができるようになった（受け取ったポイントは、1Tip＝1円換算で給与とともに支払われる仕組み）。

4. Learn（学び）

日々の学びを促進するフレームワークとして、「KPT（Keep、Problem、Try）フレームワーク」（図表3-26）を使って、日々の活動を振り返るのも有効だ。朝会や夕会などを定期的に設定して、ナレッジを共有／蓄積する場を設ける。KPTのフレームワークを使いナレッジや気づきを共有する。

「なんで、これができないんですか？」みたいな、メンバーを詰めてしまう質問ではなくて、「どのようにすれば、もっとXXを達成できそうですか？　どのような工夫をすれば、もっと行動量が上がりそうですか？」という質問をして、自発的に考える習慣を醸成するのだ。

また、気づきを与える際に「ロールモデルのやり方」や「事例／ベストプラクティス」を伝えるのも有効だ。「XXさんは、こういうことをやって、行動量を上げて、パフォーマンスを高めています。参考にしてみては」などの助言をしてパフォーマンスを発揮しているロールモデルのやり方を紹介するのも有効だ。

▶図表3-26　KPTを使って日々の活動を振り返る

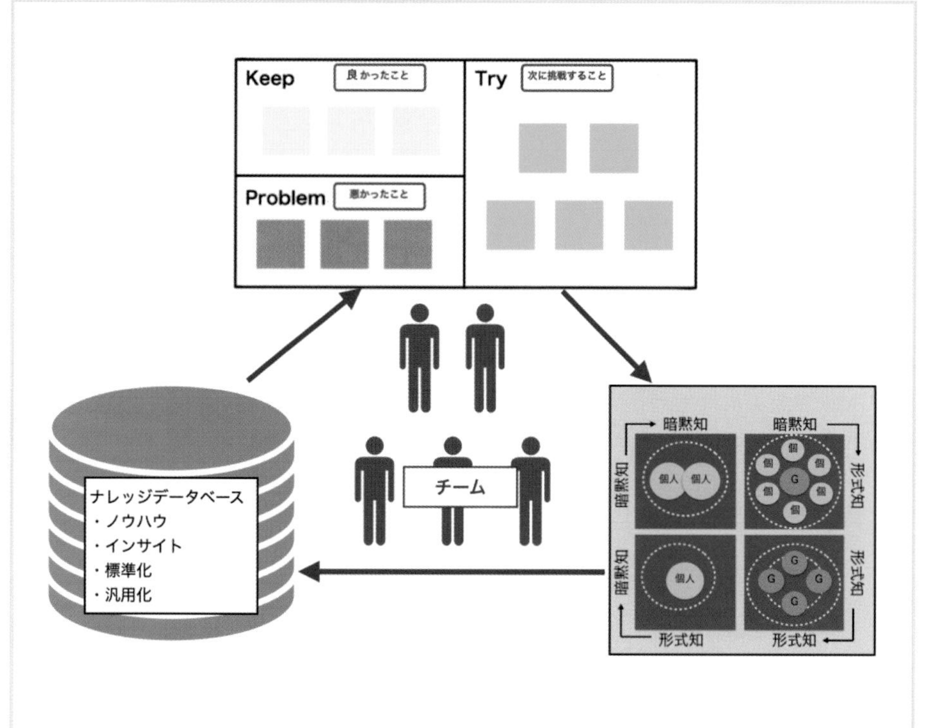

週単位で PDCAを回す

改めて、142ページの4ループ学習システムを見ていただきたい。日々の業務でPDCAを回したり、気づきを促すことも有効だが、一定のインターバルで、気づきや、行動の質を振り返っていくのも有効だ。最近、グーグル、ヤフー、メルカリなどが導入し、成果を挙げており注目を集めている「1on1ミーティング」を紹介したい。

1on1ミーティングの目的は、以下の3つになる。

①部下の行動と学習を促進すること

1on1ミーティングの目的の一つは、部下の行動と学習と自主性を促進することだ。部下に「面談を通してどのような気づきを得られたのか」「小さな一歩として具体的に何ができるのか」「どうすれば、もっと成長できるのか」「新しいことにいつから取り組みたいのか」などの質問をして、気づきや、振り返りを促していく。また、立てた目標に対する進捗確認をしたりすることで、何をしなければならないのかを明確化／言語化する。

②部下の仕事への意欲を高めること

部下とコミュニケーションを取る機会の少ない上司にとって、定期面談は部下のモチベーションを高めたり、組織の目指す姿（ビジョン）やそれを達成するための戦略を改めて共有し、それに対する貢献を引き出すための対話を行うことができる。また、部下が本音で話してくれたら、それに対して感謝の言葉を述べたり、「チャレンジングな案件も一緒に頑張ろう」と勇気づけを行い、部下のやる気を引き出すことができる。

③ 1on1ミーティングを通じて組織にセンサーを張り巡らせること

1on1をやりながらセンサーを張り巡らせているとどこが組織にとって一番弱いところ（制約）になっているかが分かる。

『ザ・ゴール』（ダイヤモンド社）の著者、エリヤフ・ゴールドラットの「制約理論（TOC）」をご存知だろうか。チェーンは引っ張ったときに一番弱いところから切れてしまう。次に二番目に弱いところから切れてしまう。組織も同じで、一番弱いところが全体の流れやアウトプットの制約になってしまうのだ。1on1ミーティングをして、組織にセンサーを張り巡らすことによって、もし何かネガティブな予兆があれば、そこを重点的に解決したり、補強できるようになる。

1.事前に内容を組み立てる

1on1ミーティングは、「オープニング（面談で話す内容を決める）」「部下の話を聴く」「行動と学習を促す」「必要なサポートを確認する」「クロージング」の5つのプロセスから構成される。そのため、各プロセスで何が必要かを把握しておこう。

特に、部下に対する質問は事前に考えておくことをおすすめする。

2.部下が話をしやすいよう働きかける

定期面談は部下のための時間であり、上司が一方的に話をするのは不適切である。面談で話す内容や面談の進め方を決めるときは、部下の主体性を保つようにする。なぜなら、部下に問いかけたとき、気持ちをストレートに伝えてくれるとは限らないためだ。部下の表情やしぐさなどの非言語情報を含め、部下の今の気持ちや発言の真意を推し量る。

3.信頼関係を作る

定期面談で困るのが、部下が「話したいことが何もない」と答える場合だ。部下は威圧感を与えられると、言いたいことがあっても口をつぐんでしまう。

だからこそ、受容的態度で部下に接し、信頼関係を作ることが大切である。具体的には「相手の発言に対して適度に相づちを打つ」「声のトーンや大きさ、話すスピードを調節する」「相手の動作やしぐさをまねる」などを心がけたい。

1on1ミーティングを実施する

1on1ミーティングのプロセスは図表3-27のようになる。

前提条件として留意すべきは、1on1ミーティングとは個人（＝部下）と個人の成長にあてた対話のことだ。人事評価や業務管理のためではなく、部下の成長を支援するための時間と位置づけられている。

ポイントとしては、まずはプライベートのことなど「私事（わたくしごと）」からチェックインする。そこから業務の話をすること。

上司は、先に述べた、Laugh（笑顔）とRespect（尊敬）を忘れずに話を聞きたい。仕事以上の関係性を作ることができ、「こんなつながりは他では手に入れることができない」と部下が思えれば、定着率にも直結する（エンゲージメントに最も影響があるファクターは、上司との関係性になっている）。

まずは、上司は、部下のことをプライベートを含めて深く理解することを心がけることだ。納得感の欠如や方向性に対する食い違いが生まれるのはお互いの考えを理解することに時間を使っていない

▶図表3-27　1on1ミーティングでやること

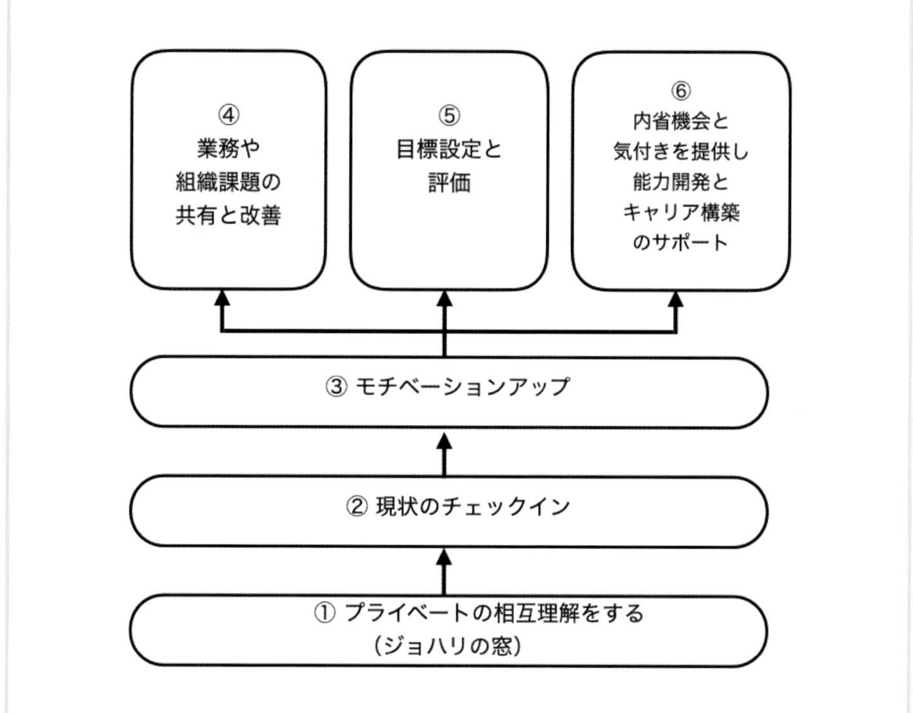

からだ。停滞している会社やスタートアップは心がバラバラで、何時間議論をしても何も決まらない。

部下のことをどれくらい理解できているか、そのレベルをチェックしてみよう。

①プライベートの相互理解をする

レベル1

- フルネームを漢字で書ける
- 今どこに住んでいるか知っている
- 出身地を知っている
- 兄弟構成を知っている
- 今の趣味やマイブームを知っている
- 好きな食べ物などを知っている

レベル2

- 子供時代のエピソードを知っている
- 仕事以外の経験やエピソードを知っている
- 尊敬する人を知っている
- 将来の展望を知っている
- 何がやる気が上がり、何がやる気が下がるか知っている
- 思考タイプを知っている

レベル3（他の人には言わない、自分自身も気がついていない）

- 社内の苦手な人、仲の良い人を知っている
- コンプレックスについて知っている
- 本人すらも気がついていないようなことを知っている（思考の癖や行動パターン）

②現状のチェックインをする

何か気になっていることはないか、今感じていることを共有する「チェックイン」から入ること

- 私事は順調ですか？（1日に一度）
- 仕事は順調ですか？（1週間に一度）
- 志事は順調ですか？（半年に一度）

最初は愚痴を聞いてあげることに注力したり、「何かズレは感じていない？」

▶ 図表3-28　メンバーに安心と意味づけを提供する

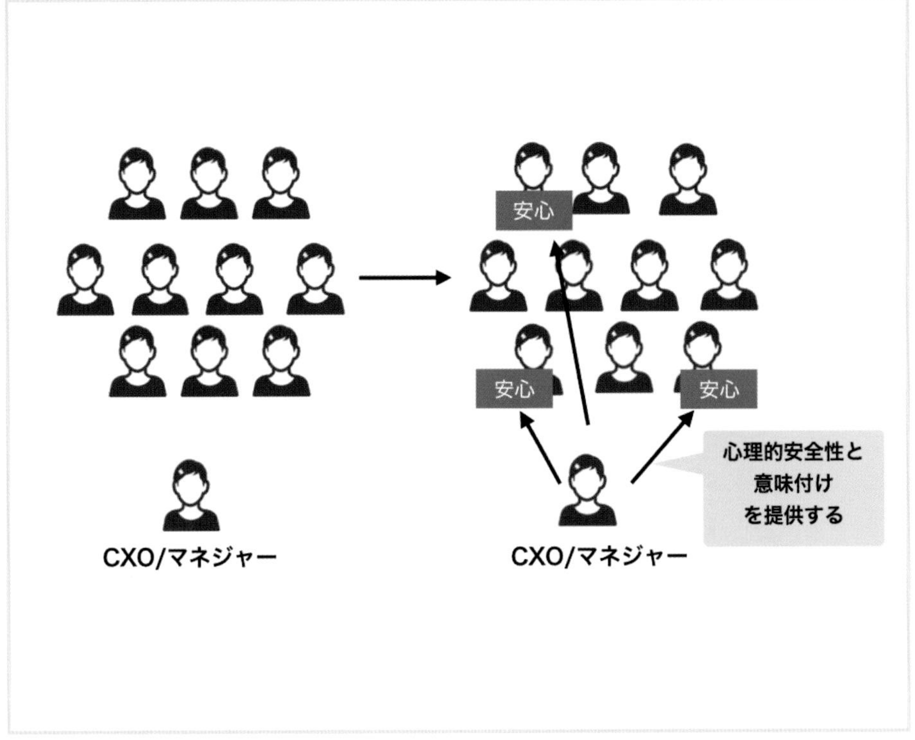

と聞くことも重要だ。

③モチベーションアップ

- マイナス面を最小にする

　不安を払拭するために、漠然とした不安を聴き取る（漠然とした不安は、ぐるぐると回り続ける）。

　CXOのスタンスとして共感しながら傾聴できることが重要になる。

- プラス面を最大化する

　変化があった言動や良かった行動に対して褒める、承認する。

④業務や組織課題の共有と改善

　以下のような質問を投げかけるのがポイントだ。

［現状の業務の把握］

- 今の業務のポイントを教えてください
- 今のお客さんってどんな人なの？
- どういうところにやりがいを感じる？
- うまく進んでいると思うけど、もし懸念があるとすると？
- もう少し任せてほしいなどの要望は？

［現状の業務の改善］

- 何か困っていることはある？
- 今の業務全体で難しいことってどんなこと？
- 今の業務に何があったら、もっとうまくできたり精度が上がる？
- 今の業務についてリクエストはある？

［組織への貢献］

- 今のチームの良いところと課題って何か？
- チームをもっと良くするために何ができるか？
- 今のチームメンバーって自分の力を発揮できているか？
- 最近、調子いい人、逆に大丈夫かなと思う人っている？

　うまくいかなかった状況、あるいはもっとやりようがあったと思われる状況を聞いてみる。その結果に至る上で重要と思われる自分の行動や思考は何かを聞いてみる。その行動を判断、正当化した起点となる事実を選び出し、それをどう解釈したか？

なぜそのように考えたのか、を聞いてみる。

さらに以下のような質問をして、自分の前提条件を深掘りすることを心がける。

- 本来望んでいた結果は何か？
- その行動は望む結果につながったのか？
- 他の行動をとることはできたのか？
- 何がその行動の想定の起点になっていたのか？
- その想定のどこが飛躍しているのか？何が抜けているのか？
- なぜそのように考えてしまったのか？
- どのような前提、価値観、基準がこの思考の流れを正当化したのか？
- そこから自分の前提条件（メンタルモデル）が浮かび上がるか？

⑤目標設定と評価

MUST-GET-CANのフレームで考えるのが有効だ。

会社としてやるべき業務があり、それをミッション、ビジョンに照らし合わせ、自分ごとに落とし込んでいく。「これを達成することで、何が得られますか？」と聞いていく流れだ。

MUST：会社として行わなければならない目的（Object）を伝える。背景を踏まえた上で丁寧に説明する。

そのために何を行うべきなのか（WHAT）を説明する。WHATを明確にするとその達成可能性が高まる。

GET：この目標を通して部下が得られることが何かを明確にする。

自分のキャリアや人生に対して得られることをイメージさせる。

以下のような質問をするのが有効だ。

「この目標を達成することで、XXさんは何が得られますか？」
「それはなぜ必要ですか？」
「この目標をやらないことで、XXさんが失うものは何ですか？」

CAN：目標達成への道筋がおぼろげに見えてやれそうだ、チャレンジしてみよう、と思えるかが重要。

以下のような質問をするのが有効だ。

「何をもっていい仕事だと思いますか？」
「これを達成していく上で、武器になるものは何？」
「これを達成していく上で、効率化できることは何がある？」
「何があれば達成できる？」
「外に出せる業務はある？」
「標準化できる業務はある？」
「システム化できる業務はある？」
「優先順位が低く、やめるべきことはある？」

⑥能力開発とキャリア展望の共有／支援

内省と気づきを与えて自分が永続的に使えるスキル／能力に落とし込む。その際に以下の質問が有効だ（内省と気づきを与える質問）。

ここまでできるとCXO／マネジャーは、メンバーに心理的安全とその組織で働く意味づけを提供できるようになるので、エンゲージメントを高めることができる（図3-28）。

- 今、意識づけたい自分の能力開発のテーマって何？
- それに関してどう取り組んだ？
- チャレンジはあったか？
- この1か月の業務で一番力を入れた業務って何か？
- 今努力していることは何か？
- 私（CXO）や他メンバーのリクエストはあるか？ サポートして欲しいことは？
- 今の業務は退屈じゃないか？
- どういうところが退屈か？

- 自分の強みは何？（強み、弱みの確認）
- 今の業務に強みを生かすとすれば、何ができる？
- 自分の強みは業務で生きているか？
- 今後、強みを生かしてどんなことをやりたいか？
- 自分の弱みは何？
- 今後、キャリアの方向性として、どういう想定があるか？
- 将来的に関わりたい仕事やキャリアの方向性は？

気をつけたいのは、部下の言葉を途中で遮ったり、話そうとしていることを先取りしてしゃべらないこと。1on1ミーティングは、部下に十分に話してもらうことが大前提になる。

部下に気づきを得てもらうため、愚痴を含めた話を聞いた上で、「じゃあ、どうしたらいいと思う？」などと意見を聞く姿勢が不可欠だ。

「ああしろ、こうしろ」と指図するのではなく、なぜその思考に至ったのか考えさせることが必要なのだ。グーグルのマネジャーは、週に1回部下と1on1ミーティングを行うことが義務になっており、大きな成果を出している。

1on1ミーティングを業務でやることのメリット

1on1ミーティングのメリットは次の通りだ。

- 上司と部下に揺るぎない信頼関係が生まれる
- 会社の業績が悪くなったときに一致団結して難局を乗り切ることができる
- 部下がいきいきとやる気を得る
- 関係性への欲求（相手に受け入れられていると感じる）
- 有能さへの欲求（自分にはできるという自己肯定感）
- 自律性への欲求（物事を自分で決めたという実感が持てる）
- 評価査定の後に不機嫌になる部下がいなくなる
- 評価査定のときにしか評価の話をしないとギャップが大きくなるがそれがなくなる
- 仕事に飽きてきた優秀な上位2割が再び情熱を持ってチャレンジできる
- 今後やりたいことの把握と全社の視点が持てる
- 新しい役割をお互いに話し合える
- 飽きや慢心を捉えて環境や目標を変えていける
- 後手の対応から、先手の対策へと人材マネジメントが変わる
- びっくり退職がなくなる（部下の意向と会社の意向をすり合わせることができる）

CHAPTER

3-8 HUMAN RESOURCES

会社の戦略ビジョンとOKRを連携させる

OKR（Objectives and Key Results）とは、目標管理方法の一つで、組織が掲げる目標を目指すために、達成目標（Objectives）と主要な成果（Key Results）をリンクさせ、組織、個人の方向性とタスクを明らかにさせるものだ。

グーグルが実装して有名になった目標管理方法だが、MBO（目標管理制度）と異なるのは、最初に到底達成できないような非常にチャレンジングな定性的なObjectを決めてから、それに対する主要な成果を定量的な指標を使って決める点だ（図表3−29）。

MBOは半年〜1年単位で目標を立てるが、OKRは1か月から四半期。早くPDCAを回し、時間をかけずに全社的な相互連携ができ、従業員の関係性が高ま

▶ 図表3-29　MBO vs OKR

	MBO（KPI）	OKR
目的	報酬の設定	生産性の向上
レビューの頻度	年次	四半期ごと、あるいは月次
開示性	非公開、タコツボ化	公開、透明性
決め方	トップダウン	ボトムアップあるいは水平展開（〜50%）
報酬との関係	報酬と連動	報酬とはほぼ完全に分離
スタンス	リスク回避	積極的、野心的
測定	組織によって様々	SMART
達成基準	100%達成	60-70%達成

▶図表3-30　**OKRの具体例**

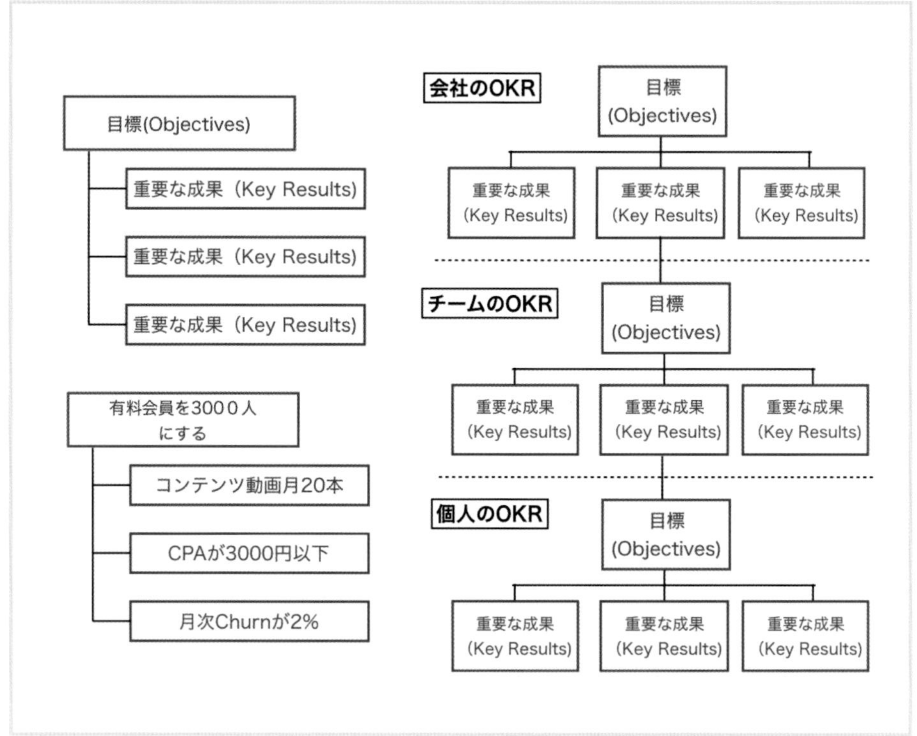

るメリットがある。

また、Objectがシンプルなので設定に時間がかからない。

OKRでは、まず目標（Objectives）を決め、その達成のために必要な要素を3～4の成果指標（Key Results）に分解し、進捗を確認していく（図表3-30）。

- **Object（目標）を設定する上でのキーポイント**
- 定量的である必要はなく、定性的な目標でも良い
- ストレッチしないと達成できないような「野心的な」目標を設定すること
- 会社のビジョン／戦略／目標や、チーム目標などと整合性が取れていること
- 会社／1チーム／個人設定数は3～5個が目安になる

- **成果指標（KR）を設定する上でのポイント**
- 定量的（納期、指標などの数値が入っている）であることが必須
- 自分（自分のチーム）でコントロール可能なものを選ぶ
- ストレッチしてギリギリ達成できること
- 一つのObjectiveに対して、3～4個のKRを設定すること

重要なこととしては全社で整合性を取っていくことだ。OKRの最大のメリットの一つは、全社で実施すると、自分の目標が会社の目標につながっていることが分かることだ。OKRをベースにすると自分の立場やポジショニングがはっきり見えるようになる。

そもそも、OKRを導入するメリットとは何だろうか？

- 企業のビジョンに沿った目標を、常にチームと従業員に示すことができる
- 従業員が「何を期待されているか」が分かりやすくなっている。納得度が上がりやすい
- 目標に対する進捗を定期的に振り返る

機能を持つため、進捗のモニタリング機能を果たす
- 常に野心的で重要なゴールを意識できる。インパクトの小さい目標に惑わされない

OKRの設定

OKRはどのように設定すれば良いのだろうか。次の8つの手順を見てほしい。

1. 経営陣のトップダウンと全従業員のボトムアップの両方で決める（スピード重視ならトップダウンで決めていく）。
2. チームからのフィードバックをもとに会社全体のOKRを調整、修正していく（スピード重視なら、調整は最小限に止める）。
3. チームのOKR設定。会社が掲げるOKRに連動させてチームのOKRを設定していく。チームが階層ごとに分かれていたら、2レイヤー、あるいは3レイヤーで進めていく。
4. チームOKRを共有して、調整していく（KRを評価するために点数をつけるのも有効）。
5. 最終的には部門とチームに連動した個人のOKRを設定する。
6. 進捗は、1on1ミーティングなどで週に一度ぐらいの割合でチェックインする。
7. 中間レビューを行う。1.5か月～2か月が過ぎた時点で全体的なレビューを行う。必要に応じて目標を変える。
8. 最終レビュー。スコアリングを行いそれぞれの結果を評価する。達成できたか、達成できなかった場合は、その要因分析を行い、今後同じ目標を続けるか、別の目標に切り替えるかを判断していく。

MVV／戦略と個人のベクトルを合わせる

そして、四半期に一度、最低でも年に一度は、オフサイトミーティングを行い、全社のMVV／戦略とメンバー一人ひとりのベクトルを合わせていく必要がある。

実務的な話をすると、MVVの浸透や、それをベースにしたメンバーの目標を定めるために定期的に「オフサイトミーティング」を開催するのも有効である。オフサイトミーティングとは、その名の通り業務を行う職場から離れた場所で実施する会議のことで企業の重要な意思決定やクリエイティブなアイデア出しを行うための場になっている。もし、MVVの実践や、メンバーのエンゲージメントが下がっていると感じたら、実行するのが有効だろう。

オフサイトでやることとしては、それぞれのエクスペリエンスジャーニーを改めて全社で実行するのが有効だろう。図3-31にオフサイトミーティングと通常ミーティングの違いを書き出したので参考にしてほしい。

1on1ミーティングとOKRの組み合わせは強力な武器になり、コミュニケーションが活性化する役割を果たす。従来型のMBOとKPIの組み合わせでは、変化の激しい外部環境に対応できないが、1on1ミーティングとOKRの組み合わせなら、フィードバックをかけコミュニケーションを図りながら現場と連携できるため、変化に柔軟に対応できる。

▶ 図表3-31　オフサイトミーティングと通常ミーティングのちがい

	オフサイト ミーティング	通常の ミーティング
目的	目標設定、働く意味付け チームビルディング	報告・相談・議論・決議
あるべき姿勢	創造性と素直さ	ロジカルと説明責任
話すスタイル	発散と収束の 繰り返し	主に収束
参加者の立場	ポジションや肩書き を一旦離れる	ポジションや 肩書きが前提
話すテーマ	中長期的な戦略 各メンバーの目標	日々のアジェンダ
時間	半日～2日	30分～６０分
開催感覚	四半期や半年に一度	毎週、隔週で開催
場所と雰囲気	オープン ファシリテーター	クローズでやる ファシリテーターなし

CHAPTER 3
SUMMARY

CHAPTER3のまとめ

いかがだっただろうか？　図表3-32はスタートアップの各フェーズごとに、人的資源に関してＣＳＦ事例をプロットしたものだ。人的資源に関連する持続的競合優位性資産（デフェンシビリティ・アセット）は図表3-33のようになる。

▶図表3-32　人的資源のCSF事例

スタートアップ(事業) のフェーズ	Ideation	Pre-seed	Seed	Series A	Series B〜	Pre-IPO	Post IPO
フェーズの説明 / HRのCSF事例	アイディアを発見する	顧客課題とソリューションの検証	PMFを目指す	Unit Economicsの健全化	スケールを目指す	IPOを目指す	圧倒的優位性の確立
経営陣が自己マスタリーができている							
サイドプロジェクトを行っている							
経営チームを組成できている							
オーガニックな採用ファネルがある							
リファラル採用を始めている							
勝ち筋になる採用ファネルを活用している							
有料の採用ファネルを活用できている							
経営チームがCXOに育っている							
ミドルマネージャーが採用できている							
新卒採用ができている							
エンゲージメント施策が実装できている							
人事施策をデータドリブンで行えている							
継続的にイノベーションを起こす組織になっている							

Ideation:

なぜ、自分達がその事業をやるべきなのか、その課題に取り組むべきなのか、きちんと明文化できているか。それを言語化のために、自己認識を高める必要がある。初期の頃は100%のコミットではなく、別の所で働きながらも、サイドプロジェクトでアイデアの磨き込みや課題検証を行うのも有効だ。

Pre-seed:

プロジェクトをサイドからメインへ昇格を決断するフェーズ。顧客課題を発見できそうか、その課題に対してソリューションを構築できるかどうか。コアメンバーとなる経営チームの組成が始まる時期なので、自分自身の強み／弱み／スキルを把握した上で、補完的なメンバーを探す。初期メンバーへの株の割り方にも注意する。

Seed:

初期の経営チームが固まりつつあり、少人数のメンバーが一丸となってPMFを目指していくフェーズ。厳密な役割分担を設けず、顧客開発／プロダクト開発などメンバー全員で取り組むことで、独自の価値提案や顧客インサイトなどを獲得できる。リファラル採用やSNSを最大限活用して、採用費用を抑えられるかがポイントに。

Series A:

どんどん人材が必要になるフェーズ。「勝ち筋の採用チャネル」を構築できるか。リファラル採用やSNSによる採用も強化しつつ、人材エージェントの活用も検討する。PMFしたプロダクト／資金調達実績／顧客事例などを活用して、自社の魅力化を図り、採用力を高めることに注力する。人数が増えて組織が複雑化する中でも、エンゲージメントを高める仕組みを実装できるか。

SeriesB:

組織としてのマネジメント力強化が重要になるフェーズ。優秀なミドルマネジャーの採用や、マイクロマネジメントしなくても行動の質と量が高まるような施策を実装できるか。人数が増えるに伴い、カルチャーが薄まるリスクが生じる。そのリスクを軽減するために「この組織で働く意味付け」を与える仕組みを検討する。

Pre-IPO~IPO:

スタートアップが、一人前の企業として脱皮するフェーズ。上場にむけた予実管理、ガバナンス強化、コンプライアンス強化などが求められる。それに対応しつつも、新たなことにチャレンジしていくイノベーション機能も強化していく必要がある。

▶図表3-33　**スタートアップの価値(バリュエーション)を決める要素**

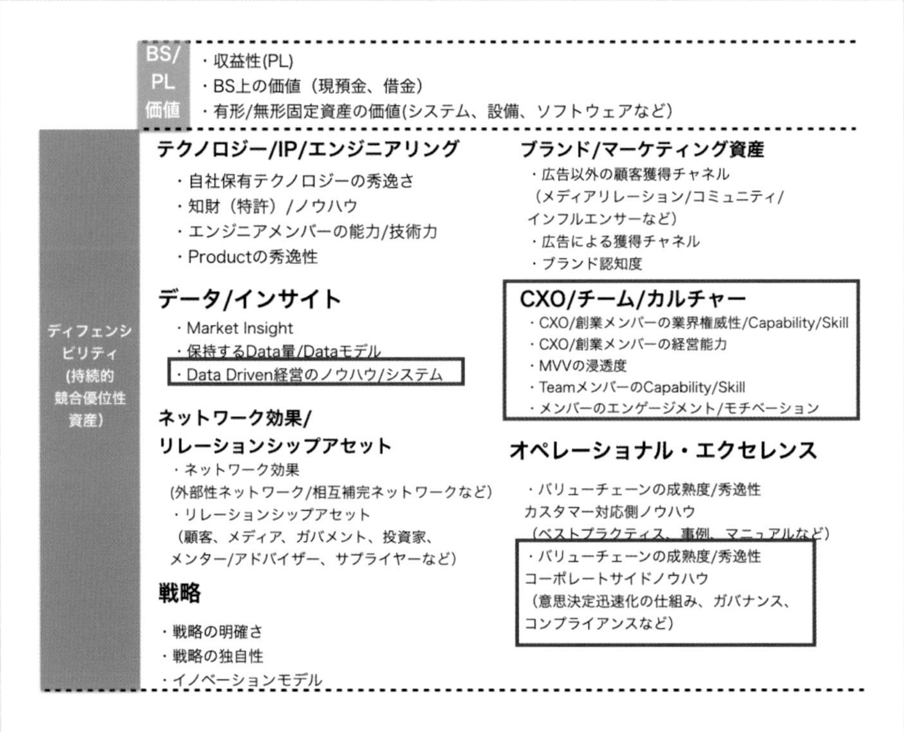

BS/PL価値
・収益性(PL)
・BS上の価値（現預金、借金）
・有形/無形固定資産の価値(システム、設備、ソフトウェアなど)

ディフェンシビリティ(持続的競合優位性資産)

テクノロジー/IP/エンジニアリング
・自社保有テクノロジーの秀逸さ
・知財（特許）/ノウハウ
・エンジニアメンバーの能力/技術力
・Productの秀逸性

データ/インサイト
・Market Insight
・保持するData量/Dataモデル
・Data Driven経営のノウハウ/システム

ネットワーク効果/リレーションシップアセット
・ネットワーク効果
(外部性ネットワーク/相互補完ネットワークなど)
・リレーションシップアセット
（顧客、メディア、ガバメント、投資家、メンター/アドバイザー、サプライヤーなど)

戦略
・戦略の明確さ
・戦略の独自性
・イノベーションモデル

ブランド/マーケティング資産
・広告以外の顧客獲得チャネル
（メディアリレーション/コミュニティ/インフルエンサーなど)
・広告による獲得チャネル
・ブランド認知度

CXO/チーム/カルチャー
・CXO/創業メンバーの業界権威性/Capability/Skill
・CXO/創業メンバーの経営能力
・MVVの浸透度
・TeamメンバーのCapability/Skill
・メンバーのエンゲージメント/モチベーション

オペレーショナル・エクセレンス
・バリューチェーンの成熟度/秀逸性
カスタマー対応側ノウハウ
（ベストプラクティス、事例、マニュアルなど)
・バリューチェーンの成熟度/秀逸性
コーポレートサイドノウハウ
（意思決定迅速化の仕組み、ガバナンス、コンプライアンスなど)

データ･ドリブンな経営ノウハウ:

HRにおいても人数が増えてきたときに、データ・ドリブンな人材採用／人材活用／人材定着ができるかがポイントになってくる。

CXO／創業メンバーの業界権威性／能力／スキル:

経営者／経営メンバー自らがその領域／業界の権威になることを目指す。それは持続的競合優位性につながる（認知度や信頼が高まり、採用力の強化や、顧客獲得の促進などにつながる)。

CXOメンバーの経営能力:

まさに、本書を書いた理由であるが、起業家から事業家(経営者)になることが、そのスタートアップにとっての、最大の持続的競合優位性資産となる。

チームメンバーの能力/スキル:

チームメンバーが持つ能力/スキルは、スタートアップにとって重要な持続的競合優位性資産となる。特に、高い専門性が求められる領域で事業を行う場合、その専門性を持つ人材を確保し、またその専門性/スキルを磨くことが重要になる。また、組織として体系的に専門性/スキルを研鑽する仕組みがあると、高い持続的競合優位性構築につながる。

メンバーのエンゲージメント/モチベーション:

メンバーのエンゲージメント/モチベーションも、スタートアップにとっては、大きな持続的競合優位性資産になる。本章でも解説したが、高い従業員エンゲージメントは、高い顧客のエンゲージメントにつながる。

バリューチェーンの成熟度/秀逸性:

本章で解説してきたようなHR(採用/従業員エンゲージメント向上)の体系的な仕組みやバリューチェーンを組織に実装し、磨き続けることは、高い持続的競合優位性につながる。

CHAPTER

4

オペレーショナル・エクセレンス

この章の目的

- オペレーショナル・エクセレンス（OE）とは何なのか、その要点を理解する
- OEを自社で実装する手法をステップ・バイ・ステップで身につける
- 事業の各フェーズにおけるOEのキーポイントを押さえる

N A L
C E

写真:iStock.com/SARINYAPINNGAM

▶図表4-01　スタートアップ・バランス・スコアカード

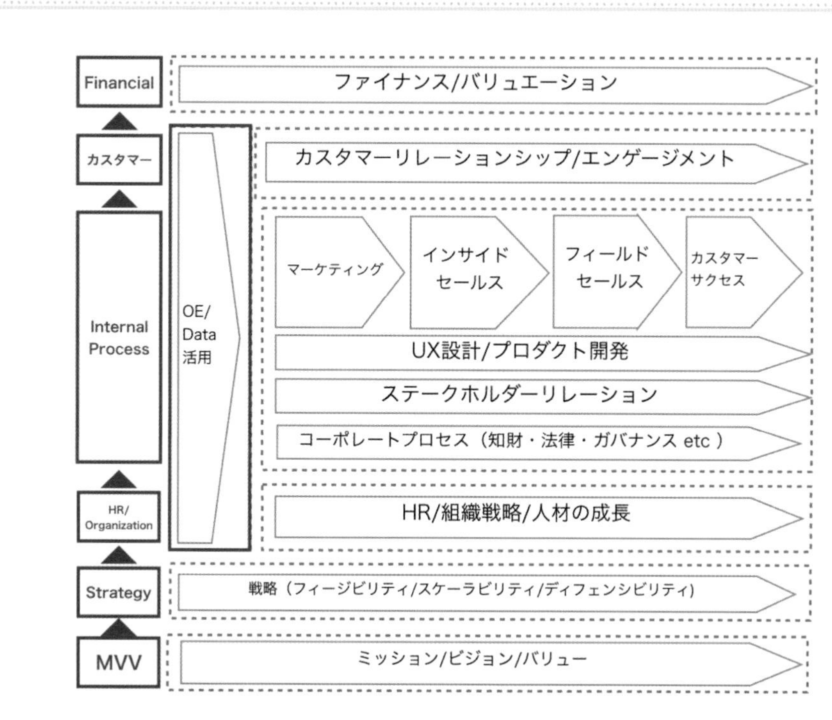

CHAPTER

4-1 OPERATIONAL EXCELLENCE

標準化されたプロセスで競合に差をつける

勝ち続ける仕組みをいかに作るか？

様々なオペレーションや社内のバリューチェーンを形式知化し、標準化し、データ起点で回していくオペレーショナル・エクセレンス（OE＝オペレーションの秀逸性）もスタートアップの持続的な競合優位性を構築する上で非常に重要な要素になる。

CXOに**オペレーショナル・エクセレンス**の知見が欠けていると以下のような事態になり、成長の大きなボトルネックになってしまう。

- **業務が属人化してしまいスケールできない**
- **業務が最新版に更新されずに陳腐化する**
- **業務が可視化されておらず全体の連携ができない**
- **業務ノウハウを強みとして蓄積できずに、持続的競合優位性を高めることができない**

オペレーショナル・エクセレンスと聞いたときに、どのような事例を思い浮かべるだろうか。有名な事例でいうとトヨタ自動車が創案・実施している「かんばん方式」と呼ばれるトヨタ生産管理方式（TPS）がある。

トヨタ生産方式の核は、「自働化」と「ジャスト・イン・タイム」という考え方だ。トヨタ生産方式の基礎を築いた大野耐一氏が考案した「自働化」は、機械化（自動化）と区別し、人間が入ることで「問題があれば機械を止めて、問題の原因を調べて改善する」ことにして、不良品を生産しない仕組みを指す。「ジャスト・イン・タイム」は、「必要なものを、必要なときに、必要なだけ」という考え方だ。必要なものを、必要なときに、必要なだけ手に入れることができれば、生産現場に起こりがちなムラ、ムリ、ムダが省けて生産効率が大幅に上がる。これを実現し、できる限り在庫を持たないために開発されたのが「かんばん」と呼ばれる生産管理方式だ。作業のやり方や機械操作などを標準化し、これが標準化のお手本のような存在として広く知られている。

「すべてのテクノロジーは、いずれはコピーされてしまう。真の差別化要因は、テクノロジーではなく人材だ」

『ザ・トヨタウェイ』（日経BP）の著者・ジェフリー・K・ライカーは述べ、「その人材を支えているのが、トヨタウェイであり、トヨタウェイは考え方（コンセプ

▶図表4-02 **無印良品のMUJI GRAM（店舗業務マニュアル）**

出典:Copyright © 2019.MATSUI office corporation All Rights Reserved.

ト）であり指針だ」と続けている。これは、本書でも述べている通り、テクノロジーはマネできてもミッション、ビジョン、バリューはマネできないという話に通じる。

仏は見よう見まねで作れても、魂の部分は模倣できない。トヨタ自動車も、創立80年を超えるグローバルカンパニーだが、その中心にある「トヨタウェイ」をベースに自社の仕事のやり方やオペレーションを常に進化させている。

スタートアップにおいても、「トヨタウェイ」のような自社の「ウェイ」「メソッド」を作れるかどうかが、持続的な競合優位性の鍵を握る。

もう一つ、標準化における優れた企業として知られているのが、無印良品でおなじみの良品計画だ。

「マニュアル化できないことはない。勝ち続ける仕組みを作ることができるか？」と良品計画の元会長・松井忠三氏は『無印良品は、仕組みが9割』（角川書店）の中で語っている。

無印良品の“標準化”“マニュアル化”の徹底ぶりは凄まじい。上の写真（図表4–02）の通り、「01売場に立つ前に」「02レジ業務・経理」「03店内業務（承り）」「04配送・自転車」「05売場作り」「06商品管理」「07後方業務」「08労務管理」「09危機管理」「10出店準備」……と徹底してマニュアル化、標準化することで、誰が入ってきてもすぐさまできるように準備されているのだ。

「マニュアル化できないことはない」
「『それぐらい口で言えばいいのに』ということも明文化する」

とその徹底したこだわりを松井氏は述べている。

良品計画はこの標準化によって、グローバルレベルで、現場において同じクオリティーを提供する仕組みを作ることができた。これが、良品計画の屋台骨となり同社の成長を支えているのだ。

▶図表4-03　「The Model」はセールスを科学的に標準化した仕組み

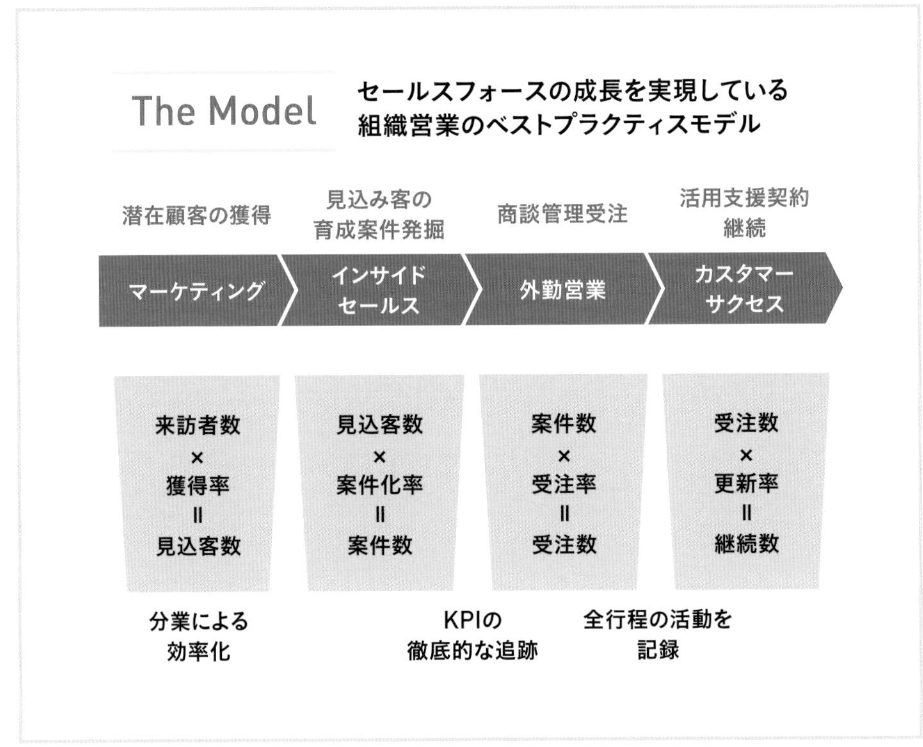

出典:https://www.salesforce.com/jp/hub/sales/the-model/を元に編集部で作成

また、顧客関係管理ソリューションを中心にクラウドコンピューティング・サービスを提供するセールスフォースも優れた標準化で知られている。セールスフォースの核になっているのが「The Model」というコンセプトだ。これまでかなり感覚的だったマーケティングとセールスの一連のプロセスを要素分解し組織で分担する、いわば「セールスを科学する」ことで標準化を実現した（図表4-03）。

それぞれのチームはプロセスの一部分のみを担うので、専門性が高まり効率的になる。さらに、KPI（重要業績評価指標）を徹底追跡し、全工程の活動を記録し定性化していった。

OEが求められるのは、PMF後

スタートアップの初期の頃は、標準化を気にかける意味はない。そもそも顧客に対する独自の価値提案が実証できていない段階で、標準化を追求するのは意味がない。PMF前で求められるのは「標準化／スマートさ」ではなく、経営陣は現場に出向いて、顧客インタビューを徹底して行い、顧客のインサイト（本音）を引き出していく時期だからだ。つまり、求められるのは「泥臭さ」になる。

スタートアップはフェーズが進むと様々なボトルネックが発生してくる ——松本恭攝氏 ラクスル CEO

PMF前の強みだった部分（泥臭さ）がPMF後のスケールフェーズには大きな課題になってくる。初期段階においては少人数で業務を行っているというのは、メンバーもそれぞれのやり方で進めても機能しているという状態だ。

しかし、いったんPMFして資金調達に成功してスケールへの道を歩き出した

▶図表4-04 上場までに直面する様々な業務課題

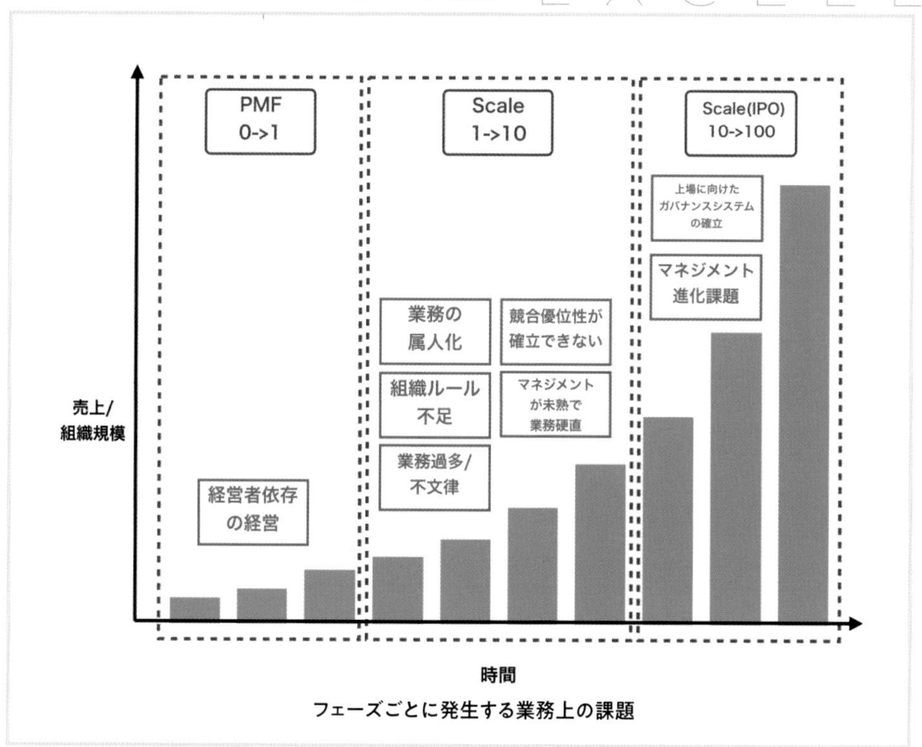

フェーズごとに発生する業務上の課題

ときに、業務が属人的かつブラックボックスなままだと、様々な壁にぶち当たってしまう。

図表4-04をご覧いただきたい。私が以前、とある上場企業の経営者と対談をしたときだが、上場に向けて様々な業務課題に直面して、都度、その対応に苦労してきたとのことだった。

標準化やオペレーションの秀逸性は大きな持続的競合優位性になる

図表4-05を見てほしい。縦軸は、投入リソースに対するアウトプット、横軸は、フェーズごとのリソースとアウトプットを示している。前項でも述べたように、スタートアップがPMFする前のフォーカスは「PMFすること」であり、「戦略的泥臭さ」が活動の焦点になっている。図の赤枠で囲んだところは可視化や形式知化がされていないので属人性が高い、いわばブラックボックスの状態だ。

また、業務インプットに対するアウトプットも定量化できていない状況だ。「生産性」という観点では最低レベルだし、オペレーショナル・エクセレンスを持続的な競合優位性（ディフェンシビリティ）に変換できていく道筋が見えていない。

改めて業務の内包するリスクについて理解しておこう。業務には、「肥大化／複雑化」「属人化」「陳腐化」という3つのリスクが内包している。

①業務は肥大化／複雑化する

メンバーが少ないうちは仕事は不文律で回っている。しかし、人数が増えて組織が大きくなると、業務は増え続けて肥大化／複雑化していく（仕事のための仕事が増えてしまう）。

▶図表4-05　業務が属人化されたブラックボックスの状態ではスケールしない

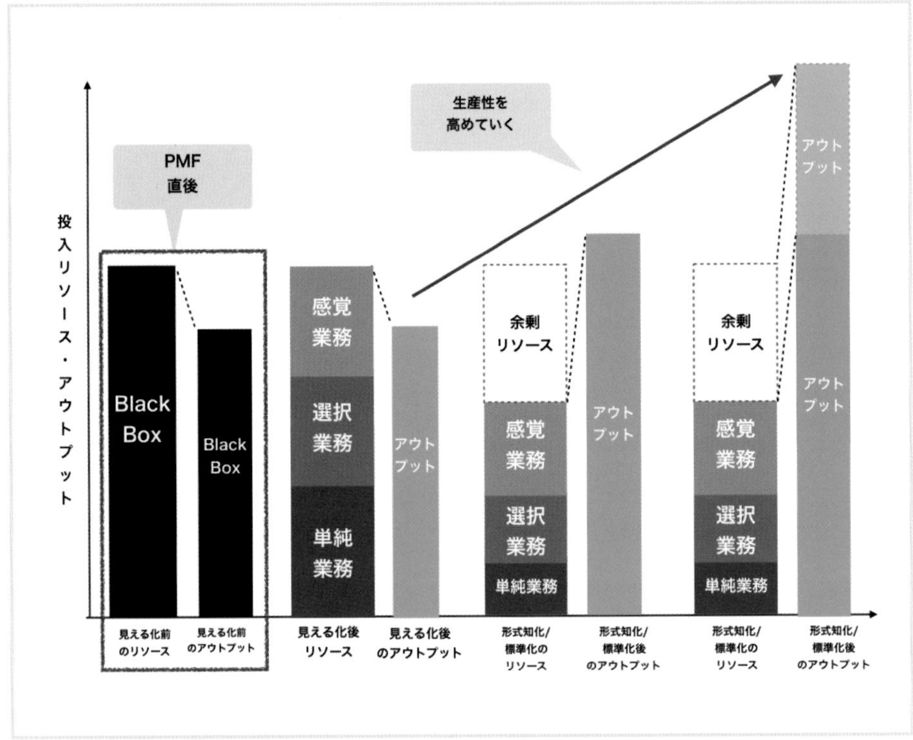

会社が弱体化する要因を改めて考えてみると、

- 仕事のための仕事が増える
- 焦りからくる短期的な施策
- 仕組みと風土がない状態
- 社内に蔓延する慢心、おごり
- レイヤー化が進むことによる“大企業病の始まり”

などが挙げられる。

こうなると、

- 過剰な根回し（社内営業）
- 過剰な社内報告
- 過剰な稟議プロセス
- インシデント対応（パワハラ対応など）

などの顧客に対して価値を生まない仕事というのが増えてきてしまう。

特に、人数が増えて、ミドルマネジメントが増えてくると、仕事を効率的に回すための仕事、例えば「報・連・相」という業務が増えて、業務は肥大化してくる。

②業務は属人化する

社内で何も施策を施さないと、担当者は自分に合ったやり方で業務を行いたいと考える。このため、自分のやり方や経験則に固執して業務が属人化することになる。これを放置してしまうと、業務と人をいつまで切り離すことができず、担当者が辞めてしまうとノウハウが残らないことになる（図表4-06）。

また、業務が人に紐づいているということは、その人が離れてしまうと事業を継続できなくなるリスクがあることにも留意しよう。

③業務は陳腐化する

外部環境は常に変化して、顧客の期待や顧客の求める成果も変わってくる。それに伴い業務も常に更新／進化させる必要がある。例えば、クラウドサイン（クラウド上で契約を終結できる電子契約サービス）を使わないところとは取引し

▶図表4-06 業務が属人化するリスク

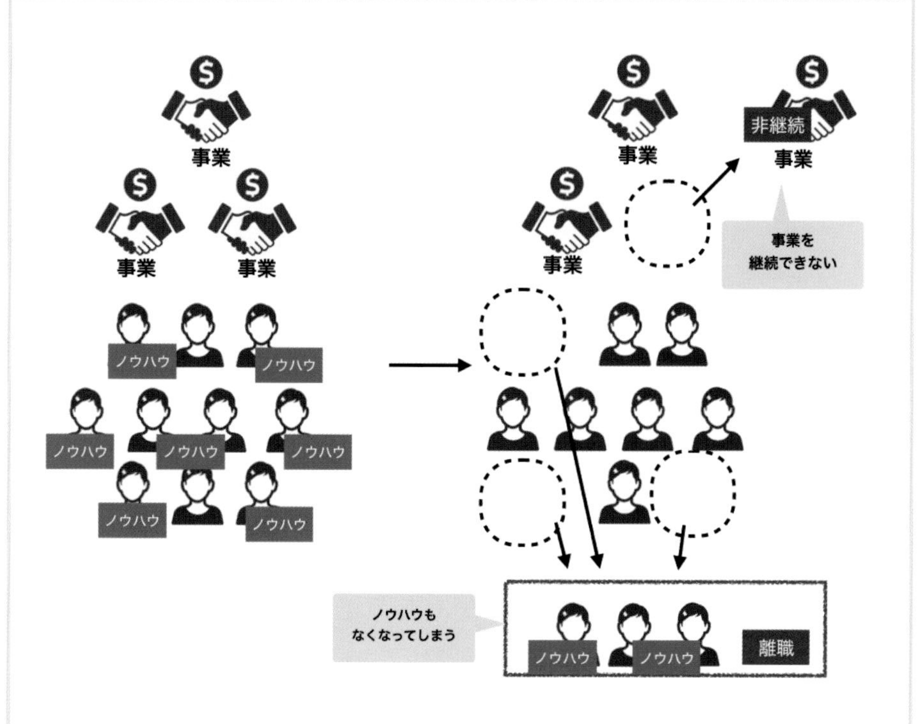

ないという企業が増えつつあるが、ウェブ上の取引ややり取りが業界標準になりつつある中で、こうした変化にすぐさま対応しなければ、機会損失になってしまう。

無印良品の「業務基準書」は3か月に1回、「MUJI GRAM」は1か月に1回の割合で更新するのがルールになっているという。「マニュアル」は決して固定化させずに、世の中の変化や、社員たちの「もっとこうすべき」というアイデアに応じて変更し続けてこそ有用性が継続されるというスタンスとのこと。組織のベストプラクティスを絶えず見える化し、標準化させるPDCAを回しているのだ(『無印良品は、仕組みが9割』松井忠三著、角川書店より)。

またリクルートは、強制的にマネジャークラスは1か月間休暇を取る仕組みがある。これにより、業務を標準化せざるを得ない状況を作っている。必要に応じて常にアップデートし最新の状態にすることが肝心だ。

細かいPDCAを回して業務を見直していく

業務が課題を内包したまま、放置してしまうと、様々なところでほころびが出てくる。その兆候として、以下のような現象が出てきたら黄色信号だ。

- 成長速度の低下
- ユニットエコノミクスの悪化
- メンバー一人あたりの生産性の低下
- メンバーのエンゲージメントの低下
- 間接費用の増大

上記のような兆候が散見されるようになったら、いったんトップラインを伸ばすことよりも、内部の仕組みや業務を強化する方にフォーカスする必要がある。具体的に以下で解説する施策を実施することをおすすめする。

人的資源の章でも紹介した4ループを改めて、ここで取り上げてみよう。業務

▶ 図表4-07　4ループ学習システムでPDCAを回す

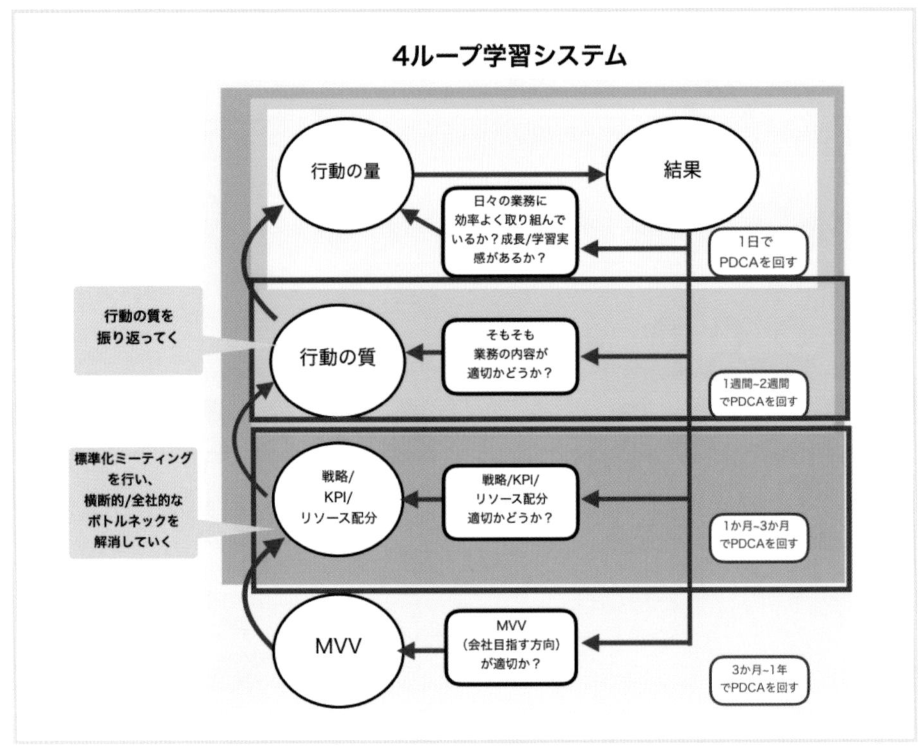

▶ 図表4-08　重要性と緊急性の2軸で業務をプロットする

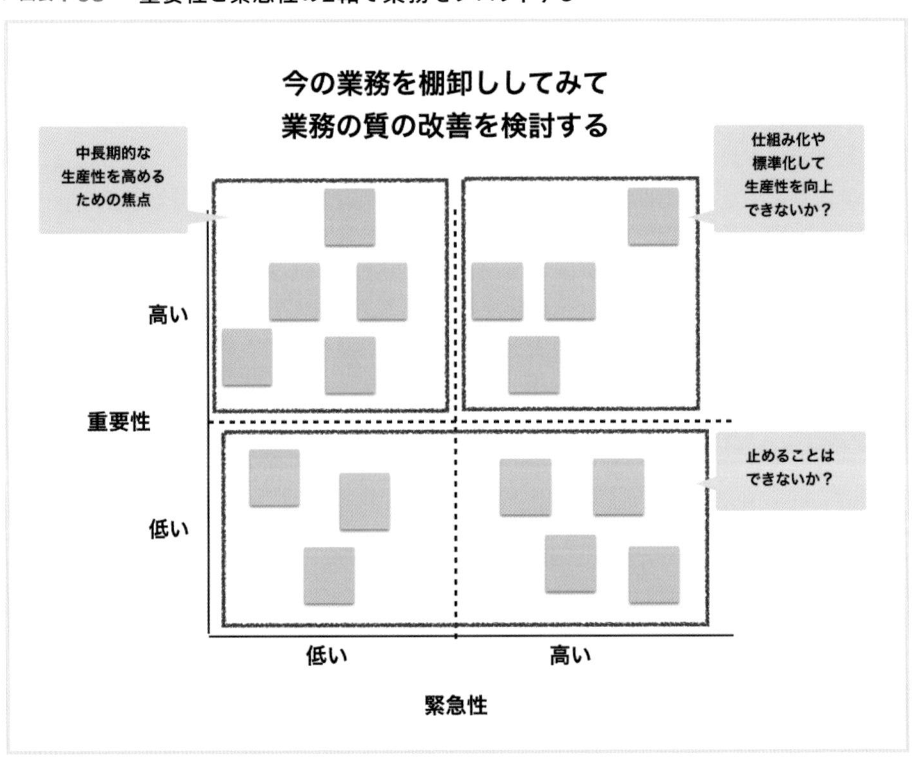

の質／行動の質を高めるために、1週間～2週間の短いサイクルで自分たちの業務の質／行動の質を見直していくのが有効だ（図表4-07）。

業務／行動の質の振り返りの際に活用したいのが、スティーブン・R・コヴィーの名著『7つの習慣』（キングベアー出版）の第3の習慣で紹介されているフレームワークだ。このフレームを使うのは、マネジャーとの1on1のセッションの中か、もしくは各自メンバーでやるのも良いだろう（ある程度強制力がないとやりきれないので、1on1ミーティングのトピックとして取り上げるのが有効だ）。

フレームの軸としては、今の行動／活動を「重要性」「緊急性」でプロットしてみることだ（図表4-08）。1on1ミーティングの中でやると、マネジャーとメンバーの「重要性」「緊急性」の定義や前提条件の違いが明らかになるので、相互理解にもつながる効果もある。

それが明らかになったら、「行動の質」を高めるための検証をする。具体的には、

- 重要性と緊急性の低い活動／業務→止めることはできないか？（もしくは、外注やシステム化）
- 重要性が高くて、緊急性が高い活動／業務→仕組み化・標準化を行い生産性を向上できないか？
- 重要性が高くて、緊急性が低い活動／業務→中長期的な生産性を高めるものなので、よりリソースを割くことができないか？

このようにブラックボックス化されていた業務を“見える化”して優先順位をつけながら、改善施策を施していくサイクルを回すだけでも行動の質は劇的に改善していく。

全社的／横断的な業務改善を行う

上記で解説したような、施策を日常的に行うのも有効だ。それに加えて、全社的／横断的な改善施策やオペレーショナル・エクセレンスの構築を定期的（1か月～3か月に一度）に実行するのも効果的だ。

改めて、図4-07を見てほしい。上から2つ目のループは、日々の行動の質を高めるもので、間隔を空けずにPDCAを回していく必要がある（1～2週間）。行動の質のそもそもの前提条件を協議する上から3つ目のループは、上記のループに比べて間隔を空けてループを回していくのがカギとなる（1か月～3か月）。

CHAPTER 4-2 OPERATIONAL EXCELLENCE

業務改善のステップを理解する

図表4-09を見てほしい。全社的／横断的に、業務改善をしていく流れを可視化したものだ。業務改善を図り標準化するには、次のような段階を経る必要がある。順を追って解説をしていこう。なお、おすすめとしては、このプロセスをワークショップ形式でやることだ。

ファシリテーターには、以下のような役割がある。

- 参加者の主体性を促す
- 多様な人材のそれぞれの経験や専門分野を尊重し合いながら、各人の多様なアイデア、意見、インサイトを引き出す
- 引き出してから、話し合いを促進し、新たな創造、問題解決、相互理解、情報共有を促進する

▶ 図表4-09　業務改善のステップ

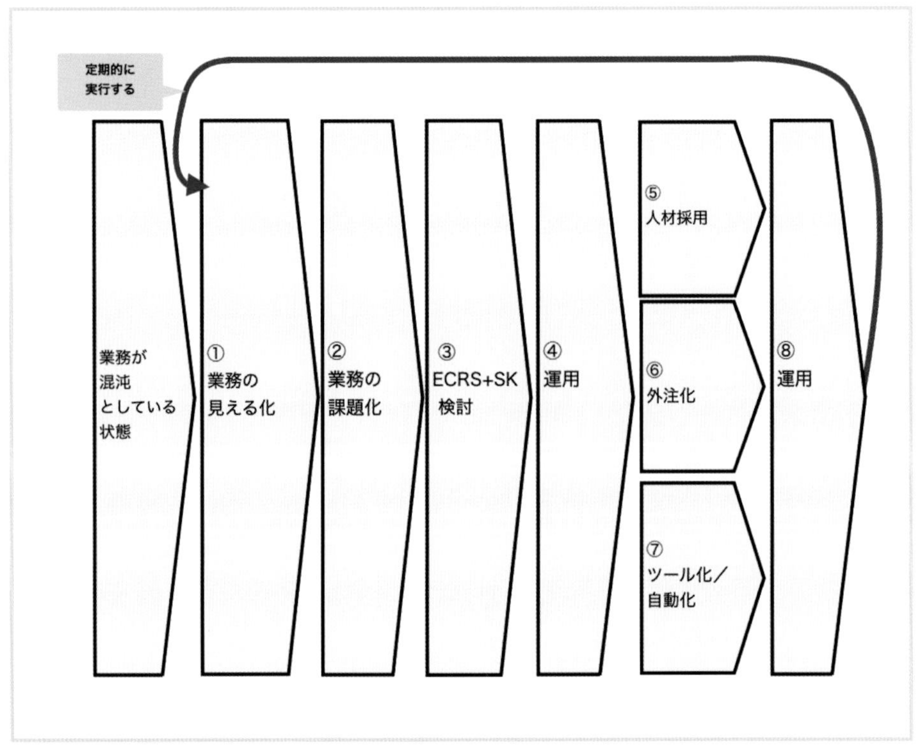

では、業務改善プロセスの各要素について説明していこう。

業務を見える化する

業務の実態を記述して、整理し、計測、集計することで見える状態にすることだ。業務の見える化は改善の基本である。見える化や現状把握しなければ、何が問題か、どこに改善の余地があるのか、チームで意識を合わすことができないのだ。

「業務の見える化」とは、具体的には以下のプロセスで行う（図表4-10）。

(1) 現状の業務を洗い出す

現在やっている業務を、付箋などに書き出し、洗い出す。難しく考えず思いついたら書き出してもらうことがポイントになる。

ファシリテーターの問いかけ:

「各メンバーが普段行っている業務を、とにかく書き出してください」

(2) 業務をグルーピングする

（1）で洗い出した業務項目のグルーピングをする。グルーピングは、業務の内容の近いものをグルーピングする「内容別」、業務をするタイミングでグルーピングする「時間別」、現状の部門や担当者の区分で分ける「担当者別」などで分けていく。

ファシリテーターの問いかけ:

「各メンバーが洗い出した業務を内容ごとにグルーピングしてください」

「グルーピングしながら抜けや漏れがないかを確認してください」

(3) 業務グループにタイトルをつける

内容の近いものを集めたら、「××業務」などとタイトルをつけていく。このとき、なぜ、その業務を行っているのか真因分析（なぜなぜ分析）をすることも大切だ。

▶図表4-10　業務の見える化の手順（KJ法）

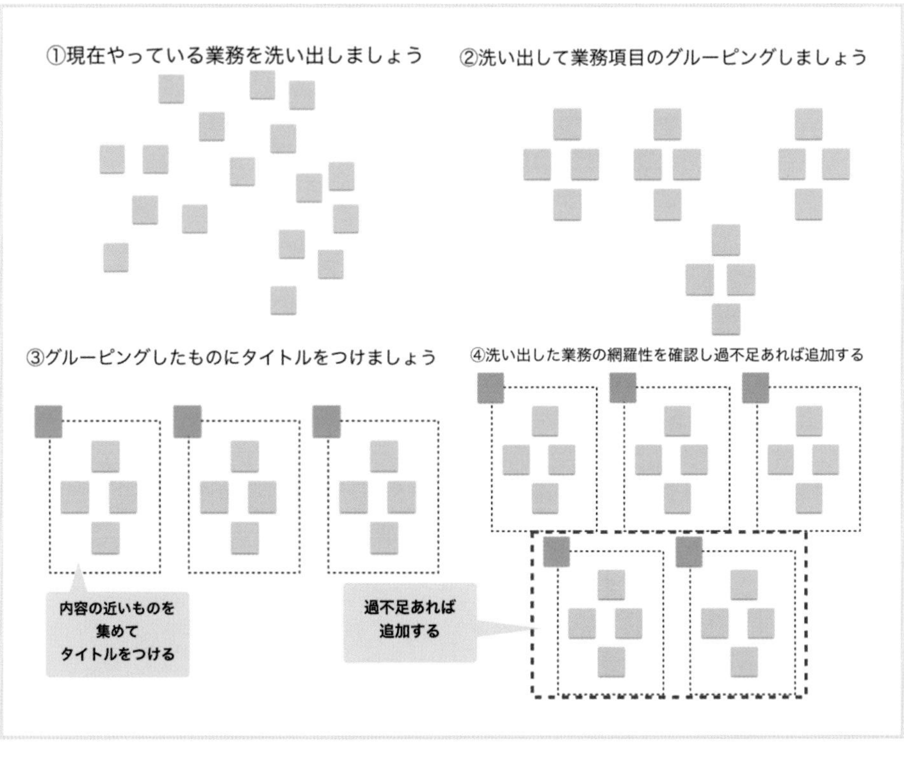

ファシリテーターの問いかけ:
「業務グループにタイトルをつけましょう」
「お互いの業務を周りのメンバーと共有しましょう」
「お互いの業務を見て、認識の違いや発見がないかを確認しましょう」

(4)タイトルの網羅性を確認する(不足があれば(1)~(3)を繰り返す)

タイトルを俯瞰して、会社全体の業務が漏れなく、ダブりがないか、網羅されているかを確認する。過不足があれば追加・削除していく。(1) で行った業務を洗い出してみる方法以外に別のメソッドがある。

非定期業務の網羅性を確認する方法として、その場で発生した出来事や、顧客からの要望を書き出してみて、それに対する業務／プロセスを書いてみることも有効だ。

また、業務やプロセスをベースにして明確にする以外に、年間スケジュールを書き出してみて、そこから発生する業務をリストアップしてみると、より網羅性を担保できるだろう。

ファシリテーターの問いかけ:
「ざっと見て、抜けている業務はありませんか」
「顧客からの要望や出来事が起点になった業務はありませんか」
「年間のスケジュールに照らし合わせて、抜けや漏れのある業務はありませんか」
「各グループに含まれるべき項目に過不足はありませんか」

この洗い出しをやってみると「隠れた業務」の存在に気がつく。地味で目立たない業務やレアな業務、属人化しているが、工数が取られている業務を発見することを心がけよう。

(5)業務タイプを分類する(感覚型、選択型、単純型)

▶図表4-11　ハイタッチな仕事を標準化できるか

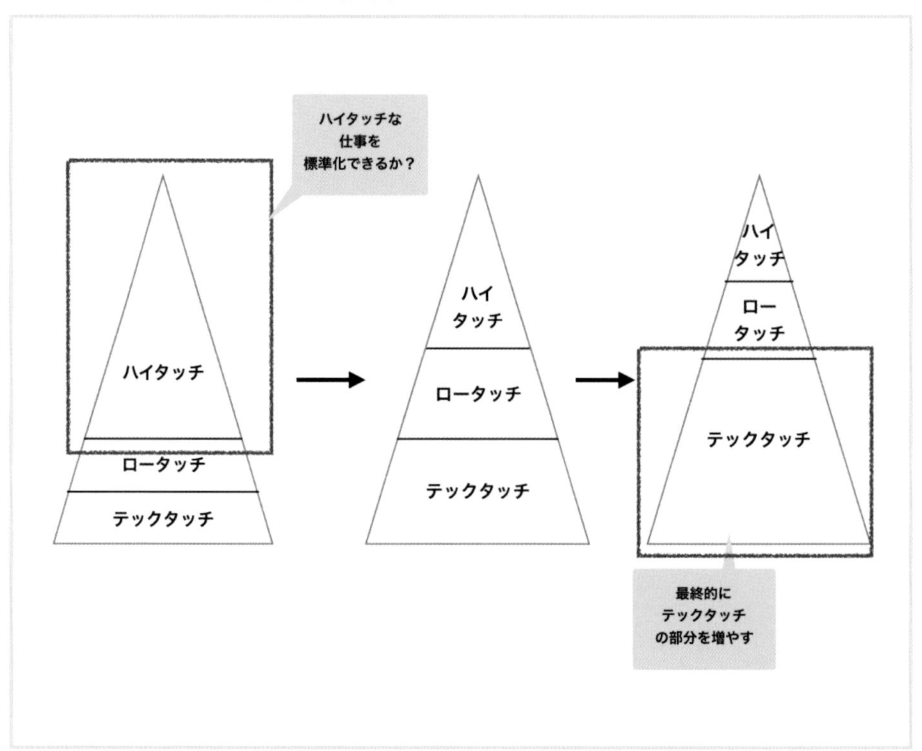

業務を大雑把に感覚業務なのか、選択業務なのか、単純業務なのかに分類することも有効だ（これによって、どの業務が標準化できそうかを見極めていく）。

ファシリテーターは「感覚型、選択型、単純型のどれに当てはまりますか？」という問いかけをしていき、現状の業務の棚卸しを行う。

- **感覚型業務**

長年の経験や知識をもとに、瞬間的かつ感覚的な判断を必要とする業務。
「あの人だからこそできる業務」の個人への依存度が高い状態がむしろ望ましいとされるクリエイティブな業務。新規事業の計画、1on1ミーティング、MVVの磨き込みなどがこれに該当する。これら感覚的業務と呼ばれるものも、形式知化、標準化できないか考えることが競合優位性につながる。

例えば、握り寿司の職人は、ひと昔前なら10年以上、ベテランの板前について修業しなければ一人前にならないとされていた、まさに感覚型業務の典型と言える。しかし、東京すしアカデミーはそれを標準化。2か月間集中コース、あるいは11か月間の週末コースに通えば、握り寿司職人になれるようマニュアル化した。

- **選択型業務**

いくつか限られた選択肢から選ぶ業務。最適なものを選ぶ業務。最適なものを選択できるかは、個人差はあるが選択肢と選択基準を体系化すればバラツキが減る。

- **単純型業務**

誰がやっても同じであるべき業務。業務の属人性をなくし、いつでも誰でも安定的に結果を出すことが望ましいとされるオペレーショナルな業務。

留意点としては、このように洗い出すことによって、単純な業務で人が介在して「ハイタッチ」でやっているものを、システムなどで巻き取っていく「ロータッチ」「テックタッチ」にすることができるということだ（図表4-11）。

業務の課題を明らかにする

そもそも現状、やっている業務のどこに課題があるかを明らかにする。これらの業務に費やしている工数を明らかにする。業務の“見える化”は、マネジメントのはじめの一歩になる。

これらの業務に費やしている工数を明らかにする。業務に費やす工数を確認する。業務においても20％の努力で80％の結果を得る80：20の法則が適用されているので、それに関する質問も行う。

ファシリテーターの問いかけとしては、以下が有効だ。
「どれくらいの頻度で行っていますか？」
「どれくらいの工数がかかっていますか？」
「どれくらいの時間がかかっていますか？」
「自分のやっているオペレーションの中で、80％の成果が上がっている20％のオペレーション業務はありますか？」

こうすることで、参加メンバーの気づきや、生産性を高めた内発動機を促進し、“見える化”することで課題が見えてくる。

業務を仕分けてみる

業務の仕分けは、縦軸に必要なリソース／スキルの多少／高低を、横軸に業務価値の高低を示して分類する（図表4-12）。ここに、今ある業務を仕分けてい

▶図表4-12　業務の価値を洗い出す

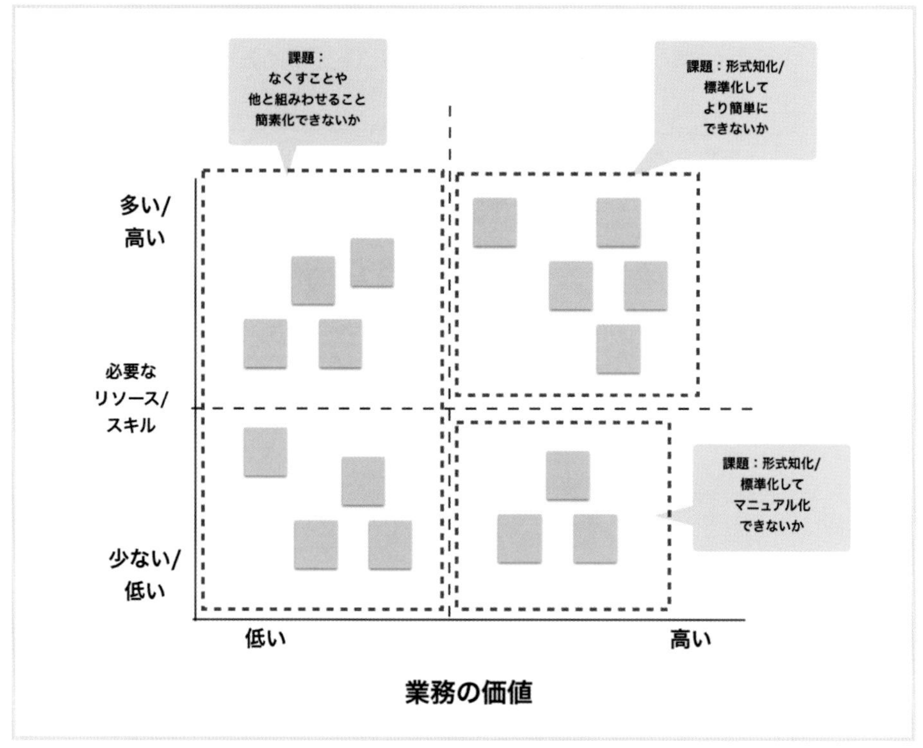

くと、業務の課題が見えてくる。ファシリテーターが進行する場合は、「他のメンバーは、それに対する気づきを共有しましょう」「業務にかかる工数や認識の違いはありますか？」「(もし認識の違いがあるとすれば) なぜ認識の齟齬があるのでしょうか？」「業務の課題は何ですか？」といったことなどを問いかけていく。

「この活動や行動はターゲット顧客に対して、どのような価値を生み出していると思いますか？」

「この業務の目的は、そもそも何ですか？」

これはファシリテーターが行う重要な質問だ。多くの仕事の価値が薄れているにもかかわらず「これまで、やってきた」という理由だけで、形骸化している場合が多い。特に、ルーチン化している業務「定例の会議」「報告業務」「資料の作成」は、その中身をチェックしてみること。この3つの業務は、ムダが隠れている3大業務と言われている。

業務を5つに分ける

では、業務検証の深掘り／課題出しをどのように進めていけば良いか？　それをするには業務を5つに分けるのがポイントになる（『チームの生産性をあげる。』沢渡あまね著、ダイヤモンド社を参考にさせていただいた)。

図表4-13を見てほしい。このように業務を5つのポイントに整理してみて、課題になっている原因を特定する。

①**インプット**：業務を行うためのインプット（いわば原材料になる）

②**アウトプット**：業務の結果出来上がったもの（いわば成果物になる）

③**目標／目的／価値**：成果物がどのような価値を生み出すのか？

④**必要なスキル／効率性／工数**：時間当たりの生産性、プロセス全体にかかる工数

⑤**関係者**：業務を遂行するために間接的、直接的に関わる人

▶図表4-13　業務を5つに分ける

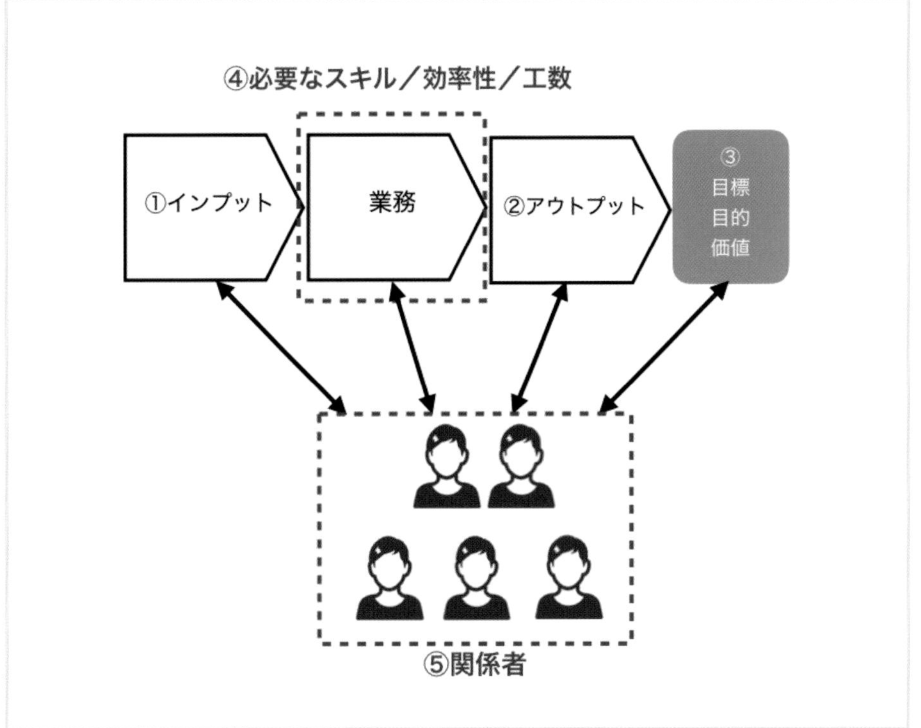

ファシリテーターは、

「もしかして、インプットに原因があるのでは？」「関係者に問題がある？」

「アウトプットの質が目的に合っていないのでは？」「そもそも、目標が低いのでは？　高いのでは？」「効率が悪いのでは？」

「たいして重要でない仕事にリソースを取られていないか？」

などの問いかけをすることによって課題をあぶり出していく。

特に、③の「目標／目的／価値」に関しては、カスタマーサクセスが自社内で実装されたタイミングで、カスタマーサクセスの観点をベースに「そもそも、この業務は、カスタマーに対してどのような価値をもたらしますか？」という質問を投げかけるセッションを行うのが有効だ。

ECRS+SKを実行する

そもそもの業務や組織に関する考え方を紹介しよう。業務や組織は3つの「ない」と、4つの「S」を志向することで、これまで負債になりがちだった業務が最大の資産になる可能性を秘めている。

3つの「ない」とは、

1. **作らない**：一度作った組織は簡単に潰せない。だから、安易に作ってはいけない。
2. **残さない**：役割を終えた組織は、他の部門と統合させる。意味のなくなった組織を残してはいけない。
3. **重複させない**：似たような機能、業務を複数の部門で行っているケースが多い。これは非効率になってしまい会社の統制が取れていないことになる。

4つの「S」とは次の通りだ。

Slim：スリムで効率的

Strong：インパクトがあり効果的

Smart：形式知化されスマート
Speedy：スピーディーで生産的

上記のプロセスを踏まえて、業務の課題化ができたら、ここからはいよいよ、それを実行に移していく段階だ。

ECRSとは「改善の4原則」と言われるものだ。業務改善をする上での順番や視点を示すフレームワークである。

Eliminate（排除する）、Combine（つなげる）、Replace（組み替える）、Simplify（簡素化する）の4つを考えることを意味する。

すなわち、業務や成果の価値は落とさずとも省ける工程や業務がないか（排除）、その上で、異なる手順や作業を同時並行、同時処理ができないか（結合）、排除や結合が完了した業務について、改めて全体の構成や流れを見直し作り変えることができないか（再編成）、複雑な工程や業務をシンプルにできないか（簡素化）を考えることだ。

これに加え、「S（Strengthen・強化）」を考えてみる。「強化」とは、価値提供を支えている目玉業務に注力して、レベルアップできないかを考えてみることだ。

「K（Knowledge・形式知化／標準化）」は、汎用化、事例化、標準化、マニュアル化することで、自社の競合優位性を強化することにつながる。

ECRS＋SKを定期的に実行することで、業務を常に"最新"に更新し続けることが求められる。何度かPDCAを回してみて、業務改善（生産性向上）がどの程度達成できたかを定点観測していく。その結果、アウトプット（生産性）が飛躍的に高まることが見込める。

改めて「標準化するべき項目」と「標準化するべきでない項目」の違いについて解説したい。

まず図表4-14のように業務を、「標準

▶図表4-14　「標準化にかかる労力」と「標準化によるメリット」の2軸で業務をプロットする

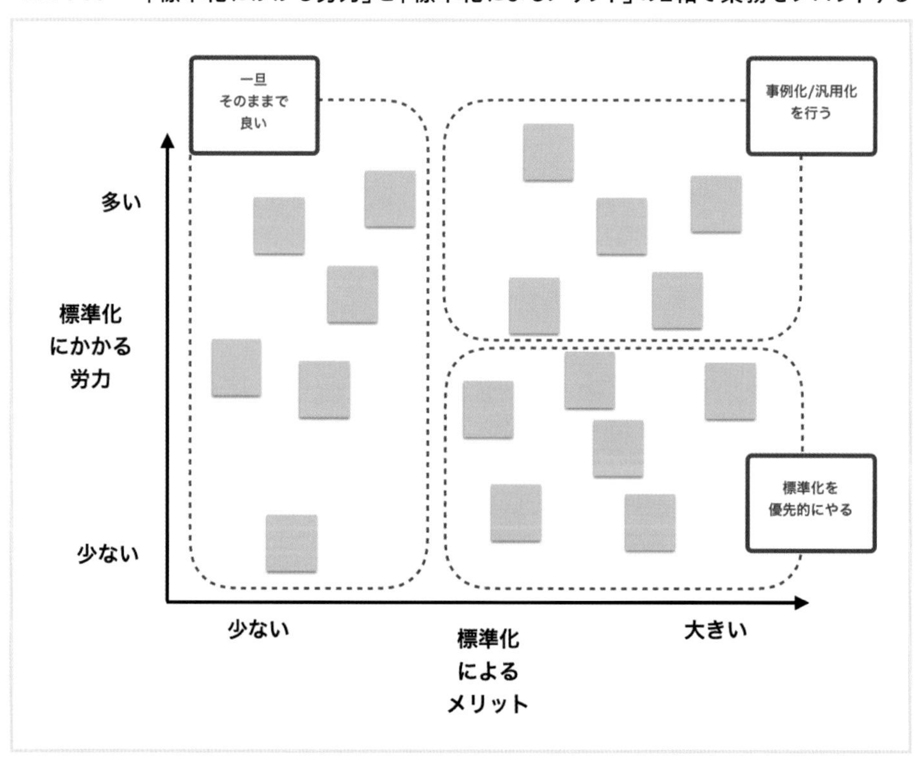

▶図表4-15 業務改善するときの進め方

業務	業務概要	業務課題	アクション					
			Eliminate	Combine	Replace	Simplify	Strengthen	Knowledge
XXX	XXX XXX							
XXX	XXX XXX							
XXX	XXX XXX							
XXX	XXX XXX							
XXX	XXX XXX							
XXX	XXX XXX							

化にかかる労力」と「標準化によるメリット」の2軸でプロットしてみる。

その中で、標準化のメリットが大きく、標準化の労力が少ない業務に関しては、標準化を進める（図表4-14の右下のグループ）。

一方で、標準化のメリットは大きいが、標準化にかかる労力が多い業務、例えば、感覚的な業務（クリエイティブ）や企画系の業務、「こだわり」の業務などは、汎用化と事例化を行っていく（図表4-14の右上のグループ）。

「汎用化」とは、普遍的な部分やポイントだけに着目することだ。例えば、小泉進次郎やバラク・オバマの演説の方法を、そのままコピーすることはできないが、そのテクニックを、抽出し抽象化して、自らのプレゼンテーションに活かすことができる。

「事例化」とは、うまくいった事例に着目して、それを言語化していくことだ。

このようにして、前に出した業務に対してしかるべきアクションを考えていく。図表4-15のように整理すると良い。

CHAPTER 4-3 OPERATIONAL EXCELLENCE

標準化／マニュアル化の進め方

標準化は、業務をインプット、プロセス、スキル／知見、アウトプット、関係者の5つに分け、それぞれの標準化を考えていくことだ。

インプットの標準化とは、業務のために用いる元データ、形式、質問項目は何かを洗い出して、統一すること。

プロセスの標準化とは、インプットで収集したデータをどのような手順で誰が加工していくかの手順を定めること。複数の人が関わる場合は、その順序と役割を明確にする。

標準化した業務を書面にして、属人性を排除し、他の人でもできるような再現性を持たせること。

良品計画、トヨタ、セールスフォースのように「一見すると、標準化が難しそうな業務」を標準化することは、企業にとっての強力な持続的競合優位性につながることに留意すべきだ。

前述したが、東京すしアカデミーは日本初寿司職人の養成学校だ。2か月のコースで、寿司の基本をマスターできる。魚の目利き、魚のさばき方、シャリ作り、巻物、細巻き、軍艦巻き、ツマの作り方、玉子焼き、昆布〆、接客などを一流の講師から学ぶことができる。通常、10年はかかると言われている寿司職人の技術を短期間で学ぶことができる。

特筆するべきは、究極の標準化とも言える「東京すしアカデミーのオリジナルテキスト」だ。握りの手順が写真入りで細かく掲載され、技術の見える化が徹底されている。魚の仕込み方に関しても魚のサイズ別に時間の目安まで書いてあるのだ。

「良いマニュアル」は、良品計画のMUJI GRAMや東京すしアカデミーなどが体現化し、武器化している。

マニュアルはWHAT、WHY、WHEN、WHO、HOWの切り口でまとめる

良いマニュアルを満たす基準としては、仕事や業務の価値（顧客／役務の受け手から見たときの価値）を明文化していることだ。

そのためには「WHAT」「WHY」「WHEN」「WHO」「HOW」という切り口でまとまっているのがポイントだ。そうすることによって人によって解釈が変わってしまうのを防ぐことができる。人によって受け取り方や理解の仕方が異なってしまうと、その仕事の方法は基準にならない。

例えば、良品計画では「レジ対応」を以下のように定義している。

WHAT：お客様から購入される代金をいただき、商品をお渡しするお客様対応です
WHY：レジは店舗業務の20%を占める重要な業務のため、レジは「買ってよかった」「良いお店だな」そう思っていただけるチャンスです
WHEN：随時
WHO：全スタッフ

さらに、標準化／ナレッジ化を進めるために、施策を立てるのも有効だ。

例えば、ナレッジを貯めることを定着させるために積極的にやったメンバーを表彰するなどだ。

- ナレッジを共有した人の表彰制度を設ける
- ナレッジを共有したことを人事評価の対象とする
- ナレッジに対するフィードバックをする
- どれくらい参照されているのかを分かるようにする
- SlackやChatworkなどのツールを使っているなら、“いいね”“Like”コミュニケーションを活性化する

しばらくは業務の負荷をかけてから施策を考える

こうして業務を運用して回した後に、図表4-09の⑤〜⑦のように、「人材採用」「外注化」「ツール化／自動化」を検討していく。

ポイントとしては、しばらく業務を運用してみることだ。メンバーは、現状の業務の生産性を高めたり、無駄を省いたりすることになるので、現状の仕事に加えてさらに負荷のかかることになる。

このようにストレッチせずに人を“とりあえず”採用すると人材がダブついてしまい、調達した資金のムダ遣いになってしまうケースがある。

人材採用

「人材採用」は人的資源の章でも解説したが、「現状のバリューチェーン」と、あるべきバリューチェーンのギャップを検討して、それを埋めるための採用を心がけていくことだ。

人を採用するのか、外注を通じてケイパビリティ（能力）を高めるのか、それには、以下の論点を検証する必要がある。

- どこまで自社にノウハウを残したいか？
- どこまで自社でマネジメントしたいか？
- どのような人材を育成していきたいか？
- この仕事はコア業務かノンコア業務か？（現在はノンコアでも将来的にコア業務になる可能性はあるか？）
- 自社にどのような知識や人材がいるか？
- どれくらいのバーンレート（Burn Rate：資本燃焼率）に耐えることができるか？

改めて、外注のメリットと外注のデメリットについてまとめてみよう。

外注化のメリット

- 外部の知見／ベストプラクティス／技術を活用できる
- 人が足りないときでもコアメンバーをコア業務に配置できる
- 突発的なノンコア業務を外注すること

で、人のオーバーヘッドを減らすことができる
- 自社の弱点を補うことができる
- 固定費（人件費）や設備費を抑えることができる
- 人材確保の手間を省くことができる
- 人が入れ替わったときに再教育をする必要がない

外注のデメリット
- マネジメントコストが発生する（マネジメントのスキルが必要になる）
- 経営の方針やビジョンを理解していない場合が多く、対策が表面的／短期的になる
- コストが割高になる場合がある

業務のツール化／自動化を行う

業務改善をして生産性を高めるには、システムや機械で代替できるところをツール化／システム化／自動化するのがポイントになる。

システム化を考えるときの論点には、以下のようなものがある。

- あえて人がやることと、人がやらなくても良いことの切り分けができているか（人がやることがブランド価値になっている場合はどこまでシステム化を進めるのか検討が必要）
- システム化してしまうと、期待されるサービスレベルに対する運用が安定しない懸念がないか
- システム化したときに、セキュリティや安全面で懸念が残らないか
- 実装面だけでなく、運用面でもどれくらいのコストがかかるか明確か
- システム実装が目的でなく、システムを手段として、現場がより付加価値のあるサービス／役務を提供できそうか

上記の論点を踏まえて、現状の業務と業務課題を書き出してみる。その上で、

▶図表4-16　優先順位を決める

業務	現状の業務課題	システム化の懸念点/コスト（最高1　最低5）				システム化がステークホルダーにもたらす価値（最高5　最低1）				合計点（高いと優先）
		サービスレベルリスク	セキュリティ安全面リスク	実装コスト	運用コスト	XX担当	XX担当	顧客	取引先	
XXX	XXX XXX	2	2	3	4	3	5	2	1	21
XXX	XXX XXX	2	2	2	3	4	1	1	1	15
XXX	XXX XXX	3	5	3	5	5	2	5	3	36
XXX	XXX XXX	2	2	2	5	3			5	24
XXX	XXX XXX	5	5	4	3	5	3	4	4	33
XXX	XXX XXX	1	1	3	4	1	5	1	1	17

合計点の高い業務からシステム化を検討する

▶図表4-17 「グリーンエプロンブック」がもたらす効果

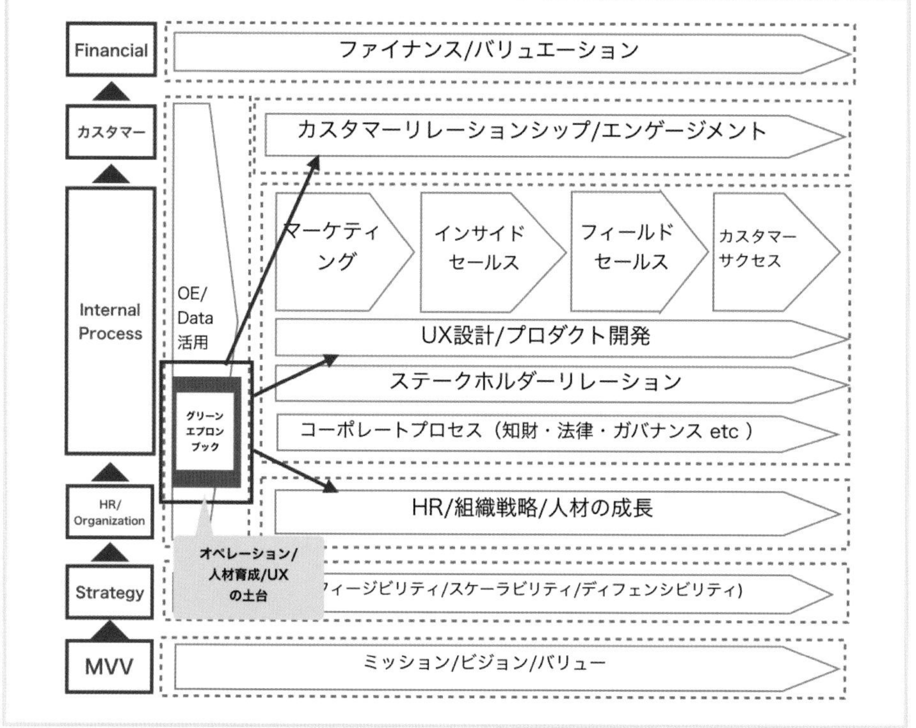

「システム化の懸念点やコスト」と「システム化がステークホルダーにもたらす価値」を書き出してみる（図表4-16）。

それらを鑑みて、どこから優先してシステム化していくかを検討する。ステークホルダーへの価値が高く、コストや懸念点が低いところから手をつけていくことになる。

また、業務をあえて、かっちりと標準化せずに、オペレーショナル・エクセレンスを達成している企業もある。

スターバックスは、そのサービスの秀逸性と顧客満足度で知られていているが、マニュアルは作っていない。代わりに、一人ひとりが“考える接客”をするように徹底されている。

スターバックスの従業員には、「グリーンエプロンブック」と呼ばれる、スターバックスが大切にしている価値を凝縮した手帳が配られている。

「グリーンエプロンブック」に書かれている5つのキーワードは以下の通りだ。

1. 歓迎する（BE WELCOME）
2. 心を込めて（BE GENUINE）
3. 豊富な知識を蓄える（BE KNOWLEDGE）
4. 思いやりを持つ（BE CONSIDERATE）
5. 参加する（BE INVOLVED）

（『スターバックス5つの成功法則と「グリーンエプロンブック」の精神』ジョセフ・ミケーリ著、月沢李歌子訳、ブックマン社より）

スターバックスは、この「グリーンエプロンブック」を人材教育のマテリアルとして使っている。 それが、スタッフ（バリスタ）の高いホスピタリティ（高いUX）につながり、結果としてカスタマーのエンゲージメントを高める効果をもたらしている（図表4-17）。

CHAPTER 4 SUMMARY

CHAPTER4のまとめ

スタートアップの成長のキーになるのは、ITを駆使するだけでなく、普段行っている業務をいかにして、可視化／形式知化／標準化していくことも重要になってくる。

オペレーショナル・エクセレンス（OE）実施による持続的競合優位性資産は、図表4-19のようになる。

▶図表4-18　オペレーショナル・エクセレンスのCFS事例

スタートアップ(事業) のフェーズ	Ideation	Pre-seed	Seed	Series A	Series B〜	Pre-IPO	Post IPO
フェーズの説明 / OEのCSF事例	アイディアを発見する	顧客課題とソリューションの検証	PMFを目指す	Unit Economicsの健全化	スケールを目指す	IPOを目指す	圧倒的優位性の確立
Operational Excellenceの型を理解している							
個人の業務の棚卸しができている							
定期的にチームで業務の棚卸/見える化ができている							
定期的にチームで業務の標準化/マニュアル化ができている							
業務のシステム化/自動化ができている							
データ・ドリブンなオペレーションができている							
OEが社内の強みになっている							

Ideation／Pre-seed:

オペレーショナル・エクセレンスについて議論するのは時期尚早。ここでオペレーションを最適化してしまうと、「Pre-mature Scaling」（＝時期尚早の拡大）に陥ってしまったり、不必要に資金燃焼率が上がったりするので危険。このフェーズの最大のミッションは、現場に出向き、顧客との対話とソリューションの検証を行う泥臭さを持つことである。

Series A

PMFを達成し、拡大再生産に向かうフェーズ。属人化や業務の不文律／ブラックボックス化など、業務に関連する課題が次々に出てくる。経営メンバーが一丸となるのが強みだったが、徐々に属人化や非効率化といった形でデメリットに変わってくる。業務の生産性を高めるために、定期的な業務の棚卸しや見える化をし、業務の標準化を実行する。

Series B

前フェーズに引き続き、定期的な業務の棚卸し／見える化／標準化を引き続き行っていく段階。それに加えて、業務のシステム化や外注化の検討を始めて、組織としての生産性をさらに高めることを検討する。

Pre-IPO~IPO

上場を見据えて、様々な業務の型化／標準化を実行していくフェーズ。標準化や型化が目的化してしまうと、手続至上主義主義や官僚主義を招いてしまうリスクもある。「この業務は、誰にどのような価値をもたらすのか？」という問いかけとディスカッションを組織内に浸透していく必要がある。

▶図表4-19　スタートアップの価値（バリュエーション）を決める要素

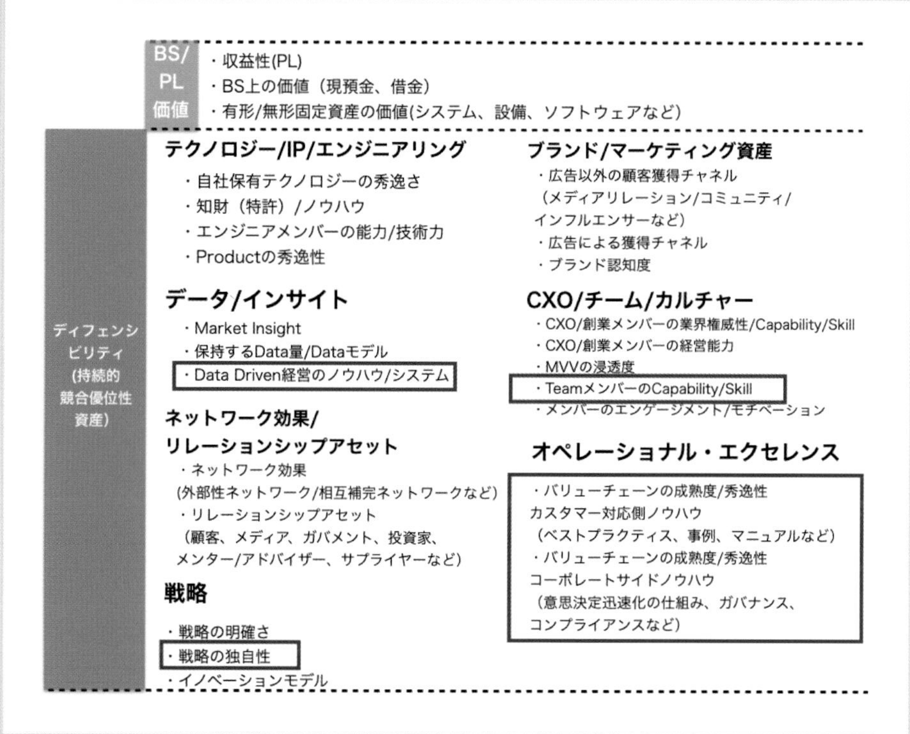

データ・ドリブン経営のノウハウ:

オペレーションもデータ活用やシステム化を図ることにするより、生産性の最大化やボトルネックの排除などを実行できると大きな持続的競合優位性になる。

戦略の独自性:

他の持続的競合優位性資産（ネットワーク効果やプロダクトの秀逸性）とオペレーショナル・エクセレンスを組み合わせることによって、強固かつユニークな持続的競合優位性を構築できるようになる。それを達成するための戦略の設計が重要になる。

チームメンバーの能力／スキル:

オペレーショナル・エクセレンスをさらに押し進めるため、組織メンバーのノウハウやスキルの横展開、ノウハウの共有を図る。そうして蓄積されたスキルやノウハウは、自社にとって強固な持続的競合優位性になる。

バリューチェーンの成熟度／秀逸性:

自社にとって最適化されたオペレーションとは何かを磨き続けることは、会社にとって最大の持続的競合優位性資産になる。

CHAPTER

5

ユーザーエクスペリエンス

この章の目的

- ユーザーエクスペリエンス（UX）の基本コンセプト／重要性を確認する
- UXエンゲージメントモデルを活用して自社のプロダクトを磨き込む考え方を身につける
- 事業の各フェーズにおけるUXのキーポイントを押さえる

写真:iStock.com/designer491

▶図表5-01　スタートアップ・バランス・スコアカード

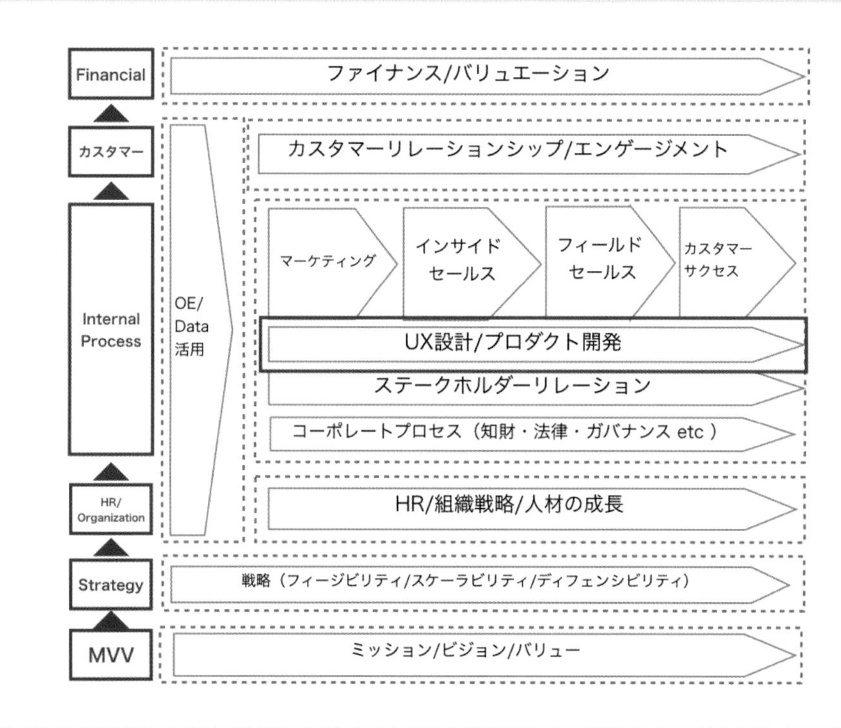

CHAPTER

5-1 USER EXPERIENCE

なぜ、高いユーザーエクスペリエンスが求められるようになったのか

ユーザーエクスペリエンス（UX）とは、人がモノやサービスに触れて得られる体験や経験のことだ。UXはよく、消費者（Consumer）向けの文脈でとらえられがちだが、それだけではない。本章や「カスタマーサクセス」の章で説明するがビジネスユーザーのUXも非常に重要になる。Forrester Researchによると、2007～2013年の7年間で、UX先進企業は、そうでない企業よりも圧倒的に業績が良いという統計結果がある[1]。

1）"The US Customer Experience Index.Q1 2015"（April 2015）

CXOにUXの知見が欠けていると以下のような事態になり、成長の大きなボトルネックになってしまう。

- **UXベースのプロダクトではなく、機能ベースのプロダクトになり、「熱狂的なユーザー」の創出が難しくなる**
- **テクノロジーをレバレッジしたUXを構築することができずに、後手に回ってしまう**
- **UXを要素分解して考えることができないため、チームに対して具体的なディレクション（アクション可能なディレクション）ができない**

これまでは図表5-02のように、まずプロダクトがあり、その中の一部としてUXがあった。なぜなら、インターネットやスマートフォンが浸透する20世紀（21世紀の最初）までは、供給サイドの経済が主流だったからだ。供給サイドの売り手側の方が圧倒的に専門知識や情報を所有し、需要サイドの買い手側はそれを知らないという、いわゆる"情報の非対称性"が際立っていた。

極論すると売り手は、この"情報の非対称性"を活用し、買い手にあまり情報がないために強い交渉力やチャネルの支配権を持ち、自分たちが売りたい値段で、「売れそうなもの」を売っていた。つまり、「ユーザー」のことを考えていると言いつつも、「自分たちの技術をベースにして、プロダクトをより高機能にして販売すること」が命題だったと言える。

また、プロダクトの作り手はエンドユーザーに直接モノを届けるチャネルを持ち合わせていない場合が多く、多くが、チャネルに頼ってきた。結果として、「エンドユーザーにどうやってUXを提供するか？」よりも「どのチャネルを通じて、プロダクトをプッシュするか？」が論点になった。私はこの状況を「Product Channel Fit」と呼んでいる。「売るまでが勝負」「いかに顧客の気持ちの盛り上がりを購入時までにピークに持っていくか」という考えがベースになっている。未だに、いかに高機能な冷

▶図表5-02　UXありきで考える

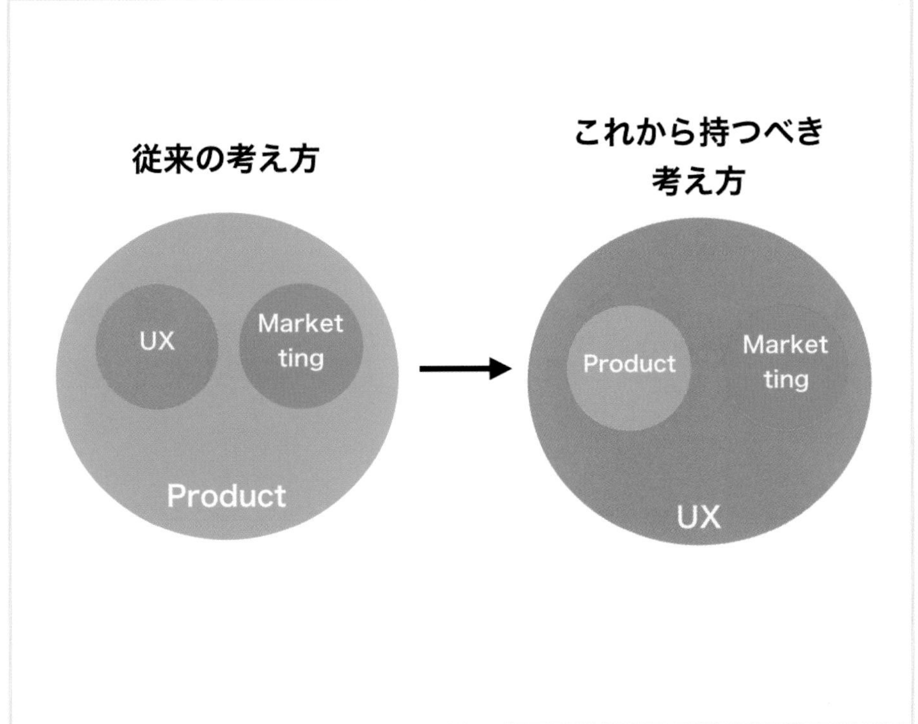

蔵庫を高価格で売るかに勝負をかけ、売った時点がゴールになっている供給側は少なくない（図表5-03）。

プロダクトはUXの一部に組み込まれた

しかし、21世紀は、買い手側がネット、SNS、モバイルなどのテクノロジーを活用して様々な情報を入手し、かつ、その商品やサービスをすでに利用している人の口コミも閲覧できるようになった。売り手側に対して優位性を持てるようになった。つまり、抽象的に表すとプロダクトはUXの一部になったのだ。

また、20世紀特に日本企業が全盛を誇った高度成長期は、ないモノを探し、それを埋めるようにモノ作りをしていれば買ってもらえた背景がある。

しかし、モノが行き渡った今は、機能だけで勝負しているような商品は低価格競争に陥りやすく、コモディティ化してしまう状況だ。こういう時代において必須なのが、本章で詳しく解説する「UXの視点」だ。「売ったら終わり」ではなく、図表5-04のように高いUXが求められる時代は、「売るまで」は通過点にすぎず、「売ったあと」に、いかに顧客との関係性を築き、継続して商品やサービスを使い続けてもらうかに力点が置かれる。

サービスを利用するユーザー（サブスクライバー）は、高いUXを求めている。心地よく音楽が聴けるならば、別に、チャネルは何でも構わないのだ。いかにシームレスに、聴きたい音楽を聴きたいタイミングで聴きたい環境で聞けるかが重要になる。その届け方は、何でも構わないのだ。つまり、「求めるUX」がそれを満たすチャネルを規定するようになったと言えるだろう。

これは、LTV（生涯顧客価値）の視点にも通じる。LTVとは、一人（あるいは一社の顧客）が、特定の企業やブラン

▶図表5-03　従来型のプロダクトやサービスの捉え方

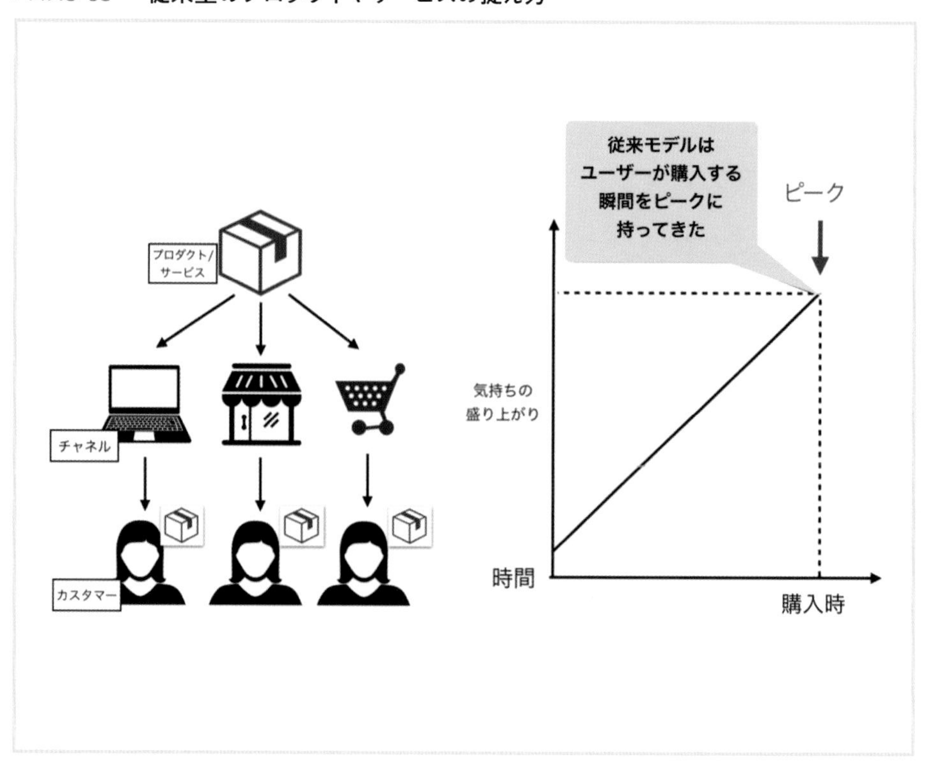

▶図表5-04　UX中心の考え方

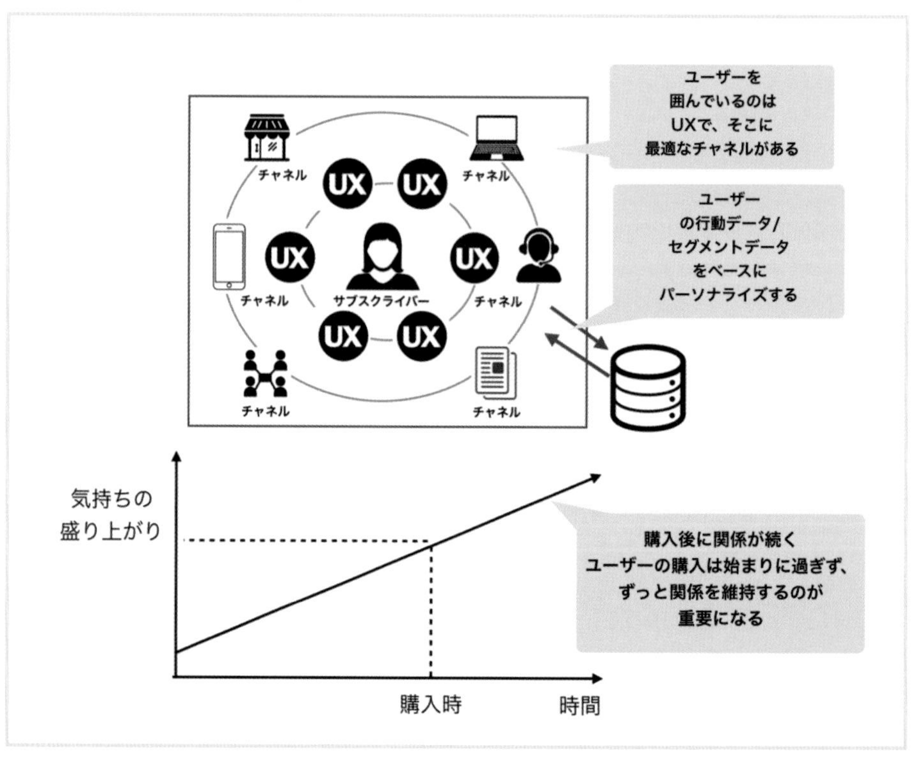

▶図表5-05　商品やサービスの差別化の大小とLTVの高低の関係

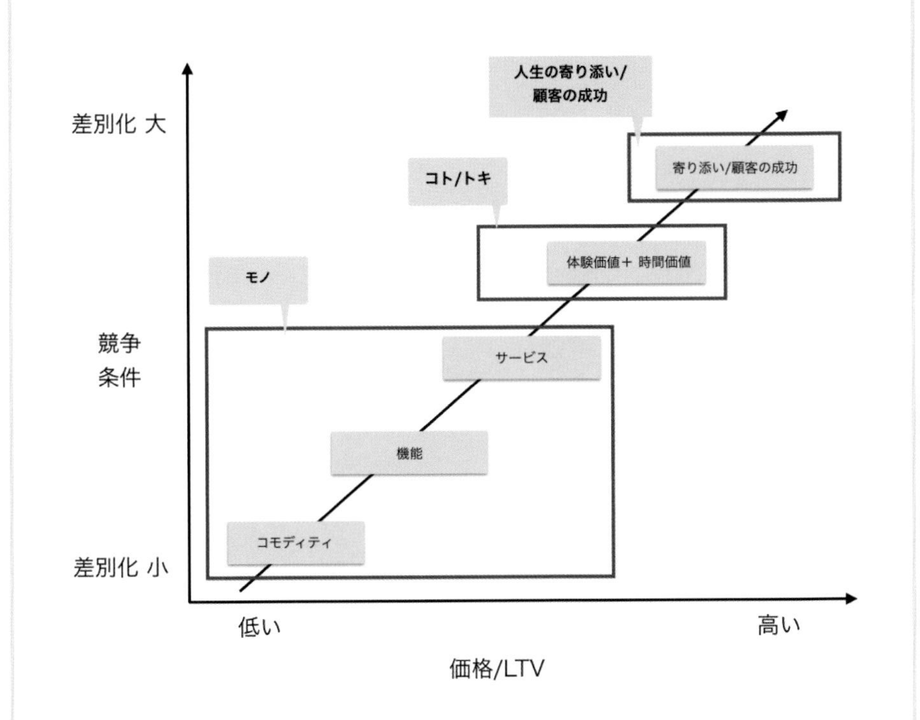

ドと取引を始めてから終わるまでの期間に、どれだけの利益をもたらすのかを算出したものだ。

LTVを考えることは、商品購入後、いかに継続して関係性を維持するかを考えることにつながる。今述べた商品やサービスの差別化の大小と、LTVの高低の関係性について、私は図表5-05のように概念化してみた。

モノからコトへ
人生に寄り添い／顧客の成功へ

縦軸が商品やサービスの差別化の大小を、横軸がLTVの高低を示している。価格競争に巻き込まれた「コスト」だけで勝負した商品は、コモディティ化しやすくなる。差別化は図れず低いまま、LTVも低い。

「この商品だから買いたい」と思わせる要素はほとんどなく、さらに安い代替品があればあっさりそちらにいってしまう可能性が極めて高い。

「コスト」よりも差別化が図れるのは、「機能」を充実させた商品だが、残念ながらこれからの時代は、「機能」だけをウリにする商品は「コスト」重視の商品と大差がなくなる。機能を追求した商品がもてはやされたのは21世紀の最初までだ。

これまで、製品開発をするときに、UXの良し悪しを考慮することなく、「売り抜けたらよかった」ので、ひたすら原価をかけて「機能追加」して、その上に利益分を上乗せして売ることが主眼に置かれていた。後ほど、UXエンゲージメントモデルでも説明するが、こういった過剰な機能追加は、ユーザーに負担をかけてしまったり、過剰な機能を使えない罪悪感を植え付けてしまい、逆にUXが毀損してしまうケースが少なくないのだ。

図5-05に戻ろう。真ん中にある「サービス」が優れている商品は、「コモディ

ティ化」した商品や「機能」を充実させた商品よりも差別化を図れる可能性が高まる。高級な旅館やレストランなどは、努力を重ねて、その値段に見合う高品質なサービスを提供し、ユーザーを満足させようとする。当然、こういった品質の高いサービスのニーズは今後も残り続けるだろう。しかし、どうしてもスケーラビリティの観点で見たときに限界があるのだ。

2000年代までは、ユーザーの気持ちを忖度して、できるだけ良いサービス（ときに過剰なサービス）を行いユーザーの満足度を高めればよかった。しかし、過剰なサービスはユーザーにとっては、鬱陶しく感じられることもあるし、それに見合う対価を払えるのも一部の顧客に限られてしまう。

さらに、高度なサービスをアナログで提供するには、熟練の技や経験を要するので、それを一気に拡大するのは難しいだろう。それを解決する「ハイタッチ」と「テックタッチ」の組み合わせについては、後ほど解説する。

良いUXのキーワードは「コト」「トキ」

その次に考えるべきは、ユーザーの「コト」体験や「トキ」体験になる。「モノからコトへ」と言われて久しいが、未だに「モノ」の発想から抜けられない企業が多い中、「コト（経験／体験）」にシフトするだけでも差別化につながる。良いUXを設計する際のキーワードとして「トキ」がある。つまり、ユーザー一人ひとりの有限で貴重な時間の利用価値や体感価値を最大化するというものだ。

ウーバーなどは、まさに「トキ」の価値を提案している。例えば、雨の日にニューヨークやシンガポールで流しのタクシーを拾うのは至難の技だ。さらに、需要に対して供給が追いついてない状況で、タクシーを拾おうとすると20分かかるのか30分かかるのか分からない。ところがウーバーを使って5分後に車が到着することが通知されると、ほぼ100%の確率で5分後に到着する。このように、ユーザーはタクシーを止めるということに時間を奪われずに済むのだ。

アメリカの世界最大手の小売であるウォルマートは、2019年に「カーブサイドピックアップ」というサービスを開始した。

これは、アメリカ内のウォルマート2146店舗で提供されているサービスで、顧客はオンラインで購入する商品を選ぶ。店内を歩き回って品物をかごに入れるのは、ウォルマートの従業員だ。

顧客は車から降りる必要がなく、ウォルマートに到着したら店員が車まで届けにきてくれるという非常に便利なサービスだ。これもまさに「トキ」消費だろう。「店舗が広すぎ、列が長く、駐車場が混んでいるので買い物には行きたくない。でもウォルマートですぐに買いたい」と思っている顧客の課題を解決したものだ。

顧客一人ひとりの人生に寄り添う

「コト」「トキ」からもう一歩踏み込み、顧客一人ひとりの「人生に寄り添う」ような商品やサービスの提供ができないか考えることが、選ばれるプロダクトにつながっていく。

例えば、2018年にナイキはニューヨークにハウス・オブ・イノベーションというデジタルとアナログを融合した大型店舗をオープンした（図表5-06）。オンラインショッピングが主流になる中で、なぜナイキは大型ショップをオープンしたのか。その答えが顧客に対する「寄り添い」にある。図表5-06は同ビルの一番上のフロアにある会員専用スペースだ。

▶図表5-06　ナイキがニューヨークにオープンしたハウス・オブ・イノベーション

写真：shutterstock.com

ここでは、会員が自分のナイキアイテムをカスタマイズできるのだ。そのために、このフロアには、プリンターやミシンが完備されており、カスタマイズされたアイテムを持って帰ることができる。

このように、世界で一足の靴ができる体験だけでなく、エキスパートから1on1でアドバイスを受けることができるスタジオまでがある。まさに、アスリートや会員の人生に寄り添う体験を提供しているのだ。

また2019年企業価値が1000億円を超えて、ユニコーン企業になったCasper Sleep（キャスパー・スリープ）というスタートアップをご存知だろうか（図表5-07）。キャスパーは、マットレスを顧客に直接販売するモデル（D2C）を採用して、2014年の創業以来、急拡大している。それまでのマットレスを買う体験というのは、ユーザーにとって、決して良いものではなかった。数多くのオプションに迷いながらユーザー自ら選択し、「自分に合っているかどうか分からず」いわば半信半疑の状態で購入した。マットレスが届いた後も、ただ単なる「機能性プロダクト」として使用した。

一方で、キャスパーが提案するUXは従来のそれと全く異なる。まずオンラインで、簡単にオーダーできる（その際に多くのユーザーのレビューを参考にできる）。配達も無料で100日まで無料で返品できる。

また、それだけなく、睡眠やWell-beingに関するコンテンツを提供するポッドキャストを提供したり、健康について多くのコンテンツが載っている雑誌『WOOLLY』を発刊している。カスタマーを中心としてあるべきUXが考えられて、そこに対して適切なチャネルやコンテンツが提供されている事例と言える（図表5-08）。

▶ 図表5-07　マットレス販売のUXを革新したキャスパー・スリープ

写真：shutterstock.com

▶ 図表5-08　キャスパー・スリープのUX

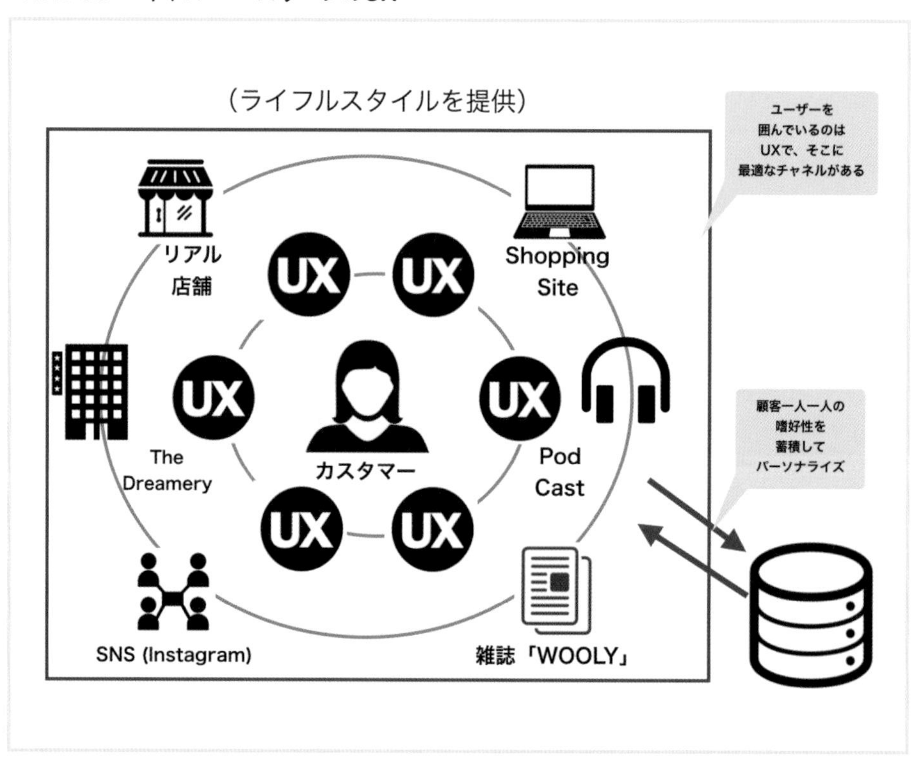

▶図表5-09　エアビーアンドビーを通じてモンゴルのパオにも宿泊できる

写真:Getty Images

エアビーアンドビーが行ったUXの思考実験

11-スター・エクスペリエンス

顧客が利用し続けるのは、その商品やサービスを使うことで成果が出たと思えるからだ。ロイヤルカスタマー育成へと駒を進めるには、顧客の最高の体験、最高の成果は何なのか常に考える必要がある。そこで紹介したいのが、エアビーアンドビーだ。

共同CEOの一人ブライアン・チェスキーは、自分たちの提供する体験についてある思考実験を行った。これを、彼らは11-スター・エクスペリエンスと名づけた。つまり5つ星ならぬ11つ星まで想定したのだ[2]。

従来のホテルが提供するのは5つ星までだ。エアビーアンドビーの創業チームは、5つ星以上の体験、11つ星、10つ星、などを思考実験して想像した。11つ星は、宿泊客を火星に連れて行く。10つ星は、宿泊客を何千人ものプラカードを持った人が迎えるなど、非現実的な妄想だった。7つ星の体験を「どこでも居場所がある」（＝Belong Anywhere）というものに言語化し、このコンセプトがブレイクした。

どんなに高級なホテルに泊まっても、その都市を自らの場所（第二の故郷のような場所）に感じるのは難しいだろう。ところが、エアビーアンドビーで宿泊した際に、ホストとの交流はときに、親密なものになり、その場所が、自分の居場所のように感じられるのだ。

また日本に来る宿泊客も、便利なビジネスホテルに泊まることはできるが、日本の情緒を感じる本質的な体験はできないだろう。台東区や墨田区のエアビーアンドビーに泊まると東京の下町の風情あふれるオーセンティックな体験ができるのだ。

2）https://medium.com/@reidhoffman/how-to-scale-a-magical-experience-4-lessons-from-Airbnbs-brian-chesky-eca0a182f3e3

顧客が欲しいのは、ドリルではなく穴である

T・レビット博士の古典的名著『マーケティング発想法』（ダイヤモンド社）の冒頭に、「ドリルを買う人が欲しいのは『穴』である」という一文がある。

ホームセンターなどにドリルを買いに来た人は、ドリルそのものが欲しかったとは限らない。ドリルは穴を開ける工具だが、「なぜ、穴を開ける必要があるのか」を聞けば、顧客が真に求めているものが見えてくる。顧客と話をする中で、実は、すでに穴の開いているベニヤ板を買う方が適していた、キリのような手動の工具で十分間に合ったなど、顧客自身も気づかなかった要望が見えてくることがある。それを汲み取ってアドバイスをしてくれる店があれば、再びホームセンターに用事ができたとき、顧客がそのお店を訪れる確率は格段に上がるだろう。

顧客自身も想像できないような成功の姿とは、「ドリルの穴で何を達成したいか」を徹底して考えたからこそ提案できる。「ドリルの穴が何か」を考えることは、究極のカスタマーサクセスと言える。なぜエアビーアンドビーが5兆円規模の企業に成長したかと言えば、まさにドリルの穴を見つけたからだ。エアビーアンドビーだからこそできる宿泊体験というドリルの穴を見つけ、それを実直に実行したのである。ちなみにエアビーアンドビーは、2010年にミッションを「Belong Anywhere（どこでも居場所がある）」に変えてから、さらに拡大した。

ユーザーサイドがプロダクトの価値を決める時代へ

売り手より買い手が有利になった背景には、SaaS（Software as a Service）、PaaS（Platform as a Service）をはじめとするXaaS（X as a Service／クラウドによって提供されるサービス全般）の浸透と、それに伴い顧客の価値観が「所有から利用へ」と大きく変化したことにある。

特にここ数年で、「サブスクリプション」が一気に浸透したことで、その傾向は顕著になった。サブスクリプションとは、事業者とユーザーが一定期間において契約関係にあり、その間に利用に対する支払いがある状態を指す。音楽配信サービスのスポティファイや動画配信サービスのネットフリックスなどのデジタルコンテンツの定額課金が浸透し、認知度は一気に高まった。

以前は、一本の映画のDVDを観ようと思ったら現物を購入するかレンタルするしかなかった。しかし今は、ネットフリックスに登録すれば、最安値のプランなら月額800円を支払えば、ネットフリックスに用意されている映画からいくらでも観ることができる。

「所有から利用へ」の時代は、必要なものは持たずに利用する。この概念が浸透すると、商品やサービスは「売ったら終わり」ではなく、利用契約をした時点はあくまでもスタートに過ぎなくなる。

サブスクリプション／リテンションモデルが浸透する時代においては、常に、「なぜ、穴を開ける必要があるのか」について考え、顧客が本当に欲しているものを提供し続ける必要がある。「うちは、『利用』の側面はないから、従来通りモノを売る」という企業も、ユーザーはすでに何らかの「利用」するサービスを使い、その状況に慣れ親しんでいることを忘れてはならない。

すなわち、モノ売り企業といえども、ユーザー有利の中でモノを売ることを心得て、顧客が気づかなかった成果を手にできるように商品やサービスに工夫を加えるなど、より高次の欲求を満たす体験を提供し続ける姿勢を示したい。

▶図表5-10　デザインを企業活動の中心に置く

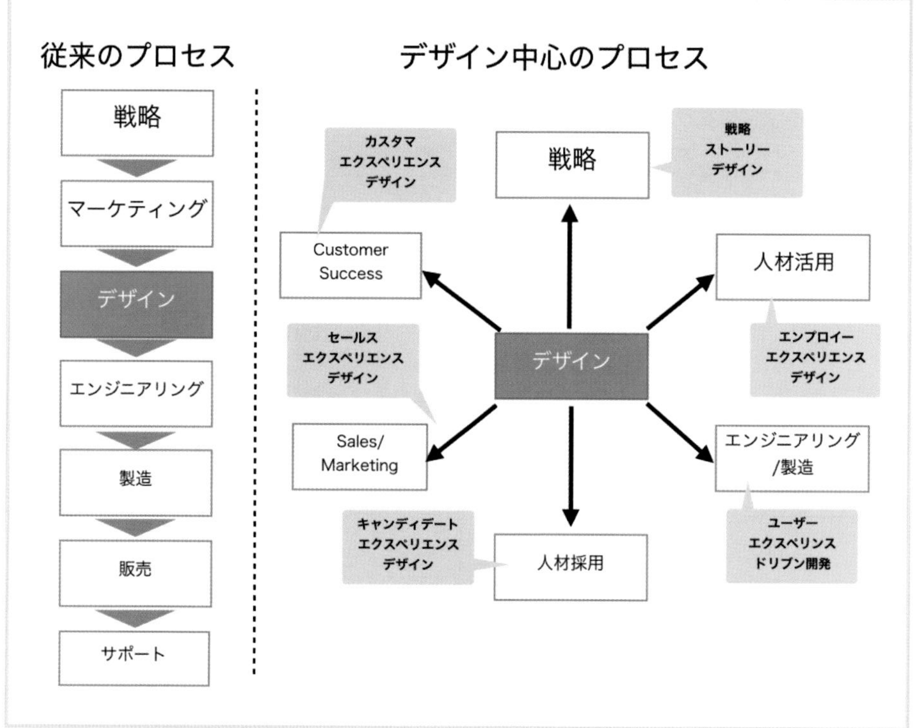

UXデザインを企業活動の中心に置く

UXデザインは、企業や商品のイメージに直結する。「どんなユーザー体験が提供できるのか」「どんなライフスタイルを提供するのか」について考え抜かれたデザインが、「こんな体験がしたかった」「こんな生活を送りたかった」に直結すれば、競合他社を大きく引き離すことができる。

図表5-10を見てほしい。これまでは、デザインのプロセスは、全体の中で一部を構成していた。だが、これからは、デザインというプロセスを、あらゆる活動の中心に置き、常に進化し続けなければ、競合優位性を保つのは難しくなった。

アクセンチュアがデザインスタジオFjord（フィヨルド）を、マッキンゼーがデザインコンサルファームのLUNAR（ルナー）を、GEがデザインセンターであるUXセンターを買収するなど、世界の名だたる企業がこんなにもデザインに注目しているのは、会社やプロダクトの世界観を作り出すという明確な目的があるからだ。

CHAPTER

5-2 USER EXPERIENCE

UXエンゲージメントモデルとは

では、優れたUXとは、何をどのようにすれば実現するのだろうか。

商品やサービスを展開するにあたりCXOは意思決定をしたり、デザイナーやエンジニアに対してディレクションをしていく必要がある。そのためにここでは「UXエンゲージメントモデル」というフレームワークを紹介したい。

UXエンゲージメントモデルは、プロダクトの利用中だけでなく、利用前、利用後、全体体験まで視野を広げ、要素分解したモデルである。プロダクトを利用するユーザー（人間）の欲求や心地よさに訴えかけるために、心理学／行動経済学などの知見を組み合わせて作ったものだ（これは『起業の科学』でも触れているが、2年を経てバージョンアップしているので改めてお伝えしたい）。私が名

▶図表5-11　UXエンゲージメントモデル

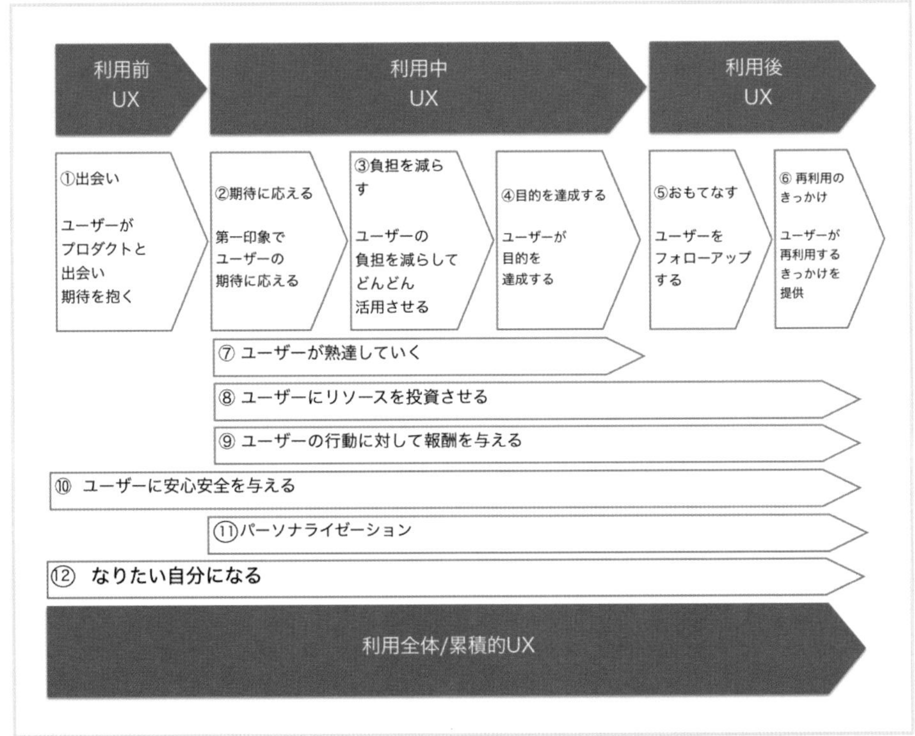

付けた「UXエンゲージメントモデル」の図表5-11を見てほしい。

UXは時間軸に沿う。プロダクトへの期待を盛り上げる「利用前UX」、実際にプロダクトを使ってもらうのを促進する「利用中UX」、いったんプロダクトから離れても再び使ってもらえるように盛り上げる「利用後UX」、さらに、プロダクト利用体験全体にまたがる「利用全体／累積的UX」の4つからなる。それぞれについてポイントを確認しよう。

利用前UX プロダクトと出会い興味を抱かせる

UXの「利用前」は、その商品やプロダクトといかに①**「出会い」**、興味を持ってもらうかが勝負になる。これは、マーケティング／セールスの範疇に入るので詳細は第6・7章に譲るが、せっかくのいいプロダクトやサービスがあっても、「出会っていない」状態では利用できない。ここで強調したいのは「良い出会い」は重要なUXの一部だということだ。素晴らしいプロダクトや利用中UXがあったとしても、出会い方が残念なプロダクトや製品が世の中には多い。「ユーザーはプロダクトとどのような出会い方をしたいと思っているか」という視点を獲得してほしい。

顧客がプロダクトやサービスと出会うきっかけは、広告などをきっかけに知る「①ペイドメディアチャネル」、メディアなどの報道された記事で知る「②アーンドメディアチャネル」、すでに利用している誰かの話を耳にしてサービスを使う「③シェアドメディアチャネル」、自社の発信で知る「④オウンドメディアチャネル」の4つに分かれる。

このうち、より重要になりつつあるのは、**「②アーンドメディア」「③シェアドメディア」**と**「インフルエンサー」**だ。人は、権威のある人や、あるいは憧れの人に裏付けされた“お墨付き”を信じる傾向があるためだ。

反対に、情報過多の今、敬遠されつつあるのが広告で出会う「①ペイドメディアチャネル」だ。ここ数年で、広告ブロックをかけてしまうユーザーの割合が劇的に増えている状況を鑑みても、ただ単に広告枠を購入して、一方的にメッセージを垂れ流し続ける広告の効果は薄れてきている。

行動経済学の理論に「プロスペクト理論」がある。これは、一言で言えば、「人間は損したくない欲求が非常に強い」ということだ。広告でうっかり買ってしまい、「こんなはずじゃなかった」という失敗をした経験のある人は、広告に嫌悪感を覚えたり、ネガティブな感情を持ってしまう。

重要なことは、プロダクトとサービスの出会い方を「より自然に」していくことだ。広告で出会うのではなく、ユーザーが取っつきやすいトピックや共感しやすいトピックから入り、「育成」「啓蒙」するのも有効になる。

利用中UX ユーザーの期待に応え、負担を減らし、目的を達成する

プロダクトやサービスの利用を促進する「利用中」を見ていこう。利用中のUXを考慮しないと、作り手本位で、ひたすら機能を追加してしまいUXは毀損してしまう。考慮すべき視点は、**②期待に応える、③負担を減らす、④目的を達成する**、の3つある。

②「期待に応える」は、第一印象で

▶図表5-12　**無言語でも伝わるか?**

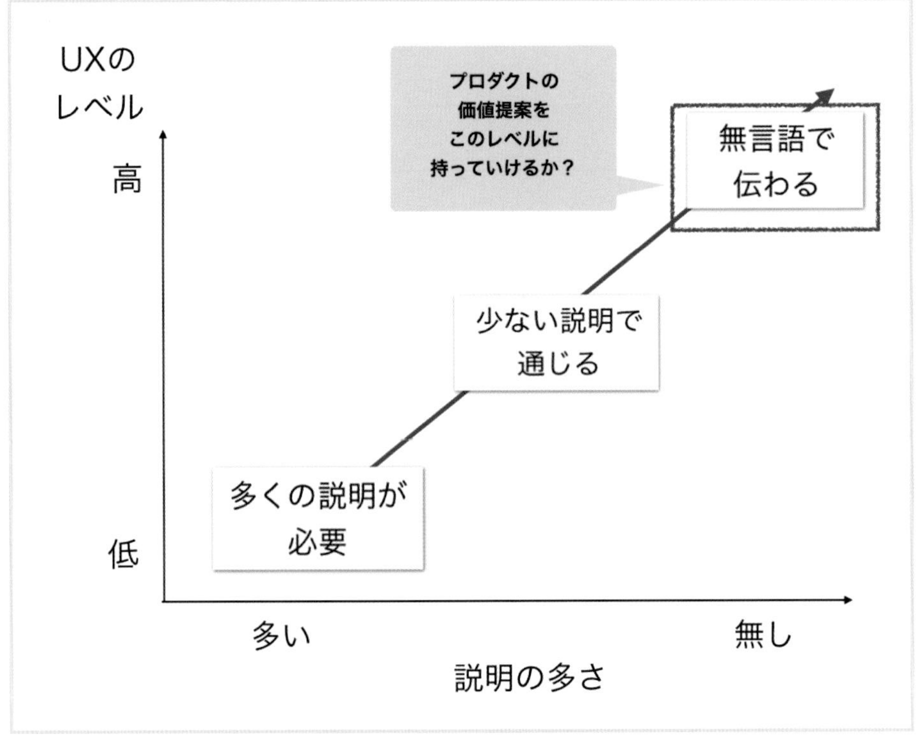

ユーザーの期待に応えるUXになっているか考えることだ。マーケティング用語でいうとアクティベーション（活性化）とも表現されるが、非常に重要なUX要素になる。

「5秒ルール」をご存知だろうか。現代はアテンション・エコノミーとも言われており、人の注意をいかに引きつけるかが重要になる。ユーザーは無意識化で、最初の数秒で、目の前に現れたプロダクトの良し悪しを判断してしまうのだ。最初に、だらだらとメリットを訴求するのではなく、まずは、「一言で言ってこういうこと」という分かりやすさを伝えるようにする。

その究極は、言葉で説明せずに、それを見たら伝わるようにすることだろう。クックパッドの創業者である佐野陽光氏は、著書の中で「優れたものは無言語」と述べている。非言語とは言わないまでも、詳しく説明せずとも伝わるレベルまで落とし込み、ユーザーの最初の5秒の興味を惹きつけることを念頭に置きたい（図表5–12）。

次に、「あ！　なるほど！」という感動、いわゆるアハ体験をできるだけ早いタイミングで与える設計が重要になる。ユーザーがプロダクトを使い出したタイミングや、プロダクトを受け取るタイミングなどで、いかにして早いタイミングで感動体験をしてもらうかがキーになる。

「Time to first Value」と言って、最初に価値を感じる、感動するまでの時間を意識することだ。

ツイッターは、10人以上フォローすると利用者の定着率が上がる傾向を発見した。つまり、ツイッターユーザーにとって10人をフォローして、自分の画面がフォローしている人たちのTweetで埋まることが「アハ体験」だったのだ。

しかし、以前のツイッターは、サインアップしたあとにユーザーをフォローするまでの間に、プロフィールを作る、メイン画面で流れてくるツイートを見るな

▶図表5-13　**UXを改善して収益を増やしたツイッター**

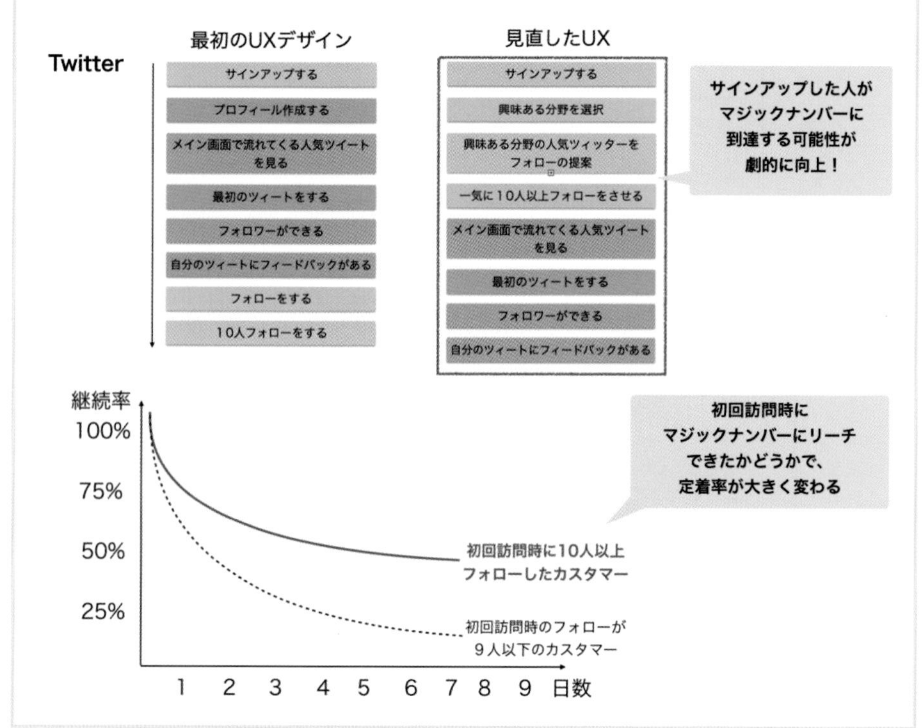

ど、ユーザーがやるべき工程が多く、10人以上のフォローになかなかたどりつかなかった（図表5-13）。

そこで、UXを改善した。改善後は、サインアップした直後に、「あなたの趣味は何ですか」と興味のある分野を選択させ、その趣味嗜好に近い人気ツイッターのフォローの提案をすることで、一気に10人以上フォローさせることに成功したのだ。

ツイッターは広告モデルなので、当然ユーザーが活性化して、日々の利用率（DAU）が上がることが、広告収入につながる。このアクティベーションプロセスを改善したことが、ツイッターの収益の大幅な改善につながったのだ。

ポケモンGOなら最初にモンスターと遭遇したタイミング、出会い系のアプリのティンダーならば最初にマッチしたタイミング、インスタグラムなら最初に投稿して「いいね！」がついたタイミング、月額制ファッションレンタルがキャッチコピーのairClosetは、商品が自宅に届いて箱を開ける瞬間、まさにオープンボックスした瞬間がマジックモーメント（アハ体験）になる。

自分たちのサービス／プロダクトにとってのマジックモーメントは何なのか、この発見が大きなUX改善／顧客の定着率向上につながるのだ。

プロダクトを使い始めのユーザーの心理状態を考えてみよう（図表5-14）。

1段階目「××するのかな？」という仮説を立てるような設計をする（これはアフォーダンス設計と言われる）。

2段階目で「××してみよう！」といった感じで行動を起こす。

3段階目で「××で正解だった」という仮説と行動と報酬が一致してくる。

この3つをぐるぐる回すことによって、学習していき、いつの間にか「これは面白い」「これは価値がある」というアハ体験に自然に持っていくのがポイントだ。

▶図表5-14　ユーザーの心理状態をアハ体験にもっていけるか？

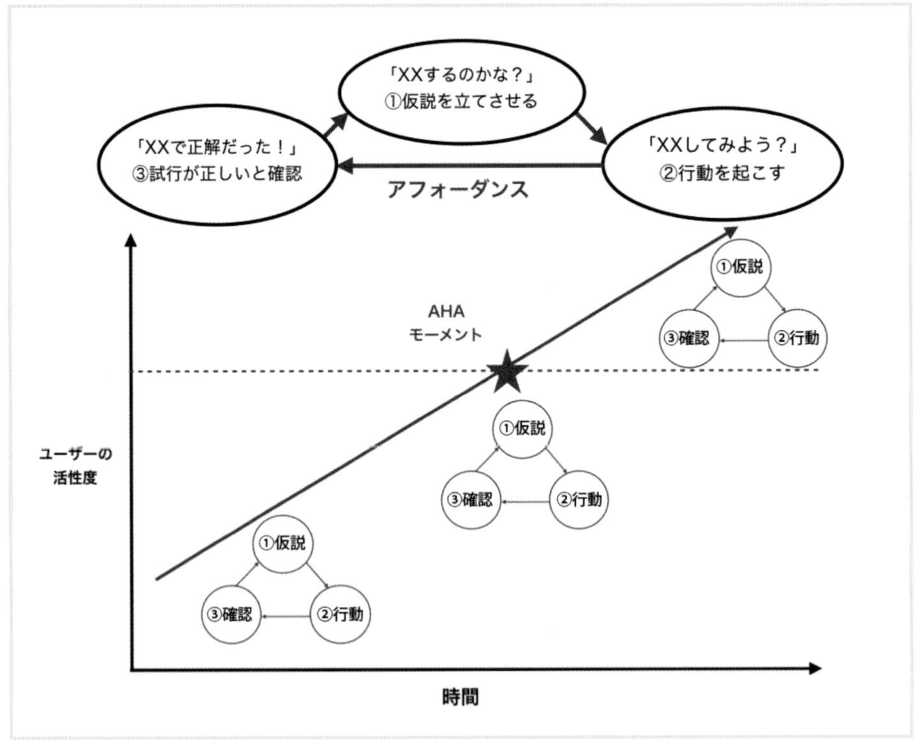

次いで利用中UX③**「負担を減らす」**を見ていこう。

プロダクトやサービスを使い続けてもらうには、ユーザーの負担を減らす視点が欠かせない。「モノづくり好き」「エンジニア気質」の起業家／CXOは、ユーザーのことをあまり考えずに、ひたすら「機能追加」を優先してしまう傾向がある。

だが、考えていただきたいのは、ユーザーは別に機能を使いたいわけではなく、何かの欲求を満たしたり、成果をあげたいと考えているということだ。

過度な機能追加は、ユーザーに「操作を覚える負担」を強いたり「複数の画面を遷移する時間の負担」をかけたり「いっぱい機能があるのに使えない罪悪感」を感じたりしてしまうのだ。

具体的には、負担を減らす方法は6つある（図表5-15）。1つ目は、**「時間」**の負担を減らすだ。例えば、アプリ操作のひと手間を減らすというのは、これに該当する。行動を完了するまでの時間は短いほどよい。

優れたUXを提供するには、徹頭徹尾ユーザーの立場に立ち、その行動に合わせて「いかに負担を減らすか」考えているのだ。

2つ目は、**「身体の努力」**だ。商品やプロダクトの行動を起こすために必要な身体的な労力を減らすことを意味する。例えば、Bluetoothのイヤホンなどは、それまで有線のコードが体に巻きついたり、長さの制限があったため、スマホや音楽プレーヤーを近くに置く必要があった、身体的負担を取り除いた例だと言える。

また、スマホで、鍵の施錠ができるスマートロックも「鍵をポケットから取り出して、開ける」というわずかな身体負担を軽減するだけだ。

しかし、いったんこのような身体負担の軽減を体験し、それが習慣化してしまうとユーザーは元に戻れなくなってしま

▶図表5-15　使うときのカスタマー負担を減らす

時間

行動を完了するまでの時間を減らす

身体の努力

行動を起こすために必要な身体的労力の量を減らす

ブレインパワー

行動を起こすためにメンタル面の努力と集中を減らす

罪悪感

使うときの罪悪感を減らす

社会的負担

その人がプロダクトを使う時に社会的な立場から逸脱しないようにする

お金

行動を起こすための財政的な負担を減らす

うのだ。

3つ目は、「ブレインパワー」の負担を減らす。レコメンド機能や、過去に自分が購入した購買履歴などがこれにあたる。誰もが分かる簡潔な文章にするといったことも含まれる。脳の負担を減らすために何ができるかを考えたい。当然、ユーザーはそのプロダクトの使い始めのときは、そのプロダクトの「ど素人」である。そういう状態のユーザーに対して、色々と難しい操作を要求するのではなく、簡単なハードルを用意して、それをどんどんクリアしていってもらい、知らない間に使いこなす状態が演出できないかを工夫してみよう。

4つ目は「罪悪感」を減らす。情報があふれている現在のユーザーは「理想の姿」が常にインプットされている場面が多い（理想の生活、理想の体形、理想の容姿など）。何か欲求を満たす行動をするときにつきまとうのが「罪悪感」だ。これを除去することができれば、ユーザーがそのプロダクトを使う強力な動機になる。

例えば、特保商品のコーラなどは、従来のコーラにつきまとう不健康で罪悪感を想起させるイメージを払拭した。

他の事例としては、オイシックス・ラ・大地（以下、オイシックス）が提供するミールキットなどがある。オイシックスで宅配される野菜は高品質なものが多く、ユーザーの満足度は高かった。しかし、どうしても全て使いきれないユーザーも一定割合いて、フードロスが発生してしまい、結果、「食べ物を捨てる罪悪感」に苛まれてしまった。それを解決したのがミールキットだった。一食分を小分けにしてデリバリーしてくれるので、ユーザーは使い切ることができ、罪悪感という負担が減ったのだ。さらに、ミールキットは「時短調理」「料理の初心者でもOK」という価値も提供している。

5つ目は、「**社会的負担**」だ。他人から見た自分のイメージや、自分が属しているグループと逸脱してしまうと、人間は負担を感じる。例えば、10代が使うものはクールだったり、可愛くないと、周りの友達から「見映え」が悪くなり、使われなくなる。この逸脱を避けるためには、「ペルソナ」や「エンパシーマップ」を作ることをおすすめする（詳しくは、「マーケティング」の章221ページを参考）。

6つ目は、「**お金**」だ。キャンセル料はかからないなど、顧客の財政的な負担を減らすことも考えたい。例えば、宿泊施設の予約サイトのエクスペディアなどは、前日までキャンセル料がかからない場合が多く、ユーザーは安心して予約ができる。

続いて図表5-11 UXエンゲージメントモデル④「**目的を達成する**」に移ろう。

プロダクトやサービスを利用する中で、顧客が行動を完遂するためのモチベーションを高めることが重要だ。そのためには、行動経済学で研究されているような人間の認知の癖を使うことだ。あまりやりすぎてしまうと、過度にユーザーを扇動してしまうことになるので、おすすめしないが、適度にUXに組み込んでいくと良いだろう。

図表5-16のように人間の認知の癖を使ってモチベーションを高める事例を紹介したい。

(1) **希少効果**：残り少ないと欲しくなる人間の心理を突いたものだ。宿泊施設の予約サイトエクスペディアでは“あとX室”と表示してあり、それを見たユーザーは、予約を促される。

(2) **フレーミング効果**：ある調査によると、性能に応じて価格を変えた商品AとBを提示した場合、AとBを選ぶ人は約50%ずついた。ところが、性

▶図表5-16　**人間の認知の癖**

人間の認知の癖を使いモチベーションを高める

希少効果
残りの数が少なくなる
（希少価値が上がる）
と欲しくなる

フレーミング効果
同じことでも
表現が違うだけで
刺さり方が変わる

エンダウド・プログレス効果
目的に近づけば、
近づくほど
モチベーションをあげる

アンカー効果
カスタマーは
一つの基準情報に
基づき判断する

バンドワゴン効果
同じプロダクトを
使う人が増えると
自分も使いたくなる
BAND WAGON

コンコルド効果
リソースのサンクコスト
が増えると
やめにくくなる

最初から４つの
スタンプが押されている

BUY 7 GET 1 FREE
FREE

BUY 4 GET 1 FREE
FREE

あと４杯飲めば無料コーヒーをゲットできる
のは同じだが、左のほうがゴールに近い感覚になる

能と価格を上げた商品Cを用意すると、Aが25%、Bが50%、Cが25%選ばれた。選択肢が2つの場合は、「品質重視」か「価格重視」かによって判断される。しかし、選択肢が3つになると、「品質重視」か「価格重視」か、という判断は相対的なものになる。そのため、相対的に見て「値段が高くはない」「品質が悪くない」と判断される真ん中の商品が売れるようになる。

(3) **エンダウド・プログレス効果**：目的に近づくほどモチベーションが上がる。例えば、図表5-16のスタンプは、左右のどちらも4杯飲めば、無料のコーヒーを一杯ゲットできるものだ。だが、左の方をコンプリートする人の割合が圧倒的に高くなる。

(4) **アンカー効果**：一つの基準情報に基づき人間は判断する。例えば、ECサイトなどの商品の値段を見た際に、メーカー参考価格から70%オフと表示があったとき、お得に感じる。元々の値段が恣意的に割高に設定されていても、比較対象になるのは、その価格なので、安く感じるのだ。

(5) **バンドワゴン効果**：バンドワゴン効果とは、同じ財を消費する人が多ければ多いほど、また、他人の消費量が多ければ多いほど、自分がその財を消費することの効用が高まるという効果である。

(6) **コンコルド効果**：ある対象への金銭的・精神的・時間的投資をしつづけることが損失につながると分かっているにもかかわらず、それまでの投資を惜しみ、投資をやめられない状態を指す。サイトに必要情報を記入するなどある程度のリソースをかけたら、それがサンクコスト（埋没費用）になりやめにくくなる。

利用後UX ユーザーをおもてなしし、再利用のきっかけを作る

利用したあとのUXで大事になるのが、UXエンゲージメントモデル⑤**「おもてなし」**だ。例えば、サイトにサインアップしたあとにウェルカムメールを送るなどがこれに当たる。これからの関係性に期待がもてるような工夫をするということだ。特に買った直後は、顧客は、例えいいと思って納得したプロダクトやサービスでも、買ったことそのものに「本当に買って（申し込んで）よかったのかな？」と疑念を抱くことは多い。それを払拭するようなリッチメールを送るなど、「やっぱり買ってよかった」と思わせる仕掛けがあると良い。前述したが、初期購買と言うのはただ単に「マイルストーン」でしかなく、それから始まる「長い関係性」の始まりということだ。

「届いて、何をしたら良いか分かるので、本当に親切だな」
「あ〜届くの楽しみだな」
「前日にメールを送ることで、翌日必ず受け取ってもらえるリマインドも兼ねているんだな」

というユーザーが好印象に感じているメールが届いているなどが一例である。

次いで、UXエンゲージメントモデル⑥**「再利用のきっかけ」**だ。これは、ユーザーへのリマインド方法を考えることにつながる。リマインド方法は、リッチコンテンツならEメールやニュースフィード、シンプルなコンテンツならプッシュ通知やアプリ内通知などが挙げられる。

ただし、アプリ内通知が多すぎると敬遠される。パーソナライズしているか、

時間帯は考えているかなどを考慮し、再利用のきっかけを促進したい。再利用のきっかけを与える際に、逆に嫌われてしまうパターンを紹介するので、留意してほしい。

- 短時間で多くの通知を送る
- ユーザーに、行動を押し付ける（家族利用サービスに480円でUpgradeしよう！ など）
- パーソナライズしない（ユーザーの購買履歴とは関係ないアイテムが発売されたことを伝える）
- ユーザーのアクションが明確でない（あなたの友達が、初めて記事を投稿しました！ など）

ライフタイムバリュー（LTV）という言葉以上にライフタイムアテンション（Life Time Attention）ということを作り手側は意識するべきである。つまり、顧客の生涯を通じて、いかに注意や興味を喚起しながら、長い関係を築けるかがポイントになる。

利用全体UX ユーザーが熟達し、なりたい自分になる

より良いUXを提供するには、個別の要素だけでなく、全体のUXを考慮する必要がある。その視点をいくつか紹介する。

UXエンゲージメントモデル⑦**「ユーザーが熟達していくか」**について考えることもポイントになる。ユーザーは、そのプロダクトに馴染むと熟達していく。例えばクックパッドは、レシピ投稿をするほどレシピの編集技術が上がりレビュアーとして認められる。メルカリもそうだ。メルカリに出品する人は、売れれば売れるほど熟達し、売れる単価が上がることがある[2]。

私はこれを“RPG思考”と呼んでいるが、つまり、ユーザーがハマるためには、いきなり強敵を倒させるのではなく、まずは弱い敵（ドラゴンクエストでいうとレベル1のときはスライムを倒させる）からスタートさせる。これは、後ほど紹介する「なりたい自分になる欲求を満たすUX」とも通ずるところもあるが、そのプロダクトを通じて、RPGの主人公のように成長していくことを演出するのがキーポイントになる。

⑧**「ユーザーにリソースを投資させる」**。ユーザーの全ての行動というのは、ユーザーに「時間」「自分のソーシャルキャピタル」「自分の属性や行動などの個人データ」の投資として捉えることができる。ユーザーは、投資をしたそういう「サンクコスト」をどうにか正当化したいと考えているのを意識して、UXを作るべきだ。

次のUXエンゲージメントモデル⑨**「ユーザーの行動に対して報酬を与える」**というのは、ユーザーの行動に対して適切でフェアな報酬を与え続けることで、そのプロダクトに対するエンゲージメントを高めることができる（図表5-17）。例えば、中国の保険大手「平安保険」がリリースした歩いた分だけお金がもらえる「平安好医歩」などの運動系アプリなども、ユーザーに「行動」というリソースを投資させて、それに対する報酬を巧みに設計したものだ。

「ユーザーの行動に対して報酬を与える」というのは、⑧の投資の結果、何らかの形で「役務」や「価値」を提供することである。ここでいう価値とは、ただ単に金銭的に換算できる価値だけではない。承認欲求や人との良好な関係価値を蓄積できる「**ソーシャルの報酬**」は非常に重要だ。フェイスブック、インスタグラム、ツイッター、ユーチューブがここまで大きくなったのは、まさにここに着目したからだろう。フェイスブック／イ

2）https://buppan-navi.com/mercari-sellinglaw/

▶図表5-17　報酬の設定とジーマスコア（芝麻信用）

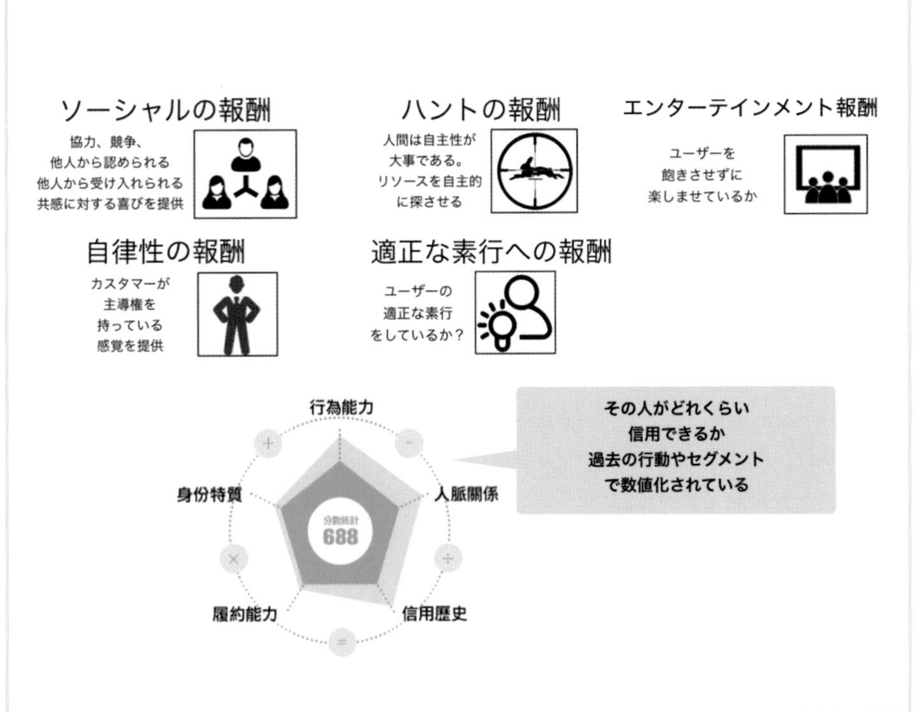

出典:芝麻信用の画像https://glotechtrends.com/cashlesssociety-shimacredit

ンスタグラムの場合は、友達やフォロワーから投稿に対して「いいね」と言われることや、ツイッターならば投稿を見た人がフォローすること、ユーチューブならば自分のチャネルに多くのユーザーが登録することになる。ユーザーがなぜハマるのかというと、自分の行動や投稿するエフォートという「投資」に対する「関係性価値」「ソーシャルの価値」という形の報酬があるからだろう。

それ以外にも、人間の根源的な欲求である「**ハントの報酬**」も重要な論点だ。例えば、メルカリやピンタレストなどは、このハントの報酬に着目したUI（ユーザーインターフェース）になっている。メルカリはお目当のプロダクトが、無限にスクロールしてサーチできるようになっており、フリーマーケットの醍醐味である偶発性（＝セレンディピティ）の演出に成功している（人間の脳は、「完全に予測できるもの」は飽きてしまい、「完全にランダムなもの」は疲れてしまうという特徴を満たすものだ）。

ユーザーが主導権を持っている感覚を提供する「**自律性の報酬**」も重要だ。ユーザーは、新しいことを始めるとき、つまりプロダクトを使い始めるときに、その設定や環境についてコントロールしたいという欲求を持つ。

例えば、ポケモンGOなどは、使い始めにユーザーは操作するキャラクターを着せ替えることができる。これによって、ユーザーは自ら環境をコントロールできる感覚を持つことができるのだ。

さらに、ユーザーの平素の行いを報酬の対象とする「**適正な素行への報酬**」がある。例えば、中国の最大手ECサイトを運営するアリババはジーマースコア（芝麻信用）で、ユーザーが適正な素行（借りた自転車を返す、借りた雨傘を返すなど）をしたらスコアが加算される仕組みを提供している。スコアが600点を超えると、アリババが提携するホテルでデポジット（預かり金）が必要なくなったり、700点を超えるとシンガポールに渡航するビザが取りやすくなったりするのだ[3]。

3）https://marketing-rc.com/article/20190301.html

最近では、「**エンターテインメントの報酬**」というのが重要になってくる。常にネットに接続されている時代において、ユーザーは、「飽きやすくなっている」。そこで、常にユーザーにエンターテインメントを報酬として提供するのが有効だ。特に、今後は領域特化のエンターテインメントが求められるようになると言われている。例えば、小売とエンターテインメントを組み合わせたリテールテイメントは今後、その市場をますます拡大していくだろう。

またUX全体を通して、⑩「**ユーザーに安心安全を与える**」サイトになっているかを考えることも重要になる。ブログで記事を書いていて、プレビュー画面もなしに書いた文章がいきなり公開されてしまうようなサイトだったら使いたいと思わないだろう。

また、送ったメッセージやメールが取り消せるようになったり、後から加工できるようになったサービスが増えた（フェイスブックメッセンジャーやSlackなど）。これもユーザーに対して、安心安全を提供するUXを提供している。

最近、非常にその重要度が増しているUXが⑪「**パーソナライゼーション**」だ（図表5-18）。カスタマイゼーションからパーソナライゼーションの時代に突入したと言われている。カスタマイゼーションとは、文字通りユーザーがレイアウトやコンテンツ、機能などを自分の好きなようにカスタマイズすることを意味する。プロダクトの作り手側は「ユーザーが自由に、設定を変更したいだろう」と思い込んで、ユーザーにカスタマイズすることを託すことが多かった。しかし、実際に統計を取ってみると、95%のユーザーはデフォルトから変更しない

▶図表5-18　ハイパーパーソナライゼーションとは

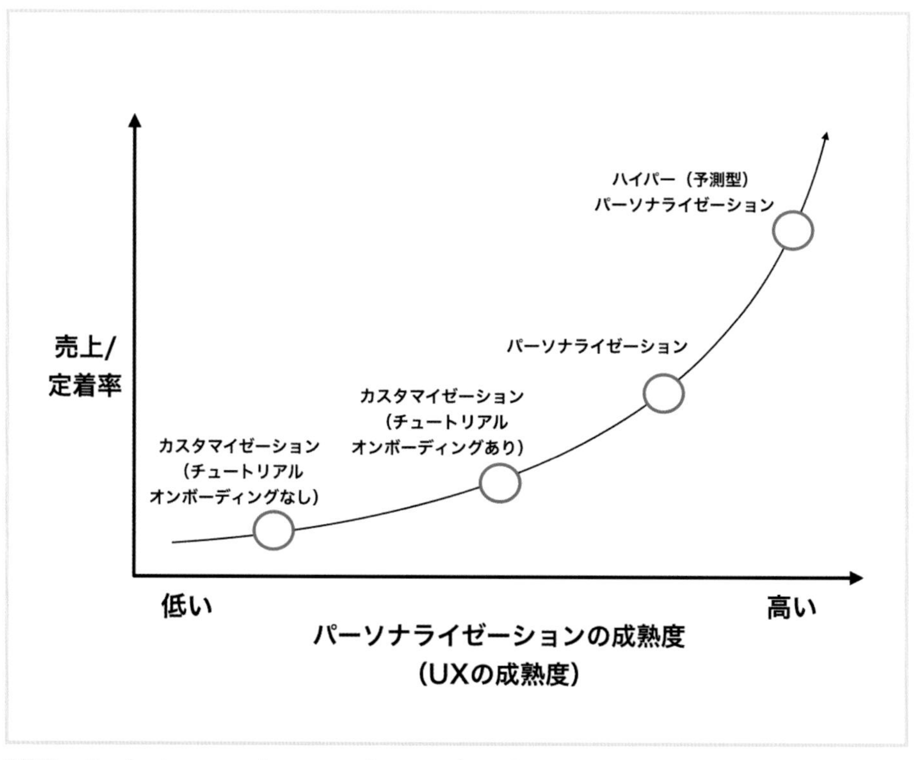

出典:https://monk.webengage.com/hyper-personalization-marketing-future/

ことが判明した[4]。

デフォルト設定からユーザーに設定を変えさせるよりも有効なのがパーソナライゼーションだ。例えば、グーグル、フェイスブック、インスタグラム、ネットフリックス、アマゾン、スターバックスアプリなどは、これを巧みに活用している。つまり、そのサービスやアプリを使えば使うほど、ユーザーの行動履歴やセグメントなどをベースにして、ユーザーの嗜好に合わせて、コンテンツや機能を最適化してくれるものだ。

図表5-18を見ていただきたい。これは、パーソナライゼーションの成熟度と売上/定着率の関係を図式化したものである。「あなたは、こういうものが好きですよね」という予測型のハイパーパーソナライゼーションを実装すると、当然、クリック率/コンバージョン率も高まるということだ。例えば、アメリカのスターバックスは、そのアプリ画面はユーザー一人ひとりの行動によって、表示されるアイテムなどが異なり、これが高い定着率につながっている。

パーソナライゼーションとエンターテインメントの融合

ここで、巧みなパーソナライゼーションの事例をいくつか挙げておきたい。

フーマーをご存知だろうか。中国ECサイト最大手のアリババが中国で展開するスーパーだ。アリババは、「ニューリテール」という戦略を掲げ、AIによる膨大なデータを駆使して、ネット通販と実店舗の融合を図る次世代型の小売り形態として世界中から注目されている。スーパーとしてモノを売るだけでなく、デリバリーもしてくれる。オンラインで注文して取りに行く倉庫の役目も果たすなど様々な役割を担っている。

オンラインとオフラインの情報は完全に同期しており、店舗に並ぶ商品とアプリ上に表示される商品は一致している。現金ではなくアリペイの支払いに特化しているため、ユーザーの詳細な行動履歴を得られる。

特筆すべきは、高い効率性だけでなく、エンターテインメント性も兼ね備えているところだ。例えば魚を買いたいとき、いけすがあり、そこで泳いでいる魚を買うこともできるし、料理人に好みに調理してもらい飲食スペースで食べることもできる。飲食スペースでは、モバイルカーを使ったロボットが料理を運んでくれるなど、エンターテインメント性を随所に感じられる。とはいえ、入口にはスタッフがおりシステムの説明をしてくれるし、片づけもスタッフが行う。まさに、人の手の入った"自働化"によるパーソナライゼーションを実現しているのだ。私は、今後はフーマーのようなパーソナライゼーションとエンターテインメントが融合した商品やサービスが増えるのではないかと思っている。

時代は、確実にパーソナライゼーションの方向へ向かっている。ただし、一つ留意したいことがある。ユーザーは、「機械」や「ロボット」による、全自動対応を求めているのかというと、そうではないのだ。以前、あるホテルが受付を全て機械(タッチスクリーン)に変えたら、ホテルの満足度と予約数が激減したということがあった。

トヨタの生産方式を発案した大野耐一氏は、「**自動化ではなくニンベンのついた自"働"化を目指せ**」と述べていた。ハイタッチ、ロータッチ、テックタッチの3層に分けたものだ。ハイタッチが多いと手厚い対応ができるが、その部分が多いと企業の負担も大きくなる。ベストな半自動化でパーソナライゼーションを目指してロータッチやテックタッチを増やしていく。だが、テックタッチ化によって、余剰になったリソースを、ハイタッチな顧客対応に活かしていくということ

4) https://uxplanet.org/the-power-of-defaults-992d50b73968

▶図表5-19　テクノロジーにレバレッジをかけて、より良いUXを提供する

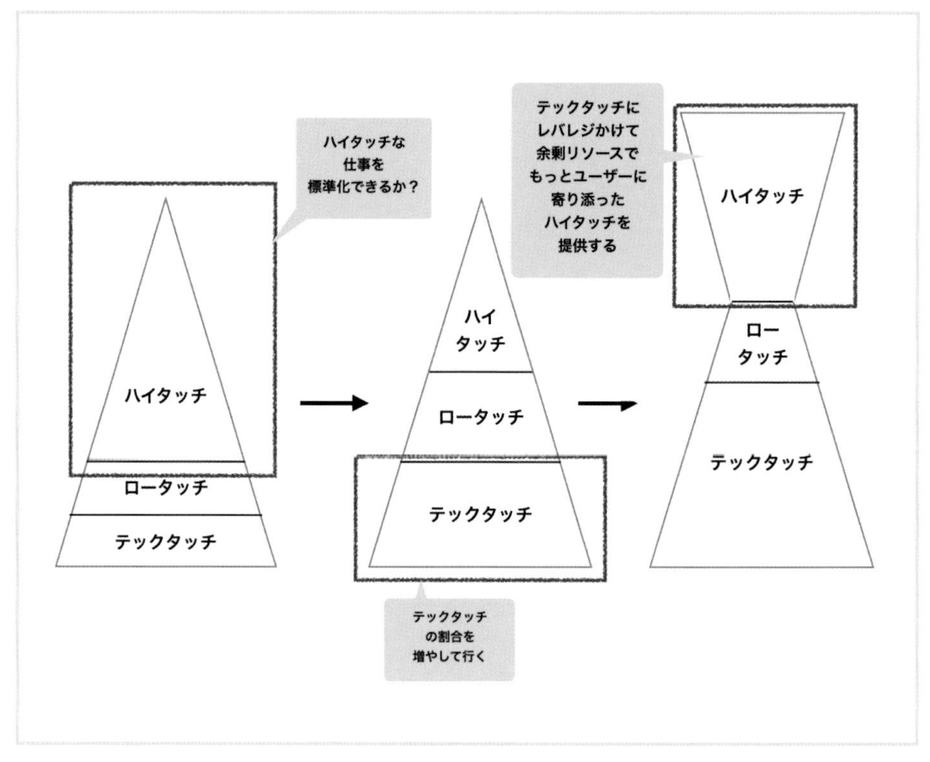

▶図表5-20　自己実現欲求を満たせるUXが求められる

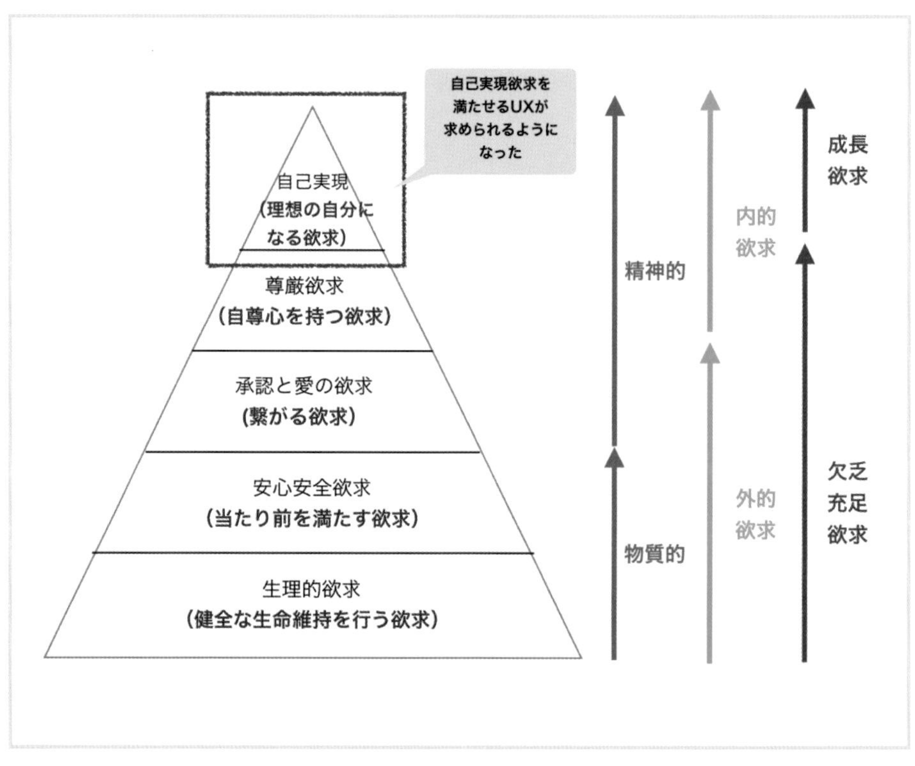

▶図表5-21　仮説・検証、改善を重ねていきユーザーがハマるUXを作る

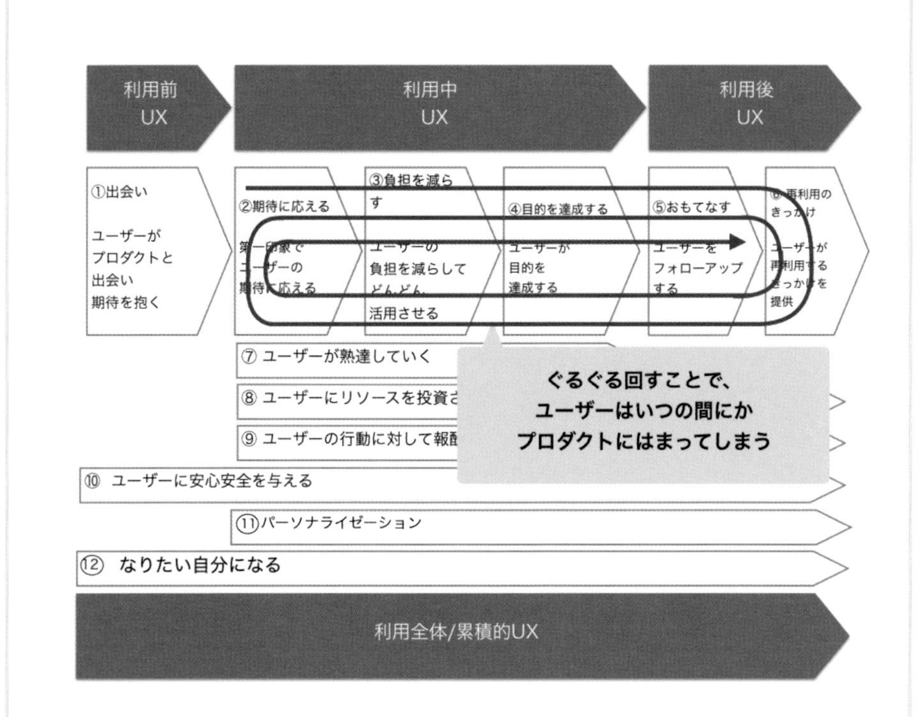

だ。

スターバックスのアプリで注文、決済ができる「モバイルオーダー＆ペイ」は、顧客の顔を見た瞬間に、その人の過去の注文データを照合でき、「普段はローストで酸味の強いのがお好きですよね。今日はアラビカのいい豆が入ったばかりですよ」といったハイタッチなサービスを実現している。これなどは、半自動化でパーソナライゼーションをしつつ、ハイタッチで手厚いサービスを実現している好例だ。人手が足りなくなる一方で、ユーザーが求めるサービスへの期待はどんどん高まっている。それに応えるために、「テクノロジーで全てを置き換える」のではなく、「テクノロジーにレバレッジをかけて、より良いUX」を提供するという発想が大事だ（図表5-19）。

UXエンゲージメントモデル最後の⑫**「なりたい自分になる」**も非常に重要な観点だ。ユーザーはいちいち言葉にしないが、「このプロダクトやサービスを使うことは、理想の自分に近づいているかどうか」を意識している。

100万～300万円ぐらいで購入できる日本車は機能的で役に立つが、それより5～10倍も価格が高く燃費も悪い外国車を買う層は一定数いる。そのブランドストーリーに共感するなどして、乗ることの「意味」を見出しているのだ。アップル製品が他社製品よりも高くても売れるのも同じ理由だ。多くの人は、アップル製品に「意味」を見出しているから、他社製品より高くても選ぶのである。

このように、UXを要素に分けながら、ターゲットとするユーザーにとって、最適なUXが何かを仮説を立て、検証しながら、改善を重ねていく。そうやってユーザーがどんどんハマってしまう全体的なUXを作っていくのだ（図表5-21）。

CHAPTER

5-3 USER EXPERIENCE

2020年代に求められるUXとは

2020年代に入り、テクノロジーの進化と、様々な場面での事例化が進むことにより人々がプロダクトに期待するUXも高まり続けるだろう。図表5-22で表したように2010年代まではO2O(Online to Online)が全盛だったが、2020年代に入りOMOのロードマップが見え出した。

OMOとはオンライン・マージズ・オフライン(Online Merges Offline)の略で、オンラインとオフラインが融合するUXになる。OMOが浸透したら、それまでのデジタルプラットフォームUX(アプリダウンロード→本人登録→支払い登録→使用)が非常に面倒くさく感じるようになるだろう。特に5G時代が浸透してきたら、UXはスマートフォンから飛び出していく。5Gネットワークと

▶図表5-22　2020年代に求められるUXの進化

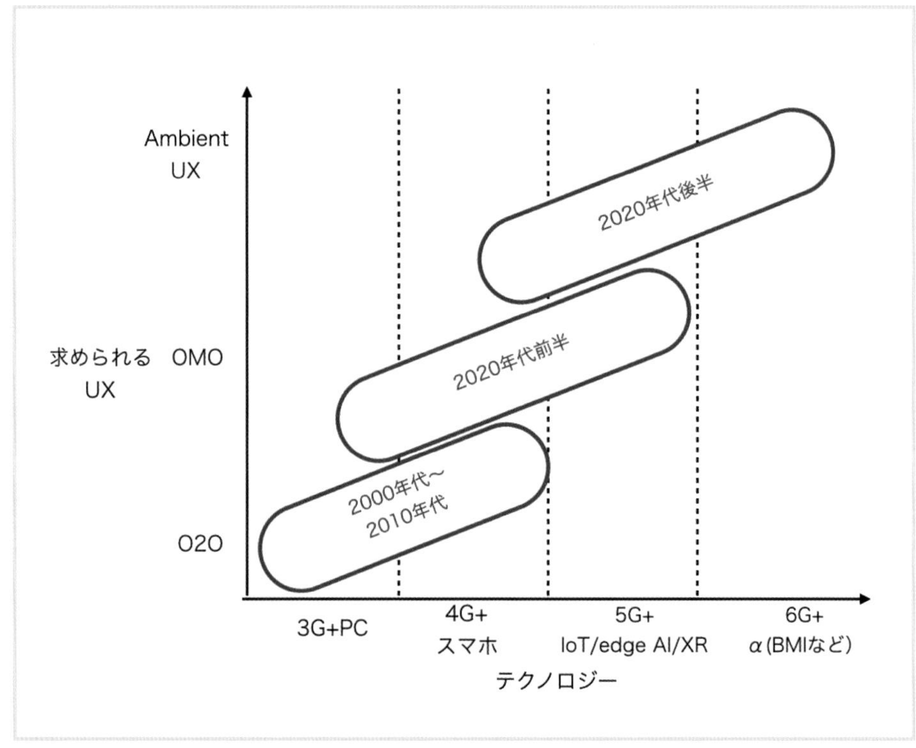

▶図表5-23　アマゾンゴーのUX

写真：shutterstock.com

接続されたインプット装置（各種センサー、マイク、カメラ）とアウトプット装置（ディスプレイ、スピーカー、触覚伝達UI、ロボットなど）が空間のあらゆるところに配置される。つまり、ユーザーの状況や行動に最適な体験をその都度リアルタイムで提案していくマイクロパーソナライゼーションが当たり前になるだろう。

それがさらに進化したUXはアンビエントUX、つまり空気のようなUXを実現することだろう。ユーザーはオンラインであろうがオフラインであろうが、空気の存在のように自分の行動や周辺環境と溶け込んでいくUXの実現である。

ストレスのないUXを提供するアマゾンゴー

これを一足先に実現したのがアマゾンゴーだ（図表5-23）。アマゾンゴーの利用者は、スマホ一台を持ってアマゾンゴーショップに入り、買い物をして、そのまま、商品をピックアップして出てくる。この一環のエクスペリエンスの中で、利用者は、スマホのQRコードを入り口でかざす以外には、スマホに触れる必要はない。自然に、空気を吸うような感じで、買い物体験ができてしまう。

これを可能にしているのが、アマゾンゴーの店内にあるカメラから取り込まれた画像を処理する人工知能の技術だ。このUXにいったん慣れてしまうと、いちいち決済に、キャッシュレスペイメントアプリを起動したり、レシートをもらったりする行動がとても面倒臭くなってしまう。アマゾンゴーでは、買い物したあとに買い物時間が「2分52秒」などと表示される（ユーザーは、買い物の時間が圧倒的に短くなったことを体感する）。図表5-22のように5Gが浸透した2020年代後半には、こういうアンビエントUXが大衆に受け入れられ、世の中の主流になっているだろう。

▶図表5-24　機能／デザイン実装評価シート

機能/デザイン実装評価シート

UX要素	どういう感情を満足させるか	感情満足インパクト	機能/デザイン	見積もり実装工数	優先順位
ユーザーの負担減らす	面倒くささの解消	4（30%のユーザーが要望）	オンボーディングの実装	10人日	中
ユーザーの負担を減らす	使う時の心理的障壁を解消	5（30%のユーザーが要望）	チュートリアルの実装	5人日	高
XXXX XXXX	XXXX XXXX	2（30%のユーザーが要望）	XXXX XXXX	10人日	中
XXXX XXXX	XXXX XXXX	5（30%のユーザーが要望）	XXXX XXXX	5人日	高

UX主導の開発を回す

本書では、製品開発のメソッドについて多くは触れないが、CXOとして身につけるべきフレームワークについて紹介したいと思う。エンジニアならば、プロダクトを作るときに、まず“どういう機能を追加するか？”という視点で考えがちである。前に述べたように、ユーザーが求めているのは、**コトの価値、トキの価値（自分の時間の利用価値がどのように最大化するか）**であり、機能ではない。

逆に闇雲に機能を追加してしまうと、UXは棄損してしまう場合も少なくない(例えば、操作を覚えるのにユーザーに負担がかかる。使われないボタンや機能が増えるためにユーザーはもったいないという感情が芽生えるなど)。

では、どのように進めていけば良いのだろうか？　機能追加を検討する前に、まず前に紹介したUX要素を書き出してみることだ。

UX要素によって、ユーザーのどのような感情を満足させるのか、どのような価値を提供するのかを考えてみる。それが定量的に評価できるならばなおのこと良い（図表5-24）。

そのインプットに基づき、どのような機能／デザインを追加／磨き込みが必要かを考える。最終的に実装するかどうかは、実装にかかる見積もりを洗い出した上で、優先順位をつけていく。

CHAPTER 5 SUMMARY

CHAPTER5のまとめ

UXの重要性は十分にご理解いただけただろうか？　UXファーストで考えることができないチームや組織は、機能ファースト、自社の都合ファーストに陥ってしまうリスクがある。そういう会社は、顧客を熱狂させるようなプロダクトを作ることはできない。UXの重要性をメンバーで理解し、UXを中心にしたプロダクト開発やカスタマー対応を広げていくことが、持続的な競合優位性を獲得するために必要なことだ。

UXのプロセスを改善することによって得ることができる持続的競合優位性資産は図表5-26のようになる。

▶図表5-25　**ユーザーエクスペリエンスのCSF事例**

スタートアップ(事業）のフェーズ	Ideation	Pre-seed	Seed	Series A	Series B	Pre-IPO	Post IPO
フェーズの説明 ／ UXのCSF	アイディアを発見する	顧客課題とソリューションの検証	PMFを目指す	Unit Economicsの健全化	スケールを目指す	IPOを目指す	圧倒的優位性の確立
創業メンバーがUXを理解している							
ユーザーからインサイトを得る仕組みができている							
UXドリブンのプロダクト開発を推進できている							
UXファーストの文化ができている							
メンバーのUXに対する知見が底上げされている							
テックタッチ化が進んでいる							
テックタッチで余剰になったリソースをHigh-toughに配布できている							
テックタッチ化が進んでいる							
UXが自社の競合優位性（ディフェンシビリティ）になっている）							

Ideation／Pre-seed:

既存のプレーヤーが提供していた最適でないUXを、いかに劇的に向上させられるか。そこを考えることが、アイデア創出において重要になる。ユーザーサイドイノベーションと言われるように、ユーザーからインサイトを取り入れるような仕組みを実装できるか。初期のスタートアップこそ、本章を深く読み込んで欲しい。

Seed:

UXの重要性をメンバー全員で理解しつつ、UX主導のプロダクト開発を行うことが重要になる。先行してPMFした様々なプロダクトのUX事例をベンチマーキングし、良いところを自社のプロダクトにも反映できるようにする（開発手法の詳細に関しては、『起業の科学』を参考にしていただきたい）。

Series A:

PMFを達成しつつあるフェーズだが、さらにUXファーストの文化が根付くようにする。開発やデザインチームだけでなく、営業なども UXの知見を身につけて、チーム全体の底上げや「UXの共通言語化」を意識する。ハイタッチで対応していた部分を、徐々にテックタッチのUXの割合を増やせないかを検討する。

Series B~IPO:

システム化/テックタッチ化が本格化するフェーズ。ただし、システムや技術を使うことが目的化しないように注意する。また、複数のプロダクトがスタートしたり、プロダクトの機能が増えていく場合があるが、「ポートフォリオ全体としての最適なUX」を意識することが重要になる。機能過多によりUXが棄損しないように注意する。

▶図表5-26　**スタートアップの価値(バリュエーション)を決める要素**

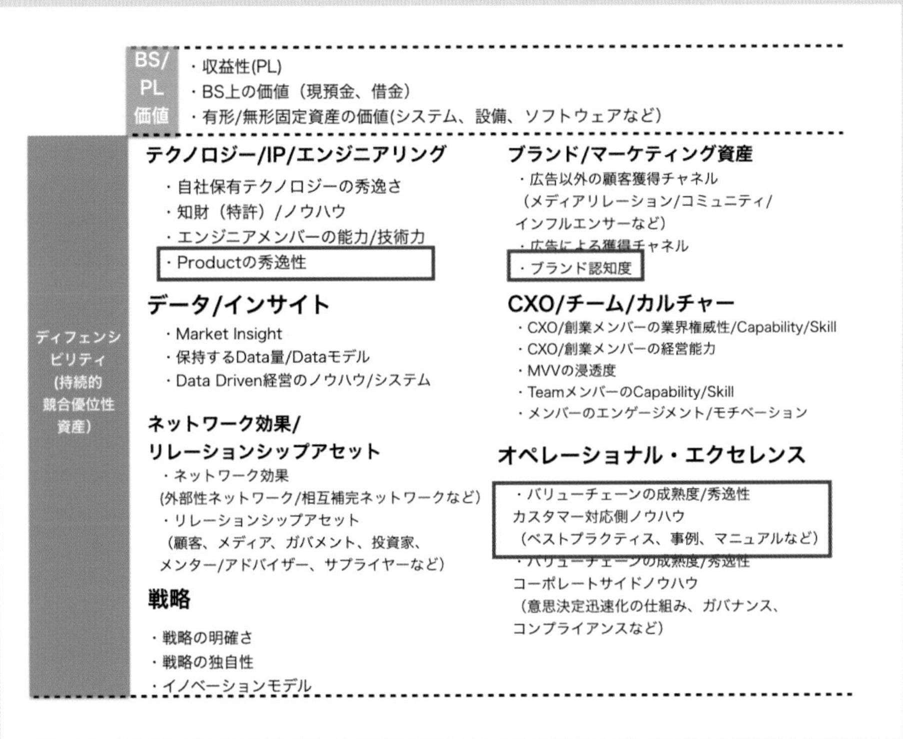

BS/PL価値
・収益性(PL)
・BS上の価値(現預金、借金)
・有形/無形固定資産の価値(システム、設備、ソフトウェアなど)

ディフェンシビリティ(持続的競合優位性資産)

テクノロジー/IP/エンジニアリング
・自社保有テクノロジーの秀逸さ
・知財(特許)/ノウハウ
・エンジニアメンバーの能力/技術力
・Productの秀逸性

データ/インサイト
・Market Insight
・保持するData量/Dataモデル
・Data Driven経営のノウハウ/システム

ネットワーク効果/リレーションシップアセット
・ネットワーク効果
(外部性ネットワーク/相互補完ネットワークなど)
・リレーションシップアセット
(顧客、メディア、ガバメント、投資家、メンター/アドバイザー、サプライヤーなど)

戦略
・戦略の明確さ
・戦略の独自性
・イノベーションモデル

ブランド/マーケティング資産
・広告以外の顧客獲得チャネル
(メディアリレーション/コミュニティ/インフルエンサーなど)
・広告による獲得チャネル
・ブランド認知度

CXO/チーム/カルチャー
・CXO/創業メンバーの業界権威性/Capability/Skill
・CXO/創業メンバーの経営能力
・MVVの浸透度
・Teamメンバーの Capability/Skill
・メンバーのエンゲージメント/モチベーション

オペレーショナル・エクセレンス
・バリューチェーンの成熟度/秀逸性
カスタマー対応側ノウハウ
(ベストプラクティス、事例、マニュアルなど)
・バリューチェーンの成熟度/秀逸性
コーポレートサイドノウハウ
(意思決定迅速化の仕組み、ガバナンス、コンプライアンスなど)

プロダクトの秀逸性:

モノとしてプロダクトだけでなく、「コト」「全体体験UX」としてのプロダクトを打ち出せることは、自社にとって、最大の持続的競合優位性になる。

ブランド認知度:

高いUXを誇るプロダクトを打ち出すことは、高い持続的競合優位性となる。例えば、アップル製品の高いUXは、ブランドそのものになっている。

バリューチェーンの成熟度/秀逸性:

メンバーがUXに対する理解があり、それを顧客対応に反映させることができれば、高い持続的競合優位性につながる。

Startup Balance Score Card

CHAPTER 6 マーケティング

この章の目的

- マーケティングの基本を理解する
- マーケティングのチャネルを網羅的に理解し適切な施策を打つための知見を身につける
- データドリブンなマーケティングを実装するための思考フレームを学ぶ
- 事業の各フェーズにおけるマーケティングのキーポイントを押さえる

写真:iStock.com/metamorworks

▶図表6-01　スタートアップ・バランス・スコアカード

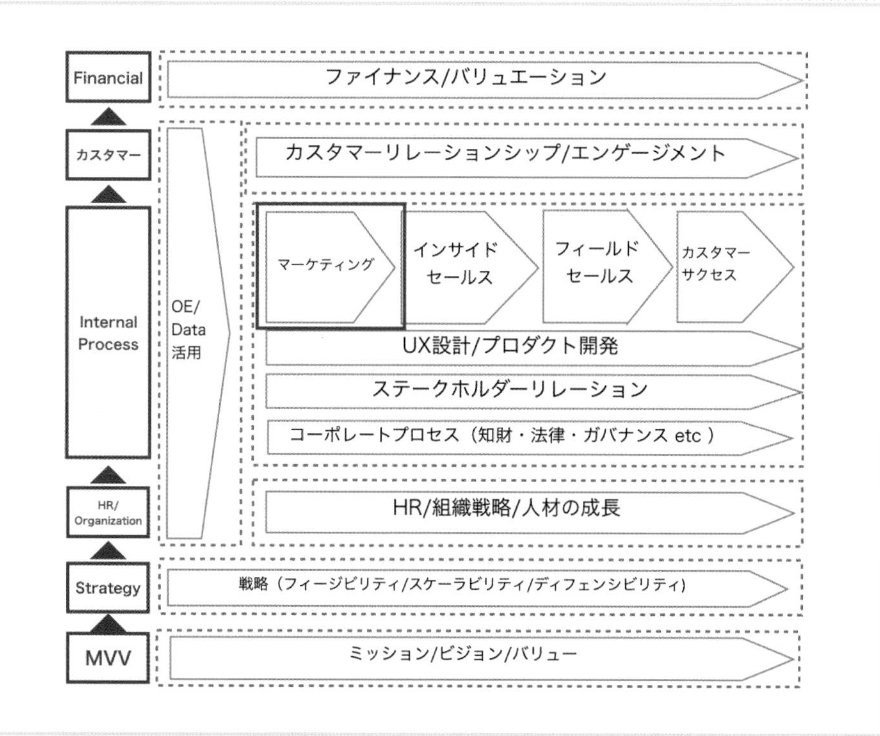

CHAPTER

6-1 MARKETING

優れたマーケティングはセールスを不要にする

本章では、マーケティングについて詳しく解説する。スタートアップが存続できない一番の理由はPMFできないこと、二番目の理由が顧客獲得コストが高すぎることと言われている。

PMFを果たし、資金調達をしたものの多くの起業家に戦略性がなく、無駄が多い顧客獲得を実行してしまっている。自社の商材やフェーズに合った、顧客獲得方法について、本章では解説していきたい。

CXOにマーケティングの知見が欠けていると以下のような事態になり、成長の大きなボトルネックになってしまう。

- **指標設定や、データ活用したマーケティングができずに、直感と経験に頼った恣意的な施策を打ってしまう**
- **いつまで経っても、顧客獲得は広告頼りになってしまい、顧客獲得の施策やノウハウがストックされない**
- **自社のプロダクトの特性に合ったマーケティングや顧客獲得施策を打ち出して運営することができない**

初期ステージ（Pre-Seed ／ Seed）においては、セールスチームを別で設けるのではなく、PMFを目指す中で顧客も開拓していくことになる。

「はじめに」で「コリソン・インストール」の事例を紹介したが、最初は、経営陣が現場に出向き、泥臭く「顧客獲得」「顧客開発」「PMF達成のためにインサイトの獲得」を行うのが主眼になる。

PMFを達成する前のスタートアップは、メンバーの役割の境界線を設けずに「顧客との対話」を中心に置く。つまり、顧客獲得は、経営陣によるトップセールスで実行するのが望ましい。はじめにでも説明したがPMFするまでは、「戦略的泥臭さ」が重要になる。自社のターゲットとなる顧客を見つけたら、経営陣自ら現場に行き、顧客の声を聞き、どのようにすれば売れるかを検証するのだ。

PMF達成後、いわゆるSeries A ～ Series Bのミドルステージにおいて、それまで経営陣が「泥臭くかつ属人的」にやってきた顧客開発／顧客獲得プロセスを、可視化／要素分解／標準化をしていく必要が出てくる。

同時に、フィールドセールス／カスタマーサクセス／マーケティングチームを組成していく。また、ミドルからレイターステージにかけて、セールスをより効率的にするために、インサイドセールスの立ち上げや、アライアンスパートナー活用、コミュニティマーケティング、グロースハックチームなどが有効になってくる。

顧客獲得の留意点として、PMF達成の強い示唆があるかどうか、「顧客の成功した状態」（B2Bの場合）や「顧客の感動した状態」（B2Cの場合）をきちんと定義できているかが、重要になる。

ドラッカーは「マーケティングの本質は、セールスを不要にすること」だと言っている。スタートアップの中で「営業を入れてセールスを強化した」という話を聞くことがあるが、セールスに取り組む大前提として、「**世の中の8割の商品やサービスにセールスは必要ない**」ということを覚えておきたい。

世の中の8割の商品やサービスは、顧客と対面したり、電話をして会話をしたりして、購買決定することなくマーケティングでことが済む可能性が高い。

ウェブ2.0以降、買う側に情報が集まるようになった現代は、マーケティングのみで売れる商品が8割を超えたと思っていい。PMFが見えてきたら、特に単価が低い商材などは「マーケティングのみ」で売上を伸ばすことができないかを検討してみよう。

例えば、我々が普段コンビニなどに行って、様々な商品を目にしているが、セールスパーソンに売り込まれることなく、購入に至っている。これは、まさに、それぞれの商品を取り扱っている企業のマーケティング施策の賜物であろう。

一方で、マーケティングのみで売れない商材もある。不動産／大企業向けのSaaSプロダクトなど単価が高く、セールスサイクルが長いものは、ユーザーとしてもセールスパーソンの提案力や、ときに「人間力」などを勘案して、購入の意思決定に至っている。

マーケティングとセールスの境界線をどう引くか、どのように両者を効率的に、かつ補完的に回していくかが鍵になる。「戦略」の章で、PMF後は「戦略的リソース配分」が重要であると、解説した。まさに、どのようにヒト・モノ・カ

▶ 図表6-02　マーケティングを活用してCPAを下げる

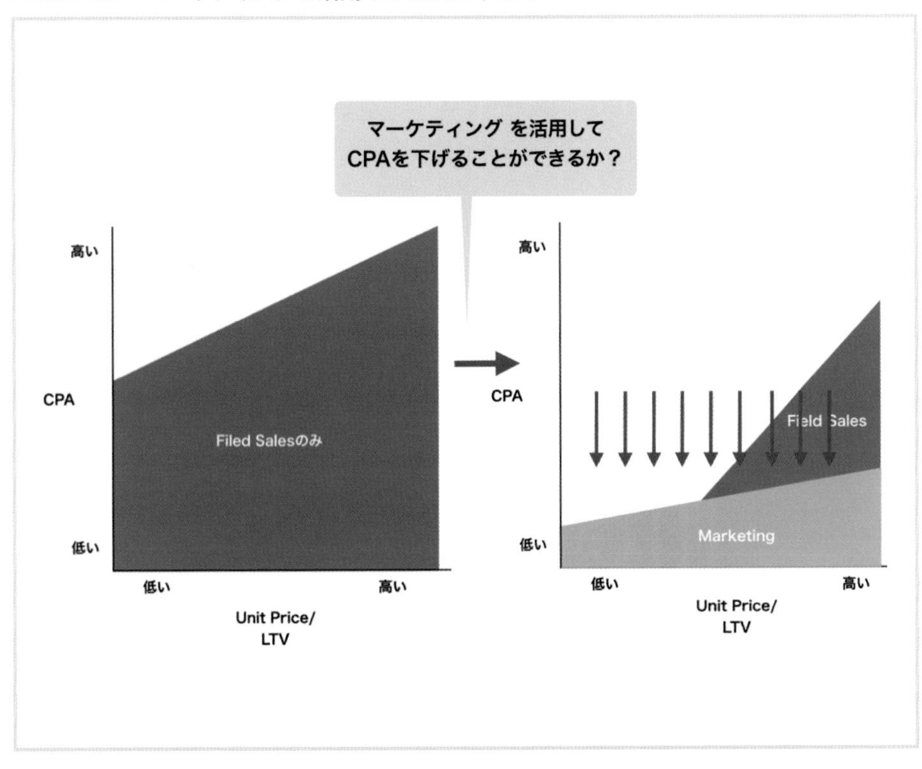

ネのリソースを配分すれば、効率良く顧客獲得できるかを検討するべきである。

図表6-02を見てほしい。縦軸はCPA（顧客獲得単価）を、横軸はユニットプライス（単位価格）／LTV（顧客生涯価値）を表している。ユニットプライス（単位価格）が低いプロダクトには、セールスではなくマーケティングによって、その購買プロセスは完結する。

しかし、不動産のようなLTVが高い商品、あるいは頻繁に購入されず顧客の育成に時間を要するB2B商品は、顧客の信頼を勝ち取る「コンサルティングセールス」や「インサイドセールス」などに加えて、「クロージング」による“最後の一押し”などを盛り込む「フィールドセールス」がモノを言う。

自社の顧客獲得を検討する際に、マーケティングのみで完結する商材か、それともセールスプロセスをミックスするのかを検討する。セールスを考える上では、「ほぼ8割の商品やサービスがセールスは不要なのだ」という大前提のもと、自社の商品やサービスは本当にセールスが必要なのか検討することから始める必要がある。

マーケティングのみで売れる商品やサービスならば、マーケティングの仕組みを理解し、それのみで勝負していけばよい。そこで本章では、マーケティングの基本からお伝えしていこう。

そもそもマーケティングとは

そもそもマーケティングとは何だろうか？　私は、「**顧客とプロダクトの最適な出会い方を演出すること**」と定義している。

リサーチ会社ニールセンの調査によると、検索サイトでキーワード検索してもきちんと目的の商品やサービスにたどりつくのは、たったの7％だという。

また、全世界のデジタルデータの量は2020年には35ZB（ゼタバイト／1ゼタバイトは10の21乗）になると言われている。つまり、企業が発信する情報がユーザーに届くのは非常に難しくなっている。翻って考えてみると多くの企業はただ単に、情報を垂れ流しているだけで、マーケティング、すなわち「最適な出会い方の設計」ができていないことを意味している。どんなにいい商品やサービスも、顧客にその存在が知られない限り、また適切な出会い方を演出しない限り「存在しないも同然」だ。

マーケティングの目的を知る

マーケティングの目的は、「顧客とプロダクトの出会えていない問題を解決する」ことにある。スタートアップにとってまず重要なのは「ユニットエコノミクスを改善」することにある。

ユニットエコノミクス（Unit Economics：顧客一人あたりの利益）とは、ユーザー一人を獲得したときに利益が出ているのか、損失が出ているのかを表すスタートアップにとっては、最重要指標の一つになる。

ユニットエコノミクス（UE）の計算は難しくない。顧客一人あたりから得られる生涯価値（LTV）からその顧客を獲得するためのコスト（CPA）の差を求めればよいだけだ。計算式で表すとこうなる。

(LTV-CPA)×顧客数=会社の利益

補足になるが、全ての事業は、実はこの数式で表すことができる。LTVとは顧客の生涯価値と表現できる。顧客の生涯売上から管理費を引いたものだ。直接管理と間接管理費をこれに配分すれば良い。またECなどは、購買一回あたりの収益×顧客購買頻度がLTVとして表現できる。

PMF達成までは、スタートアップのCPAは非常に高い（コスト高）状態だ。PMF前のスタートアップにおける至上命題はPMFを達成することであり、自分たちのプロダクトがユニットエコノミクスを達成できていない会社が多い。また、どれくらい獲得コストがかかっているか、正確に把握できていない場合も多々ある。

例えば、図表6-03のように、PMFを達成した時点で、LTV（顧客生涯価値）が400円でCPAが800円だったとする。LTVが400円なのにCPAが800円もかかるということは、顧客一人を獲得するたびに400円も損していることになる。これは、例えるならバケツに穴が開いて水が漏れている状態だ。顧客を獲得するほど損している状態なので、それに気づかずに営業を続けて、むやみにチームのサイズを大きくしてしまうと破綻は目に見えている。

サンフランシスコで2013年に創業したWashioというオンデマンドのクリーニングサービスがあった。洗濯物を注文から24時間以内に洗って返してくれるというのをうたい文句にしていた。洗濯機が家にない家庭の多いアメリカでヒットし、2015年には全米6都市（サンフランシスコ、ロサンゼルス、オークランド、ニューヨーク、ボストン、ワシントンDC）までサービスを拡大させた。

ところが実際には、LTVに対しCPAがかかりすぎ、毎月1都市あたり50万ドル、日本円にして5400万円の赤字を垂れ流していたという。結局、2016年に会社は潰れてしまった。Washioは、拡大する時期を見誤ったのだ。

これは**プリ・マチュア・スケーリング（Pre-mature Scaling）**と言われて、多くのスタートアップが、この理由で退出を余儀なくされてしまう。

▶ 図表6-03　**ユニットエコノミクスは達成できているか?**

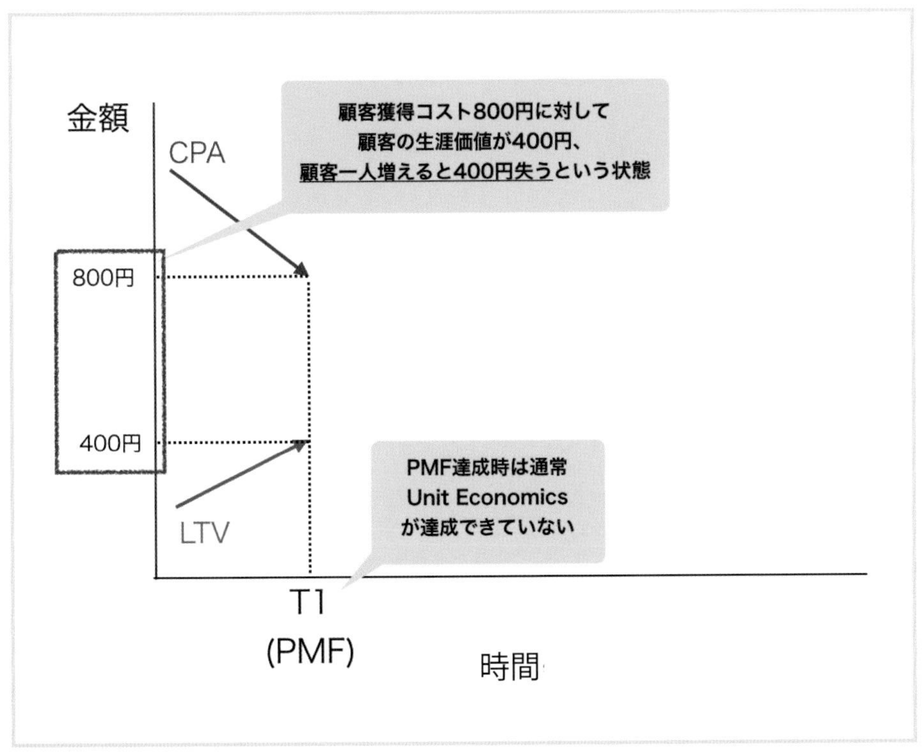

▶図表6-04　ユニットエコノミクスが健全化するまでスケールするな

写真：Getty Images

ユニットエコノミクスが見えずに拡大してしまうことは、ただ単なる「膨張」にしかすぎないことに注意してほしい。

顧客獲得のプロセスも、いきなり広告を打ち込むのではなく、その前に、事例を作ったり、オーガニックな顧客獲得を行うなどの「型」が存在するのだ。詳しくは226ページ以降で説明する。

Y Combinator創業者のポール・グレアムは「スケールしないことをしろ」と唱えている。私はこれを「ユニットエコノミクスが健全化するまでスケールするな」と解釈している（図表6-04）。

逆に言えば、ユニットエコノミクスが健全化したあとでスケールすれば、成功する確率は高まるということだ。

PMF前や達成時点では、ユニットエコノミクスを達成している（利益が出ている）スタートアップはほぼないと言っていい。少ない人数で始めることが多いスタートアップは、大げさに言えば100円の商品を売る場合でもCXOをはじめトップセールスが関わり直接クロージングまでしているからだ。

しかしPMF後は、マーケティングの機能を入れることでCPAを下げることに注力し、ユニットエコノミクスを改善する必要がある。

CHAPTER

6-2 MARKETING

N1分析を通じてPCF(Product Channel Fit)を目指す

「一つでも良いのでフィットするチャネルを見つけることができれば、成功の可能性は大きく高まる」とPayPal創業者のピーター・ティールは述べている。自社のプロダクトにとって、最適の販売・流通チャネルを見つけていくこと。このことを私はProduct Channel Fit（プロダクト・チャネル・フィット：PCF）と呼んでいる。あらゆるチャネルからユーザーを呼び込んでいく必要はない。商品やサービスとチャネルの相性があるので、まずは2～3つなど少数でよいので、顧客を確実に獲得できる“勝ち筋”のチャネルを見つけることが重要だ。そうすることによって、劇的にCPAを下げることができる。

自社に最適なPCFを見つけるには、N1分析を使ってターゲットとなる一人

▶図表6-05　ペルソナでカスタマーのイメージを具体化する

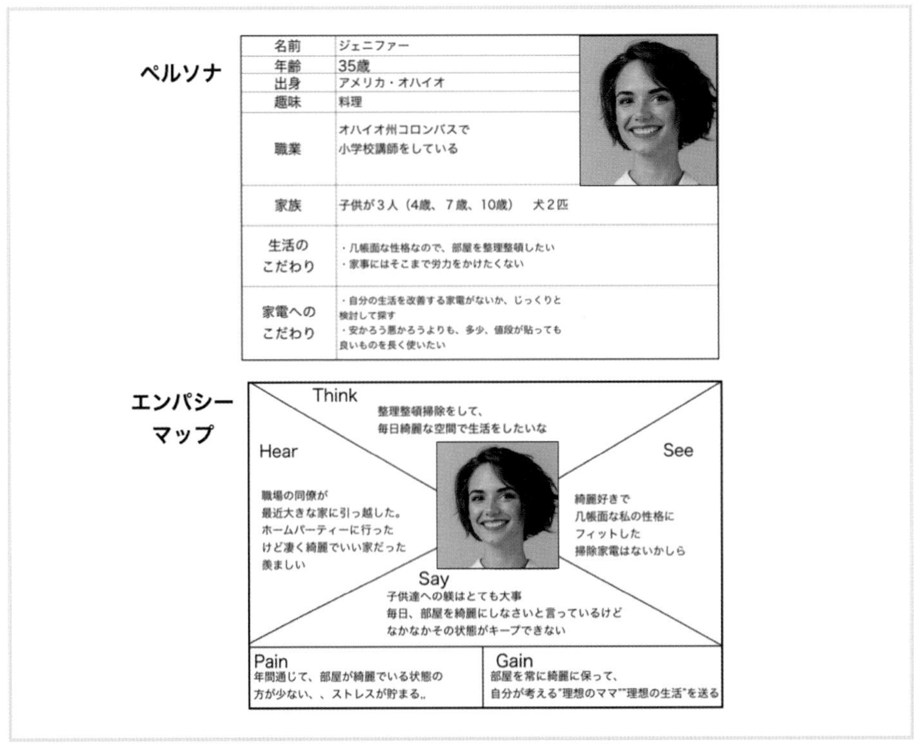

写真：shutterstock.com

▶図表6-06　**カスタマージャーニーを明らかにする**

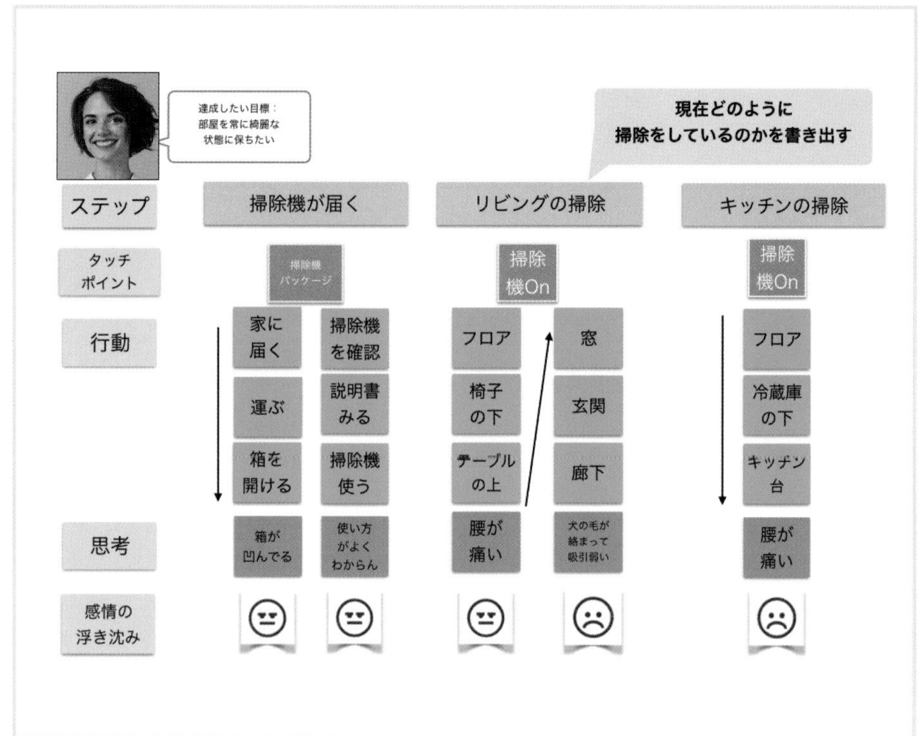

写真：shutterstock.com

の顧客の仮説を立てて、その解像度を高めていくのが有効になる。N1分析とは、たった一人の顧客（N＝1）にとことんインタビューして、その人が商品やサービスについて感じていることや求めるものを聞き出し、それを商品やサービス作りに反映させようというものだ。

私は、スタートアップにおいては仮説思考が非常に重要だと考えている。仮説を立てることで、PDCAのPLAN（＝計画、企画）の精度を上げることができる。PDCAのPLANが10点（100点中）の状態で、「とりあえず」始めてしまう起業家が多いが、PLANが10点の状態だと、たとえ10～20回廻しても、PLANは20～30点にしかならない場合が多い。

しかし、仮説を立てて、仮説の検証を最初に行うことで、PLANを50点の状態から始めることができムダが減る。マーケティングの定石であるペルソナの解像度を高めていくのだ。ペルソナとは、想定したカスタマーのイメージを具体化するために、一人のリアルな顧客像を創り上げることだ。

図表6-05上図にあるように、名前、年齢、出身、趣味、職業の他、普段はどのようなメディアから情報を集めているのか、最近気になっている話題は何か、日々の出来事にどういう印象を持っているか、どういう性格かなどについて仮説を立て、ペルソナを作る。

また、図表6-5の下図のようにエンパシーマップを作るのも有効だ。エンパシーマップとは、ペルソナを可視化するツールのことだ。エンパシーマップを通じて、「顧客の心の機微」を明らかにするのだ。顧客の隠れていたインサイト（本音ではどう思っているか）を探る方向に軸足を置いて考える。それにより、マーケティングやUXの施策出しをするときの、チームの共通言語の主語を「顧客」や「顧客の心の機微」を明らかにすることができる。

そうしないと、いつの間にか、命題が「自分たちの利益」や「追加したい商品の機能」に偏った方向に走ってしまい、結果として、誰も欲しくないものを作ってしまう。

このことを『たった一人の分析から事業は成長する 実践 顧客起点マーケティング』（翔泳社）の著者・西口一希氏は、「たった一人を歓喜させるプレゼントを選ぶ」と表現している。

成功するマーケティングほど、「顧客」ではなく「個客」として捉えている必要があると述べており、マーケターとして成果を上げたいならば、必要な視点だ。

N1の解像度は、ペルソナだけでなく、カスタマージャーニーを明らかにしても上がる（図表6-06）。N1分析をしたときに、顧客はどんなタッチポイントがあり、普段何を読んでいて、どこに生息し、どこに行動変容があり、どこでメンタルモデルが変わったのかなどの心理状態を明らかにしていく。ペルソナだけだと、どうしても、顧客イメージを「でっち上げ」てしまうリスクがある。カスタマージャーニーまで落とし込むと、リアルで「手触り感」のある人物像が浮かび上がってきて、然るべき獲得施策やエンゲージメント向上施策の仮説の解像度が上がる。

N1の解像度を高めるコツとして、グループインタビューではなく、一人の顧客に対し10回のインタビューを行うほど徹底して向き合う姿勢が必要になる。この深掘りインタビューで思いがけないエピソードを得ることがあり、そこには、その人のインサイト（本音）が浮き彫りになるためマーケティング上のヒントになることが多い。

また、インタビューだけでなくジョブシャドーイングといって、ユーザーの業務や生活を観察するのも有効だ。例えば、無印良品のMUJIでも開発メンバーが一般家庭を訪問し、生活者がどのように暮らしているか、プロダクトがどのように使われているかといったライフスタイルの状況を詳しく観察している。

では、顧客の隠れているインサイトを探るためユーザーにどのようにインタビューを行えば良いのだろうか？　インタビューのポイントは、以下の5つがある。詳細は『起業の科学』でお伝えしているので、ここではポイントのみに絞ってお伝えする。インタビュースキルは起業家にとって必須のスキルとなることを、ここで付け加えておきたい。

1. **インタビュー相手をよく知る**
2. **インタビュー相手の弟子になる**
3. **インタビュー相手の非言語コミュニケーションに注目する**
4. **インタビューオーナーになる**
5. **インタビュー相手の話を分析する**

インタビュー相手をよく知る

質問を通して相手のことをしっかり理解する。流行に敏感で自ら進んで情報収集を行い判断しているか、他の消費層への影響が大きいかを判断する。いわゆるエバンジェリスト（伝道師）かアーリーアダプターかどうかを確認する。アーリーアダプターかどうかを確認する理由として、「戦略」の章で述べたように、スタートアップは、最初にプロダクトを使ってくれる「ボーリングのセンターピン（1番ピン）ユーザー」を見つけ出す必要があるからだ。

以下の質問をして具体的な回答があると該当する確率は高い。

- 現状の課題を解決するためにどのような代替案を利用していますか（HOW）
- その代替案の不満なポイントはどこですか（WHAT）
- この課題を解決できるなら、いくらの予算を確保できますか（HOW MUCH）

インタビュー相手からよい示唆を得る

ミニマム・ビアブル・プロダクト
Minimum Viable Product：実用最小限の製品

ことができたなら、継続してインタビューに協力してもらうと良いだろう。さらに、ミニマム・ビアブル・プロダクトやプロダクトを使い、「フィードバックをくれないか」、とお願いをするのも有効だ。

インタビュー相手の弟子になる

相手のことが少し理解できて有益なインサイトを持っていると思ったら、その人の弟子になるぐらいの気持ちでインタビューに臨もう。「そもそも、なぜこの業務が必要だと思いますか？」といった素朴な質問などをしてみる。「教えを請う」→「根掘り葉掘り聞く」→「確認する」→「話の中から質問を見つける」というコンテクスト（文脈）に沿って質問すると良い（図表6–07）。

インタビュー相手の非言語コミュニケーションに注目する

インタビューの受け答えから相手がエバンジェリストやアーリーアダプターではないと分かることがある。そのインタビュー相手が対象となる課題を十分に認識していない、代替案すら考えたことがなかった場合などだ。以下の点をクリアしているかどうか話を聞きながらチェックしたい。

- 表情→真剣な表情か、痛みを語るときの表情が切実か
- しぐさ→インタビューに集中しているか、否定的なボディランゲージをしていないか
- 態度→前のめりか
- 発言→例えば、「今、話をしていて気づいたのですが」といった発言が出た場合、普段から課題を意識しているこ

▶図表6-07　N1分析にはインタビューが不可欠

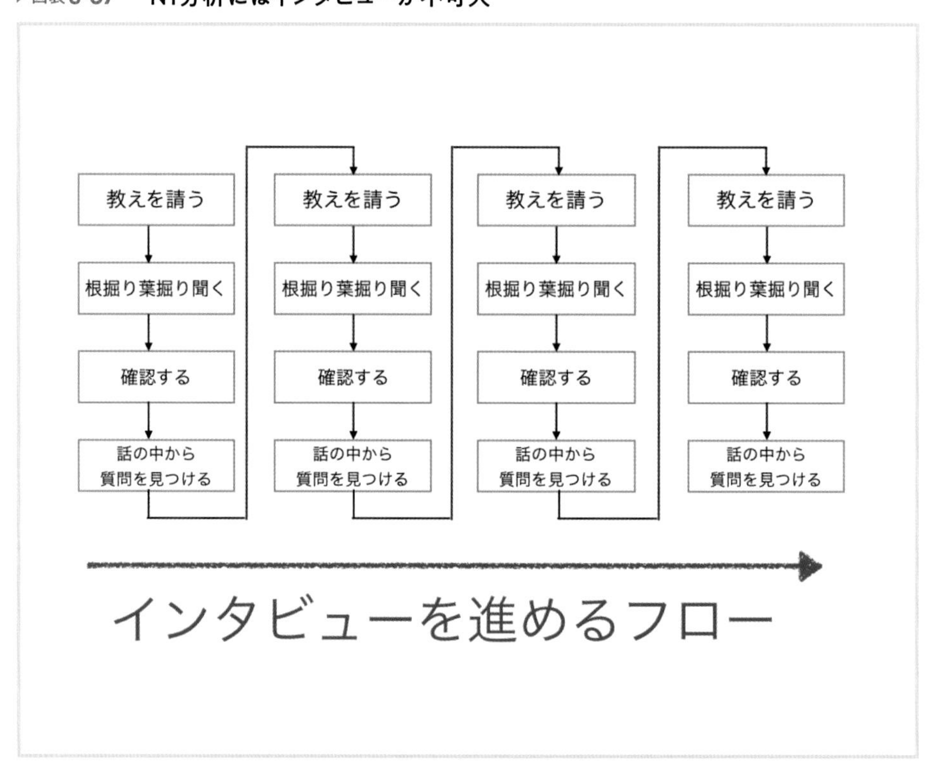

とが分かる

インタビューオーナーになる

創業者自らがインタビュアーになる。ここは、インタビューの中で最も重要なポイントだ。創業者が顧客の立場に立ち痛みやニーズに関して深い理解があること、顧客目線でストーリーを語れることが、人が欲しがるものを作るための前提条件となる。

インタビュー相手の話を分析する

アップルの創業者、スティーブ・ジョブズは「**顧客が本当は何が欲しいかを見つけることがあなたの仕事だ**」と述べている。本当に欲しいものを明らかにするのはスタートアップの仕事なのだ。

インタビューした後、カスタマーのフィードバックを額面通りに受け取るだけでは多くの学びは得られない。カスタマー自身も言語化できていない「ほしいもの」を見つけることは簡単なことではない。

見つける方法として、有効なのがKJ法だ。図6-08に示したようにインタビューデータを集めて、論理的に整理していく。そうすることで課題の原因（真因）を言語化できるのだ。こうして獲得したインサイトは、自社にとって強力な持続的競合優位性資産になる。

しかし、プロダクトの全体設計を受け持つ創業者自らがそれを探り見つけることは、大企業に対するスタートアップの最大の競合優位性になる。このとき大切なのは、現場に出向くことだ。外部環境は絶えず変化する。常にアンテナを張り、外部の変化（特に顧客の変化）に合わせて「メンタルモデル（自分たちの世界の見方）」を変化／進化させていく「学習する組織」になることが重要だ。

▶図表6-08　**インタビュー内容から真因を言語化する**

KJ法の手順

（イシュー化するメソッド）

①インタビューデータを集める

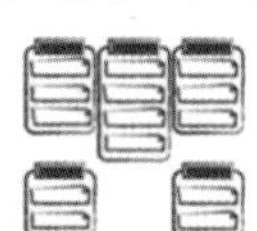

④ひとまとめしたカード群にそのグループを適切に表す表札をつける

②データを細かい単位に分ける

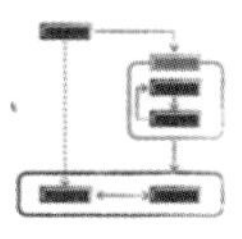

⑤グループ相互の関連性を最も論理的に説明できるようカードを並べる

③カードを平面上に展開してグループ化する

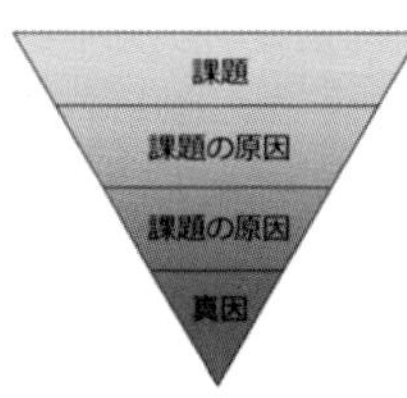

⑥課題の本当の原因（真因）を言語化する

CHAPTER

6-3 MARKETING

マーケティング施策オプションを理解する

ここで、どんな具体的なマーケティングの施策があるのかを理解しておこう。改めて述べるが、マーケティングの目的は、顧客の方から自ら進んで購入するような売れる仕組みを作り、究極は「セールスを不要にすること」だ。マーケティングといっても様々な施策が存在する。認知の獲得からコンバージョンに至るまでの道筋を「ファネル」というが、ここでは、その中の有効な施策やマネジメント方法について解説する。

図表6-09は、顧客がどのチャネル経由でウェブサイト（ランディングページ）へアクセスし、最終的に販売（クロージング）に至るかのファネルを図示している。

ペイドメディア、アーンドメディア、シェ

▶図表6-09　有効なマーケティングファネルとは

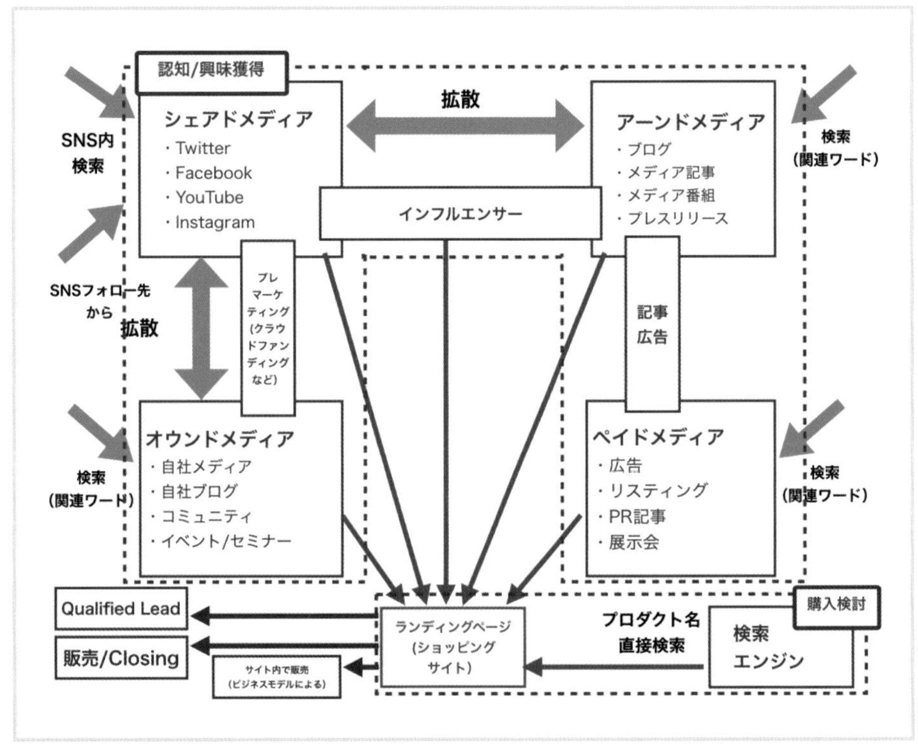

▶図表6-10　オーガニックチャネルとペイドチャネル

	チャネル	A 制作/運用人件費用	B 広告出稿費用	C=A+B トータル費用	D コンバージョン	E=C/D 顧客獲得単価
オーガニックチャネル（アーンドメディア/シェアドメディア/オウンドメディア）	Blog	$1000	$0	$1000	32人	$31
	フェイスブック投稿	$100	$0	$100	2人	$50
	ツイッター投稿	$100	$0	$100	3人	$33
	グーグルサーチ	$0	$0	$0	55人	$0
	ユーチューブ動画	$1000	$0	$1000	20人	$50
	小計	:	:	$2200	112人	$20
ペイドチャネル	リスティング	$100	$2000	$2100	60人	$34
	リターゲティング	$100	$1000	$1100	80人	$14
	フェースブック広告	$50	$1000	$1050	25人	$41
	展示会	$1000	$5000	$6000	50人	$120
	小計	:	:	$10250	215人	$49
	総計	:	:	$12450	327人	$37

オーガニックな顧客獲得
非オーガニックな顧客獲得

アドメディア、オウンドメディアの4つが主なチャネルである（頭文字をとってPESOと呼ばれる）。それらに加え、記事広告、プレマーケティング、インフルエンサーの3つ、さらに指名検索を含めた検索エンジンの主に8つのチャネルがある。それぞれのチャネルを構成するサブカテゴリーとして、様々な施策が存在する。PMF後、重要なことは1つや2つでも良いので、自社にとっての「勝ち筋」「鉄板」となるチャネルを見つけることだ。

スケール段階になると、1つのチャネルに頼るのはリスクがあるので、最適なチャネルの組み合わせ（チャネルミックス）を検討していく必要がある。最近は、「インフルエンサーを活用して、多くのユーザーを獲得しています」という新しいチャネルを活用する起業家も増えてきた。重要な論点として、スタートアップCXOとして、それぞれのチャネルの特徴を理解していることだ。その上で、最適な方法で、その時々のターゲットユーザーに合ったチャネルを採択できているかどうかが鍵になる。自分が得意な施策が、必ずしも最適な方法とは限らない。そういった意味で、自分たちが選択できる施策オプションを常に増やしていくように知識とスキルを磨いていく必要がある。

まず、前提条件で知っておきたいこととして、自然な集客の方が、中長期的に見たときに、ペイドメディアと比べて、費用対効果が高いということだ。実際に運用してみて、実際の数字をブレークダウンして、計測してみるのが良い。図表6-10のように、オーガニックチャネルとペイドチャネルの2つに分かれていく。

オーガニックチャネル（自然流入チャネル）とは、広告以外の顧客獲得チャネルを指し（オウンドメディア、シェアドメディア、アーンドメディアなど）、ペイドチャネル（有料チャネル）は、広告による顧客獲得チャネルを指す。

CPC
Cost Per click：クリック単価

ペイドメディア

ペイドメディアとは、企業が費用を払って広告を出稿できるスペースを提供しているメディアのことだ。我々の普段の生活空間は、広告であふれている。

その枠は全て、広告主が直接か、もしくは代理店を通じて、そのスペースに対して、対価を支払っている（なのでペイドメディアと呼ばれる）。種類は非常に多彩で、新聞、デジタル広告（ディスプレイ広告、リスティング広告、動画広告など）、テレビCM、記事広告などが挙げられる（ニューヨークのタイムズスクエアのデジタル広告は、月に2800万円かかるといわれる非常に分かりやすいペイドメディアだ）。先にも述べたがデータ量は日々増えてきており、ただ単に広告を垂れ流すだけでは、ユーザーには届かなくなってきている。

また広告を用いた獲得費用も、どんどん高くなっている傾向がある。「フェイスブックやグーグルは混雑した高速道路」と言われるように、CPCは年々高くなっているのだ。

ペイドメディアを使って多額の広告費を払おうとするスタートアップもある。しかし、勝機がない限りは、アーリーステージにおいて、ここに多額を投資することはおすすめできない。

図表6-11で示したように、メルカリは、初期は40代以上を捨てて、20～30代の女性をターゲットにして、テラスハウスの出演者を活用してテレビCMを打ち出していった。メルカリはC2C型のマッチングプラットフォームなので、GMV（流通総額）やアプリのダウンロード数が最も重要な指標になる。そういった背景があったので、ユーザーの残存効果やマインドシェアを取るために、CMにリソースを費やした。

マインドシェアを取る、認知を高めるという意味では、ペイドメディアは有効だ。世の中の商品やサービスのほとんどが、ターゲットにしている顧客の50%

▶図表6-11　メルカリの事例（ターゲットユーザー）

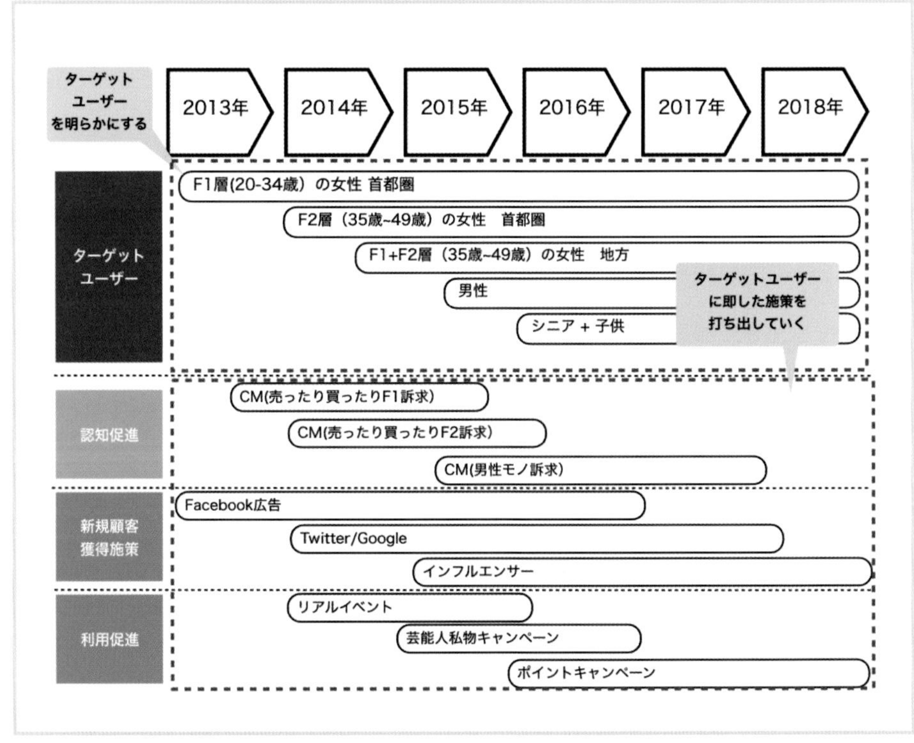

の認知も獲得していないという事実を鑑みると、顧客の認知を高めるには、“接触回数”（＝フリークエンシー）を増やすことが重要になる。

広告出稿自体は、「10回目までは認知度が上がる」というデータがある。何度も同じものを見ることで脳にインプットされやすいからだ。その意味では、お金を支払う効果はあると言える。

また、ペイドメディアの有効性は、事業モデルにも依拠する。メルカリは、消費者同士を結びつけるプラットフォーム型のビジネスで、「戦略」の章で触れたようにティッピングポイントを超えた後に、いかにしてマーケットプレイスとして、支配的な地位を保つかが重要だった。

例えば、図表6-12のメルカリの事例をご覧いただきたい。メルカリはユーザー数が一気に増えると急拡大するモデルだった[1]。

一方で、情報過多の今、敬遠されつつあるのが広告でもある。実際、広告ブロックは激増している。自分の行動履歴と自分のセグメントに合ったものが買えるようになった今、ニーズを感じていない状態で広告を目にすると「押し売り」に感じることは覚えておこう。実際、広告出稿を本格的に検討することになったら、以下の5W1Hについて考えておきたい。

- **WHY：何のためにプロモーションするのか**
- **WHAT：伝えたいメッセージは何か**
- **WHO：誰に伝えたいか**
- **HOW：WHATとWHOを考慮してどのように伝えるか**
- **WHEN：どれぐらいの期間、どのシーズン、どのタイミングで行うか**
- **WHERE：デバイスなどのタッチポイントをどう伝えるか**

しかし、重要な留意点がある。これらのクリエイティブもUVPがベースになっているということを忘れてはならない。つまり、PMFを達成して、UVPが実証

1）https://note.com/caron128/n/n4339eaa3d0fb

UVP
Unique Value Proposition: 顧客に対する独自の価値提案

▶ 図表6-12　**メルカリの事例（メディア戦略）**

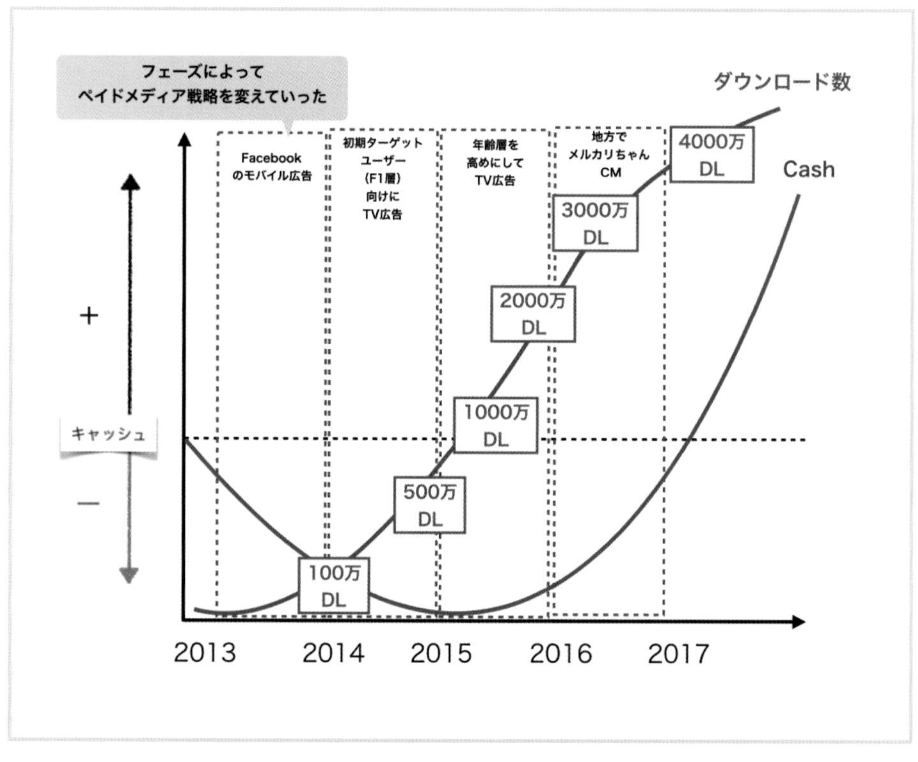

できていないと、クリエイティブで伝わるメッセージを強めることができない。
短期間で、理想のボディを作るプライベートジムを運営するライザップのCMが一時期話題になった。ライザップが伝えようとしているUVPは、辛い食事制限やトレーニングという手段（ドリル）ではなく、ボディメイクを成功させて、幸福感にあふれているライザップ体験者の姿（ドリルの穴）である。ライザップがインパクトのあるCMを通じて多くの顧客獲得ができたのも、このUVPを数多く実証した裏付けがあったからだろう。

ペイドメディアを作るとき意識することは「**人の記憶に残り、好感度を高めるには、ストーリーを伝えていく**」ということだ。ただ単なるファクトは、5%ほどしか記憶に定着しないが、エピソードやストーリーならば、63%残るという統計数字がある。様々なCMがストーリー仕立てにしているのも、そういった背景があるのだろう。前述で紹介したライザップのCMも一度見たら、なかなか忘れることができないだろう。
『WHYから始めよ！』とサイモン・シネックの言う通り、「なぜ、その事業を行うのか？　そのプロダクトでどのような価値を提供するのか」について本質を深掘りして考えなければ、ストーリーを紡ぎ出すことは難しいし、刺さるクリエイティブは完成できないだろう。

また、現代の特徴として、**マズローの欲求五段階説**（図表6-13）の通り、ピラミッドの頂点にある自己実現「なりたい自分になる」にどれだけフォーカスできるかが訴求力に直結する。昔のように、安全欲求にとどまっている商品やサービスで顧客を惹きつけるのは限界がきているのだ。つまり、プロダクトを訴求するクリエイティブを作るときに、「**このプロダクトを使うことで、どれくらい理想の自分に近づくことができるか?**」を考慮することが肝要だ。そのプロダクトを使っている人物に対して、ターゲットユーザーが手に届く「憧れ」を抱くこと

▶図表6-13　「なりたい自分になる」にどれだけフォーカスできるか

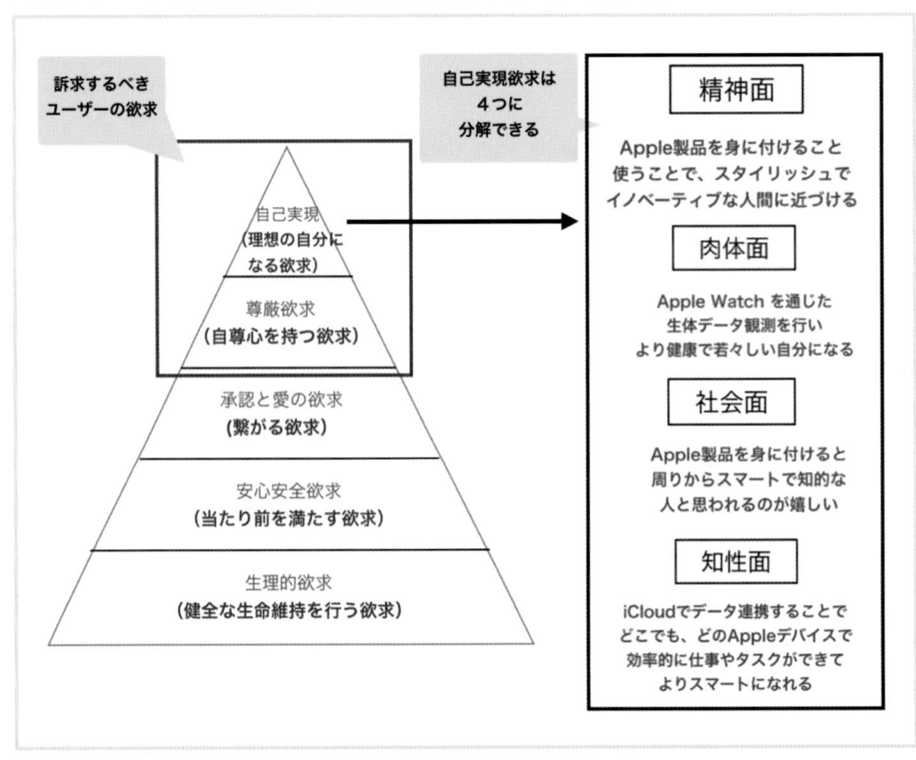

ができるか、が訴求ポイント設定において重要になる。

これは、B2CだけではなくB2Bにも当てはまる。B2Bの場合なら、その商品やサービスを購入し活用することで、担当者自身が出世したり、労働市場で自分の相対的な価値が上がるかを訴求していきたい（つまり、「職業人としての自己実現」を果たすことができることを訴求できるかがポイントになる）。

また、余談だが、最近はリアル店舗をメディアとして活用する事例も増えてきた。特にD2Cと言われるコンシューマーにダイレクトにプロダクトを販売するモデルが、アメリカを中心に、多くのトラクションを獲得している（2020年2月の時期で6社のユニコーンがある）。彼らは、オンラインだけでなく、オフラインの体験型の店舗にもレバレッジをかけて、顧客の獲得を行っている。後ほど紹介するSNSチャネル（特にインスタグラム）と掛け合わせることにより、「指名検索」を増やし、費用をそこまでかけることなく、多くの顧客を獲得している。

例えば、D2Cスタートアップユニコーンの1社であるキャスパー・スリープはナップモバイルツアーといって移動型の体験スペースを作り、多くのユーザーの認知を獲得した（190ページ）。

オウンドメディア

オウンドとは「自社保有」の意。企業自身が自らの情報を提供できるコンテンツのことだ。自社で構築や運用をしている企業サイト、あるいは商品ごとのサイトを指す。

狭義のオウンドメディアは、商品情報やブランド情報の掲載されたブランドサイト、会社情報が分かるコーポレートサイト、ブログや有益情報が書かれたコンテンツサイトになるが、広義のオウンドメディアはこれらに加え、機能を提供するサービスサイト、ECサイトが加わる（図表6–14）。

オウンドメディアは、売り切り（広告）のFlow型と呼ばれるメディアではなく、**コンテンツがたまっていくStock型メディア**という特徴がある（図表6–15）。文字通り情報がストックされていくので、時間が経過しストックがたまるほど効果が高くなる特徴がある。

オウンドメディア、ペイドメディア、シェアドメディア、アーンドメディアという4つのメディアのうち、真っ先に取り組みたいメディアがオウンドメディアだ。自分たちが何者なのか、なぜこの商品やサービスを作ろうと思ったかなど、自分たちの持っているメディアを使って存分に語ることができるからだ。

オウンドメディアがしっかり作られていると、それが顧客にとって購買の“最後の一押し”になることが多い。

「UX」の章で触れているが、オウンドメディアを通じて、ユーザーが自社のプロダクトと、より自然に出会うような演出をするのも有効だ。特に、B2B商材の場合は、顧客のそのプロダクトに対するニーズは、顕在化していなかったり、緊急性が低かったりする。そういう状態の顧客に対して、いきなり広告を打っても仕方がない。

まず「潜在ユーザーを啓蒙」「潜在ユーザーを教育」という観点が必要になる（図表6–16）。オウンドメディアを立ち上げる際に、**EAT**というキーワードを覚えておこう。

コンテンツを作るときに、**Expertize（専門性）**、**Authoritativeness（権威性）**、**Trustworthiness（信頼性）**をきちんと担保できているかが重要になる（素人が裏を取らずに、SEOの上位表示狙いで記事を量産して炎上し、サービス廃止に

▶ 図表6-14　オウンドメディアの広義と協議

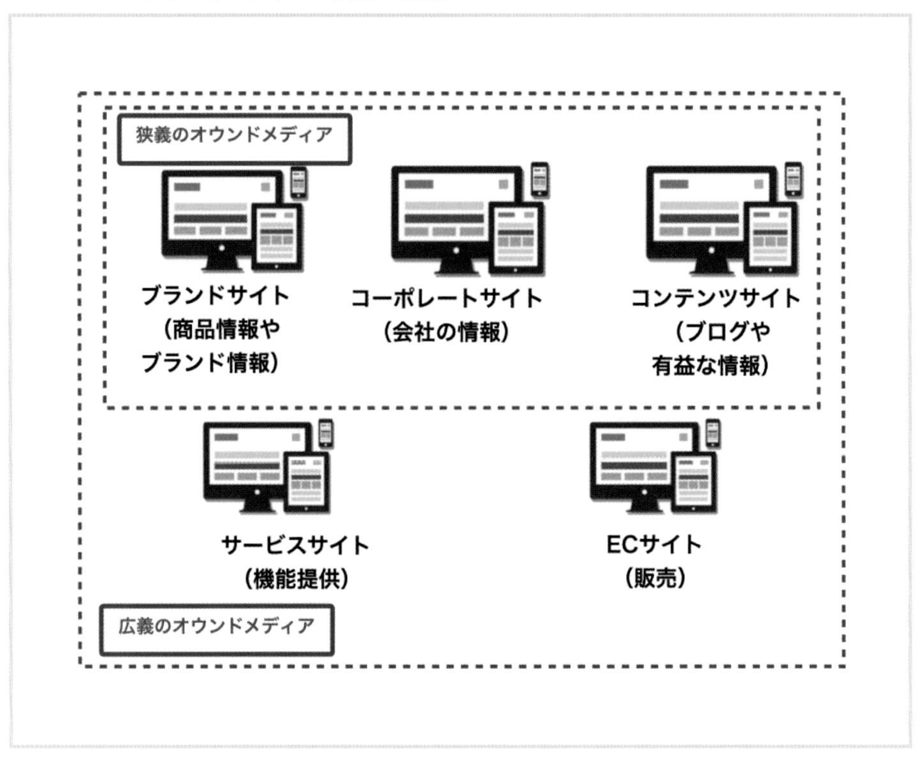

▶ 図表6-15　Stock型とFlow型の顧客獲得の違い

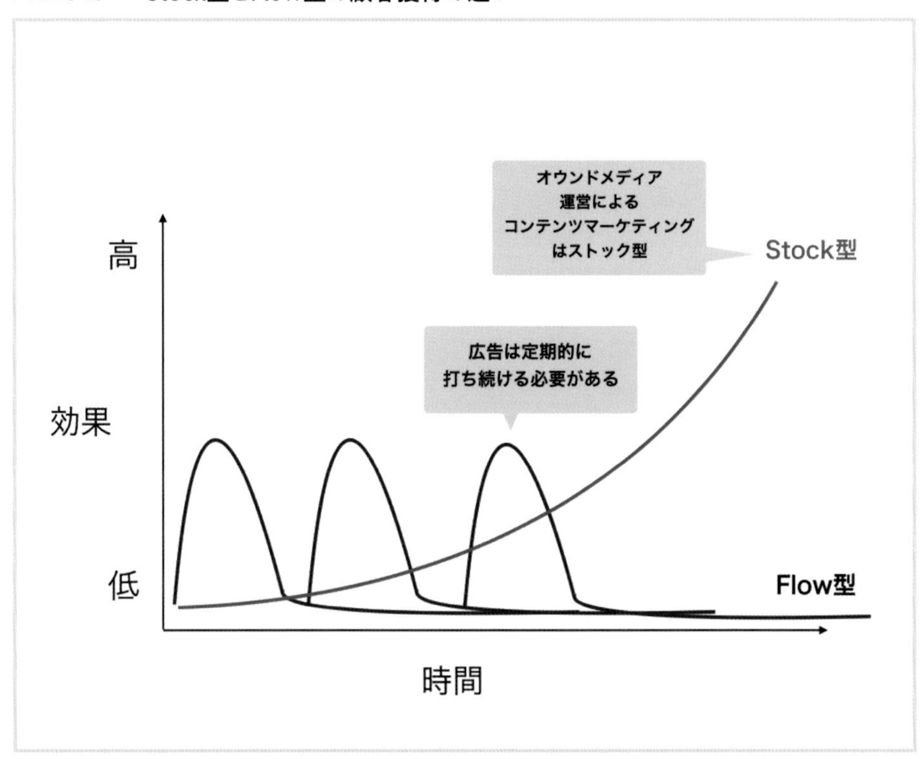

▶図表6-16　プロダクトニーズの育成パス

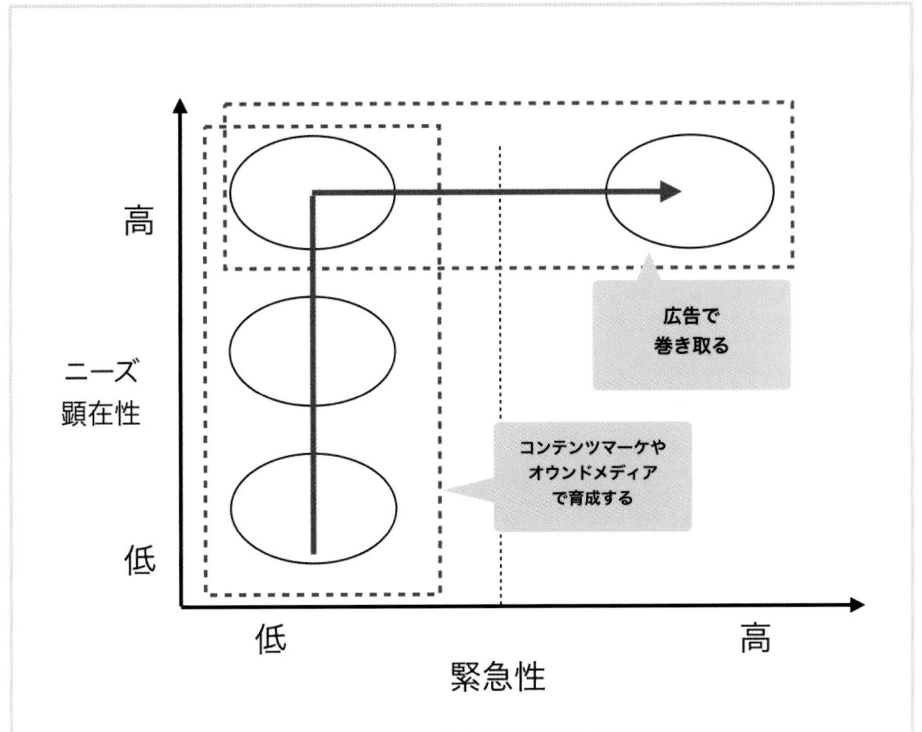

至った某サイトの二の舞にならないようにしよう)。例えば、ハブスポットなどは、非常にリッチで多彩なコンテンツを扱うブログメディアを運営している[2]。

また、オウンドメディアを立ち上げることは、ユーザーの顧客獲得だけでなく、認知が向上するので、採用力の向上にもつながることを留意すべきだろう。ただ一つ留意するべきポイントとしては、オウンドメディアは一度始めると運用リソースがかかるし、なかなか止めることができない、ということだ。安易にオウンドメディアを始めるのではなく、まずどういったターゲットに向けて、どのようなコンテンツから始めるか、きちんと絞り込んでから始めると良いだろう。

オウンドメディアを成功させる際の4つのポイントを以下にまとめたので、参考にしていただきたい。

すぐに結果を求めない（じっくり時間をかける）

オウンドメディアは、立ち上げてすぐに結果を求めるべきものではない。前述の図表6-15でも説明したが、オウンドメディアはストック型である。記事やコンテンツを増やすことで少しずつ検索に引っかかったり、フォロワーが増えたりする。結果として継続的に閲覧するユーザーが増え、さらにそれらのユーザーがファン化していく。そこからようやく会社の商品／サービスを検討する人が出てくるのだ。

まずは、しっかり記事／コンテンツを書き続ける運用を確立するのが大事だ。一般的に効果を出すためには最低でも100のコンテンツが必要とも言われている。どれくらいのリソースをかけるのか、費用対効果を勘案しながら、更新していく頻度を考えていこう。

2）https://blog.hubspot.jp/

ターゲットユーザーの求める情報を、ユーザーが出会える形で提供する

コンテンツを作る上で意識しなければならないのが、ターゲットユーザーのニーズに応える情報を提供できているかどうかだ。オウンドメディアは、当然ながら自社の得意領域に関するコンテンツを発信する。基本的にはそれは読み手にとって価値を提供する。

しかし、ときにはマニアックになりすぎたり、企業側の目線になってしまったりして、ユーザーが引いてしまったり、うんざりしてしまうことがある。N1分析の項でペルソナについて紹介したが、ターゲットペルソナを勘案してコンテンツの企画をするのがポイントだ。

また、SEO対策をしっかりすることだ。ユーザーが求めそうな「キーワード」を記事に散りばめるのがポイントだ。しかし、キーワードを意識しすぎて文章が不自然になることがある。またコンテンツにある程度のボリュームをもたせるなど、検索エンジンの上位に表示される工夫をしていく。

コンテンツの軸がぶれないようにする

コンテンツがオウンドメディアとしての軸からぶれていないか、を常に問いかけていく。

寿司好きな人は、「うどんもそばも寿司も扱う飲食店の寿司」よりも「寿司専門店」を選ぶ。それと同じように、一貫性のあるテーマやコンセプトが土台になっているメディアサイトの方が、その情報を求めている人には魅力に映るのだ。欲張ってあれもこれも載せてしまうと、結局はメディアの特徴が薄まって、他のサイトと埋もれてしまう。オウンドメディアを立ち上げるときは、「こんな情報をこんなふうに載せる」「これは載せない」という方針をきちんと立てていくのがポイントだ。

リアルイベントでレバレッジをかける

オウンドメディアのコンテンツを充実させるために、リアルイベントやセミナーの運用も有効だ（図表6-17）。リアルイベントは、会場費や運営費などの費用がかかるが、リアルイベントを通じて、エンゲージメントの高いユーザーの育成や、リアルイベントのコンテンツをブログや動画に変換することで二次利用することも可能になる。例えば、子育てママをつなぐプラットフォームAsMamaは、日本全国で、数々のイベントを開催して、コアなユーザーを獲得している。

コミュニティマーケティングを活用する

事業の規模を大きくしスケールするためには、自分たちからの発信だけでは、直接リーチできる人にしか伝わらないということが課題になる。スケールさせるためには、ユーザー自身で他の人（既存ユーザーや潜在ユーザー）に伝えてもらい、直接リーチできない層にも届けてもらう必要がある。

そこで、コミュニティマーケティングも有効なマーケティング施策の一つだ。これは「Tell ／ Sell through the community」と言われる。つまり、自らが伝える（売る）のではなく、コミュニティにレバレッジをかけて、プロダクトの良さ、情報、ユーザーの声を伝えたりして、プロダクトの認知／興味／エンゲージメントを高めていく手法だ。

▶図表6-17　リアルイベントの内容は別のコンテンツに変換できる

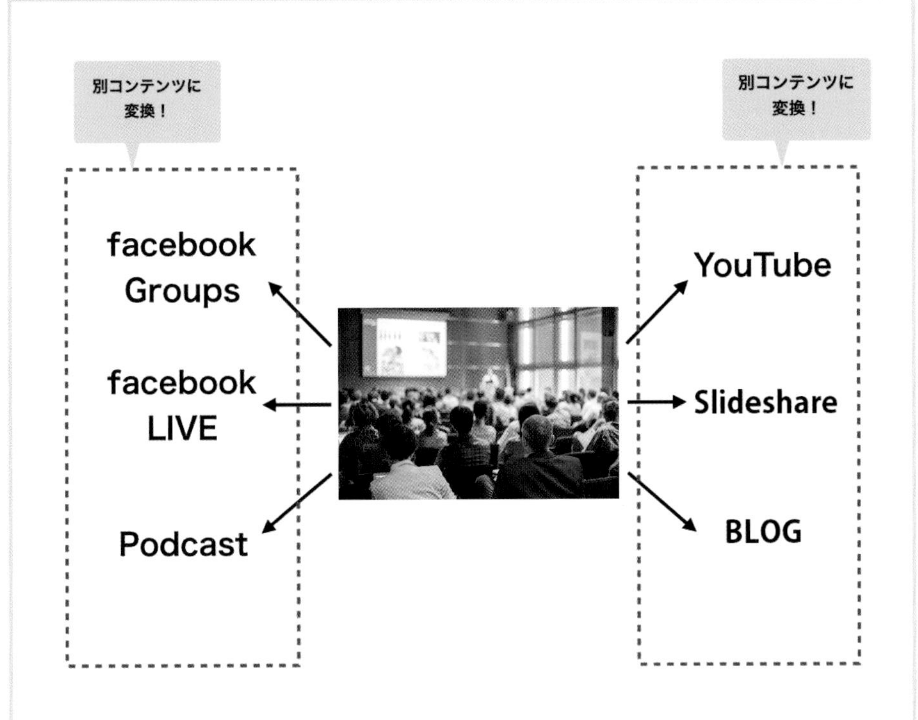

写真：shutterstock.com

　これは拡張性があるだけではなく、費用対効果も高い獲得方法だ。プロダクトの検討ユーザーは、広告ではなく現ユーザーの「実際の声」を重視する。サービスベンダーが多額の広告宣伝費をかけて発信したメッセージよりも、ユーザーは自分の「信頼できる知り合いや友達」からの口コミを信用するという事実がある。

　これでうまくいっているのが、日本のAWS（Amazon Web Services）コミュニティであるJAWS UGだ。

「AWSの『ファン』と言える人たちをコミュニティ化することによって、新たな顧客を獲得していく、という戦略です。（中略）「これ、私に関係ある」と思わせる。「自分ゴト化」の部分が、今のマスマーケティングでは難しい。（中略）同じ立場の人の話こそ、一番「自分ゴト」になりやすい。そして、みんなの「いいよ」という声を束ね、その声を聞く人を集める場が、マーケティングにおけるコミュニティなのです」（出典：『ビジネスも人生もグロースさせる　コミュニティマーケティング』小島英揮著、日本実業出版社より）。

うまく運用する4つのポイント

　ここでコミュニティマーケティングを活用する上で大切になる4つのポイントを見ていこう。

1. コミュニティマーケティングを実装するための留意点がいくつかある。コミュニティマーケティングでは自発性を重んじるために、コミュニティ活動に対して「報酬」を支払ってはいけない。なぜなら、「報酬」が発生すると「仕事」になってしまうからだ。

2. コミュニティマーケティングにおける留意点は、「初期メンバー」が非常に重要だ。初期メンバーのエンゲージメントを高め、「コミュニティを引っ張ることが自らの使命」であるという認識を芽生えさせることが重要。さらに、そういうメンバーがメッセージを発信しやすくなるようにサポートしてあげることにより、続くフォロワーに熱量を伝播して、コミュニティを盛り上げていける。

3. コミュニティマーケティングのポイントは図表 6-18 のように、顧客同士が関係を持ったり、自社と顧客が複数の接点でつながっていくというところだ。そういう状態になると顧客獲得が自走するようになる。つまり、企業側からユーザーに対し、何かしらのコンテンツ／アクションを押し付けることは NG だ。あくまでユーザー目線から生まれたものを尊重しながら、要望があればプログラムやツールを提供するのだ。「自分たちがユーザーをコントロールする」という方針は NG だ。

4. コミュニティで活躍した人や、コミュニティが対象とする領域で知見や経験が蓄積した人を表彰したり、エバンジェリストとしてのタイトルを与えていくのも有効だろう。そのようにして、金銭的な報酬ではなく、非金銭の報酬（自己成長／自己実現）を提供することで、熱狂的なコミュニティを生むことができる。

起業家はその業界のオーソリティになる覚悟をもつ

起業家は事業を始める際に覚悟すべきことがある。それは、自分がターゲットとする領域のオーソリティ（権威）になることだ。「あの分野なら、この人」とすぐ思い浮かべられるほどのオーソリティになるとオウンドメディアで打ち出すコンテンツやイベントなどでのコンテンツにも磨きがかかる。権威性がある

▶図表 6-18　コミュニティマーケティング

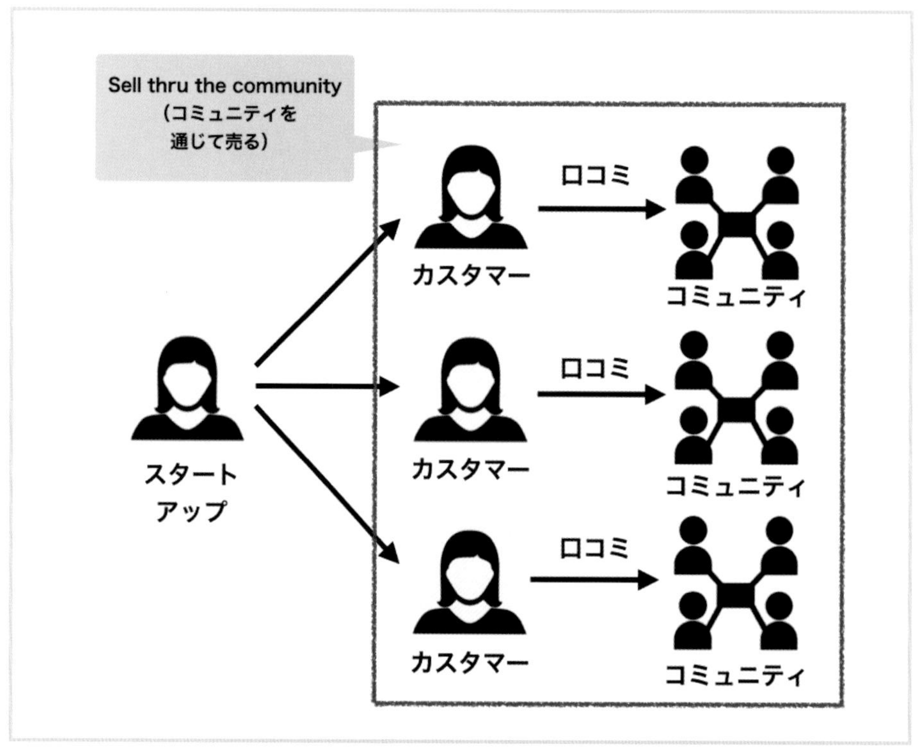

と、バリュエーションを高めることにも寄与する。

デジタルネイチャーの分野で最も権威のある落合陽一氏が代表を務めるピクシーダストテクノロジーズは48億円の資金調達をした。

感情を認識する人型ロボットのペッパー元開発者である林要氏の率いるロボットベンチャーGROOVE Xは2015年以来の累計資金調達額が80億円を超えた。また、それ以外にもオーソリティになるメリットには次のようなものがある。

- **自社から発信するコンテンツの質と量が高まる**

前述したオウンドメディアにおける担保するべき基準EAT、Expertise（専門性）、Authoritativeness（権威性）、Trustworthiness（信頼性）を覚えているだろうか？　起業家や経営者自身がオーソリティーになることで、自然と上記3つを高めることができるようになる。

- **マーケットインサイトを継続獲得**

その分野のオーソリティ（権威）になると、様々な会合やイベントに招待されるようになったり、政府のプロジェクトのメンバーとして招聘を受けたりする。これによって、最新の情報／事例へのアクセスや、業界のキーマンへのアクセスができるようになる。

- **優秀なキーマンの採用がしやすくなる**

また、オーソリティになると認知度が増えて、人材募集の際の母集団形成だけでなく、「この人と働いてみたい」という、求人の魅力化を図ることができる。人的資源の章でも詳しく解説するが、「人を採用できないので、スケールできない」スタートアップの課題を解消することにつながる。

- **ミッション、ビジョンの納得性、浸透力が高まる**

オーソリティになると、「ハロー（後光）効果」もあり、チーム内のMVVの納得感を高めることができ、チームメンバーのエンゲージメントを高める効果もある。

- **知名度が上がると他のプレーヤーの参入を抑制することができる**

「この人がやっているなら自分は参入するのはやめておこう」という牽制を利かすことにも繋がり、将来的な潜在競合の芽を減らすことにつながる。

アーンドメディア

アーンドメディアとは、第三者のメディア機関が記事やブログを通じて商品に関するコンテンツを書いたものだ。アーンドメディアはPR、メディア・リレーション、インフルエンサー・リレーション、フォロワー・リレーションなどにより、企業／消費者などのステークホルダーからの信頼や相互理解の獲得が必要なメディア（テレビの報道や新聞/雑誌の記事など）を示している。アーンドメディアのアーンド（earned）とは、信用や評判を獲得する、という意味から名付けられている。前にも述べたが、情報過多の今、広告は敬遠されつつある。「広告は自分たちに都合のいいことしか言っていない」ように感じて、広告を信じなくなっている人が増えている。

また、「失敗を避けたい欲求」は「成功を求める欲求」よりも強く働く。過去に広告を見て思わず買ってしまったものの失敗した経験のある人は多く、それはより広告への不信感に拍車をかけている。

口コミは一方的に提供される情報ではなく、第三者の中立的な視点に立って提供される検証済みの情報だ。顕著なのがB2Cのケースだ。口コミや紹介で購買に至るのが実に70％以上と言われている。

「商品やサービスを買うときに何を信頼するか」という問いに対し、知人の推奨、オンラインに投稿された消費者の意見、編集された記事、テレビ広告などが上位を占めている。広告のように一方的に提供される情報ではなく、第三者の中立的な視点に立って提供される検証済みの情報を信じる傾向が強いのだ。

しかも、満足度が高ければ、購入した顧客が「紹介」という形で新規顧客を連れてきてくれる。その口コミの力を最大限に活かすためにも、アーンドメディアをうまく利用したい。次節ではアーンドメディアを獲得するための広報／PRについて解説する。

Love me vs. Buy me

広報と広告の一番の違いは何だろうか？

「Love me！　私を好きになって」が一言で言う広報だ。

つまり、「自分たちの商品やサービスを好きになってもらうために何ができるのか？」を考えるのが広報の役割だ。

一方、広告は「Buy me！私を買って」というものだ。広告は自分たちの商品やサービスを買ってもらうために、莫大な費用をかけて伝えていく。前にも述べたが世の中に広告が溢れ、SNSが浸透した現在、「広告は信じない。人からの評判を信じる」人の方が圧倒的に多くなった。

例えば「私は誠実な人間です」と自ら言うよりも「あの人は誠実な人間です」と第三者が言ってくれた方が、はるかに信ぴょう性が高くなるのは自明の理だ。

「あの商品はすごくいい」と、第三者である口コミやメディアを通して伝えてもらい、その評判が従業員へ、顧客へ、資本市場へ、取引先へ、規制当局へと広

▶図表6-19　メディアの媒体と影響力

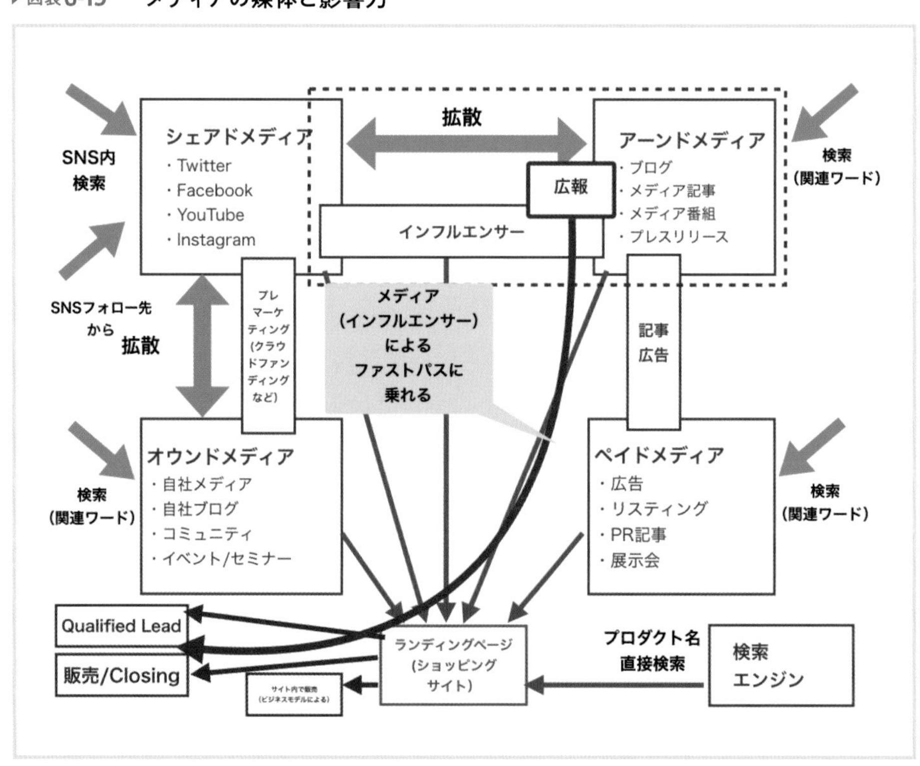

がっていくよう戦略的に考えることが広報の役割だ。これは、戦略的コミュニケーションと表現される。

このような戦略的広報活動ができているのは、上場企業でも4分の1程度に過ぎないと言われており、スタートアップの多くはできているとは言い難い。

広報を通じてアーンドメディアで顧客獲得をする際、大前提になることがある。

それは、PMFしていることだ。ラーメン屋が「まずいラーメン」を作り、広報機能を使って広めてしまうと、「あのラーメンはまずい」という悪評を拡散させるだけの結果になる。今の時代は一度書き込みされたらウェブやSNS上にずっと残ってしまう（これはタトゥーのように消えないのでデジタルタトゥーと呼ばれる）。大量の悪評が書き込まれたら、いったんプロダクトの名前や会社の名前を変えたりする抜本的な方法を採用する以外に方法がなくなる。まずはおいしいラーメンを作ることにフォーカスしよう。認知を高めるのは、その次だ。

PMFした商品やサービスを第三者が記事にしてくれるブログ、メディア記事、メディア番組などのアーンドメディアで紹介されると非常に顧客獲得の効率が良くなる。口コミで広まり、レビューの評価が高まると、顧客は認知から、いきなり比較検討フェーズに入る（図表6-19で表現しているように、ファストパスに乗せることができる）。つまり、良いリード（見込み客）につながる。そうすると、セールスサイクルが短くなり、結果CPAが下がるのだ。そして、CPAが下がることによりユニットエコノミクス（218ページ）が改善する。

CHAPTER

6-4 MARKETING

アーンドメディア戦略、PR戦略を考える

第三者によるブログやメディアの記事、あるいはインフルエンサーに商品やサービスが取り上げられると、レバレッジがきく可能性が高い。

ただ、メディアと一言で言っても様々なメディアが存在する。図表6-20を見てほしい。これは、メディアの媒体と影響力について示している。

SNSやウェブメディア全盛の時代とは言え、影響力が最も大きいのは、ピラミッドの頂点に位置するマスメディアのテレビだ（図表6-20）。

マスメディアが衰退したと言われるが、それでも社会インフラとしての効率性と影響力はまだまだ大きい。テレビは国民の85%が毎日テレビを平均3時間以上見ているという。新聞も部数が落ちたと言われるがそれでも4000万部も発行

▶図表6-20　メディアの頂点に位置するのは、依然としてテレビ

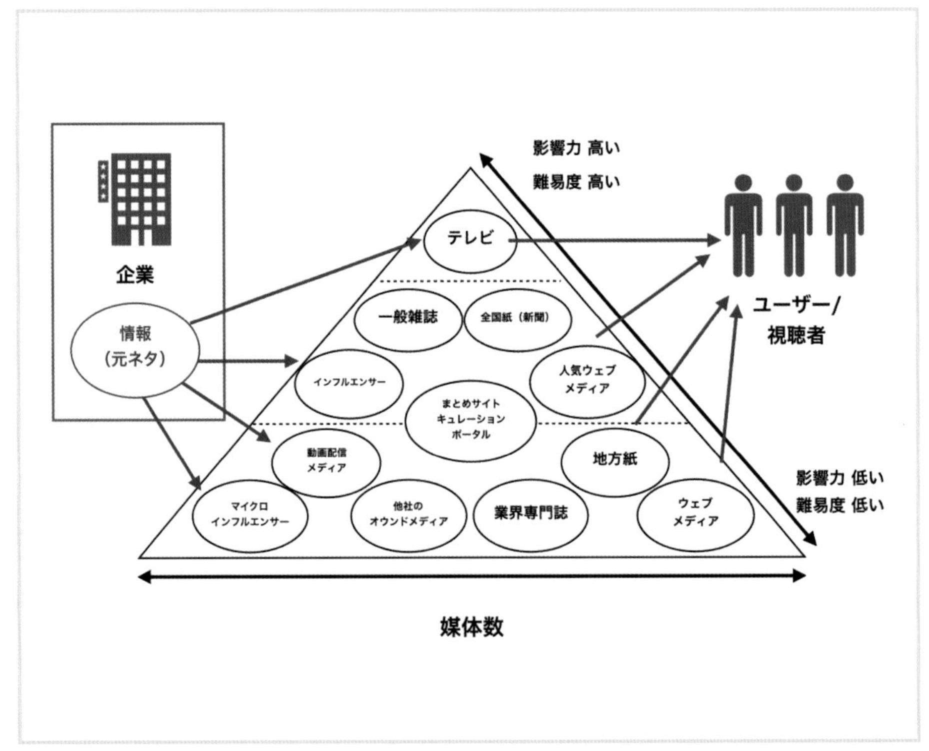

され社会のインフラとしての機能を果たしている。テレビや新聞などで報道されると会社の信用向上につながるのだ。

その他、一般雑誌もマスメディアに該当する（ソーシャルメディアの情報は、86％がマスメディアに載った情報の転載だという調査結果もある）。

留意すべきは、マスメディアによる報道の露出はほんの一瞬、ということだ。全国ネットのテレビでも数十秒しか露出しないときもあるし、全国紙の新聞に載っても記事が出るのは、その日一日だけの場合がほとんどだ。対してウェブメディアは、一度掲載されるとニュース記事以外は削除依頼をしない限り、ずっと残り続けるメリットがある。ポジティブな記事であれば評判の向上につながる可能性も高い。

「報道連鎖」を仕掛ける

初期のスタートアップのメディア戦略としては、「質より量を目指すこと」だ。まずはピラミッドの下の方にあるウェブメディア、動画配信メディア、マイクロインフルエンサー、業界専門誌、地方紙など様々な媒体に露出することから始めたい。

例えば、産業、企業情報に特化した『日経産業新聞』、小売業界の最新トレンドを伝える『日経MJ』などは知名度の高い新聞だが、全国紙に比べ掲載されるチャンスはあると言える。その他、ニッチなクローズメディアが自社の商品やサービスに合う場合もある。

特に、業界専門誌は、常に新しいネタや最新のネタを探しているので、自社のストーリーをまとめて依頼をすれば、高い確率で取材を受けてくれる可能性は高い。

JALグループの『SKYWARD』、ANAグループの『翼の王国』などの機内誌や、JAFの『JAF Mate』という会員誌、旧財閥系グループ誌、行政広報誌、飲食チェーンの情報誌などニッチなクローズメディアはたくさんある。商品やサービスの認知度が高まってくれば、商品やサービス、あるいは会社名などの指名検索が増える。

「この商品なら、この会社」と商品名と会社名を覚えてもらうなどマインドシェアを取ることを目指したい。

こういうニッチなメディアから火をつけていき、徐々に影響力のあるメディアにアプローチしていくことを「報道連鎖」と言う。つまり、報道が報道を呼び、情報が好循環に伝わっていくことだ。この好循環をうまく利用すれば、企業メッセージやストーリーを世間に広く伝えることができる。最初はゆっくりで、小さなメディアでの掲載であっても、一度スピードに乗ると、どんどん話題や報道が大きくなることがある。ウェブメディアや業界誌で取り上げられたことをきっかけにSNS上で話題となり情報が拡散し、結果としてテレビで報道されたというケースが多く見られる（図表6-21）。

例えば、テラモーターズ（テラグループ）は、3輪や4輪のEVを東南アジアで展開するスタートアップだが、初期の頃は、業界誌を中心にパブリシティーを取りに行っていた。しかし、そのストーリーや活動が大手メディアの関心を引き、テレビ東京の人気番組「ガイアの夜明け」で特集されることになった。

図表6-20のピラミッドの真ん中にあるのは、Yahoo!をはじめポータルメディアやまとめサイト、あるいはキュレーションサイトだが、これらは拡散力がある意味で掲載されると価値が高まる。Yahoo!の場合、毎月約700億ものページビューを叩き出しているので、トップページの最も目立つ位置にあるYahoo!ニューストピックス（ヤフトピ）に掲載されるとそのPR効果は計り知れないと

▶図表6-21　はじめはピラミッドの下の方にあるウェブメディアを狙う

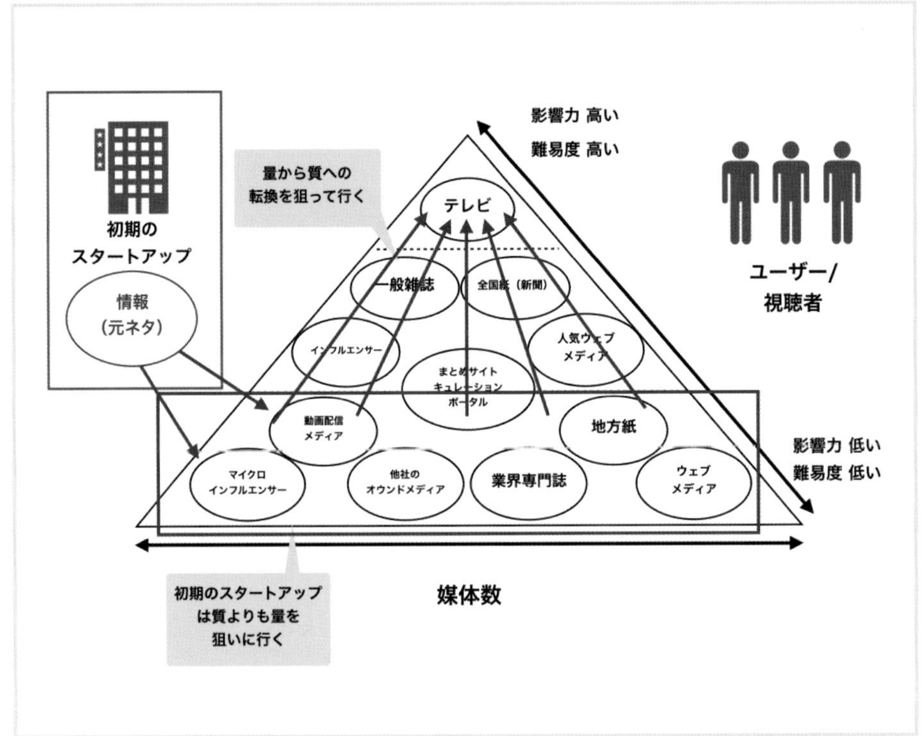

言われている。

自社のネタを取り上げてもらうには、何はさておき、自らが積極的に自社のネタ探しをしたい。開発ストーリー、経営者自身のストーリーの他、知的財産、財務、大型資金調達をしたとき、社会的活動のアピールなど、至るところにネタはあるはずだ。

IMPAKTでネタを探す

自社のネタを探すときに参考になるのが、IMPAKTを意識することだ（Inverse、Most、Public、Actor／Actress、Keyword、Trendの略語）。それぞれ以下に解説する。

インバース（逆説／対立構造）

逆説とは、すでに定着している説を覆したり、既存のイメージとは反対の訴求をすることだ。通説ではAなのにBという訴求ポイントがあるか考えることだ。一見するとトレードオフに見えることが自社のプロダクトは見事に両立しているといったことがあり得る。スタートアップはイノベーションのジレンマを突く商品やサービスが多いので、Inverseは見つけやすい。これに関して、商品やサービスについて「え？」と思わず驚嘆してしまうような「意外性」があるかも考えたい。

モスト（最上級／独自）

「日本最大級」「独自」「世界初」「最大／最小」「今までにない」など話題性が高くニュース性のある情報を提供できるか考えたい。ギネス認定や××認定など権威機関におけるお墨付きがあると信頼性が担保される。

世界初の内視鏡AIを提供するAIメディカルサービスは46億円を調達したが、プレスリリースには、内視鏡AIにより「胃がんについても世界初成功」などとインパクトのある「世界初」といった言葉をうまく使っている。

パブリック（社会性／地域性）

みんなが知るべき情報で、かつ、それが影響力のある情報ならニュース性が高くなるためメディアとの相性は良くなる。

例えば、「食品ロスをシェアで削減」というニュース記事があるが、これなどは、みんなが知るべき影響力のある情報と言える。それに該当する社会貢献型フードシェアリングプラットフォーム「KURADASHI」を展開するクラダシなどのスタートアップメディアには取り上げられる可能性が高くなる。

その他、地方創生やローカルの話題などがある場合もニュース性が高くなり、情報の一つとしてメディアに取り上げられる可能性が出てくる。

アクター／アクトレス（誰が語ると最も良いか）

誰がメディアに語ると一番効果的か、アクターやアクトレスを考えたい。スタートアップの場合、前面に出て語るべきは経営者だが、影響力のある第三者でも効果的な場合はある。実際に、そのサービスを使う人のポイントや視点を強力にアピールできる人かを考えたい。

誰がアクター／アクトレスか考えるには、実際に使ってみた感想やサービスのイメージなどを語る「ユーザー／カスタマー」か、社会的な動向やプロダクトの客観的なデータを示すことができる「外部の専門家」か、商品のスペックやプロダクトにかけた思いを語れる「開発者」か、ミッションやビジョンをベースに商品やサービスについて語れる「経営者」か、適任者を考えていこう。

キーワード

何と呼ばれたら印象に残りやすいか（ユーザーのマインドシェアを取りやすいか）を探る。ユニファという企業がAIなどの最新のテクノロジーを活用した「スマート保育園」という保育園のスタートアップで35億円の資金調達をしたが、この場合、「スマート」も「保育園」も目新しい言葉ではない。しかし、掛け合わせて「スマート保育園」になったとき一気に新しい感覚の名前になる。

全く新しい言葉を作るのはリスクが高いし、それを見た人がピンとこないまま素通りしてしまう。未知×未知は認知度のないまま終わりやすいので、既知×未知の発想で、旬を追い求めるメディアの目を惹くキャッチコピーやネーミングを考えたい。

トレンド

今、この瞬間に世の中が知りたがっていることかで「Yes」なら報道される可能性は極めて高くなる。

ムスカというスタートアップは、イエバエと呼ばれるハエを活用したバイオマスリサイクルシステムを開発した。食糧危機が叫ばれる今、ハエを活用して有機肥料や飼料などの製造を行っており、様々なメディアに取り上げられている。

実際にヤフトピにどのようなニュース取り上げられているかを検証してみた（図表6-22）。

▶図表6-22　Yahoo!ニューストピックスにどのようなニュースが取り上げられているか

2019年10月7日のニュース

Topic	Inverse	Most	Public	Actor	Keyword	Trend
議長発言影響衆院開会できず	○	X	◎	○	X	◎
景気動向「悪化」に下方修正	X	X	◎	X	△	◎
キノコ採りに父子死亡　富士山山麓	X	X	○	△	X	◎
教諭いじめ　児童に「面白い」	◎	X	○	○	○	△
オンワード韓国から撤退へ	X	X	○	○	X	○
上原浩治氏　引退後は「暇」	◎	X	X	◎	◎	○
酷暑ドーハ　明暗 東京への教訓	X	X	○	○	X	◎
私失敗しないので　誕生秘話	△	X	X	◎	◎	○

自社のメディアリストを作る

メディア戦略を考える上では、自社内でメディアリストを作るのも有効だ。自社の領域とその周辺領域を含めてまずは30社ピックアップする。余裕があれば100社をストックしたい。自社の商品やサービスに関連する情報を掲載する過去の新聞、雑誌、テレビ番組、ウェブ媒体を可能な限り調べる。

3年ぐらい遡ると特定分野における記事の動向を把握できる。Google検索内の「ニュース」で検索する、日本経済新聞社が提供するビジネス向けオンラインデータサービスの「日経テレコン」を利用する、放送されたテレビ番組情報をアップしキーワード検索が可能になっている「テレビでた蔵」を活用するなど様々な手段がある。メディアリストには1媒体につき下記の情報をストックしておく。

- 媒体名
- 部署名
- 担当者名
- 電話番号（FAX番号）
- 所在地
- メールアドレス

「担当者名までは分からない」と思う人は多いが、ツテやコネなどなくても分かることはある。テレビなら、自社の商品やサービスに関連した情報を流す可能性のある番組にあたりをつけて撮りだめしてチェックすると、番組の最後に流れるエンドロールにプロデューサーやディレクターなどの名前が出ることがある。

また、名前が分からなくても、電話などで「××番組のプロデューサーの名前は分かりますか」と尋ねれば教えてもらえることもある。ちなみに、テレビに取り上げてもらう場合は、映像がメインであることを踏まえ“良い絵が撮れるか”が非常に重要なポイントになることは覚えておきたい。

雑誌の場合は、特集ページなどは最初の扉のページに記者名が書かれていることがある。新聞も同様だ。署名記事になっている場合、記事の最後に名前が書かれているので分かることが多い。ウェブ記事も署名記事になっているものはリストに担当者名を記入できる。作ったリストは、専門系、報道系、一般向けなどタイプ別に分けておき、発信する情報によってリストを使い分けたい。

リストができたら、アプローチしていくことになるが、基本的にプレスリリースはまず読まれないと心得た方がいい。一斉送信される情報にニュース性はないからだ。ただし、出さない理由もない。100件送って3件のレスポンスがあれば上出来だと認識した上で、最初は質より量と捉え、レスポンス3%を目指して出しておきたい。

マスコミ担当者は特ダネやスクープが欲しいので、一斉配信のプレスリリースに情報価値はない。プレスリリース前なので非公開情報で特ダネになる可能性があると伝えて1分だけ時間をもらって交渉し、興味を持ってもらえたら取材の提案をするなど工夫したい。

新聞系にアピールする場合も、日本経済新聞であれば「優先的な情報提供」を行う、"日経リーク"と呼ばれるやり方がある。こちらもテレビ同様、プレスリリースを出す前に日本経済新聞の記者にお知らせして取材を依頼するという方法だ。

ただし、先方は多忙で不在なことが多い。新聞記者は取材を終えて社に戻る夕方の17時～20時のタイミングに行う。雑誌なら校了日近くは避けるなど、なるべく余裕のある日や時間を狙いたい。ひとたびメディアに取り上げられると、その情報は従業員、顧客、資本市場、取引先に一斉に放たれる。一石二鳥どころか三鳥、四鳥もの効果が生まれる。

メディアに取り上げられたら効果測定することも忘れてはならない。

262ページでお伝えするようなアンケート内容をもとに、ユーザーへのアンケート調査を行いたい。仮に、「商品やサービスは気に入っていたけど、あの社長の話し方が嫌い」といった結果の場合、知名度は上がっているのに好感度は下がってしまうという状態になる。なので、ユーザーのプロダクトへの気持ち、会社に対するイメージがどう変わったかについては、定性的に聞き出すことが大切だ。

記事広告

「記事広告」は、第三者がユーザー目線で商品の特徴をまとめた記事をメディアに掲載し、ターゲット顧客へ届ける広告手法だ。第三者目線のランディングページと言える。週刊誌やウェブサイトで記事だと思って読んだら商品の紹介があり、記事広告だったという経験があるだろう。やりすぎるとステマ扱いされてしまう危険はあるが、第三者であるライターなどが書いているため、ストーリーや世界観に共感できれば購入に結びつく可能性は十分にある。また、15秒のテレビCMなどとは異なり、文章と画像をリッチにできるため価値訴求しやすいメリットがある。

記事広告の強みは以下の3点だ。

①第三者の立場（客観的）からプロダクトのメリットやデメリットを伝えられる（第三者であるライターが率直に聞きたいポイントを聞けるので）

②文章／画像／ストーリーを通常の広告に比べてリッチにできるので、価値訴求がしやすい

③検索上位を優位に狙える（記事広告を提供するメディアはドメインが強いため検索エンジンに優遇される可能性がある）

シェアドメディア

シェアドメディアとは、主にツイッター、フェイスブック、ユーチューブ、インスタグラムなどのSNSを指す。情報を見つけてもらいやすくするためのプラットフォームとして活用できる。最近は、ユーチューブやインスタグラムなどの影響力が高まってきている。今、人がネットで検索するとき、SNSもフル活用して検索するようになった。ツイッターはグーグル同様に検索ツールとしても利用されていることが分かる。

1位　Google（33%）
2位　Twitter（31%）
3位　Instagram（24%）
4位　Yahoo!（12%）[3]

図表6-23を見てほしい。私たちは、何かしらの商品やサービスに興味を持つ。すなわちLike（L）がスタート地点になり、SNSで検索したり、あるいはウェブサイトで検索するなどして購買に至る。昔はここで終わるか、せいぜい近隣の数人に口コミで広める程度だった。しかし、今は、購買後に気に入った商品は気軽にSNSにアップでき、それがシェアされる大きな流れがある。SNSを見るだけのユーザーの3分の2の人がSNSをきっかけに購買やイベントの参加に至っているという数字もある[4]。

シェアされた商品やサービスが拡散され大きな話題になったら、特別な宣伝をせずとも購買に結びつく。うまくいけば、その効果は計り知れない。

またシェアドメディアは、商品やサービスの特性に適したものがある（図表6-24）。例えば、コンテンツ系や知識系ならユーチューブ、コンサルティングや企画系の商材ならスライドシェアやSpeaker Deck（スピーカーデック）、リピート商材ならLINE＠（ラインアット）が一つの目安になる。扱う商材によって

3）https://eczine.jp/news/detail/2779

4）https://netshop.impress.co.jp/node/4511

▶図表6-23　SNS時代の拡散／購買ファネル

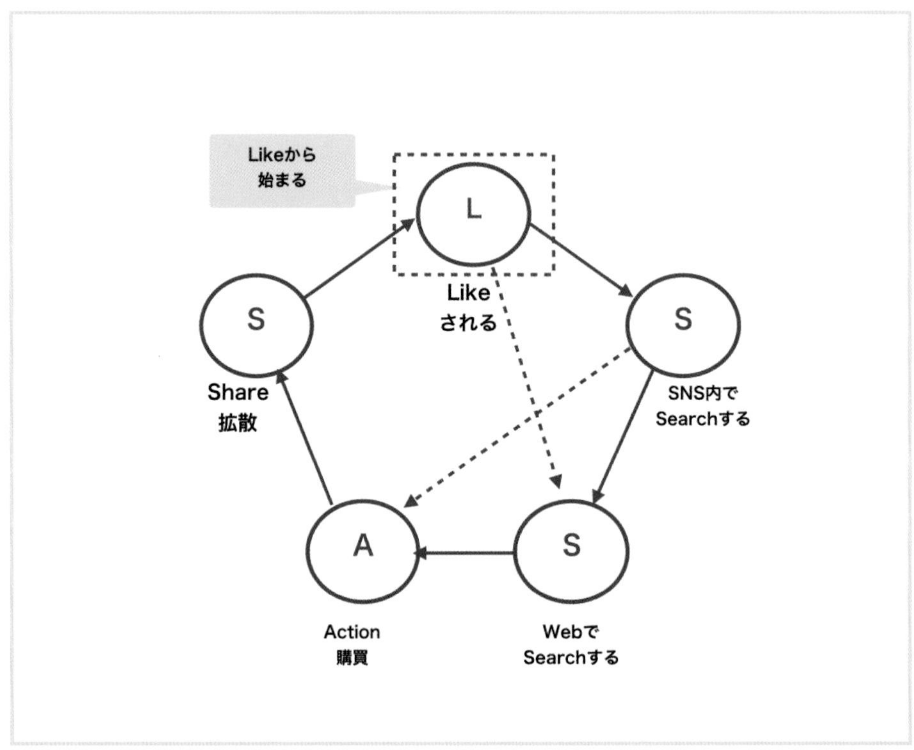

▶図表6-24　どのメディアが自社にとって有効か？

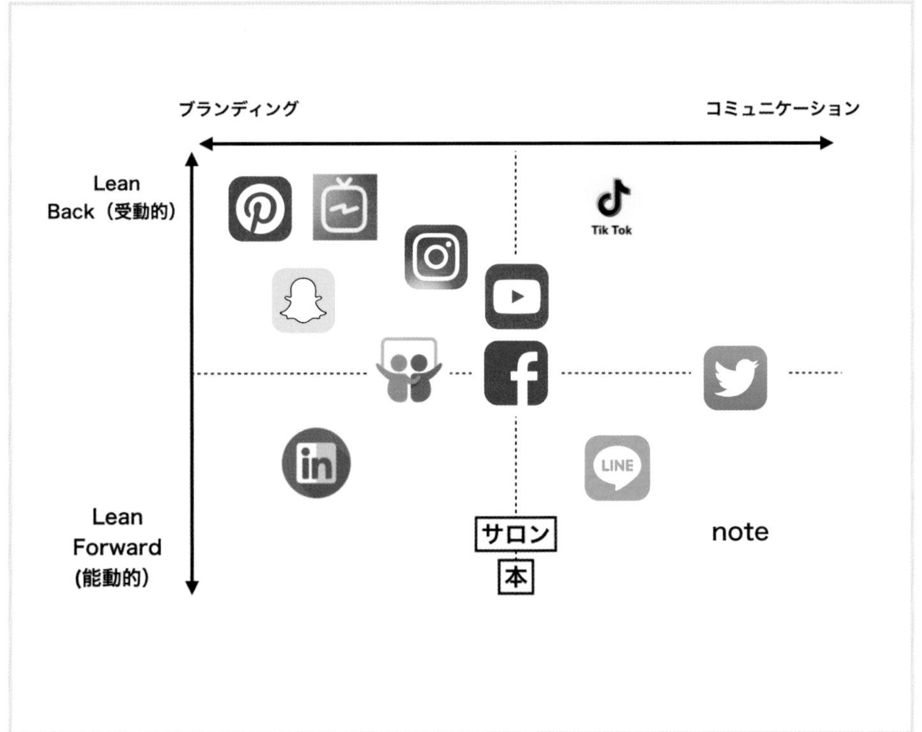

どのシェアドメディアを使うか考えたい。

スターバックスの場合、テレビ広告は1秒も流していないが、それでも非常に業績が良いのは、広報とシェアドメディアの使い方が非常にうまいからだ。ツイッターの日本公式サイトのフォロワーは約479万人（2020年4月時点）と圧倒的に多く、ツイッター上で話題になると予想の売り上げの2～3倍になることがある。的確なメディアを使えば効果は絶大だ。

図表6-24は、2020年1月現在におけるSNSの用途とコンテンツタイプのマッピングである。

今後は、コンテンツの伝え方やコンテンツそのものが細分化（ロングテール化）していってもAIの発達により、ユーザーは出会えるようになってくるだろう。1万人の薄いフォロワーよりも100人の濃い繋がりの方が、顧客獲得には効いてくる。つまり100人の「コアなフォロワー」に向けて発信して、その「コアなフォロワー」から拡散していくのが有効だ。

ただし、「とりあえず会社のツイッターを開設した」という行き当たりばったりで作るのではなく、SNSから企業サイトのオウンドメディアへ飛ばし、さらにランディングページへの動線を作るなど、全体の流れを見据えて、どのシェアドメディアが効果的かリサーチした上で始めるべきだ。

ターゲットペルソナのカスタマージャーニーを描くと「ターゲットとなるユーザー」が、普段どこから情報を得ていて、誰から影響を受けているかを明確にすることができる。コンシューマー向けのプロダクトにおいては、SNSの認知獲得から、自社コンテンツへの流入を図り、そこから、ランディングページに連れてくる導線を作ることがキーになる。SNSのフォロワーを増やすことは重要だが、あくまで、フォロワー数は「手段」であり、最終目的ではない、ということだ。フォロワーの量だけでなく

▶図表6-25　SNS拡散からオウンドメディアへ、さらにLPへ

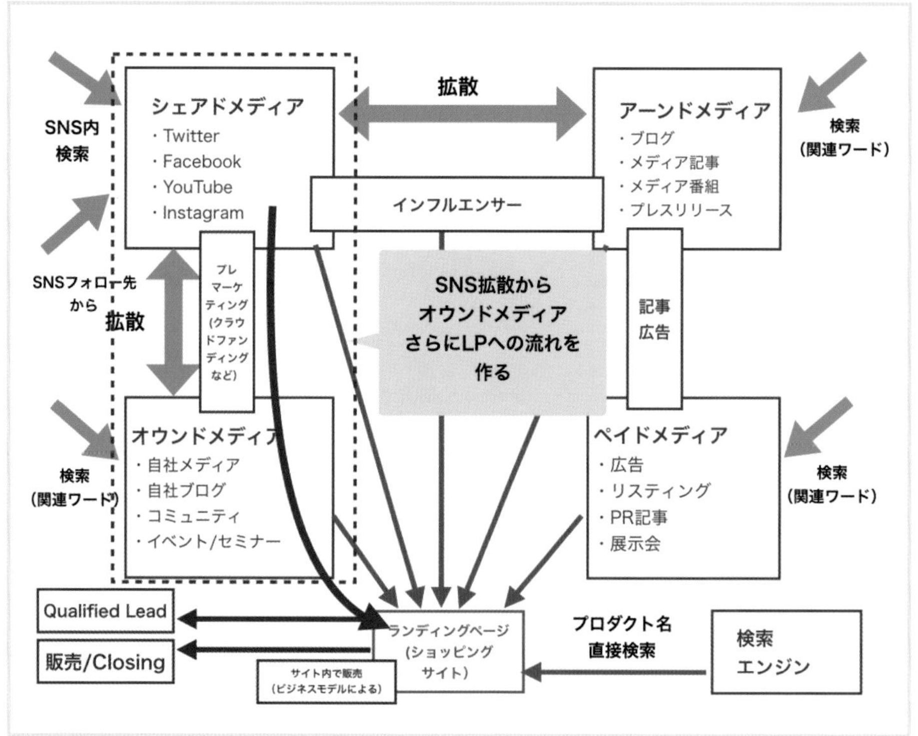

フォロワーの質（どれくらいポジティブな発信をしてくれるか、リッチな口コミやレビューなどを書いてくれるか）も重要になることを念頭におき、施策設定を検討したい。

また今は、フェイクニュースなどが流行っているが、間違った情報が伝わらないようにするためにも、シェアドメディアを使う場合は、オリジナル情報がユーザーに加工されないようにしたり、オリジナル情報に戻れるURLを記載するなど対策を講じておきたい。

各メディアからLPに至る流れについては図表6-25を参照してほしい。

CHAPTER

6-5 MARKETING

インフルエンサーマーケティングを活用する

最近、注目を集めているインフルエンサーマーケティングとは、ツイッター、フェイスブック、ユーチューブ、インスタグラムなどのプラットフォーム上で大きな影響力をもつインフルエンサー（オピニオンリーダー）と協力して行うマーケティングプロモーション手法だ。

トムソン・ロイターによるとインフルエンサーマーケティングのROI（投資収益率）は、実に650%。他のマーケティングに比べても極めて高い結果が出ている。

お金を支払って依頼する場合もあるが、インフルエンサー自らが知って使っておすすめしてくれるというのが理想形だ。

インフルエンサーの中でも、ある特定領域において豊富な知見と情報量で影響

▶図表6-26　マイクロインフルエンサーにアプローチする

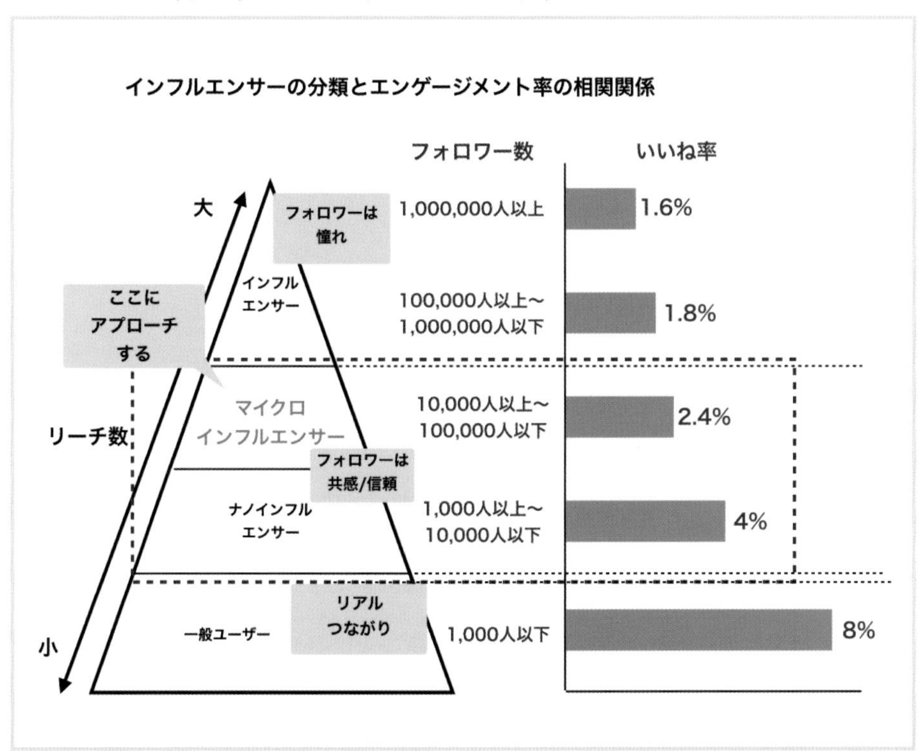

力のある**マイクロインフルエンサー**と呼ばれる人がいる。彼らにフォーカスして勝手に広めてもらうよう何ができるか考えたい。マイクロインフルエンサーのフォロワー数は、1万からせいぜい数万人程度。インフルエンサーよりもはるかに少ないが、そこがいいのだ。なぜなら、インフルエンサーは「憧れの対象」だが、マイクロインフルエンサーは「共感、信頼できる対象」になるからだ。個人の嗜好性が細分化されている今は、そういう、インフルエンサーが持つ「個人の経済圏」を通じて、認知や興味を広げていくのが有効な方法だ（図表6–26）。

プレマーケティング

シェアドメディアとオウンドメディアをつなぐプレマーケティングとは、文字通り、マーケティングの前段階のこと。主にクラウドファンディングを指す。クラウドファンディング（crowd funding）とは、インターネットやSNSを通じて不特定多数の人から少額ずつ資金の提供を働きかけ、お金を調達すること。群衆（crowd）と資金調達（funding）を組み合わせた造語である。資金調達の目的や夢を発信して、それを応援したいと思ってくれる人（バッカーと呼ばれる人）から資金を募る仕組みだ。多くのスタートアップが、最近活用するようになってきた。スタートアップが活用するクラウドファンディングには2種類ある。

● **購入型**

実行者（スタートアップ）ができること：モノやサービス、体験や権利などの「リターン」を販売することができる。

支援者（バッカー）ができること：支援をした見返りとして、様々なリターンが得られる。リターンに対価性（プロダクトや金銭的）がない場合でも、実行者との繋がりが生まれたり、様々な関係性価値や感情的価値を享受できる。CAMPFIRE（キャンプファイア）、Makuake（マクアケ）、Indiegogo（インディゴーゴー）、Kickstarter（キックスターター）、Readyfor（レディーフォー）などがある。

● **金融型**

実行者（スタートアップ）ができること：株式発行やストックオプション発行やファンドの仕組みを利用した投融資資金を募ることができる。

支援者（バッカー）ができること：会社の株式を取得することで将来の値上がりが期待できる。配当やファンドの運用益の分配を受けることができる。また支援者として、実際のサービスやプロダクトを優先的に受けたり、様々な関係性価値や感情的価値を享受できる。FUNDINNO（ファンディーノ）、EMERADA（エメラダ）などがある。

プレマーケティングのメリットは、実際に、モノやサービスを作る前に、市場に打ち出して価値を問いかけることによって、様々なインサイトを得ることができるという点だ。

つまり、ユーザーの声を拾って、それをプロダクトに反映させる、「ユーザーとの共創」が可能になるのだ。

これまでの経営学でよく用いられるようなマイケル・ポーターの5フォースの概念ではなく、私は**5CC（Co-Creation）モデル**が主流になると考えている（図表6–27）。つまり、顧客を交渉相手として捉えるのではなく、フィードバックをもらい「あるべきUX」「あるべきプロダクト」の示唆をもらい、一緒に育てていくパートナーという位置づけである。

例えば、無印良品が展開しているIDEA PARKなどは、顧客の声を年間で17万件も受け入れ、何千件ものプロダクトに反映させている。これも優れたマーケティング手法と言えるだろう。

顧客との共創以外にも、サプライサイドとの共創、業界内部との他のプレー

▶図表6-27　5CCモデル

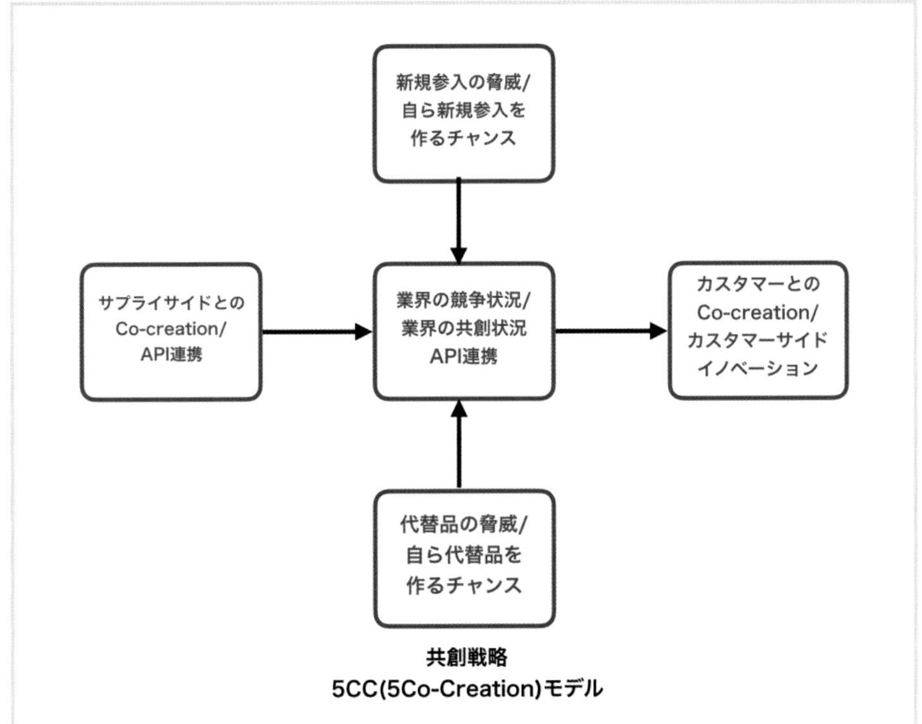

ヤーとの共創など、同じパイをゼロサムゲームで奪い合う競争関係ではなく、一緒になって、市場を創りあげていくというプラスサムの共創関係を築いて行ける視点が、今後は重要になる。

検索エンジン

周知の通りだが、検索窓からキーワードを書き込み、目的のサイトに到達するのが検索エンジンだ。たどった先の自社サイトは、顧客にとって使いやすく有益なものを目指したい。ここでも、SNSやインフルエンサーマーケティングで認知が広がると、「指名検索」と言って直接、プロダクトを検索される比率が増える。

①**指名検索のメリット**：検索アルゴリズムの変化に惑わされない。一般名詞を使用したキーワードや人気のキーワードの場合、どんなにSEO対策をしても、検索エンジンのアルゴリズム変化によって検索順位が大きく変動することがある。しかし指名検索の場合、「XXというプロダクトに興味がある」「○○のサイトに訪れて情報収拾をしたい」という意図が明白であるため、アルゴリズム変化の影響をほぼ受けない。

②**コンバージョン率が高い**：指名検索をするユーザーは、自社のサービスをすでに認知し興味を持っている状態だ。なので、競合製品を比較・検討せずに、すぐに購入・契約するケースが多い。結果として、一般検索で流入するユーザーよりもCVR（コンバージョン率）が高くなる。

③**指名検索の増やし方**：ターゲットユーザーへの露出を増やす。まず自社商品の認知度を上げるために、ターゲティングしたユーザー層への露出を増やす。その前提として、誰がターゲットユーザーなのかを見極めるために、ペルソナがどのようなメディアで情報を得ているかのカスタマージャーニーを明らかにする。ただ、いくら現状の知

名度を獲得できたとしても、他社の強烈な広告やキャンペーンによって印象が塗り替えられてしまうことも起きる。例えば、2018年から2019年にかけてキャッシュレスペイメント各社が、様々なキャンペーンを打ち出していたが、PayPayが100億円のキャッシュバックを打ち出したキャンペーンで、ユーザーのマインドシェアは塗り替えられてしまった。

SNS等でシェアされるコンテンツを打ち出していく

SNSマーケティングが注目を集めているが、SNSで認知されると、具体的なプロダクト名やプロダクトの特徴や効能でユーザーのマインドシェアを取ることができる。いわゆるUGCを発生させ、シェアされるようなコンテンツを広告やSNSで発信するのがポイントだ。いわゆる「バズ」を作るということになる。バズるための法則としては、「シェアしたくなる」気持ちを引き出すことだ。どうしたらSNSに投稿したくなるか、ユーザー視点に立ってよく考える必要を考えてみる。例えば、PayPayの40%還元のキャンペーンは、多くのユーザーがハッシュタグをつけて拡散した。ツイッターやインスタグラムでタグ付けされた量と、指名検索の量は連動するというデータもある。

UGC
User Generated Contents：口コミやレビューを含む、消費者が生成してSNSに投稿するコンテンツ

また、覚えてもらいやすい名前になっているかだけでも、指名検索が変わってくる。例えば、アルファベットだけで、発音がよく分からないものは検索されにくくなるのは明らかだ。また、一度聞いたら忘れないユニークな名前にするのも有効だ。例えば、WeWork、メルカリ、Sansan、ラクスル、freeeなど、読みやすいだけでなく一度聞いたら印象に残るものが良い。

LP（ランディングページ）を設計する

次いで、LP（ランディングページ）についても解説したい。ランディングページとは、検索結果や広告などを経由して訪問者が最初にアクセスするページのことだ（図表6-28）。

たとえば、アーンドメディア、ペイドメディア、オウンドメディア、シェアドメディアなどで商品やサービスを認知し、ボルテージが上がった顧客がLPに“着地”したときに、そのページがあまりにも“ショボい”ものだとしたら、がっかりして去ってしまう。潜在ユーザーは、知っている情報を改めて調べる特徴がある。86％のユーザーが知った情報を調べているという結果もある（アドビシステムズ「消費者行動調査2016」より）。そこでヒットしたLPが残念なものだと機会損失が発生してしまう。

LPでは、「最後の一押し」が重要になる。そのために事例集を置いておくのも有効だ。顧客が買うのはドリル（ソリューション）ではなく、ドリルの穴（ソリューションによって得られる役務や価値）だ。

顧客が商品やサービス（ドリル）を購入したあと、ソリューションでどんな価値が生み出されたのかを明らかにするのだ。

重要なこととしてはユーザーがとっつきやすくリスクが少ない「入口商品」を作ることだ。その入口商品に向かわせるためにLP内に導線を作っていく。

LP上に事例集を載せる

事例集を作るのは、すでに導入している顧客という第三者の言葉を借りて、成果をダイレクトに伝えるのに有効なためだ。顧客獲得を促進するための強力な

▶図表6-28　LP(ランディングページ)の特徴

目的	LPの特徴
B2Bの商材を売りたい	・顧客事例を載せる ・機能一覧/比較表など検討に必要な情報材料を載せる ・無料登録やデモアカウントを発行する
ビジュアル重視の B2Cの商材を売りたい （コスメ、ウェディングなど）	・カスタマーボイスを載せる ・写真や動画などを通じてビジュアルに訴えかける
無料会員を 増やしたい	・情報量をコンパクトにまとめて、素早く会員登録してもらうの ようなフォーム設計にする
有料会員を 増やしたい	・初月を無料にするなど、できるだけ、有料会員に向かうまでの 敷居を下げるようなCTA(Call-to-action)を用意する
資料請求を 増やしたい	・簡潔な説明で興味を喚起して、資料請求をしてもらう 入力してもらうフォームも冗長なものにしない

ツールになる。

実際、B2Bサービスを検討する上で興味のあるコンテンツベスト5を見ても、導入事例が圧倒的に高い数字なのが分かる。

1. 導入事例 72%
2. 他社との比較 43%
3. カタログ 38%
4. 導入までのステップ解説コンテンツ 32%
5. 有効に活用するためのノウハウ 30%

そもそもB2Bの顧客は、コア事業としてソリューションを導入するわけではない。業務の効率化を目指して会計ソフトを入れることになっても、会計を生業にしているわけではないので詳しいことは分からない状態だ。そのときに最も参考になるのが、すでに導入している企業の導入事例集だ。自分たちと似たような業種業態の会社が実際に使っているのか、使っているとしたらどんな成果があったのかについて確認し、検討材料にしたいのだ。

事例集を作る上でまず考えるべきことは、どの顧客を事例の対象にするかということだ。

事例として選ぶべき顧客の5つの特徴は以下の通りだ。

1. 製品の知識を持っている

製品のサービスをよく理解して、活用している顧客ほど適している。

2. 模範的な成功、成果をあげている

成功している企業は強力な事例になる。

3. 予想外の成功を達成している

従来のターゲット顧客と違ったタイプだが、素晴らしい成果を上げている企業は事例として価値がある。

4. 他社より乗り換えた顧客かどうか

競合他社と契約していた顧客の導入事例を作成すると潜在顧客の意思決定プロセスにポジティブな影響を与える。

5. 名前が通っていて評判が良い企業

大手企業や有名ブランドの導入事例はプロダクトの信頼性を高めることにつな

がる。

また、上記5つの特徴を満たしている企業は、CSスコアが高い企業とリンクする。

インタビューの際に顧客に聞いておくべき質問リスト

事例を作る際、顧客にインタビューにいく際に、聞いておくべき質問リストを作ったので、参考にしていただきたい。

- **事例企業の情報**
  (まずは、顧客の基本情報を押さえる。これはセグメントを明確にする上でも有効だ)
  - 何の事業を行っているか?
  - 売り上げや従業員規模は?
  - ビジョンは何か?
  - これまでの会社の歴史は?

- **導入前の課題**
  (検討顧客が共感できるような課題やインサイトを引き出せるかがポイントになる)
  - どのような課題がきっかけでソリューションの導入を考えたか
  - 誰がその課題を最初に感じたのか?
  - 前に試してうまくいかなかったことはあるか?

- **選定ポイント／プロセス**
  (検討顧客が悩みそうなポイントを明確にできるかがポイントになる)
  - 何が選定ポイントだったか
  - 誰が選定に関わったか

- **候補に挙がった他社の製品名**
  (検討顧客に客観性を提供することができる。また他の商品を検討する時間を節約することにも寄与できる)
  - 他にどういう競合製品を検討していたか?
  - 何社ぐらい候補に挙がっていたか

入退室管理システムAkerunを手掛けるスタートアップのフォトシンスは、インサイドセールスのみで顧客を獲得している会社だ。同社サイトを見ると、導入事例一覧のページがあり、そこにはこれまでの入退室管理システムを導入した4000社の企業のうち、取材に応じてくれた企業の事例を10社以上掲載している。それぞれの企業に対し、導入の目的、導入の経緯や課題、採択のポイント、どういう成果が上がっているかなどを紹介している。

クラウド人事労務ソフトのスタートアップSmartHRのサイト内にある導入事例は、業種ごと、企業規模ごと、課題ごとに整理されており、導入を検討している顧客にとって情報が探しやすくなっている。

CHAPTER

6-6 MARKETING

マーケティングファネルを設計し、PDCAを回していく

ファネルを設計し、マーケティングのストーリーを作る

色々とマーケティング施策とプロセス、その事例を紹介してきた。いよいよ全体を統合するマーケティングのストーリーを作っていく。別の表現で言うと「ファネルを設計する（ファネルでストーリーを作る）」作業に入る。

ファネル（漏斗）とは、ふるいにかけられた見込み顧客が、検討し購入に至る流れの中で段々と少数になっていくことだ。すなわち、ファネルでストーリーを作るとは、商品やサービスの存在を知ってもらう、必要だと感じてもらう、今すぐに欲しくなって購入するという一連の

▶図表6-29　コンテンツマーケティングの事例

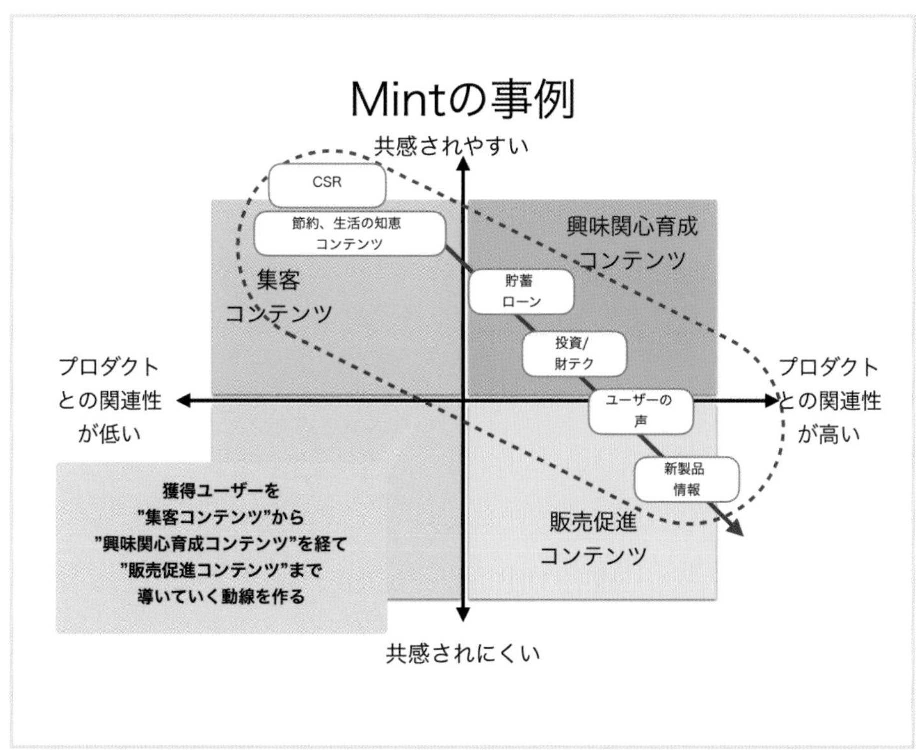

▶図表6-30　宣伝で顧客の認知・興味を高めていくストーリー

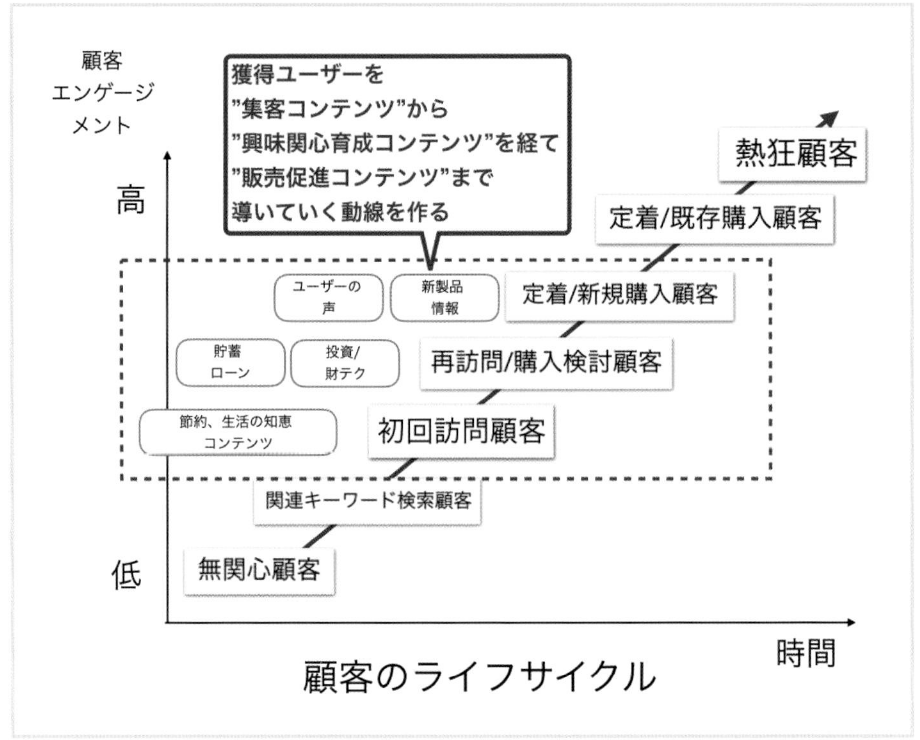

ストーリーを作り、限りなく購入に近い顧客を絞っていくことを意味する。

マーケティングにおける顧客獲得の鉄則は、「ペイドと、それ以外」に分けて考えること。有料の広告で獲得したペイドメディアではなく、オウンドメディアやシェアドメディアを通して無料で獲得したオーガニックユーザー（自然検索ユーザー）に働きかけられないかを考えていく。

ストーリーの作り方としては、まず、LPを作り、オウンドメディアを作り、そこからシェアされる仕組みを入れていくという流れになる。これができた段階でアーンドメディアを入れるなどを検討していくことになる。

家計簿アプリのMint（ミント）は、コンテンツマーケティング（ブログ）を通じて150万人のユーザーを獲得した。

Mintは、ニーズと緊急性を高めるため、当初はプロダクトとの関連性が低いが共感されやすい節約や生活のコンテンツをアップしていった。

さらに貯蓄やローン、投資や財テクなどのユーザーの興味関心を育成するようなコンテンツをアップし、「全然節約できていない」とユーザーが焦った段階で、家計簿アプリを入れてもらうというストーリーを作り上げた。すなわち、集客コンテンツから興味関心育成コンテンツを経て販売促進コンテンツまで導いていく導線を作ったのだ（図表6-29）。これが、まさに「ファネルのストーリーを作る」ということだ。図表6-30のように顧客のエンゲージメントを縦軸に、顧客のライフサイクルを横軸にして、それぞれのステージでどのようなコンテンツを打ち出せば良いのかを明らかにする。

プランというと、最初から完璧な100点のプランを目指す人が多いが、そもそも今、10点程度のプランで回しているのだから、50～60点もあれば十分だ。

チェックも非常に大切だ。評価、分析した段階で、どういうファネルでストーリーを作るかを考えていく。

ミニマム・ビアブル・キャンペーン（Minimum Viable Campaign）というマーケティング手法がある。どのマーケティングチャネルが合うのか、低予算でテストを行って見極めるというものだ。テストを行うにあたりチェックするポイントは、次の通りだ。

- **このチャネル戦略で顧客単価はどの程度か？**
- **このチャネル戦略で、獲得可能な顧客はどの程度の数か？**
- **それぞれのチャネルの施策が顧客のライフサイクルのどのあたりに刺さりそうか？**
- **そこでどの程度のコンバージョンが見込めるか？**
- **一人の顧客獲得にどの程度の時間がかかるのか？**
- **テストに必要な期間は？**

ミニマム・ビアブル・キャンペーンをすると、チャネルの効果のあるなしが見えてくる。ある特定のチャネルで“勝ち筋”を見つけることができる。大切なのは、勝ち筋のチャネルは2～3つぐらいに絞っていいということだ。全部のメディアをどうにかしようとせず、少ない中で最も勝てるものを見出すことが肝心だ。

マーケティングは4Pから4Eの時代へ

従来型のマーケティングは、直線的なファネルだったが、いろいろなコンテンツやメディアを行き来しながら（グルグル）回りながら、プロダクトのことが顧客の元に、伝わっていく。これまで、マーケティングは4Pの観点で考慮されることが主流だった。つまり、Product（プロダクト）を適切なPrice（価格）で最適なPlace（チャネル）で、Promotion（プロモーション）していくのが論点だった。ただし、従来型のファネルでは、届けたい情報が「届けたい人に99%届かない」

▶ 図表6-31　時代は4Pから4Eへ

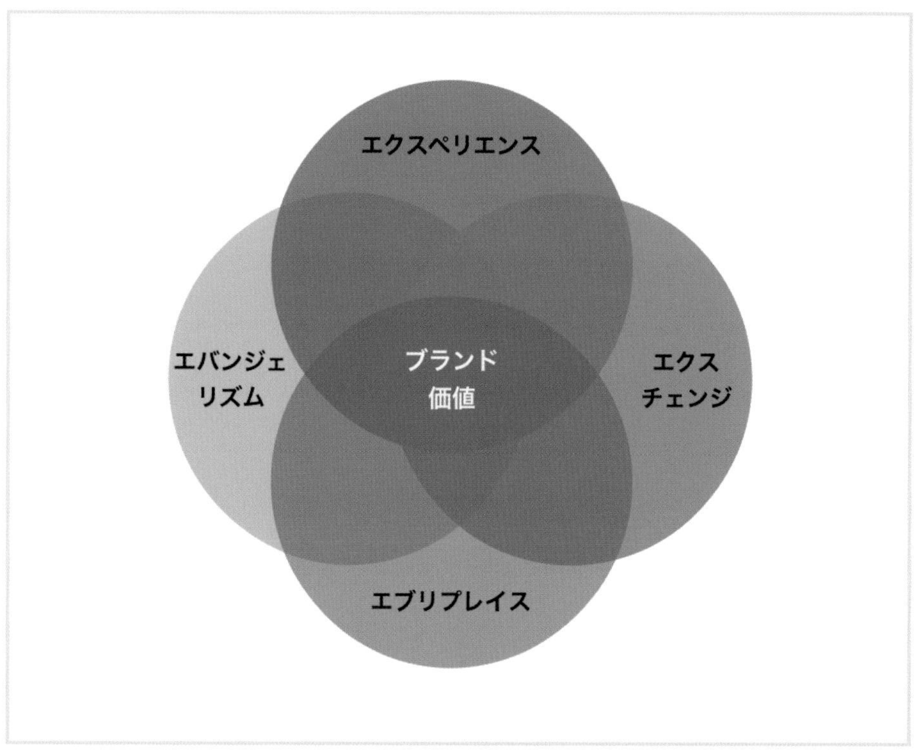

と言われる時代になった。

しかし、デジタルが浸透し、体験が重視され、誰でも発信できる時代のマーケティングは4Eが重要になったのだ（図表6-31）。

- **プロダクトからエクスペリエンス（体験）へ：**

「UX」の章で詳しく解説したが、プロダクトというのは、ユーザーが求める体験を構成する一部になった。ユーザーはプロダクトが欲しいわけでなく、プロダクトを通じて得られる体験を求めるようになった。マーケティングにおいても、機能性だけでなく、それによって得られる、体験性価値（関係性価値や、承認欲求の充足、自己実現の充足）などを打ち出すことが重要になった。

- **プライスからエクスチェンジ（交換）へ：**

ただ単に、金銭的な対価を払ってプロダクトを購入するだけでなく、顧客自身が持っている資産を投資（SNSに投稿や、人に紹介）することで、相互的な価値交換が求められるようになった。

- **プレイスからエブリプレイス（あらゆる接点を持つ）へ：**

従来なら、顧客に伝えるチャネルは限られていたが、スマホの登場や様々なスマートデバイスの登場によって、あらゆる場所がプロダクトと接点を持てるチャネルになった。OMOと言われるように、OnlineがOfflineと融合（Merge）して、その境界線はなくなりつつある（詳しくは「UX」の章を参照）。

- **プロモーションからエバンジェリズム（伝道）へ：**

プロダクト側が、一方的にメッセージを発信するのではなく、上記で紹介したようなインフルエンサー・SNS・メディアを通じて、プロダクトの伝道者になり得る人たちに、プロダクトを語ってもらうことが重要になった。目が肥えてきた「目利き」である伝道者に刺さるためには、本質的な価値の追求を続けていくことが、重要になった。

このように従来的なコンセプトで、ただ単なる「機能」の集合としてプロダクトを打ち出すのではなく、「体験」「あらゆる接点を持つ」「ユーザーに伝道師になってもらう」といった仕組みと仕掛けを軸として取り入れることが、マーケティングにとって必須になってきた（特に、ミレニアル世代以降の世代に対して）。

この軸がぶれずに一貫性を持って、メッセージや世界観を打ち出すことが、自社のブランド価値の向上に繋がっていくのだ。

CHAPTER 6-7 MARKETING

データ・ドリブンでマーケティングを運用する

デミング博士は「計測できないものは管理できない」と言っている。マーケティングや広義の顧客獲得においても、この概念は当てはまる。次は、いかにして、マーケティング施策の効果を計測するか、その手法について紹介しよう。

1. 認知度／ニーズの顕在度／緊急性を分析して現状を把握する

マーケティングによりCPAを下げるには、何をすればいいのか？　マーケティングの手法は、商品やサービスの特徴、ビジネスモデルによって変わってくるが、最初に比較的高単価なB2Bの商材について見ていこう（次に比較的安価な商材のモデルを紹介する）。

B2Bの商材は、高単価商材で顧客の育成が必要な商材、あるいは、頻繁に購入が行われないため、一度購入すると他社製品に乗り換えにくいものがある。コンバージョンのプロセスが比較的長い商材（セールスサイクルが長い商材）は、本来フィールドセールスの分野だった。

今は現場にセールスパーソンが行かなくても、マーケティングやインサイドセールスの段階でできることがたくさんある。マーケティングやインサイドセールスをプロセス化することによりCPAは下げることができる。

当然、高単価な商材ではクロージングなど“最後の一押し”が重要になりフィールドセールスの巧拙がモノを言う。

CPAを下げるには、顧客分析を行い、購入客のうちどの顧客に対してよりマーケティングをしていくべきなのか明確にすることが必要になる。ここでは、私の考案した**RNE分析（認知度／ニーズの顕在度／緊急性分析）**というフレームワークをお伝えしたい。RNEとは、Recognition、Needs、Emergencyの頭文字をとっている。

- **Recognition：どれくらい認知されているか**
- **Needs：ニーズがどの程度顕在化しているか**
- **Emergency：どれくらいの緊急性があるか**

これでグループ化し、それぞれのグループの性質を知ることが顧客の現状を知ることになり、マーケティング施策に活かすことができる。

「戦略」の章でディフェンシビリティ・アセットという概念を紹介したが、このように、顧客の行動をベースにして、データモデルを作ることは、自社にとっ

▶図表6-32　RNE分析

	認知度	ニーズ	緊急性
レベル1	どういうプロダクトかはっきり知っている	絶対に必要	今、絶対に入手したいと思う
レベル2	どういうプロダクトか知っている	必要	今、入手したいと思う
レベル3	なんとなく知っている	必要かもしれない	近い将来に必要になるかもしれない
レベル4	聞いたことがある程度	あまり必要ない	遠い将来に必要になるかもしれない
レベル5	聞いたことがない	全く必要ない	今後もずっと必要ない

ての競合優位性になっていく。

では、どのようにして、RNEを計測していくのか見ていこう。例えば、アンケートなどを取り、現状の顧客のニーズがどの程度、顕在化しているのかを、検証する。

検証したユーザー群をグループ化して、どうすれば、緊急性とニーズの顕在度の高いユーザーになるか、どこがボトルネックなのかを明らかにすることで、有効な施策出しが可能になる。指標をきちんと定めることにより、PDCAサイクルを通じた「勝ち筋」「鉄板な顧客獲得施策の発見」を達成することで、CPAの低下につなげるのだ。

アンケート内容については、下記を参考にしてほしい（WEBマーケティングでは2000人以下だと誤差が生じやすいため、2000人以上の顧客を獲得した段階で、体系的に顧客の声を収集することをお勧めする）。

［アンケート項目］

1. あなたは〈プロダクト〉をどのぐらい知っていますか？

1はっきりと知っている　2知っている　3なんとなく知っている　4聞いたことがある程度　5聞いたことがない

2. あなたは〈プロダクト〉の必要性をどの程度感じていますか？

1絶対に必要　2必要　3必要かもしれない　4あまり必要ない　5必要ない

3. あなたは〈プロダクト〉はいつ頃入手したいと思いますか？

1今すぐ絶対ほしい　2今ほしい　3近い将来　4遠い将来　5今後必要ない

このようにして集めたアンケートを分類すると図表6-32のようになる。

レベル1の顧客は、「どういう商品かはっきり分かっていて、絶対に必要で、

▶図表6-33　RNEの3次元分析

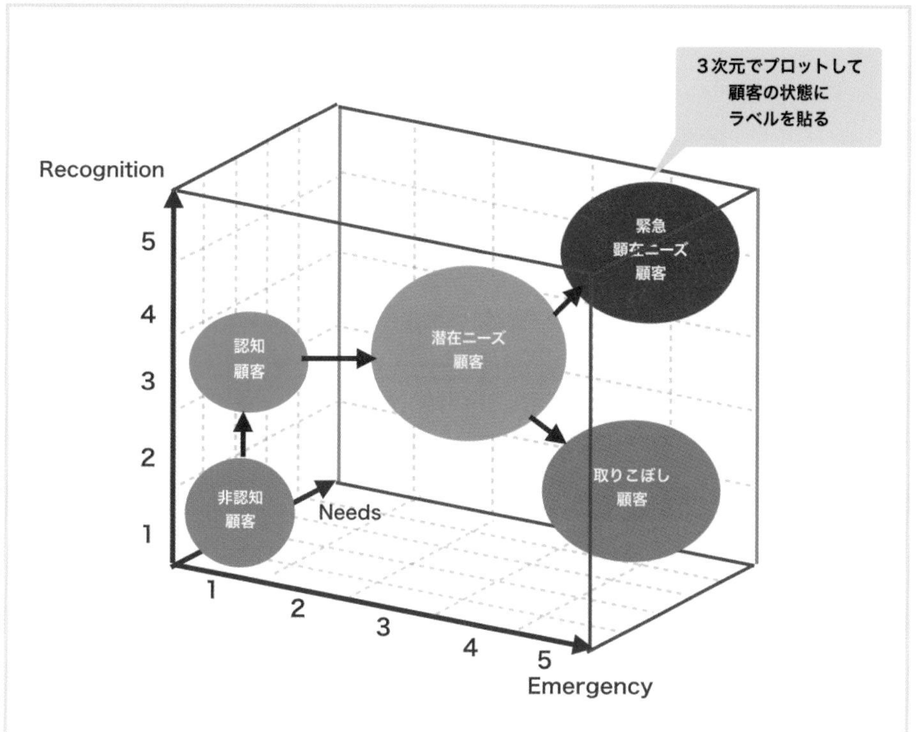

今、絶対に入手したい」と思っている人。レベル5の顧客は「どういう商品か聞いたこともなく、全く必要性を感じておらず、今後もずっと必要ない」と思っている人が該当する。

「今、絶対に入手したいと思う」「今、入手したいと思う」ほど緊急性が高く、かつ、「絶対に必要」「必要」に該当するニーズであれば、その顧客は「緊急顕在ニーズ顧客」になる。いわば、顧客自身も認識している顕在化したニーズなので、即座に購入してもらえる可能性が高い。

反対に、「近い将来必要になるかもしれない」「遠い将来、必要になるかもしれない」程度で緊急性が低く、かつ「必要かもしれない」「あまり必要ない」に該当するニーズであれば、その顧客は「潜在ニーズ顧客」とくくることができる。顧客自身は顕在化していないニーズなので、購入に結びつく可能性はほとんどない。

しかし、この「潜在ニーズ顧客」にこそ、マーケティングで商品やサービスの必要性を認知させていくべきなのだ。

前述したアンケートを取ることにより、現状の顧客の状態やマインドを可視化することが可能になる。また、このような定量的なアンケート結果を可視化するのも有効だ。

アンケートで取ったRNEを3次元で表現すると図表6-33のようになる。このように、現状の顧客をきちんと可視化してプロットできていると、顧客の状態に対する齟齬が起きにくくなる。

RNE分析を活用すると、現状の自社の商品の認知度、必要度、緊急性が把握できる。それをもとに3か月後、6か月後、1年後、3年後にどう変わるか、状態ゴールを決めておくとよい。

RNEの3次元分析について補足しよう。

縦軸が、その商品やサービスの認知の度合い（Recognition）を、奥行きが必要性（Needs）を、横軸は、その必要性にどれくらいの緊急性（Emergency）があるかを3次元で表したのが、図6-33になる。

ポイントとしては、現状のまだ、購入前／契約前の顧客の状態をこの三次元のモデルにプロットしてみて、「どういう施策を実行すれば、認知と必要性と緊急性が高まるのか」を検証し、実行に移すことだ。あらゆる顧客も、最初は、「認知がなく」「必要性もなく」「緊急性も低い」状態から始まる（図6-33の左下、灰色の「非認知顧客」だ）。そこから認知を高めて、緑色の「認知顧客」に育成する。

ただ、認知が高まるだけでは、有効なリードにはならない。そこから、必要性や緊急性を高めていくような施策を打ち出していき（例えば、本章で紹介した、コンテンツマーケやウェビナーなど）「潜在ニーズ顧客」に育成する（図の真ん中のオレンジ）。

さらにこの状態から、契約や購買に持っていくために、緊急性と必要性と認知度をもっと高めていく（その結果として、右上の赤い「緊急顕在ニーズ顧客」になる）。

潜在ニーズ顧客（図のオレンジ）から何もしなければ、認知が減り、「とりこぼし顧客」になってしまうのだ（＝図の右下のピンク）。取りこぼさないために、例えば、営業がフォローする、メールを送る頻度を高める、ウェビナーの種類を増やすなどの施策を考えることができる。重要なこととしては、今の、契約前／購入前の顧客を上記のように「ラベル付け」してプロットし、現在の状態を確認する。それを元にどのようにすれば、より多くの顧客を契約に持っていけるか、その施策のPDCAを回していくことだ。ちなみに、このRNEのフレームワークは、比較的単価の高い商材の顧客獲得プロセスを可視化するのに有効である。

2. 単価の安い商材の「常連」になるかを考えるRFM分析

もう一つの顧客分析の指標となるRFM分析もお伝えしておく。RFM分析とは、

- Recency：**最近の購入日**
- Frequency：**来店頻度**
- Monetary：**購入金額ボリューム**

の3つの指標で顧客をランク付けする手法だ。RFM分析は、購買頻度が重要な指標になる、比較的、単価の安い商材を扱う場合のマーケティングに活用できる。

アンケート内容としては、以下のような問いを立てることになる。

［アンケート項目］

1. あなたは〈プロダクト〉をいつ買いましたか？

①3日以内　②1週間以内　③2週間以内　④1か月以内　⑤1か月よりも前

2. あなたは〈プロダクト〉を何回購入したことがありますか？

①10回以上　②7回以上　③5回以上　④3回以上　⑤2回以下

3. あなたは〈プロダクト〉にどれくらい費やしてきましたか？

①100万円以上　②50万円以上　③30万円以上　④10万円以上　⑤10万円以下

これらを整理すると図表6-34のようになる。顧客をレベル1からレベル5に分け、Recency、Frequency、Monetary それぞれをまとめている。最近、3日以内に買ったことがあり（Recency）、しかも10回以上買ったことがあり（Frequency）、100万円以上費やしている（Monetary）顧客は、レベル1になる。

反対に、最近買ったのは1か月以上前で、それまでに買ったのは2回以下、10万円以下しか使っていない顧客はレベル5に分類する。自社の顧客がどこに最も属しているかを把握し、分析していくとボトルネックになっているところが見えてくる。

一次元分析は、デシル分析というシンプルな分析方法を使うとよい。これは、顧客の購買履歴データをもとに全顧客の購入金額を高い順に10等分し、デシル1～デシル10までの各ランクの購入比率や売上高構成比を算出していく方法だ。

このうち上位20%を占める顧客の特徴を洗い出し、彼らにインタビューを行い、自社の商品やサービスが顧客にとってどのように感じているのかを確認していくと、より購買に結びつく対策が見えてくる。

さらに深掘りしたい場合は、図表6-35のような2次元分析を行う。実務的には2次元分析が有効だ。縦軸がRecency、横軸がFrequencyになっている。例えば、「3日以内に購入し、これまで7回以上買っている」顧客は、左上の「常連」に位置づける。

これに対し、「これまで7回以上購入しているけれど、最近購入したのは半月から1か月以内」の顧客は「離反リスク顧客」に位置づけられる。「常連」になり得る人を取りこぼしかねないので早急な対策が必要だ。

この場合、購入のきっかけを与えるために新商品の投入や無料キャンペーンを行うなどして購入頻度が上がるかどうか確かめていく。結果、「3日以内の購入頻度」に戻り「常連」になることを目指したい。

「2週間以内に購入し、これまで3回～5回以上買っている」顧客は「安定顧客」に該当する。こちらは購入回数を増やすために会員サービスを設けたりポイント制度を設けたりするなどの対策を行い、「3日以内の購入頻度」になる「常連」へと後押ししたい。

▶ 図表6-34　RFM分析

	Recency	Frequency	Mometary
レベル1	3日以内	10回以上	100万以上
レベル2	1週間以内	7回以上	50万以上
レベル3	2週間以内	5回以上	30万以上
レベル4	1か月以内	3回以上	10万以上
レベル5	1か月より前	2回以下	10万以下

▶図表6-35　2次元分析

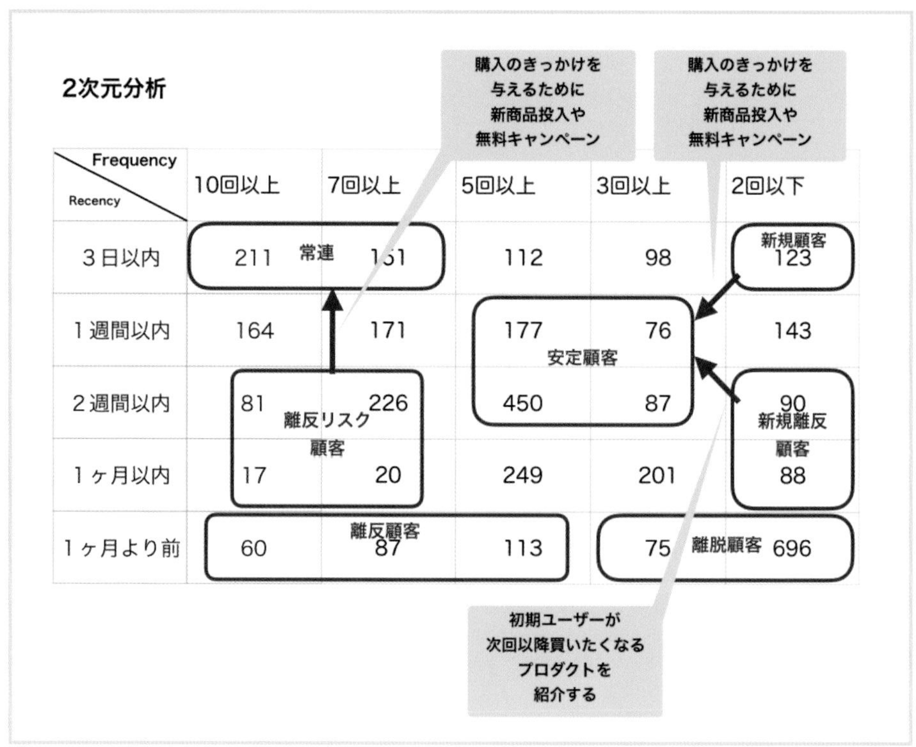

「3日以内に購入」した「新規顧客」については、その後、いかに「安定顧客」「常連」へと移行できるかが鍵になる。

「1か月以内の購入頻度」で1回しか買っていない「新規離反顧客」にも注目したい。1回は購入しているのに、その後音沙汰がなくなった場合は、何かしらの不満を抱えている可能性があり要注意だ。

1回とはいえ興味があったから購入したはずなので、2回目以降に買いやすくする工夫をする、別な商品の提案をするなどしてリピートにつながる施策を考えたい。

このように2次元分析をすると、KPIを改善するためのCSF（Critical Success Factor）を洗い出すことができるようになる。

もし余裕があるならば、図表6-36のように3次元分析するのも有効だ。2次元分析と同様にラベルを貼って、ユーザーがどこに滞留しているかを明らかにしていく。それをベースにして、どのような施策を打てば、ボトルネックが解消できそうかの仮説を立てていくのが重要になる。

データ・ドリブンマーケティング

このように顧客の行動特性によって、セグメント化しモデル化をすると、有効なマーケティング施策仮説の示唆出しがやりやすくなる。これは、「**データ・ドリブンマーケティング**」と言われる手法である。改めて、そのメリットについてまとめてみよう。

①セグメント化／データモデル化すると顧客のエンゲージメント状態がどのように高まるかの因果関係／パターン（勝ち筋）を知ることができる
②パターン（勝ち筋）に向かう中で、どのプロセスがボトルネックなのかを明確にできる

▶図表6-36　RFMの3次元分析

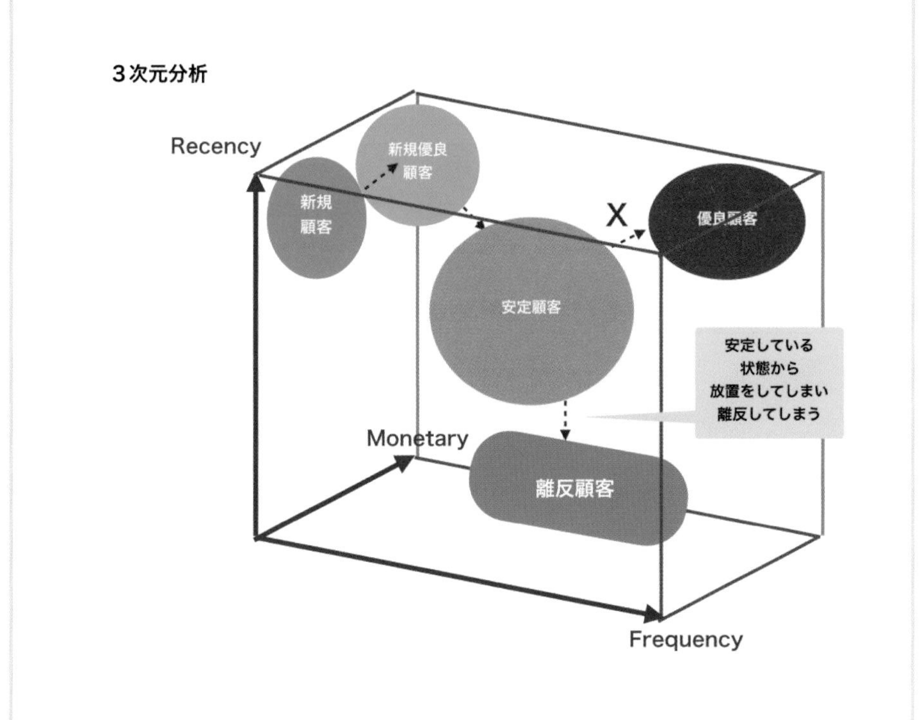

③モデル化することによって、需要予測が可能になり、後続のバリューチェーンに必要なリソースの調整ができる
④運用性が高まる。動く人も、支持する人もその運用／施策の意味／効果仮説の納得性が高まり、運用の動きがよくなる
⑤モデル化することによって、説明責任を高めることにつながり、コンセンサスを取りやすくなる（モデル化しないとトレードオフになるような要素を俯瞰的に見て、全社にとって最適な意思決定ができなくなる）。

顧客獲得のプロセスに限らず、顧客エンゲージメントの道筋をモデル化しないと、成果を上げるオペレーションの再現性が担保できず、事業をスケールするのは難しくなる。

こういったプロセスを通じて得た顧客インサイトや、データモデルは、自社にとって、強固な持続的競合優位性資産になっていく（図表6-37）。

アマゾンが大きく成長できたのも、初期の頃からデータ・ドリブンマーケティングにかなり力を入れていたところが大きい。創業4年目の1997年にシミラリティーズという、過去の購買履歴に基づいて、各ユーザーにとってオススメな本を紹介する機能を実装した。これによって、ARPUは大きく向上し、アマゾンの成長は加速した。

N1分析や顧客獲得モデルができたら、マーケティングの目標を立てる。261ページのRNEでも触れたように、3か月後、半年後、1年後にどの状態でありたいかの目標を立てる。

RNEで言えば、商品やサービスを入手したいと思っている「緊急顕在ニーズ顧客」の割合をいかに増やすかを考えていく。

▶図表6-37　PDCAを回しながらモデルを更新する

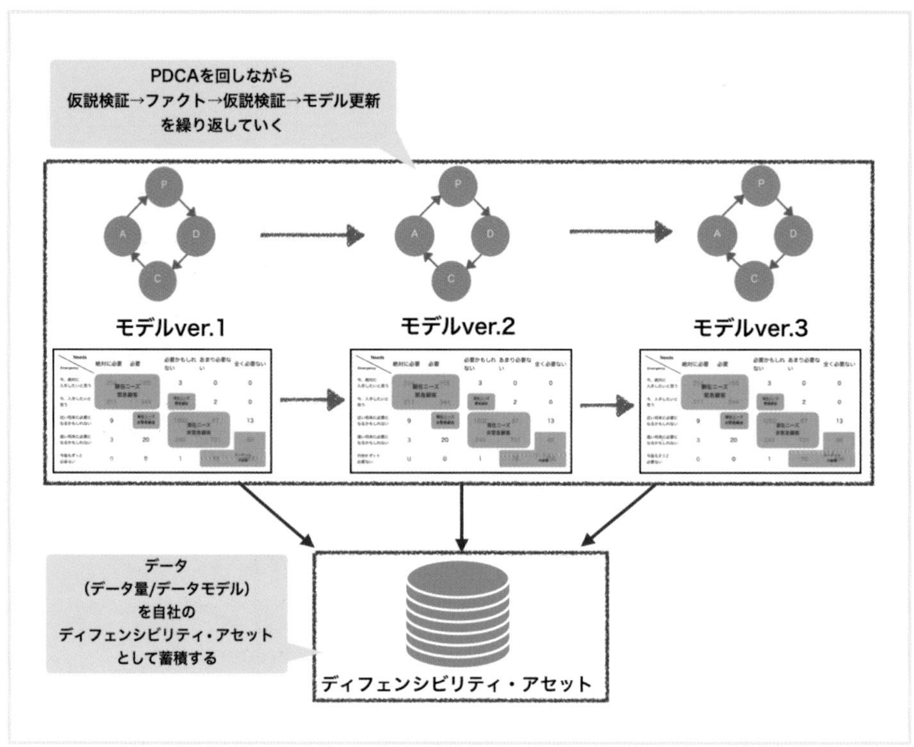

CHAPTER 6 SUMMARY

CHAPTER6のまとめ

スタートアップが存続できない一番の理由はPMFできないこと。二番目の理由は顧客獲得コスト（CPA）が高すぎることにあると本章の冒頭で述べた。本章では、いかにしてCPAを下げるかについて、その戦略／施策オプションについて解説してきた。以下は、各フェーズごとのマーケティングのCSFになる。

マーケティングで考慮すべき持続的競合優位性資産は図表6-39のようになる。

▶ 図表6-38　**マーケティングのCSF事例**

スタートアップ(事業) のフェーズ	Ideation	Pre-seed	Seed	Series A	Series B〜	Pre-IPO	Post IPO
フェーズの説明 / マーケティングのCSF	アイディアを発見する	顧客課題とソリューションの検証	PMFを目指す	Unit Economicsの健全化	スケールを目指す	IPOを目指す	圧倒的優位性の確立
起業家自身/創業メンバーが顧客開発をしている							
起業家自身/創業メンバーがSNSで発信をしている							
アーリーアダプターを獲得できている							
自社でコンテンツを作り顧客獲得のために発信している							
SNSやインフルエンサーマーケを活用できている							
アーンドメディアを活用できている							
プロダクトチャネルフィットを達成できている							
マスユーザーを獲得している							
ペイドメディアを活用できている							
複数のチャネルでの勝ち筋ができている							
データドリブンなマーケができている							

Ideation:

創業者自らが現場に出向き、顧客の生の声を拾ったり、観察したりする顧客開発が重要になる。

Pre-seed:

起業家や創業メンバーがSNS／ブログ／動画などで発信するのが有効だ。この頃のスタートアップの評価は、プロダクトやトラクション（一定の顧客がいるか）よりも、創業メンバー自身の業界における権威性や専門性でチェックされることが多い。有益なメッセージを発信していくことが大事になる。

Seed：

オーガニックな顧客獲得施策を通じて、初期ユーザーとなるアーリーアダプターを獲得するのが重要になる。経営者が中心となって、自社からコンテンツを発信して、ユーザーの獲得ができるか。

Series A：

チャネルごとのCPA（顧客獲得単価）を計測し、ユニットエコノミクスを健全化するために、勝ち筋となるチャネルを見つける必要がある。N1分析やインタビューを行い、どういったチャネルの組み合わせが、自社の顧客獲得に適しているかを検証し、PDCAを回していく。

Series B:

マスユーザーをどうやって取りにいくかを検証する段階。オーガニックなチャネルに加えて、ペイドチャネル（広告など）活用を本格的に検討する。マーケティング費用（顧客獲得費用）が増える時期なので、施策ごとに費用対効果（ROI）がきちんと出ているのかを検証し、PDCAを回す。

Pre-IPO／IPO

市場が出来上がってきて、競合との競争が本格化してくる段階。その中でも、勝ち抜くために、自社のブランドの確立と、複数の勝ち筋となる顧客獲得チャネルを実装する。

▶図表6-39　スタートアップの価値（バリュエーション）を決める要素

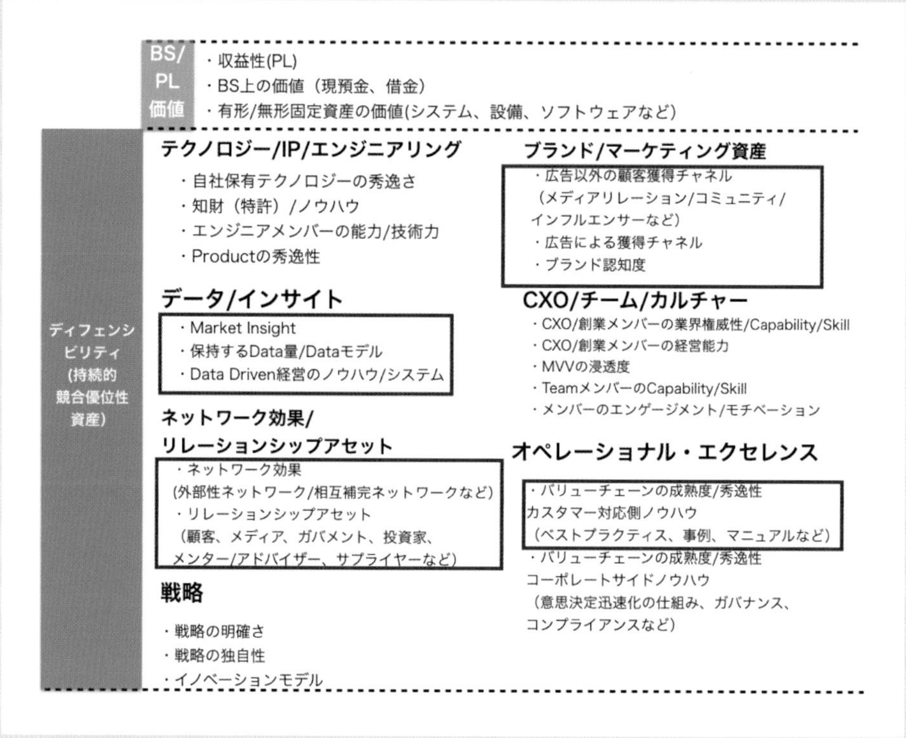

BS/PL価値
・収益性(PL)
・BS上の価値（現預金、借金）
・有形/無形固定資産の価値(システム、設備、ソフトウェアなど)

ディフェンシビリティ(持続的競合優位性資産)

テクノロジー/IP/エンジニアリング
・自社保有テクノロジーの秀逸さ
・知財（特許）/ノウハウ
・エンジニアメンバーの能力/技術力
・Productの秀逸性

データ/インサイト
・Market Insight
・保持するData量/Dataモデル
・Data Driven経営のノウハウ/システム

ネットワーク効果/リレーションシップアセット
・ネットワーク効果
(外部性ネットワーク/相互補完ネットワークなど)
・リレーションシップアセット
（顧客、メディア、ガバメント、投資家、メンター/アドバイザー、サプライヤーなど）

戦略
・戦略の明確さ
・戦略の独自性
・イノベーションモデル

ブランド/マーケティング資産
・広告以外の顧客獲得チャネル
（メディアリレーション/コミュニティ/インフルエンサーなど）
・広告による獲得チャネル
・ブランド認知度

CXO/チーム/カルチャー
・CXO/創業メンバーの業界権威性/Capability/Skill
・CXO/創業メンバーの経営能力
・MVVの浸透度
・Teamメンバーの Capability/Skill
・メンバーのエンゲージメント/モチベーション

オペレーショナル・エクセレンス
・バリューチェーンの成熟度/秀逸性
カスタマー対応側ノウハウ
（ベストプラクティス、事例、マニュアルなど）
・バリューチェーンの成熟度/秀逸性
コーポレートサイドノウハウ
（意思決定迅速化の仕組み、ガバナンス、コンプライアンスなど）

マーケットインサイト:

どれだけユーザーのインサイトを獲得できるかがポイントに。特に初期において、自分たちしか気づいていないようなユーザーの行動特性を捉え、それをベースにプロダクトを開発できるか。

保持するデータ量／データモデル:

費用対効果の高いマーケティングを実装するために、本章で紹介したようなモデルを構築して、施策を実装できるか。その実装はユニットエコノミクスを改善し、結果的に財務パフォーマンスが向上し、高い持続的競合優位性になる。

ネットワーク効果:

ネットワーク効果が重視されるビジネスモデルの場合は、マーケティングを活用して自社やプロダクトの認知拡大を図る。供給サイドと需要サイド、両側の認知を確保することが重要になる。

広告以外の獲得チャネル:

広告以外の獲得チャネルとは、オウンドメディア／シェアドメディア／アーンドメィデアなどだ。これらはストック型チャネルになるので、中長期的なCPA（顧客獲得単価）を下げることにつながり、ユニットエコノミクス改善にもつながる。

広告による獲得チャネル:

広告（ペイドメディア）による顧客獲得の巧みさも、スタートアップにとっては持続的競合優位性につながる。特に、マスユーザーを狙っていくようなプロダクトの場合、本章で紹介したメルカリの事例のようにマスメディアによる顧客獲得の巧拙が成否を分ける。

ブランド認知度:

マーケティング活動を通じて、ブランド認知度や好感度を高め、ユーザーのマインドシェアを取ることは強力な持続的競合優位性構築につながる。

セールス

この章の目的

- スタートアップにおけるセールスの重要性を理解する
- 顧客視点でのセールスとは何か、インサイドセールスの仕組み、フィールドセールスとの連携など、セールスを進化させるためのフレームを身につける
- 事業の各フェーズにおけるセールスのキーポイントを押さえる

写真:iStock.com/peshkov

▶図表7-01　スタートアップ・バランス・スコアカード

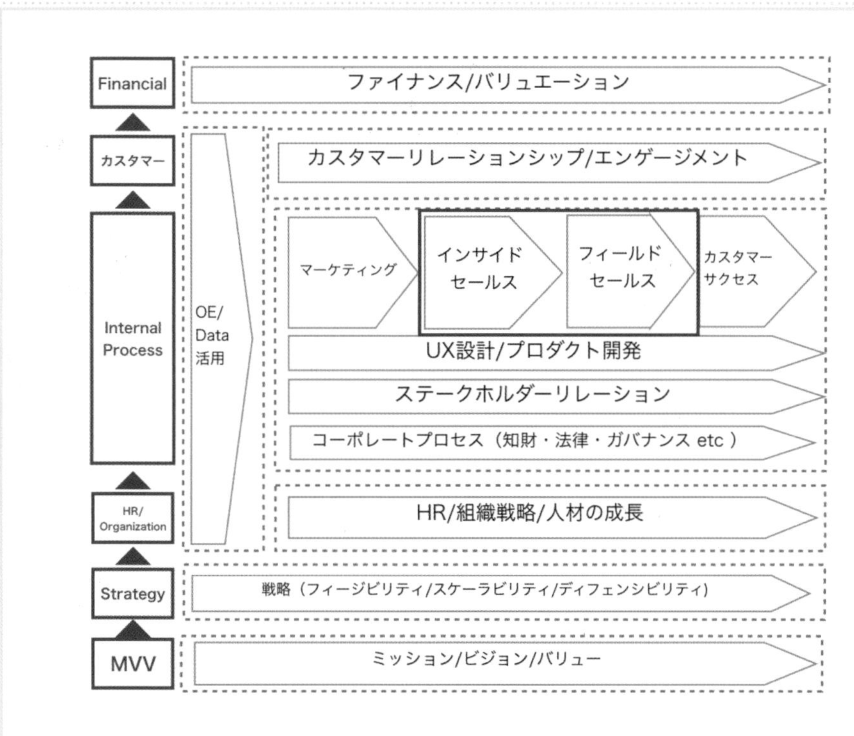

CHAPTER

7-1 SALES

なぜ、セールスが必要なのか?

本章ではセールスのプロセスについて解説する。

CXOにセールスの知見が欠けていると以下のような事態になり、成長の大きなボトルネックになってしまう。

- **セールスが型化されていないため、CPAが高止まりしてしまう**
- **いつまで経ってもフィールドセールスの手法に頼ってしまい、効率の良いセールス手法を実装することができない**
- **セールスのリード管理ができていないために「読み」のマネジメントではなく「詰め」のマネジメントになってしまう**

IT全盛の現代においてもセールスは非常に大事なポジションになる。しかし、重要な留意点としては、セールス

▶図表7-02　ユニットプライスの高い高額商材はフィールドセールスが必要

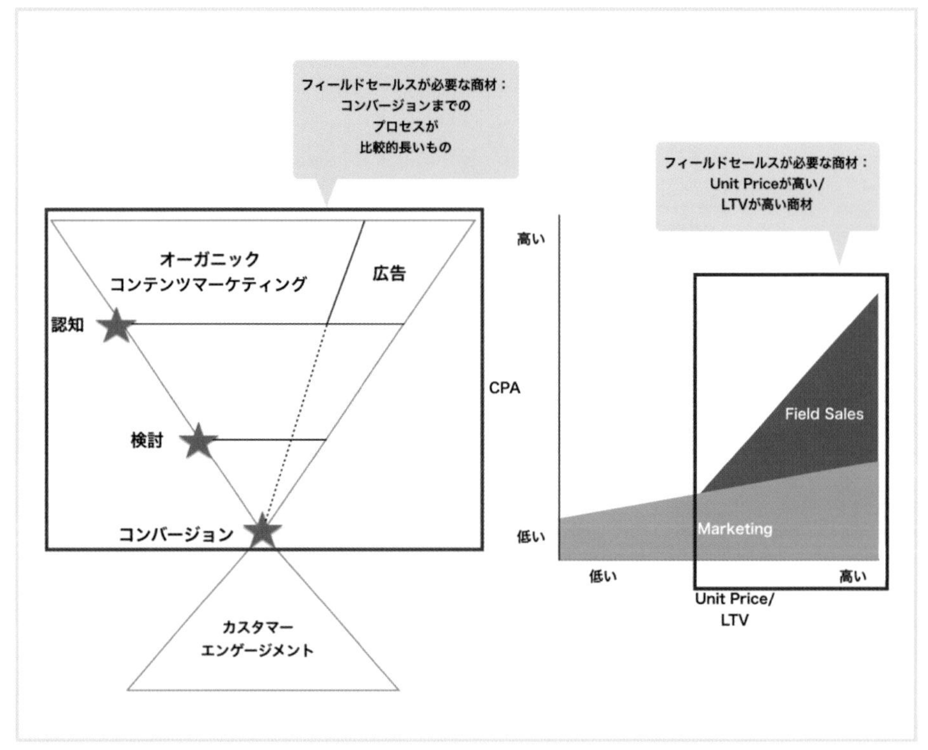

は、商材の特徴によってその必要性と重要度が変わってくることがあげられる。フィールドセールスとは、営業訪問をして商品やサービスの提案を行いクロージング活動までもっていく、いわば従来の営業スタイルだ。電話などで営業する内勤型のインサイドセールスという言葉が浸透し、これに対する言葉としてフィールドセールスが使われ始めた。

一般的にセールスの必要な商材とは、B2B商材や高価格商材など、購入が頻繁に行われず、顧客の育成が必要な商材が該当する。経済学の言葉で表現すると、ライフタイムバリュー（LTV）が高い商材と言える。

図7-02を見てほしい。図の右側は、縦軸はCPAの高低を、横軸はLTV／ユニットプライス（単価）の高低を表している。傾向として分かるように、ユニットプライスの高い高額商材はフィールドセールスが必要になる。低い商材はマーケティングだけでカバーすることができる。

例えば、何千万円もする住宅や単価が高い大企業向けのソリューションなどは、セールスの力によって、パフォーマンス（クロージング率やクロージングにかかる期間の長短）が変わってくる。ただし、そういう大がかりなプロダクトについては、“最後の一押し”がクロージングを左右するとはいえ、今はセールスされる側が多様な情報を入手できる時代に変わった。

結果として、いかに「アツイ」状態で、フィールドセールスに「リード（見込み客）」をパスできるのかが重要になってきた。つまり、ユーザーを啓蒙し、適切なプロダクトの比較検討／選択を促すマーケティング（特にコンテンツマーケティングやセミナー／イベントマーケティング）、顧客が本当に求めているものを検討の初期段階で見つけ出していくインサイドセールスの力を活かせる範囲は広がった（インサイドセールスについては、後ほど解説する）。では、フェーズごとにどのようにセールスを設計するべきかを解説していく。

初期のスタートアップはトップセールスが当たり前

「はじめに」でも述べたが、PMF前など初期段階では、どんな商材であろうがCXOもトップセールスにかかわり、仮説構築やインサイト検証などを積極的に行う「戦略的泥臭さ」が必要になる。

エアビーアンドビーの共同創業者のジョー・ゲビアは、一日中カスタマーサポートに徹していた。同じく共同創業者のブライアン・チェスキーは、3000ドルのカメラを購入し自らがカメラマンになり、顧客のいる大都市に出張して一軒一軒の部屋の写真を撮り、カスタマーの写真を投稿するサポートを行った。結果、売上は瞬く間に2倍になった（図表7-03）。

初期の頃は、顧客が何に不満を感じているのか、困っているのかをCXOが直接聞ける貴重な機会だ。顧客の行動や思惑、それらの背景にある顧客の本音や顧客すら気づいていなかった深い欲求／インサイトを見つけることが焦点になる。

そしてPMF後に重要な論点になるのは、いかにCPA（顧客獲得単価）を下げていくかだ。つまりプロダクトの特性いかんでは、最終的に全くセールスが必要なくなる、もしくは、セールスの必要性が少なくなる場合がある。それを見極めながらCPAを下げるのが、キーになる。

▶図表7-03　初期のスタートアップはトップセールスが当たり前

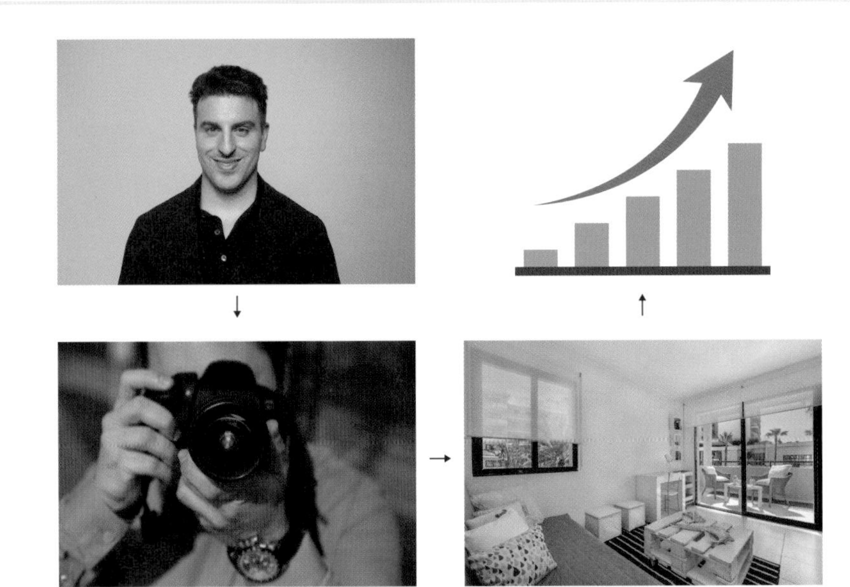

エアビーアンドビーの共同創業者ブライアン・チェスキーは
カスタマーのいるNew Yorkに飛び、自らカメラマンになり、
カスタマーの写真を投稿するサポートを行った。結果として週の売上が2倍になった

写真：Getty Images（左上）

写真:shutterstock.com（他3点）

B2Bの商談は5つのステージに分けられる

ここからは、B2B（場合によっては高額なB2C商材）の商談ステージにおける、クロージングまでのステップについてお伝えする。以下は、商談のステージを1～5の段階に分けたものだ。

ステージ1　リード以上の商談
ステージ2　ビジネス課題の認識
ステージ3　評価と選定
ステージ4　最終交渉
ステージ5　稟議

ステージを分けたのは、対応している顧客がどの段階にいるのかを明確にし、全体を見渡したときに、どのステージがボトルネックになっているのかが可視化できるからだ。

『ザ・ゴール』を書いたエリヤフ・ゴールドラットは、企業のパフォーマンスを高めるには「スループット」を最大化する必要があると言っている。そのためには、どこにボトルネックがあるかを明らかにしていく必要があると説いた。全体の流れ／パイプラインのどこかでボトルネックが発生してしまうと、全体の流れ（スループット）を勘案したときに、ボトルネックになっている部分（一番弱い部分）が、生産性を低下させる制約になってしまうというのが制約条件の理論（TOC）だ。

ステージに分けてモデル化することにより、引き合いからクロージング（受注）に向かうまでのそれぞれの部門（マーケティング、インサイドセールス、フィールドセールス）で商談の受け渡しが行われる際に、どこが課題かを明らかにしていく（受け渡す基準をクオリフィケーションと言う）。

また重要なのは、自分たちスタートアップ側の視点ではなく、顧客視点に立った上で、プロセスを設計していくことだ。自分たち視点で作ってしまうとステージは図表7-04の上図のようになる。

顧客視点で作るということは図表7-04の下図のように、顧客の「本質的な課題の気づき」や、「顧客の成功の明確化」などが含まれ、プロセスそのもので、顧客に対して価値を提供することだ。

なぜ、このようなプロセスの再編成が必要かというと、「営業する側」も「営業される側」も多くの無駄を感じているからだ（つまり価値を提供しないプロセスが多くある）。

Sansanの調べによると、商談に関して営業される側は「79%」無駄を感じているという驚くべき調査結果が出た[1]。

この原因は、従来の紋切り型のプロセスに立脚して、営業プロセスを作っているからであり、「顧客側（営業される側）がこういうタイミングで、こういう提案や、示唆を出してほしい」というインサイトベースにして、プロセスを再構築する必要がある。

ここでリードを管理するフレームワークである「SCOTSMANS」について解説したい。自社の顧客状態をSCOTSMANSに要素分解してみて、リードの確度を検討して見るのが良い（BANTというフレームワークもあるが、ここでは、より網羅的にカバーするフレームを紹介する）。

SCOTSMANSとは、以下の頭文字を取ったものになる。

S（Situation）先方の立場
企業内における、担当者の立場は？

C（Competition）競合
担当者は自社以外にどのような競合製品や代替案を検討しているか？

O（Opportunity）機会
どんな条件を望んでいるか？　どんな期待を持っているか？

T（Timeframe）導入想定時期
導入時期はいつ頃を想定しているか？

S（Size）規模
導入になったときの規模はどれくらいか？

M（Money）予算
どれくらいの予算を持っているか？

1) https://jp.corp-sansan.com/news/2019/meets.html

▶図表7-04　顧客視点でのセールスプロセス

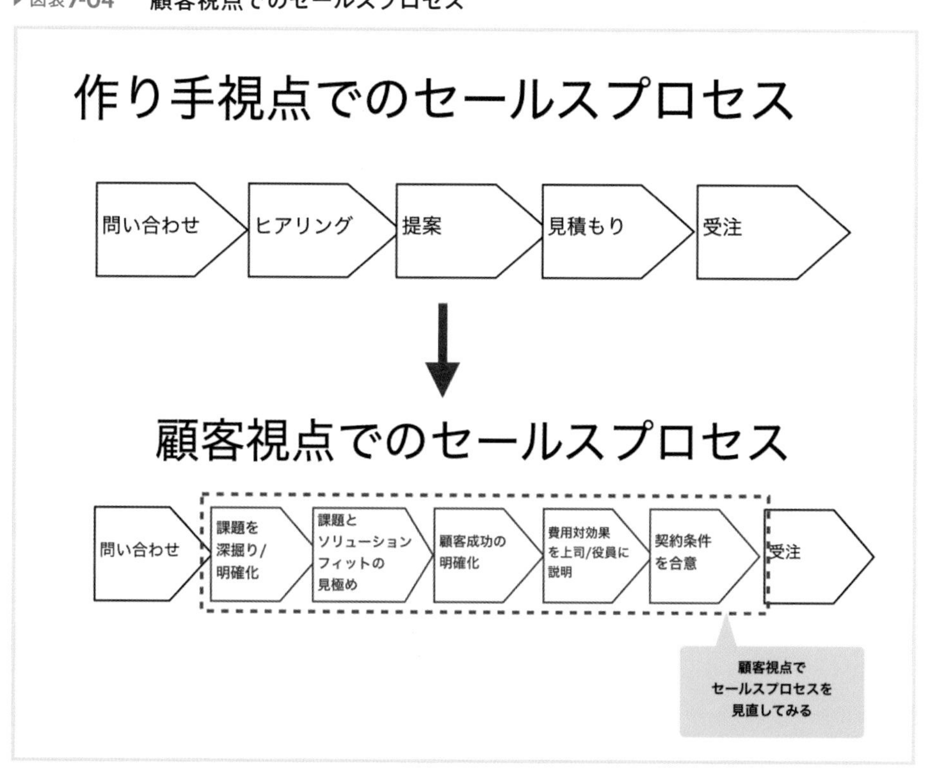

▶図表7-05　カスタマーサクセスチームが顧客の成功イメージを伝えられるか

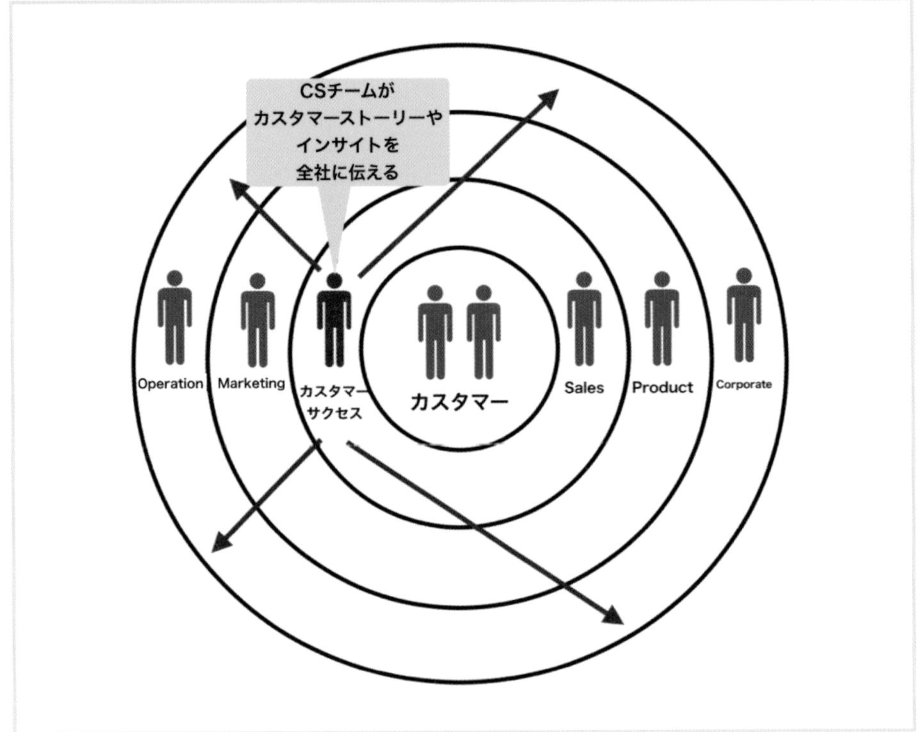

A（Authority）決裁権限
担当者は決裁権限を持っているか？　誰が決裁権限を持っているか？
N（Needs）必要性／要望
どの程度のニーズがあるか？
S（Success）導入して成功した状態
導入した後の成功した状態や成果をあげた状態を描けているか？

一般的に、よく使われるBANT（Budget／Authority／Needs／Time frame）もリード管理には有効だが、もう少し精査したい場合は、上記のフレームが活用できる。

特に先方のSuccess（プロダクトを導入して成功した状態）というのをきちんと商談の段階でイメージできているかが重要になる。

図表7-06をご覧いただきたい。「カスタマーサクセス」の章で詳しく解説するが、現代は、「売り切る」ことよりも「初回の販売／購入から中長期的な関係を構築していく」ことが重要になった。それを実現させるにはカスタマーサクセスチームがハブになって「カスタマーのストーリー」を伝えていくのがキーになる。

商談ステージごとの状態を明らかにする

改めて、セールスプロセスを確認しよう。図表7-06にある「受注確度」とは、受注に結び付く割合のことだ。ステージ5にいくにつれ顧客は絞り込まれ、受注する率は高くなる。ここからは、ステージ1からステージ5まで、各段階でポイントになること、ボトルネックになりやすいことについて確認していこう。

ステージ1 リード以上の商談

これはリード（見込み客）として認識はされているが、まだ商談になる前の段

▶図表7-06　SCOTSMANSとステージでリード管理する

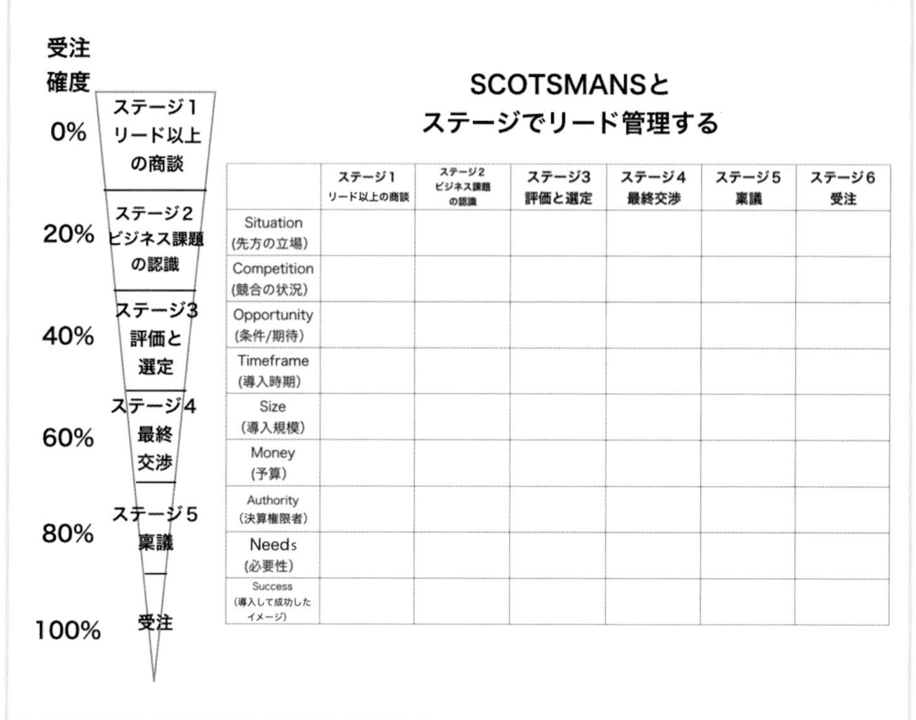

	ステージ1 リード以上の商談	ステージ2 ビジネス課題の認識	ステージ3 評価と選定	ステージ4 最終交渉	ステージ5 稟議	ステージ6 受注
Situation (先方の立場)						
Competition (競合の状況)						
Opportunity (条件/期待)						
Timeframe (導入時期)						
Size (導入規模)						
Money (予算)						
Authority (決算権限者)						
Needs (必要性)						
Success (導入して成功したイメージ)						

階だ。もしセールスをやってみて、ステージ1から次のステージ2に進む確度が低い場合は、そもそもリードの作り方（インサイドセールス）に問題がある場合が多い。つまり、もしも確度が低い案件が続くようなら、なぜマーケティングやインサイドセールスの時点で「良いリード」を作れないのかを考える必要がある。さらにその上流のプロセスを見直した方がいい場合もあるからだ。

例えば、マーケティングの段階で、顧客のリテラシーを高めたりすることや、事例を理解してもらうのも有効になる。そういったリテラシーが低い状態から営業でリードを育成しようとしても、リソースがかかってしまうことが多い。

ステージ1からステージ2へ移行するSCOTSMANSの判断基準は、主に次の点だ。

S（Situation）先方の担当者の状況を正確に捉えられているか？
C（Competition）強力な代替案がすでに存在していないか？
O（Opportunity）顧客の期待は高まっているか？
T（Timeframe）緊急性はあるか？
S（Size）規模はどれくらいか？
M（Money）予算は確保できそうか？
A（Authority）対応した担当者が意思決定するか？
N（Needs）ニーズがそもそも存在するか？
S（Success）この顧客に売っても成果や感動が生み出せるか？

ステージ2 ビジネス課題の認識

ステージ2は、購買検討フェーズに入った顧客と考えてよい。ここで特に重要なのは、顧客のビジネスニーズ／課題をより明確にできるか、その課題が解決された状況や「顧客の成功」の状況が見えているかである。ステージ2からステージ3に上がるところが、一番のボトルネックになることが多い。それを解消するための3つの視座を紹介する。

①仮説構築できるか？

ステージ2の顧客に対峙する前に、営業としては事前にリサーチを行い、顧客の課題仮説を立てるのが有効になる。仮説構築のリソース源は以下の通りだ。

- 企業のホームページ
- 業界団体ホームページ
- ブログ／SNS
- 講演、インタビュー記事
- 企業データベース
- 登記簿謄本
- 業界地図

リサーチを行い、顧客の「現状の状態」と「あるべき姿」を埋めるために戦略が何かを考えてみる。戦略を設定し、実行する際に様々な課題（ニーズ）が何かを考えてみるのだ。

顧客の悩みや困りごとの仮説を構築するだけでも、大きな違いを生む。先述したSCOTSMANSのフレームワークや図表7-07のような「現状」と「あるべき姿」のギャップの可視化なども有効だ。

さらに会う前に解決策の仮説を構築し、実際のミーティングでは顧客も気づかなかった本音を引き出すことができるか。その準備をしない営業は、単に相手の時間を奪うだけになってしまう。準備をしていれば、顧客の理解を示すこともでき、それは商品やサービスを導入後も関係が続く、つまりCPAを下げるだけでなくLTVを上げることもできる。

仮説構築の方法としては、外部からリサーチする方法もあるが、もちろん顧客から直接聞き出す方法もある。

図表7-08のように、現場が窓口（コンタクト先）だった場合は、できるだけ、職位が高い意思決定者にアプローチする必要がある。そのためにも仮説を構築しながら、顧客とのタッチポイントを

▶図表7-07　顧客に会う前に解決策の仮説構築ができるか

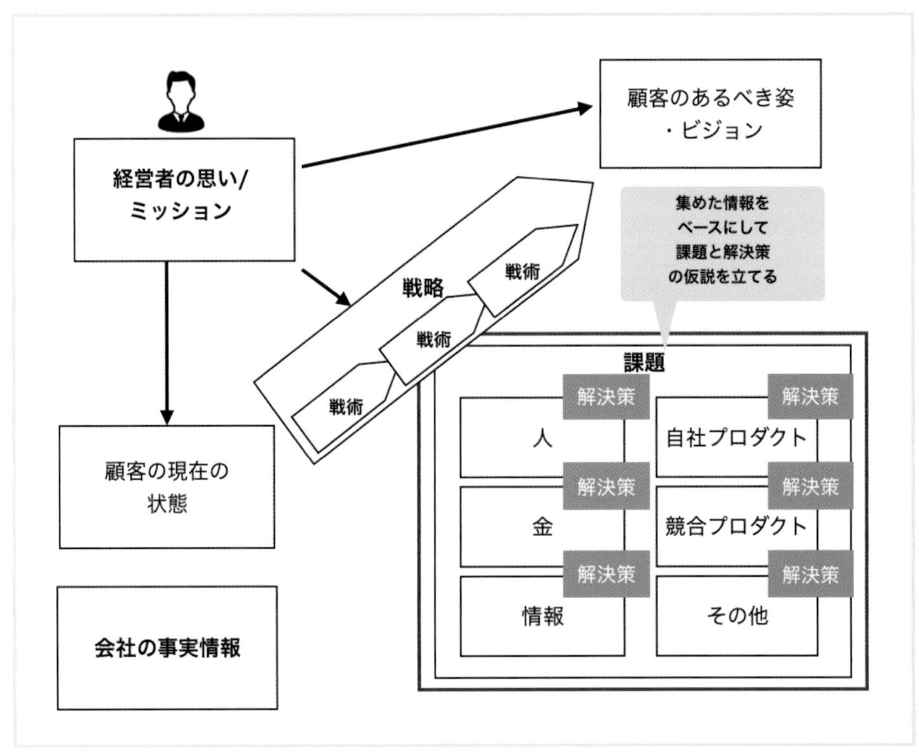

▶図表7-08　ステージ2の進め方（インサイトセールスの場合）

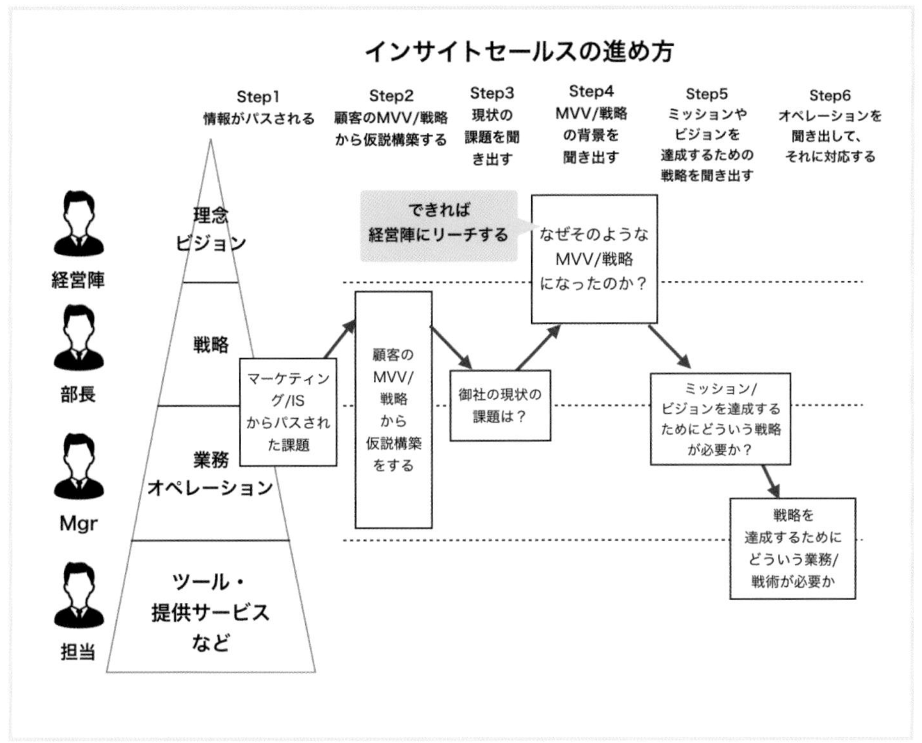

増やしていくことが肝要だ。タッチポイントを増やしていくと、インサイトを獲得しやすくなる。図表7-08は、顧客のインサイトを引き出すために、顧客のどのレイヤーにどのタイミングでアプローチしていくかを示した図になっている。顧客のインサイトを深く探りたいなら、図で示しているように、顧客の経営陣にもヒアリングする機会を設けるように心がけたい。

②インサイトセールスができるか？

ステージ2を突破するために最も大切なことは、顧客の課題をどれだけ正確に捉えて、提案できるかである。深掘りをどれだけできるか、顧客すら気づいていない顧客の課題を見つける「インサイトセールス」を実行できるかがキーになる。

ここで一つの例を挙げよう。Aさんは、子どもの夏休みの工作を手助けするため、ベニヤ板に穴を開けようと思ったらドリルがない。「ドリルをください」とお店に来たAさんに、できないセールスパーソンは「どんなドリルが欲しいですか？」と聞く。もしかして、Aさんは、そこでドリルを買うかもしれないが、その店には、もう用事がなければ行かないだろう。

しかし、「インサイトセールス」を理解しているセールスパーソンだったら、こう尋ねるだろう。

「ちょっとお伺いしますが、具体的にはどんなことでお困りなのでしょうか？」

ドリルを売るのではなく、なぜドリルが欲しいのかその理由を深掘りするのだ。するとAさんは例えばこんなふうに答える。

「子どもの夏休みの工作を手伝いたいんです。ベニヤ板に穴を開けなくてはいけないので」

これを聞いたトップセールスパーソンならこう質問するだろう。

「なるほど。ベニヤ板は何枚くらい必要ですか？　今後も、こういう工作の宿題は学校から出ますか？」

「2～3枚です。今後、こういう宿題が出ることはあまりないかとは思います」

「それなら、せっかくドリルを買っても使わない可能性が高いからもったいないですね。当店では、ベニヤ板に穴を開けた状態のものをお渡しできますよ。お作りしましょうか？」

「それは助かります。その方が安上がりですよね」

いかがだろうか？　自分ならどちらの店に行きたいだろうか？　友人や会社の同僚に、知り合いや仲の良い人に、思わずエピソードを伝えてしまうのはどちらの店だろうか？　答えは明らかだ。

ここでポイントになるのは、できるだけ早いタイミングで顧客に対し、

「どういった困りごとがありますか？」

「どういったお悩みがありますか？」

「そもそもなぜ、この商品が必要だと思うのですか？」

といった、顧客が本当に望んでいることを明確にするための「マジッククエスチョン」をすることだ（マジッククエスチョンとは、顧客すら気づいていなかった深いニーズに気づくのを可能にしてくれる質問のことだ）。

マジッククエスチョンを通じて表面的なニーズではなく、そのニーズがある本当の理由を質問で深掘りしていくのだ。

またニーズを深掘りすることで、「相手に信頼される」アドバイザー／コンサルタントになることができる。

先の例で言えば、工作を手伝いたいと思った親に深掘りしていくと「実は、子どもとさらに良好な関係を築きたい」という本音が見えてくるかもしれない。それなら、「お子様と一緒に参加できる親子工作教室がありますよ」という提案もできる。

また、深掘りすることは、「あなたのことを気にかけていますよ」というメッセージを打ち出していることにもなる。

顧客というのは、「モノを買ったことで得られる効用」と同じくらい「買うことのプロセスの中で買った理由に対する納得感」を求めているのだ。顧客はいちいち口にはしないが、「私がこの購買の意思決定をしたのは、そこに関わるセールスパーソンが信頼できて、買った後も、気にかけてくれそうで安心だからだ」という理由で商品を選ぶ人も少なくない。

また、ワンダーマンの調査によるとアメリカの消費者の79％は、購入検討前の段階で「あなたを理解し、気にかけていますよ」ということを積極的に示すとそれによって良い印象に変わってくるという。これは、日本の消費者も同じだ。

B2Bなら、顧客のビジョン達成や戦略を実現するために何が提案できるかが問われる。だが、顧客は信頼できないセールスパーソンやベンダーに対して、そういった戦略やビジョン、課題をなかなか打ち明けてはくれないだろう。

③DMU（Decision Making Unit）を明らかにできるか？

B2BのSCOTSMANSは先に述べた通りだが、大型の商談や比較的高額なプロダクトで特に大切なのが、「A（Authority）決裁権限」を明らかにすることである。

すなわち、誰を落とせば導入してもらえるのか、意思決定のプロセスやそれに関わるメンバーなどのKPI（重要業績評価指標）を明らかにしておくということだ。

特に、単価の高い商材の場合、最終的な意思決定は経営者／経営陣になるので、できるだけ早い段階で巻き込んでおくことが重要だ。

このとき押さえたいのが、Customer “X” Successという概念だ。これを私は、「関わるステークホルダー一人ひとりのサクセスを見つけていく」ことと捉えて

▶ 図表7-09　誰が決裁権限を持つのかを明らかにする

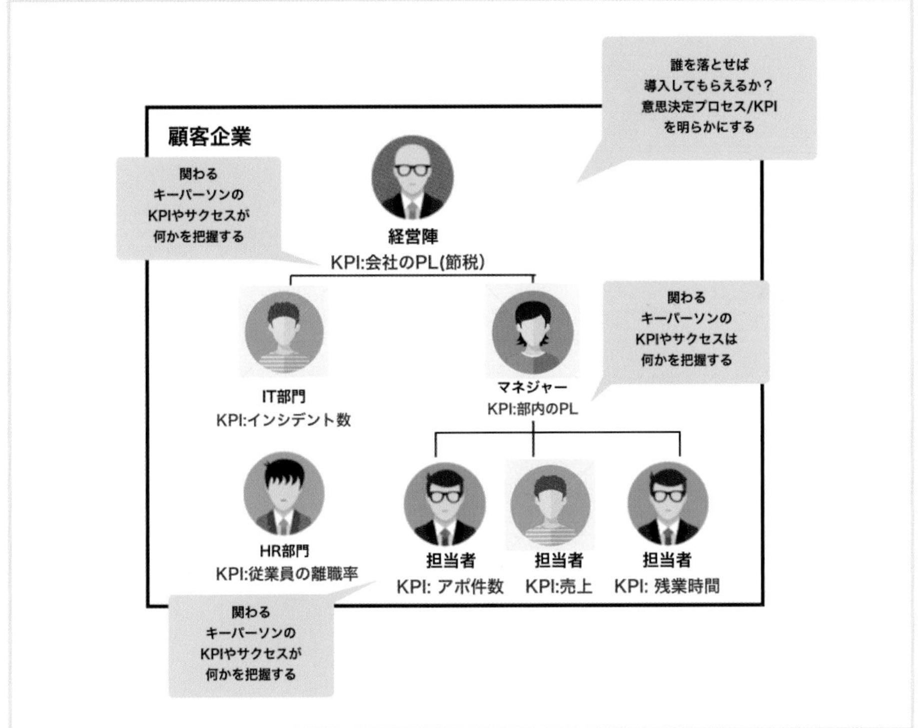

いる。つまり、「お客様」と言っても「経営者のサクセス」と「IT部門のサクセス」と「マネジャーのサクセス」は違うのだ。経営者は会社の節税を、IT部門はインシデント数（質問数）を、マネジャーは部署内のPLをサクセスだと思っているなどバラバラだ。

また、セールスの早いタイミングでターゲット会社の"キーパーソン"を探しておきたい。キーパーソンを見つけることができると、それぞれの部門に働きかけて意見を集約できるからだ。キーパーソンは、企業内で実際に影響力のある人だ。役職は連動しない場合も多い。ときに現場の担当者レベルの人が役職者の前でも的確な発言をすることがある。こうした人がキーパーソンになり、影響力・発言力を共に持つことになる。

キーパーソンの目安は、次のような要素があるかどうかだ。

- **推奨力：他人に対して推奨を与える力があるか**
- **威圧力：他人が承認したいことに対し暗黙にプレッシャーを与えられるか**
- **専門性：専門的、技術的な知見があるか**
- **地位：企業における地位に基づいた力があるか**

これらに該当している人を見つけて、早いタイミングで関係性を構築して信頼を勝ち得ることが重要だ。

ステージ3 評価と選定

セールスプロセスのステージ3は評価と選定だ。顧客が比較検討に入った段階。これがステージ3だ。3社か4社に絞り込んでおり、最終的に選ばれるかどうかという段階だ。ステージ3に移行できると、商談は大きく前進する。

ここで大事なことが3つある。

1. **顧客が自社の商品やサービスを活用したときの「サクセスするイメージ」が描**

▸図表7-10　自社と競合他社との比較表

	自社製品	A社	B社	C社	D社
価格	○	◎	○	○	△
対象顧客	Mid-end	Low-end	Mid-end	Mid-end	High-end
特徴X	◎	◎	△	△	◎
特徴Y	○	△	◎	△	△
特徴Z	○	△	△	◎	◎

けているか

2. **競合の強み／弱みを明確に理解した上で、顧客の信頼を得ながらクロージングに向かっていけるか**
3. **先方において、誰がキーパーソンか（隠れたキーパーソンか）を明確にできているか**

あなたの会社の商品やサービスを導入したら、こんなふうに成功できるというイメージが明確にあるほど、競合他社と差別化を図ることができる。

ライザップのような個別トレーニングに行くのは、トレーニングを受けたいからではなく、トレーニングを受けてボディメイクした後「体形が良くなり（人によっては）モテるようになる」からである。そのサクセスを頭の中でイメージし、かつ、再現性のある状態でクロージングに向かえるかどうかが非常に大切だ。

そしてステージ2でもお伝えしたが、顧客の会社における隠れたキーパーソンを明確にしておくことも大切だ。自社商品が選定されたらステージ4へ移行する。

自社の優位性を明確にするには、自社の強みを理解した上で競合の強みをきちんと理解しておかなければならない。これにより、自社がどのように優位なのかを伝えられる。すなわち、顧客の意思決定を助けるような選定条件を自ら作り出すことができるのだ。指針になるのは図表7-10の比較表だ。

自社の商品やサービスと、競合他社数社を比較し、価格、対象顧客、特徴X、特徴Y……といった具合に表を用意しておく。そして、比較表を“顧客の立場に立って”どのような価値があるのかを翻訳していくのだ。特徴Xは、顧客から見たらどういう価値があるのか、特徴Yはどんな価値があるのか……と分解していく。顧客の立場に立った自社の強みや弱み、顧客の立場に立った競合の強みや弱みを的確に理解する。

ここで得た知見やインサイトはファネ

ルのより上流であるマーケティングにも活用できる。特にB2Bの場合、こちらが提案した価値に対して顧客が全然価値を感じなかった場合に、上流のマーケティングにフィードバックするなどして連携を図ることがキーになる。つまり、マーケティング部門や担当者に対して、「我々がターゲットにするべきユーザー像」や「ターゲットのユーザーが興味のあることやニーズ」を伝えることにより、マーケティング施策の改善を図っていくのだ。

ステージ4 最終交渉

セールスプロセスのステージ4最終交渉段階では、リードの確度は高いが、そこに甘んじることなくクロージングまで誘導したい。顧客の意思決定を助けるべく自社の優位性を明確にする。ここがポイントになる。

ちなみに、ソリューションセールスのようなコモディティ化した商品は、このステージ4から始まることがあることは頭に入れておきたい。

次いで、"最後の一押し"、クロージングに移ろう。クロージングは、最終的に意思決定してもらうことだが、私は、クロージングが失敗する理由は、次の6つに集約できると思っている（図表7-11）。

1. **ゴール／情報認識のズレ**
2. **課題のズレ**
3. **解決策のズレ**
4. **諸条件のズレ**
5. **プレゼンの稚拙さ**
6. **信用不足**

クロージングでつまずいてしまう要素、それぞれについて見ていこう。

要因①　ゴール／情報認識のズレについては、現状やありたい姿、経営者の思いなど、顧客の状態を「読み間違えてい

▶ 図表7-11　**なぜクロージングで失敗するのか？**

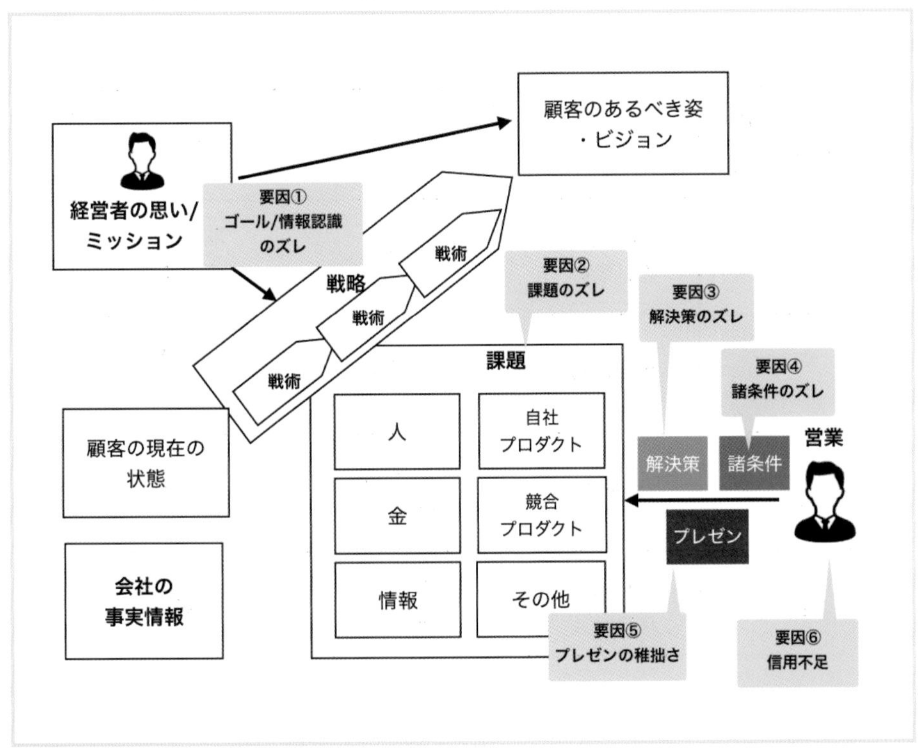

た」ということだ。特に基幹システムなどの高単価商材の場合、本来初期段階のステージで見極めるべき全体像にズレが生じたまま進んでしまうことがある。この場合の対応策としては、ファクトベースの定量情報や、経営陣の思いなど定性情報を集めることなどが挙げられる。

要因②　課題のズレは、顧客がどんな困りごとがあるのか、悩みを抱えているのかといった、要は“ドリルの穴”の磨き込みが足りていないことに要因がある。実は、ここが6つのうち、最も多い失敗要因になる。この場合の対応策としては、ドリルという顧客の顕在化している課題だけでなく、ドリルの穴という潜在的な課題を深く洗い出してみることだ。顧客が本音で話をしていない可能性もあるので、クロージングの前に担当者と最終的に話をして確認しておくのもよい。また、そもそも見当違いな課題に対応をしようとしていたケースが多発する場合は、前述した「インサイトセールス」をきちんと身につけることがポイントになる。

要因③　解決策のズレとは、課題は合っていてドリルの穴は見つかった状態なのに、解決策が的外れで別なものを用意してしまうことなどを意味する。対応策としてはプレゼンをする前にデモなどを使ってもらい解決策のイメージとズレがないかを確認するなどが挙げられる。また、マーケティングの段階で、間違った期待やソリューションイメージを訴求していないかを確認する。

要因④　諸条件のズレとは、解決策は間違っていないのにQCD（顧客が求める品質、コスト、納期）など細かいところで折り合いがつかないケースが考えられる。対応策としては、諸条件を一つひとつ因数分解して確認していく。

要因⑤　解決策も諸条件も合っていたのにクロージングできなかった場合は、プ

▶図表7-12　**聞き手によってプレゼンのトーンを変える**

プレゼン相手の経営方針 ／ プレゼン相手	革新志向	成長志向	安定志向
オーナー社長	かなり強い攻め	強い攻め	攻め/守りバランス
雇われ社長	強い攻め	やや攻め	やや守り
部長(Mgr)	やや攻め	攻め/守りバランス	守り
担当者	攻め/守りバランス	やや守り	守り

レゼンが稚拙だったことが考えられる。対応策としては、プレゼンの準備を入念にすることだが、このとき、誰にプレゼンするのかもあらかじめ明確にしておきたい。

雇われ社長なのか、オーナー社長なのか。オーナー社長の中でも、守りをアピールしたプレゼンが良いのか、攻めをアピールしたプレゼンが良いのか。日本の雇われ社長の場合は、オーナー創業者に忖度している場合があるので、リスク回避の側面を強調する方がうまくいく場合がある。反対に孫正義氏のような人に守りのプレゼンをしても刺さらない。そうしたことを見極めていく。

プレゼン相手と、それに合わせたプレゼンのトーンの一覧は図表7-12の通りだ。

プレゼンの成功基準は、

- **相手が納得するだけでなくアクションに移行したか**
- **プレゼン内容が相手が周囲に説明できるぐらい伝わっているか**
- **プレゼンに相手がわくわくしているか**

これらが目安になる。

要因⑥ プレゼンがよくて、それでもクロージングできなかった場合は、担当の信用不足が考えられる。商品やサービスの導入後は、その担当と長い関係が続く可能性がある。「この人とはつきあいたくない」と思われないように、非認知的な身なりや発言内容なども気をつけたい。

また、クロージングの際は、「相互クロージングプラン」を作りたい。最終意思決定の段階になると、購買部や広報部、法務部などこれまで接点のなかった部署が介入してくることがあり、彼らは決裁に必要なプロセス全てを把握していないことが多い。稟議に際して何が必要なのか分かっていない場合もあるため、自社と顧客双方で契約までに必要なタスク一覧をリストアップした「相互クロージングプラン」を用意したい。

例えば、必要な書類一つとっても、取締役会での承認時にプレゼン資料が、関係部署の承認時にPoC（Proof of Concept：概念実証）の結果を示す資料が、法務部であれば与信管理やリスク管理などの資料が必要になることがある。こうした資料を事前に用意しておきたい。

ステージ5 稟議

セールスプロセスのステージ5稟議とは、最終的にハンコを押すタイミングにあたるが、ここで最も重要なのがリスク検知能力だ。そのチェックは以下の通り。参考にしてほしい。

- 最終承認者は誰か
- 発注書へサインするのは誰か
- 稟議決裁は電子承認か、紙での回覧か、口頭承認か
- 取締役会や経営会議での決議が必要かどうか
- 起案者が過去に同じような金額の決裁をしたことがあるか

このようにセールスでは実際の活動を通じて様々な顧客インサイトやノウハウを獲得することができる。それを社内で蓄積していく仕組みがあると、中長期的な競合優位性につながる。例えば、セールスフォースなどではサクセス・セールス・メソッド（Success Sales Method）といって、どういう営業をすれば、成果をあげることができたかを社内で共有する仕組みを持っている。

「詰める」マネジメントから「読み」のマネジメントへ

しかし、セールスのステージがブラックボックスだったらどうなるだろうか？

▶ 図表7-13　行動量+行動の質のマネジメントでうまくいく

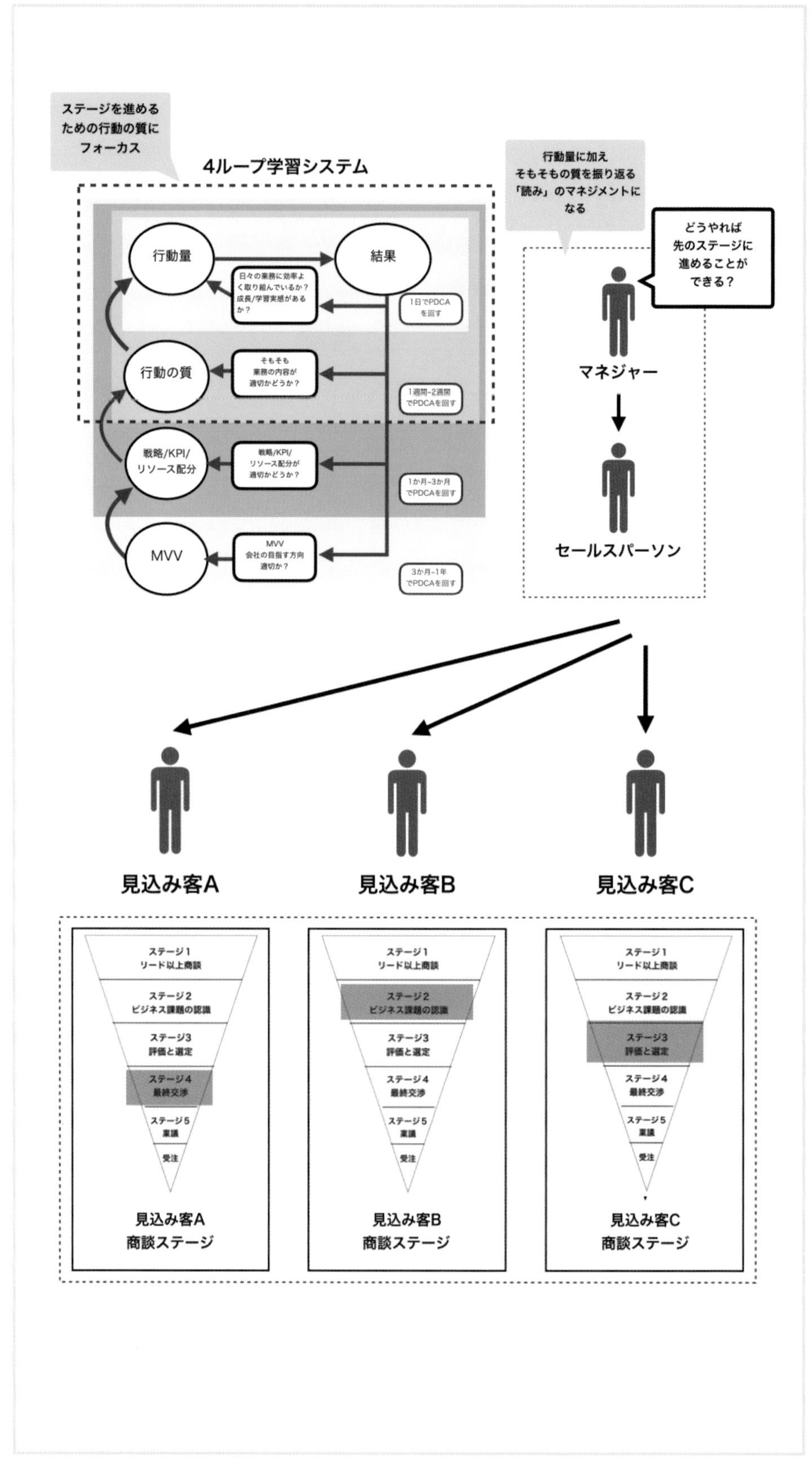

セールスのマネジャーはひたすら「行動量を増やせ！」と言うしかない「詰める」マネジメントになるだろう。詰めるマネジメントをして、行動量を増やしたとしても、成果に結びつかない場合が多い。

またセールスのノウハウが自社内に蓄積されていかないので、中長期的に見て、CPAを下げることができなくなる。

以上、解説してきたように、セールスのステージを可視化するとどうなるだろうか？　ステージを可視化することによって、「行動量のマネジメント」から「行動量＋行動の質のマネジメント」にレベルアップすることができる。

図表7-13のようにマネジャーも「どうすれば先のステージに進めることができると思う？」というより具体的な、かつ担当者らに当事者意識を持たせるコミュニケーションができる。

「人的資源」の章で紹介したような定期的な1on1ミーティングをやることにより、「行動の質」を上げることや「KPI／リソース配分」の設定などもできるようになり、パフォーマンス向上とエンゲージメント向上を獲得できるようになる。

また、このループを回すことでセールスのノウハウや顧客についての知見が蓄積され、中長期的にCPAを下げることができる効果もある。

つまり、クオリフィケーション（見込み客の抽出）の精度や良いセールスの事例の抽出、例外対応などにも目を配ることができ、セールスプロセスそのものを進化させるのだ。

進化することによって、CPAを下げるだけでなく、「自社が売るべき顧客像」も明らかになり、LTVの向上に寄与する。こうして蓄積されるノウハウは、自社にとって大きな持続的競合優位性資産（ディフェンシビリティ・アセット）になるのだ。

CHAPTER

7-2 SALES

インサイドセールスの仕組みを立ち上げる

インサイドセールスとは

インサイドセールスとは、集まった見込み顧客（リード）に対して、主に遠隔で営業活動をする手法だ。営業活動といっても、お客様のオフィスを訪問する従来型の外勤営業（フィールドセールス）とは違い、電話やメール、チャット、ウェブ会議システムを用いた「内勤」の営業手法だ。相手の状態や行動履歴を把握し、適切なタイミングで適切な提案を適切なコミュニケーションメソッドで行うことが何より大切になる（図表7–14）。

フィールドセールスは、セールスパーソンがお客様を訪問して提案書の説明を

▶ 図表7-14　インサイドセールスとは

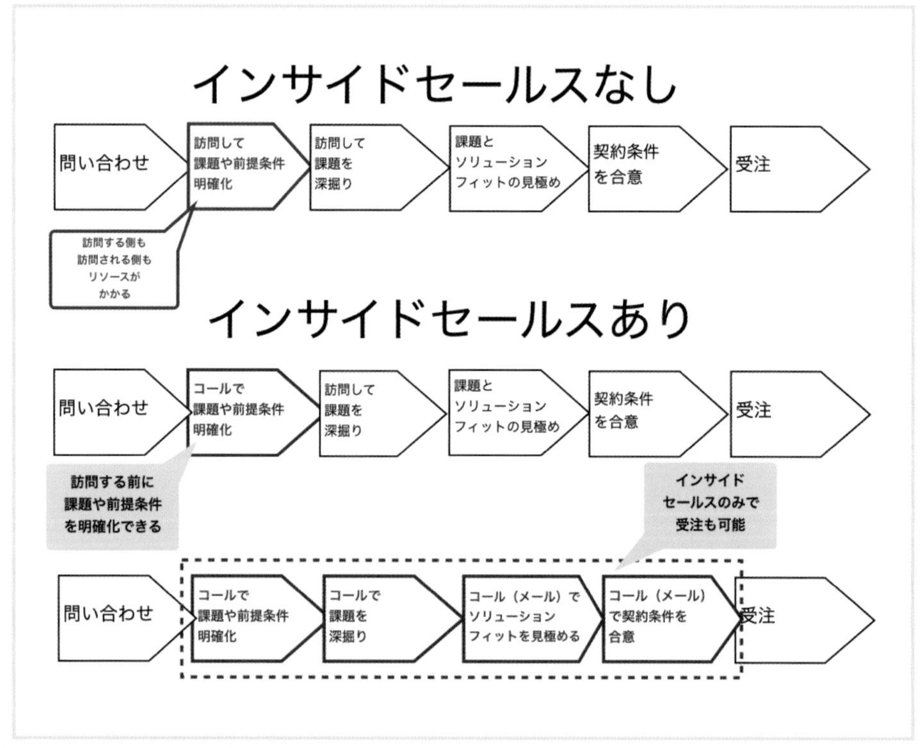

する。そのため、お客様の雰囲気や話の行間を読んで、色々と課題を深掘りして、信頼関係を構築するような質にこだわった商談が可能になる。

一方で、例えば一件のアポを1時間と設定していたとしても、その前後で移動時間や、準備時間が必要となる。また、商談に入る前のアイスブレイクにも時間が必要になる。結果として、フィールドセールスのみに頼ると一件あたりの顧客獲得コスト（CPA）が高くなってしまう。たとえ、フィールドセールスが必要な場合であっても、インサイドセールスが事前に課題や前提条件を明確にすることで、顧客獲得にかかるリソースを節約することができる。また、場合によっては図表7-14の一番下のようにインサイドセールスのみで、受注することも可能だ。

以上のプロセスをCPA（顧客獲得コスト）で表現すると、図表7-15のようになる。フィールドセールスのみでは、図表の左のように一件の最終的な成約を獲得するのにかかった費用を示すCPAは高止まりしたままになる。インサイドセールスは、ブラックボックス化している顧客の状況を明確にするなど、マーケティングとフィールドセールスの間に立って、両者の間に生じた溝を埋める役割を果たす。

インサイドセールスを入れることによって、図7-15の右図のようにCPAを下げることができるのだ。また、「営業される顧客側」の立場になった場合も、インサイドセールスによる営業は、無駄を削減できる（いちいち、お茶を出したり、会議室を押さえたり、前後の時間にオフィスにいる必要がなくなる）。そういった意味で、両者にとってwin-winとなる可能性を秘めている。

CPAが下がるだけでなく、インサイドセールスが実装されると、顧客獲得全体プロセス（マーケティング、セールス）の生産性を高める効果もある。なぜなら、インサイドセールスを実装するとセールスのリズムが作れるからだ。マーケティングに関していうと、基本コンテ

▶ 図表7-15　インサイドセールスによってCPAを下げることができる

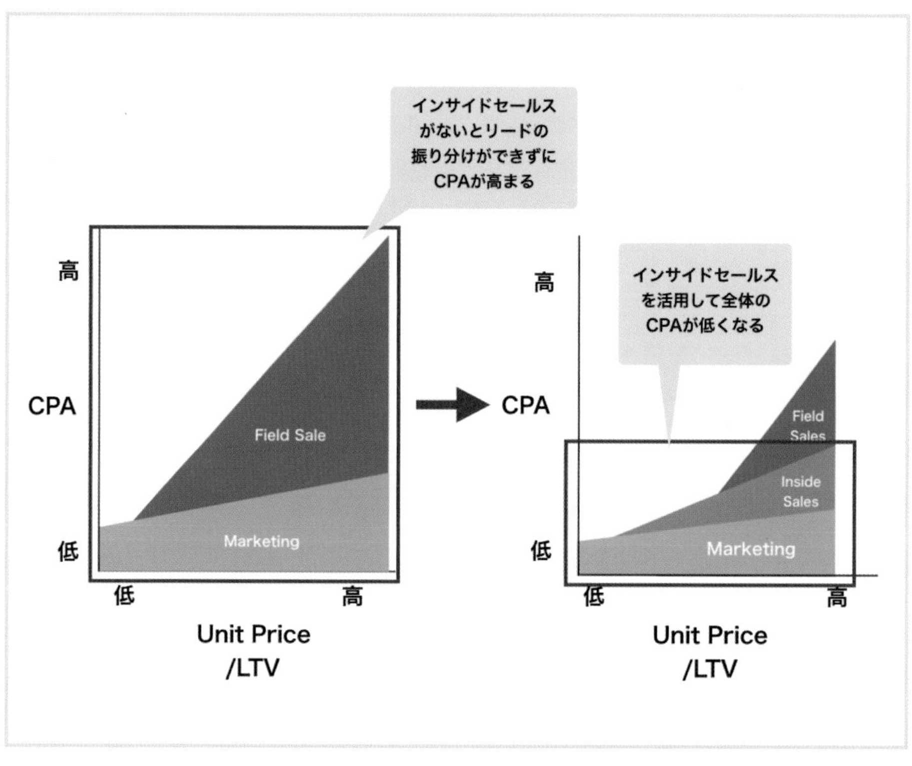

ンツは常にサイトやSNS上に存在するので、基本的には24時間365日稼働し、問い合わせなど引き合いも常に発生している状態だ。

一方、外勤のフィールドセールスは通常の勤務時間だけでなく、営業時間外（18時以降）の夜に接待やネットワーキングがあることも多い。つまり、マーケティングやセールスは、時間が偏り、リソースの平準化が難しいことがある。フィールドセールスが忙しくなったりしたら、問い合わせに対するフォローができなくなる場合もあり、機会損失のリスクが発生する（インサイドセールスがない場合）。日本は大企業であっても未だに、インサイドセールスの機能を持っていないところが多い。大手でも、セールスが掘り起こしもやって、クロージングもやるというケースが多い。両方を回していると、当然、クロージングの方に注力してしまい、案件創出というのがおろそかになってしまったりする。案件創出にばかり力を入れていると、クロージングがおろそかになってしまう。

しかし、インサイドセールスはビジネスアワー（10時から18時ぐらい）で稼働時間が決まっている。そのインサイドセールスが入ることで、業務を分けることができ、また業務のリズムを作り、パイプラインのスループット（案件創出からクロージングまで）を平準化することができ、全体の生産性を高めてCPAを下げることができるのだ。

インサイドセールスを立ち上げるときの留意点

インサイドセールスを立ち上げるときの重要な留意点としては、「現状の顧客接点がどうなっているか、リードになってから自分たちのサービスを知ってもらうか、自分たちのサービスがいかに顧客課題を解決するか」の「カスタマージャーニー」を可視化することだ（図表

▶図表7-16　マーケティングとセールスの現状を明らかにする

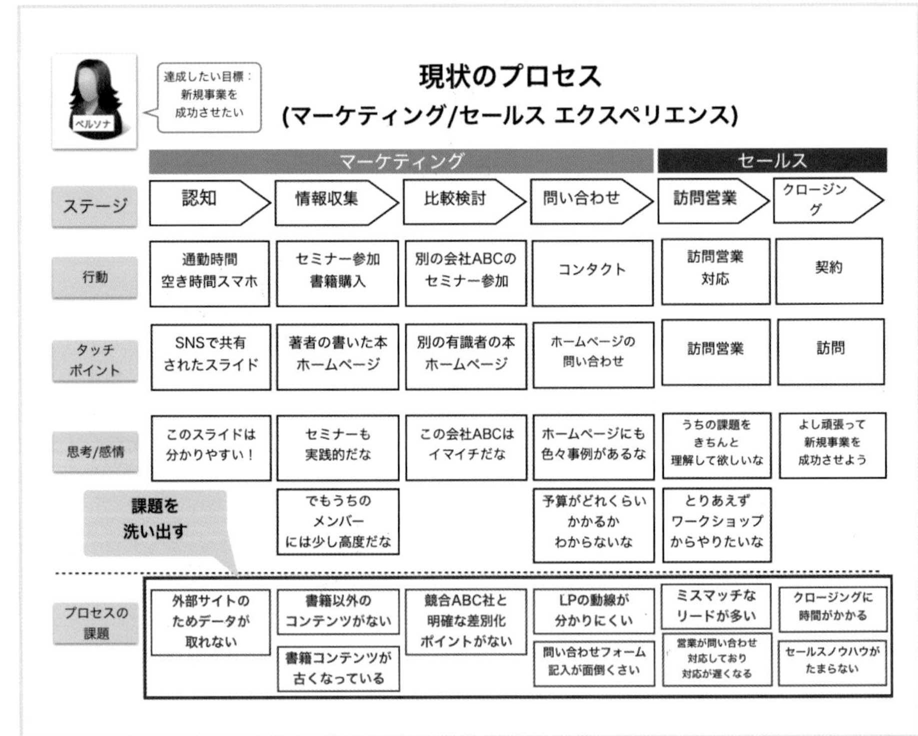

▶ 図表7-17　あるべきプロセスを明らかにする

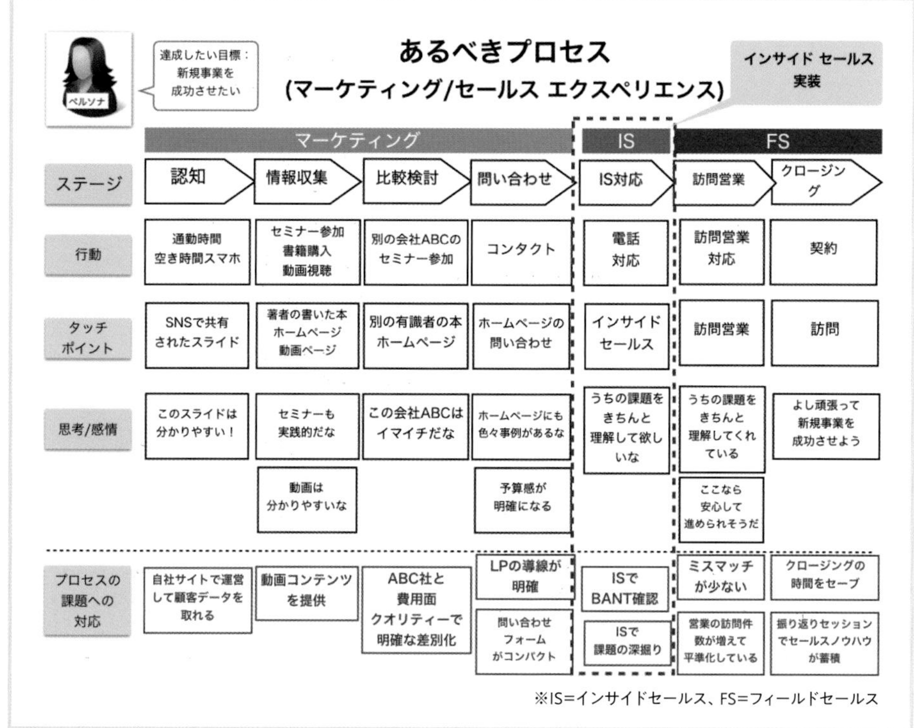

7-16)。

まず、マーケティングチームとセールスチームが共同で、現状の「顧客獲得接点」「顧客育成プロセス」を書き出してみるのがポイントになる。図表7-16のように、ペルソナをベースにして顧客のステージ、顧客の行動、タッチポイント、思考感情を書き出してみる。その上で、現状のプロセスにおける課題を書き出してみる（機能横断でワークショップなど開催するとよいだろう)。

その全体の中で、特に、マーケティングとセールスの受け渡しの課題を明らかにしていく。マーケティングとフィールドセールスの連携がどのようになればスムーズになるのか。そのためにインサイドセールスをどう機能させるべきかを考えてみるのだ。

図表7-17のように、インサイドセールスを実装したときのマーケティングとセールスがどうなるべきか、あるべき姿をステップで書き出してみて、チーム内の納得感を醸成するのがポイントになる。

リードのナーチャリングを理解する

インサイドセールスの機能については前述した。数ある機能の中でも、インサイドセールスの最も重要な役割は、リード（見込み客）を育成することだ。

一般的にインサイドセールスのリードの育成（ナーチャリング）は、ステージを4つに分ける場合が多い（図表7-18)。

- **ステージ1　ニューリード（New lead)**
- **ステージ2　ワーキングアンタッチド（Working Untouched)**
- **ステージ3　ワーキングコネクティッド（Working Connected)**
- **ステージ4　コンバート（Convert)**

ステージ4の段階に至った時点でコンバージョン（商品購入等）できる場合もあるし、営業にパスすることもある。4

▶図表7-18　インサイドセールスのリード育成の4ステージ

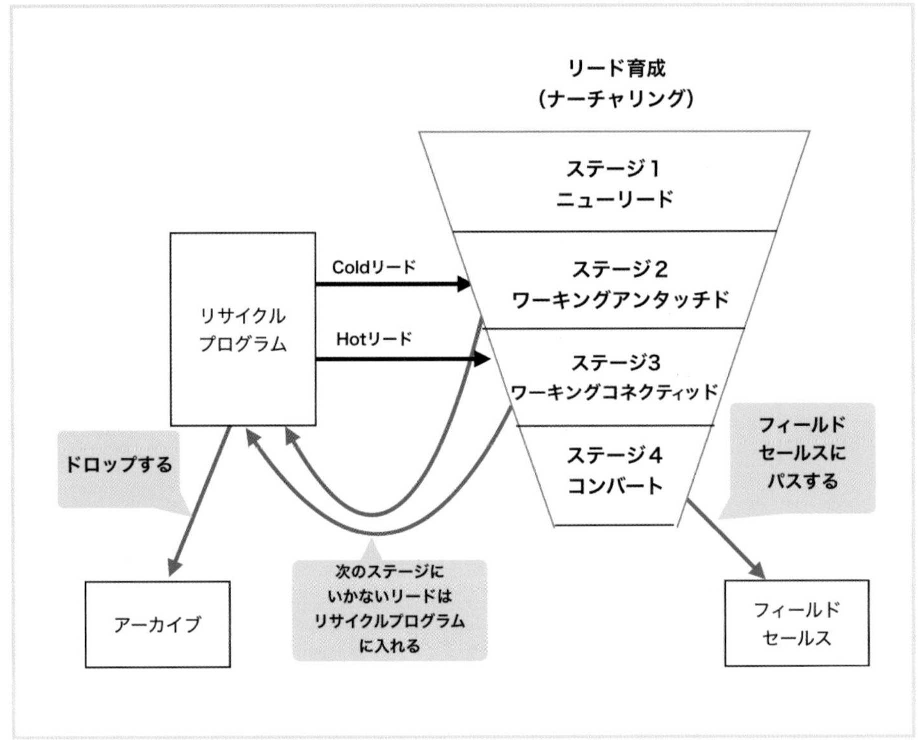

つのステージに分けたのは、ステージごとに話す内容が絞れるため準備しやすいこと、また、ステージ管理することでどれぐらいのリソースを割くべきか、負荷分担しやすいことが挙げられる。それぞれのステージについて解説しよう。

ステージ1 ニューリード

これは、サイトからの資料請求や問い合わせ等の顧客の情報を指す。B2Bの場合、氏名、企業名、部署名、役職名、メールアドレス、電話番号を取るようにするのがリードとして見なせる条件になる。顧客が資料請求／問い合わせするとき、そのLP（ランディングページ）のフォームをしっかりと作っておくことも非常に大切だ。例えば顧客がファーストコンタクトしてくるフォーム内で「導入予定時期」「想定利用人数」「利用場所」まで尋ねることで、顧客のニーズを把握するのも有効だ。

B（Budget）：**商品やサービスを導入するための予算**
A（Authority）：**誰が商品やサービスの導入を決めるか**
N（Needs）：**企業がその商品やサービスをどれだけ必要としているか**
T（Timeframe）：**導入時期**

ニューリードは、いわゆるBANTを最低限拾っていきたい。ただ、ここで気をつけたいのは、フォームの入力欄は極力作らないことだ。例えば「御社の課題は何ですか」「経営課題は何ですか」といった簡単に答えられないような質問をフォームで設けてしまうとUXが悪くなってしまう。

もし、顧客のサイトの回遊情報の獲得や複数の資料を用意しているならば、顧客ニーズの仮説の解像度を上げることができる。

「XXという資料をダウンロードされましたが、どういった課題をお持ちですか？」とか「XX社の事例ページをご覧になりましたが、XX社と似たような課題をお持ちですか？」という内容をトークの起点にして電話なりメールなりでコンタクトをとっていくと有効だ。

また、あらかじめ「リードスコア」をつけておくのも有効だ。主な要素は、以下の通りだ。

- 売上規模　例：売上規模1000億円以上＋10点、500～999億円＋5点
- 業種／業態　例：IT業界＋5点
- コンタクトした人の役職　例：部長以上＋10点、課長まで＋5点
- コンタクトした人の行動　例：ホワイトペーパーダウンロード＋5点、サイトに3回以上アクセス＋5点
- XXという資料をダウンロードした＋5点

（リードスコアの中身は、自社が現在獲得したいと思っているセグメントによって、変わってくる）

リードスコアは、行動スコア以上に属性スコアが大切になる。このスコアにより、ステージ1の時点でも、リードの中でも有望なリードとそうではないリードに判別できる。

このリードスコアは、スコアを厳密にするのが目的ではなく、例えば50点の閾値を設定して、それを超えた場合は「有望リード」に分類する。その目安を把握するのが目的だ。「50点以上は、電話やメールでコンタクトをとる」などの目安があれば、そのスコアから抽出して営業をかけていくことだ。

また、スコア作成の際は、カスタマーサクセスやフィールドセールスの担当者から有望リードになる顧客像のフィードバックをもらっておくとよいだろう。

有望リードの定義は、外部環境によって変わってくる場合があるので、インサイドセールスは常に、他の部門（特に、マーケティング、フィールドセールス）とコミュニケーションをとって、調整をしていくのがポイントだ。

ステージ2 ワーキングアンタッチド

ワーキングアンタッチドとは、顧客に連絡できる段階ではあるが、最もつなぎたい担当者にリーチできていない状況を指す。タイミングを聞き出して話ができるようにする。担当者と連絡がとれた時点でステージ3へ進むことになる。

ステージ3 ワーキングコネクティッド

担当者に直接連絡ができているレベル。商談に向けて実際にインサイドセールスでヒアリングを行っている状況だ。できれば、前述のBANTを聞き出し、商談に持っていけるようにする。商談機会を得たらステージ4に移行する。

ステージ4 コンバート

フィールドセールスにパスできる状態。次のステージに移行しないリードについては、リサイクルプログラムの中に入れておく。その中から、適宜ステージ2なりステージ3に戻していくのだ。

もしくは、インサイドセールスで完結するスタイルならば、ここからクロージングに持っていくこともできる。顧客の課題をさらに深掘りして、顧客課題とソリューションのフィットを探っていくのだ。場合によっては、ウェブ会議などを活用しソリューション・デモを行い顧客の関心を高めたり、ソリューション活用イメージをより明確にしていく。

ステージ1でサイトから問い合わせはしたものの、「今は、緊急性が高くない」ということはよくある。『THE MODEL』（福田康隆著、翔泳社）によると、「将来的な購買の可能性はあるが、今すぐはな

い」と答えた顧客が3分の2もいたという結果がある。この65%のリードをリサイクルプログラムの中に入れておけば、宝の山になる可能性がある。特にB2Bの商材の傾向として、顧客がある節目やイベントを迎えると、ニーズが顕在化し「WHY NOW（そのソリューションを導入したい緊急性）」が高まることがあるからだ。

インサイドセールスは全体のスループットの調整弁になる

フィールドセールスが「今は、商談が少ない時期なのでリードが欲しい」といった場合などに、リサイクルプログラムに入っているリード案件を渡すこともできる（図表7-19）。通常はリードスコアが50点以上の案件のみパスするが、セールスを上げたいセールスパーソンに対しては、多少確度が柔らかい50点を下回るリードを渡すといったこともできる。

また、フィールドセールスからは逆に「今は、クロージングが多くて忙しいので、確度が高いリードのみを渡してほしい」と伝えることもできる（図表7-20）。

インサイドセールスを実装するには

インサイドセールスを実装するには、次の4つがポイントになる。

①できるだけ外注に出さないこと
②インサイドセールスのチームを結成すること
③営業部門とマーケティング部門と合意してKPI仮説を設計すること
④運用ツールを選定すること

スタートアップがインサイドセールスを導入する場合、はじめはエクセルやグーグルドキュメントで運用している

▶図表7-19　確度が低い案件でもパスする

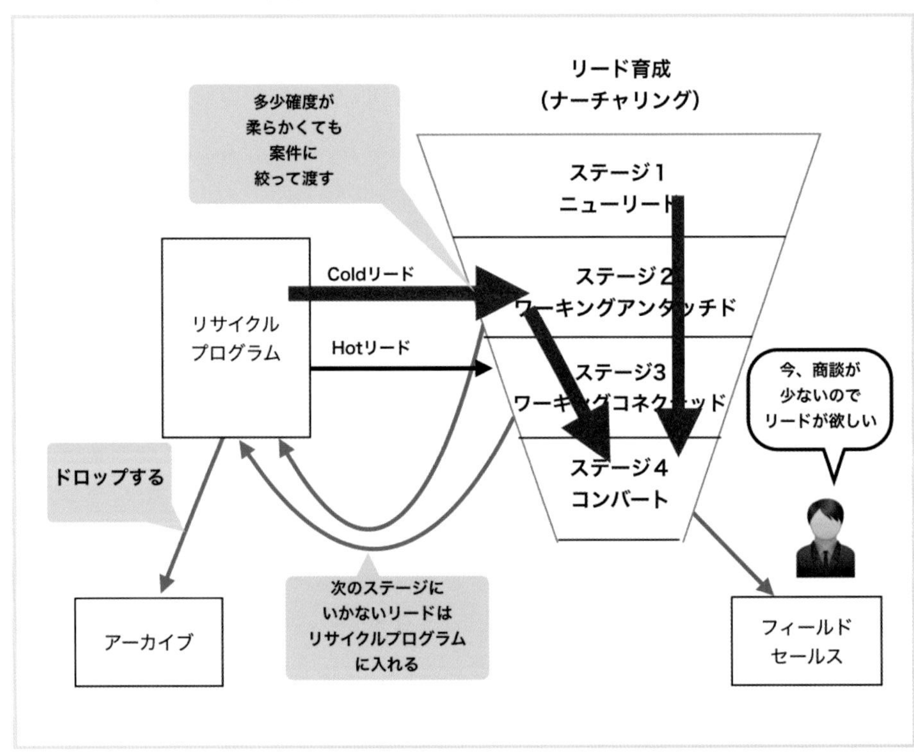

▶図表7-20　確度の高い案件だけをパスする

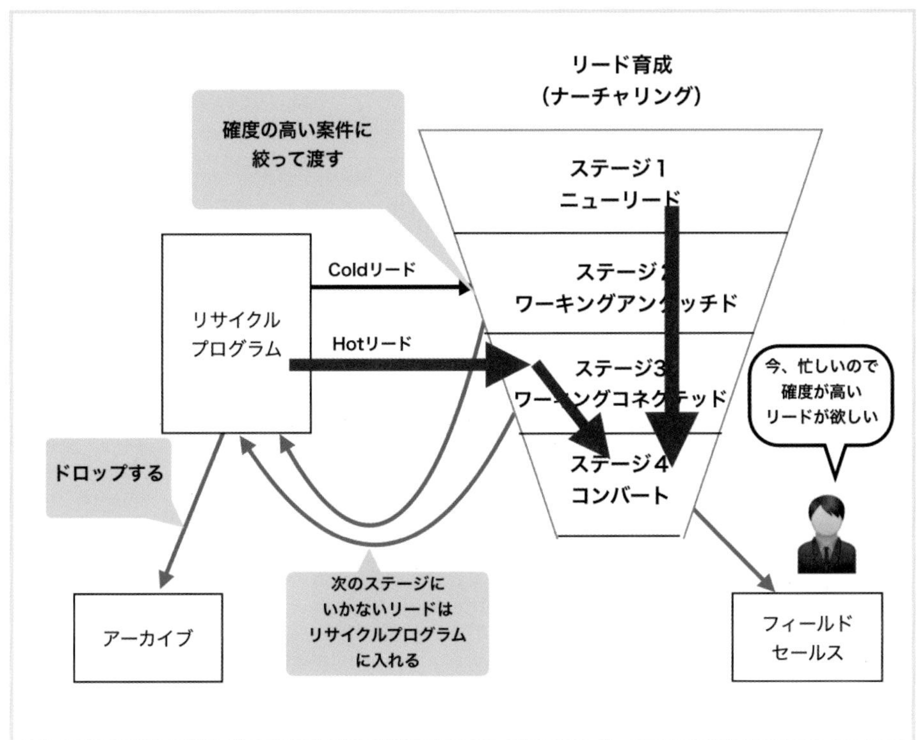

が、途中からリードのスコアを可視化できる運用ツールが必要になる。セールスソースや全体のスコアが分かるようにダッシュボードで連携してPDCAを回していきたい。PDCAを回してユニットエコノミクスが改善するかチェックすることが求められる。

マーケティング、インサイドセールス、フィールドセールスは分業体制で

マーケティング、インサイドセールス、フィールドセールスは、それぞれの仕事の質が違うので分業体制が基本になる。分業体制になると、それぞれの専門性も高まるのでどこがボトルネックになりやすいかも明快に見えるメリットがある。

しかし反面、分業することによりプロセス管理などが複雑になるので指標を明確にしなければ部門間でハレーションが起きてしまう。

そこで今、スタートアップで注目されているのがチーフ・レベニュー・オフィサー（CRO：Chief Revenue Officer）の役割だ。

CROとは、最高収益責任者のこと。マーケティング、販売、カスタマーサポート、価格設定、収益管理など、収益に関連する部門間のレベニューを見る役職のことだ。

例えば、カスタマーサクセスのミーティングにマーケティング、インサイドセールス、フィールドセールスが同席することで、カスタマーサクセスが顧客の成功体験を常に共有できる体制ができる。こうしたことにより、チーム間で協力せざるを得ないマネジメント体制を敷くことができる。

CHAPTER7
SUMMARY

CHAPTER7のまとめ

この章ではセールスのプロセスや、施策について解説してきた。IT全盛の時代を迎えても、未だに最終的な意思決定をするのは、人間である。高額な商材や、LTVが大きいプロダクトを扱う場合には、本章で紹介したセールスのノウハウを活用することが、スタートアップのパフォーマンスを大きく分けてしまう。

▶図表7-21　**セールスのCSF事例**

スタートアップ(事業) のフェーズ	Ideation	Pre-seed	Seed	Series A	Series B~	Pre-IPO	Post IPO
フェーズの説明 / セールスのCSF事例	アイディアを発見する	顧客課題とソリューションの検証	PMFを目指す	Unit Economicsの健全化	スケールを目指す	IPOを目指す	圧倒的優位性の確立
起業家自身/創業メンバーがセールスをしている							
フィールドセールスチームを組成している							
セールスを効率的にする仕組み化ができている							
インサイドセールスを組成している							
セールス全体のプロセスが最適になるようにPDCAが回っている							
アライアンスセールスや代理店の活用ができている							

Ideation／Pre-seed／seed:

この時期においては、独立したセールスチームを持つのではなく、創業者（創業メンバー）自身が顧客の下にいき、獲得に動くことが重要になる。顧客と話す人とプロダクトを作る人を分けないことで、顧客インサイトをスピーディーにプロダクトに反映することができる。

Series A:

SeriesAになると、ユニットエコノミクスを健全化するためにフィールドセールスチームを組んで、CPA（顧客獲得単価）の改善を目指す。ただし、セールスの必要性についは、ビジネスモデルやプロダクトの単価／LTVによる。

Series B~:

ユニットエコノミクスを改善し、売上をさらに伸ばすために、本章で解説したような、セールスプロセスの標準化やインサイドセールスの実装を検討する。セールスや売上に対して責任を持つセールス責任者などを置くのも有効だ。

Pre-IPO以降:

自社によるセールスの型／標準化ができた後は、さらに売上を伸ばしていくために、アライアンスセールスや代理店の活用をしていく。ただし、単に売上を伸ばすだけではなく、セールスチームも「顧客の成功」を常に念頭に置くために、カスタマーサクセスチームやプロダクトチームと密に連携する。

▶図表7-22　スタートアップの価値(バリュエーション)決める要素

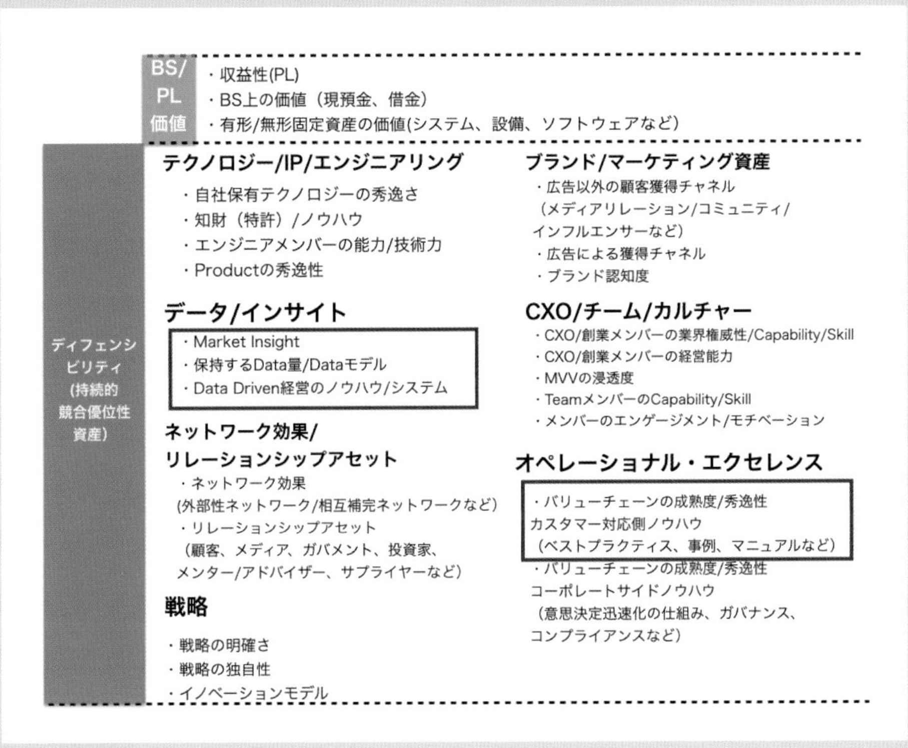

BS/PL価値
・収益性(PL)
・BS上の価値（現預金、借金）
・有形/無形固定資産の価値(システム、設備、ソフトウェアなど)

ディフェンシビリティ(持続的競合優位性資産)

テクノロジー/IP/エンジニアリング
・自社保有テクノロジーの秀逸さ
・知財（特許）/ノウハウ
・エンジニアメンバーの能力/技術力
・Productの秀逸性

データ/インサイト
・Market Insight
・保持するData量/Dataモデル
・Data Driven経営のノウハウ/システム

ネットワーク効果/リレーションシップアセット
・ネットワーク効果
(外部性ネットワーク/相互補完ネットワークなど)
・リレーションシップアセット
（顧客、メディア、ガバメント、投資家、メンター/アドバイザー、サプライヤーなど）

戦略
・戦略の明確さ
・戦略の独自性
・イノベーションモデル

ブランド/マーケティング資産
・広告以外の顧客獲得チャネル
（メディアリレーション/コミュニティ/インフルエンサーなど）
・広告による獲得チャネル
・ブランド認知度

CXO/チーム/カルチャー
・CXO/創業メンバーの業界権威性/Capability/Skill
・CXO/創業メンバーの経営能力
・MVVの浸透度
・Teamメンバーの Capability/Skill
・メンバーのエンゲージメント/モチベーション

オペレーショナル・エクセレンス
・バリューチェーンの成熟度/秀逸性
カスタマー対応側ノウハウ
（ベストプラクティス、事例、マニュアルなど）
・バリューチェーンの成熟度/秀逸性
コーポレートサイドノウハウ
（意思決定迅速化の仕組み、ガバナンス、コンプライアンスなど）

セールスのプロセス獲得によって得られるディフェンシビリティ・アセットは、図表7-22のようになる。

Market Insight:

セールスの活動を通じて、どれだけ顧客インサイトを獲得できるかがポイントになる。セールスチームからヒアリングして顧客のインサイトを引き出し、それをプロダクトやUXに反映させられるかがカギになる。

保持するData量／Dataモデル:

費用対効果の高いセールスプロセスを実装するために、本章で紹介するようなモデル（リード管理／SCOTSMANSなど）を実装できるか。セールスは行動量に注力しがちだが、行動の質が重要だ。こういったモデルの実装は、ユニットエコノミクスを改善し、財務パフォーマンスを向上させ、高い持続的競合優位性になる。

オペレーショナル・エクセレンス:

セールスも、自社の成功事例やベストプラクティスを横展開や全社展開することで、より効率的なプロセスが磨かれ、それが持続的競合優位性資産になる。

CUSTOME SUCCESS

CHAPTER

8

カスタマーサクセス

この章の目的

- カスタマーサクセスの要諦や重要性について理解する
- カスタマーサクセスを自社で実装するための思考フレームを身につける
- 事業の各フェーズにおけるカスタマーサクセスのキーポイントを押さえる

写真:iStock.com/Warchi

▶図表8-01　スタートアップ・バランス・スコアカード

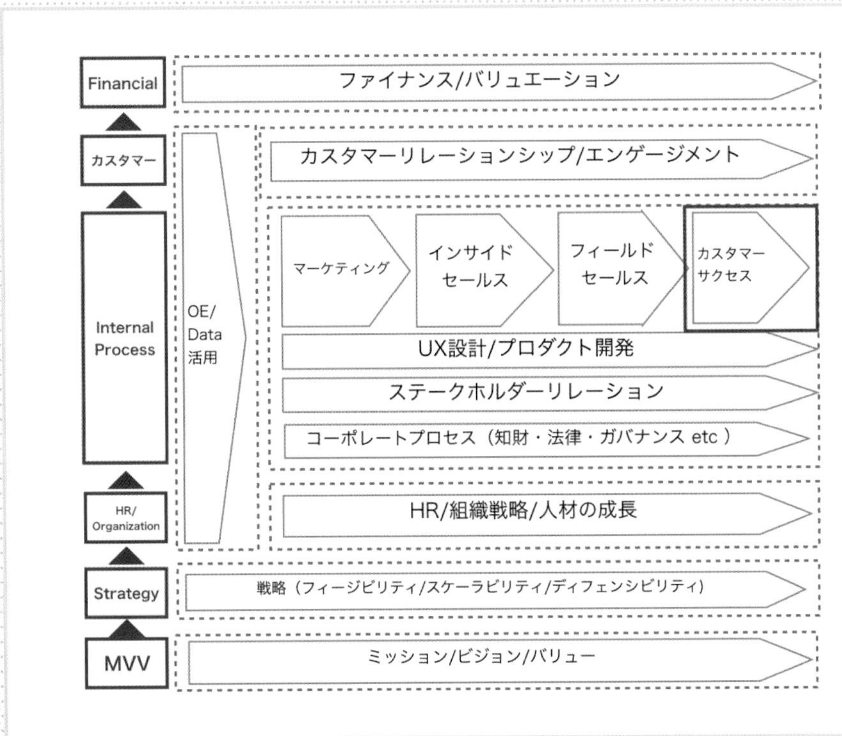

CHAPTER

8-1 CUSTOMER SUCCESS

「顧客の成功」「顧客の成果」が会社の成長を後押しする

カスタマーサクセス（CS）とは、文字通り「顧客の成功」と訳される。受動的に顧客から発信された要望を満たすことだけをサポートするのではなく、顧客の成功（B2Bの場合は、事業の成果。B2Cの場合は、生活の質や体験の向上など）とサービスを打ち出す自社の収益とを両立させることを目指し、能動的に顧客に対して働きかけることをいう。受動的なサポートとは「プロダクトの使い方が分からない」「ライセンスの数を増やしたい」などの要望があったときに、それを解決するための施策を実行することだ。

一方で、能動的なサポート／対応としては、前提となる顧客のゴール（＝成功／体験の向上）を理解した上で、場合によっては、顧客の状況やこれまでの行動履歴などを分析し、必要なアクションを働きかけていく。

また時代背景として、「ただ単に売って終わり」から「顧客の成功や顧客の成果をもたらせるか」に焦点がシフトしないと事業として生き残りにくくなった。特に2010年代に入り、サービスのデジタル化やクラウド化が浸透すると共にサブスクリプションモデルやリテンションモデルというビジネスモデルが勃興し浸透した。

結果として、サービスを打ち出すベンダーや企業側と顧客の関係が大きく変わった。その変化の中心にあるコンセプトがカスタマーサクセスという概念だ。特にB2B領域におけるこのシフトの波は大きい。ベンダー側の変化だけでなく、プロダクト／サービスを使う側のユーザーの期待も大きく変わった。

こういった環境変化の背景があるにもかかわらず、CXOにCSの知見が欠けていると以下のような事態になり、成長の大きなボトルネックになってしまう。

- **バケツに穴が開いた状態で、バケツに水を注ぐ状態になってしまう（顧客のサクセスがきちんと定義対応できていない状態で顧客を獲得しても、定着せずにどんどんやめていってしまう）**
- **チーム内に「顧客の成功」や「顧客の成果」という共通言語が浸透せずに、「自社の利益」「自社のプロダクト」が優先される状態（カルチャー）になり、顧客が熱狂するプロダクトを作れない**

CSの観点がないと、本質的なPMFを達成できていない状態であると筆者は考えている。たまたま、「売れた」「使ってもらえた」という状態は、PMFとは程遠い。それにもかかわらずPMFを達成したと勘違いしてしまい、時期尚早の拡大（Pre-mature Scaling）につながってしまう。時期尚早の拡大で、多くのスタートアップが存続できなくなってしまうのだ。

初回の購入は単なる「関係の始まり」に過ぎない

図表8-02をご覧いただきたい。従来（プロダクトが良かったら売れる時代）は、「売るまでが勝負」だった。「売り切る」までにどれだけ顧客の気持ちを盛り上げられるかに焦点が合わせられた。

顧客が購入したら、セールスパーソンの任務は解かれた。そこから「カスタマーサポート」に引き継がれて、受動的にクレーム対応に注意する程度しか考えない企業が多かった。会社の焦点は「製品を作ること」と「製品を売ること（売り切ること）」の2つだったと言っても過言ではない。売れた後は、商品とニーズにギャップがあればカスタマイズをして対応をした。

万が一、クレームがきたら対応するという「Break and Fix（＝壊れたら直す）」という考え方が主流だった。「エスキモーに冷蔵庫を売ることができるか」と言われるように、あらゆる手段を使って売り切れる「セールスパーソン」が作り出す「トップライン」が絶対視された時代だった。

しかし、前述したように時代は変わった。顧客に継続的な成功をもたらすこと、継続的な成功を通じて長期的な関係を築いていくこと、その関係性の中で、顧客のニーズや行動変容を「予測」しながら先回りして、提案すること、が重要になった。つまり、顧客が「ここが痒いから掻いてくれ」と言う前に「痒いところを見つけて掻くことができる」プレーヤー／企業が圧倒的に強くなったのだ。

そのようなオペレーションを実装できた企業は、LTV（顧客生涯価値）を伸ばせるようになった。図表8-03のように、初回の購入は、ただ単なる「関係の始ま

▶図表8-02　売り切り型のモデル

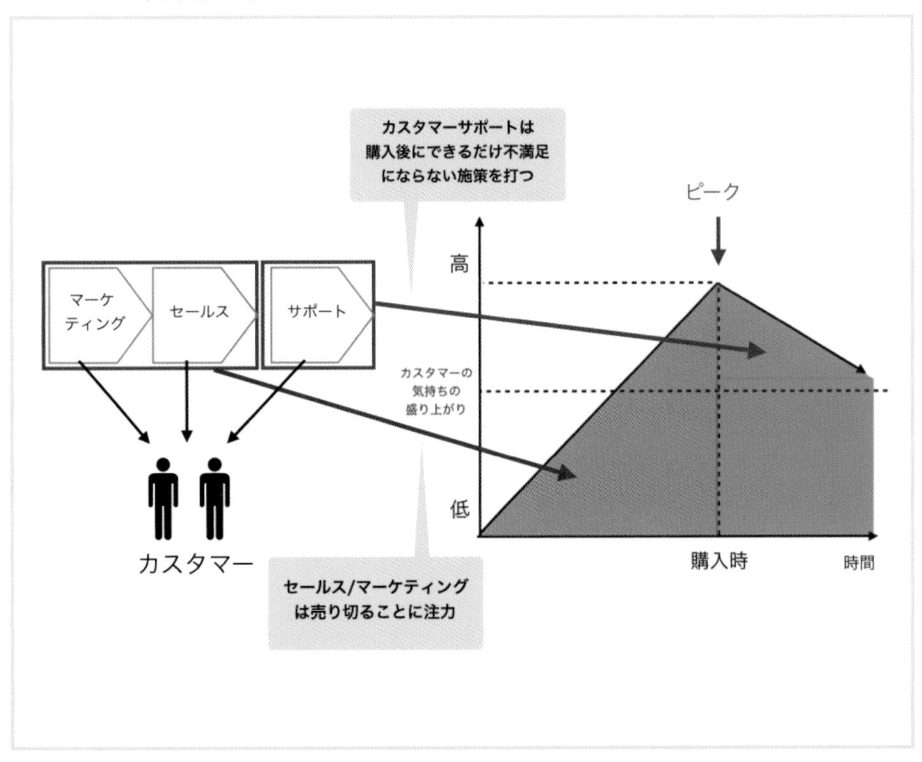

▶図表8-03　長期的に顧客と関係を構築するリテンション／サブスクリプション型モデル

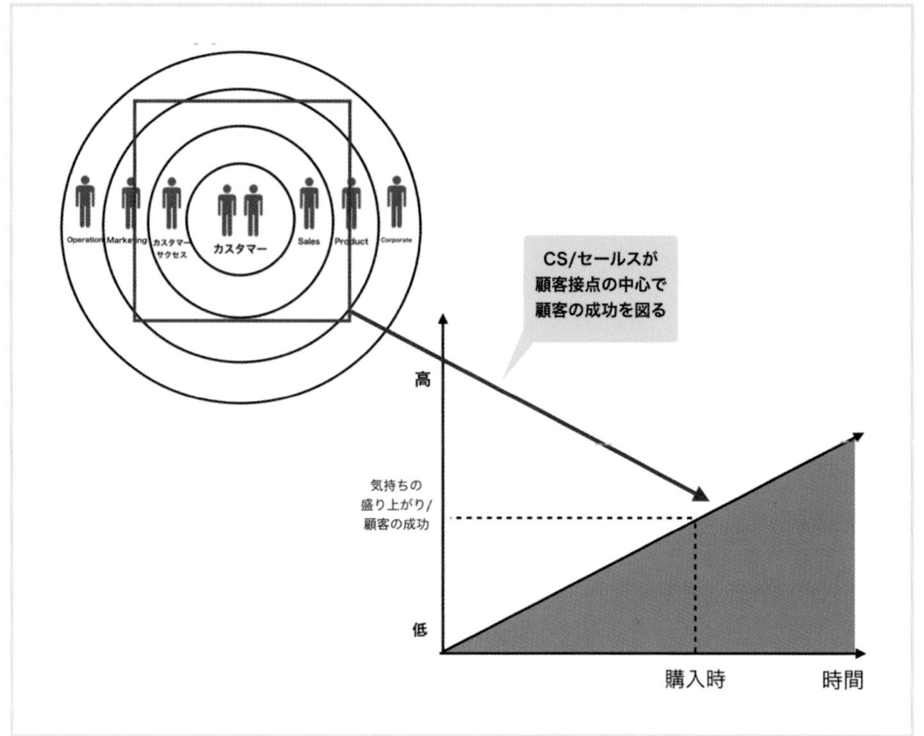

り」に過ぎず、中長期的に顧客と関係を構築するプロセスや、顧客に対するメンタルモデルが重要になった。このモデルは「リテンション／サブスクリプション型」と呼ばれる。

売り切り型の場合は、プロダクトが売れたとき（コンバージョン時）に収益のほとんどが確定したので、あえてフォローをしていく必要はなかった（商材にもよるが、売れた瞬間の収益が70〜90%を占めた）。

しかし、顧客との関係が継続するリテンション／サブスクリプション型では、コンバージョン時の収益は全体のわずか5〜30%程度と言われている（価格設定による）。つまり収益の大半は、コンバージョン後にいかに顧客が定着し、継続して対価を払い続けてくれるか、がキーになった（図表8-04）。

また、これまでは「カスタマーサポート」は「コストセンター」と捉えられていた（「営業」が組織内のプロフィットセンターとして重宝されていた）。しかし、この「顧客との関係性重視」「LTV重視」というパラダイムシフトが起きた後は、「カスタマーサポート」は自社の財務パフォーマンスを大きく影響する「プロフィットセンター」になったのだ。

では、実際に、変革して成功した事例はあるのだろうか。

アドビシステムズの株価は2012年から2017年にかけて5倍に跳ね上がった。その契機になったのが、「Adobe Creative Cloud」というサブスクリプションモデルのローンチだった。これまではIllustratorやPhotoshopなどのソフトはダウンロード販売していたが、現在は、月額制のクリエイティブクラウドに変更し、例えばコンプリートプランを選べば、Adobe内の20を超えるアプリが使い放題になった。

アマゾンのCEOジェフ・ベゾスは、「**カスタマー起点で全てを考えることが最も重要だ**」と述べている。

▶図表8-04　売り切り型からリテンション／サブスクリプション型へ

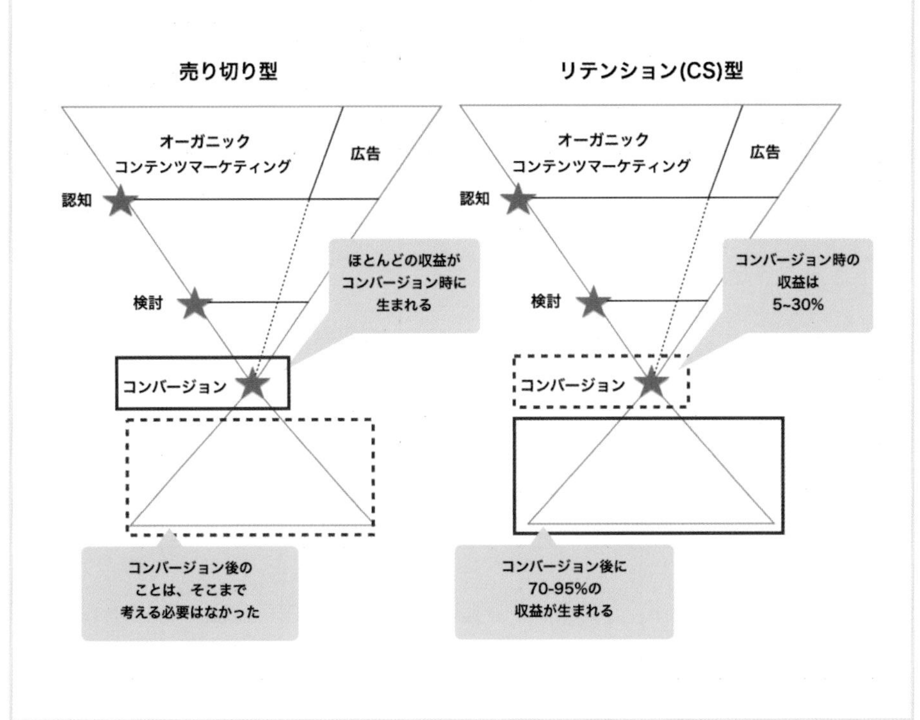

アマゾンも一般消費者向けにアマゾンプライムを、ビジネスユーザー向けにはアマゾンウェブサービスという、世界で最大規模のサブスクリプションサービスを展開している。

アマゾンの場合、「地球上で最も顧客を大切にする会社」というミッションをベースに、「顧客中心」を徹底したサブスクリプションサービスを展開することで、時価総額は一時1兆ドルを超えた。うまくいっている企業ほど、四六時中顧客がどうしたら成果をあげることができるかを考えていることを忘れてはならない。

旧来型の定期購買とサブスクリプションの違いとは

ここで改めて、カスタマーサクセスとサブスクリプションモデルの関係を理解しよう。

サブスクリプションモデルとは、あくまで、どうやって顧客に届けるかの売る方法であり、カスタマーサクセスは、サブスクリプションモデルで最も重要な指標である解約率（churn率）を改善していくための仕組みやメンタルモデルということだ。

図表8-05を見てほしい。サブスクリプション以外にも従来型の「販売」「シェア」「レンタル」「リース」「ローン」などと比較してみた一覧だ。

旧来型のサブスクリプションモデルと、今のサブスクリプションモデルの違いは何だろうか？

旧来型のモデルは、「定期購読」「定期購買」と言われていた。これは一度届けたら、顧客に合わせて、適応や変化をさせていなかった。つまり、それぞれの「顧客の顔」を見ずに「ワンパッケージ」を届ければよかった。

しかし、今のサブスクリプションモデルに求められるのは、プロダクトを送る

▶図表8-05　**定期購買とサブスクリプションの違い（販売モデル一覧）**

販売形態	概要	所有の移転	途中解約/休止	商品サービスの変更	会社に入る収益	会社のKPI
サブスクリプション/リカーリング	顧客のニーズに合わせて商品やサービスを定額で提供	基本なし（移転するオプションあり）	あり	頻度高く変更（場合によって毎日）	継続的（ストック型）	Churn率/ARPU/LTV **ネガティブchurn率
旧来型定期購買	一律にパッケージ化したものを定額で提供	基本なし（移転するオプションあり）	あり	頻度少なく変更	継続的（ストック型）	Churn率/ARPU/LTV
シェア	物やサービスを企業と共有して利用利用頻度や量に応じて料金を決める	基本なし（移転するオプションあり）	あり	頻度少なく変更	取引時の手数料（フロー型）	GMV/Take Rate
レンタル	顧客がレンタル対象から選んで借りる	基本なし（移転するオプションあり）	あり	頻度少なく変更	稼働による収益（フロー型）	稼働率
リース	リース会社と契約する金融取引	基本なし（リース会社保有）	なし	頻度少なく変更	リース販売時点で確定（フロー型）	リース売上
ローン	契約期間に応じた分割払い	支払い終了後顧客へ移転	なし	頻度少なく変更	ローン販売時点で確定（フロー型）	売上
販売	所有権の移転を通じて収益を上げる	売れた時点で顧客へ移転	返品保証クーリングオフ	ケースバイケース	売れた時点で確定（フロー型）	売上

だけではなく、顧客を「個客」（＝一人ひとり違う人格を持った人間）として扱うことだ。

その対応は、デジタルによって可能になった。デジタルのタッチポイントを設けることやフィードバックのポイントを設けることによって、顧客が実際に使っている機能やサービスの内容について知ることができるようになったのだ。

その中で、エンゲージメントを高めていくために、適応と調整をしながら対応をしていくことが決め手になった（これは「ユーザーエクスペリエンス」の章のパーソナライゼーションでも解説している）。

CHAPTER 8-2 CUSTOMER SUCCESS

カスタマーサクセスを実装する

アドビやアマゾンなど、業績を大幅に伸ばしている企業が導入するサブスクリプションモデルやカスタマーサクセスを、実際にはどのようにあなたの会社に実装すれば良いのだろうか？

カスタマーサクセスのミッションとは、「顧客が商品やサービスを使い続けたくなるような気持ちを作ること」である。それを組織全体で取り組めるようにするような「文化づくり」の要の役割を担うことも付け加えておきたい。

カスタマーサクセスというのは、簡単に他の企業のやっていることを「見よう見まねで模倣して導入すること」ではない、ということに留意するべきだ。

プロダクト／サービスという見える形のレイヤーでなく、「組織のカルチャー」や「メンタルモデル（世界の見方）」と

▶図表8-06　カスタマーサクセスの実装にはメンタルモデルの転換が必要

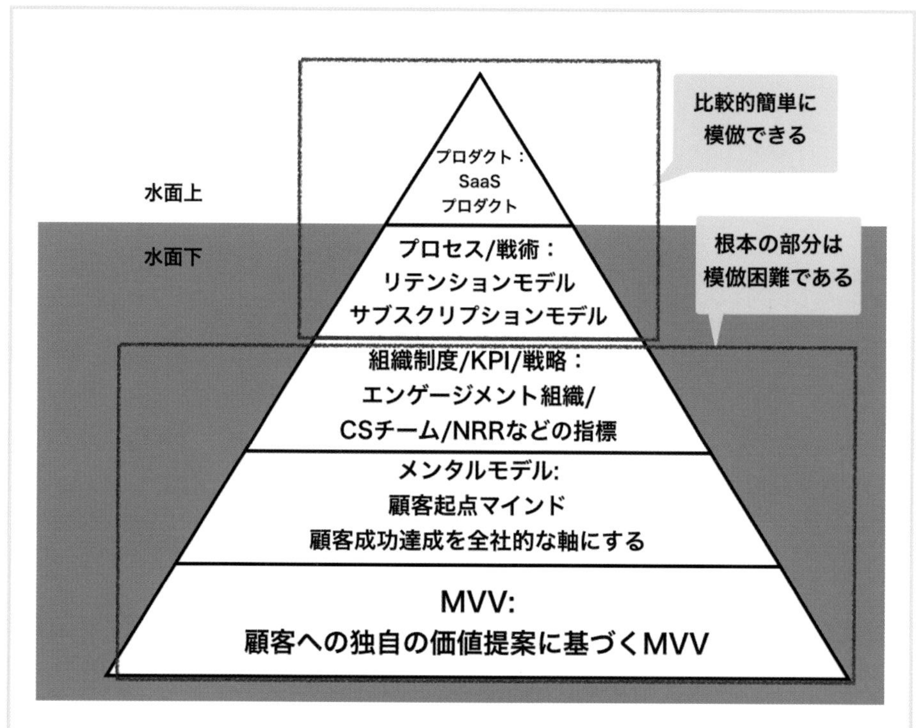

いう深いレイヤーで実装しなければ、カスタマーサクセスは実現することはできない（スタートアップは、一から組織を作ることができるので、最初からカスタマーサクセスが基盤になった組織を作ることが可能だ）。

先ほども述べたが施策に取り組む前に、まず、チームとして理解するべきは「カスタマーサクセスを実装するには、ただ単なる戦略やプロセスではなく、より深いメンタルモデル（＝自分たちの世界の見方）やMVVレベルで自社を変えていく必要がある」ということだ（図表8-06）。つまり、デジタル化が進む以前、サブスクリプションモデルが浸透する前におけるメンタルモデルというのは、「売れるまでが勝負」だった。それを「売れた後の関係性重視」に変える必要がある（図表8-06のメンタルモデルの箇所「顧客の成功達成を全社的な軸にする」という部分に注目）。

売り切り型のモデルのカルチャーを狩猟型（ハンティング型）だとすれば、カスタマーサクセスは農業型（ファーミング型）になる。つまり全く異なるカルチャーになる。

「顧客の成功」を会社の共通言語にする

では、そのようなメンタルモデルを醸成、もしくは、売れるまでが重要な狩猟型（ハンティング型）のメンタルモデルから、売れた後もタネを蒔いて顧客を育成し続ける農業型（ファーミング型）に更新するために何をするべきだろうか？

まず取り組んでみることは、チームの共通言語に「顧客の成功」という言葉を浸透させることだ。そのために、ターゲットカスタマーのペルソナ／エンパシーマップ／カスタマージャーニーを作ることから始めると良い（ペルソナとカスタマージャーニーに関しては、「マーケティング」の章を参照）。

▶図表8-07　「顧客の成功」に対する暗黙知を「形式知」に変える

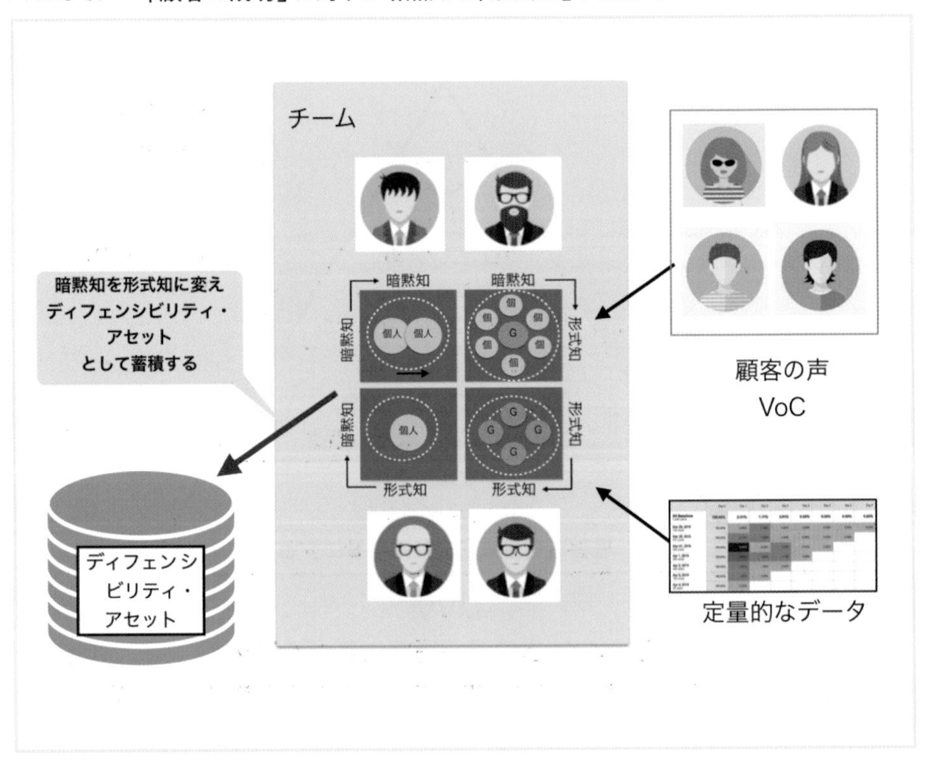

普段から顧客と接点を持つメンバーだけでなく、あまり、接点を持たないメンバーも、ペルソナ／エンパシーマップ／カスタマージャーニーを書くことはできるだろうか？

もしできなければ、改めて、プロセスの一環として顧客にインタビューを設定したり、これまでの顧客とのやりとりや顧客の声（Voice of Customer）や、顧客の定量的なデータを振り返ってみると良いだろう。暗黙知だった、「顧客の成功」に対する考えや取り組み方をチームとして、「形式知」に変えていくのだ（図表8-07）。

なぜ、こういうプロセスが必要なのだろうか？　ともすれば、売り切りが重要だった時代においては、売ったらそれでほぼ終わりだった。したがって、メンバーの一部しか「顧客の顔」が見えていない状況だったし、それで良しとされてきた。

ところが、カスタマーサクセスが重要になるLTV ／リテンションモデルにおいては、顧客はずっと伴走していく対象になり、「顧客の顔」が見えること、「顧客の気持ち」を感じること、またどうすれば、「顧客を笑顔にできるのか」その要因を知ることが非常に重要になったのだ。

オイシックスは、他社との経営統合後も業績を伸ばし続けている。その秘訣は、徹底した顧客起点のスタンスにあると考えている。

オイシックスには、社長を委員長にした「お客様満足向上委員会」があり、多い時で1000件以上寄せられる改善要望を毎週読み込んで集計して改善しているという[1]。

フリマアプリを展開するメルカリも、経営陣であるメンバーが現場に行って、カスタマーサポートの電話をとることを定期的に行ったり、カスタマーを呼んで座談会などを頻繁に開催して「顧客の顔」「顧客の気持ち」をインプットしている。

また、VOC会議というミーティングを開催し、顧客接点のあるメンバーが「顧客の声」を拾い、「顧客の成功につながるには何ができるか」を定期的に議論している。メルカリにしろ、オイシックスにしろ、カルチャー（行動指針）レベルで「顧客の成功を考え抜くこと」が根付いている。

カスタマーサクセスマップを作る

カスタマーサクセスマップを作るのも有効だ。顧客とプロダクトの関係が始まって、大ファンになるプロセスの中で、顧客の心理はどのように変化していくのか、それぞれのステージでどういうことを発言しているかを書き出すフレームワークだ。

図表8-08を見てほしい。縦軸は顧客のエンゲージメント（愛着心）の高低を、横軸が顧客のライフサイクルを時間の長短で示している。最初に購入、利用契約してから、どのようにしてロイヤルカスタマーになるのか、あるいは、途中で解約してしまうのかが一目で分かる。このカスタマーサクセスマップをチームで作ることで、メンバー同士が「カスタマーの成功」に対して持っているイメージや前提条件について、可視化／明確化することができる。こうすることで、社内に「カスタマーの成功」を主語とする会話や共通言語を作ることができる。

顧客がどういう気持ちでプロダクトと出会い、どういうプロセスを経て、大ファンになっていくのか、その過程を書くことができただろうか？

もし、できなければ、前述したように顧客の声や、定量的なデータを改めて掘り起こして、向き合うことをお勧めする。

1）https://newspicks.com/news/3558729/body/

▶図表8-08　カスタマーサクセスマップを作る

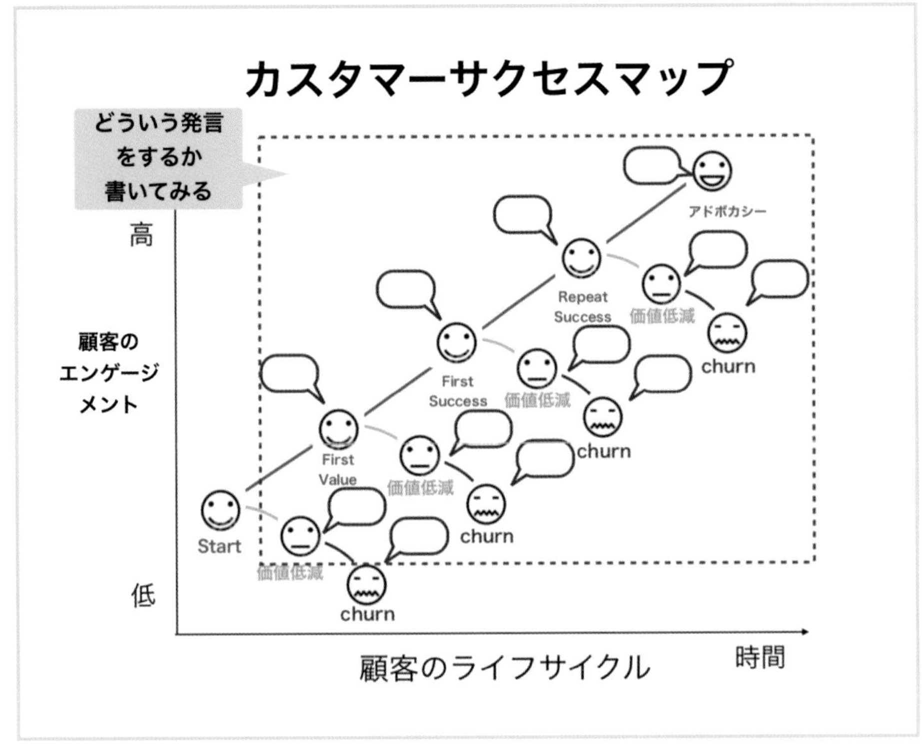

カスタマーサクセスのプロセスを理解する

では、カスタマーサクセスをどのように実装していけば良いのだろうか。顧客との関係が始まるポイントから解説していこう。カスタマーサクセスのプロセスは、オンボーディングから始まる。オンボーディングとは、サービスやアプリなどにおいて、ユーザーがいち早く操作に慣れ、継続的に利用できるよう導くためのプロセスのことだ。

- **ユーザーにサービスの価値を伝える**
- **ユーザーに機能や使い方を説明し、サービスに慣れてもらう**
- **サービスを利用してもらう上で必要な情報をユーザーから取得する**

上記3つはオンボーディングで最低限カバーしたいことだ。新しいサービスやアプリをリリースした際に非常にもったいないのが、初回利用で離脱してしまうユーザーを生み出してしまうことだ。どのようなサービスなのか、どのように操作すれば良いのかなどが理解できずに離脱してしまうユーザーも少なくない。

「ユーザーエクスペリエンス」の章でも解説したが、いかにして、分かりやすく価値を伝え、ユーザーがプロダクトに慣れるまでの操作のハードルを下げられるかがポイントになる。

- **ユーザーがサービスの価値を実感する**
- **ユーザーがプロダクトをサポートなしで使える（自走できる状態）**
- **サービスでもたらされる成功や成果について定義をする**

この3つがオンボーディングで達成したいことだ。このようなオンボーディングができるようになると顧客の継続率（LTV）は劇的に改善する。

特に、意識したいのが、できるだけ早いタイミングでユーザーがサービスの価値（Value）を実感するプロセスを設計することだ。

プロダクトを使い始めの顧客の心理状態は不安定だ。「本当に買ってよかったのか」「自分たちにとってどんな価値があるのか？」という疑問が常に頭の中をよぎっている状態だ。できるだけ早いタイミングで「やっぱり買ってよかった」「やっぱり使ってよかった」と実感してもらうことで心理的不安定感を減らすことができる。

この実感する瞬間はWowモーメントやアハ体験などとも言われている。"Wow！"（＝ワォ！）つまり「なるほど、これは面白い！」「これは価値がある！」というちょっとした感動を体験／体感することだ。

オンボーディングで持っていきたいのは、顧客が、プロダクトを使い出して、サポートやカスタマーサクセス担当が介在せずとも自走してプロダクトを使える状態にすることだ。自走できる状態になれば、顧客のエンゲージメントが上がるだけでなく、顧客対応に要する費用も減り、プロダクトの採算性（Unit Economics）は劇的に向上する。

一つ参考にしていただきたいサイトがある。UserOnboardというサイトだ[2]。過去に成功してきたサービス／アプリのオンボーディングプロセスをページごとに解説したものだ。例えば、ドロップボックス、スラック、ワードプレス、ネットフリックス、エバーノートなど世界を席巻している名だたるサービスがどのようなオンボーディングプロセスを提供しているかを、ページごとに解説している。

ハイタッチ／ロータッチオンボーディング

比較的高価なB2Bの商材において重要になるのが、カスタマーサクセス担当が顧客と話をして「顧客の成功を一緒に定義」していくプロセスだ。

これは、**ハイタッチオンボーディング**と言われて、特に大口顧客（法人）などで有効な手法だ。なぜ、オンボーディングが重要なのか？　それはオンボーディングができたかどうかで継続率（LTV）が大きく変わるからだ。図表8-09を見ていただきたい。

顧客の生涯価値はLTVとして表すことができるが、LTVは（平均顧客単価ARPU×営業利益率）×継続率と分解できる。

図を見て分かるのが、どんなに素晴らしいサービスを提供しても、初期段階で顧客の心をつかむことができなければ、LTVは大きく低下してしまうということだ。

オンボーディングはハイタッチオンボーディング、ロータッチオンボーディング、テックタッチオンボーディングに分けることができる。

ハイタッチオンボーディングは、契約初期段階にあるユーザーのうち、主に「大口顧客」に対し行うサポートになる。

- ワークショップなどを開いて、顧客の課題やプロセスを整理する
- 定例会議や社内勉強会の開催
- オンボーディング担当が顧客訪問して導入支援

などが代表的なものだ。

高い費用を払おうとしているユーザー（企業）は、費用対効果が分からないサービスの導入がハードルになることがある。変化を嫌う部署の抵抗に遭遇することもあれば、導入後に使いこなせないスタッフや部署が現れることもある。個の問題を解消しなければ、全社的に「導入してよかった」という結果を出すことができないのだ。

2）https://www.useronboard.com

▶図表8-09　オンボーディングのレベルで継続率が大きく変わる

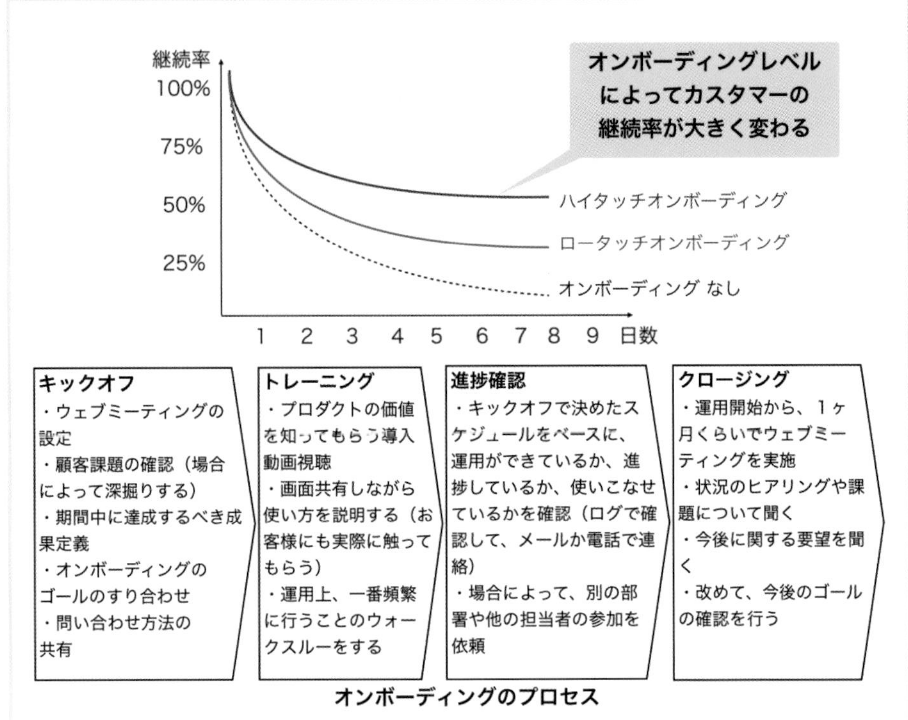

例えば、Sansanでは、大口顧客に対して、徹底したハイタッチオンボーディングで対応している。カスタマーサクセス部の社員はこう語っている。

「導入目的を6つにプロットしたサクセスマップというものをつくり、その中からお客様に導入目的を選んでもらう形にしています。例えば「人脈共有」を選んだ場合、それを達成するためにはどうしたらいいかという課題解決のための手順とシナリオを用意しています。また、目的別にオンライン・オフラインでのセミナーも用意するなど、様々なチャネルを用意して顧客支援に臨んでいます」[3]。

3) https://jp.corp-sansan.com/mimi/2019/04/interview-16.html

図表8-10は、典型的なハイタッチオンボーディングのプロセスになる。大口顧客の場合は、ウェブミーティングではなく、顧客訪問して、ユーザーだけでなく、ユーザーのステークホルダー（上長や関係部門）のオンボーディングを行うのも有効だ。

ロータッチオンボーディングとは、ハイタッチほど徹底したサポートが必要のないユーザー向けに行うものだ。

- 対面とオンラインを組み合わせて、使い方の説明を行う（最初はセミナーに参加してもらって、2回目以降はウェビナーを開催するなど）
- 他社での活用事例を共有する社外勉強会の開催

コストの面で大掛かりなサポートはできないにせよ、上記のような、オンラインとオフラインを組み合わせたオンボーディングが有効だ。

通常ロータッチでフォローする顧客の契約額はハイタッチ顧客よりも小さくなるが、契約数は多くなり、売上に占める割合は多くなるので、適切な施策を打ち出していく必要がある。

一方でロータッチオンボーディングは、「思ったよりも大変」「手間暇＝コストがかかりすぎる」という課題がある。

▶図表8-10　ハイタッチオンボーディングのプロセス

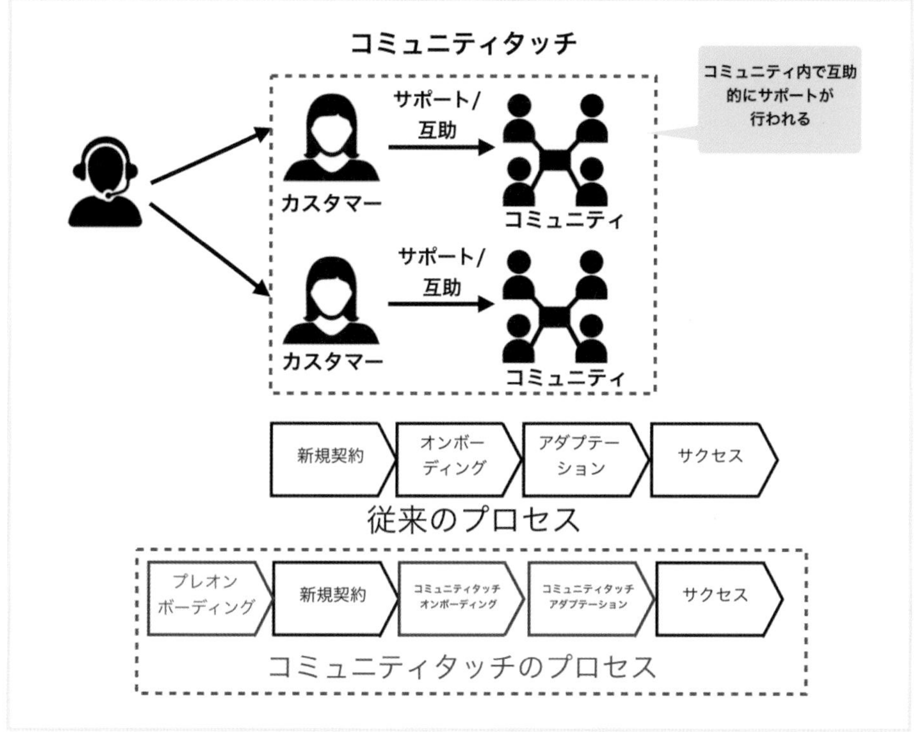

そこで組み合わせると有効なのが「コミュニティタッチ」という手法だ。

「コミュニティタッチ」によって、顧客が自発的に、サポートをしたり、お互いの事例や課題解決方法をシェアしたりしてよりスケーラブルに対応できるようになる。

コミュニティタッチをうまく運用するためのポイントがいくつかあるので紹介したい。

コミュニティタッチでは自発性を重んじるために、コミュニティで何かサポートしてくれたメンバーに対して「金銭的報酬」を支払ってはいけない。タイトルや感謝の意など、「関係性価値」や「承認価値」を設定するのがポイントになる。

- コミュニティで活躍した人や、コミュニティが対象とする領域で知見や経験が蓄積した人を表彰したり、エバンジェリストとしてのタイトルを与えていくのも有効だろう。そのようにして、金銭的な報酬ではなく、非金銭の報酬（自己成長／自己実現）を提供することで、熱狂的なコミュニティを生むことができる
- コミュニティタッチのポイントは顧客同士が関係を持ったり、顧客が企業と複数の接点でつながっていくというところだ。それが活性化すると顧客獲得が自走するようになる。企業側からユーザーに対し、何かしらのコンテンツ／アクションを押し付けることはNGになる。あくまでユーザー目線から生まれたものを尊重しながら、要望があればプログラム／ツール／ナレッジを提供するのだ

ウェブ上やSNS上でユーザー同士が互助的にサポートしてくれる仕組みを実装することもできる。SaaS企業のうち多くが、コミュニティタッチを実装している。

例えば、DTPツールを提供するアドビはAdobe Support Communityとして、

自社プロダクトに関わる悩みや、それに関わる解決方法をフォーラム形式で展開している。

また、ストリーミング音楽アプリを提供するSpotifyも、リッチなコミュニティサイトを持っており、そこで、色々と疑問や質問に答えてくれる。

さらにプレオンボーディングといって、コミュニティを通じて入った人はすでに、プロダクトに対する理解が高かったりするので、オンボーディングが必要なかったり、導入しやすくなるという利点もある。

テックタッチオンボーディングを実装する

- **チュートリアル動画などを用意し、使い方を伝える**
- **サービス上にチュートリアルを準備して、ユーザーを導いていく**
- **ユーザーの助言や事例をメールなどで配信していく**
- **ネット上にコミュニティ／グループを作ってサポートしていく**

テックタッチオンボーディングの対応は、上記のようなものが挙げられる。ハイタッチやロータッチならば、その背後に人のオペレーションが必要なので、スケーラビリティ（拡張性）に課題があった。

しかし、テックタッチによって、サポートはスケーラブルなものになる。中小零細企業や個人に対しては、テックタッチを駆使して、オンボーディングを実装しカバーできるのだ。テックタッチの目的は、顧客が「問い合わせ」をいちいちしなくても、自走して解決する状態に持っていくことだ。図表8-11のようにBacklogを提供しているヌーラボは「Git入門」のコンテンツを用意して、ユーザーが自走できるように、リッチな教育コンテンツを用意している。

▶図表8-11　**ユーザーが自走できる教育コンテンツを用意する**

出典:https://backlog.com/ja/git-tutorial/intro/01/

テックタッチオンボーディングで最も成功した企業の一つがグーグルだ。グーグルの収益源のほとんどが、グーグルアズと言われるグーグル検索上に現れる広告やユーチューブに出稿できる広告からの収入だ。

グーグルは売上が10兆円を超えるが、利益率は非常に高い（2016年の利益率は驚愕の61%を叩き出した）。なぜ、そのような高い利益率を出せているのかというと、多くのユーザーは「セルフサービス」（＝誰にも頼らずに自ら学んで実行する）で、グーグルに広告出稿を行う。ステップ・バイ・ステップで詳細に解説するわかりやすいテックタッチのオンボーディングが用意されており、ユーザーはそれを参考にしながら、広告出稿ができる。

魅力的なテックタッチ／リッチなコンテンツを用意しておけば、契約後の「オンボード状態」のユーザーに「分かりやすい！」「使いやすそう！」「契約してよかった！」と感じてもらうことができる。

改めて、プロダクト単価とオンボーディングのスタイルの関係性についてまとめた（図表8-12）。

どうしても、単価が高くなるとハイタッチの割合が増えてくる。「顧客に伴走する」という視座を持ち対応するのも良いが、スケーラビリティの問題が発生してしまうのも事実だ。理想としては図表8-13のように、顧客の規模が大きくなってもコミュニティタッチとテックタッチでサポートできるような仕組みを作っていくのがポイントになってくる。

実際、グーグルのグーグルアズ、アマゾンウェブサービス、ストライプ、ワードプレスも事業を始めた当初は超がつくほどハイタッチオンボーディングを行っていた。とはいえ、毎回顧客の下に駆けつけて行ったら相当な運用費がかかる。そのようにリソースがかかりすぎるとスケールすることができなくなる。スタートアップは、プロダクトを運用していく

▶ 図表8-12　プロダクト単価とオンボーディングのスタイルの関係性

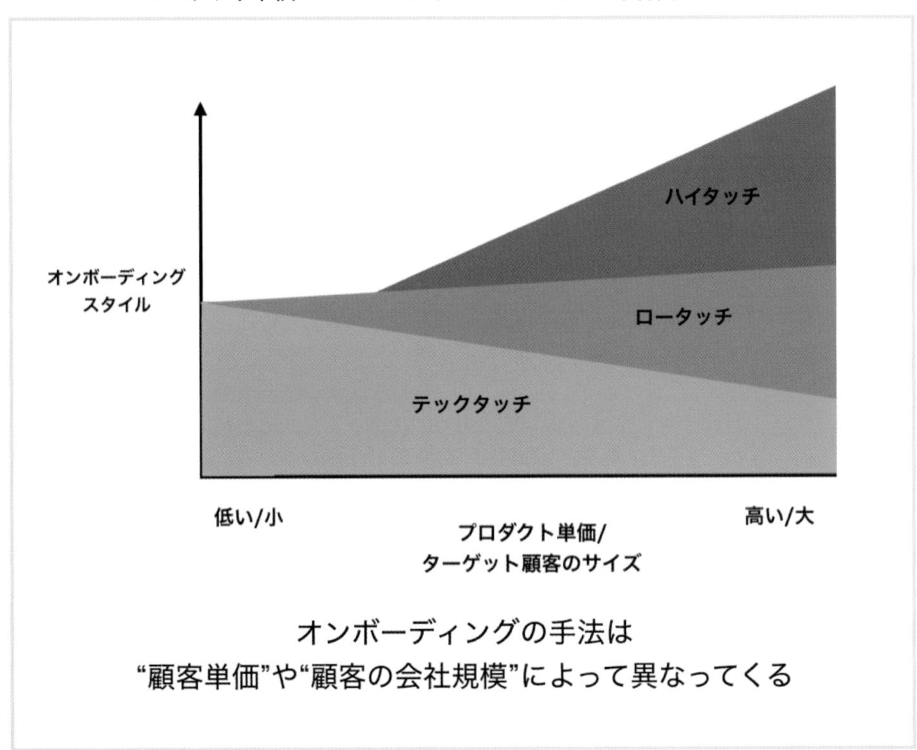

▶図表8-13　コミュニティタッチとテックタッチでサポートできる仕組みを作る

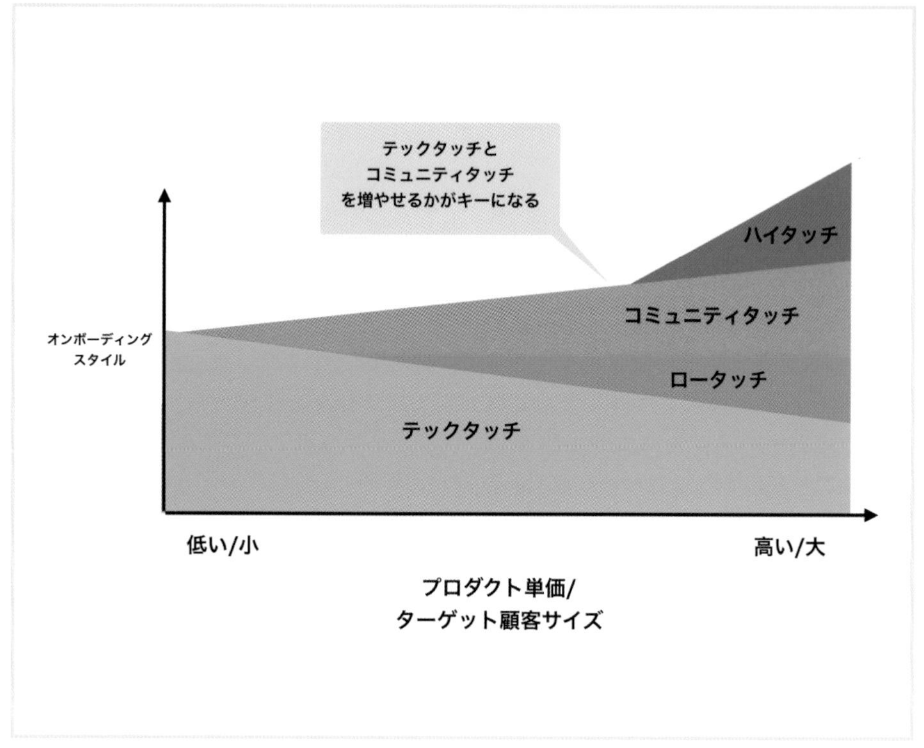

中で、ハイタッチから、いかにロータッチ、テックタッチへと移行するか考えていきたい。

ただし、全てをテックタッチで済まそうとすると、人の"手触り感"がなくなるため高い解約率になってしまう。要所で人の入るベストな"**半自働化**"は必須であると心得ておこう。これは「ユーザーエクスペリエンス」の章でも説明したが、テックタッチで余剰になったリソースを、人間にしかできないよりハイタッチなサポートに割り振っていくのが有効だ（スターバックスやアリババ直営のフーマーのように）。

また、留意点としては、オンボーディングを行う人材というのは、プロダクトのことをきちんと理解しており、プロダクトに対しても愛情とロイヤリティを持っているようなエース人材を配置していく必要がある。

後ほど解説するが、オンボーディングを含めたカスタマーサクセスのメンバーというのは、会社のハブとなって、顧客起点／カスタマーサクセス起点のオペレーションとカルチャーを作る要になるということだ。

注目されている Product Led Growth

オンボーディングに関して、最近注目されている「Product Led Growth（PLG）」という手法も触れておきたい。PLGとは、アメリカのベンチャーキャピタルOpenViewが提唱した考え方だ[4]。

同社のブログには、「PLGとは、プロダクトの機能とその利活用を主要な成長エンジンと位置づけて顧客を獲得、維持、拡大していく成長戦略のこと」と書かれている。

これはすなわち、「これまでプロダクトの外部で行っていたマーケティングやセールスをプロダクトの内部で行って事業をグロースさせる」ことだ。オンボー

4）https://openviewpartners.com/product-led-growth/

ディングを考える上で参考になる（図表8-14）。

従来なら、有料版にサインアップした後にプロダクトを使わせる（図8-14の左）。そうではなく、まず無料でサインアップしてある程度プロダクトを使ってもらった上で、プロダクトの良さを知ってもらい自然にコンバージョンに向かわせる（図8-14の右）。

具体例を挙げよう。メール広告配信サービスのMailchimp（メールチンプ）という会社がある。使い勝手のよいメール配信は2000件まで無料で、2001件になった時点で料金が発生する。メールデータが蓄積されて有料になった時点で顧客が止めるかと言えば、止めない人が大半だ。

2000件以上もたまったデータを移行するのは面倒でやりたくないし、止めてしまうとどのユーザーが開封したか、メール内のリンクをクリックしたかなど、これまで使えていたレーディング機能が使えなくなってしまう。

またスラックもPLGを活用している。

スラックは「チームの直近のメッセージ1万件」にアクセスするまでは、無料で使用できる。スラックを活用し、様々なコミュニケーションが蓄積されたら、1万件の履歴以上にメッセージを検索するニーズが生まれてくる。

そのタイミングでは、すでに顧客にとってスラックは業務の一部となっており切り離すことができない状態だ。多くのユーザーがこのタイミングで有料にコンバージョンする。

かつて、Dropboxは、フェイスブックに投稿したら125メガバイトもらえるキャンペーンなどを行っていた。Dropboxも最初の5ギガバイトまで無料で、友達にインビテーションを送ったらさらに500メガバイトもらえるよう働きかけていたことがあった。

PLGを実装して優位になるプロダクトの条件は以下の通りだ。

- B2Cサービスに近く、エンドユーザー

▶図表8-14　PLG実装後のファネル

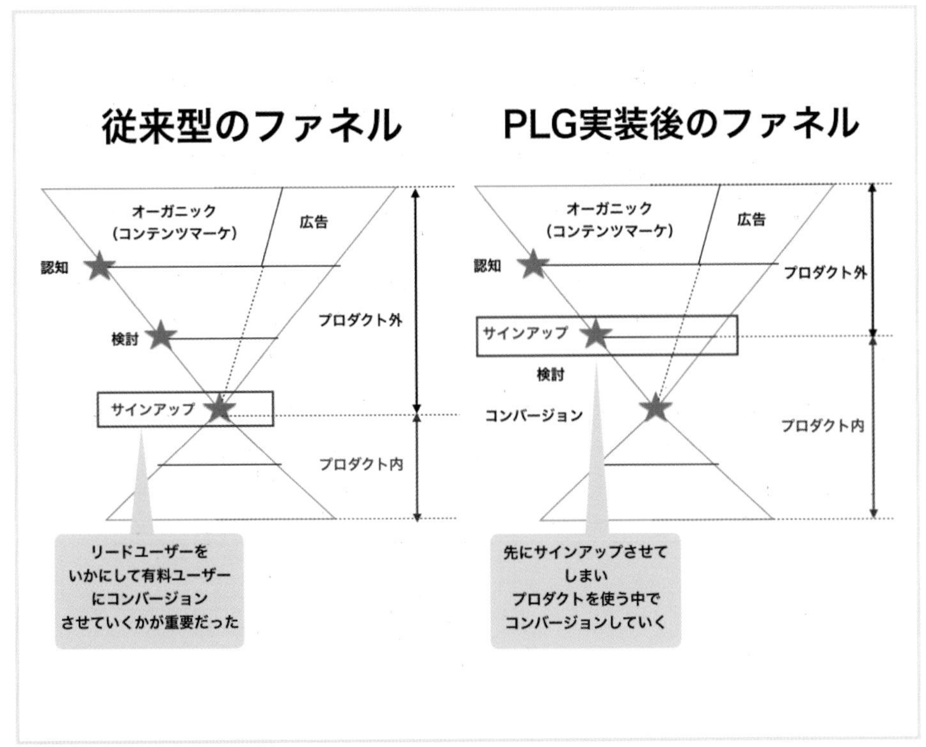

が多い

- トライアルモデルやフリーミアムモデルがあり利用開始がしやすい
- プライシングが低価格で設定され利用開始のハードルが低い
- プロダクト内にユーザーとコミュニケーションチャネルが内包されている

アダプション

次にアダプションについて解説したい。アダプションとはユーザーが「プロダクトを使いこなす」状態を指している。オンボーディングが終わった状態というのは、「なんとなく価値を分かっている」状態で、まだユーザーの状態は不安定だ。その状態から、「このプロダクトを手放すことができない」という状態に持っていくことがポイントだ。

例えば、グローバルで使われているチャットサービスであるスラックは、図表8-15のようにオンボーディングとアダプションを設定している。スラックではオンボーディング／アダプションを目的／メンバー設定、使い方（システムセットアップ）、事例作成、行動変容の4つに分けてマネジメントしている。

- まずオンボーティング期間を2週間ほど設けて、準備を整える。次の2〜3週間はアダプションの期間として、組織をフォローしていく。その後は2週間ごとに組織で拡大していく

このように課題を切り分けることによって、顧客のオンボーディングがよりスムーズになる。

- スラックのオンボーディングでは、どういうチェンジマネジメント（変革）を達成したいのかを組織レベル、人レベルで仮説を立てている

サクセス／エクスパンション

アダプションが終わったら、社内での

▶図表8-15　オンボーディングとアダプションを設定

	オンボーディング（2週間程度）	アダプション（2–3週間程度）	組織内拡大/エクスパンション（2週間に一度実行）
目的設定/メンバー設定	目標と成果KPI設定 参加するメンバー決定 → チャンピオンを設定	アーリーアダプターオンボーディング → フィードバックを得る → 成果をレビューする	新しいグループにオンボーディング → フィードバックを得る → 成果をレビューする
システムセットアップ	初期設定 → 権限設定 → チームメンバー登録	チャネル名の設定 → ユーザーグループ設定 → ヘルプデスクサポートプラン設定	アドミニストレーション/運用を回す
事例作成（成功実感）	関連する事例/使い方/ベストプラクティスを特定	事例やベストをローンチ → アーリーアダプターにインタビュー → 事例/使い方があっているか確認	事例/使い方をどんどん展開していく
行動変容	組織内のアーリーアダプターの特定	アーリーアダプターのトレーニング トレーニングの意識づけ → トレーニングのPDCAを回す	トレーニング 意識づけキャンペーン

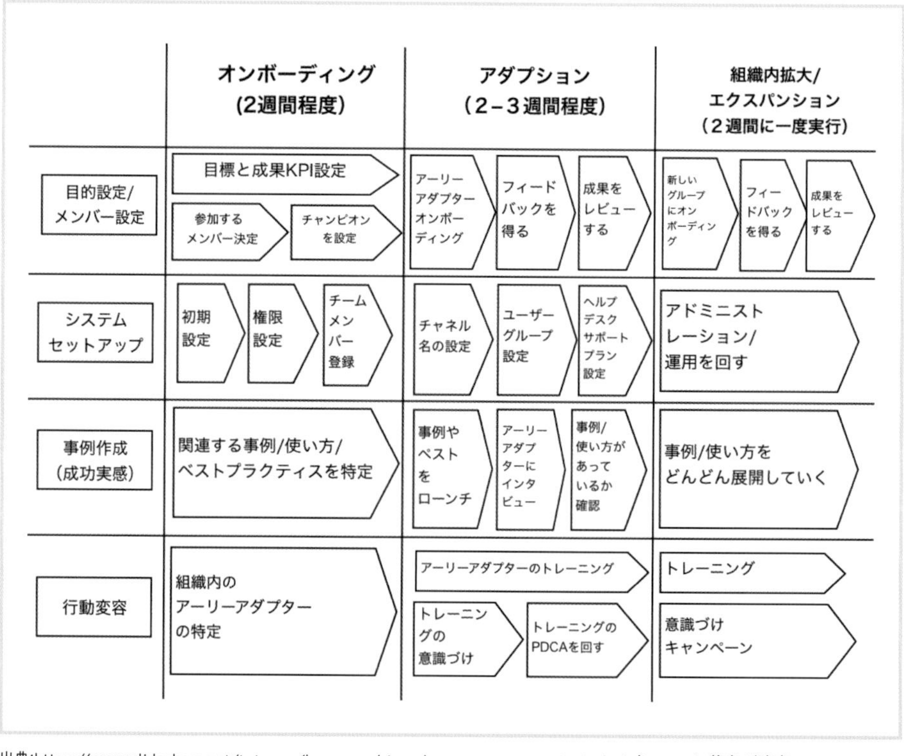

出典:https://www.slideshare.net/totango/how-we-drive-change-management-at-slackをベースに著者が改変

成功事例をベースに、どんどん活用を広げていくエクスパンションのフェーズになる。このフェーズで重要なことは、実際にプロダクトを通じて、顧客が期待したサクセスを達成できたかどうかを検証することだ。オンボーディングの際に、立てた目標がきちんと達成できているかが重要になる。顧客が狙い通りにサクセスを実感しているならば、そこを起点にしてアップセルやクロスセルする機会も生まれてくる。

アップセルは顧客に対して、よりグレードの高い商品をすすめたり、すでに使っているプロダクトに追加ライセンスをすすめたりする顧客単価を上げる手法だ。

一方でクロスセルは別の商品をすすめて単価アップを狙う営業手法だ。例えば、マラソン好きの人が靴を買いに来たときに、一緒にサプリメントやウェアをすすめるといった感じだ。

一昔前では、売上を伸ばすため新規の顧客数を伸ばす施策に重きが置かれる傾向があった。例えば、広告で大々的に商品を広めて、常に新規顧客が絶えないような工夫をするのが通例だった。

しかし、前述のように時代は、顧客の寄り添いとLTVにシフトした。ここで1：5の法則を紹介したい。これは新規の顧客を獲得するには、既存顧客の5倍のコストがかかるという法則だ。既存顧客は、一度商品を購入しているため、少ない獲得コストで再度商品を購入する可能性の高い存在になる。なぜなら、すでにある程度の信頼関係が構築されているため、新規顧客に提案するよりもはるかに受け入れてもらいやすくなるからだ。そのため、既存顧客は中長期的に商品を購入し続けるLTVの高い顧客となる可能性が高いのだ。

ここではアップセルを成功に導く施策を紹介しよう。

- トライアル（お試し版）を用意する
- 無料サンプルの配布や格安でのトライアル価格など、顧客が気軽に追加注文できる商品を用意する。閾値を設けて、ある一定レベル以上の使用があれば、チャージする
- バージョンアップ優待を一定期間無料提供する
- 期間中にバージョンアップすることで、特典が得られるといった期間限定キャンペーンを行う
- 一定数以上での割引（Volume Discount）：商品やライセンスを一定数以上購入したら、特別割引を受けられるようにする

CHAPTER

8-3 CUSTOMER SUCCESS

究極のカスタマーサクセス「チェンジマネジメント」

究極のカスタマーサクセスは「チェンジマネジメント（変革）」であると考えている。つまり、プロダクトの導入／成果の実感を通じて、カスタマー自身が変革（進化）していくことだ。チェンジマネジメントを積極的にやっている事例としては、法人向けクラウド名刺管理のSansanがある。図表8-16のように、Sansan導入後に顧客企業の営業プロセスそのものがどう変化していくかのレベルを立てて、カスタマーサクセスを計測しサポート対応している。

つまり、Sansanを導入するということは、ただ単に「営業活動の可視化」だけではなく、ゆくゆくはSansanがあるからこそ、「社内人脈が積極的に共有される」というカルチャーが実装されるようになる。この状態になった企業は、営

▶図表8-16　チェンジマネジメントの5段階

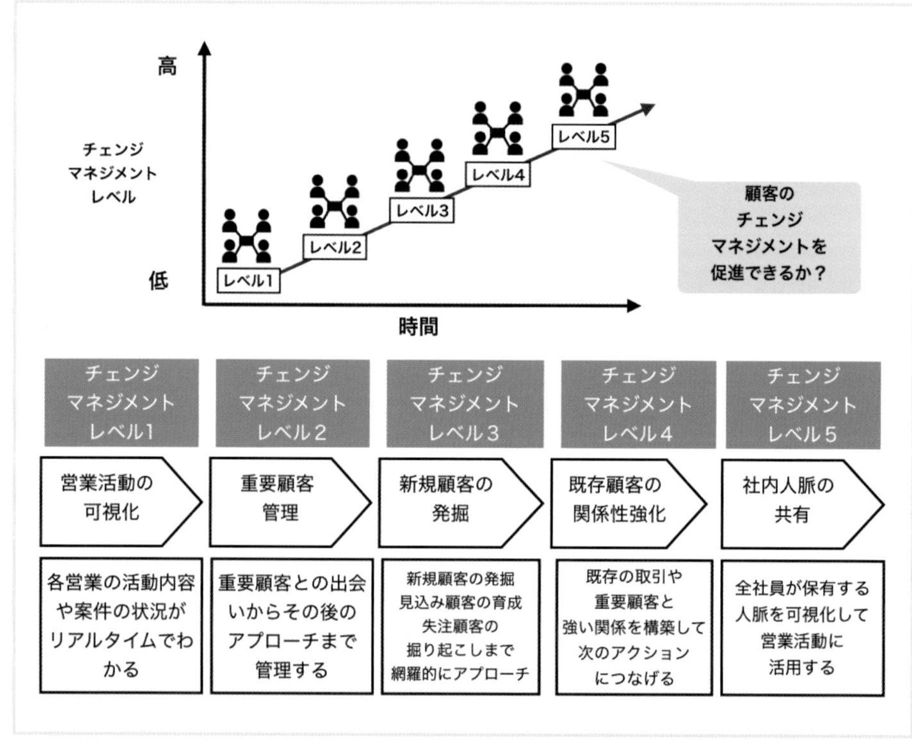

業のやり方が根幹から変わる。

データ・ドリブンでカスタマーサクセスを運用する

データ・ドリブンでCSを実装するプロセスを図表8-17に書き出したので見てほしい。

カスタマーサクセスをもう一段階上のレベルに上げるには、データ・ドリブンで回していくことがポイントになる。データ・ドリブンでCSを回すために、**カスタマーヘルススコア（CHS）**というフレームを紹介する。

カスタマーヘルススコアとは、顧客が成功に向かう状態を定量化／可視化した計測ツールだ。顧客がその商品やサービスを使い続けるか、その程度を指標化したものになる。「ヘルス」という名前がついている通り、カスタマーの健康、すなわちカスタマーが健全な状態かどうかを表す指標だ。

「顧客の成功（感動）をどのようにして、定量的に測っていますか？　顧客が成功（感動）するための先行指標は何ですか？」

これは私が初めて会った起業家に対して必ずする質問である。

顧客の成功を定量的に測れているかどうかが、PMF達成の鍵を握ると考えている。先行指標を明らかにするために、バリューチェーン一つひとつの深掘りが重要になる。その際に、活用できるフレームワークとして、「フェーズのゴール」「達成の要因」「提供手段／オペレーション／カバレッジ」「KPI」の仮説を立てることが重要になる。

この仮説をベースにして、顧客が成功（成果をバリューチェーンごとに定量化）できているかどうかが重要になる。会社名、売上、顧客タイプのようなセグメント情報に加えて、サービスの利用状況、ロ

▶図表8-17　データ・ドリブンでCSを実装するプロセス

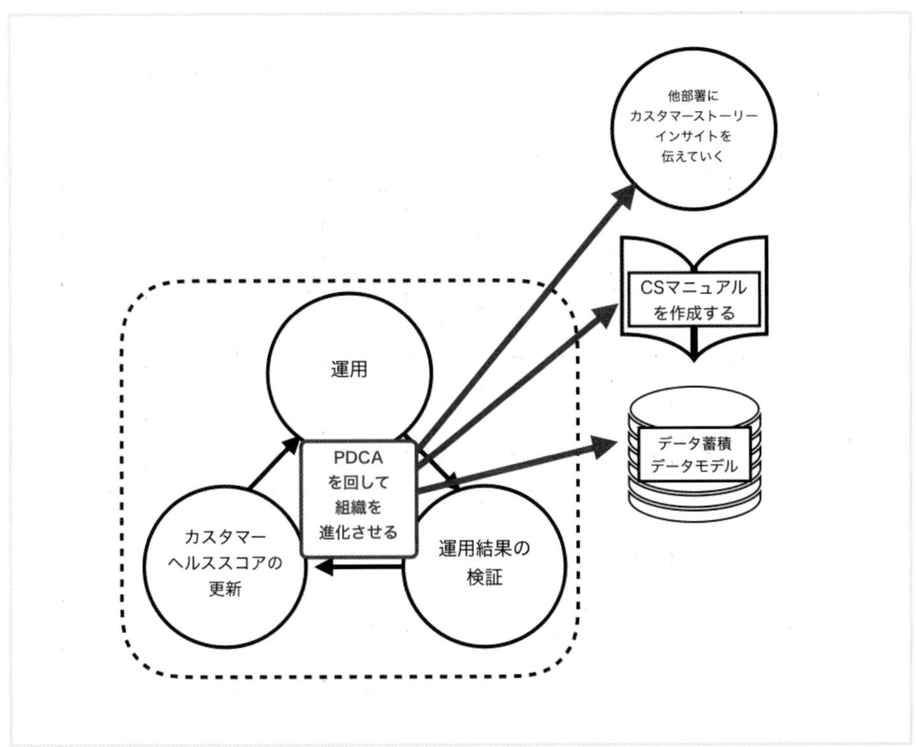

グイン回数、NPS（Net Promoter Score）、顧客が持っているライセンス数、担当者のイベント・セミナー参加有無、重要機能の活用頻度などの顧客の行動データを点数化して計測していく。

カスタマーヘルススコアを計測するコツとして、カスタマーサクセスのプロセスに分けてみるのも有効だ。顧客がそのプロダクトを使っているか（オンボーディング）、顧客がそのプロダクトを運用できているか（アダプション）、顧客がそのプロダクトで成果が出たか（サクセス）を考えていく。図表8-18の事例を見てほしい。

「クラウド上で、簡単に動画を作ることができるソリューションを提供するスタートアップ」クラウドムービー社（架空の会社）の事例だ（サンプルとして、簡素化している）。

右側の2点、3点などと点数化しているところは、ログイン頻度が1日以内なら5点、3日以内なら4点、1週間以内なら3点といった具合にスコアをつけていく。もしもログイン頻度が2点で長い間ログインされていないことが判明したら、「こんな機能が追加されたのですが、どうですか」と電話をかけたり、メールをすることでログインしてもらえる可能性が高まる。ログインされたら2点は5点に変更され、解約率が減る。カスタマーヘルススコアは、このように点数化、定量化していく。

スタートアップの命題は「早く成長する」ことだ。早く成長するには、拡大再生産を図っていく必要がある。そのために、ブラックボックスになっている顧客の状態を可視化／定量化し、オペレーションを形式知化／標準化していくことだ（標準化に関しては、「オペレーションエクセレンス」の章で詳しく説明している）。

このようにバリューチェーン上で定量的に計測した成果と、顧客の継続率に相関関係があるかが重要になる。仮説として立てたカスタマーヘルススコアと、実際のサービスの継続率の相関がない場

▶図表8-18　**カスタマーヘルススコアを点数化、定量化する**

ユーザーをセグメントに分ける
スコアと継続率が相関しているかを検証
バリューチェーンごとのKPIを設定する

会社名	売上	顧客タイプ	継続/解約	CSスコア	オンボーディング		アダプション		サクセス	
					申し込みから開始スピード	チュートリアル完了率	生産計画の精度	ログイン頻度	業務時間の削減率	CTRの向上率
ABC	15億	EC	継続	23/30	4	4	4	5	3	3
XYZ	12億	広告代理店	解約	16/30	4	2	2	4	2	2
DDD	20億	EC	解約	18/30	3	3	2	4	2	3
TYT	30億	広告代理店	継続	26/30	4	4	4	5	5	4
BNB	8億	広告代理店	継続	22/30	5	3	3	5	2	4
MMP	17億	EC	解約	20/30	4	4	3	5	2	2

▶ 図表8-19　カスタマーヘルススコアと継続率が相関している

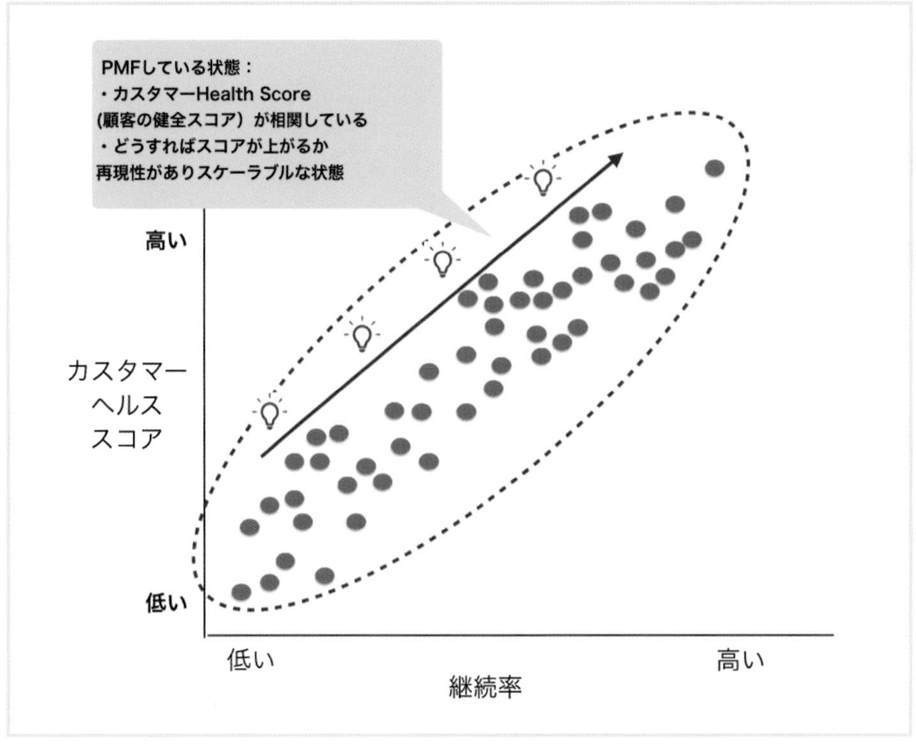

▶ 図表8-20　カスタマーサクセスの実現で財務パフォーマンスが上がる

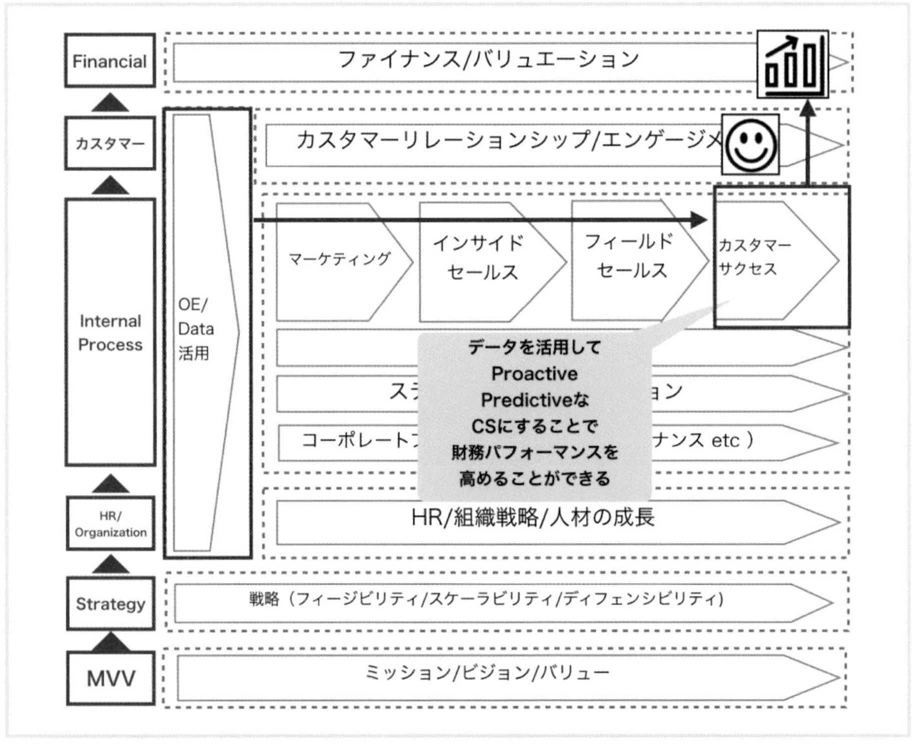

合、PMFしているとは言い難い。なぜなら、スコアを上げようと行ったオペレーションや顧客対応が、必ずしも顧客の成功や満足に結びついていないからだ。

カスタマーヘルススコアが機能しているかどうかを判別するには、以下の2つの質問に回答できるかどうかが鍵になる。

- 顧客の成功や顧客の感動を定量化できているか？（B2Bの場合は顧客の成功、B2Cの場合は顧客の感動が重要になる）
- 顧客の成功や顧客の感動に至るまでの道筋やオペレーションに再現性があるか？

スコアが高いのに解約されていた場合、PDCAのCが間違っているといったことが分かる。Cが間違っているならば、何度かPDCAを回した上で、そのスコアを是正していく必要がある。

真のPMFの状況とは、下記の条件をクリアできた状態になる。

- カスタマーヘルススコアと継続率の相関がある
- 高い継続率と高いカスタマーヘルススコアの顧客がいる
- どのようなオペレーションや顧客対応を行えば、カスタマーヘルススコア／継続率が向上するかが明確になっている

図表8-19のような状況であれば、PMFの示唆を得たと言って良いだろう。

私の考えるPMFは、リソース（ヒト、カネ）を投入すれば、スケールできる状況にいることだ。車でたとえると、エンジンができていてガソリンを入れれば走り出せる状況だ。

このようにデータ・ドリブンで回していくと、財務パフォーマンスの向上にもつながる。

その理由については、321ページの図8-20で確認してほしい。データ・ドリブンでオペレーションを回す→カスタマーサクセスのレベルが上がる→財務パフォーマンスが向上する、という因果関係だ。

解約した理由（継続しない理由）を明らかにする

解約（Churn）した顧客にインタビューを行い、解約理由を分析してナレッジ化するのも大切だ。

「なぜ解約したのか」を聞くと、たくさんのインサイト（本音）を見つけられる。そのフィードバックを今後のオペレーションやプロダクト改善に活かしていく。

解約するユーザーにインタビューすると、以下のフィードバックを受ける場合が多い。その対策について解説する。

フィードバック1：「商品やサービスの価値が得られない」

この顧客はそもそも、セグメントが合っていない可能性がある。もう一度、セグメントを見直してみるのが良いかもしれない。

もし、ターゲットセグメントにもかかわらず、こういう発言が頻発する場合は、オンボーディングのやり方が適切でない可能性が高い。オンボーディングのやり方を見直して、商品やサービスの導入段階ですぐに価値を得られるようにしよう。

フィードバック2：「プロダクトの利用が完全に止まっている」

この場合は、ユーザーのリテラシーやプロダクトを使うスキルが足りていない

ことが考えられる。オンボーディングでのトレーニングを行ったり、アダプションの継続的なサポートを行い、顧客がきちんとプロダクトを実装できるようにする。実装の作業範囲を細かい段階に分けて、サポートするのが良い。

フィードバック3：「ユーザーやプロダクトを支持している人がいなくなる」

新たなプロダクトを組織内で導入するには、使うユーザーや価値を感じるユーザーの輪を広げていくのがポイントだ。例えば、新たなユーザーにトレーニングを行い組織内で製品の使い方を知っている人を増やす取り組みをやってみるなどがある。

フィードバック4：「別のソリューションを利用している会社に買収された」

こういう不測の事態に対応するには、顧客の幹部クラスの人材とコミュニケーションができていることが望ましい。ただ単なるベンダーではなく、一緒に成果を上げていくような「ビジネスパートナー」である信頼を勝ち取れたら、様々な情報を入手できる。

また、SoR（System of Record）になるように意識しよう。顧客のデータを保存するようなシステムになることができれば、解約率を劇的に減らすことができる。

また、いったん顧客のワークフローに深く入り込んだら、なかなか顧客もソリューションを手放すことができないので、継続率は確実に高まる。

CHAPTER

8-4 CUSTOMER SUCCESS

カスタマーサクセスを標準化する

カスタマーヘルススコアを上げるには、オペレーションを標準化することも大切だ。

図表8-21を見てほしい。縦はカスタマーヘルススコアの高低、横は顧客のライフサイクルを示している。

カスタマーヘルススコア、顧客のライフサイクルとも低い顧客をレベル1、反対にどちらも高い顧客をレベル5まで5段階で分けている。どんなに商品やサービスのファンでも、レベル1から5に一足飛びで行くことはない。レベル1から2、3、4を経てレベル5にたどりつくのが普通だ。その階段を上る途中でハードルがあり、そのハードルを乗り越える、あるいはフォローするのがオペレーション／アダプテーションの役割と言える。

オペレーションの目的は、属人化を排

▶図表8-21　オペレーションを標準化する

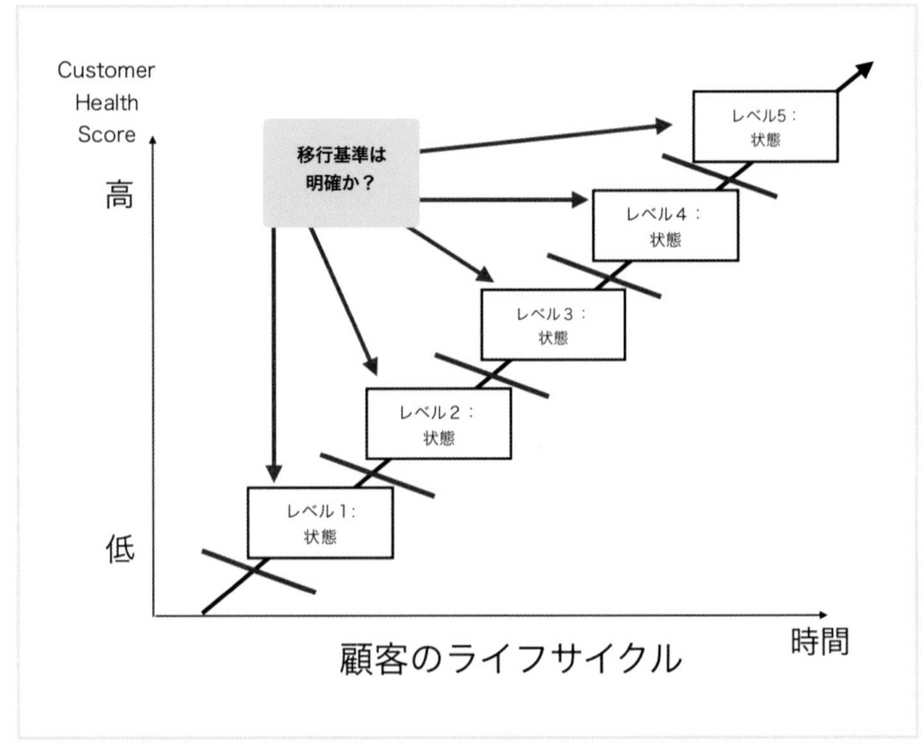

▶図表8-22　カスタマーサクセスを標準化する

顧客の状態（成果の状態）

レベル	
レベル名	
顧客の状態	
あるべき行動特性	
定量的KPI	
このレベルへの移行基準	

どういうオペレーション/カバレッジが必要か

オペレーション内容	オペレーションの顧客価値	オペレーションタイプ	用意する Externalコンテンツ Internalコンテンツ	顧客対応チャネル	必要スキル/マインド	その他留意点

除し、標準化を推し進めるためにマニュアル化することだ。例えば、図表8-22のような「顧客の状態」というテンプレートを用意し、「オペレーション内容」「オペレーションタイプ」「顧客対応チャネル」など、どういうオペレーションやカバレッジが必要かを明らかにしていくのだ。

標準的なマニュアルの作り方については、「オペレーショナル・エクセレンス」の章で詳しく触れているので、そちらを参照いただきたい。

マニュアルを作るときに問うべき視点としては、以下の項目がある。

「カスタマーサクセスレベルの言語化ができていますか」

「移行基準は何ですか」

「必要な施策は何ですか」

「施策の裏にあるオペレーション、コンテンツ、チャネルはそれぞれ何ですか」

「そもそもオペレーションが提供するバリューは何ですか」

「オペレーションを提供するために必要なスキルや前提条件は何ですか」

図表8-22は、カスタマーサクセスを標準化する際に、実際に使えるテンプレートになっているので、ご活用いただきたい。

カスタマーサクセスは会社のハブを目指す

カスタマーサクセスの追求するべき機能としては社内のハブとなって、カスタマーストーリー／カスタマーインサイトを全社に伝えていくことだ。

顧客の成功体験を共感する輪をCS部門だけに限らず、マーケティング、インサイドセールス、フィールドセールスなど全部門に伝えていくのだ。そうすると、結果として企業文化を「より顧客起点なもの」にアップデートしていくことになる。

カスタマーサクセスチームとセールスチームは密に連携する

カスタマーサクセスチームは、他部門と密な連携ができるかがとても重要だ。

特に、セールス部門には、未だに「売れればそれでいい」と売り切り型のロジックを持っている人が少なくない。

カスタマーサクセスを浸透させるためには、セールスチーム／セールスのメンバーとしても、メンタルモデルを更新する必要がある。

セールス部門としても「悪しき収益（受注）」と「良い収益（受注）」をきちんと分ける必要が出てきたのだ。つまり、売って良い顧客と、そうでない顧客をきちんと分けていくということだ。

図表8-23を見てほしい。縦軸は購買意欲／購買力を、横軸は顧客の成果の高低を示している。これまでのカスタマー対応／セールスは、左側の明らかに成果を上げることができないと思われる顧客に対しても購買力を高めるように働きかけていた。

顧客が「本当に成果を上げるか」「中長期的に見て、費用対効果」が高いか、などどうでもいいというスタンスが支配的だった。

しかし「良い収益」とは、一番右側にいる商品やサービスを活用することが成功につながる理想的な人に働きかけ、育成していくことだ。

つまり、リテンションモデルが台頭する時代においては、「成果を上げることができる顧客に売ること」「売った後に顧客をフォローし成功に導いていくこと」。つまり、顧客がいかに成功してロイヤルカスタマーになってくれるかを徹底して考えることが重要になったのだ。セールス部門としても、「成功を届けることができない顧客には売らない」とい

▶図表8-23　商品やサービスを利用することが顧客の成果につながるか?

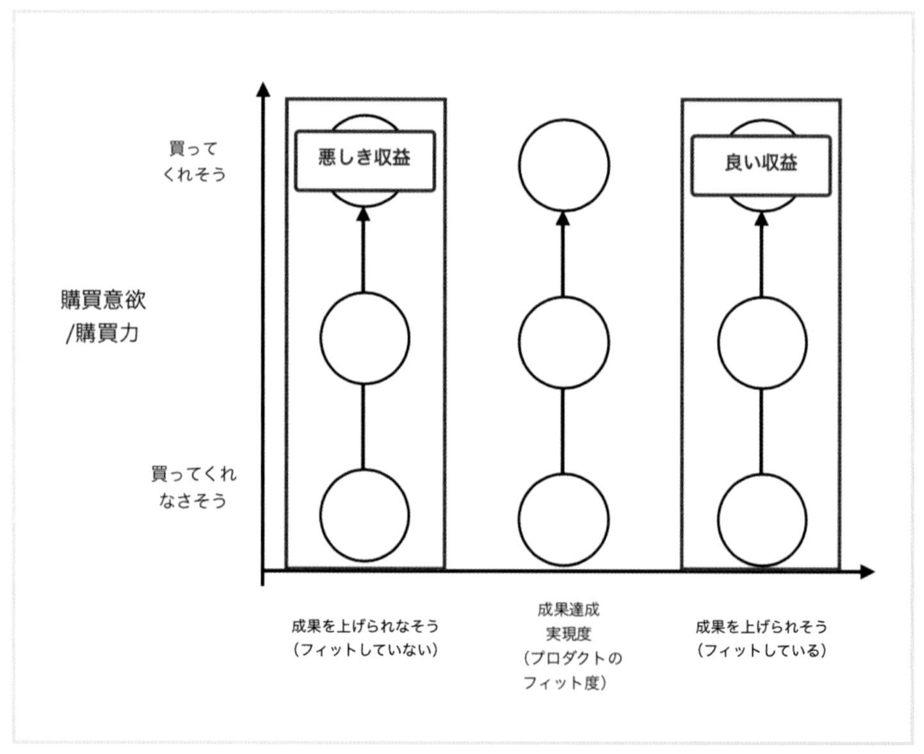

▶図表8-24　カスタマーサクセスのレベルが上がると収益が上がる

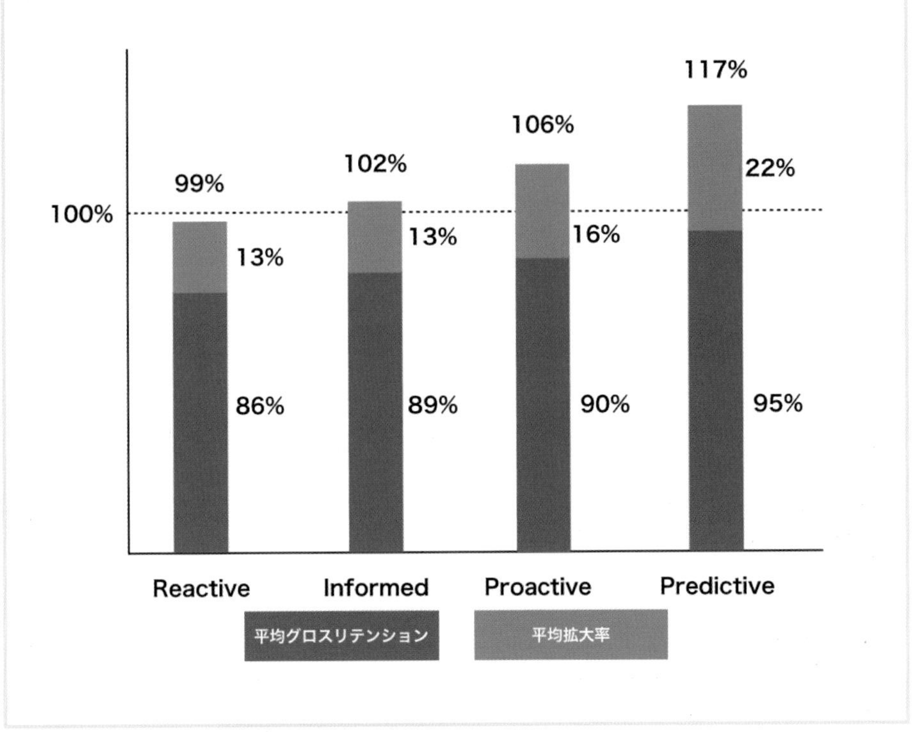

出典:https://www.slideshare.net/GainsightHQ/how-to-budget-for-customer-success

う覚悟と仕組みを持つ必要が出てきた。

そうするためにも、セールス部門は、カスタマーサクセス部門とディスカッションをしながら、「売るべき顧客」と「売るべきでない顧客」のセグメンテーションを検証していく必要がある。

「人的資源」の章でも説明したが、1か月に一度／四半期に一度は部署の行動を振り返ってみて、LTVを最大化するような顧客に対してセールスを行うことができているかを、セールスチームは検証する必要があるのだ。

カスタマーサクセスチームを進化させる

カスタマーサクセスも事例の構築、データ・ドリブンの浸透、オペレーションの標準化を通じて、レベルアップを追求していく。カスタマーサクセスには4つのレベルがあると言われている。その4つを紹介する。

レベル1：Reactive

顧客の反応に対して場当たり的な対応になっている

レベル2：Informed

適切なタイミングで情報を開示できている

レベル3：Proactive

顧客の行動に対して完全に先回りできている

レベル4：Predictive

顧客のライフサイクルを完全にコントロールできている

なぜ、レベルを上げていく必要があるのか？　カスタマーサクセスのレベルが上がると、収益が上がるというリサーチの結果が出ているからだ（図表8-24）。

CHAPTER8 SUMMARY

CHAPTER8のまとめ

カスタマーサクセスは、単なるオペレーションではなく、企業の文化レベルで取り組まなければ、浸透しない。顧客に寄り添い、顧客が期待している以上の成功をもたらすことができるプロダクトやサービスは、顧客がファンになるだけでなく、収益も非常に高くなるのだ。

カスタマーサクセスを通じて獲得するディフェンシビリティ・アセットは、図表8-26になる。

▶図表8-25　**カスタマーサクセスを成功させるCSF事例**

スタートアップ(事業）のフェーズ	Ideation	Pre-seed	Seed	Series A	Series B～	Pre-IPO	Post IPO
フェーズの説明 / CSのCSF事例	アイディアを発見する	顧客課題とソリューションの検証	PMFを目指す	Unit Economicsの健全化	スケールを目指す	IPOを目指す	圧倒的優位性の確立
顧客の成功が何かの検証を行っている							
カスタマーサクセスマップを描けている							
顧客の成功を定量的に定義できている							
顧客のエンゲージメントを高めるための施策が明確になっている							
ハイタッチで顧客エンゲージメントを高めることができている							
エンゲージメント施策のロータッチ化が進んでいる							
エンゲージメント施策のコミュニティタッチ化が進んでいる							
エンゲージメント施策のテックタッチ化が進んでいる							
ProactiveなCSを実装できている							
Predictive(Data Driven)なCSを実装できている							

Ideation:

顧客の成功が何かを検証する。その前提として、現状の顧客の不が明らかにできているかがを明確にする。

Pre-seed:

ベータ版のプロダクト等を通じて、「顧客の成功」に関するインサイトを獲得できているか。本章で紹介した、カスタマーサクセスマップを作り、常に更新する。

Seed:

どのようにすれば「顧客の成功」をもたらすことができるかが定量化／明文化されているか、その実現に再現性があることが重要になる。

Series A:

ハイタッチな顧客対応から、徐々にロータッチ／テックタッチ／コミュニティタッチに移行できるか。そうすることで、顧客対応コストが下がるので、ユニットエコノミクスの改善につながる。

Series B以降:

データを駆使した、より高度なカスタ

マーサクセスが実装できるかがポイントになる。また、組織が大きくなるタイミングなので、カスタマーサクセスの機能が他の組織と分断されないように注意を払う必要がある。

▶図表8-26　スターアップの価値（バリュエーション）を決める要素

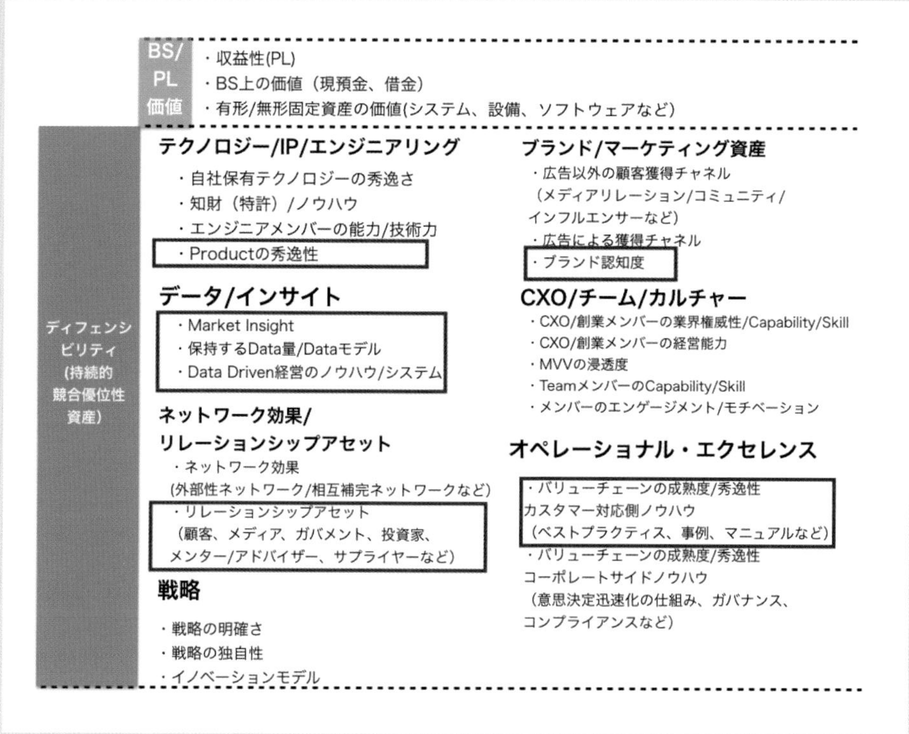

BS/PL価値
・収益性(PL)
・BS上の価値（現預金、借金）
・有形/無形固定資産の価値(システム、設備、ソフトウェアなど)

ディフェンシビリティ（持続的競合優位性資産）

テクノロジー/IP/エンジニアリング
・自社保有テクノロジーの秀逸さ
・知財（特許）/ノウハウ
・エンジニアメンバーの能力/技術力
・Productの秀逸性

データ/インサイト
・Market Insight
・保持するData量/Dataモデル
・Data Driven経営のノウハウ/システム

ネットワーク効果/リレーションシップアセット
・ネットワーク効果
(外部性ネットワーク/相互補完ネットワークなど)
・リレーションシップアセット
（顧客、メディア、ガバメント、投資家、メンター/アドバイザー、サプライヤーなど）

戦略
・戦略の明確さ
・戦略の独自性
・イノベーションモデル

ブランド/マーケティング資産
・広告以外の顧客獲得チャネル
（メディアリレーション/コミュニティ/インフルエンサーなど）
・広告による獲得チャネル
・ブランド認知度

CXO/チーム/カルチャー
・CXO/創業メンバーの業界権威性/Capability/Skill
・CXO/創業メンバーの経営能力
・MVVの浸透度
・Teamメンバーのcapability/Skill
・メンバーのエンゲージメント/モチベーション

オペレーショナル・エクセレンス
・バリューチェーンの成熟度/秀逸性
カスタマー対応側ノウハウ
（ベストプラクティス、事例、マニュアルなど）
・バリューチェーンの成熟度/秀逸性
コーポレートサイドノウハウ
（意思決定迅速化の仕組み、ガバナンス、コンプライアンスなど）

プロダクトの秀逸性:

単に課題解決のためにプロダクトが存在するのではなく、カスタマーサクセスに対応できるかも含めた上で、プロダクトとして認識する。

マーケットインサイト:

カスタマーサクセスの活動を通じて、どれだけの顧客インサイトを獲得できるか。前面に立つカスタマーサクセス部門の担当者から顧客インサイトを引き出して、プロダクトやUXに反映させられるか。

保持するデータ量／データモデル:

費用対効果の高いカスタマーサクセスプロセスを実装するためにデータ活用できるか。データ活用はLTVを改善し、財務パフォーマンスを向上させ、高い持続的競合優位性につながる。

リレーションシップアセット:

カスタマーとの関係性は、強力なリレーションシップ資産になる。良好な関係を持つカスタマーは、他のカスタマーを紹介してくれる可能性が高い。結果として、CPA（顧客獲得単価）を抑えることにつながり、財務パフォーマンスを高めることができる。

ブランド認知度:

優れたカスタマーサクセスを実装できていることは、自社のブランド認知度／好感度の向上につながる。

バリューチェーンの成熟度:

カスタマーサクセスのプロセスの実装やその能力を身につけることは、スタートアップにとって非常に大きい持続的競合優位性になる。

ファイナンス

この章の目的

- スタートアップにおけるファイナンスの要諦を知る
- 資本政策やエクイティストーリーなど、スケールするための
  ファイナンス戦略の解像度を上げるフレームを学ぶ
- スタートアップにとって重要なピッチの勘所をチェックする
- 投資家との交渉を有利に進めるための秘訣を知る
- 事業の各フェーズにおけるファイナンスのキーポイントを押さえる

写真:iStock.com/metamorworks

▶図表9-01　スタートアップ・バランス・スコアカード

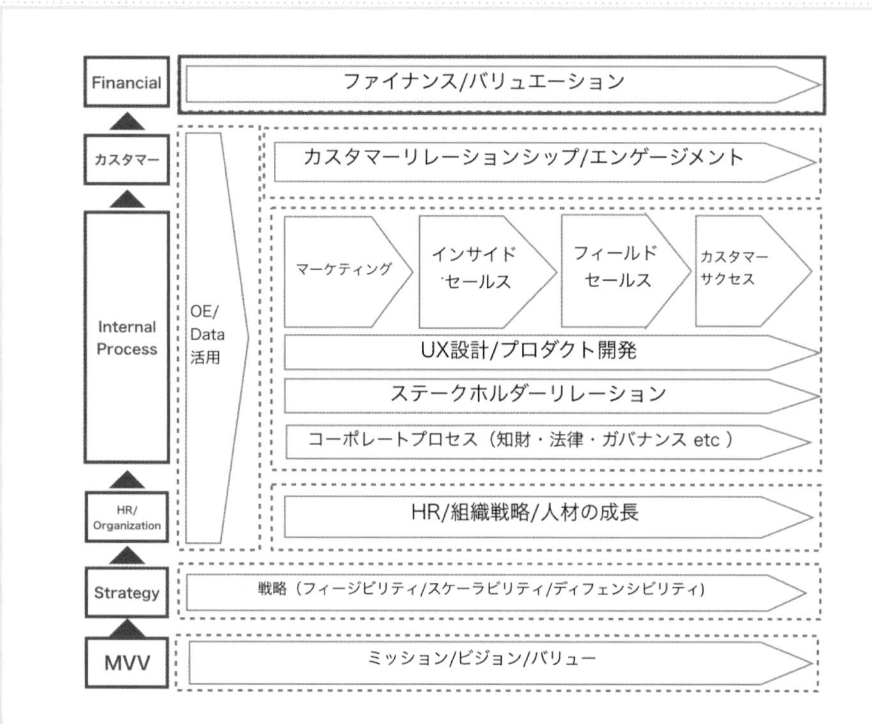

CHAPTER

9-1 FINANCE

資本政策を設計し、出口戦略に至るエクイティストーリーを作れるか?

事業の要素を大別するとヒト／モノ／カネに分かれる。本章では、その中のカネについて解説していきたい。

スタートアップ・バランス・スコアカードを見てもらうと分かるが、財務的なパフォーマンスや企業価値というのは結果指標である。

そういった観点からも、起業家が自社のバリュエーション（企業価値評価）がなぜ、そういった価格になっているのかは、その要因であるカスタマー／インターナルプロセス／人材や組織の根拠を示さなければならない。

その一方で、スタートアップに求められる独特のファイナンシャルリテラシーを持つことは、自社のフェアなバリュエーションを導くために活用できると考えている。本章では、そのリテラシーの基礎固めと同時に、実践的な応用についても解説したい。

CXOにファイナンスについての知見がないと、以下のような課題が生じて、成長のボトルネックになってしまう。

- **そもそも資本政策を間違ってしまい間違った人に株を渡してしまう**
- **自社のフェアなバリュエーションの根拠を示すことができないために、投資家やステークホルダーの納得を引き出すことができない**
- **イグジットするためのエクイティストーリーを描くことができない**
- **投資契約書の中身を理解できないので不利な契約をしてしまう**

ファイナンスは、財務諸表の作成及び監査対応を行う「財務会計」や、予算管理や原価管理を行う「管理会計」とは異なるカテゴリーに位置づけられる。

本章で扱うファイナンスのカテゴリーは「ベンチャーファイナンス」とも呼ばれる。ベンチャーファイナンスにおいて特に重要なテーマは、資本政策を設計しエンジェルや投資家から資金調達を行い、いかにしてIPO（上場）に至るイグジットまでのストーリー（エクイティストーリー）を作れるかという点だ。

本章では、初期のステージからスケールして上場するまでの知識体系を提供したい。本書を読む読者の中には、これから起業する方やアーリーステージの起業家もいると思うので、本章を読んで知識武装しリスクを回避してほしい。

スタートアップのフェーズを理解する

スタートアップ業界にいると、Seed、SeriesA、SeriesBなどとよく聞くようになる。図表9-02は、スタートアップの資金調達のステージを時系列で表したものだ。スタートアップのそれぞれのステージでSeed、SeriesA、SeriesB、IPOと段階的に投資が行われるのだろうか？

その答えは、イエスだ。フェーズごとに専門性も異なりやるべきことも違ってくるからだ。また、フェーズごとに段階を経ると、同じ金額を調達する場合でも、株価を引き上げながら細分化して調達を実施することで、外部に発行する株式数を減らすことができる。すなわち、急激な希薄化を防ぐことができるのだ。

アメリカのNetscapeの創業者であり著名な投資家であるマーク・アンドリーセンは、「リスクの玉ねぎ理論」として次のようなことを述べている。

リスクのリストを作ってみると、創業チームを作れるか、プロダクトを作れるか、プロダクトをローンチできるか、市場にうまく受け入れられるか、など先に進んでいくとリスクが現れる

――マーク・アンドリーセン

フェーズごとに次から次へと発生するリスクにいかに対応できるかが問われていることが分かる。本書の目的の一つは、それぞれのフェーズにおけるリスクを明らかにすることで、そのリスクをうまく回避して、機会を最大化していただくことである。

改めて、スタートアップのフェーズごとにどういうリスクと機会があるかを私なりに整理してみた。図表9-03は、資金調達フェーズごとに、スタートアップが対応するべき主要なリスクをプロットしたものだ。

一般企業と異なり、スタートアップやスタートアップ型の事業は、その成長過程やライフサイクルで、何をやるのか、逆に何をやらないのかの視点が非常に重要になる。

そのフェーズに合っていないアクションをしてしまうことは、時期尚早の拡大

▶図表9-02　スタートアップの資金調達のステージ

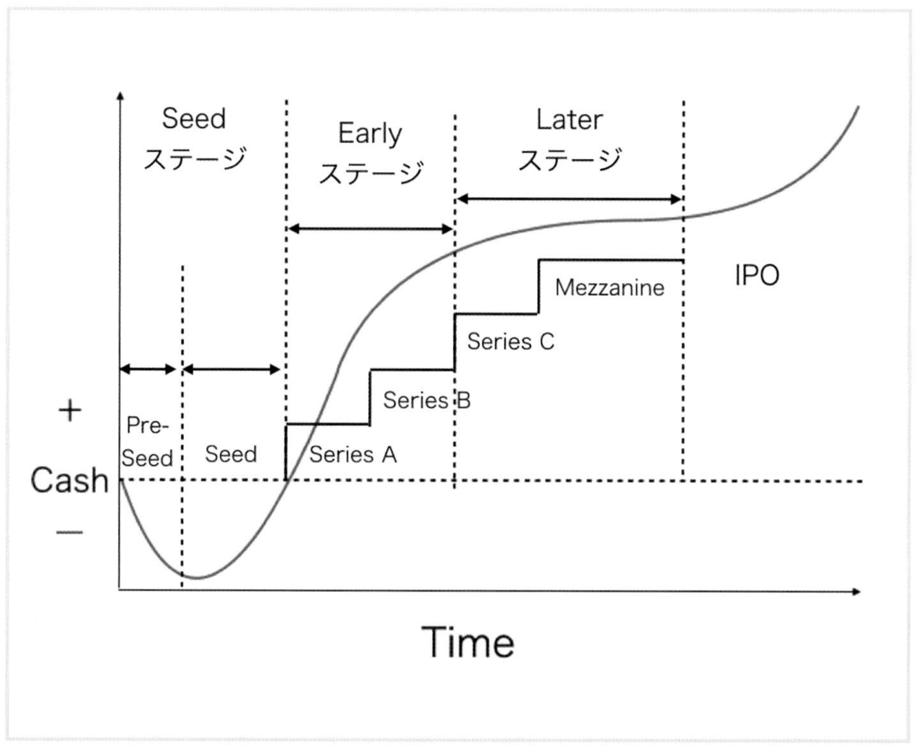

▶図表9-03　スタートアップが対応するべき主要なリスク

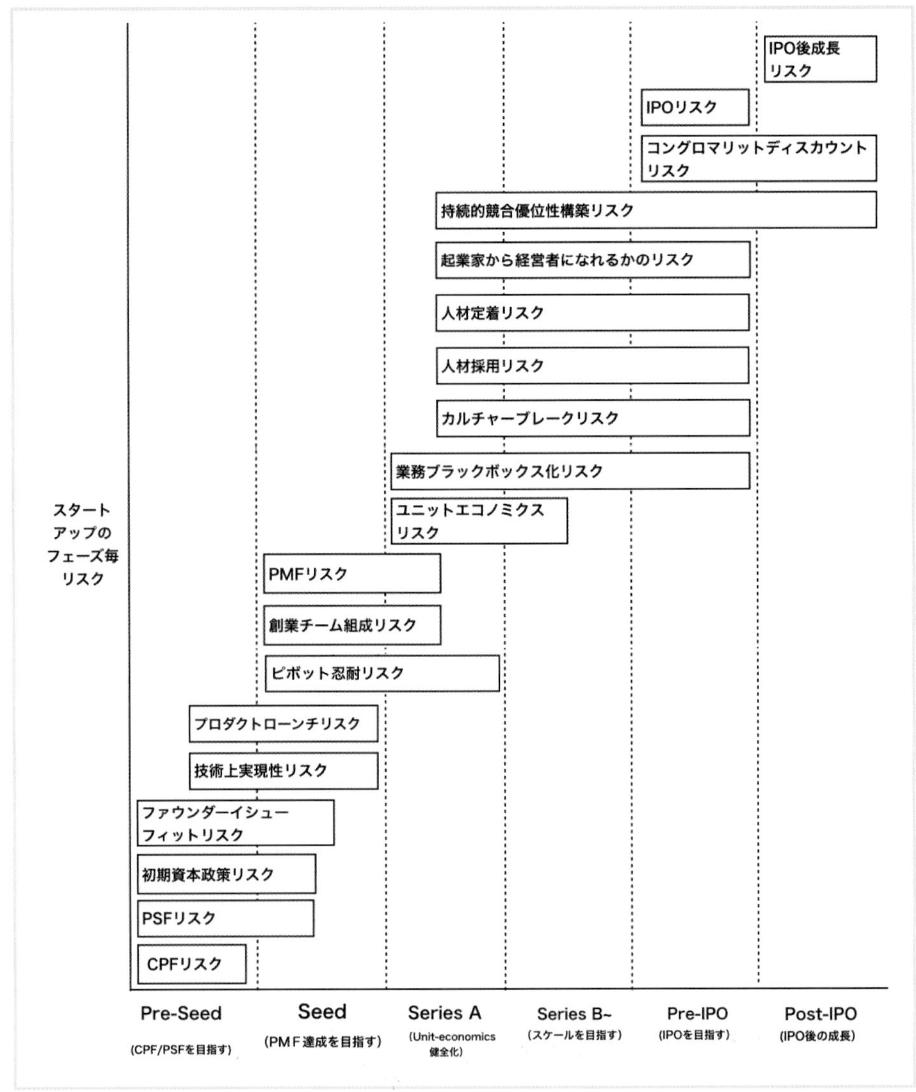

(Pre-mature Scaling) や、手を打つのが遅すぎる状態 (too-late) になってしまい、会社が潰れてしまうリスクが高まる。

本書では、それぞれの要素に関して、各フェーズにおいて何をするべきか、どのようなリソースを割くべきかのベストプラクティスや仮説を用意した。

Pre-Seed期

Pre-Seed期というのは、事業を始めてまだ間もない時期だ。まだアイデアを創出し、顧客課題の検証を行うフェーズ、まだプロダクトもできていない場合も多い。拙著『起業の科学』で言うとIdeation、Customer-Problem-Fit、Product-Solution-Fitのフェーズになる（フェーズに関しては、「戦略」の章の54ページ図表2-03を参照してほしい）。

Pre-Seed期のチェック項目

● カスタマープロブレムフィット（CPF）リスク

そもそも課題を見つけることができているか？　課題解決型でなくGain型（ゲームやエンタメ系のサービス）では、ユニークなポジションを見つける状態が

マイルストーンになる

- **プロブレムソリューションフィット（PSF）リスク**
  あるべきソリューションの検証ができているか？

- **初期資本政策リスク**
  初期の資本政策が適切にできているか？　初期の資本政策は非常に重要になる（後ほど解説する）

- **ファウンダーイシューフィットリスク**
  創業者と課題が合っているか？　スタートアップは困難（Hard things）の連続であるが、それをやりきるだけの課題解決にかける思い／ストーリー／原体験があるかどうか

- **技術上実現性リスク**
  作ろうとしているプロダクトが技術的に実現可能か？　特にDeep Tech系のスタートアップにとってはクリティカルな要素になる

- **プロダクトローンチリスク**
  プロダクトをローンチできるかのリスク。アイデアだけでなく、実際にプロダクトをローンチできる力があるか

Seed期

Seed期は、プロダクトを作ってローンチしてPMFを目指すフェーズだ。限られたセグメントの中で、拡大再生産が可能なPMFを目指していくのがポイントになる。PMFの達成がスタートアップにとって最大のリスクになる。拙著『起業の科学』で言うとProduct Market Fitのフェーズになる。

Seed期のチェック項目

- **ピボット忍耐リスク**
  スタートアップに頻繁に起きるピボット（方向転換）に耐えられるかのリスク

- **創業チーム組成リスク**
  コアメンバーを組成できるかのリスク（どういうコアメンバーを組成するべきかは「人的資源」の章を参照）。スタートアップの命運は優れたチーム（特に経営チーム）を組成できるかにかかっている

- **プロダクトマーケットフィット（PMF）リスク**
  人が欲しがるものを作れるかのリスク。これは、言わずもがなスタートアップの命運を握る最も重要な要素になる

Series A−B期

PMF達成の示唆が見えたので、拡大再生産を行うためにお金を集めて急拡大するフェーズ。急激な成長が見込めるようなスケール戦略を描けるかどうかがポイントになる。まさに本書で取り扱っている視座が必要になる。起業家は、事業家（CXO）になれるかがキーとなる。拙著『起業の科学』で言うとTransition-to-scaleのフェーズになる。

Series A−B期のチェック項目

- **ユニットエコノミクスリスク**
  LTVからCPAを引いた顧客一人あたりの採算性でユニットエコノミクスを達成できるかのリスク。スタートアップがスケールするには、まずバケツの穴が閉じた状態にするのが重要になる

- **業務ブラックボックス化リスク**
  業務がブラックボックス化してしまうリスク

- **カルチャーブレークリスク**
  人の拡大に伴いカルチャーが壊れてしまうリスク。人が増えてくるとMVVに対して共感しないメンバーが増えて、そもそもの自分たちの存在意義（Mission）

や達成したいこと（Vision）が薄れてしまうリスクがある

- **人材採用リスク**
  事業拡大のために必要で優秀な人を採用できるか

- **人材定着リスク**
  事業拡大のために人を採用し、維持して戦力化できるか

- **起業家から経営者になれるかのリスク**
  起業家から経営者になれるか

- **持続的競合優位性構築リスク**
  事業拡大に伴って、持続的競合優位性を構築できるか

Series C−IPO（EXIT）

PMFが固まり拡大再生産の道筋が見えて、上場（EXIT）に向けて進んでいるフェーズ。組織／バリューチェーンを整えていくのが焦点になる。経営基盤を強固なものにしていくため、マーケットシェアを取りきるなど市場での地位を盤石にする必要がある。さらにここで大型の資金調達をすることもある。

- **コングロマリットディスカウントリスク**
  ポートフォリオ経営をしたときに事業間のシナジーがあるか

- **IPOリスク**
  IPOできるか、そのためのエクイティストーリーを作ることができるか？

- **IPO後成長リスク**
  上場後にさらに成長するための戦略を用意し実行できているか？

キャッシュエンジンを確保するところから始める

できるだけ長い期間、
自己資金（Bootstrap）で事業を続けよ
——ロン・コンウェイ

シリコンバレーで最も著名なエンジェル投資家であるロン・コンウェイがこのように言っているのは、興味深い。彼も言うように、この時期（初期の初期）のファイナンス／資金繰りにおいて心がけたいのは、自分たちの手元資金でPMFを達成できる可能性が高いなら、資金調達は避けることだ。

そのためブートストラップ（Bootstrap）を行うのを基本にする。ブートストラップとは、事業で生じた利益（もしくは創業者の資金）を運転資金の源泉にして事業を進めることだ。

フェイスブックのマーク・ザッカーバーグは、大学の学生寮でフェイスブックを開発しローンチしたが、月85ドルのサーバーを借り、サイト上に置いた広告を資金源に事業を拡大した。エンジニアなので、キャッシュフローをよくするために受託開発もしていた。

スタートアップは売上が立ち、利益を生むまでに、比較的長い時間を要する。フェイスブックも数年かかったし、リンクトインも1.5年かかった。メルカリも創業後3年間はずっと赤字だった。

売上が立ち利益が出る前に、燃え尽きてしまっては元も子もない。Pre-Seedステージでエンジェルなどから資金調達をするのも有効だが、理想は自社の余剰利益で回すことだ。

「貧すれば鈍する」という格言があるように、たとえ、運良くエンジェル投資を受けられたとしても「あとXか月しかキャッシュが持たない、どうしよう」という状態は、精神衛生上良くないし、

▶図表9-04　キャッシュエンジン構築の際に検討すべきこと

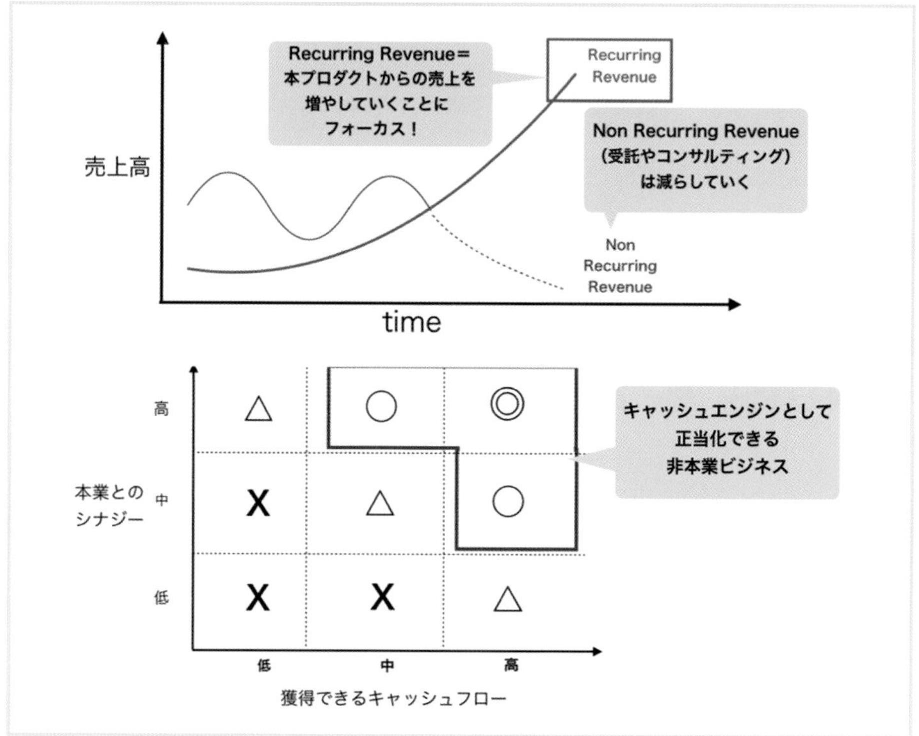

チームに亀裂を生む要因となる。結果、大きな志を持って起業をしたものの、安易にマネタイズできる手法を探したり、二束三文のような価値評価で資金調達をしてしまい、「誰もハッピーにならない」リスクを生んでしまう。

中長期的にスケールする事業を行い、ビジョンを達成するのが、起業家の存在意義だが、上記のようなリスクを避けるためにキャッシュエンジンを構築する必要がある。キャッシュエンジン構築の際に検討すべきことを図表9-04のようにプロットした。

- 検討しているスタートアップ型事業（本業）とシナジーがあるか？（顧客ベースの構築やエンジニアの確保など）
- 獲得できるキャッシュフローが多いか？

キャッシュエンジンを確保し、まず経営基盤を安定させるのが経営陣のやるべきことだ。

加えて「戦略」の章で述べたように、まずは「コンサル」「受託」のように「超ハイタッチ」で対応して、そこから拡大再生産／スケールできるビジネスモデルを検証していくのも有効だ（ワードプレス、ミクスパネル、オープンテーブルなど）。

「実はスケールできることは、非常に多い」とY Combinator社長のサム・アルトマンが言っているように（サム・アルトマンのツイッターから）、一見すると属人的に見えるコンサルであっても、システム化やテックタッチ化はできるのだ。

ただし、留意点として、非本業のキャッシュエンジンが、活動全体の半分を超えてしまうと、スケールできない「ただ単なるスモールビジネス」に陥ってしまうので要注意だ。キャッシュを稼ぎながらも、常にスケーラビリティを念頭におきながら活動するのがポイントになる。

CHAPTER

9-2 FINANCE

初期の資本政策に細心の注意を払う

スタートアップは、始まってから事業が大きく変わることが多い（いわゆるピボット＝方向転換である）。仮説構築／検証を何度も繰り返して、ときに事業戦略が大きく変わることがある。そのタイミングで、必要な経験やスキルセットも変革が求められる。

株は過去の努力ではなく、将来の努力に基づいて分配されるべきだ
――マイケル・シーベル Y Combinator

と言われるように、どれくらいコミットするのかによって、株の配分を考えていくべきである。ただ単に、初期の仮説構築に関わった、初期に少し出資しただけで多くの株を配布してしまうと後で取

▶ 図表9-05　資本政策の典型的な失敗事例

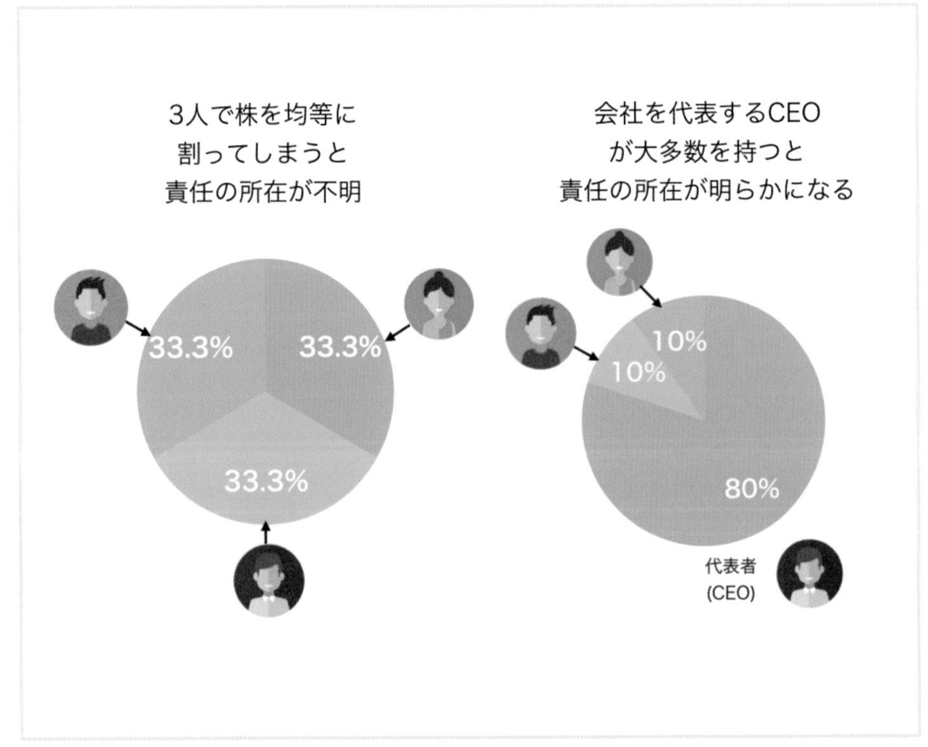

▶図表9-06　株の均等割は厳禁

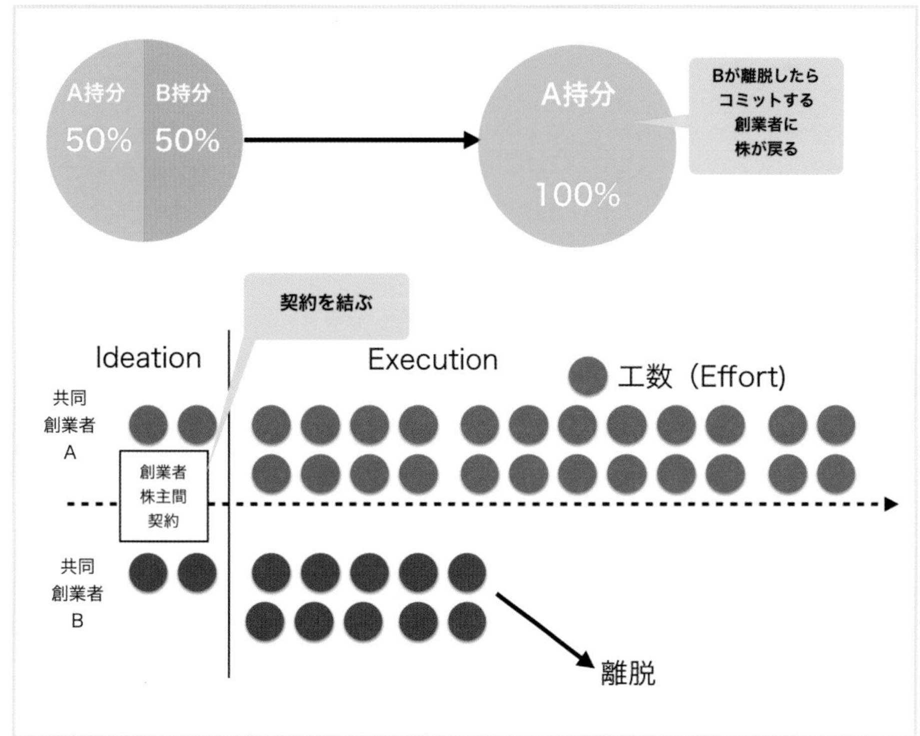

り返しのつかないことになる。

また、ピボットしてしまったら、創業メンバーとして「最適」だと思っていたメンバーのスキルセットや経験が全く無意味になってしまう可能性も出てくる。その際の資本政策リスクを避けるために、後ほど説明する「**創業者株主間契約**」は必ず結ぶべきだ。

初期の株の分割にも気をつけたい。図表9-05のように、創業者が3人いた場合に、3分の1ずつ割ってしまうケースが多々見られる（つまり、CEO以外のメンバーが20～30%という非常に大きな比率で株を持つケースだ）。学生時代からの友達で立ち上げるスタートアップに、よくこういったパターンが見られるが、これは最も避けるべき事態だ。

ステークホルダー（特に投資家）から見たときに、このように3分の1ずつに割られていると「誰がリーダーシップを発揮し、最終的な説明責任を果たせる」のかが分からなくなる。

「3人で、アパートをシェアすると共有スペースが汚くなる」と言われるように、責任不在だと健全を保つためのガバナンスや行動の統制が利かなくなり、結果としてスピードや実行力が落ちてしまうのだ。

Pre-Seed期の株についての考え方

原則としては、CEO／リーダーが3分の2以上を所有するのがベストだ（日本の会社法だと会社の支配権を持てるから）。こうすることにより、意思決定の権限と説明責任の所在が明らかになり、スピードと実行力を高めることができる。

これには2つの意味がある。まずスタートアップにとって「スピード感」が最も大事な要素（強み）の一つだ。もし、3人で3分の1で株を割ってしまうと、コンセンサスをとるのに時間がかかる。

さらに、投資家やステークホルダーから見たときに「誰が最終的な意思決定を下すのか？」が見えにくいので、「ちゃんと説明責任を果たせるのか？」という疑念を抱かれてしまう。

別の表現で言うと、スタートアップは大波の中で小さいボートを漕いでいるようなものだ。そういった状況の中で「誰が強力なリーダーシップを持って物事を決めるのか」を予め決めておかないと、あっという間に波に呑まれてゲームオーバーになってしまう。

つまり、創業メンバーで株を割る場合もCEOとして、3分の2以上の株を持ち、説明責任の所在を分かりやすくすることでコミュニケーションコストが減る。

3分の2以上の株を持つということは、強いリーダーシップとオーナーシップを担保することにつながるのだ。名実ともに強いリーダーが会社の舵取りをすることがスピード感と推進力につながる。

ただ、スタートアップの成功の確率を高める意味でも、共同創業は有効だ。同じビジョンを持ちながらも、スキルや経験が異なり補完的にシナジーを発揮できると、スタートアップの実行力と推進力につながる。どういうメンバーを組成するべきかは「人的資源」の章の「ゴレンジャー論」を参照いただきたい。

安易に外部に株を渡さない

もう一つ初期の資本政策での重要な留意点としては、安易に外部に株を渡さないことだ。失敗するスタートアップによく見られるのが、その経験不足と「自信のなさ」から業界で名前が通った著名人を「アドバイザー」に迎え入れて、実質的な価値以上に、株を渡してしまうケースだ。

「有名だから」「昔、お世話になったから」「オフィスを貸してもらっているから」などの理由で、数%、場合によっては数十%の株を渡しているケースがある。この時点で、そのスタートアップの価値は大きく毀損されてしまっていることに留意すべきだ（資本政策表／Cap Tableを見た段階で、プロフェッショナルな投資家は投資対象から外してしまう）。

共同創業者への株式譲渡は、手続き自体は、登記や定款変更の必要もなく承認を得れば良いので簡単だ。だからこそ、よく分からない他人に安易に譲渡せず、株式分割以外の選択肢がないか考えたい。

株式分割以外の選択肢とは、例えば、ストックオプションの活用がある。ストックオプションとは、あらかじめ決められた価格で自社株を買う権利のことだ。ストックオプションの手続きは煩雑だが、行使されるまでは株にならず、株主としての議決権も発生しない。

また、従業員が退職したら、会社が一方的に無償で新株予約権を取得して消滅させることができるのが日本では一般的だ。

スタートアップはアイデアを出してから実行に移っていくが、実質的には、実行にかかるリソースの方が圧倒的に大きい。アイデア出しを一緒にやったからといって、株を渡してしまうのは非常にリスクが高い。

これを別の表現で言うと「創業者たちの持ち分は、起業家目線ではなく投資家目線で決めること」ということになる。投資家にしてみたら、そのメンバーがどんなに仲が良いか、ということよりも、今後、どれくらいコミットしていくのか？　事業の成長にとって必要不可欠な人材か？　という視点が重要になる。

また、初期のスタートアップというのは、プロダクトもなく、まだ顧客もいない状況だ。どこで評価されるかというと、創業メンバーの顔触れだ。魅力的な創業メンバーがいて、そこに対して、適切な割合の株が配布されていることが初期のスタートアップの評価につながることに留意いただきたい。

リスクを避けるためには「創業者株主間契約」を結んでおく必要がある。「創業者株主間契約」とは、創業者が複数いて、そのうちの一人もしくは数人が会社を辞めることになった場合に、残された創業者などが辞める人の株式を買い取ることにあらかじめ合意する契約のことだ。婚前契約のようなもので、もし別れたときにどうするかあらかじめ決めておくという契約だ。

スタートアップは最初は良いが、フェーズが進んだり、ピボットしたりすると創業メンバー間に亀裂が入り、仲違いして、離れてしまうケースが非常に多い。その人が仮に30%の株を持っていた場合、離れてしまった時点で、自社の価値がゼロになってしまう。仲の良い時期にいくらで株を買い取れるかを決めておくべきだ。

また、お互いに離れた後で、似たようなスタートアップを立ち上げた場合、自社の機密情報を漏らされたり、マーケティングやノウハウを盗用されるリスクもある。その意味でも「創業者株主間契約」は、必ず結んでおきたい[1]。

図表9-06のように共同創業者が株を50%ずつ割っていて、途中でBが離脱したとしても、創業者株主間契約があるので、コミットするAに株が残る。

創業者と2人で株を半々ずつ持つような状態は避けるべきである。そのために“あなたはこれからこの事業にどれくらいコミットしていくのか？”を創業者メンバー間できちんと話し合う必要がある。それに加えて、誰かが辞めた場合において、残る創業者が辞めた人の株式を買い取れる旨をあらかじめ合意して契約書（覚書）にしておこう。

基本合意内容の論点は以下になる。

1. いつ結ぶか（仲が良いときに結ぶ）
2. 誰と誰の間で結ぶか（創業者間で結ぶ）
3. いくらで買い取れるとしておくべきか

必要に応じて、以下の内容を加えておくのも良い。

- 退職後X年間は同業他社で働かない規定
- 退職後X年間は同種の事業を始めない規定
- 自社の業務を通じて得た情報について、秘密を保持すること
- 退職後自社についてのネガティブな発言をしたり、リークしないこと

また、株式の移動は税務上のリスクが伴うことにも留意したい。

税務上のリスク（課税）は、会社の価値が大きくなったときに発生する。例えば、2000万円の時価総額の株式を、辞めるメンバーが取得価額である100万円で社長に譲渡するとき、その差額の1900万円は贈与税の対象となり700万円の税金が発生してしまうことになる。

スタートアップは、ベンチャー税務に詳しい税理士や弁護士をアドバイザーにしておきたい。

1）創業者株主間契約のテンプレート　http://www.azx.co.jp/modules/docs/

会社設立時の留意点

会社設立時における留意点を確認しておこう。

1. 普通株の発行

- 登記する際に定款上で、株式の発行数を設定する

- 登記の際に、最低でも1万株～10万株は発行する
- シリコンバレーでは100万株や1000万株を発行するケースもあるが、株を分けたときの心理的作用として、数株よりも数千株ある方が経営に対する責任感の度合いが大きくなる
- 最初に株の発行数が少ないとすぐに株の分割手続きが必要になる

2. 資本金

- スタートアップは債権者ではなく、株主（出資者）のためにあるので、資本金があることが会社や株主の得にはならない
- 資本金が大きくなると、登録免許税も大きくなる。消費税や法人税も資本金が小さい方が有利である

3. その他

もし、取締役を入れるならば取締役の期間は、短く設定したい。

取締役は就任期間を2年～10年の単位で設定できる。取締役は、執行役員とは異なり登記簿謄本に載るので、解任になると企業にとって傷がつく状況になる。また、取締役を正当な理由なく解任すると損害賠償請求されるリスクもあるので、2年をメドに任期満了にて不再任にしたい。

EXIT（IPOとM&A）について理解する

スタートアップは、ベンチャーキャピタルから資金調達を行うとEXIT（IPOもしくはM&A）が宿命づけられる。IPOとはInitial Public Offeringの略で、未上場会社が自由に株を売買できる証券取引所に上場すること。一般投資家が株を取得できるようになる制度だ。株式の上場に際しては、新たに株式が公募されると、上場前に株主が保有している株式が売り出される。これらの株が証券会社を通じて投資家へ配分される。会社そのものを金融商品にして、一般の投資家が売買できる存在になるのだ。

上場企業の創業者は公人になることを覚悟しよう

上場を目指す意味を改めて理解しておこう。

今後の目標などを伺うと「5年後に上場します！」と意気込む起業家も多い。まず上場をマイルストーンに掲げることそれ自体は素晴らしい。しかし、上場の意味すること、上場の本質を改めて、理解したい。

まず上場は、最低でも10年間は事業に100％以上コミットできるかが求められる。自分が始めた事業に人生の貴重な時間を捧げることができるか？　経営者として自ら選んだ事業をベースに、今後の人生を上場企業の社長として送るべきか、改めて考える必要がある。

また、上場企業の創業者自身は、公人になることを自覚しなければならない。会社は、自分のものではなく、社会の公器になるのだ。

上場後は、上場前とは発想も転換しなくてはならない。上場前は、経営者の「これをやりたい」は通りやすく、トップダウンでできた。

しかし、上場後は経営者は株主に意思決定の説明責任を果たすことが求められる。さらに、中長期的な戦略／ビジョンの提示に加えて、短期的な利益の確保をする必要がある。そのために、自身のWANT／WILLに加えて、マクロ状況を勘案した上でより慎重な意思決定が必要になる（図表9–07）。

上場前と上場後ではステークホルダー

▶図表9-07　上場後は、上場前と逆の発想が必要になる

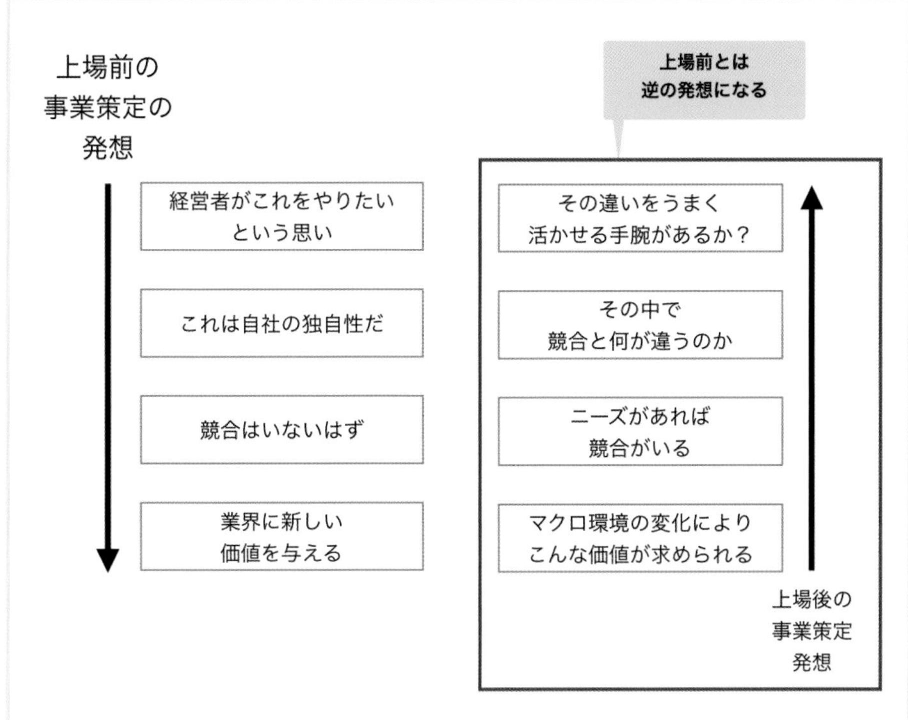

のインセンティブが変わる。上場後の投資家は、「ROE8％以上」に到達しなければ即、見切るなど上場前よりもよりドライになる。そういった投資家に対してロジカルにコミュニケーションしていく必要があるのだ。

上場前は、経営陣の仮説や思いをベースに比較的自由に事業をハンドルできるが、上場後は、常に資本市場との対話を通じて、説明責任を果たしながら、進めていく必要がある。

IPOのメリットを改めて確認してみよう。

- 株主全員が儲かるので合意を得やすい（日本のスタートアップエコシステムはまだ小さいので、全体の合意を得るようなIPOスキームが受け入れられる）
- 取引先、金融機関などへの信用力の向上が図れる
- 既存の従業員のモチベーション向上につながる
- 優秀な人材を獲得しやすくなる
- 資本市場から資金調達できるようになる
- スタートアップファウンダーとしては大きな試金石になる
- 既存の株主のEXIT（ダウンラウンドIPOでなければ、既存の株主の利益を確定できる）

IPOを自分が実現したい世界の通過点と考えるならば、特に「優秀な人材を獲得しやすくなる」ことと、上場後に資本市場からさらなる調達をして事業を加速させることは、大きなメリットになる。

ただ、近年は、上場前に大きく時価総額を上げて、上場後に一気にマーケットを取りに行くようなエクイティストーリーを描くスタートアップも増えてきている。

メルカリは、上場前に大型調達を繰り返し、上場前に大きく時価総額を上げる

ことに成功した（近年、国内でもレイターステージで数十億円単位で、投資ができるベンチャーキャピタルが現れてきたので可能になってきた）。

一方、IPOのデメリットを書き出してみよう。

- 一定額利益と成長が必要であり、監査やその準備などで時間と労力が必要になる
- マクロの経済状況によって、上場のしやすさ、上場時の株価が変わってくる
- 株式売却の手続きが煩雑になる
- 創業者メンバーによる株式売却は、市場評価の悪材料になる（創業者利益をすぐに得ることはできない。上場後も一定期間は株式を売却しない約束［ロックアップ］をする必要がある。IPO直後に売却して短期に利益を得る「情報の非対称性」を活用したアンフェアなインセンティブが生じないように、直前期以降に株式を取得したものは、東証に対して一定の期間株を売却しない約束をしなくてはならない）
- インサイダー取引規制のために売買時期の判断が難しい
- 決算発表、有価証券報告書など、企業情報の開示が義務付けられる（株主総会において、真正面から経営に異を唱える株主と向き合う必要がある）
- 短期的な数字を求められるため、中期的な視点で企業経営しにくい
- IPO前のダウンラウンドが起きやすい（それまで、情報を完全に開示せずに経営してきたので一般投資家との間に、「情報の非対称性」が生じてしまい、それが株価の低評価につながるから）

「悪魔との契約」に注意

ところで、日本のVCの多くの投資契約では、株式買取条項が定められている。株式買取条項が発動するときは、投

▶図表9-08　上場の準備には膨大な時間がかかる

上場前のスケジュール

項目		直前々期	直前期	申請期	
上場前規制			公募前規制期間		上場日
		開示対象期間			
株式	第三者割当推奨（上場時売却可能）		第三者割当可能（上場時売却不可）		
	株式移動可能（上場時売却可能）				
ストックオプション	付与推奨（権利行使により取得した株式の上場時売却可能）		付与可能（権利行使により取得した株式の上場時売却不可）		
株式分割				株式分割推奨	

▶図表9-09　バイアウトを繰り返すシリアルアントレプレーナー

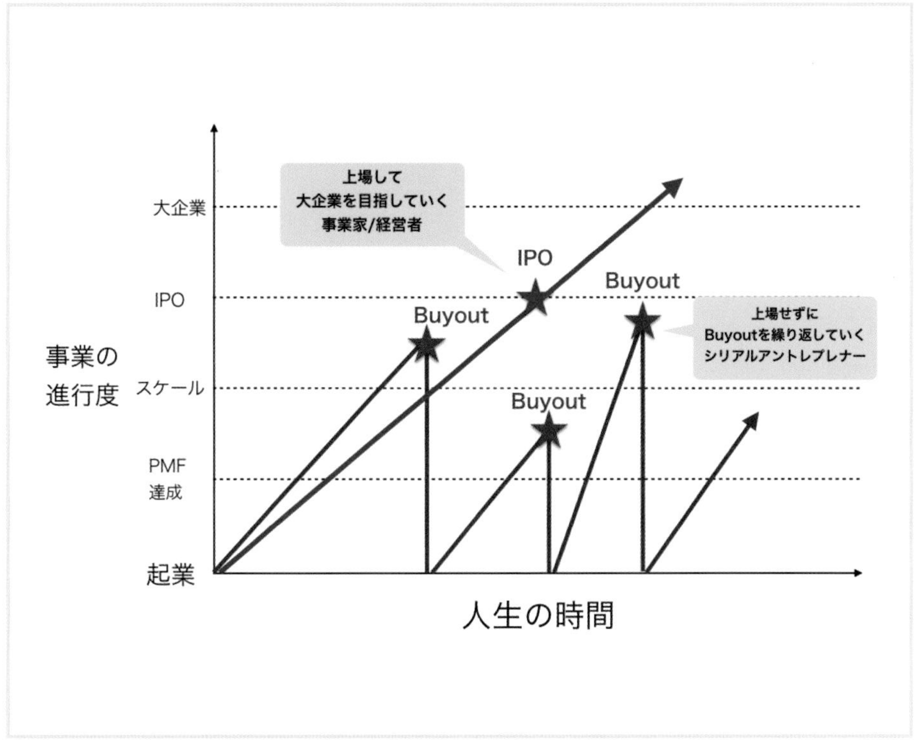

資契約違反、表明保証違反、株式上場の要件を満たしているのに上場しない場合などが挙げられる。

中でも、「株式上場の要件を満たしているのに上場しない場合」は要注目だ。その大きな理由は、「経営者が本当に上場したいのか」という疑問にぶつかることがあるからだ。社歴が長くなり自由な経営をしていると、IPOに向けた準備が窮屈に感じられてしまうのである。

だから、私はよくスタートアップに「本当にやりたい事業ですか？」と聞くようにしている。起業家に覚悟がない場合、完全にコミットできない事業に自分を捧げることを要請されるため、投資家（VC）との投資契約は「悪魔との契約」になり得るからだ。

上場してからもずっと事業を続けたい、事業を伸ばしたいという覚悟があれば、投資契約は「天使との契約」になる。

また図表9-08のように上場の準備には、膨大な時間がかかることに留意したい。

スタートアップの経営者の中には、IPOではなくM&Aを目指し、ゼロの状態から連続的に事業を起こしシリアルアントレプレナーになる人もいる。

上場せずにバイアウトを繰り返すパターンだ（図表9-09）。

ここで、バイアウトについて確認しておきたい。

M&Aによるバイアウトは、自社の株式を別の会社に譲渡することだ。最近では、国内でもM&Aは増加傾向にあり、そこからキャッシュを得た起業家がエンジェル投資家になるという良いエコシステムの循環が行われている。

M&Aのメリットと留意点

M&Aのメリットとしては、次のようなことが挙げられる。

- 準備期間が比較的短くても実施が可能

- 保有株式を一括して売却しやすい
- 一気に資産のキャッシュ化ができる
- 利益が少ない中でも、買い手企業との事業シナジーや買われたくなるような技術があれば実現が可能
- シナジーを見込んでバリュエーション算出した場合、IPO以上の企業価値で売却できる場合がある
- 上場コストがかからない
- シリアルアントレプレナーとしてキャリアやライフプランを構築できる

一方、M&Aのデメリットもある。

- 経営者は主導権を手放すことになる（一方で、契約によっては一定期間のロックアップはかかる）
- IPOに比べて時価総額は低くなってしまう傾向がある
- 買い手側がシナジー効果をあまり考慮せず、低いバリュエーションになってしまう可能性が高い
- IPOを達成できたというトラックレコードを持てなくなる（IPOは、経営者にとって非常に大きな勲章になる）

M&Aの留意点には、次のようなものがある。

1. 買収はIPOと比べても、それほど早くない

IPOよりはEXITが短期になる場合はあるが、それほど大きな差はない。IPOが7～8年ほどかかるのに対しM&Aも平均して5～6年ほどかかる。

2. 事業売却は自分のコントロールの範疇外にある

自分の作った事業を売却できるかは、自分たちでコントロールできない。事業を買収する側がコントロールする意思決定である。

3. M&Aを想定した事業計画はVCから出資を受けにくくなる

VCは投資スタイルとして小さな成功を望んでいない。VCは必然的にIPO狙いで事業計画を立てたほうが調達しやすくなる。

4. 起業家の集中力を乱す

事業売却への努力は事業への集中力を削いでしまう。事業を売るときは、決定するまで大企業の買収担当と話さないほうが良い。

CHAPTER

9-3 FINANCE

資本政策を検討する

前述のEXIT（IPO、M&A）というマイルストーンを踏まえて、資本政策を作っていくことになる。

資本政策とは、中長期的な事業計画を前提に、株主構成、発行株式数、資金調達などについて検討し、いつ、誰に、どのような手法で実施していくかを計画していく財務戦略のことだ。言い換えると、資金と経営権のバランスをとるのに最適なストーリーを作ることと言える。

しかし、そもそも、なぜ資本政策を行う必要があるのか？

その答えは、

「資金調達を適切なタイミングで、適切な評価額で、適切な方法で行うための仮説を立てるため」

これが一番重要な理由だ。事業がピボットしたり、外部環境が変化したら、前提条件が変わることもあるが、仮説を構築しておかなければ、投資家と議論を深めることができない。

それ以外にも、以下のような効用がある。

- **スピード感のある意思決定をするための安定株主を確保するためのストーリー作り**
  資金調達をしていく中で経営メンバーの株式の持ち分が全体の3分の1以下になると、自分たちで重要な決定ができなくなる。外部投資家のガバナンスは高まって、手堅い意思決定はできるが、スピード感が落ちてしまう。その意味でも上場までに理想を言えば半分、最低でも3分の1以上は持つことが良いとされる（ただし、これは経営メンバーの方針による）。

- **高いモチベーションを維持するための創業者利潤の獲得**
- **優秀な従業員やキーパーソンのインセンティブを確保するための仮説作り（ストックオプションを潜在株としてどの程度プールするか、など）**
- **IPO（EXIT）に向けて公開市場の形式基準を満たすことを検証**

まず覚えておきたい原則がある。それは、

「経営の意思決定はやり直しがきくけれど、株の分配や資本政策はやり直しがきかない」ということだ。

株は一度配布してしまうと原則として後戻りができないからだ（日本の株式会社では、株式は株主が放棄できるものではなく、会社法に基づき、財源規制の手続きに準じなければならない)。

なので、初期の株の分割で会社の運命が決まってしまうと言っても過言ではない。

資本政策の解像度や蓋然性を高めるには、今後数年における「状態ゴール」を会社全体として把握するのが良い。

スタートアップ・バランス・スコアカードなどを活用して、現在、1年後、2年後、3年後、上場前期、上場時、上場後のCSFや、あるべき姿を議論・検証し、その上で、どのような資本政策にするべきかを詰めていくのだ。

また、現在から1年後、3年後などの状態ゴールや資本政策を作る際には、様々なリスクと機会が発生することに留意すべきだ。

戦略の章でも説明したように、プロダクト軸と市場軸でビジネスロードマップを描くことも重要だ。

どの市場にどのプロダクトを出していくか、というエクイティストーリーをきちんと作ることが求められる。

資本政策表(Cap-table)を作る

資本政策表（Cap-table）とは、資金調達ステージが進み経営陣がIPOするまでに、創業メンバーや投資家の保有株式数・保有割合および株価をどれくらいシェアして保持するのがベストかを検証するツールだ。

それを明確にするためには、状態ゴールがあり、ビジネスロードマップも描けなければならない。

資本政策表を考える上では、主に以下の3つをチェックポイントに作成していく。

1. いつ、どれくらいの金額でEXITしたいのか？
2. いつ、どれくらいの時価総額で、どれくらい調達したいのか？

▶図表9-10　資本政策表(Cap-table)

	設立時		Series A		Series B		IPO	
	株式数	シェア	株式数	シェア	株式数	シェア	株式数	シェア
経営陣	50,000	100%	50,000	71%	50,000	63%	50,000	50%
A投資家			20,000	29%	20,000	25%	20,000	20%
B投資家					10,000	13%	10,000	10%
一般投資家							20,000	20%
発行済株式総数	50,000		70,000		80,000		100,000	
新規株発行価額	¥ 1		¥ 5,000		¥ 50,000			¥100,000
調達金額			1億円		5億円			20億円
Pre			2.5億円		35億円			100億円
Post			3.5億円		40億円			120億円

EXIT(IPO)に向かうまでシェアとバリュエーションがどう変化するか？

EXIT(IPO)時のバリュエーションと創業者としてどれくらいシェアを掌握したいか？

3. どれくらい費用がかかるのか？（ビジネスロードマップベースの仮説）

EXITには、IPOもしくはM&AがあるがIPOを想定すると良いだろう。日本においてEXITの主流は、まだIPOと言えるからだ。

それはなぜか？　買い手企業への交渉においても、IPOできる可能性が十分にあることを示した方が、交渉をより有利に進めることができるからだ。

資本政策を策定する際のEXITは、以下をざっくり想定しておくとよい。

- IPOまでの調達プロセス（調達時期と調達金額）
- IPOまで株のシェアがどう変動するか
- それぞれのステージでのバリュエーション

図表9-10のように、IPOに向かうまでシェアとバリュエーションがどう変化するか、EXIT時のバリュエーションと、創業者としてどれぐらいシェアを掌握したいかを考えておきたい。

また、ストックオプションをいつ、どれくらい発行するのか。

資本政策表を作るときは、ストックオプションを保有する潜在株主も分けて記載する。

潜在株主が保有するストックオプションなど、潜在株式が全て顕在化した場合を「完全希薄化ベース」や「Fully-diluted」と表現するが、それらも記載する必要がある。

持ち株のバランスを考慮する

株式には、議決権がついている。例えば、SeriesAで株を渡しすぎてしまいシェアが半数以下になってしまうと、重要な経営権を失ってしまう（図表9-11）。経営者がコントロールを失うと事業計画のコントロールも失うので、長期的に見て誰も得しない。いったん大きな持ち分を渡してしまうと、その後の資金調達がしにくくなる。資本政策はやり直しが利かない点に注意したい。

資金調達を重ねて創業メンバーの持ち分が希薄化すると、経営権の掌握が弱くなってしまう。ここで注目したいのが、3分の1以上、2分の1以上、3分の2以上という数字が経営に影響を及ぼすという点だ。

- **3分の2以上は“支配権”を持つ**

重要な意思決定ができるスーパーパワーを持つ。株主総会での特別決議を決定できる。増資、ストックオプションの発行、取締役の解任、合併定款の変更、組織編成、減資や増資など、企業を根本的に変えるような事項を決定できる。

- **2分の1以上は“経営権”を持つ**

通常の意思決定ができる権利。株主総会で普通決議が可能になる。役員／監査役の選任・解任・役員報酬の決定など。

- **3分の1以上は“拒否権”を持つ**

重要な意思決定の拒否権を持つことができる。株主総会での特別決議（定款変更、取締役の解任、合併など）への拒否権を持てるようになる。

創業者の持ち分が3分の1以下になると株主総会が煩雑になる。2分の1以上を外部の株主に握られていると、いつでも解任させられるリスクがあることの認識が必要だ。

望ましい資本政策とは、上場時に創業メンバーが3分の1以上の比率で株を持っていることだ。資本政策表を想定して、最終的に3分の1以上の比率を持てるシナリオを磨き込んでいきたい。これはあくまで目安であって、集めなければいけない金額の大小によって事情は変わってくる（アメリカでは、IPO時の持ち分はもう少し少なくなる傾向がある）。

図9-11のように、今回のファイナンスと次回のファイナンスで、どれくらい経営株主の持ち分が希薄化するかをCap table上でシミュレーションを行い、EXIT（上場）に向かうまでに、経営権を保持できるかを検証していく。

経営権を維持する

資金調達が進む中で、多くの割合を外部に渡していくということは、経営権の一部を渡していくことに他ならない。つまり、株主が増えると株主たちの要求を常に創業メンバーが受け入れないといけなくなり、多くの場合、事業の成長は失速するリスクが高まる。

すなわち、「船頭多くして船山に上る」という事態が生じやすくなる。株主のほうが経験が豊富で、意見が客観的に正しいかもしれない。それでも、創業者らが経営権を失った会社は、ミッション／ビジョンから逸脱してしまう場合が少なくない。そういうスタートアップは魅力を失い推進力が減り、人材を集めにくくなる。結果として停滞してしまうことが多い。

上場した成熟企業であれば、大勢の株主の意見を聞きながら事業を進めるのがガバナンスを担保する上で適切かもしれない。しかし、スタートアップで大勢の意見を聞いていると、だいたい物事はうまくいかなくなることに留意しよう。

また、一回のラウンドで発行する株式は10～15%までというのが基本である。資金需要が大きい例外的な場合でも、20%程度までにしておく必要がある。20%以上の大きな持ち株比率を要求する投資家は、疑いの目で見よう。

標準的な資金調達の間隔（Runway）は、15～24か月になっている。3～4

▶図表9-11　経営権を失うリスクを避ける

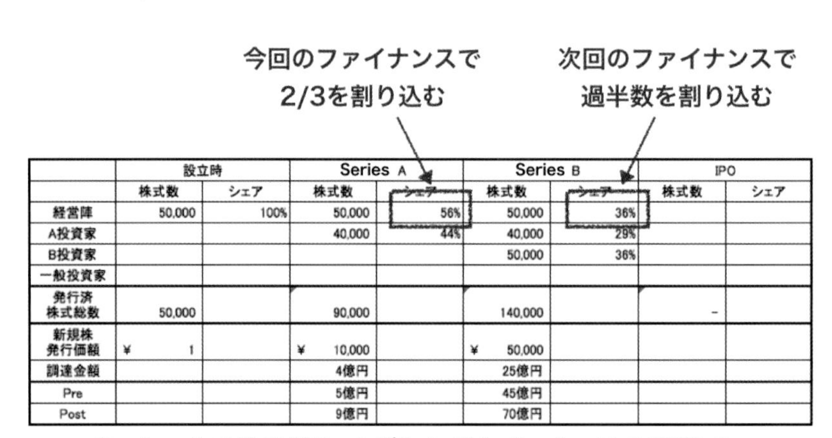

	設立時		Series A		Series B		IPO	
	株式数	シェア	株式数	シェア	株式数	シェア	株式数	シェア
経営陣	50,000	100%	50,000	56%	50,000	36%		
A投資家			40,000	44%	40,000	29%		
B投資家					50,000	36%		
一般投資家								
発行済株式総数	50,000		90,000		140,000		-	
新規株発行価額	¥ 1		¥ 10,000		¥ 50,000			
調達金額			4億円		25億円			
Pre			5億円		45億円			
Post			9億円		70億円			

年以上も会社が回るほど資金を一度で調達することは適切でない。

また、持ち株比率にこだわりすぎると事業をスケールできず競合に負けてしまうといった事態が起こりうる。一番大事なのは事業を成功させることと心得よう。

本項で述べてきた、状態ゴール仮説、ビジネスロードマップ、そして資本政策表の3つを回しながら磨き込んでいくのだ。

資金調達を理解する

資金調達とはあくまでも手段である。資金調達の目的、つまり「資金用途」を十分に検証することが重要だ。

多くの起業家が「とりあえずX億円調達したいです」と私のところに相談に来るが、「では、そのX億円を一番の生き金にするための資金用途の仮説はありますか？」と聞いたら、解像度の低い回答が返ってくることが多い。

前述した、ビジネスロードマップや状態ゴールの仮説を立てたり、「人的資源」の章で解説した「現状のバリューチェーンとあるべきバリューチェーン」のギャップについて仮説を立てるのは、資金用途の解像度を高めるためだ。

概算でも良いので、今後3～5年間の仮想PLを作って、なぜ、資金を投入すると、事業が成長するのかシミュレーションをしておこう（例えば、メルカリは、手数料10％設定ならば利益が出る、という仮説に基づいて資金調達した）。

そもそも資金調達をするべきか？　も考えるべきだ。例えば、ものすごく事業開発のスピードが必要で、一気にマーケットシェアを取りに行かないと負けるような領域で勝負するなら、全力で、資金調達をする必要があるだろう（メルカリやウーバーなどのプラットフォーム型ビジネスはウィナーテイクオールと言わ

▶図表9-12　資金調達のタイミングは資金用途が明確になったタイミング

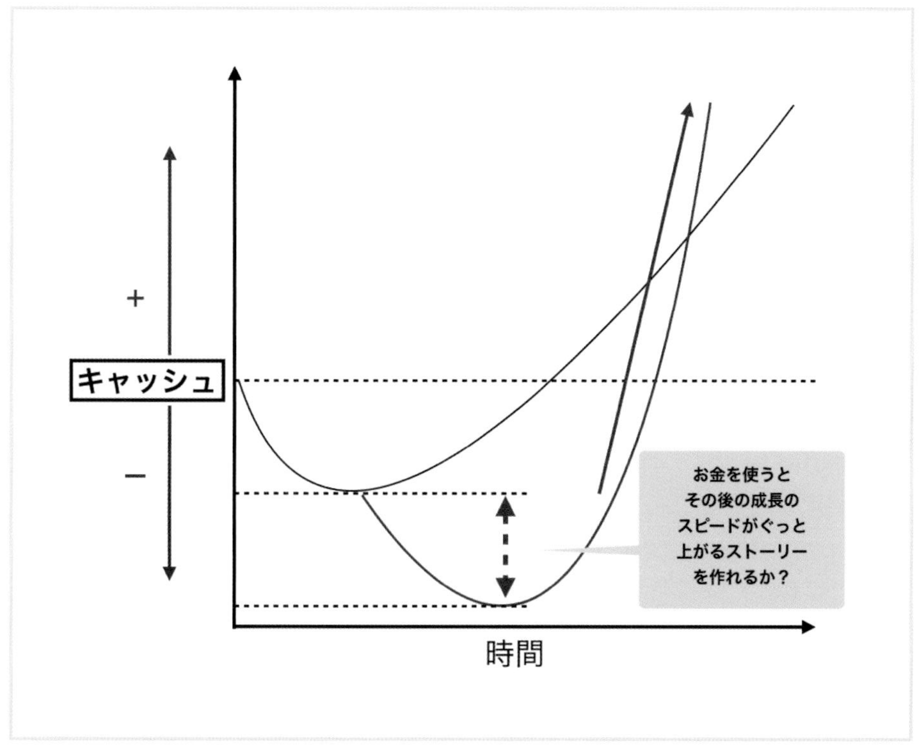

▶図表9-13　今回の資金調達額で企業価値が変わる

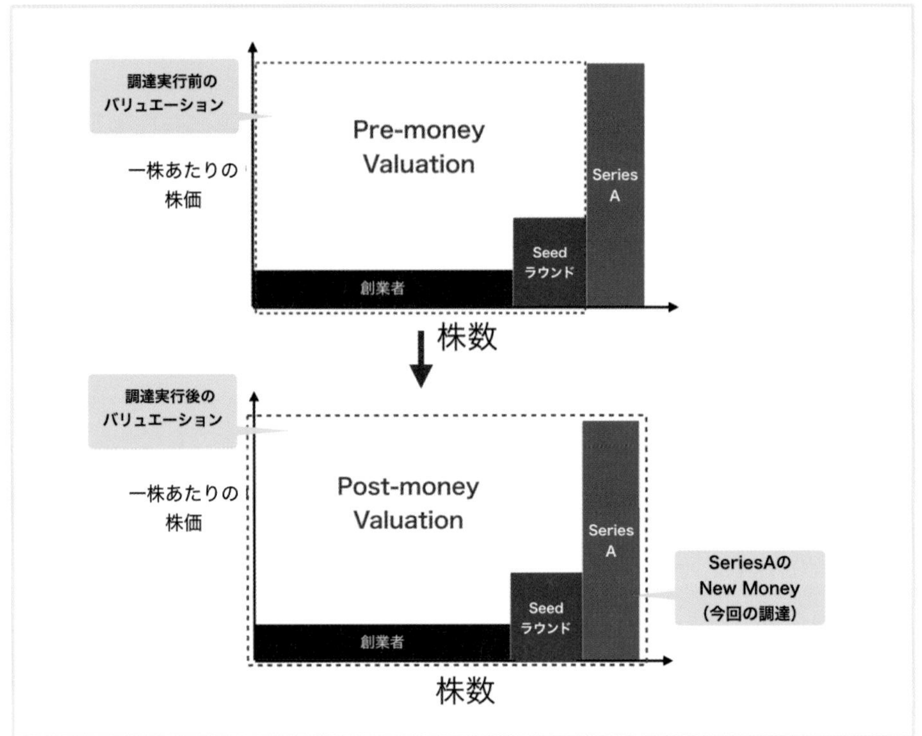

れ、一社が圧倒的なシェアを取って勝つモデル）。

逆に腰を据えて、10～20年かけてその事業領域をやるという場合なら、自己資本や有志で狙うのが良い（VCは10年でファンドの期限を迎えるから、長くやりたい創業者とはどうしても利害が一致しない）。

私は、資金調達のタイミングは、資金用途が明確になったタイミングだと考えている。PMF後、その後の成長が一気に見込めるようなCSF（Critical Success Factor）が見つかったときだ。

図表9-12のように、資金を使ってアクセルを踏み込んだら、その後に、「二次関数、三次関数」的な成長仮説が立つときだ。

勘違いしがちなのが、資金調達した額や調達に至る速さが成功のバロメーターになると思うことだ。

「何億円を調達した」という話が連日ニュースで流れる。しかし、それに惑わされてはいけない。資金調達額が多いというのは、時価総額が高くなることを意味するので、M&Aがしにくくなる。

逆にEXITの選択肢を狭めてしまうデメリットがあるのだ。

スタートアップは、資金調達後、次回の調達に向けて、だいたい15～24か月で使い切ることを目標にする。

だが、100億円などの大金を調達したら、次はIPO（上場）するしか選択肢がなくなってしまう可能性があり、その意味でも柔軟性が減ってしまう。

プレマネー(Pre-money)とポストマネー(Post-money)

ここで、プレマネー（Pre-money）とポストマネー（Post-money）とは何かを説明しておきたい。

プレマネーとは、新規投資がなされる

前の企業価値を指す。新規投資にあたり、投資家と創業経営陣が交渉をするのは、プレマネーになる。そのバリュエーションを株式総数で割ったものが、その時点でのスタートアップの値段になる(Price-per-share)。この価格をそのラウンドの筆頭投資家と交渉して、引き受け価格が決まる。

計算式は以下で図で表すと図表9-13のようになる。

Post money Valuation ＝
Pre money Valuation ＋ New Money
(今回の資金調達額)

資金調達の実行後は、創業者、Seedラウンド、SeriesA全ての株を含んだものがその会社の企業価値(バリュエーション)になる。

資金調達が実行されたら額面上ではキャピタルゲイン(創業者利益)が生まれる。初期の頃に投資するほど、その後の資金調達を実現したときのキャピタルゲインは大きくなる。

IPOを達成できた段階で、創業者と投資家がキャピタルゲインを得ることができる(図表9-14)。

では、各ステージのバリュエーションは、どのように計算すればよいのだろうか。一般企業の企業価値の評価の場合は、DCF法やマルチプル法を活用する。

しかし、スタートアップは、リスク(通常のリスク＋不確実性)が極端に大きいので、適切な割引率の適用ができない。

バリュエーションは、特に初期のステージにおいては定性的な要因で決まるが、定量的な算出方法を紹介したい。

VCメソッドと呼ばれるもので、VC側からの視点で、現在のスタートアップの適正な時価総額を算出する手法になっている(以下の説明は、少しマニアックになるので、読み飛ばしていただいても構わない)。

▶図表9-14　創業者と投資家がキャピタルゲインを得る

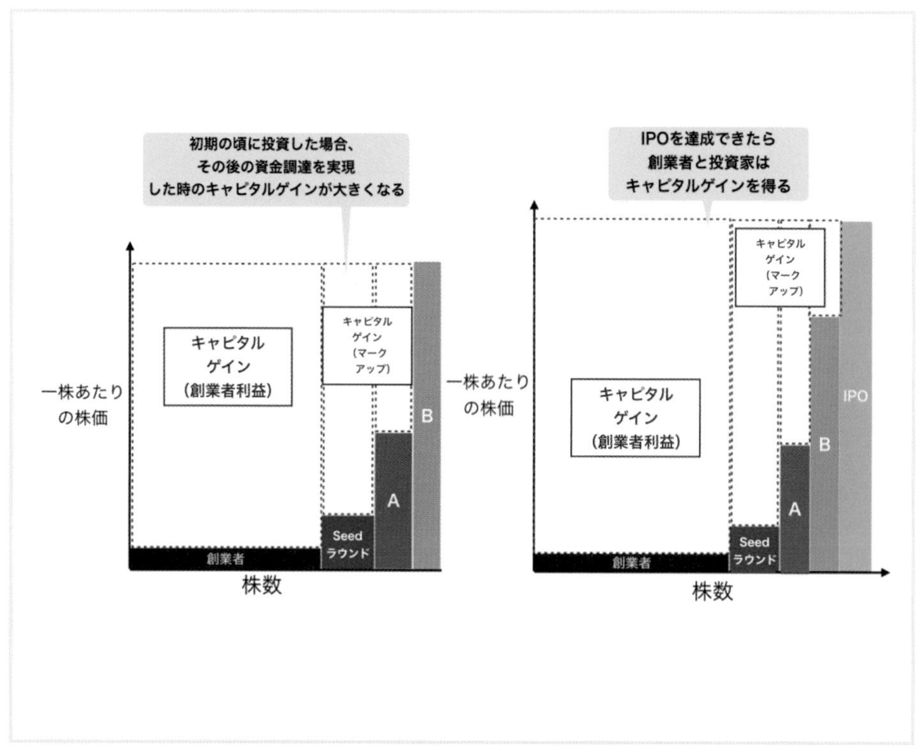

VCメソッドによる今ラウンドの企業価値の求め方は、次のようになる。

EXITしたときの企業価値からVCが考慮するIRR（内部収益率）をベースに逆算して、現状VCが出資する金額が、そのVCの期待値を超えているかどうかを基準にして、現在のバリュエーションを割り出していく方法だ。

式で表すと図表9-15のようになる。

①仮想PLを作って、N年後にこれくらいの利益が出るという想定をする(Seed期で利益が出ていないと、あまり意味をなさない)。
②これは、Compsといって、上場している類似企業が最終利益に対して、どれくらいのmultiple／PER（将来への期待収益性）がつくかを調べてみる。
例えば、マザーズ上場に必要な売上の平均値は23億円、中央値は14億円というような公開時の時価総額の参考値がある。

マザーズ上場に必要な経常利益は、平均値1.4億円。中央値は1.2億円。公募で100億円以上の時価総額をつけるには、最低でも3億円の当期利益が必要。

4億の当期利益があっても事業が評価されにくい場合がある。1億円の当期利益は、事業体によるPER22～85倍のレンジが大事。当期利益1億円台で上場13社、公募時のレンジが22～86億円。

直近のトレンドを元にすると、IPO時のPERは25～50倍（直近決算期ベースで50倍、進行期ベースで25倍)。

資本政策の作り方として、例えば、Pre IPOは最低でも企業価値80億円程度を目指す。各調達ステージの企業価値が約2倍ずつくらいに成長していくイメージで作ると、IPOまでに5回ファイナンスをすると仮定すれば、最初のファイナンスを5億円程度で成功させる必要がある。

さらに、各ラウンドにおいて放出するシェアは10%程度を目安とすれば、IPO

▶図表9-15　VCメソッドによる今ラウンドのバリュエーションの求め方

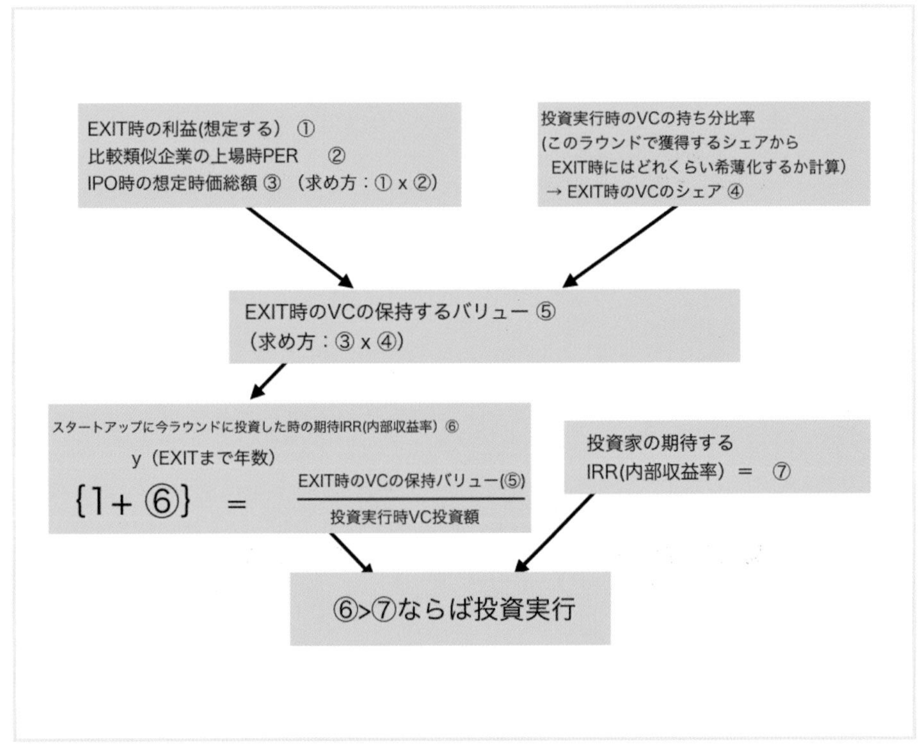

出典:『MBAバリュエーション』(森生 明著、日経BP)を参考に筆者が作図

するときに50%のシェアを社長の手元に残しながら上場できる。

③そこから、IPO時の時価総額を算定する。

④Cap tableを作り、IPO時にどれくらいのシェアを保持しているかを計算する(図表9-16)。

⑤金額換算すると、どれくらいのバリューを保持しているかを計算する。

⑥そこで、図表9-16のように、期待IRRを洗い出す(例えば、VCが1億円で投資を検討する。1億円入れたら7年後に24億円になるとすると、年間の内部収益率(IRR)は7年で24倍になる。ということは、1年間で57.5%の株価の上昇が見込めるということになる)。

参考までに期待されるリターンは以下のようになっている(レンジで表しているのは、VCによって異なるから)。

- Seed期　30〜70%
- SeriesA　20〜50%
- SeriesB　15〜40%
- 上場前　10〜30%

そして、この57.5%というのが投資家の期待値を超えていたら、投資する。期待値以下であれば、投資しないということになる。

ちなみに、LinkdInの創業者で、著名なVCであるリード・ホフマンによると、VCはファンドの通常の存続期間である7〜10年で3倍以上のリターンを得る必要があると言っている(『ブリッツスケーリング』リード・ホフマン他著、日経BPより)。

これに応えるには、スタートアップは毎年の内部収益率15〜22%以上を達成することが期待されているのだ。

つまり、この15〜22%というのが、VCがスタートアップに設定している**「資本コスト」**になるということだ。

資本コストとは、資金調達する際のコ

▶ 図表9-16　**Cap tableでIPO時にどれくらいのシェアを保持しているか計算**

今回はPre 2.5億円のバリュエーションで1億を投資を検討

想定されるIPO時の持分は24億円(120億の20%)

	設立時		Series A		Series B		IPO	
	株式数	シェア	株式数	シェア	株式数	シェア	株式数	シェア
経営陣	50,000	100%	50,000	71%	50,000	63%	50,000	50%
A投資家			20,000	29%	20,000	25%	20,000	20%
B投資家					10,000	13%	10,000	10%
一般投資家							20,000	20%
発行済株式総数	50,000		70,000		80,000		100,000	
新規株発行価額	¥ 1		¥ 5,000		¥ 50,000			¥100,000
調達金額			1億円		5億円			20億円
Pre			2.5億円		35億円			100億円
Post			3.5億円		40億円			120億円

スタートアップに今ラウンドに投資した時の期待IRR(内部収益率)

7年でEXIT(IPO)すると想定する

EXIT時のVCの保持するバリュー

$$\{1+0.575\}^{7} = \frac{24億円}{1億円}$$

投資実行時のVCの投資額

スタートアップに今ラウンドに投資した時の期待IRR(内部収益率)⑥

$$\{1+⑥\}^{y\,(EXITまで年数)} = \frac{EXIT時のVCの保持バリュー(⑤)}{投資実行時VC投資額}$$

ストのことである。

まとめると、VCはスタートアップに出資するときに、「上場時の時価総額がどの程度になりそうか？」「その時点でのキャピタルゲインが、自社がスタートアップに期待するIRRを超えるか？」という論点があるということを覚えておいていただきたい。

ベンチャーキャピタルの秘密は、投資先のスタートアップの中で最も成功した案件のリターンが、その他の全ての案件の合計リターンに匹敵するか、それを超えることだ
――ピーター・ティール『ゼロ・トゥ・ワン』より

スタートアップに対する投資対効果（ROI）は「べき乗則（＝Power Law）」が適用される。スタートアップの成功には、極端な隔たりがあることが分かる。

図表9-17のように投資先（ポートフォリオ）のうち1～2割が、全体の8～9割の利益を生み出しているのだ。80：20の法則である。例えば、アメリカのシリコンバレーにおいても同様である。フェイスブックは、1社だけで10年間で14兆円の投資を全て回収できた。

エンジェル投資の醍醐味は大穴中の大穴を的中させることだ（投資額の5000倍のリターンを生むこと）
――ジェイソン・カラカニス『エンジェル投資家』より

つまり、VCは最終的に世界を大きく変えるポテンシャルを持ったスタートアップ（＝Outlier）にしか興味はないと言える。

これは、ユニコーンが多く輩出されるアメリカのVCは特大ホームランを狙う傾向があるが、日本には、マザーズ市場があるので特大ホームランではなく「ホームラン」、場合によっては「二塁

▸図表9-17　投資先の1~2割が全体の8~9割の利益を生む

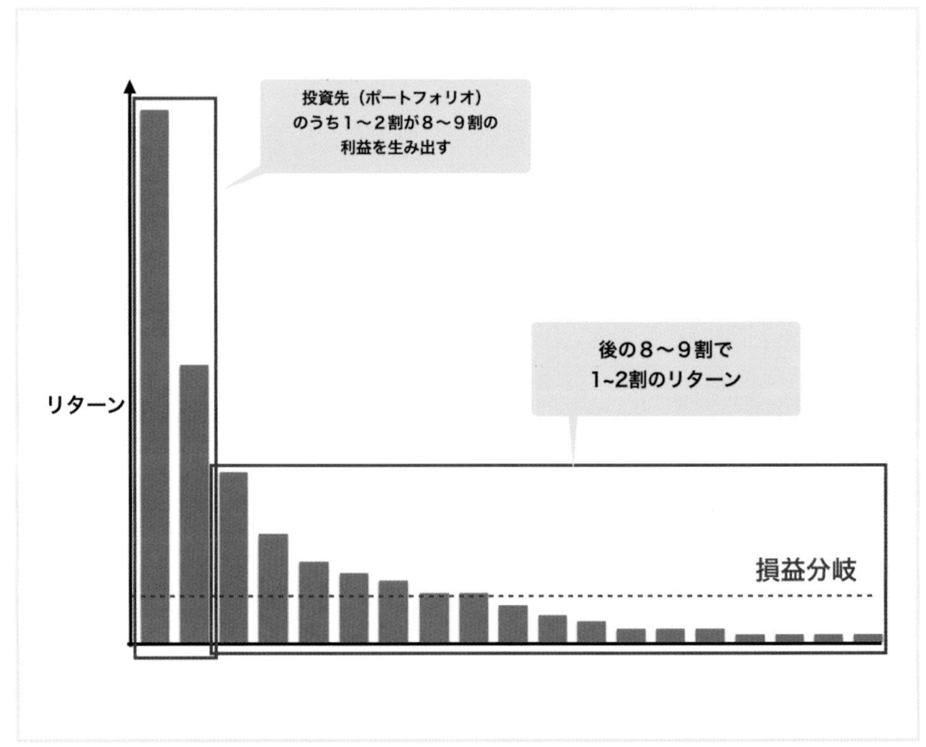

▶図表9-18　各ステージにおける資金調達分布とバリュエーション分布(2017年)

(単位：円)

資金調達ステージ		時価総額のレンジ(Post-money)	平均時価総額(Post-money)	調達額のレンジ	平均調達額
アーリー	Pre-seed	1億~2億	1.5億	1000万~5000万	3000万
	Seed	3億~10億	5億	5000万～2億	1億
	Series A	7億~50億	11.6億	1億円~15億	2.6億
	Series B	10億~200億	19億	1億~30億	3.8億
	Series C	10億~200億	35億	1億~30億	4億
レイター	Series D	50億～1000億	66億	5億~80億	13.5億

出典:https://coralcap.co/2017/06/deal-teams/を参考に筆者が作成

打」を狙うVCも少なくない。

改めて、各ステージでどれくらいのバリュエーションで、どれくらいの資金を調達したのか、他のスタートアップを参考に見てみよう。

SeriesAからSeriesDまでの各ラウンドの資金調達額分布とポストバリュエーション分布は図表9-18の通りだ。

留意点としては、全てのスタートアップが先のラウンドに進めるわけではないということだ。正確な数字を出すことはできないが、およその割合として、SeedからSeriesAに行けるのは25～30%。SeriesAからBに行けるのは40～50%。IPOできるのは全体の実に数%しかいないのが実情だ。

つまり、年間で日本におけるスタートアップは、VCやエンジェル投資家からシード投資を受けているのが1500～2000社と言われる。そのうち、シリーズAに進めるスタートアップは300～400社、そのうちIPOできるのは、わずか100社弱と言われ、いかに狭き門かが分かる。

バリュエーションは高いほどいいのか?

バリュエーションが高いと、既存株主(創業者を含む)の持ち株比率の希薄化(新株発行増資などにより、株式会社の発行する株式数が増えたために、一株が表す株式の権利内容が小さくなること)を避けることができる。

一方で、次のようなデメリットもあることも認識するべきだ。

- 高すぎるバリュエーションは後続の投資家が入りにくくなる
- M&AによるEXITの可能性を狭める(M&Aの買い手を見つけるのが難し

くなる）

IPOも同様で、公開時の株価を類似業種の上場企業やPERの倍率で設定する証券会社としては、高すぎる株価で調達をしている株式の値付けには苦労する（IPO前にダウンラウンドが発生する。例えば、ビジネスSNS「Wantedly」の企画・開発・運営をするウォンテッドリーは、IPOの前に90億円で資金調達したが、IPOの公示価格は40億円になってしまった）。

重要なことは、「自社の適正価値」をきちんと把握するということだ。不当に高い株価で調達してしまっても、後で苦労することになる。

例えば、SeriesAで50億円の時価総額をつけて5億円の調達ができたとする。10％のシェア提供で5億円が調達できて、一見すると「ハッピー」に感じるかもしれない。

しかし、その後事業が伸び悩み、引き続き赤字が止まらずという状態になると、SeriesBの調達時の時価総額がSeriesAよりも下がるようなことが起きる。その際に、優先株で希薄化防止条項がある投資契約を結んでいたら、創業株主は多くのシェアを失うことになってしまうのだ。

これはダウンラウンドと言われて、スタートアップとしては、避けるべき状況であることを留意したい。

CHAPTER

9-4 FINANCE

お金を集める方法を知る

スタートアップが資金を調達する方法は、次のようなものがある。資金調達の方法をまとめたものが図表9-19だ。

資金調達の方法

普通株

普通株について確認しておこう。普通株とは、株主総会において投票する権利（議決権）であり、会社から配当を受け取る権利（配当請求権）、会社が清算した場合に、残余財産の分配を受ける権利（残余財産分配権）があり、これに加えて持ち株数や期間に応じて、各種の株主権が付与される（エンジェル投資家との契約は普通株で行われることが多い）。

▶ 図表9-19　資金調達の方法

種類	誰に対して発行するか	手続きコスト	Stage	投資家から見たリスク
借入(Debt/Note)	関接金融：銀行 直接金融：社債	低	Series B ～	低
新株予約権付社債 (Convertible Note)	エンジェル投資家（Seed期） 投資家（ブリッジラウンド）	低	Seed, Bridge round	↓
新株予約権 (Warrent, Stock option)	従業員・創業者	高	Series A ～	↓
種類株式 (優先株式)	投資家	高	Series A ～	↓
普通株	創業者	中	Initial capitalization	高

資金調達の方法
コンバーチブルノート

コンバーチブルノート（Convertible Note）は、スタートアップ独自のものと言われる新株予約権付社債だ。コンバーチブルノートは、社債なので最初は借金だが、株式へ転換されると返済義務がない「資本」になるという特性を持っている（図表9–20)。元本の返済義務を負うが、社債の元本分の「新株予約権」がセットなので、投資家が株式への転換権を行使したタイミングで社債の元本が資本に転換される。

コンバーチブルノートのメリットは、次の通りだ。

- 契約内容がシンプルでバリュエーションの厳密な評価が不要なので、投資家側とさほどネゴシエーションせずにクロージングできる（市場株価が存在しないスタートアップの企業価値を適切に評価することは容易ではないし、そもそもその価格が適切かどうかは分からないという難点がある)
- 優先株のような複雑な条項が入っておらず定款の変更も必要ないシンプルなものなので、資金調達の際にかかる最大のコストであるリーガルフィーが少ない
- 標準的な条件（ターム）があり、活用できる
- 複数の投資家が増資の手続きのタイミングを合わせなくてもよいので、クロージングがフレキシブルに設定できる
- 創業者が持つ株がいきなり希薄化しないので、モチベーションを維持できる
- ラウンドの開始時に最も時間と経営陣のリソースを要するのはバリュエーション交渉だが、コンバーチブルノートを活用するとそのバリュエーション交渉を先送りできる

一方、デメリットやリスクもある。

- 調達したスタートアップは債務超過に

▶図表9-20　コンバーチブルノートとは

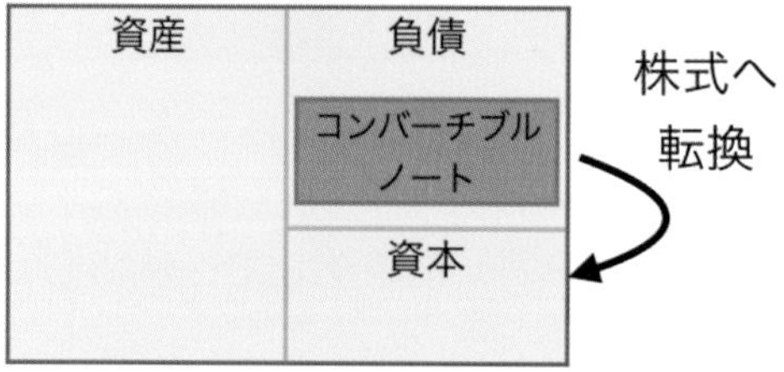

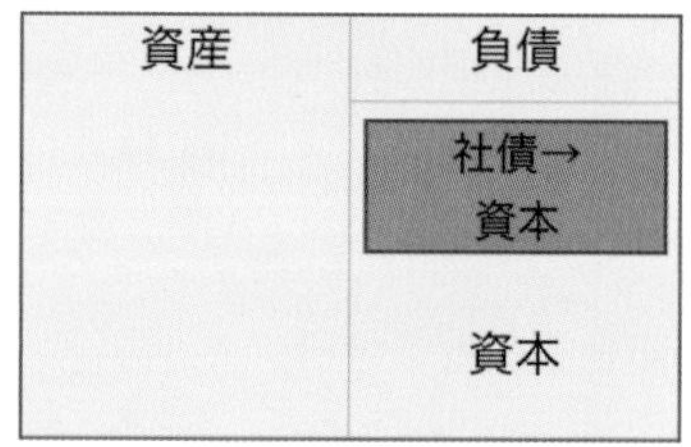

なるため、他の企業との取引対象条件に満たないリスクがある。もし金融機関から借り入れが必要な状況になっても借りられなくなる

- コンバーチブルノートでの調達でも実務上は時間がかかることが多い
- 社債の償還期日までに事業が思うように成長せず、次のラウンドで資金調達できない場合は、元本の返済を迫られる
- 投資家側にとっては、
  - エンジェル税制の適用がない
  - もしローン形式であれば、投資家側は貸金業の登録が必要になる
  - 繰り返し行っていると貸金業の登録が必要になる可能性がある

コンバーチブルノートは、短期間でクロージングできる利点がある。優先株で投資する場合に比べ、交渉や事務にかかる手続きが圧倒的に早い。通常、SeriesAのタームシートならば、数ページから10ページ以上、契約書面になれば合計で100ページを超える量になるが、コンバーチブルノートのタームシートは1～2ページ、契約書類は5～6ページで済む。

また、いつでもクロージングできるフレキシブルさもある。株式投資の場合、そのラウンドで投資する人の足並みをそろえなければならないため、いつでも開始したりクロージングできるわけではない。

では、実際にコンバーチブルノートの交渉をする際、ポイントになることは何だろうか。

次の6つをチェックしたい。

1. いくら集めるか?（2000万円～2億円）
2. ディスカウントをいくらにするか?
3. キャップをいくらにするか?（上限額）
4. 満期をいつに設定するか?
5. 金利をいくらにするか?
6. その他の条項（Drag-along条項など）

2. のディスカウントとは、優先株に

▶ 図表9-21　**ディスカウントとキャップが付いている例**

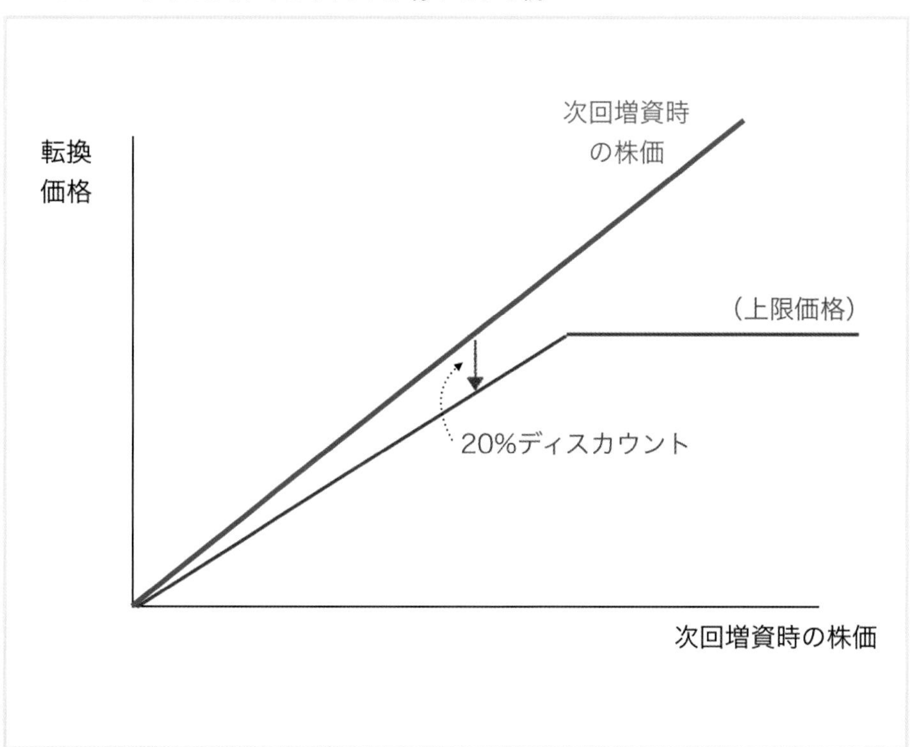

出典:『起業のエクイティ・ファイナンス』磯崎哲也著、ダイヤモンド社

よる次回の増資ラウンド（資金調達）が行われる際の株価の評価額が期待より低かったときに、割引率（＝ディスカウント率）が適用され、それを引いた額で購入することができるというものだ（図表9-21）。企業が成長しなかった場合に、先に投資した投資家を守るために行う。

3. のキャップとは、次の資金調達時のバリュエーションが一定額を超える場合には、事前に合意した上限価格で転換を計算しようとするものだ。エクイティラウンド（Equity Round）での一株あたりの値段が高くなりすぎて、ディスカウントが効いたとしても一株あたりの株価が高すぎることがある。その不公平感をなくすために、キャップを設ける場合がある。

企業が大きく成長したときのために、先に投資した投資家を守るために行う。

その他の留意点としては、金利はできるだけ低く設定すること。契約書に転換される日付があること。転換されるための最低調達金額は、エクイティラウンドでどれくらい調達したいかによって、最低の調達金額を設定していきたい。

コンバーチブルノートを交渉するときは、500Startupが作ったJ-KISSのテンプレートも活用できる[2]。

2）https://coralcap.co/2016/04/j-kiss/

資金調達の方法

種類株式（優先株式）

種類株式（優先株式）についても押さえておきたい。優先株とは、種類株式の一部で、普通株に対して優先的な内容が定められている株である（図表9-22）。

スタートアップにおいては、SeriesA以降はほとんどの場合、優先株を使うことになる。

なぜ、そもそも優先株を使うのだろうか？　起業家にとって優先株を使うメリットは、以下の通りである。

1. ストックオプションのインセンティブを高めて、優秀な人材を採用できたり、社内に保持できる

ストックオプションがインセンティブとしてより強力に機能するためには当然、行使価格（生株の場合譲受価格）が低い方が良い（将来の向上後の株価との差額がもらった側の利益になるから）。優先株において、「普通株と優先株の価格差が数倍～10倍までは許容される（課税当局からとやかく言われない）」というルールがある。

価格差がもし10倍ならば、仮に直後にEXITしても10倍の儲けがあることになる（実際には直後に株式に転換できない場合が多い）。ストックオプションをもらったメンバーが、頭の中でソロバンを弾いたときに、「XXXX万円ゲットできる」というインセンティブを創出できる。

2. 投資を受けやすくなる。優先株ではバリュエーションを高めに設定できる。優先株はVCが出資額を取りこぼすリスクなどを下げることができる（優先分配権）ので、出資がしやすくなる

また、リスクがヘッジされているプレミアムが乗るので、スタートアップ側は、より高いバリュエーションで出資を受けることができる（金融工学的に見て、優先株には普通株を保有する株主よりも優先した権利が付与されるので、その株式価値は普通株に比べて高くなる）。

3. 起業家がより大胆な意思決定をして、大きく成長をするためのモチベーションになる

優先株で設定される投資家向けの優先的残余財産は、スモールEXIT（M&A）を防ぐ効果がある。スモールEXITをしても、優先的に分配された後に創業メンバーにあまりキャッシュが行き渡らないケースになるので、大きくEXIT（IPO

▶ 図表9-22 優先株の位置付け

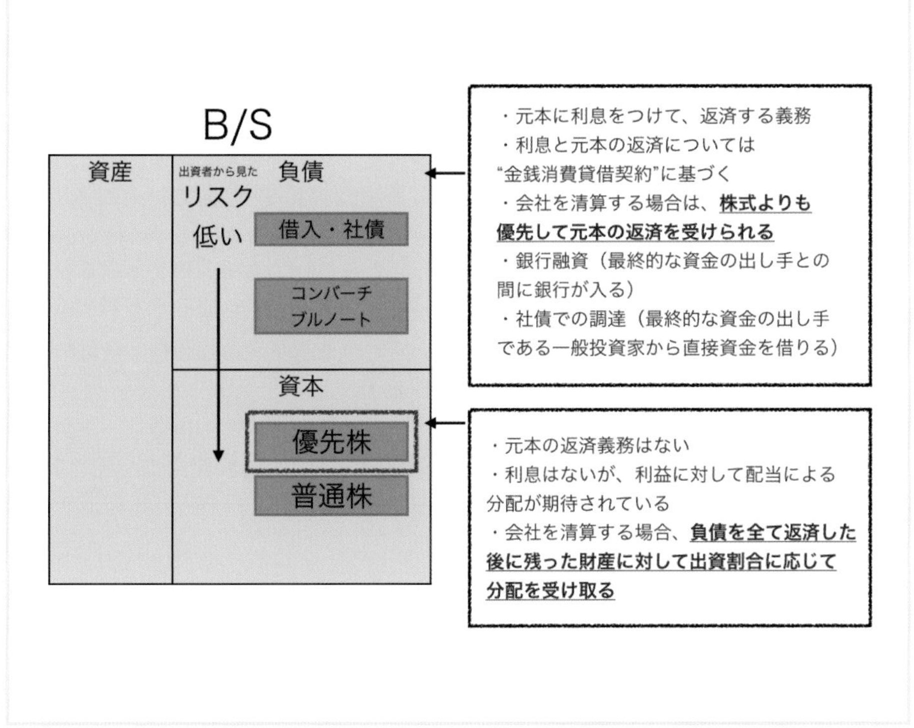

や大型M＆A）を目指すモチベーションになる。

優先株を使う起業家のデメリットは、次の通りだ。

- 複雑なので理解が難しい
- 交渉に多くのリソースを要する
- 定款の変更などリーガルフィーがかかる
- 種類株主総会を運営する必要がある
- 残余財産の配当権が劣後になってしまう

次に、投資家にとって優先株を使う際のメリットは、以下になる。

- 詐欺的解散などへのリスクヘッジができる（優先的残余財産を設定すると詐欺的解散が起きてしまったときの投資家のリスクをヘッジできる。投資家からお金が入った直後に、経営陣が3分の2以上の議決権を持っていることを利用して会社の解散決議を行い清算すれば、普通株の場合は経営陣にキャッシュが分配される。もし、優先的残余財産を定めた優先株ならこのようなリスクを避けることができる）
- 優先的な残余財産分与権の設定を行い高いROI比率を担保できる（後ほど説明）
- 株式割合の希薄化防止（次回のダウンラウンドになった際）
- 取締役に就任することにより、スタートアップの経営のモニタリング／アドバイスをすることができる

総じて言うと、優先株の最大のメリットは、リスクをとる投資家を保護することができるところだ。

投資家にとって、優先株を使う際のデメリットもある。

- バリュエーションが比較的高くなってしまう
- 投資契約書が複雑になり、一つひとつのディールに対して工数がかかってしまう

以上を踏まえた上での優先株を設定する際の交渉ポイントは、以下の通りだ。

- **会社のバリュエーション**
  1株いくらで発行するか？（Pre-moneyとPost-money）
- **優先的残余財産請求権の設定**
  優先的残余財産分配を何倍に設定するか？　参加型か非参加型の設定
- **優先的配当金請求権の設定**
  参加型か非参加型の設定。配当金の累積型か非累積型か
- **金銭と引き換えにする取得請求権**
- **普通株式と引き換えにする取得請求権**
- **希薄化防止条項**
  加重平均かフル・ラチェット（普通株主の持ち分比率が大幅に希薄化する）か
- **取締役の就任権**
- **他の条項の設定（Pay-to-play条項、Drag-along right条項、先買条項）**

優先的残余財産請求権の設定

優先株の設定で最も重要な条項が、優先的残余財産分配だ。優先的残余財産の分配とは、スタートアップが清算する場合（M&AやIPO）や潰れた場合に、債権者に債務を支払った残りの財産をどうするかの権利だ。

優先的残余財産の分配のチェックポイントは、次の2つだ（日本のスタートアップの残余財産分配の標準は1倍／参加型だが、アメリカは1倍／非参加型が多い）。通常、残余財産分配請求には、「みなし清算」がついてくる。

みなし清算とは、M&Aされることを「会社が清算された」とみなしてM&Aの対価分を分配するが、この合意のことを指す。残余財産分配権は会社を清算したときに活用される。

- 何倍を規定しているのか（1〜2倍の間が一般的）
- 参加型か非参加型か

優先的残余財産の意味

優先的残余財産は、M&A時の投資家の投資インセンティブを確保する意味がある。図表9-23を見ていただきたい。普通株なら、もしM&Aで会社が清算になった場合に、まず、借入の部分が分配される。そこから残った部分が、投資家の持ち分と起業家の株の持ち分に応じて分配される。

一方で優先株がある場合は、まず優先株を保有している投資家に分配されて、そこから起業家に分配されるイメージだ。

以下は、磯崎哲也氏の『起業のエクイティ・ファイナンス』（ダイヤモンド社）を参考にしながら、残余財産分配権の様々なケースを作ったものだ。

ケース1　Pre8億、Post10億のバリュエーションで2億円を普通株投資した場合

2億円投資したにもかかわらず、M&Aした額が10億円を超えない場合は10億を超えない場合は元本割れしてしまう。8億円が創業者の取り分になると、投資家は1.6億円になり損してしまう。これが普通株で投資するリスクになる。このリスクをヘッジするために、優先株で残余財産分配権を設定する（ケース2以降で紹介）。

ケース2　Pre8億、Post10億で残余財産1倍／非参加型non-participatingのOR参加型で2億円を優先株投資した場合

もし、投資先のスタートアップが10億円で売れた場合は、まずは、残余財産分配権がある投資家に2億円が入る（図表9-24）。そして、残りが起業家と投資家で、分配されていく。ただこれだと、

▶ 図表9-23 優先的残余財産の分配

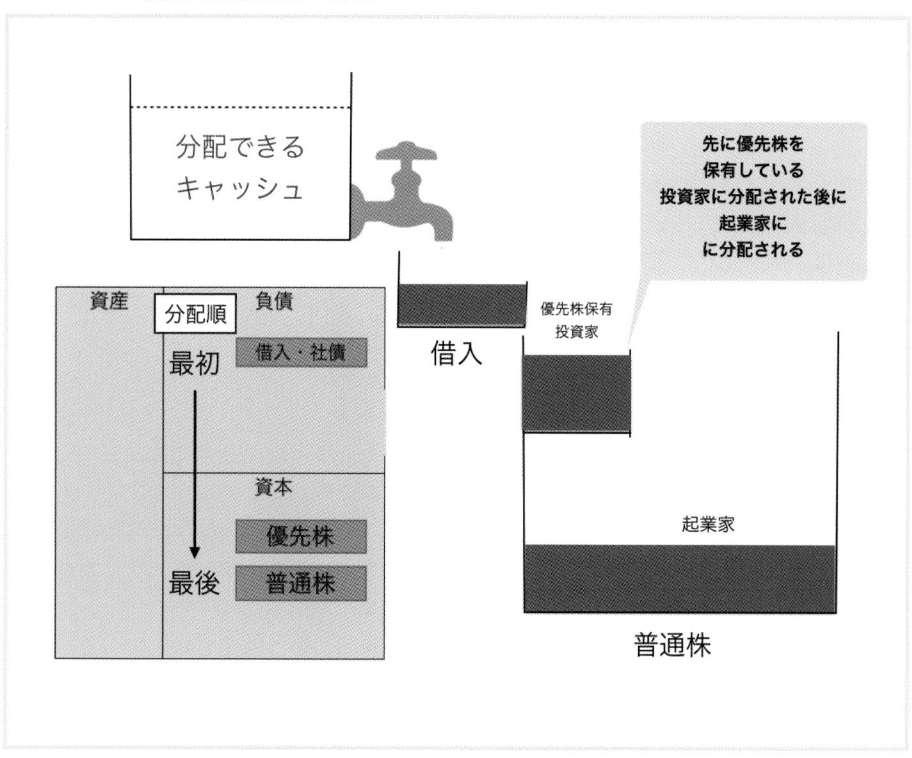

▶ 図表9-24 「OR型」の残余財産優先分配権（太線）

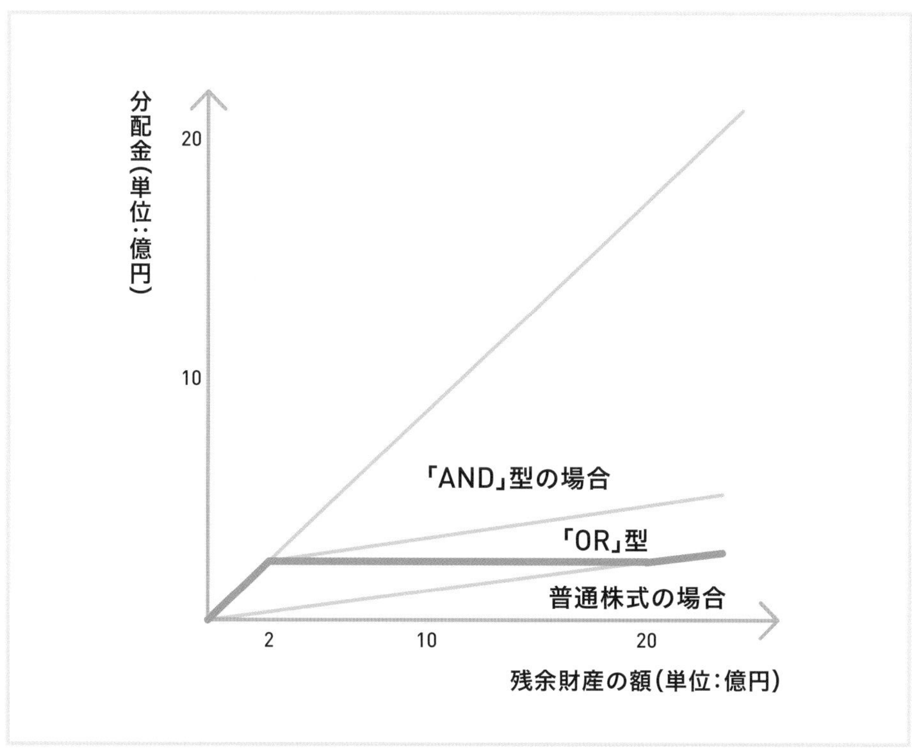

出典:『起業のエクイティ・ファイナンス』磯崎哲也著、ダイヤモンド社

出資の元本が保証されているだけなので、投資家にとってはおいしくない。ケース3ではAndのフル参加型を紹介する。

ケース3 **Pre8億、Post10億で残余財産1倍／フル参加型full-participatingのAND参加型で2億円を優先株投資した場合**

フル参加型full-participating、AND参加型というのは最も一般的なケースと言える。

20％が参加分になるので、元本の2億円が保証されてから、さらに残った分を投資家が持っている割合の分をとっていくという設計だ。

次のケース4では、最も投資家が得するケースを紹介する。

ケース4 **Pre8億、Post10億で残余財産3倍／And型の参加型で2億円を優先株投資した場合**

6億円のうち2億円の元本を取り切り、残った4億円を分ける。これは、投資家が最も得するケースになる（ドットコムバブル期にはよく見られたケースだが最近は3倍などはほとんどない）。

優先的剰余金配当請求権について

通常株式には配当金がつく場合が多い（上場株ならば配当金がつく）。しかし、配当金を出すための前提条件としては、利益を出している必要がある。スタートアップは利益を出さずに、常に赤字のまま事業投資を続けていくことが多い。

結果として利益が出なければ配当できないため、スタートアップのファイナンスでは、配当金は形骸化するので設定しない場合が多い。

ただ、投資契約書に記載されていた場合は、スタートアップ側に不利に働くので注意が必要だ。優先的剰余金配当請求権には、累積型・非累積型がある。累積型は、配当できなかったときに翌年に持ち越せるパターン。ただし、ずっと借金として積もってしまうことになる。非累積型は、配当できなかったときに翌年に持ち越せないタイプだ。

希薄化防止条項を検討する

希薄化防止条項とは、投資家がその持ち分が希薄化しないようにするための条項だ。スタートアップがうまくいってIPOになった場合は、優先株は普通株に1：1で転換される。

しかし、新しいラウンドで、その前の発行株価を下回る価格で、投資家に株式を発行する資金調達が行われた場合に（ダウンラウンドファイナンスと言う）、そのリスクヘッジとして、投資家の持ち分が希薄化しないように調整される。

● なぜ希薄化防止条項を設定するのか？

希薄化防止条項は、経営権（Control Term）にも影響がある。この条項があると、起業家はダウンラウンドを避けようとするモチベーションが生まれる。例えば、追加の資金が必要な場合でも、もしバリュエーションが下がる場合は、それを避けようとするモチベーションが生まれる（起業家としては、投資家と設定したマイルストーンを達成して、バリュエーションを上げることにコミットするインセンティブが働く）。

● 希薄化防止条項のポイント

起業家より提示したバリュエーションが高すぎると、ダウンサイドリスクをヘッジするために、フル・ラチェットで設定したいという交渉が入るときがある。

● **希薄化防止規定を加味した時のバリュエーションのポイント**

SeriesAの投資家にA種優先株式を割り当てることを考えた場合、株価があまりにも高いと、次のVCラウンドで、B種優先株式の株価がA種優先株式の金額を下回ってしまう可能性がある。そこで現実的な価格をつける必要がある（希薄化防止条項を設定する場合は、1. フル・ラチェット方式と、2. 加重平均方式の2種類がある）。

資金調達の方法

新株予約権

ストックオプションとは、将来、一定条件で株を安く買い取れる権利のことで新株予約権とも言う。

将来、株価が上がれば株価が上昇した分、キャピタルゲインが発生する。通常、会社が従業員に無料で配るもので、従業員側にリスクはない。

ストックオプションはスタートアップが優秀な人材を惹きつける最強のツールになる。

無償で発行できるストックオプションを付与して、将来会社の価値が高まったときに、その権利を行使して株式の取得をしてもらうことで、頑張ってきた役員、従業員もその利益を享受できる。スタートアップの成功要因は、人材が大きな要素を占めるが、スタートアップはカネもなければ、人材、ノウハウも限られる。あるのは、将来に向けた可能性だけだ。

ストックオプションは、その“将来の可能性”を推進力に変換する仕組みなのである。スタートアップの成長の鍵を握るのは、キーマンとなるメンバーが会社に強くコミットしてくれたかどうかにかかっている。会社はストックオプションを付与することで、付与された人が会社に強くコミットし、会社をより成長させてくれることを期待している。

一方で、ストックオプションを付与された人は、自分の貢献により会社をより成長（＝株価を上昇）させることで、より自分自身も高い経済的利益を得ることができるということだ。

ストックオプションの仕組みは次の通りだ。もし第1回付与時で株価がまだ低い株価1万円のときに発行し、権利行使したときには20万円になる場合、1株に対して19万円のキャピタルゲインがある。

一方で、2回目（株価2万円）のときに発行し、権利行使したら、1株に対して18万円分のキャピタルゲインがある。このように、先に参画した人が、より多くのキャピタルゲインを得られるという仕組みになっており、初期メンバーに報いることができる。

ストックオプションを発行するときに、重要な論点となるのがリワード型（これまでの成果に対する報酬）なのかロイヤリティ型（これからのコミットメントや成果への期待）なのかを整理しておくことだ。

ストックオプション設定のポイントの一つは、ストックオプションが上場までの累計で発行株式総数の10％以内で収まるように考えておくことだ。

もう一つのポイントは、ストックオプションを発行してすぐに辞められてしまっては意味がなくなってしまうので、クリフとベスティングスケジュールを設定することだ。

3つめのポイントは、ストックオプションの魅力を維持するため、優先株を使った方がストックオプションにおけるキャピタルゲインの幅を広げることができることだ。優先株は普通株より1株あたりの価格が高くなるので、ストックオプションを持っている人一人あたりのキャピタルゲインが高まるのだ（これは前述の優先株のところでも説明した）。

クリフ
ある期限内（1～2年程度）に会社を辞めると株が手元に残らないようにする取り決め

ベスティング
株が取得できる権利確定の条件。1年で25％ずつ取得でき、4年で100％保有できるなど

ストックオプションを決めるプロセスは、次の5つだ。

1. **資本政策を構築する**
2. **付与できるストックオプションの量を想定する**
3. **役職の付与ルール／ポリシーを決める**
4. **誰がどれくらいのインセンティブになるかのシミュレーションを行う**
5. **全体を見て整合性が取れるかを検討する**

ストックオプションは、実務上発行株式総数の10～15%にしている場合が多い。

通常、CXOなどの幹部を採用するときは、ストックオプションを用意しておくと有利に働く。これらのポジションの採用が終わっていない場合は、10～15%の枠を残しておく。何%にすればいいのか法律上の上限はないが、あまりに多すぎると上場時に設定された株価の信憑性が下がってしまうので気をつけたい[3]。

3）https://www.azx.co.jp/blog/?p=2481

ストックオプションの行使条件は、会社独自のものを設定できる。例えば、FiNCというヘルスケアのスタートアップでは、行使条件に、「BMI25条件」と「ニコチン禁止条件」というのを付け加えている。

この条件が組み込まれたストックオプションが発行された時期は、組織サイズが年々急拡大している最中であった。組織の拡大に合わせて、この時期の採用では、ビジョンに共感する人を見分けるために、BMI25以下、喫煙者でないことを入社条件として設定している。その条件をストックオプションの取得条項の一つとして織り込むことで、ビジョンベースのマネジメントを行っているのだ[4]。

4）https://visionarybase.com/n/n1517d1b58206

また、最近注目されているのが、信託を活用したストックオプションスキームだ。上場企業、未上場企業合わせて100社以上が導入していてベンチャー企業の中で広く活用されていると言える。従来のストックオプションが、発行時に会社に在籍している従業員にしか割り当てできないのに対し、信託型ストックオプションは、全員分まとめて信託に割り当てるため、その時点でのストックオプションの条件を保管しておくことができる。

信託型ストックオプションのプロセスは、次の通りだ。

1. **ストックオプションをまとめて信託分として割り当てる**
2. **従業員にストックオプションに将来交換できるポイントを割り当てていく**
3. **信託の保管期間が完了したら、持っているポイントに応じて従業員に割り当てられる**

従来のストックオプションは、

①ストックオプションを発行したときに、バイネーム（指名で）で割り当て先を決めなければならない
②事業拡大によって、株価の行使価格が上がり、キャピタルゲインが減る
③株価が希薄化する
④税務が複雑になる（有償／無償ストックオプション）
⑤発行するたびにコストがかかる（平均9回行う）

などのデメリットがある。

これに対して、信託型ストックオプションの場合は、

①ストックオプションを発行したときに、バイネームで割り当てる必要がない。ポイント制なので、社内規定での評価指標に基づき任意のタイミングで然るべき相手にポイントを付与できる
②株価が上がる前に、低い行使金額を凍結して信託に保管できる
③行使金額が低いので、希薄化を防ぐことができる
④税務がシンプル

⑤一度の発行で済むのでトータルコストが安く済む

といったメリットがある。

資金調達を開始する

資金調達を開始する前にそもそも、「資金調達すべきか、せざるべきか？」というのを考えなくてはならない。

資金調達のタイミングは、スタートアップが資金を必要とし、投資家もスタートアップを必要としているときだ。

資金調達して、そのお金を使うとその後の成長スピードがぐっと上がるストーリーを作れる時期に調達したい。

資金調達は重量挙げの重いバーベルを持ち上げるような難しさとパズルを解くような難しさの二つがある
――ポール・グレアム Y Combinator 創業者

資金調達に成功する必要条件は、いかに断られることに対して免疫力を身につけることができるかで決まる
――クリスティーン・リンチ　起業家

知能レベルが最高でなくても、最大限の粘り強さを発揮して努力する人は、知能レベルが最高に高くても、あまり粘り強く努力しない人よりも、はるかに偉大な功績を収める
――アンジェラ・ダックワース 『GRIT』著者

資金調達を始めたら、他の全ての仕事が進まなくなる。それくらい資金調達は起業家の頭の中を一杯にしてしまうことを心得ておこう。だからこそ、最も伸びる創業期に資金調達が占めてしまうと、PMFの達成に悪影響を及ぼしてしまう。

資金調達は、時間をかけて投資家と関係を築くこと、投資家を説得すること、投資家と交渉することに労力を使うため、かなりの集中力を要するのだ。

資金調達は最低でも3か月は要するため、VCとはできるだけ早い時期に関係を作った方がよい。VCにアプローチする手段としてはいくつか存在する。

- コールドメール（infoなどから）
- 他のVCやLPからの紹介
- ピッチ（短時間のプレゼンテーション）イベントで出会う
- プレスリリースなどを見て、逆にVCからスタートアップにアプローチする場合がある

中でも割合が大きく確度が高いのは、「紹介」だ。スタートアップ業界は「紹介文化」で成り立っている。留意いただきたいのは、紹介される人物の信頼や評判によって大きく左右されるということだ。VCの間で噂になったスタートアップの相互紹介が行われることが多い。

またピッチ大会に参加して入賞する（優勝する）ことで、一気に投資家のコンタクトを増やすことも有効だ（後ほど解説するがバリュエーションは「美人コンテスト」方式で決まるので、多くの投資家に認知され投資家が交渉テーブルについた方が、バリュエーションを高めることができる）。

Infinity Ventures Summit、Industry Co-Creation、TechCrunch Tokyo、B-Dash Campなどハクのつく日本のイベントに参加したい[5]。

5）https://kigyolog.com/article.php?id=360

▶図表9-25　投資家との関係を構築する

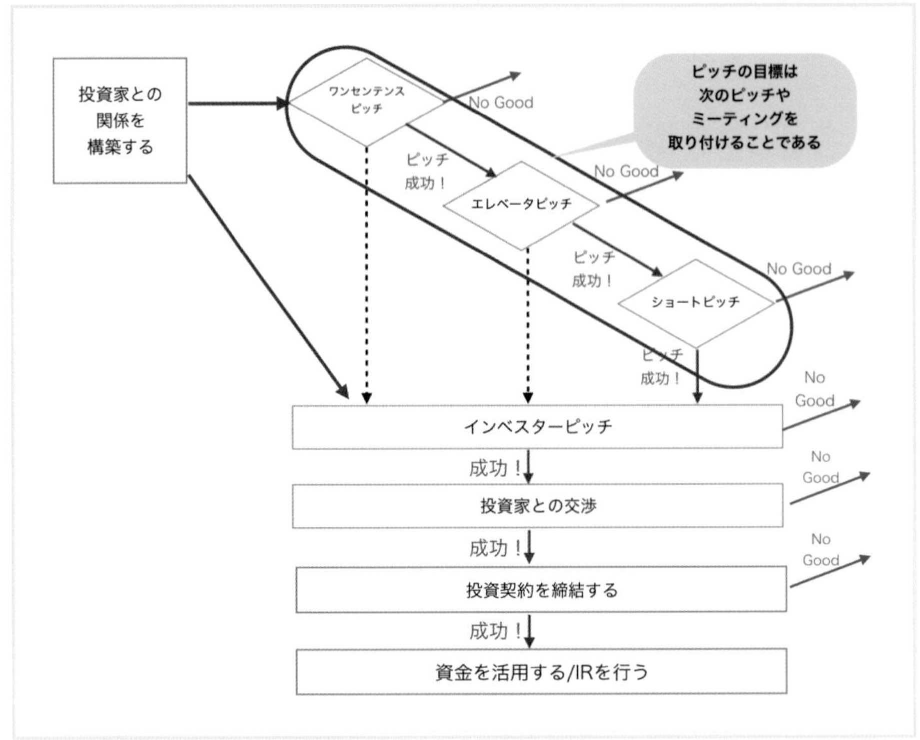

ピッチ資料を準備する

まず自分自身がビジネスに惚れ込む必要がある。盲目的に惚れ込むのではなく、ロジカルにも感情的にも納得した状態（＝Convinced）でいること
――ポール・グレアム Y Combinater 創業者

用意すべきピッチパターンは、次の4つだ。

- ワンセンテンスピッチ（10秒）
- エレベータピッチ（30秒〜1分）
- ショートピッチ（3分〜5分）
- インベスターピッチ（5分〜＋質問）

図表9-25を見てほしい。ピッチの目的は、次のピッチやミーティングを取り付けることだ。

それぞれのピッチについて見ていこう。

● ワンセンテンスピッチ（10秒）

「一言で言うと何なのか？」を伝えるピッチだ。

「企業情報のグーグルです」

「宅配便のウーバーです」

「有料会員に対しては、それぞれの目的に基づいてカスタマイズを行うウェブ上の専門学校です」

「スタイリストが選んだ自分に似合う服が毎月送られてくる月額課金サービスです」

いずれも10秒以内に一言でどんな会社なのか伝えている。

ワンセンテンスピッチから、エレベータピッチにつなげたい。

● エレベータピッチ（30秒〜1分）

30秒ピッチの目的は、本ピッチ（個別ミーティング）の機会を得ることだ。アメリカのシリコンバレーでは、「起業家はエレベータの中で投資家に出会った際、ビジネスプランを30秒で的確に伝えられなくては未来がない」とされていた。これがエレベータピッチの由来だ。

30秒のエレベータピッチのフォー

▶ 図表9-26　30秒のエレベータピッチの事例

我々は 日本へのインバウンド旅行者 (=対象カスタマー)の抱えている
いつでもどこでもスマホを使いたいというニーズ(ニーズ/課題)
を満たしたり、解決したい

Anywhere online(プロダクト名)というプロダクトは、

広告視聴やマーケティングアンケートに答えると高速フリーWi-Fi使用量を獲得
することができるというサービス(重要な利点、対価に見合う説得力のある理由)
をカスタマーに提供することができる

このプロダクトはコンビニWi-Fi, エキナカWi-Fi, ホテルWi-Fi(代替手段の最右翼)
とは違い、

いつでもどこでもスマホでWi-Fi利用ができるというフィーチャー
(差別化の決定的な特徴)が備わっている

アナロジー："我々は、モバイル業界のTV広告(アナロジー) である"

マットは図表9-26の通りだ。これに基づいた事例も挙げておく。

- **ショートピッチ（3分～5分）**

　エレベータピッチでショートピッチへのアピールができ、ショートピッチへと駒を進められたら、そのチャンスをフルに活かせるようピッチコンテストやイベントなどある程度時間が稼げる場所で行いたい。ショートピッチでカバーする内容は次の通りだ。

- **Tag Line**：一言で言って自社のサービスは何か？

「誰の」「どんな困りごとを」「どのように解決する」を端的に言うことができるか？

- **Issues ／ Solution**：どういった問題を解決しようとしているか

　聞いている人をハッとさせるような問題提起ができるか？「確かに言われてみたら、非常に面倒くさい、非効率だ」と思うような問題に取り組んでいるか？

- **Market Size ／ First Market Segment**：どれくらいの潜在的なマーケットがあるか？　今後どれくらいのサイズになりそうか？　最初はどの市場セグメントから行くのか？

　テクノロジーインフラが変わったり、人口動態の変化、人の嗜好性の変化によるメガトレンドを鑑みて、どれくらいの潜在市場があるか推定できるか？

　最初のマーケットセグメントを狙っているのか、その理由を述べることができるか？

- **Why now**：なぜ、今なのか？

　スタートアップの成功要因で一番大きなものは「タイミング」だ。2年前でもなく2年後でもなく「なぜ、今やるのか？」その理由を言えるか？

- **Traction ／ Insight**：現在のトラクションは？　どんなインサイトを得たか？

売上は上がっているか？　プロダクトローンチ／顧客開発を通じて、どのようなインサイト／学びを得たか？

- **Why us ／ Team**：実績、専門分野、起業の経緯、なぜ自分たちがやるのか？
  なぜ、他の誰でもなく、自分たちが、この事業をやる必然性があるのか？

- **Defensibility**：どうやって競合優位性を構築するのか？
  自分たちしか知らない秘密は何か？　持続的な競合優位性を構築するための強みは何か？

- **Business Model ／ Key KPI**：どういったビジネスモデルか？　ビジネスモデルはスケーラブルか？
  どういうビジネスモデルを採択するか？　ビジネスモデルを成立させるためのKey KPI（先行指標）は何か？

- **Competition ／ Current Alternative**：競合や代替案は？
  現状の競合や代替案を冷静に評価し、「顧客の目線」からなぜ自分たちが優れているのかを言えるか？

- **Business Roadmap**：スケールするためのビジネスロードマップは？
  最初のセグメント／ビジネスモデルから、どのようにスケールさせていくか、その仮説の解像度はあるか？

- **Big Ask**：どれくらいの資金調達を考えているか？
  次のステージに進むために、どういう資金用途があり、どれくらいのバリュエーションで、どれくらい調達を考えているか？

ショートピッチを成功させる重要ポイント

- **素早くデモに持っていく**
  抽象的な話ばかりするのではなく、具体的にどのようなソリューションを展開するのかを語る。抽象→具体→抽象→具体と交互に

- **Summery-Detail-Summery を意識する**
  まずサマリーを述べて、次に詳細（Detail）を述べる。そして最後にまとめる。そうすることによって記憶に定着しやすくなる

- **AIDMA を意識する**
  Attention（聴く人をハッとさせる）
  Interest（聴く人の興味を引くインサイトを述べる）
  Desire（プロダクトを使ってみたい、この起業家と話してみたいと思わせる）
  Memory（記憶と印象に残るようなことを伝える）
  Action（最終的に聴いた人に動いてもらうようにアクションを促す）

- **ソリューションでなく課題にフォーカスする**
  他の人が知らないような課題に関するインサイトを語る

- **テクノロジーでなく UX を語る**
  「ドリル」ではなく「ドリルの穴」について話すようにする

- **ビジネスモデルは深入りしない**
  ビジネスモデルは、フェーズが変わると変更されることが多い。ビジネスモデルに対しては柔軟な姿勢を持つ

- **自分たちを実際よりも良く見せない**
  インベスターミーティングに取り付けたときに、ネガティブサプライズがない

ようにする（スタートアップは自社を過大評価し、他社を過小評価する傾向にあることを認識する）

- **具体的な数字や自社がこだわりを持つKPI（先行指標）を語る**

特にアーリーステージのピッチにおいては「インサイトの話をする」ことは非常に大切だ。起業家として、対応している市場に関していかに深い理解があるかを示していくのがポイントになる。具体的に以下の点に留意したい。

- なぜマーケットがあると言えるのか？　潜在的な市場はどれくらいのサイズがあるか？
- （トラクションがあるなら）なぜカスタマーは、あなたのサービスに熱狂するのか？
- 他の現場の代替案ではなぜ十分でなく、あなたのサービスを選ぶのか？
- マーケットにどのような変化があったのか？（新しい流通チャネルが生まれた？　新しいテクノロジーが誕生したから？　コストが劇的に下がった？　新しいカスタマーの需要が生まれた？　カスタマーの需要に対して、供給が追いついていないところはどこか？　なぜ今なのか？）

ピッチを行う際に気をつけたいのは、次のようなことだ。

- 自分自身が完全に納得していない状態でのピッチ
- 準備不足のピッチ（ピッチは、準備が全てである。全スライドを丸暗記するくらいの姿勢で臨む）
- 解決したい問題ではなく、自分が作りたいプロダクトの目線になっているピッチ（エンジニア出身の起業家にありがちなピッチ。テクノロジーの秀逸性ばかりフォーカスしてしまい、ユーザーや課題解決目線になっていない）
- ユーザーのフィードバックやインサイトが盛り込まれていないピッチ（そもそもユーザーと対話していないので、フィードバックやインサイトを得ていない場合が多い）
- 自信をもって創業経営陣を紹介できないピッチ（アーリーステージにおいては、プロダクトよりもチームを見られる場合が多い。なぜ、このメンバーでやるのかをきちんと言語化する）
- 競合はいませんと言い切る、もしくは競合を隠そうとするピッチ（競合や代替案は必ず、存在する。「競合や代替案がない」と言い切るのは、「その市場についてよく知らない」ということを露呈してしまう）
- 弱みやチャレンジを過度に隠そうとするピッチ（スタートアップは、様々な課題があってしかるべきである。そのための資金調達を実施する。きちんと自社の課題やチャレンジを言語化した上で臨む）
- 伝わらないピッチ（淡々と語るピッチや、感情の起伏が激しく、逆にノイズになってしまうピッチ）

起業家の事業に対する思いやパッションを持ちつつも、自分の置かれた状況や市況、競合状況をしっかりと見つめリスクに対し冷静に対応しているかという点を投資家は見ている。熱いパッションを持ちつつも、冷静な頭脳を持っていることも示したい。

- **インベスターピッチ（5分～+質問）**

投資家との個別ミーティング（インベスターピッチ）を取り付けたら、その対策を行いたい。投資家との個別ミーティングは、通常1時間から1時間半を要する。

インベスターピッチでカバーすべき内容は次の通りだ。

当然ながら、1時間以上に及ぶミー

ティング内では、投資家からタフな質問も飛んでくる。それらの質問も想定しておきたい。

簡単な質問の例

- このアイデアはどのように思いついたのですか？
- このプロダクトのビジネスモデルは何ですか？
- このプロダクトが解決する課題の大きさはどれくらいですか？
- いったん使い出したカスタマーをどのようにして定着率を上げますか？
- これまで、ピボットしてきましたか？またどうやってピボットしましたか？
- 競合はいますか？
- マーケットのサイズはどれくらいですか？
- 他の国で似たようなプロダクト・モデルは、すでに検証されていますか？

少し難しい質問の例

- これまで運用してきてあなたが気づいた秘密は何ですか？
- どうやって防御壁を築きますか？
- なぜ、今がこのビジネスのベストタイミングだと思うのですか？
- ユーザーがこのプロダクトを使用する際のジャーニーマップ（ストーリー）を教えてもらえますか？
- 今後ビジネスのプラットフォーム化を考えていますか？
- あなたのビジネスを一言で言うと何ですか？
- カスタマーに対して認知を高めたり、カスタマー教育（認知向上活動）をどのようにしますか？
- セールスにおけるパートナーシップ戦略をどのように考えていますか？
- 今、直面している一番大きなチャレンジは何ですか？

難易度の高い質問の例

- ダブルサイデッドマーケットの場合、どのようにニワトリとタマゴの問題を解決しますか？
- もし、業界の最大手（グーグル、アマゾン）が全く同じモデルで展開してきたときにどうやって勝ちますか？
- Magicモーメントは見つけましたか？（このビヘイビアがあれば、カスタマーのリテンションが大きく上がる）
- 今の創業メンバーの持っているスキルセットがオーバーヘッドになった場合、どのように対応しますか？
- （B2Bの場合）カスタマーの費用対効果が上がることをどのようにして担保しますか？
- （B2Bの場合）すでに使っているソリューションを置き換えるためにどのような施策を行いますか？

これらタフな質問に答えることができれば、資金調達できる可能性は高まる。

ピッチの際には想定や期待とは真逆の質問を投げるようにしている
――ジェフ・ルイス Partner of Founder's Fund

CHAPTER

9-5 FINANCE

資金調達する相手を知る

彼を知り己を知れば　百戦殆(あや)うからず
――孫子の兵法より

資金調達（ピッチ）をする相手を知っておくことも大切だ。VC（ベンチャーキャピタル）の使命は、自分の資金ではなく機関投資家や企業から預かった資金を運用してリターンを出すことだ。

エンジェル投資家とは？

これに対し、エンジェル投資家は自分の資産の一部から投資している。
「エンジェルの顔をしたデビルに気をつける」のが重要だ。
初期のスタートアップは資本政策やファイナンスの知識が少ない。そこにつけ込んでくるエンジェル投資家も少なからずいるので、要注意だ。

「2000万円出資するよ。僕の払う株価は、あなたが創業時に払った株価の5倍でいいから」
これはよく聞くと、「あなたの会社の株の25%をもらう」という場合も少なくないのだ。エンジェルかデビルかを見極めるには、その人の周りから裏取りしたり、過去のトラックレコードをきちんと精査することがポイントになる。

前にも説明したが、投資先のうち1～2割が8～9割の利益を生み出すことがあり、スタートアップの成功（ROI）は極端にへだたりがあるのが分かる。

VCの活動内容は？

続いて、VCの活動内容について確認しておこう。図表9-27を見てお分かりの通り、VCの半分以上の仕事は「お金を集めること」だ。お金を集めた後は、投資をするためにスタートアップをソーシング／スクリーニングする活動になる。これは図9-28のようにステップに分かれていく。VCの1号ファンドはスタートアップのSeed投資のようなものだ。パフォーマンスがよければ2号ファンド、3号ファンド（スタートアップでいうSeriesAやSeriesB）を組成できる可能性が高まる。

VCの投資期間は？

VCファンドは通常10年程度の限られた期間で活動する。その期間中に投資先がEXITする必要がある。ファンド期間が10年の場合は、ファンド組成から最

▶図表9-27　VCの活動

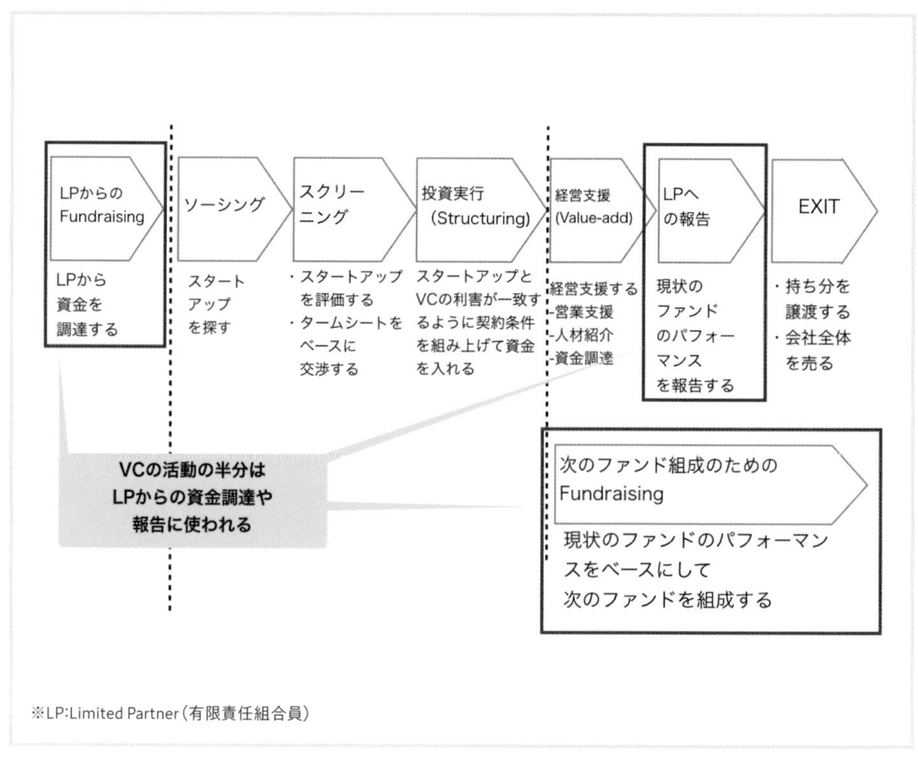

▶図表9-28　VCのディールフロープロセス

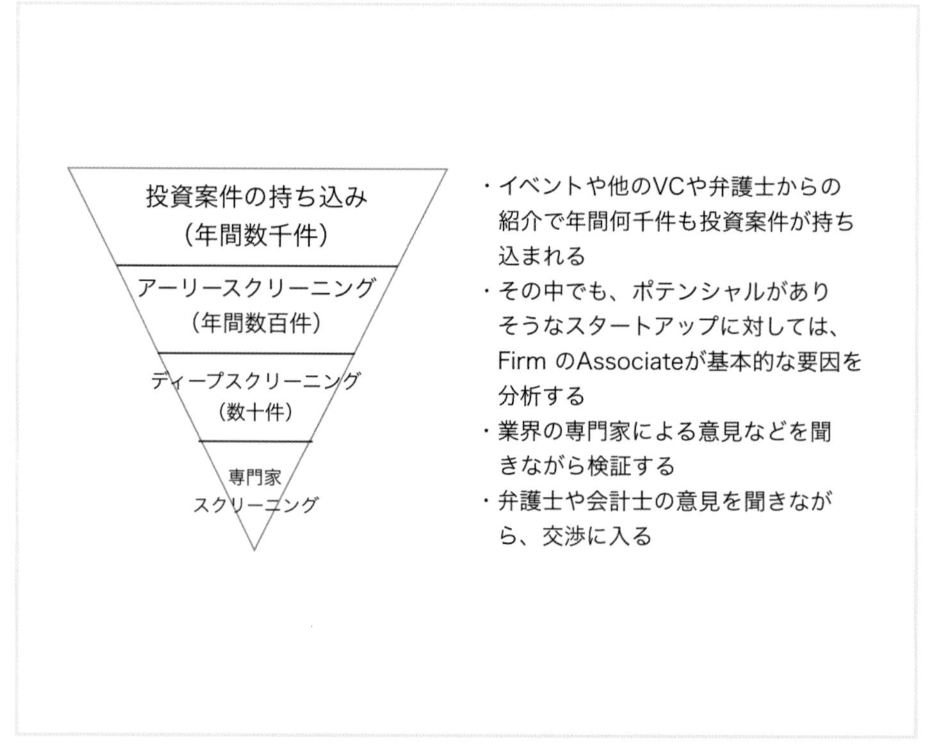

初の3～5年が投資時期になる。

VCの報酬は?

マネジメントフィーとしてファンドの額の2%が年間で支払われる。10億円用意していたら、毎年管理報酬として2000万円入ってくる。10億円が5年後に100億円になったら、単純計算して90億円のキャピタルゲインがある。

そのときVCの取り分は90億円の20%なら18億円。LP（Limited Partner：出資者）が72億円という分け方をする。通常VCが20%、LPが80%を受け取る。

投資家を見極める

本書を読む人は、こちらから投資家を選ぶぐらいの気概でいてほしい。VCが「なぜ、そのスタートアップに投資するのか」が明確でない場合は、バリュエーションの交渉を含めて健全でないやりとりが発生し、お互いに疲弊するので要注意だ。

逆に、投資家に以下のような質問をして、自社の投資家にふさわしいか見極めたい。

- どういった領域に投資しているのか？(専門分野はあるか？)
- どういった投資実績があるのか？
- どういった投資家とシンジケーションしているのか？
- 追加投資を行っているのか？
- リードインベスターになるか？
- ファンドの満期はどうなっているのか？（取得請求権の行使のトリガーに影響する）
- 個人としての思考スタイルはどうなっているのか？
- 担当者はどれくらいコミットするのか？

さらに、VC側にどのようなハンズオンするかについても質問したい。

ハンズオン型の投資家とは、投資担当者が出資先企業の社外取締役に就任するなど、投資先の経営に深く関与することを指す。

VCがハンズオンした場合のサポートは、次のようなものがある。どんなハンズオンするのか確認しておきたい。

- 上場（EXIT）まで見据えた中長期的な戦略の提供
- 事業成長に伴う、組織拡大の課題に対して、仕組みや組織作り、採用などへのアドバイス
- プロダクトやサービスに対するアドバイス
- 上場経験者なら上場準備や資本市場とのコミュニケーションの仕方
- 売却経験者なら、売却先との交渉やバリュエーションの設定の仕方など

付加価値を提供するのではなくただ単に進捗のレポーティングを求めてくるような投資家（口は出すが、手は貸さない）は避けた方が良い。

スタートアップにとって選びたい投資家は、次ラウンドでスタートアップ側に立って交渉してくれるリードインベスターと呼ばれる投資家だ。

最初のラウンドでは、インベスターはまだ創業者の手の中にあるうちにできるだけ安い値段で株を買おうとする。しかしいったん投資家として入ると、次のラウンドでは、株の希薄化を避けるためにできるだけ高い値段で売ろうとする。

次回以降のラウンドでは、ファウンダーメンバーと一緒に、大型調達の交渉の場に立ってもらう必要がある。

リードインベスターと起業家はPre-moneyを交渉して、そのラウンドの1株あたりの引き受け価格が決まる。その価格をベースにして、リードインベスターは他のフォローインベスターを集める。

そのため、VCが普段誰と共同投資しているかをリサーチしておくとよい。

スタートアップが投資家に期待することは、主に次のようなことだ。

アーリーステージVC:

- メンタリング／コーチング
  経験をベースにして初期のスタートアップがやるべきこと、避けるべきこと、適切なKPI設計をガイドする
- 次ラウンド以降の資金調達
  投資家のネットワークを活用して、次回ラウンド以降の投資家を紹介
- Value-up
  スタートアップの企業価値を高めるようなValue-upを行う（安定的な売上を確保できる顧客の紹介）

CVC（Corporate Venture Capital・コーポレートベンチャーキャピタル）:

- 事業開発／営業の伴走
  安定的な顧客ベースを確保するために企業の持っている信頼を提供して、事業開発・営業のサポートを行う
- 業務提携
  資本提携だけでなく業務上のシナジーを画策する。技術的なサポート、独自APIの提供など

特にCVCの場合は、リターンの方針や事業会社側の誰が関わるのかを明らかにする。CVCから投資を受ける場合は事業会社側からの責任者を引っ張れるかがキーになる。

レイターステージVC:

- IPO後の成長ストーリーの必然性を高める
- 健全なガバナンスの実装
- 上場時に必要な外部投資家の割合を増やす
- 上場準備に必要なリソース（資金、証券会社や監査法人とのネットワークなど）を提供する

VCの中でもトップランクのVCがいる。そのVCから資金調達を受けると次回以降の調達がしやすくなる。そのVCがリードすると、他の投資家が集まりやすくなるメリットもある。

避けるべき投資家とは

スタートアップにとって、避けるべき投資家もいる。代表的なのは、他の投資家がお金を出して初めて投資を行う投資家だ。初期段階において全く価値がないため、先行者にならない投資家は避けるべきだ。

ただし、日本には金融系のVCなどフォローのみを専門にするVCも少なからず、存在する。そういうVCとは、関係性を築きつつも、リードを取ってくれるVCを早く見つけることを心がける。

リードインベスターにならないということは、三流以下の投資家であるということの証明になる
――ポール・グレアム Y Combinator 創業者

投資家と交渉するポイントを押さえる

ピッチがうまくいったら投資家との交渉が始まる。起業家が有利に交渉を進める10の留意点がある。

1. **資金を注入すると事業の成長スピードが上がることを示す**
2. **他の投資家も興味を持っており、選択できる立場を示す**
3. **定点観測をして投資家の期待値を超える**
4. **複数の投資家と交渉しながら進めていく**
5. **著名なVCが入る**

6. 資金調達は調達責任者に任す（経営陣全員を巻き込まない）
7. 即座にオファーを受け入れる
8. インベスターCRMを作る
9. メンターを見つける
10. 優秀なアドバイザーを入れる

交渉ポイント1 資金を注入すると事業の成長スピードが上がることを示せるかどうか？

「我々はどんな状況でも成功する。しかし、資金調達することで業績はもっと速く伸びる」というメッセージを出せるかがポイントになる。

「別にお金は必要ありません。資金を集めなくても十分に収益を得ることができますが、数千万の資金を集めれば、優秀な人材を1～2人雇うことができます。そうすれば、今よりも成長の速度を上げることができます」と言えるようにしたい。ガソリン（資金）を投入してアクセルを踏み込めば、車（事業）は前に進む。

ただし、SeriesAの段階からは、資金調達（お金の集め方）よりも資金用途（お金の使い方）が重要になってくる。調達した資金をいかに使うか、その使い道を明確にすることが求められる。ホンモノのCXOほど資金使途は明確だ。

図9-29は、必要となるリソース（資金）と、それによるディフェンシビリティの高低をプロットしたものになっている。CXOはこの図を参照に、どういうリソースを投下すれば中長期的な視点で、自社がより強くなれるかを、常に検討していく必要がある。

資金調達は、多ければいいわけではない。Burn Rate（毎月発生する費用）が上がってしまうからだ。

資金がたくさんあると、例えば安易に雇用を増やす、外部の請負業者やPR会社に依頼したり、その他イベント参加、法律業務と優先順位も考えず資金を使ってしまう。

雇用については、日本では、一度雇った人を解雇するのは非常に難しい。一度雇えば固定費が上がってしまう。人を雇

▶図表9-29　調達した資金の使い道

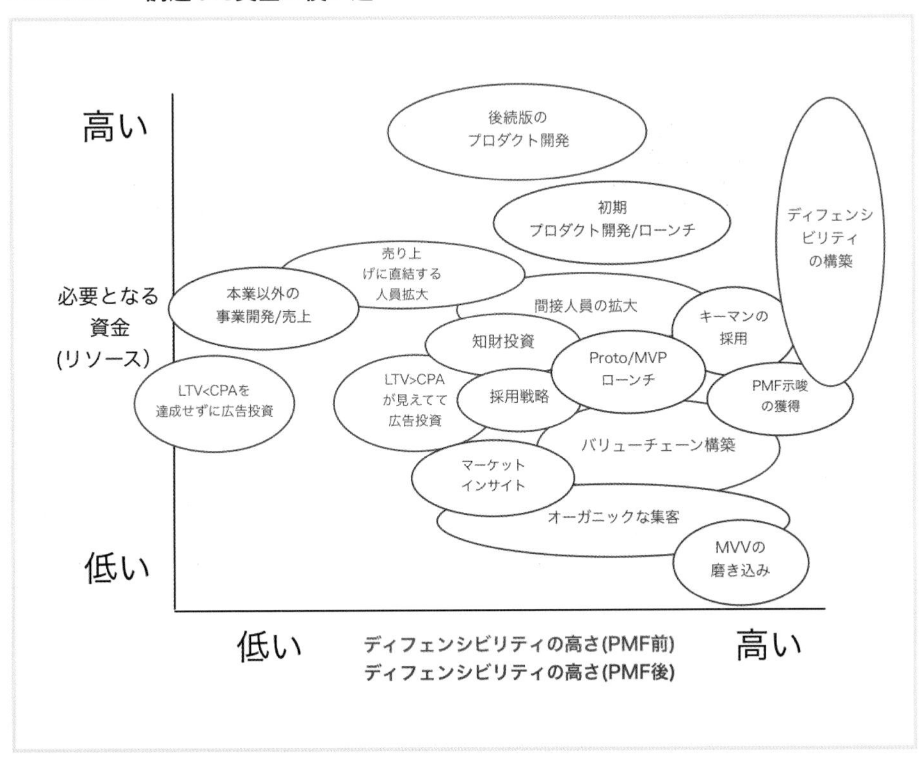

いすぎるとマネジャーが増えオペレーションの最適化が焦点になりチーム間が分断されるリスクがある。反対に、制約がかかると創造力が刺激されよりスマートにお金を使うようになる。

リソースが限られていると何を作るべきか、作らないべきか、どの顧客獲得が効率的かといった熟考をし慎重に雇用するため、骨太な組織を作ることができる。

適切なバリュエーションで資金調達を行うことも大切だ。何がフェアなバリュエーションかというと、賃金が最低いくら必要なのか、理想は12～18か月ほど事業に専念できるだけの資金を確保することが望ましい。調達する資金の目安は、次の計算式で表せる。

雇いたい人数×100万円×18か月
＋
外注（広告や開発）にかかる費用

スタートアップにおいて通常経営コストは基本的に雇用人数に比例する。「人的資源」の章でも解説したが、「現状のバリューチェーン」と「あるべきバリューチェーン」を比較して、そのギャップを埋めるための人材像が明らかにできているかがポイントになるのだ。また、仮想PLを作成して、これくらい踏み込めば（資金を使えば）、これくらいKPI／CSFが伸びるという因果関係の仮説を作り、蓋然性を高められるかもポイントになる。

交渉ポイント2　他の投資家も興味を持っているか？　投資家を選べる立場にいるか？

スタートアップは、多くの投資家が高い評価をしていることがより高いバリュエーションにつながる。通常の一対一（相対）のネゴシエーションならば、お互いの有利な価格でアンカリングして、そこから妥協点を見つけていく。

最初はバリュエーションを比較的低め

▶図表9-30　多くの投資家が高い評価をしていることが重要

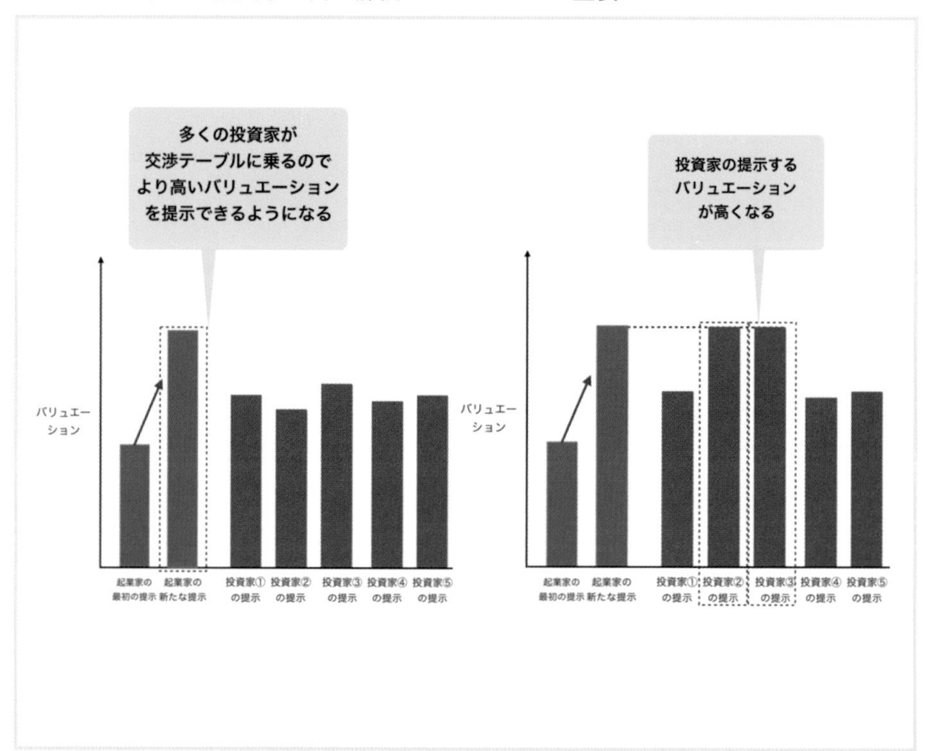

に設定しておき、多くのVCから引き合いを持ってくるのがポイントになる。起業家側の提示額を低く設定するとより多くのVCが交渉テーブルにいくので、交渉を通じて時価総額を上げたり条件をよくしたりできる（図表9-30）。反対に、起業家側の提示額を高く設定してしまうと交渉テーブルにつくVCの数が減るため、交渉を通じて時価総額を上げるなど条件をよくすることができない。

また、より多くのVCがタームシートを差し合う状態を作り出すのが肝心だ。

タームシートとは、出資の主要条件（出資金額、評価額、前提条件、期限前弁済、表明保証など）を細かく記したものだ。

投資契約の内容は投資ラウンドが進むと複雑で長文化することがあり、契約当事者／既存投資家などのステークホルダーの利害調整が行われる。その利害調整の負担を軽減するためにタームシートを作成して関係者間で基本条件を握った上、調整することで合意をスムーズにとっていくことができる。

人気のあるスタートアップになるほど、多くの投資家からタームシートが提出される。VCに選ばれるのではなく「VCを選ぶ」スタートアップを目指したい。

交渉ポイント3 VCと会うたびに期待値を超えているか？　をチェック

VCを定点観測し、VCと会うたびに期待値を超えているか？　についてチェックしたい（図表9-31）。原則として、VCは「スナップショット」（＝ある一時点の状態）で、スタートアップを評価しないということだ。

人は、成長し進化する人に惹かれる。会う回数を重ねるたびに自分が動かしている事業が成長していると相手に気づかせることができるかがポイントになる。

交渉ポイント4 複数の投資家と交渉しながら進めているか？

一人の投資家だけと話を進めるべきではない。期待値の高い投資家に重点を置

▶ 図表9-31　期待値を超える

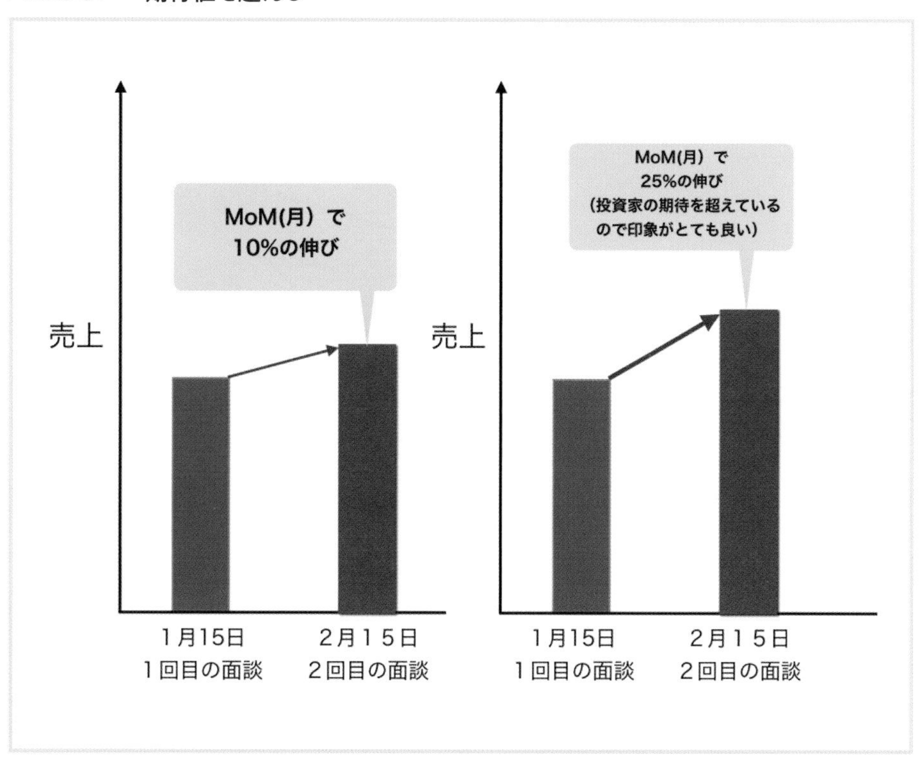

きながら、できるだけ多くの投資家と交渉を進めるべきである。

一人の投資家とだけ話を進めると、他の投資家からの圧力を受けることがなくなる。これは交渉における原理原則でもある。ピッチコンテストで優勝すると一気に投資家が来るので、お互いに緊張感のある中で交渉できるのでレバレッジがかけられる。

交渉ポイント5 著名なVCが入っているか?

著名なVCが入ると、その後の交渉を有利に進めることができる。著名なベンチャーキャピタリストや投資家らの資金獲得は、少額であってもそれ以降の資金調達を円滑に展開していくのに役立つ。最も効果的な投資家の開拓は、資金を出したばかりの著名な投資家からの紹介である（図表9-32)。

交渉ポイント6 資金調達の責任者を決めているか?

資金調達を始めたら、他の全ての仕事が進まなくなる。それくらい資金調達はエネルギーを使うので、共同創業者が二人いる場合はどちらか一人が集中するように決めないと会社の成長は鈍化してしまう。

交渉ポイント7 即時オファーを受け入れているか?

妥当なオファーを誰かが申し出たなら、それを受け入れるとよい。複数の競合するオファーがあったら一番良いオファーを受け入れるとよい。将来、もっと良いオファーが来ることを期待するあまり、目の前のオファーを断ってはいけない。

交渉ポイント8 インベスターCRMを作っているか?

スタートアップ資金調達データベースのウメキワークスなどを使って下調べし、ロングリストを作る。その中で優先順位を決め、エグゼクティブサマリー

▶ 図表9-32　著名なVCが入っているか?

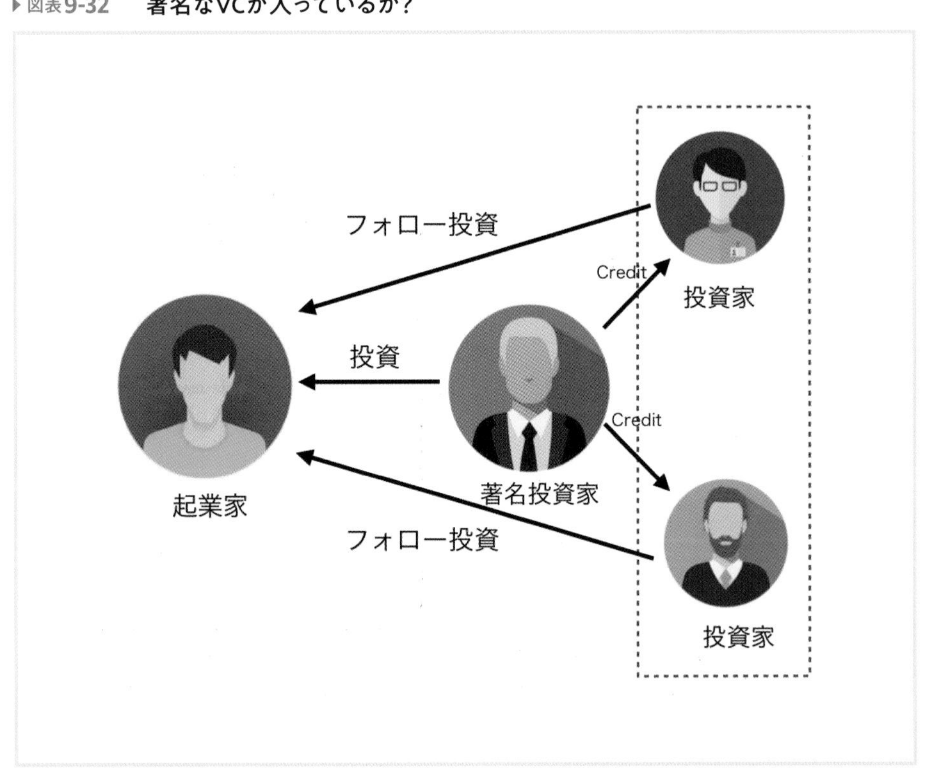

（事業計画概要）を作成する。

VCは非常に忙しいため、その時間を尊重すべくエグゼクティブサマリーを作る。起業家にとっても、時間のセーブになる。

交渉ポイント9 メンターを見つける

「Startup Genome Report」によると良いメンターがいると資金調達できる可能性が劇的に高まるという。これまで起業経験がある経験豊富なメンターを見つけよう。株を渡す必要はないが、ストックオプションなどを用意して、定期的なアドバイスをもらうようにする。

資金調達のプロセスは過酷である。一人でやると行き詰まったり、メンタル的にきついことがある。相談する相手と一緒に活動を行う
——ポール・グレアム Y Combinator 創業者

交渉ポイント10 優秀なアドバイザーを入れる

スタートアップ弁護士を見つける。スタートアップにとって良い弁護士は、事業を成長させていく上で、重要なパートナーになる。

投資契約を締結する

交渉がまとまった後は、投資契約書をとりかわす。投資契約書とは、投資を受ける際にVCから提示される契約書のことだ。

なぜ投資契約が必要なのか？　投資家は、必要な資金を出資という形で出して、スタートアップが成長して株式公開やM&A（EXIT）に伴うキャピタルゲインを得ることを最大の目的としている。企業の将来的な成長のために資金を託しているのだ。

この大切な資金の使途と、企業が想定外のことに使わないことを明確にしてもらう必要がある。それが、投資契約だ。

投資契約は基本的には投資家側から提示されることが多く、スタートアップ側に制約を課すことになる。その条項／条件とは次の通りだ。

- **取締役／オブザーバーの取り決め**
- **重要な経営事項について、事前承認の取り決め**
- **起業家に厳しい表明保証**
- **起業家に厳しい株式買取条項**
- **期中の情報開示**
- **最恵待遇権**
- **役員の選任権／解任権**
- **起業家に厳しい資金用途の設定**

投資契約は結婚のようなものだ。長期的な関係性の構築は、契約締結後の円滑な関係の土台になる。両者が納得した投資契約を結ぶとプラスになることが多い。

投資契約の重要な留意点は以下の2つだ。

- 本気で会社の拡大（EXIT）を目指す経営のプロか
- その実現をサポートする投資のプロとのプロ同士の契約か

投資契約の構造もチェックしておこう。

1. **投資に関する基本的な条件**
2. **投資の前提条件の規定**
3. **株の取り扱いに関する規定**
4. **会社の運営に関する規定**
5. **重要事項の取り決めに関する規定**
6. **一般条項**

図表9-33に投資家との契約で注意するポイントをまとめたので確認してほしい。

▶図表9-33　投資家との契約で注意するポイント

タームの要素	タームの意味	起業家に有利（起業家に裁量権）		妥当なポイント		投資家に有利（ガバナンスが効く）	重要度（5高　1低）
		5	4	3	2	1	
バリュエーション	投資する時に決められる企業価値	高い				低い	5
残余財産分配権	清算時（売却時）に株式数と分配割合に応じて分配する			1	1.25～1.5	2倍以上	4
参加/非参加	優先株で分配した後にもう一度分け前を得られるかの権利		非参加		参加		4
希薄化防止	ダウンラウンドになった場合に既存保有株主の希薄を防止する	調整なし	ブロードベース	ナローベース		フルラチェット	3
配当請求権	配当できる			なし	参加型	累積型	3
みなし清算	M&A時の清算が実施される			条項が存在する			4
強制売却権	種類株主の一定以上が売却するという意向があれば従う		なし		あり（条項あり）	あり（条項なし）	3
役員指名権	役員を指名できる条項	なし		社外取締役に就任		取締役に就任	4
オブザーバー指名権	オブザーバーとして取締役会や役員会に参加できる	なし		あり			3
優先買取権	創業株主が株を譲渡しようとした時に投資家が同一の条件で優先的に買い取れる	なし		あり（条件が経営株に厳しくない）		あり（条件が経営株に厳しい）	4
議決権	株主総会の議案の可否	なし		あり			3
最恵待遇	最も良い条件を持つ投資家と条件を合わせること			なし		あり	4
株式買取請求権	契約違反（表面保証など）した場合に、経営株主が買い取りを行う	なし	あり（条件が経営株に厳しくない）			あり（条件が経営株に厳しい）	4
オプションプール	ストックオプションとして潜在株をプールできる	10%～			5％以下	なし	3
重要事項の取り決め規定	重要な取り決めについて経営株主が投資家とどの程度協議するか	なし		重要事項に対して事後報告	重要事項に対して事前協議	重要事項にも事前承認	4

CHAPTER 9 SUMMARY

CHAPTER9のまとめ

いかがだっただろうか？　ファイナンスの要素は多岐にわたるが、起業家にとって必須の項目となっている。図表9-34は、フェーズごとにファイナンスに関するCSFをまとめたので確認してほしい。

ファイナンスで考慮するべき持続的競合優位性資産は図表9-35のようになる。

▶図表9-34　**ファイナンスのCSF事例**

スタートアップ(事業) のフェーズ	Ideation	Pre-seed	Seed	Series A	Series B～	Pre-IPO	Post IPO
フェーズの説明 ファイナンスのCSF事例	アイディアを発見する	顧客課題とソリューションの検証	PMFを目指す	Unit Economicsの健全化	スケールを目指す	IPOを目指す	圧倒的優位性の確立
スタートアップファイナンスを理解している							
初期の資本政策が失敗していない							
エクイティストーリーの計画がある							
投資家とのリレーション構築/交渉や投資契約についての理解がある							
上場準備を始めている							
上場準備ができている							
上場後の成長戦略を描けている							

Ideation／Pre-seed：

初期における資本政策（共同創業者間の株の割り方や外部関係者への株の放出）失敗のリスクを避けるため、経営陣がファイナンスの知識を身につけることが重要。ここで失敗してしまうと、取り返しがつかないことになる。

Seed:

詳細な事業計画／エクイティストーリーはまだ要らない。自社プロダクト／市場をどのように広げていくかのロードマップをベースに、EXIT（特にIPO）するまでにどれくらいの資金が必要かを見極める。

Series A:

PMFを達成し、ユニットエコノミクスの健全化を目指していく段階。その中で、カギとなる指標を計測し、今後の資金調達計画に対して反映させていく。数億円を超える大型の資金調達を目指す時期で、投資契約／優先株／交渉の進め方など、ファイナンスの知見が必要になる。

Series B:

ユニットエコノミクスが健全化し、いよいよ事業の拡大再生産を目指していくフェーズ。上場の準備が始まるタイミングで、売上や利益を伸ばす攻めだけではなく、ガバナンス強化や予実管理の精度を高めるなど、守りの側面を磨き上げていく。

Pre-IPO~IPO:

上場を目指すが、上場そのものがゴールにならないようにする。上場後の成長ストーリーを描き、その実現のために上場前から計画し、実行していく必要がある。

▶図表9-35　スタートアップの価値(バリュエーション)を決める要素

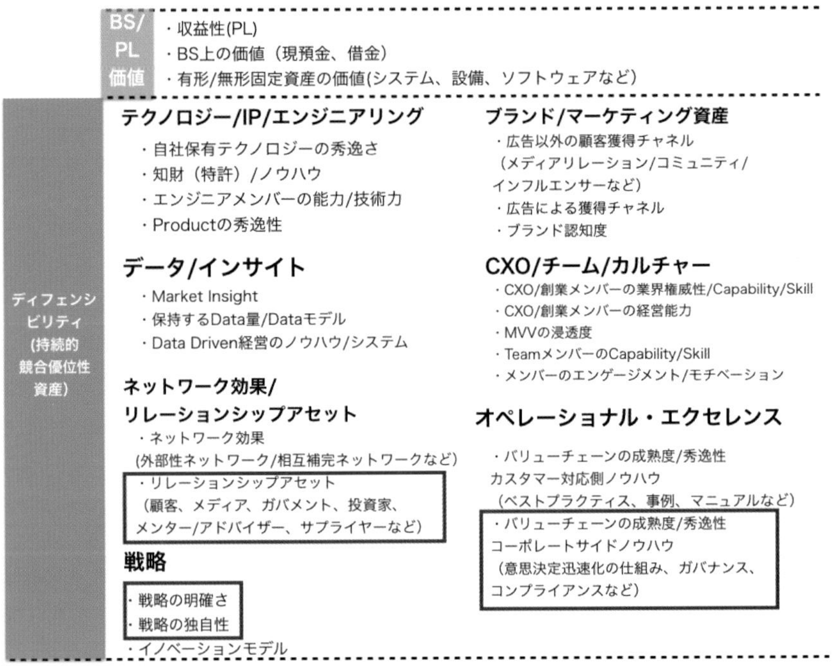

BS/PL価値
・収益性(PL)
・BS上の価値（現預金、借金）
・有形/無形固定資産の価値(システム、設備、ソフトウェアなど)

ディフェンシビリティ(持続的競合優位性資産)

テクノロジー/IP/エンジニアリング
・自社保有テクノロジーの秀逸さ
・知財（特許）/ノウハウ
・エンジニアメンバーの能力/技術力
・Productの秀逸性

データ/インサイト
・Market Insight
・保持するData量/Dataモデル
・Data Driven経営のノウハウ/システム

ネットワーク効果/リレーションシップアセット
・ネットワーク効果(外部性ネットワーク/相互補完ネットワークなど)
・リレーションシップアセット（顧客、メディア、ガバメント、投資家、メンター/アドバイザー、サプライヤーなど）

戦略
・戦略の明確さ
・戦略の独自性
・イノベーションモデル

ブランド/マーケティング資産
・広告以外の顧客獲得チャネル（メディアリレーション/コミュニティ/インフルエンサーなど）
・広告による獲得チャネル
・ブランド認知度

CXO/チーム/カルチャー
・CXO/創業メンバーの業界権威性/Capability/Skill
・CXO/創業メンバーの経営能力
・MVVの浸透度
・TeamメンバーのCapability/Skill
・メンバーのエンゲージメント/モチベーション

オペレーショナル・エクセレンス
・バリューチェーンの成熟度/秀逸性 カスタマー対応側ノウハウ（ベストプラクティス、事例、マニュアルなど）
・バリューチェーンの成熟度/秀逸性 コーポレートサイドノウハウ（意思決定迅速化の仕組み、ガバナンス、コンプライアンスなど）

リレーションシップアセット:

投資家と良好な関係を築くと、スタートアップの評判を高めることができ、自社の評価を高めることにつながる。

戦略の明確さ／戦略の独自性:

良く練られた戦略や事業計画があると、資金用途が明確化でき、成長ストーリーもわかりやすいものになり、投資家にもアピールできる。結果、バリュエーションを向上させる要因となる。SeriesB以降になると予実管理などが重要な論点になる。ガバナンスや透明性が担保できていることが、スタートアップの評価を左右する。

バリューチェーンの成熟度／秀逸性:

予実管理、資金繰り、ガバナンスなど、ファイナンスに関連するプロセスの成熟度を高めることが重要に。それが、透明性と信頼性の高い組織を築く基軸となり、強固な持続的競合優位性につながる。

Startup Balance Score Card

FINAL CHAPTER

自分たちだけのストーリーが究極の競合優位性になる

戦略とは「違いを作ってつなげる」ことだ。

と『ストーリーとしての競争戦略』（楠木建著、東洋経済新報社）は喝破している。これまでの章で、他社との違いを生み出していくような事例、プロセス、フレームワークを数多く紹介してきた。**最も重要なことは、各章で紹介してきた要素や能力を統合して、自分たちにとっての「唯一無二のストーリー」を構築していくことだ。**

複数の構成要素をバラバラに打ち出すのではなく、組み合わせて相互作用させると、持続的な競合優位性（ディフェンシビリティ）が構築され中長期的な利益が実現されるということだ。

図表L-02の①のように、PMF前の段階は、個別の要素をどうにかして、かき集めて、独自の価値提案が提供できないかを模索している状況だ。

②のPMFの段階では、まだ、統合はされていないが、独自の価値提案が提供できている状態だ。

③になると各個別要素が統合し始めて、競合優位性の構築が始まっている段階だ。

④は各要素が統合されて強力な持続的な競合優位性が構築されているという状況だ。

▶図表L-01　スタートアップ・バランス・スコアカード

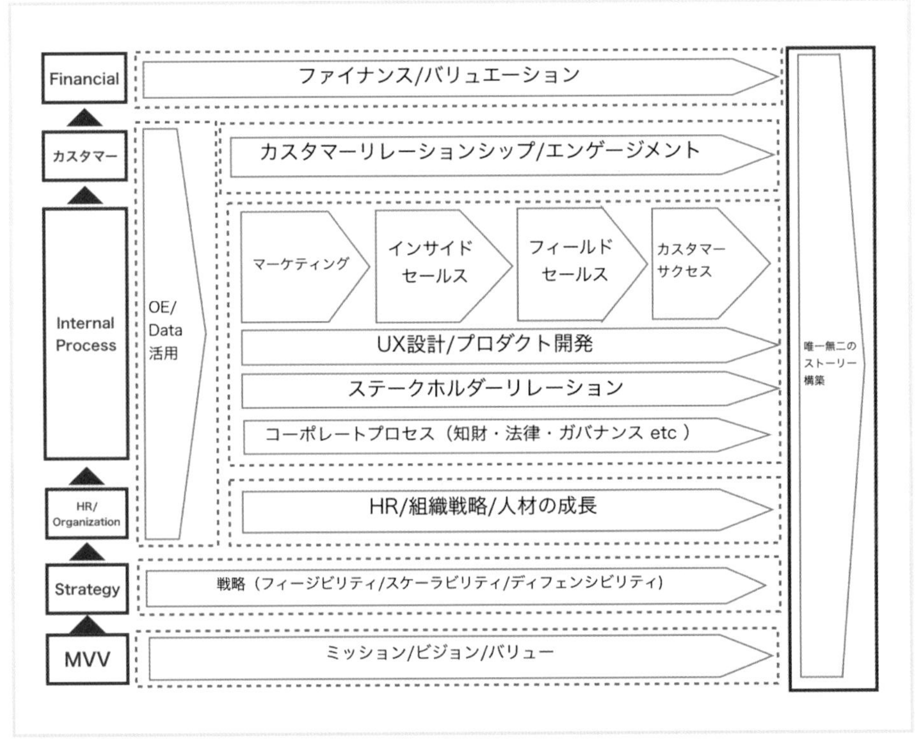

▶図表L-02　唯一無二のストーリーを作る

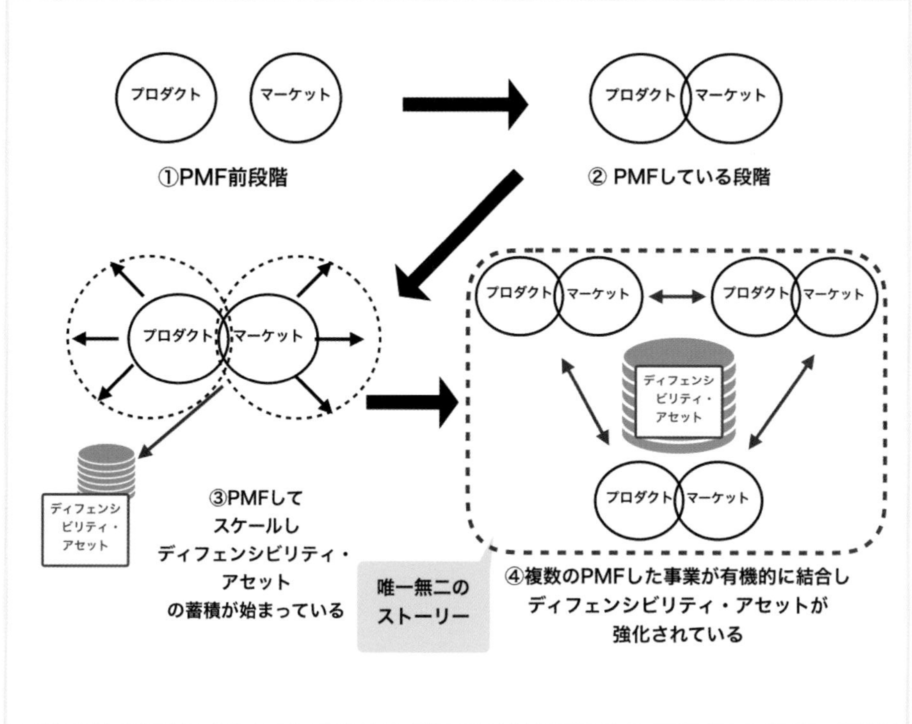

では、スタートアップとして、どのように、持続的な競合優位性を構築していけば良いのか？　起業家が考えていく軸としては、以下の4つがある。

- ビジネスモデルロードマップ
- 静的なビジネスモデル
- 動的（ダイナミック）なビジネスモデル
- 持続的競合優位性資産（ディフェンシビリティ・アセット）

ビジネスモデルロードマップとは、最初にPMFした市場やモデルからどのようにしてスケールしていくか、その仮説を立てていくことだ。

ターゲットとする市場軸やビジネスモデル軸などで構築していくのが有効だ。それをベースにして考えるのが、静的なビジネスモデルだ。これはリーンキャンバスなどで、ドラフトを書いてから磨き込んでいくのも有効だ。そして、ここからダイナミックなビジネスモデルと持続的競合優位性資産を掛け合わせていく。

ダイナミックなビジネスモデルとは、ビジネスを静止画ではなく動画として捉えることにより、要素が連携してどのような相互作用が発生するかを捉えていくためのフレームワークだ。アマゾンやウーバーなどの強さは、まさに「静止画」ではなく、動画で捉えたダイナミックなモデルで解釈すると理解できるようになる。

それぞれの軸についてアマゾンの事例を通じて解説していこう。

アマゾンのストーリーの進化を検証する

なぜ、アマゾンは創業25年で世界一の小売企業になり得たのだろうか？　その戦略は、「**違いを作ってつなげる**」ということに集約される。

事業を始めたとき、エブリシングストアになるというビジョンを掲げた。当時

▶図表L-03　シンプルなECモデルからスタート

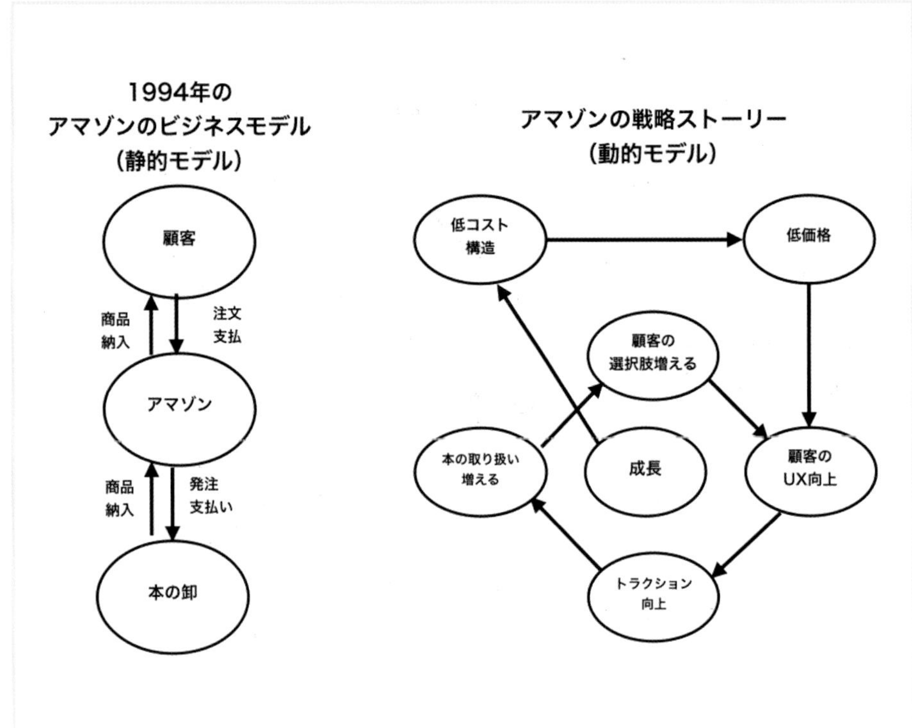

の資本金は3000万円しかなかったため、何を一番の商材として最適化したら良いかを考えた。その中から、何百万タイトルあってもカタログ化できる、同じ形状なので発送しやすい、取次店の数も限られているので交渉しやすいなどの理由で本に選定し、かつ、書店が在庫を抱えたくないロングテールの本を積極的に販売した。ビジネスモデルロードマップを考える軸を「ターゲット市場」「プロダクトビジネスモデル」「ストック化」という軸で考えると図表L-03のようになる。

ちなみに、最初に売れた本のタイトルは、『流体概念と創造的アナロジー』という専門書だった。

静的なモデルでは非常に単純に表現される（図表L-03左）。アマゾンは本の卸から本を仕入れて、それを顧客の下に出荷していくという簡単なビジネスモデルだ。

その際にアマゾンは、顧客から先に代金を回収して、卸に対して、掛けで支払うことによってCCC（Cash Conversion Cycle：キャッシュ・コンバージョン・サイクル）を自社にとって有利なものにすることができた。

持続的競合優位性資産（ディフェンシビリティ・アセット）の項目でいうと、マーケット・インサイトの獲得、熱狂的な顧客（本マニア）を獲得することにより、PMFするためのヒントを獲得できた。

その結果、「世界最大規模のオンライン書店」というブランドの認知を獲得できた。

また、動的モデルで表現されるように、顧客が増えることにより、取り扱う本の種類も増えていくという相互補完のネットワーク効果も演出することができたのだ（図表L-03右）。

書籍でPMFしたアマゾンの勢いは、そこでは終わらなかった。1995年にアマゾンはアマゾンレビューを実装した。

それをビジネスモデルロードマップで表すと図表L-04左のようになる。つまり、それまでの商品に対するレビューと

CCC
Cash Conversion Cycle：キャッシュ・コンバージョン・サイクル。企業が原材料などの支払いに現金を投入してから、最終的にその現金を回収するまでの日数。短いほど資金効率が良い。

▶ 図表L-04　アマゾンレビューで顧客の購買判断を助ける仕組みを実装

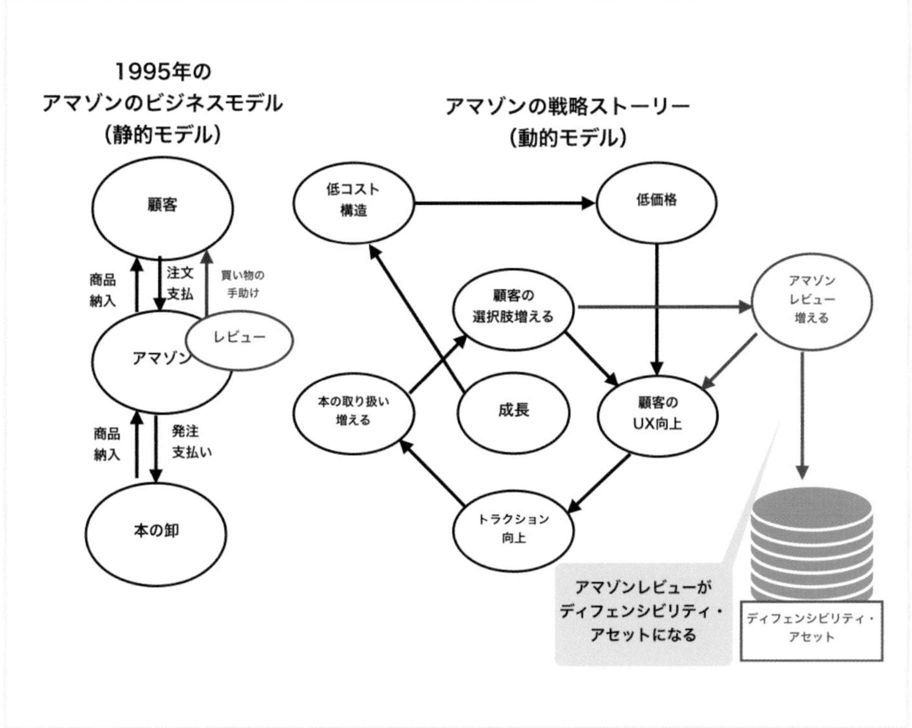

▶ 図表L-05　アフィリエイトプログラムで顧客獲得コストを下げる

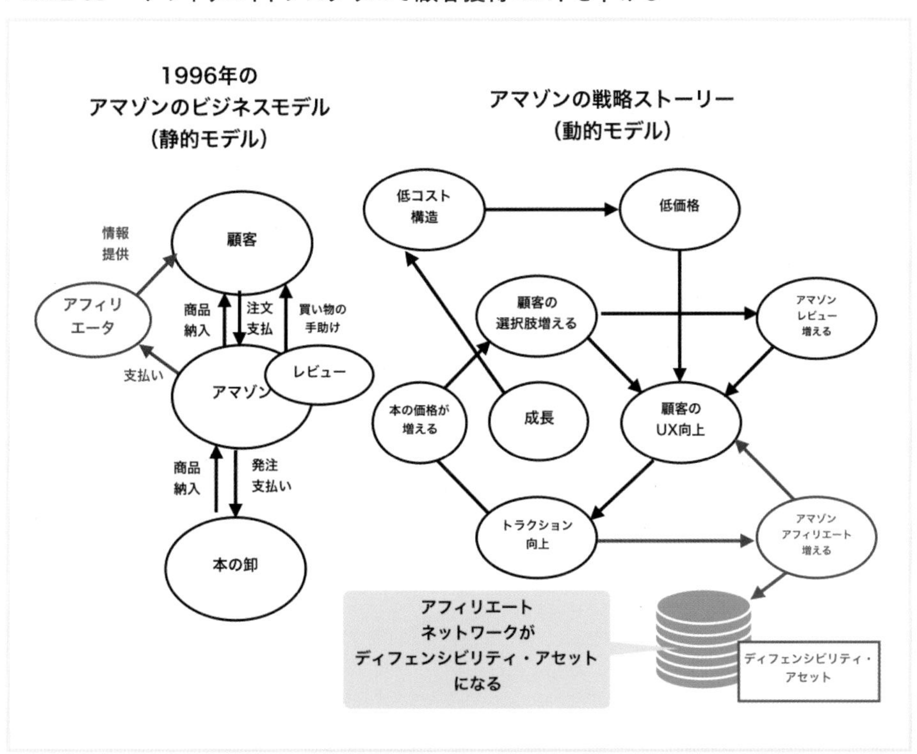

いうのはユーザー各人の頭の中にしかなかったものを、自社のサイトに掲載するように促したのだ。

「我々はモノを売っているのではない。買い物についてお客が判断するときにその判断材料で儲けている」

とジェフ・ベゾスが言ったように、レビューによって、顧客が購買判断をするのを助ける仕組みを実装したのだ。

これを動的ビジネスモデルと競合優位性資産で表現すると、図表L-04右のようになる。アマゾンレビューが多く溜まったからといって、それが直接的にアマゾンのPLやBSに表現されるわけではない。

しかし、客観的な商品レビューが溜まることにより、アマゾンは世の中のプロダクトの指標を提供できるデフォルトの情報提供サイトになったのだ（最近は、サクラレビューなどが増えて批判を浴びているが、大半のレビューはユーザーによるものであり、信頼できる）。

さらに1996年には世界で初めて「アフィリエイトプログラム」を作った。ブログなどで本を紹介して、そこから売上が発生したら支払いが発生するというモデルだった。アフィリエータに紹介料が入る仕組みだ（図表L-05）。

これも非常に画期的だった。アフィリエータは、自分の影響力やホームページでのPVをマネタイズできる仕組みを獲得したので、率先して本のレビューを書いた。

アマゾン側としても、広告を出すことなく、アフィリエータの「口コミ」をベースにした集客ができるようになり、顧客獲得コストを劇的に下げることに成功したのだ。

これは、「戦略」の章で解説した「間接的ネットワーク効果」の事例だ。

アフィリエータがアマゾンで販売される本の情報を提供する補完的なポジションになったのだ。

1998年に上場を果たした後もアマゾンの挑戦は終わらない。2001年にプラッ

▶図表L-06　顧客の選択肢が増えてUXが向上する

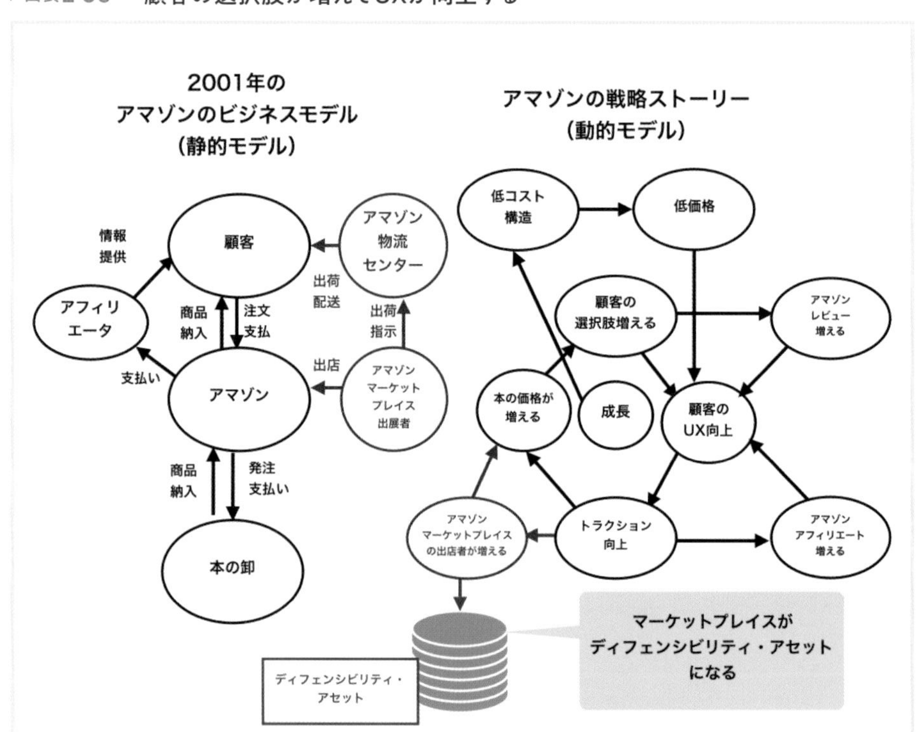

▶図表L-07　アマゾンのビジネスモデルロードマップ

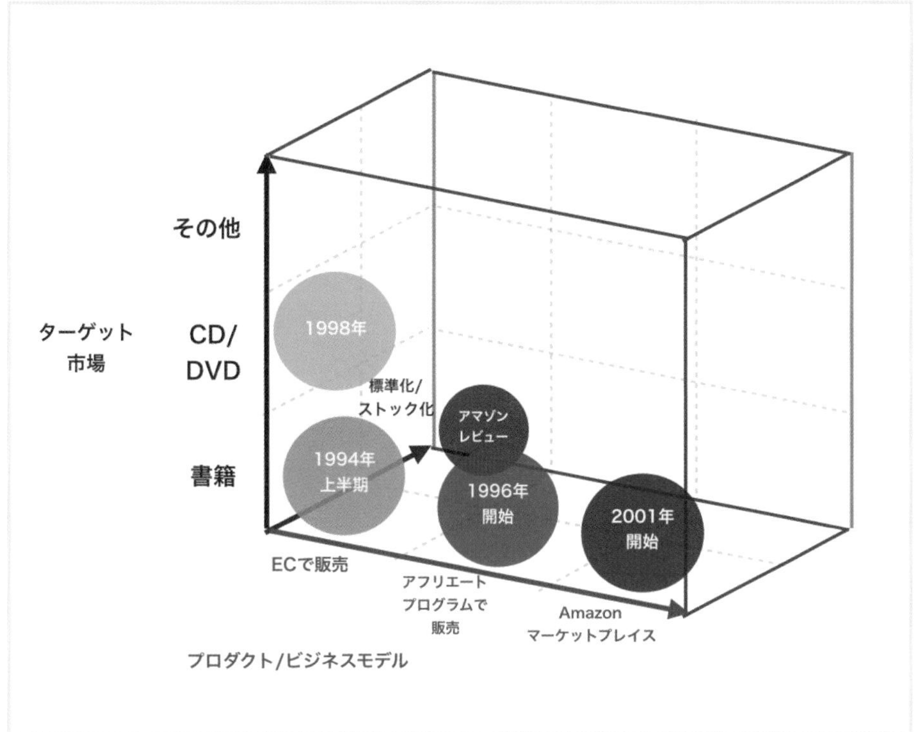

トフォーム型への道を歩み出す。

その第一歩がアマゾンマーケットプレイスだった（アマゾンマーケットプレイスは古本が売れても印税が入らないため作家からも猛反発があったが、「世界で最も顧客中心の会社になる」というビジョンをベースにやり切った）。

図L-07のようにプロダクト／ビジネスモデルの軸としてマーケットプレイス型が追加された。静的なビジネスモデルとしては、図表L-06左のようになる。

これを動的なモデルと競合優位性資産（ディフェンシビリティ・アセット）の側面で検証してみよう。アマゾンマーケットプレイスの出店が増えるということは、顧客の選択肢が増えて、顧客のUX向上につながっていく（図表L-06右）。

競合優位性資産としては、ネットワーク効果を発揮するためのビジネスリレーション（外部出店者）が増えたり、出店者の配送をスムーズにするための配送センター（フルフィルメントセンター）の構築（バリューチェーンの成熟度）などがあげられる。このように、ターゲット市場／標準化／ビジネスモデルを三次元で表現すると図L-07のようになる。自社のロードマップをこんな具合に描けるストーリー構築力が非常に重要になるのだ。

自分たちの唯一無二のストーリーを作ることができるか

アマゾンはその後、アマゾンウェブサービス、アマゾンプライム、アマゾンエコーなど様々な新規プロダクトを打ち出していっている。結果として、動的なビジネスモデルはどんどん強固になり、競合優位性資産（ディフェンシビリティ・アセット）もますます構築され、世界No.1の小売になることができた。

本書を通じて、まさに考えてほしいことは、どのようにして、独自の戦略と競合優位性の構築を通じて、「唯一無二」のストーリーを構築できるかだった。

各章では、経営に必要な要素をプロセスや事例を通じて解説してきた。一つひとつの要素に関して、知見を深め、視座を広げることは、起業家から事業家（経営者）になる上で、重要な要素だ。

しかし、それだけでは、不十分である。PMFを果たし、その後も持続的な競合優位性を発揮し続けるには、それらの要素を結合（シンセシス）させて、自社の唯一無二のストーリーを作ることができるかがポイントになっていく。

唯一無二のストーリーを言語化／更新していく

定期的に、自社の持つストーリーを棚卸しして、チーム内で共有することが、次の一歩や次の戦略を改めて検討するときに役に立つ。具体的にどのように行えば良いかを解説する。このプロセスは、「人的資源」の章で紹介したように、四半期～1年に一度のオフサイトミーティングなどで、実行すると良いだろう。

①これまで実現してきた、重要な成功やマイルストーンをリストアップしてみる。
②なぜ、それが成功に至ったのか、原因についてブレストをしてみる。また原因として、競合優位性資産（ディフェンシビリティ・アセット）の要素を参考にするのも有効だ。
③それらの原因や競合優位性資産を結合して、ユニークなストーリーを構成できないかを検証する。
④もし、ストーリーが構成できそうならば、これから四半期～1年で、そのストーリーを強化するために何をするべきか議論をする。
⑤全社レベル／個人で、その強化を実現するためにどういう行動目標を立てるかを検討する（「人的資源」の章で紹介したOKRのObject、特に全社のObjectivesを設定するのに活用するのも有効だ）。

EPILOGUE

おわりに

最後までお読みいただいて、いかがだっただろうか。

400ページ以上にわたって、起業家やスタートアップがさらに成長するために必要な知識やフレームワーク、その実践知について、様々な角度から深掘りして解説してきた。

冒頭でも述べたが、本書は一度読んで終わりというようなものではない。常に側らに置いて、日々の業務を実行していく中で、様々な壁にぶち当たったときに、再度、本書を開いて確認してもらいたい。きっと、多くのヒントや示唆を引き出してもらえることだろう。

この10年間で、起業家の数は本当に増えた。

しかし、既存の産業を刷新するような「事業家」や「経営者」の数はまだまだ、起業家に比べて圧倒的に少ないのが現状だ。

私は、本書を通じて起業家の皆様が、一皮も二皮も向けてレベルアップし、次の市場の発見や新産業創造の担い手となっていただけることを本気で期待しているし、その力を十分にお持ちだと考えている。

本書の執筆には、膨大な時間とリソースを要したが、本書を手にとった方々が、事業を大きく成長させるきっかけを掴むことができたら、こんなに嬉しいことはない。

最後に、本書の執筆に当たって、最後まで伴走してくれた編集担当の高野倉俊勝さん、ライターの三浦たまみさん、土日返上で、執筆のサポートをしてくれたユニコーンファーム社の北尾繁幸さん、羽幡咲嬉さんには、この場を借りて心から感謝を述べたい。

著者

カテゴリー	
CHAPTER1 ミッション、ビジョン、バリュー	自社のミッションは何ですか?
	ミッションは10年後も使えそうですか?
	ミッションに当たり前大義を並べていないですか?　独自の価値提案がベースになっていますか?
	自社のビジョンは何ですか?
	現状の姿とあるべき未来の姿のギャップを描けていますか?
	ビジョンを考える際にSDGsを勘案していますか?
	ビジョンにワクワク感／巻き込む力／未来志向がありますか?
	自社が大事にするバリュー(行動指針)は何ですか?
	バリューは覚えやすく、日々の実務に浸透していますか?
	組織が大きくなるにつれてバリューを進化させていますか?
	他社の優れたMVVを多く見て参考にしていますか?
	顧客に対する独自の価値提案はなんですか?
	顧客に対する独自の価値提案は検証できていますか?
	「顧客への独自の価値提案」を勘案してMVVが磨き込まれていますか?
	プロダクトはMVVを体現していますか?
	MVVは定期的に磨き込まれていますか?
	MVVをメンバーに定期的に伝える仕組みはありますか?
	MVVがどれくらい浸透しているかを計測する仕組みはありますか?
	MVVが自社の強みになりますか?
	MVVを採用に活用していますか?
	自社のカルチャーにフィットする人をペルソナレベルで書き出していますか?
	自社のカルチャーにフィットする人が定着／活躍していますか?
	MVVを人事評価に活用していますか?
	意思決定をするときにMVVが土台になっていますか?
	MVVが事業の模倣困難性や持続的競合優位性の向上に寄与していますか?
CHAPTER2 戦略	スタートアップにとって良いアイディアとは何かを理解していますか?
	スタートアップのメタ原則を理解していますか?
	他の人がまだ気付いていない顧客の課題を発見できていますか?
	顧客の現状のペインジャーニーを可視化していますか?
	課題に対してあるべきソリューションの仮説がありますか?
	MVPやMSP(Minimum sellable Product)を使って顧客検証できていますか?
	適切なPivotを繰り返しながら、PMFを目指せていますか?
	PMFの実現可能性はありますか?
	スタートアップとスモールビジネスの違いを理解してますか?
	必要に応じて、スモールビジネス型の事業でキャッシュエンジンを持っていますか?
	自社が最初に攻めるべき市場(セグメント／バリューチェーン)の仮説はありますか?
	自社が攻めるべき市場における現状の代替案／競合がいるか認識していますか?
	自社が最初に絶対に攻めるべきでない市場(セグメント／バリューチェーン)の仮説はありますか?

自社の事業が成長する各ステージで、本書で解説した要素がカバーできているか、
以下の質問一覧で確認してほしい。

ステージ別					
Pre Seed	Seed	Series A	Series B	Pre IPO	IPO
○	○	◎	◎	◎	◎
		○	◎	◎	◎
		○	◎	◎	◎
○	○	◎	◎	◎	◎
◎	◎	◎	◎	◎	◎
	○	○	◎	◎	◎
	○	◎	◎	◎	◎
	○	○	◎	◎	◎
	○	○	◎	◎	◎
		○	◎	◎	◎
○	◎	◎	○	○	○
○	◎	◎	◎	◎	◎
○	◎	◎	◎	◎	◎
	○	○	◎	◎	◎
	○	○	◎	◎	◎
		○	○	◎	◎
		○	○	◎	◎
		○	○	◎	◎
		○	◎	◎	◎
		○	◎	◎	◎
		○	◎	◎	◎
		○	◎	◎	◎
		○	◎	◎	◎
		○	◎	◎	◎
		○	◎	◎	◎
◎	○				
◎	○				
◎	○				
◎	○				
◎	○				
◎	○				
○	◎	○			
○	◎	○			
◎	◎	○			
◎	◎	○			
◎	◎	○			
◎	◎	○			
◎	◎	○			

カテゴリー	
	最初に攻めるべき市場の特徴を掴んでいますか?(Go-to-marketが描けますか?)
	次に攻めるべき市場、3番目に攻めるべき市場の仮説はありますか?
	日本以外の国際展開を計画していますか?
	狙っている市場/業界/領域のPolitics(規制/政治/国際情勢)はどのように変化しますか?
	狙っている市場/業界/領域のEconomics(経済、消費動向、所得)はどのように変化しますか?
	狙っている市場/業界/領域のSociety(社会、人口動態、人の嗜好性、価値観)はどのように変化しますか?
	狙っている市場/業界/領域のテクノロジー(技術)はどのように変化しますか?
	今後、テクノロジーの変化によって、関連する領域/業界のプラットフォーマーにどのような変化がありますか?
	3~5年後の未来や、ターゲット業界の未来がどう変化するか、仮説はありますか?
	自社にとってのProduct-Future-Market-Fitの仮説はありますか?
	その市場/セグメントは今後どのようなポテンシャルがあるかを理解していますか?
	事業にスケーラビリティ(事業が急拡大する要素)はありますか?
	プラットフォーム型(相互補完型/外部ネットワーク型)のビジネスで展開する場合、ティッピングポイントがどこに来るか仮説を立てていますか?
	フィージビリティとスケーラビリティを両立させるための施策はありますか?(パイプライン型から始めて、プラットフォーム型に展開するなど)
	PMFに再現性を担保するために顧客の成功を定量化していますか?
	自社にとって最大の持続的競合優位性は何ですか?
	持続的競合優位性となる自社保有のテクノロジーはありますか?
	持続的競合優位性となる知財/IPはありますか?
	持続的競合優位性となるエンジニアチーム/リソースはありますか?
	持続的競合優位性となるプロダクトはありますか?
	持続的競合優位性となるマーケット・インサイトはありますか?
	持続的競合優位性となるデータを保有していますか?
	持続的競合優位性となる保有データを活用するためのデータモデルを構築していますか?
	持続的競合優位性となるデータドリブン経営の能力はありますか?
	持続的競合優位性資産となるネットワーク効果を広げる戦略はありますか?(相互補完ネットワーク効果/外部性ネットワーク効果/embed)
	持続的競合優位性となる顧客とのリレーションはありますか?
	持続的競合優位性となるサプライヤーとのリレーションはありますか?
	持続的競合優位性となるアライアンスパートナーとのリレーションはありますか?
	持続的競合優位性となる政府/規制当局とのリレーションはありますか?
	持続的競合優位性となるメディアとのリレーションはありますか?
	持続的競合優位性となる戦略の独自性はありますか? 戦略は明確ですか?
	持続的競合優位性となるイノベーションモデルを保有していますか?
	持続的競合優位性となる顧客獲得手段(広告以外)はありますか?

	ステージ別					
	Pre Seed	Seed	Series A	Series B	Pre IPO	IPO
	◎	◎	○			
	○	◎	◎	◎	○	○
		○	○	◎	◎	◎
	◎	◎	◎	◎	◎	◎
	◎	◎	◎	◎	◎	◎
	◎	◎	◎	◎	◎	◎
	◎	◎	◎	◎	◎	◎
	◎	◎	◎	◎	◎	◎
	◎	◎	◎	◎	◎	◎
	◎	◎	◎	○	○	
	◎	◎	◎	○	○	
	○	◎	◎	◎	◎	◎
	◎	◎	◎	◎	○	
	◎	◎	◎	○		
	○	◎	◎	◎	◎	◎
		○	◎	◎	◎	◎
	○	○	◎	◎	◎	◎
	○	○	◎	◎	◎	◎
	○	○	◎	◎	◎	◎
		○	◎	◎	◎	◎
	○	○	◎	◎	◎	◎
		○	○	◎	◎	◎
			○	◎	◎	◎
			○	◎	◎	◎
	○	◎	◎	◎	◎	◎
		○	◎	◎	◎	◎
		○	◎	◎	◎	◎
		○	◎	◎	◎	◎
		○	◎	◎	◎	◎
		○	◎	◎	◎	◎
	◎	◎	◎	◎	◎	◎
	◎	◎	◎	○	○	
		○	◎	◎	◎	◎

カテゴリー	
	持続的競合優位性となる顧客獲得手段(広告運用のノウハウ)はありますか?
	持続的競合優位性となるブランド/認知度はありますか?
	持続的競合優位性となる起業家自身の権威性や能力はありますか?
	持続的競合優位性となる創業メンバーの経営能力はありますか?
	持続的競合優位性となる創業メンバー以外のケイパビリティ/スキルはありますか?
	持続的競合優位性となるチームのエンゲージメント/モチベーションの高さはありますか?
	持続的競合優位性となるオペレーショナル・エクセレンス(標準化されたノウハウや業務)はありますか?
	持続的競合優位性を組み合わせて独自の優位性を構築できていますか?
	事業のフェーズに合わせて、適切なKGIの設定及び、KGIを因数分解したKPIを設定できますか?
	複数のプロダクト間のシナジーはありますか?
	ウィナー・テイク・オールになった場合に負の外部性が発生する事態に備えるリスクヘッジができていますか?
CHAPTER3 人的資源	初期はサイドプロジェクトで始めていますか?
	十分に検討して、初期の株の分配を行っていますか?
	創業メンバーで創業者間契約を結んでいますか?
	自分のキャラクター(ゴレンジャーの色/WHY・WHAT・HOW・WHO型)、スキル、強み、弱みを理解していますか?
	自分がなぜその事業をやるべきかのストーリーが明確に言語化できていますか?
	経営陣は定期的に自己認識を高めるような施策をおこなっていますか? (プロによるコーチングやワークショップの実施など)
	自分と補完関係になるようなメンバーを集めることができていますか?
	初期の頃は、役割に境界を設けずに、全員で、顧客開発やプロダクト開発ができていますか?
	チームメンバーの関係性の質を高めるために、関係性をよくするような施策を行っていますか?
	ゴレンジャーチームを組成できていますか?
	経営メンバーは起業家から事業家(CXO)に自己変革できていますか?
	自分の視野を広げたり、視点を高めてくれるメンターやアドバイザーが参画していますか?
	採用力を高めるために自社の魅力や課題を言語化できていますか?
	採用力を高めるために言語化したものを「ストーリーブック」に落とし込めていますか?
	採用プロセス全体の設計ができていますか?
	人材戦略の方針シートはありますか?
	自分たちのビジネスモデルにおいてがどういう組織タイプ(組織構造)が適切か理解していますか?
	現在のバリューチェーンの状態をきちんと把握し可視化していますか?
	現状のバリューチェーンでどこがボトルネックかきちんと把握していますか?
	あるべきバリューチェーンの姿がどのような状態か理解していますか?
	そのギャップを埋めるためにどのような人材が必要か明確ですか?

	ステージ別					
	Pre Seed	Seed	Series A	Series B	Pre IPO	IPO
			○	◎	◎	◎
			○	◎	◎	◎
	◎	◎	◎	◎	◎	◎
	◎	◎	◎	◎	◎	◎
		○	◎	◎	◎	◎
			○	◎	◎	◎
			○	◎	◎	◎
			○	◎	◎	◎
		○	◎	◎	◎	◎
				○	◎	◎
				○	◎	◎
	◎	○				
	◎	◎	○			
	◎	◎	◎	○		
	◎	◎	◎	○		
	◎	◎	◎	◎	○	
	◎	◎	◎	◎	◎	◎
	◎	◎	◎	○		
	◎	◎	○			
		○	◎	◎	◎	◎
	○	◎	◎	○		
			○	◎	◎	◎
		○	◎	◎	◎	○
			◎	◎	◎	◎
			◎	◎	◎	◎
			◎	◎	◎	◎
			◎	◎	◎	◎
			◎	◎	◎	◎
			◎	◎	◎	◎
			◎	◎	◎	◎
			◎	◎	◎	◎
			◎	◎	◎	◎

カテゴリー	
	採用するべき人材のペルソナを書き出していますか?
	採用する人材のオペレーションリストを書き出していますか?
	採用するポジションのジョブ・ディスクリプションが書けていますか?
	経営陣は採用にリソースを割いていますか?
	採用力を高めるために経営陣がSNSで自社や自社の活動に関するメッセージを発信していますか?
	有料ではない採用チャネルを持っていますか?(リファラル/SNS/自社イベントなど)
	採用向けに自社のホームページを整えていますか?
	採用に特化したページはありますか?
	社員の生の声を伝えるようなコンテンツを発信していますか?
	人事ブログやメディアを保有して更新していますか?
	ビジネスSNS(ウォンテッドリー、リンクトイン)などを活用していますか?
	リファラル採用を活用できていますか?
	オウンドメディアを活用して採用をできていますか?
	ダイレクトリクルーティングの活用ができていますか?
	有力なエージェントと関係構築して、優秀な人材のソーシングができていますか?
	勝ち筋となる採用チャネルを持っていますか?
	自社のフェーズに合わせた採用チャネルを理解して、最適な設計ができていますか?
	面接の場を最大活用するために、PDCAを回していますか?
	面接質問の型を身につけていますか?
	内定の出し方に工夫をしていますか?(本書で紹介するようなCLOSEフレームワークの活用など)
	内定で取りこぼさないように採用の役割分担ができていますか?
	人材活躍/定着するためにモチベーション型重視、エンゲージメント重視、 もしくはそのハイブリッド型が良いのか仮説はありますか?
	自社のエンプロイーサクセスを定義できていますか?
	モチベーションやエンゲージメントを定量的に計測できていますか?
	あるべきエンプロイージャーニーマップを描けていますか?
	モチベーションやエンゲージメントを向上させるための施策はありますか?
	モチベーションやエンゲージメントを向上させるためのPDCAは回っていますか?
	モチベーションやエンゲージメントを向上させるための制度を導入していますか?
	メンバーの行動の量をマネジメントできていますか?
	1 on 1ミーティングなどで、行動の質を高めるためのマネジメントができていますか?
	OKRを実装して、メンバーのストレッチゴールを設定できていますか?
	OKRなどを実装して、会社の戦略ビジョンと個人の目標が紐づけられていますか?
	オフサイトミーティングやAll-handsなどを実施して、 会社のMVVとメンバー個人の目標/ビジョンが紐づけられていますか?
	イノベーティブな企業になるように、キャッシュフローを稼ぐ部門を保ちつつ、 イノベーションを起こす部門や機能を持っていますか?

	ステージ別					
	Pre Seed	Seed	Series A	Series B	Pre IPO	IPO
			◎	◎	◎	◎
			◎	◎	◎	◎
			◎	◎	◎	◎
		○	◎	◎	◎	◎
		○	◎	◎	◎	○
		○	◎	◎	◎	◎
			○	◎	◎	◎
			○	◎	◎	◎
				○	◎	◎
				○	◎	◎
			○	◎	◎	◎
		○	◎	◎	◎	◎
		○	◎	◎	◎	◎
			○	◎	◎	◎
			○	◎	◎	◎
			○	◎	◎	◎
			○	◎	◎	◎
			○	◎	◎	◎
			○	◎	◎	◎
			○	◎	◎	◎
			○	◎	◎	◎
		○	◎	◎	◎	◎
			○	◎	◎	◎
			○	◎	◎	◎
			○	◎	◎	◎
			○	◎	◎	◎
			○	◎	◎	◎
			○	◎	◎	◎
		○	◎	◎	◎	◎
			○	◎	◎	◎
			○	◎	◎	◎
			○	◎	◎	◎
			○	◎	◎	◎
				○	○	◎

カテゴリー	
CHAPTER4 オペレーショナル・エクセレンス	メンバーは自分たちの業務を緊急性と重要性で棚卸しできていますか?
	PMF後は「緊急ではないが重要な仕事」の割合を増やして生産性を高めていますか?
	業務の見える化を定期的に行い、バリューチェーンの中でどこがボトルネックかを把握していますか?
	業務の見える化を定期的に行い業務の属人化排除を行っていますか?
	業務の見える化を定期的に行いリソースがかかっている業務が何かを認識していますか?
	業務の見える化を定期的に行いどの業務が価値を生み出しているか(80:20ルールの20の部分の業務)を明確にしていますか?
	業務の課題化を定期的に行い ECRS+SKを実行していますか?
	業務の課題化を定期的に行い ECRS+SKを実行して、スループットの最大化を図れていますか?
	業務の標準化やマニュアル化を定期的に行い、属人化排除と最新版へのアップデートができていますか?
	業務のノウハウやナレッジをシェアする仕組みを持っていますか?
	見える化／課題化／標準化を行いメンバーの生産性をストレッチしていますか?
	外部環境や内部環境の変化に柔軟に対応し、時にメンバーのメンタルモデルをアップデートする「学習する組織」になることを意識していますか?
	顧客から声を聞き出して業務改善やプロダクト／UXの磨き込みに生かしていますか?
	業務の切り出しを適切に行い、外注や業務委託を活用できていますか?
	ステークホルダーにもたらす価値を勘案して、業務のシステム化ができていますか?
	経営陣がリーダーシップを発揮して業務のシステム化の推進をできていますか?
	自社オペレーションや標準化されたオペレーションが競合優位性資産(ディフェンシビリティ・アセット)になっていますか?
CHAPTER5 ユーザーエクスペリエンス	メンバー自ら最先端のUXに普段から触れていますか?
	メンバー自ら最先端のUXに関する情報を常にインプットしていますか?(中国やアメリカの事例など)
	どういうUXがこれから3年~5年後に流行しそうか主流になりそうか仮説はありますか?
	自分たちのユーザーにとって最高のUX体験(Airbnbの説く11 Star-Experience)は何かを、メンバー同士で話し、仮説を作っていますか?
	カスタマーエクスペリエンス、エンプロイーエクスペリエンス、セールスエクスペリエンスなどエクスペリエンスがチームの共通言語になっていますか?
	UXエンゲージメントモデルを理解して、プロダクトのUXを高めるための施策出しができていますか?
	ユーザーがプロダクトと出会うエクスペリエンスを磨き込んでいますか?
	ユーザーがプロダクトに触れた第一印象のエクスペリエンスを磨き込んでいますか?
	ユーザーがハマってしまう状態(=アハ!モーメント)に持っていくためのプロセスを明らかにしていますか?
	ユーザーがプロダクトを使う時、余計な負担がかからないようにエクスペリエンスを磨き込んでいますか?
	ユーザーが目的を達成するためのエクスペリエンスを磨き込んでいますか?
	ユーザーをきちんとフォローするUXを設定していますか?

	ステージ別					
	Pre Seed	Seed	Series A	Series B	Pre IPO	IPO
		○	◎	◎	◎	◎
			◎	◎	◎	◎
			○	◎	◎	◎
			○	◎	◎	◎
			○	◎	◎	◎
			○	◎	◎	◎
			○	◎	◎	◎
			○	◎	◎	◎
			○	◎	◎	◎
			○	◎	◎	◎
			○	◎	◎	◎
			○	◎	◎	◎
			○	◎	◎	◎
			○	◎	◎	◎
			○	○	◎	◎
			○	○	◎	◎
			○	◎	◎	◎
	◎	◎	◎	◎	◎	◎
	◎	◎	◎	◎	◎	◎
	◎	◎	◎	◎	◎	◎
	○	◎	◎	◎	◎	◎
	○	◎	◎	◎	◎	◎
		○	◎	◎	◎	◎
		○	◎	◎	◎	◎
		○	◎	◎	◎	◎
		○	◎	◎	◎	◎
		○	◎	◎	◎	◎
		○	◎	◎	◎	◎
		○	◎	◎	◎	◎

カテゴリー	
	ユーザーがプロダクトを熟達していくエクスペリエンスを提供していますか?
	ユーザーにリソースを投資させるようなエクスペリエンスを提供していますか?
	ユーザーに適切な報酬を適切なタイミングで与えていますか?
	ユーザーに安心安全を提供するエクスペリエンスを提供していますか?
	エンターテインメント性をもつエクスペリエンスを提供できていますか?
	パーソナライゼーションを実装できていますか?
	「なりたい自分になる」というユーザーの自己実現をサポートするようなエクスペリエンスを提供していますか?
	テックタッチを活用して、リソースの余剰分を増やしていますか?
	余剰分のリソースをハイタッチなUX提供に活用して、さらに優れたUXを提供できていますか?
	UXドリブンのプロダクト開発ができていますか?
	プロダクト開発チームもUXに対する知見を身につけていますか?
	ユーザーからフィードバックを定期的に得る機会を設けていますか?
	ユーザビリティテストを行っていますか?
	プロダクトのUXそのものがディフェンシビリティ・アセットになっていますか?
CHAPTER6 マーケティング	全メンバーで顧客開発をしてユーザーの声を拾っていますか?
	マーケティングを実行する前にPMFを達成したという確信を持っていますか?
	顧客獲得の状態を一覧できる指標を実装していますか?
	プロダクトのCPAがどれくらいか把握していますか?
	プロダクトのLTVがどれくらいか把握していますか?
	自社のプロダクトは、マーケティングによってどれくらいCPAが下げられるかの試算はありますか?
	自社のUnit Economicsがどれくらいか把握をしていますか?
	N1分析ができていますか?(ペルソナ~エンパシーマップ~カスタマージャーニー)
	マーケティングの施策オプションを理解していますか?
	起業家／経営メンバー自身がその業界のオーソリティになる覚悟を持ち行動に移していますか?
	起業家／経営メンバー自身がコンテンツを発信していますか?
	オウンドメディア(ブログ／動画／セミナー／イベント)を運用して、コンテンツを発信していますか?
	コミュニティマーケティングを活用できていますか?
	メディアを活用できていますか?(アーンドメディアの運用ができていますか?)
	報道の連鎖を仕掛けることができていますか?
	自社のネタを積極的に探して、メディア(マスメディアなど)に伝えていますか?
	自社のメディアリストを作ってメディア(マスメディアなど) と関係性を良くしていますか?
	自社のプロダクトの特性にあったSNSを活用できていますか?
	自社のプロダクトの特性にあったインフルエンサー の活用ができていますか?
	クラウドファンディングを活用したマーケティング施策を行っていますか?
	LPの適切な設計ができていますか?

	ステージ別					
	Pre Seed	Seed	Series A	Series B	Pre IPO	IPO
		○	◎	◎	◎	◎
		○	◎	◎	◎	◎
		○	◎	◎	◎	◎
		○	◎	◎	◎	◎
		○	◎	◎	◎	◎
		○	◎	◎	◎	◎
		○	◎	◎	◎	◎
			○	◎	◎	◎
			○	◎	◎	◎
		○	◎	◎	◎	◎
	○	◎	◎	◎	◎	◎
	○	◎	◎	◎	◎	◎
		◎	◎	◎	◎	◎
			○	◎	◎	◎
	◎	◎	○	○		
			◎	◎	◎	◎
		○	◎	◎	◎	◎
		○	◎	◎	◎	◎
		○	◎	◎	◎	◎
		○	◎	○		
		○	◎	◎	◎	◎
	◎	◎	◎	◎	◎	◎
		○	◎	◎	◎	◎
	◎	◎	◎	◎	○	
	◎	◎	◎	◎	○	○
		○	◎	◎	◎	◎
		○	◎	◎	◎	◎
		○	◎	◎	◎	◎
		○	○	◎	◎	◎
			○	◎	◎	◎
			○	◎	◎	◎
		○	◎	◎	◎	◎
		○	◎	◎	◎	◎
	○	◎	◎	○		
		○	◎	◎	◎	◎

カテゴリー	
	事例集やVoC(顧客の声)をLPに載せていますか?
	Product-Channel-Fitを達成できていますか?(1つ~2つの勝ち筋のマーケティングチャネルを発見し実装できているか)
	顧客がどのように育成(ナーチャリング)できるか、 そのモデル(2次元モデルや3次元モデル)がありますか?
	4Eを意識したマーケティング(ブランディング)を行っていますか?
	自社のプロダクトの特徴にあったデータドリブンマーケティングが運用できていますか?
	顧客の情報を定量的に取っていますか?
	顧客の状態を可視化していますか?(2次元や3次元モデルの活用)
	3つ~4つ以上の勝ち筋のマーケティングチャネルを発見し実装できていますか?
	外部環境の変化に応じて、新しい顧客獲得の手法を常に画策していますか?
	顧客データ蓄積/データモデル設計が自社のディフェンシビリティになっていますか?
	マーケティングのノウハウやプロセスそのものがディフェンシビリティ・アセットになっていますか?
CHAPTER7 セールス	経営陣自ら泥臭く営業を行い、顧客の声を聞いていますか?
	商談のステージ(リード)をきちんと分けていますか?
	顧客視点で営業プロセスを構築できていますか?
	商談のステージ(リード)をSCOTSMANS/BANTで管理できていますか?
	仮説営業ができていますか?
	インサイト営業ができていますか?(ドリルの穴を見つけようとしていますか?)
	顧客のDMU(Decision Making Unit)を明らかにしていますか?
	競合他社との比較表を作り、顧客が意思決定しやすいようにしていますか?
	クロージングで失注しないように、失注ポイントのチェックを十全に行っていますか?
	プレゼンする相手に合わせたプレゼンのトーンを理解していますか?
	営業チームは「読み」のマネジメントを実装できていますか?
	インサイドセールスを実装したあるべき「セールスプロセス/セールスエクスペリエンス」が描けていますか?
	リードに適切なスコアをつけていますか?
	リードごとに振り分けて、適切にフォローする運用をしていますか?
	全体のスループットを向上するためにマーケティング/インサイドセールス/フィールドセールスが連携していますか?
	セールスのノウハウやプロセスがそのものがが持続的競合優位性資産になっていますか?
CHAPTER8 カスタマーサクセス	売り切り型とリテンション/サブスクモデルの違いについて理解していますか?
	カスタマーサクセスの概念とその重要性についてメンバーは理解していますか?
	「良い収益」と「悪い収益」の違いが明確になっていますか?
	「顧客の成功」が会社の共通言語になっていますか?
	「カスタマーサクセスマップ」を作成して、定期的に更新していますか?
	適切なオンボーディングプロセスを実装していますか?
	ハイタッチオンボーディングを実装していますか?
	ロータッチオンボーディングを実装していますか?

	ステージ別					
	Pre Seed	Seed	Series A	Series B	Pre IPO	IPO
		○	◎	◎	◎	◎
		○	◎	◎	○	
		○	◎	◎	◎	◎
		○	◎	◎	◎	◎
			○	◎	◎	◎
			○	◎	◎	◎
			○	◎	◎	◎
				○	◎	◎
			○	◎	◎	◎
			○	◎	◎	◎
			○	◎	◎	◎
	○	◎	◎	○	○	○
			○	◎	◎	◎
			○	◎	◎	◎
			○	◎	◎	◎
			○	◎	◎	◎
			○	◎	◎	◎
			○	◎	◎	◎
			○	◎	◎	◎
			○	◎	◎	◎
			○	◎	◎	◎
			○	◎	◎	◎
			○	◎	◎	◎
			○	◎	◎	◎
			○	◎	◎	◎
			○	◎	◎	◎
			○	◎	◎	◎
	◎	◎	◎	◎	◎	◎
	◎	◎	◎	◎	◎	◎
		○	◎	◎	◎	◎
		○	◎	◎	◎	◎
		○	◎	◎	◎	◎
		○	◎	◎	◎	◎
		○	◎	◎	◎	◎
		○	◎	◎	◎	◎

カテゴリー	
	テックタッチオンボーディングを実装していますか？
	コミュニティタッチオンボーディングを実装していますか？
	Product-Led-Growthを実装していますか？
	ユーザーが最初に価値を感じるタイミングを捉えて、そこに向かわせていますか？
	顧客が成功に向かうまでのプロセスを定量化していますか？
	顧客にサクセスを通じたチェンジマネジメントをどうもたらすか仮説やモデルはありますか？（B2Bビジネスの場合）
	データ・ドリブンでCSを実装していますか？
	カスタマーヘルススコアなどを実装し顧客の状態を定量化していますか？
	PDCAを回してカスタマーヘルススコアの指標の精度は向上していますか？
	カスタマーヘルススコアとChurn率／継続率の相関は見つかっていますか？
	カスタマーサクセスプロセス／オペレーションを標準化できていますか？
	カスタマーサクセスプロセス／オペレーションのマニュアルができていますか？
	カスタマーサクセスと他のチーム（営業／開発／マーケティング）が密に連携できていますか？
	カスタマーサクセスが会社のハブになり、「顧客ストーリー」を全社に発信していますか？
	積極的なカスタマーサクセスが実装できていますか？
	予測的なカスタマーサクセスが実装できていますか？
	カスタマーサクセスのノウハウやプロセスそのものが持続的競合優位性資産になっていますか？
CHAPTER9 ファイナンス	スタートアップのフェーズを理解していますか？
	スタートアップのフェーズにおけるリスクを理解していますか？
	キャッシュエンジンを確保していますか？
	キャッシュエンジンを確保する場合、本業とのシナジーを意識していますか？
	初期の資本政策に細心の注意を払っていますか？
	創業メンバーは創業者間契約を結んでいますか？
	会社設立する時に細心の注意を払っていますか？（株の発行数や、定款の設定など）
	EXITについて理解し、適切なEXITプランを描けていますか？
	5年間の仮想PLはありますか？
	5年間の仮想PLのベースとなるパラメーターやCSFがありますか？
	Burn rate／Runway／キャッシュフローを外部環境を勘案してコントロールしていますか？
	資本政策の検討をしていますか？
	会社のロードマップと資本政策の整合性はありますか？
	予実管理ができていますか？
	月次決算や週次決算など管理会計は整っていますか？
	IPOの準備が整っていますか？
	IPO後の成長ストーリーが描けていますか？
	資金調達のオプションやプロセスを理解していますか？
	自社の適切なバリュエーションがどのくらいか理解していますか？
	自社の事業フェーズにおける妥当な資本コストがどれくらいか理解していますか？
	お金を集める方法を理解していますか？

	ステージ別					
	Pre Seed	Seed	Series A	Series B	Pre IPO	IPO
		○	◎	◎	◎	◎
		○	◎	◎	◎	◎
			○	◎	◎	◎
		○	◎	◎	◎	◎
		○	◎	◎	◎	◎
		○	◎	◎	◎	◎
			○	◎	◎	◎
			○	◎	◎	◎
			○	◎	◎	◎
			○	◎	◎	◎
			○	◎	◎	◎
			○	◎	◎	◎
			○	◎	◎	◎
			○	◎	◎	◎
			○	◎	◎	◎
			○	○	◎	◎
			○	◎	◎	◎
	◎	◎	◎	◎	◎	◎
	◎	◎	◎	◎	◎	◎
	◎	◎	○	○		
	◎	◎	○	○		
	◎	◎	◎	○		
	◎	◎	◎			
	◎	◎				
	○	◎	◎	◎	◎	◎
		○	◎	◎	◎	◎
		○	◎	◎	◎	◎
		○	◎	◎	◎	◎
		○	◎	◎	◎	◎
		○	◎	◎	◎	◎
			○	◎	◎	◎
			○	○	◎	◎
				○	◎	
			○	◎	◎	◎
		○	◎	◎	◎	◎
		○	◎	◎	◎	○
		○	◎	◎	◎	◎
		○	◎	◎	◎	◎

カテゴリー	
	コンバーチブルノートによる資金調達を理解していますか?
	コンバーチブルノートによる資金調達の交渉のポイントを押さえていますか?
	優先株による資金調達を理解していますか?
	優先株による資金調達の交渉のポイントを押さえていますか?
	新株予約権(S.O.)のポイントを押さえていますか?
	信託型ストックオプションや有償ストックオプションなどが活用できていますか?
	投資家(エンジェル投資家/VC)とのリレーションを築いていますか?
	ピッチとはどういうことが理解していますか?
	ピッチ資料の準備ができていますか?
	ワンセンテンスピッチはありますか?
	30秒ピッチ(エレベーターピッチ)はありますか?
	ショートピッチはありますか?
	インベスターミーティング向けの資料はありますか?
	ショートピッチを成功させるポイントを押さえていますか?
	VCやエンジェルの違いやその仕事のメカニズムを理解していますか?
	投資家との交渉ポイントを押さえていますか?
	調達した資金の使い道の解像度は高いですか?
	投資契約のポイントを押さえていますか?
	ファイナンスやガバナンスのノウハウやプロセスそのものが持続的競合優位性資産になっていますか?
FINAL CHAPTER 唯一無二ストーリー	各要素を組み合わせて唯一無二のストーリーを描けていますか?
	スタートアップBSCを使って、CSFや重要な課題がどこかの切り分け(Where)ができていますか?
	持続的競合優位性資産を組み合わせて、模倣困難性/持続的競合優位性を構築できていますか?

	ステージ別					
	Pre Seed	Seed	Series A	Series B	Pre IPO	IPO
	○	◎	◎	○		
	○	◎	◎	○		
		○	◎	◎	◎	
		○	◎	◎	◎	
		○	◎	◎	◎	◎
		○	◎	◎	◎	◎
	○	◎	◎	◎	◎	○
	○	◎	◎	◎	◎	◎
		○	◎	◎	◎	○
		○	◎	◎	◎	○
		○	◎	◎	◎	○
		○	◎	◎	◎	○
		○	◎	◎	◎	○
		○	◎	◎	◎	○
		○	◎	◎	◎	○
		○	◎	◎	◎	○
		○	◎	◎	◎	◎
		○	◎	◎	◎	◎
			○	◎	◎	◎
			○	◎	◎	◎
			○	◎	◎	◎
			○	◎	◎	◎

参考文献

『起業の科学』田所雅之著、日経 BP、2017 年
『WHY から始めよ！』サイモン・シネック著、栗木さつき訳、日本経済新聞出版、2012 年
『ビジョナリー・カンパニー② 飛躍の法則』ジム・コリンズ著、山岡 洋一訳、日経 BP、2001 年
『マネジメント［エッセンシャル版］』ピーター・F・ドラッカー著、上田惇生訳、ダイヤモンド社、2001 年
『ゼロ・トゥ・ワン』ピーター・ティール、ブレイク・マスターズ他著、関美和訳、瀧本哲史序文、NHK 出版、2014 年
『データ資本主義』野口悠紀雄著、日本経済新聞出版、2019 年
『ストーリーとしての競争戦略』楠木建著、東洋経済新報社、2010 年
『人生の勝算』前田裕二著、幻冬舎、2017 年
『転職の思考法』北野唯我著、ダイヤモンド社、2018 年
『THE TEAM 5 つの法則』麻野耕司著、幻冬舎、2019 年
『採用に強い会社は何をしているか』青田努著、ダイヤモンド社、2019 年
『学習する組織』ピーター・M・センゲ著、枝廣淳子、小田理一郎、中小路佳代子訳、英治出版、2011 年
『シリコンバレー式 最強の育て方』世古詞一著、かんき出版、2017 年
『ザ・トヨタウェイ（上）（下）』ジェフリー・K・ライカー著、稲垣公夫訳、日経 BP、2004 年
『無印良品は、仕組みが 9 割』松井忠三著、角川書店、2013 年
『完訳 7つの習慣』スティーブン・R. コヴィー著、フランクリン・コヴィー・ジャパン訳、キングベアー出版、2013 年
『結果が出る仕事の「仕組み化」』株式会社スタディスト 庄司啓太郎著、日経 BP、2017 年
『スターバックス 5 つの成功法則と「グリーンエプロンブック」の精神』ジョセフ・ミケーリ著、月沢李歌子訳、ブックマン社、2007 年
『「ついやってしまう」体験のつくりかた』玉樹真一郎著、ダイヤモンド社、2019 年
『たった一人の分析から事業は成長する 実践 顧客起点マーケティング』西口一希著、翔泳社、2019 年
『ビジネスも人生もグロースさせる コミュニティマーケティング』小島英揮著、日本実業出版社、2019 年
『ECzine 売れる EC サイトのすごい仕掛け』ECzine 編集部、翔泳社、2017 年
『ザ・ゴール』エリヤフ・ゴールドラット著、三本木亮 訳、ダイヤモンド社、2001 年
『THE MODEL』福田康隆著、翔泳社、2019 年
『日経 BP 実戦 MBA ② MBA バリュエーション』森生明著、日経 BP、2001 年
『エンジェル投資家』ジェイソン・カラカニス著、滑川海彦、高橋信夫訳、日経 BP、2018 年
『起業のエクイティ・ファイナンス』磯崎哲也著、ダイヤモンド社、2014 年
『SmartTribes: How Teams Become Brilliant Together』Christine Comaford 著、Portfolio、2013 年
『やり抜く力 GRIT（グリット）』アンジェラ・ダックワース著、神崎朗子訳、ダイヤモンド社、2016 年
『IPOを目指す会社のための　資本政策＋経営計画のポイント 50』佐々木義孝著、中央経済社、2019 年

［著者］
田所雅之（たどころ・まさゆき）

1978年生まれ。大学を卒業後、外資系のコンサルティングファームに入社し、経営戦略コンサルティングなどに従事。
独立後は、日本で企業向け研修会社と経営コンサルティング会社、エドテック（教育技術）のスタートアップの3社、米国でECプラットフォームのスタートアップを起業し、シリコンバレーで活動した。日本に帰国後、米国シリコンバレーのベンチャーキャピタルのベンチャーパートナーを務めた。
また、欧州最大級のスタートアップイベントのアジア版、Pioneers Asiaなどで、スライド資料やプレゼンなどを基に世界各地のスタートアップ約1500社の評価を行ってきた。日本とシリコンバレーのスタートアップ数社の戦略アドバイザーやボードメンバーを務めながら、ウェブマーケティング会社ベーシックのCSOも務める。2017年、新たにスタートアップの支援会社ユニコーンファームを設立、代表取締役社長に就任。その経験を生かして作成したスライド集『スタートアップサイエンス2017』は全世界で約５万回シェアという大きな反響を呼んだ。
著書に『起業の科学』（日経BP）、『御社の新規事業はなぜ失敗するのか？』（光文社新書）がある。

起業大全
――スタートアップを科学する９つのフレームワーク

2020年７月29日　第１刷発行
2024年７月29日　第６刷発行

著　者――――――――田所雅之
発行所――――――――ダイヤモンド社
〒150-8409　東京都渋谷区神宮前6-12-17
https://www.diamond.co.jp/
電話／03-5778-7233（編集部）　03-5778-7240（販売）

装丁――――――――――杉山健太郎
本文デザイン＆DTP――高橋明香（おかっぱ製作所）
編集協力――――――――三浦たまみ
校正――――――――――鷗来堂
製作進行――――――――ダイヤモンド・グラフィック社
印刷――――――――――新藤慶昌堂
製本――――――――――本間製本
編集担当――――――――高野倉俊勝

ISBN 978-4-478-10950-2